DAS NEUE
ULLSTEIN BUCH
DER ERFINDUNGEN
AKTUELLES
KURIOSES
GENIALES

DAS NEUE ULLSTEIN BUCH DER ERFINDUNGEN

HERAUSGEGEBEN VON
VALÉRIE-ANNE GISCARD d'ESTAING

ULLSTEIN

INHALT

SG·49813
12
swatch
QUARTZ
9
3
6
SWISS

MEDIZIN 234

LANDWIRTSCHAFT, GARTENBAU 260

INDUSTRIE 276

Addison

Nicht nur in ihren Farben unterscheiden sich heutige Ballon-Modelle von der Montgolfiere des Jahres 1782.

VERKEHR

STRASSEN- UND SCHIENENVERKEHR

Auto

Der Dampfwagen von Cugnot wurde **1765** auf Befehl des Herzogs von Choiseul, damals Kriegsminister, konstruiert. Der französische Ingenieur Nicolas Joseph Cugnot entwickelte diesen Ahnherren aller Autos. 1771 baute er ein verbessertes zweites Modell, das man »Lastwagen« nannte, weil es für die Beförderung schwerer Lasten bestimmt war.

Der Dampfwagen von Bollée aus dem Jahr **1873** war das erste mechanisch angetriebene Gefährt, das zwölf Personen befördern konnte. 1875 schaffte die Konstruktion des Franzosen Amédée Bollée die 230 km von Le Mans nach Paris in 18 Std. – alle Stopps zum Wassernachfüllen und alle Ruhepausen inbegriffen. Seine Höchstgeschwindigkeit bei einer Belastung von 4800 kg betrug 20 km/h. Weil er sich so leicht steuern ließ, wurde dieser Wagen *Der Gehorsame* genannt.

Das erste Automobil baute Karl Benz. Sein Benz-Patentmotorwagen (984-cm^3-Einzylinder, 0,9 PS Leistung) lief erstmals am 3. Juli **1886**. Parallel dazu hatten Gottlieb Daimler und Wilhelm Maybach Anfang 1886 einer Kutsche der Wagenbaufirma Wimpf & Sohn in Stuttgart einen 1,1-PS-Einzylindermotor (70 mm Bohrung und 120 mm Hub) eingebaut – nach langer Erprobung beantragte Daimler dann am 17. Juli 1888 eine erste Fahrgenehmigung für »eine viersitzige, leichte Chaise mit einem kleinen Motor«. Das Dreirad von Benz steht im Deutschen Museum in München.

Der Panhard-Levassor. 1890 kauften die Franzosen René Panhard und Émile Levassor die Lizenz für den Daimler-Maybach und perfektionierten ihn. **1891** brachten sie ihren Prototyp heraus. Ihre Verbesserung bezog sich auf die Position des Motors: Sie setzten ihn horizontal in das Vorderteil des Wagens. Das Modell *M 2 E*, eines der ersten von Panhard-Levassor, kann man im »Conservatoire des Arts et Métiers« in Paris besichtigen. Die beiden Erfinder wurden die ersten französischen Autokonstrukteure und weltweit die ersten, die Autos in Serie bauten.

Ford Modell T. Der legendäre Henry Ford begann 1896 in Detroit damit, Autos zu bauen. **1908** setzte die Produktion des T-Modells, auch *Tin Lizzy* genannt, ein. Mit der *Tin Lizzy* begann das Zeitalter der Serienanfertigung. Ford wandte damit erstmals die Prinzipien von Taylor an, dem Erfinder der wissenschaftlichen Integration der Arbeit: strikte Spezialisierung, Wegrationalisierung unnützer Bewegungen und maximale Ausnutzung der Werkzeuge. So brachten die Ford-Fabriken zwischen 1908 und 1927 rund 18 Mio. Wagen heraus.

Der VW »Käfer«. Zwischen 1934 und 1936 konstruierte Ferdinand Porsche den Prototyp des *Volkswagens.* Daimler-Benz baute **1937** dann 30 solcher Fahrzeuge.
Keines dieser Fahrzeuge, die unter dem Namen *Kraft durch Freude* bekannt wurden, wurde vor dem Krieg ausgeliefert. Nach dem Krieg wurden in den Ruinen des Wolfsburger Werks verschiedene VW-Modelle mit Vierzylinder-Heckmotoren von 1131 cm^3 gebaut.
Unter dem Namen *Käfer* wurde der Volkswagen eines der berühmtesten Autos der Automobilgeschichte. Bis 1987 waren weit mehr als 20 Mio. Käfer aller Typen produziert worden. Dabei hatte ein Forschungsteam der amerikanischen Armee ebenso wie Henry Ford II seinerzeit erklärt, dieses Auto habe gar keine Zukunft. Die Serienproduktion hatte übrigens erst 1940 begonnen und ging in ihrer Gesamtheit sofort an das deutsche kriegführende Militär.

Der Jeep. Seit Januar 1986 ist der Jeep ein Sammlerobjekt. Denn tatsächlich hat seine Herstellerfirma, American Motors, beschlossen, ihn nach 45 Jahren treuer Dienste nicht mehr zu bauen.
Am 10. Juni 1940 wurde der Jeep geboren. Zunächst in den Köpfen dreier Militäringenieure. Sie legten die Rahmenbedingungen fest und eine extrem kurze Frist für die Vorstellung der Entwürfe: nur 75 Tage! Den Zuschlag bekam das Modell der Ingenieure von Willis-Overland, dessen intensive Produktion in Zusammenarbeit mit Ford 1941 begann. Mehr als 585 000 Jeeps sollten während des Zweiten Weltkriegs gebaut werden.
Ab 1945 wurde der Jeep ein ziviles Fahrzeug. Vor allem die Landwirte fuhren ihn gern: in der Woche als Traktor, sonntags als Familienauto. Willis-Overland brachte damals einen Katalog mit Modellen für die Landwirtschaft heraus, der so schwer war wie ein Telefonbuch.
Der Ursprung des Namens *Jeep* ist ungeklärt. Möglicherweise stammt er aus dem berühmten Comic-strip *Popeye,* wo eine undefinierbare Tierart, die fast alles kann, diesen Namen trägt, möglicherweise entstand er aber auch aus den beiden Buchstaben *GP,* die Ford als Bezeichnung für seinen Jeep-Typ verwendete. Es handelt sich dabei um die Abkürzung von »General Purpose« (Allzweck).

Der 2 CV. Die Idee zur *Ente* geht auf 1935 zurück. Pierre J. Boulanger, Generaldirektor bei Citroën, hatte sie. Ihm schwebte ein praktisches, sparsames, einfach zu bedienendes Auto für eine normalerweise nicht umworbene Kundschaft vor.
Chef der Ingenieurtruppe, die an dem Projekt arbeitete, das damals noch *TPV* (Toute Petite Voiture – ganz kleines Auto) hieß, war der Motorerfinder André Lefèbvre. Zwar sollte es ein ganz kleines Auto werden, aber mit sehr ho-

hen Türen: Eine der Konstruktionsvorschriften lautete, man müsse einsteigen können, ohne den Hut abzunehmen.
Ab 1938 wurden Prototypen auf privaten Firmenpisten getestet. Der Krieg unterbrach die Forschungen. Aber **1948** wurde der *2 CV* offiziell auf dem Pariser Autosalon vorgestellt.

Das Turbinengas-Auto baute **1950** die britische Firma Rover. Am 26. Juni 1952 erreichte eines ihrer Autos 242 km/h. Andere Autofirmen griffen das von Rover entwickelte Verfahren auf: General Motors, Chrysler, Fiat und auch Renault, deren »Étoile filante« (Sternschnuppe) 1956 eine Geschwindigkeit von 308,9 km/h erreichte.

Allradantrieb. Das erste Auto mit permanentem Allradantrieb war der holländische *Spijker,* der **1903** auf dem Pariser Salon vorgestellt wurde. Der Wagen hatte zudem den ersten Sechszylinder-Serienmotor. Er war auch der erste Allradwagen, der ein Autorennen gewann – 1906 in England. Später kamen dann Rekordwagen (z. B. der von Reid Railton konstruierte Wagen für John Cobb, der von 1939 bis 1947 mit zwei Motoren und Allradantrieb den Geschwindigkeitsweltrekord auf 634,267 km/h trieb). Es gab auch Geländewagen mit Allradantrieb (den Schwimmkäfer u. a.), Rennwagen *(Bugatti Typ 53)* oder den von F. Porsche entwickelten Lohner-Wagen, der bereits im Jahr 1900 über vier Radnabenmotoren verfügte – und damit auch ein Allradwagen war. Erstmals in Großserie kam der 4WD allerdings mit dem *Audi Quattro,* der im März 1979 in Genf Weltpremiere feierte. Später führte Audi den Allradantrieb bei allen Modellreihen ein. Parallel dazu wurden allradgetriebene Fahrzeuge auch äußerst erfolgreich im Rallyesport eingesetzt.
Danach zogen andere Hersteller mit dem 4WD nach: Bei Serienmodellen *(BMW 325iX, Daimler-Benz ›4 Matic‹, Ford 4 × 4, VW ›syncro‹, Renault, Honda, Nissan, Mazda u. a.)* und im Sporteinsatz *(Lancia Delta S4, Porsche 959/961, Peugeot 205 Turbo 16, Leyland, Ford RS 200, Citroën BX 4 × 4, Audi Sport Quattro).*

Sprechendes Auto. Das erste europäische Modell war der *Peugeot 505 Turbo Injektion,* der **1982** im Pariser Autosalon vorgestellt wurde. Ihm folgte im Frühjahr 1983 der *Renault 11,* dann der *Austin Maestro.* Das gesamte Repertoire des *Peugeot 505 Turbo Injektion* umfaßte neun von einer Frau gesprochene Anweisungen. Bei Renault ist es eine Männerstimme, die sich in vier Sprachen ausdrückt (Französisch, Englisch, Deutsch und Italienisch). Sie kann 18 verschiedene, nach Wichtigkeitsgrad sortierte Anweisungen in einen Speicher eingeben. Darunter ist die wichtigste der Befehl zur Vollbremsung, falls der Öldruck rasant abfällt. Mittlerweile wurden ›sprechende‹ Autos jedoch wieder aus dem Programm genommen, da das Publikum diese Form der Information nicht akzeptierte.

Das antwortende Auto. Martine Kempf erfand **1981** ein System, das behinderten Fahrern ermöglicht, ihr Auto mit der Stimme zu führen. Auf das französische Wort »Clairon« (Hupe) hupt es, auf das Kommando »nach rechts« betätigt es den rechten Blinker. Zuerst wurde dieses System in einen *Renault 5* eingebaut, dann, 1983, in einen *Renault 11.* Bislang wurden nur wenige Wagen auf Wunsch gebaut.

Elektroauto. In den Vereinigten Staaten kamen die ersten Modelle heraus: **1891** der *Electrobat* der Firma Morris und Salomon in Philadelphia, der aber nur eine kleine Auflage erlebte. Ihm folgte 1892 der *Morrison,* dessen Fabrikant William Morrison aus Iowa ihn jahrelang unter die Leute brachte, indem er immer ein Modell bei den Kampagnen des Werbefachmanns Harold Sturges mitfahren ließ. Das 1894 gebaute Auto des Ingenieurs Charles Jeantaud schaffte mit einem 4-PS-Elektromotor im Jahr 1895 die Strecke Paris–Bordeaux–Paris. Allerdings mußte alle 200 km die Batterie ausgewechselt werden. Die Traumgeschwindigkeit von 105 km/h erreichte der belgische Fahrer Camille Jenatzky erstmals 1899 mit seinem *Jamais contente* (Niemals zufrieden), einem Elektroauto in Granatenform. Auf der Weltausstellung 1900 wurde der gesamte Verkehr im Gelände mit elektrischen Fahrzeugen bewältigt. Trotz des Erfolges der »Elektromobile« bei dem großen Rennen Paris–Chatellereault (301 km) im Jahr 1901 verschwanden sie bis zum Jahr 1941, in dem kriegsbedingte Treibstoffnot ihr zaghaftes Wiederaufleben begünstigte.

Ein Elektroauto für die breite Masse stellte **1984** die englische Firma Sinclair – eigentlich bekannt für ihre Computer – für den Individualverkehr vor. Mit seiner 15-kW-Batterie schafft das Modell *C 5* bei einer Geschwindigkeit von 25 km/h etwa 30 km. Die Karosserie ist aus Polypropylen, ein Hinterrad übernimmt den Antrieb, das Vorderrad die Lenkung. Mittlerweile wurde die Produktion wegen mangelnder Nachfrage wieder eingestellt. Auch Peugeot hat 1984 einen elektrifizierten Prototyp seines *205* gebaut. Ausgerüstet mit einer Nickel-Eisen-Batterie schafft der Wagen 140 km bei einer Spitzengeschwindigkeit von 100 km/h. Bei VW gibt es den *Golf City-Stromer,* der 100 km/h erreicht; BMW hat ein Elektroauto in der Karosserie des 320i gebaut. Das erste Serienauto dürfte der *Pöhlmann EL* sein, der 115 km/h schnell ist, dessen Verkaufszahlen allerdings am Preis von rund 70000 DM scheitern.

Holzauto. Nach Metall und Plastik kehren die Automobilkonstrukteure wieder zum Holz zurück: mit einem allradgetriebenen Fahrzeug, dessen Karosserie und Chassis fast ganz aus Holz sind. Dieses **1985** entwickelte Modell des Franzosen Jean Gimel heißt *African* und ist vor allem für den afrikanischen Markt bestimmt.

Eisenbahn-Auto. Kombinierte Pannenhelfer für Auto und Eisenbahn haben die englischen Firmen Bedford Bruff und United Services Garages **1985** gebaut: Sie haben vier Räder mit Direktantrieb und bewegen sich auf der Straße mit 100 km/h, mit 60 km/h querfeldein und auf Schienen.

Ab 1770 war Cugnots Dampfwagen auf den Straßen zu sehen. Das Verkehrsmuseum Nürnberg zeigt diese originalgetreue Nachbildung.

Das Straßenpflaster erfand **1815** der Schotte John McAdam (1756–1836). Ende des 18. Jh.s war der Zustand der Straßen in Europa katastrophal, denn sie waren seit dem Mittelalter nicht überholt worden. Der in Schottland geborene McAdam hatte sein Glück in den USA gemacht. Wieder in Schottland, unternahm er auf eigene Kosten eine Reihe von Studien über die Befestigung von Straßen mit Steinen. 1815 wurde er zum Generalverwalter aller Straßen der Grafschaft Bristol ernannt und konnte endlich seine Theorien in die Praxis umsetzen. Er fertigte Straßendecken auf der Basis von Sand und Bruchstein, die man festwalzte. Die McAdam-Methode wird heute kaum noch angewendet. Man benutzt jetzt Mischungen auf Zementbasis, Flugasche und Hochofenschlacke. Teer hat man zugunsten von Bitumen aufgegeben und stellt jetzt mit neuen Maschinen durchschnittlich 1 km Autobahn pro Tag her. Bei Scetauroute, der französischen Nummer 1 im Straßenbau, studiert man zur Zeit als neuen Belag bitumenbeschichtete Plastik-Auslegware. Etwa 10 km Fahrbahn werden Ende 1989 auf der Autobahn A 26 bei Calais damit bedeckt.

Die erste Autobahn im heutigen Sinne wurde zwischen **1913** und **1921** in Berlin gebaut. Die »Automobil-Verkehrs- und Übungsstraße« *(AVUS)* diente aber nicht nur dem Verkehr, sie bekam auch zwei gut ausgebaute Kurven an jedem Ende. Die Kurvenradien: 143 m (Nord) und 54,5 m (Süd). Auf diesem Kurs fanden von 1921 an bis in die 60er Jahre viele Rennen statt.

Mit diesem Motorwagen verwirklichte Karl Benz seine revolutionäre Idee einer neuen Fahrzeugart – das erste Automobil.

Allerdings ist die erste vierspurige Autobahn, die heutigen Sicherheitsvorschriften entspricht, amerikanisch. Sie wurde zwischen 1937 und 1940 in Pennsylvania gebaut.

Mechanik

Kardanwelle. Der berühmte italienische Mathematiker und Philosoph Geronimo Cardano beschrieb sie **1545** in einer physikalischen Abhandlung mit dem Titel *De subtilitate rerum* (Über eine sehr subtile Sache). Bei der kardanischen Aufhängung wird ein Kreisel in Kardanringen –

1937 präsentierte Mercedes seinen Geländewagen *G 5* mit vier steuerbaren Antriebsrädern und einem 45-PS-Einspritzmotor. So schaffte er sogar Steigungen von 55 Grad bei einer Belastung von 770 Kilogramm.

auf Drehzapfen gelagerten Ringen – so aufgehängt, daß er jede Lage im Raum einnehmen kann.

Das Differential, oder genauer gesagt das Differentialgetriebe, wurde im November **1827** von dem Franzosen Onesiphore Pecqueur für eine Dampfmaschine konzipiert. Im Auto sorgt es dafür, daß die Kraft des Motors so an die Antriebsräder weitergeleitet wird, daß sich das Außenrad in Kurven schneller drehen kann als das Innenrad.

Kugellager wurden bereits im Mittelalter benutzt, vor allem in Mühlen. Aber erst **1869** legte der französische Mechaniker Jules Pierre Suriray bei der Vorstellung des Velozipeds auch eine Zeichnung von einem Kugellager in den Radachsen eines Fahrzeugs vor. Die Serienproduktion begann bei der Firma SKF in Schweinfurth.

Den ersten Generator für Gasverbrennungsmotoren baute der englische Ingenieur Emerson Dowson im Juli **1883**. Er wandelt die Feststoffverbrennung in Gasverbrennung um. Dowsons Modell schaffte etwa 60 Prozent. Die englischen Crossley-Brüder und Daimler-Benz in Deutschland griffen die Erfindung auf.

»Genefag«, der zeitgenössische Generator. Calberson in Frankreich stellte **1981** Fahrzeug-Prototypen mit dem neuen System (es handelt sich um einen Heizöl-Gas-Generator) vor. Das unter der Leitung der Ingenieure Marcel Coesson und Jean Godbille erarbeitete System hat 211 000 km Test hinter sich. Es ermöglicht dem Autofahrer, mit einem Gemisch aus 20 Prozent Leichtbenzin und 80 Prozent Holzgas zu fahren.

Getriebe mit direktem Gang. 1899 baute Louis Renault seinem ersten Auto einen Getriebekasten mit großem Gang und Baladeur-Gangschaltung ein. Er hatte drei Gänge und einen Rückwärtsgang. Der schnellste Gang wurde direkt übertragen, das heißt, die Primär- und Sekundärwellen drehten sich mit der gleichen Geschwindigkeit.

Antrieb. In ihrer Ausgabe vom 18. August **1900** erwähnt die amerikanische Illustrierte *The Motor Car Journal* den ersten Automatikantrieb durch »epicycloidal-Zug«. Der Franzose Louis Bonneville hat ihn im selben Jahr erfunden. 1950 erfindet der Franzose Gaston Fleischel eine komplette Serie von Lösungen für Automatikantriebe und läßt sie patentieren. Noch im selben Jahr beschließt die Speciality Equipment and Machinery Corporation in Maryland (USA), sich in die Forschungen einzuschalten. Um das Fleischel-Patent bildete sich daraufhin ein lebhafter Streit, der erst 1953 mit der Rücknahme aller Aktivitäten von Speciality Equipment beigelegt werden konnte.

Frontantrieb. *Homokinetisches Gelenk:* Diese Erfindung der französischen Ingenieure Pierre Fenaille und Jean Grégoire von **1926** machte den Frontantrieb für Autos möglich. Mit seiner Hilfe kann man die Motorleistung problemlos auf die vorderen Räder übertragen.
Der Däne Jörgen Skatte Rasmussen begann 1919 – mehr zum Vergnügen seiner Kinder – damit, ein kleines Auto zu bauen, das er »Des Kna-

Blick auf den Startplatz beim Großen Preis von Deutschland im September 1921 auf der AVUS in Berlin. Die erste Autobahn war fertiggestellt.

ben Wunsch« (DKW) benannte. Der große Wurf gelang ihm **1931,** als er mit der Produktion des *F1* begann, der mit 1750 RM nicht nur das billigste Auto deutscher Produktion, sondern zudem auch das erste Massenauto mit Frontantrieb war. Das erste Auto mit Frontantrieb kam von der österreichischen Firma Gräf & Stift mit Sitz in Wien. **1897** lief hier - auf der Basis einer De-Dion-Voiturette - das erste Frontantriebsauto.

Der Wankelmotor. Der *NSU Wankel Spider* war von **1964** an der erste Serienwagen mit dem **1956** von dem deutschen Ingenieur Felix Wankel entwickelten Motor. 2375 Exemplare wurden davon gebaut. 1969 brachte die deutsche Firma NSU den ebenfalls mit Wankelmotor ausgestatteten *Ro 80* heraus. Trotz zahlreicher Vorzüge hat sich der Wankelmotor bisher bei europäischen und amerikanischen Autokonstrukteuren nicht durchgesetzt. Nichtsdestotrotz setzte er seinen Siegeszug bei Mazda fort. 1,3 Mio. mit ihm ausgestattete Autos wurden bisher verkauft, davon 350000 in den USA. Bei Mazda ist der Kreiskolbenmotor derzeit im *RX 7* und im *RX 7 Turbo* im Einsatz.

Der *NSU Spider* war 1964 der erste Serienwagen mit dem von Felix Wankel entwickelten Wankelmotor.

Der Motor »Fire 1000« Fiat PSA ist ein Ergebnis der Fiat-Forschungen zur Produktion eines neuen 1000-cm^3-Motors (Vierzylinder) für die Ansprüche der 90er Jahre unseres Jh.s. Der *Fire 1000* (eine Abkürzung für »Fully Integrated Robotized Engine«) wird heute in einer ausschließlich von Robotern bedienten Fabrik hergestellt, die drei Motoren pro Min. baut (2500 Einheiten am Tag). Ausgeklügelte Technologie (wie holografische Laser und fortschrittlichste Techniken der Strukturberechnung) wird schon seit der Versuchsphase eingesetzt. Dieser ultraleichte Motor (69 kg) verbraucht 15 Prozent weniger als die derzeit üblichen Vierzylinder, seine Drehzahlen sind exzellent (45 PS bei 5000/min), er braucht fast keine Wartung und hat 30 Prozent weniger Einzelteile als der aus 368 Teilen gebaute *1050*er-Motor des *Fiat 127.* Ein erstes Exemplar des *Fire 1000* wurde **1985** in den *Autobianchi Y 10* eingebaut.

Der Keramikmotor. Die Einführung der Keramik in die Automotorenfabrikation beschäftigt die Forschungsbüros besonders. Denn die geringe Wärmeleitung dieses Materials müßte Einsparungen ermöglichen - vor allem beim Volumen der Kühlkreisläufe. In Japan wurden zahlreiche Experimente gemacht (Nissan und Isuzu), aber die Bedeutung der Ergebnisse wurde oft übertrieben. Auch europäische Hersteller interessieren sich für das Problem, aus Keramik und verschiedenen Metallen zusammengesetzte Elemente miteinander zu verbinden. Ein weiteres Problem sind die Spezialkleber, die man verwenden müßte. Es scheint in der Tat ausgeschlossen, vor Ablauf von ein paar Jahren komplette Stücke aus Keramik zu verarbeiten. Zunächst müßte man die Formel für eine dauerhafte Metall-Keramik-Verbindung finden. Aber in einigen Jahrzehnten wird man sicher zunehmend Keramik in den Motoren verwenden.

Der Kühler, eine Vorrichtung zur Abkühlung des Motors, wurde von dem deutschen Ingenieur Wilhelm Maybach **1897** erfunden. Nach zahlreichen Versuchen brachte er ein Modell mit dem Namen *Bienenkorb* heraus. Die ersten wurden von der Daimler-Motoren-Gesellschaft, bei der Maybach arbeitete, auf den Markt gebracht.

Den luftdicht verschlossenen Kühler brachte **1960** Renault heraus. Der Vorteil: man füllt Wasser und Frostschutzmittel nur einmal ein und braucht sich dann nie mehr darum zu kümmern. Er wurde allerdings kaum zum Einsatz gebracht, da er - wegen der Korrosion - seinen Aufgaben langfristig nicht mehr gerecht werden kann.

Katalysator-Auspufftopf. Durch die Einführung des bleifreien Benzins an den Tankstellen gewinnt diese alte Erfindung des Franzosen Michel

Frenkel aus dem Jahr **1909** neue Aktualität. Seinerzeit wurde sie patentiert als »Verfahren und Apparat zur Desodorierung der Auspuffgase von Autos und anderen Fahrzeugen«. Als einige Bundesstaaten der USA (allen voran Kalifornien) umweltfreundlichere Abgasgrenzwerte vorschrieben, wurde der geregelte Dreiwege-Katalysator zur Pflicht, da nur er in der Lage ist, die gesetzlichen Vorschriften einzuhalten (1974). Mittlerweile wird der Katalysator auch bei uns in praktisch allen Automodellen angeboten.

Die Bremse. Um **1895** waren die meisten Autos mit sogenannten Bandbremsen ausgestattet. 1899 kamen die Keilriemen auf den mit einem Hebel betätigten Trommelbremsen auf. Fuß- und Handbremse ließ sich Perrot-Lockheed 1924 patentieren, und Chrysler war der erste Konstrukteur, der das Patent kaufte.

Die Scheibenbremse erfand **1902** der englische Arzt Frederick Lanchester. Bis zum Sieg des *Jaguar* beim 24-Std.-Rennen von Le Mans 1953 wurden vor allem Militärfahrzeuge mit ihnen ausgerüstet. Bei besagtem Rennen aber schickte Jaguar ein Fahrzeug mit Dunlop-Scheibenbremsen an den Start, die 1945 patentiert und bis dahin nur in der Luftfahrt verwendet worden waren.

Die Streusandbremse stellte **1988** der Berliner Günter Radecki vor. An vier Stellen des Autos – jeweils im Kofferraum und unter der Motorhaube – werden mit Sand gefüllte Tanks befestigt. Eingebaute Scheibenwischermotoren, die durch die Handbreme ausgelöst werden, pusten den Sand bei Bedarf direkt vor die Räder. So wird bei Glatteis nur noch die Handbremse gezogen, und der Wagen kann nicht mehr ins Schleudern kommen. Radecki bekam auf diese Erfindung ein Patent.

Die erste hydropneumatische Federung war die des französischen Ingenieurs Georges Messier, der dafür **1920** sein erstes Patent erhielt. **1924** baute er in seiner Werkstatt in Levallois eine *oleopneumatische Federung mit Gleichgewichtskorrektur.* Sie wurde zunächst auf einem Delage-Chassis getestet. Ab 1926 waren die Messier-Wagen ohne Federn mit ihr ausgerüstet. 1953 (20 Jahre nach Messiers Tod) vollendete Citroën seine berühmte hydropneumatische Federung (eine Verbindung von einem Gas und einer öligen Flüssigkeit), und stattete zunächst 3000 Exemplare des *15 CV* damit aus, bevor sie, ab 1955, auch in die anderen Modelle der Marke eingebaut wurde.

Gangschaltung mit Vorauswahl. Major Wilson konstruierte sie **1917** für die gerade aufkommenden Kampfwagen. Nach dem Kriege wurden sie serienmäßig in die Autos von Armstrong-Siddeley eingebaut und später in die französischen Talbots. Im wesentlichen fanden sie Verwendung in großen Lastwagen und Omnibussen.

Die Vollautomatik wurde serienmäßig erstmals **1971** in den holländischen *Daf* eingebaut, danach in kleinen Serien von Volvo und als Versuchsprojekt auf dem Fiat *Uno,* der 1982 mit dem »Transmatic« ausgerüstet worden war: einem hoch widerstandsfähigen Keilriemen, der 130 000 km hält. Mittlerweile hat Ford die Serienproduktion beim *Fiesta* (gegen Aufpreis) anlaufen lassen.

Kompressor. In den Jahren vor dem Ersten Weltkrieg begannen die Produzenten von Flugzeugmotoren, sich intensiv mit dem Kompressor zu beschäftigen, da die Erhöhung der Leistung auch höhere Flughöhen ermöglichte. Bei dieser Technologie trug besonders der Erste Weltkrieg zu immer besseren Resultaten bei, da die Jagdflugzeuge – zur Bekämpfung des Gegners – immer höher fliegen mußten. Bei diesen Höhen nimmt der Sauerstoffgehalt der Luft ab, damit verringerte sich auch die Leistung. Der Kompressor, der – angetrieben von der Kurbelwelle – die angesaugte Luft komprimiert (und damit mehr Sauerstoff zur Verfügung stellt), konnte dieses Manko ausgleichen. Daimler in Stuttgart wurde mit dem Know-how der Flugzeugmotoren-Abteilung so zu einer Firma, die von **1921** an Kompressor-Autos im Programm hatte. Der *10/40/65 PS* war das erste Modell einer langen Reihe von Kompressorwagen, die mit der *S/SS/SSK* und *SSKL*-Baureihe sowie dem *500 K, 540 K* und *770 K* ihre Höhepunkte hatte. Auch die *Silberpfeile* von Daimler-Benz und der Auto-Union wären ohne das »Roots«-Gebläse – so nach den amerikanischen Brüdern Roots benannt, die das System mit den beiden ineinandergreifenden Flügeln zur Beförderung und Pumpen ihrer Getreidevorräte erfunden hatten (1854) – nicht so erfolgreich gewesen. Auch die *Alfetta,* mit der Farina und Fangio 1950 und 1951 noch Weltmeister wurden, besaß einen Roots-Kompressor.

Dann wurde der Kompressor uninteressant, da er bei steigender Drehzahl immer mehr Leistung »kostet«. Lancia reaktivierte das System für seine Rallye-Wagen *Rally 037* und *Delta S4* – hier ist es nützlich, da ein Rallyewagen beim Beschleunigen aus niedrigen Drehzahlen viel Leistung braucht, die der Kompressor sofort bereitstellen kann. Maximale Geschwindigkeit ist hier weniger gefragt. Bei dem erwähnten *Delta S4* gab es zusätzlich zum Kompressor (der bei niedrigen Drehzahlen angeschlossen war) einen Turbolader, der bei hohen Drehzahlen zum Einsatz kam. Lancia baute auch einige Straßenmodelle mit Kompressormotoren.

Allradsteuerung. Der Dampfwagen des Amédée Bollée aus dem Jahr 1876 ist der Vorfahr aller Wagen mit Allradsteuerungen. Nach ihm wurde das Prinzip noch auf einigen Prototypen angewandt. 1965 holte sich die japanische Firma Mazda mehrere Patente. Aber erst **1987** wurden die ersten serienmäßigen Modelle von Honda und Mazda vorgestellt. In der Tat handelt es sich

Kurios und makaber zugleich: der Boothill Express, der schnellste Leichenwagen der Welt, schafft 200 km/h. Er verkehrt zwischen Wichita und El Paso, Texas (USA).

Dieser Sportwagen *10/40/65 PS* verfügte über die erstmals 1921 im PKW-Motorenbau eingesetzte Aufladung und wurde zum ersten Kompressor-Auto. Seine Höchstgeschwindigkeit betrug 110 km/h.

hierbei um einen Meilenstein in Sachen Sicherheit und Bodenhaftung.

Viskokupplung. Der englische Ingenieur Harry Ferguson erfand **1964** dieses Gerät, das in deutsche Autos mit Allradantrieb eingebaut wurde (*Audi Quattro, VW Golf Syncro* und *BMW 325i X*). Es besteht aus einer Serie von Scheiben, die abwechselnd mit der Radnabe und dem Getriebekasten verbunden sind. Dazwischen ist Silikonöl, dessen Zähflüssigkeit es ermöglicht, die Kraft in Anpassung an die wechselnde Bodenhaftung zu verteilen. Diese Viskokupplung definiert die Kraftverteilung zwischen Vorder- und Hinterachse (z. B. *Audi Quattro* 50:50 und *BMW 325iX* 35:65).

Das Antiblockiersystem (ABS). Mit Hilfe dieses Systems kann man durch einfaches Durchtreten des Bremspedals sein Auto in kürzester Zeit zum Stehen bringen, ohne daß eines der Räder blockieren kann – dadurch wird die Rutsch- und Schleudergefahr praktisch eliminiert, der Bremsweg jedoch nicht verkürzt. Es funktioniert auf geraden Strecken genauso wie in Kurven, auf nassem und gefrorenem Boden ebenso wie auf Split und trockener Fahrbahn. Der Flugzeugausrüster Teldex arbeitete an diesem System bereits seit den fünfziger Jahren – ursprünglich wurde das System für Flugzeuge entwickelt, die auch auf Schnee und Eis landen können müssen, ohne daß eine Bremse ungleichmäßig bremst und das Flugzeug von der Landebahn abkommt. Da Flugzeuge nur geradeaus bremsen, konnte das System mit den damals zur Verfügung stehenden Computern und Speicherkapazitäten zum Einsatz gelangen. Autos hingegen, die auch in Kurven und mit unterschiedlichem Eigenlenkverhalten abgebremst werden müssen, bedurften einer komplizierteren Software. Hier lag die Hauptproblematik in der Bereitstellung der Speicherkapazität, die für alle Eventualitäten eine korrekte Lösung parat hatte. Deshalb dauerte es bis **1982**, als Bosch das erste ABS serienreif hatte und an einige Hersteller lieferte (Daimler-Benz und BMW).

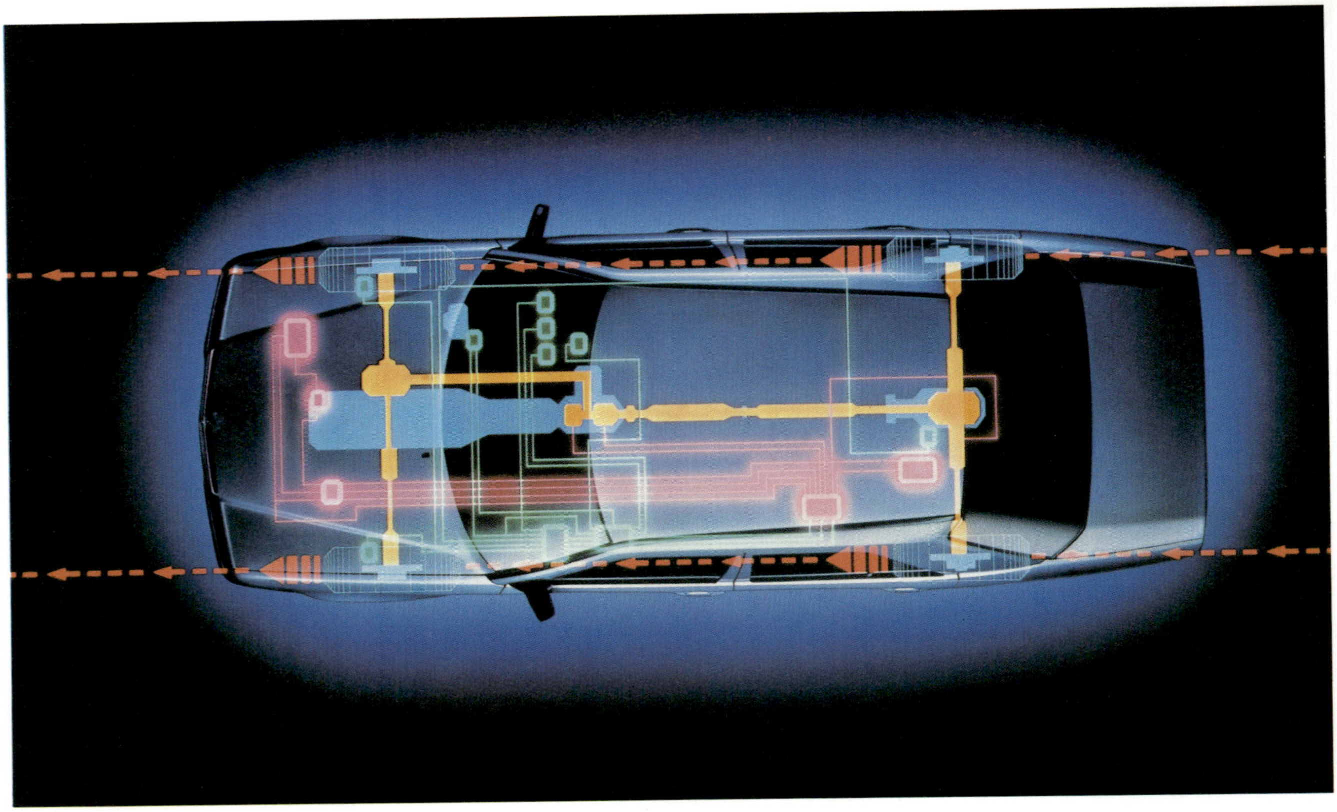

Oben: Eine neue Ära der Antriebstechnik demonstriert Daimler-Benz: das automatische Sperrdifferential ASD für die Sechszylinder-Modelle, für Achtzylinder-Modelle ASR mit dem »elektronischen Gaspedal«.

Der *Opel Olympia* des Jahres 1935 verwirklichte erstmals in Deutschland die aus den USA stammende Idee der selbsttragenden Karosserie.

Die Anti-Schlupf-Regelung (ASR) stellte Volvo **1985** in seinen neuesten Modellen der oberen Preisklasse vor. Es heißt ETC (Electronic Traction Control) und greift beim Rutschen in die Beschleunigung ein: Sobald eins der Antriebsräder zum Durchdrehen neigt (das kann der Radsensor feststellen, der auch beim ABS merkt, ob ein Rad zum Blockieren ansetzt – deshalb benötigt ein ASR stets auch die Hardware des ABS), wird automatisch die Bremse betätigt; das Rad wird so weit abgebremst, daß es nicht mehr durchdreht. Durch diese teilweise Freigabe der Leistung an die Antriebsräder (geregelt durch die Bremsen) setzt sich so ein Wagen auch auf Eis langsam in Bewegung. Dieses System gibt es mittlerweile auch bei Daimler-Benz. Bei VW und Ford wird es von dem Modelljahr 89 an im Programm sein.

Karosserie und Zubehör

Selbsttragende Karosserie. In Europa war André Citroën **1925** der erste, der die aus Amerika stammende Idee, alle Karosserieteile miteinander zu verbinden, auf Serienautos (*B 10* und *B 12*) realisierte. So verschaffte er den Insassen seiner Autos mehr Schutz bei Zusammenstößen und zugleich mehr Innenraum. Außerdem war es jetzt möglich, die Karosserien durch einfaches Ausbeulen zu reparieren. Vorher waren Autokarosserien nichts als Holzskelette mit angenieteten Blechen gewesen. Das erste deutsche Auto mit dieser Form der Karosserie war der *Opel Olympia* aus dem Jahr 1935.

Der aufziehbare Luftreifen verursachte **1891** eine Revolution in der Fahrradindustrie. Denn dank dieser Erfindung der Brüder Michelin brauchte man mit einem »Plattfuß« nicht mehr in eine Spezialwerkstatt, sondern konnte ihn in weniger als einer Viertelstunde selbst reparieren.

Zwillingsreifen waren auch eine Problemlösung der französischen Firma Michelin aus dem Jahr **1908.** Ein Bus in Puis de Dôme war das erste schwere Fahrzeug, das damit ausgestattet wurde.

Speichenrad. Michelin brachte **1947** das *Metalic* als erstes Stahlspeichenrad heraus. Es verbesserte die Bodenhaftung des Autos in bemerkenswertem Maße. Am 4. Juni 1946 wurde ein Patent darauf erteilt.

Doppelreifen-Felge. Dank dieser Erfindung von J. V. M. Juhan aus dem Jahr **1977** verliert man nicht mehr die Kontrolle übers Steuer, wenn unterwegs ein Reifen platzt. Man braucht nur den übriggebliebenen Reifen ein bißchen mehr aufzupumpen. Außerdem verringert die Doppelfelge die Risiken des Aquaplanings um 80 Prozent. Auf die Idee der schmalen Doppelreifen kam der Erfinder, als ein normales Auto mit schmalen Reifen seinen mit breiten Reifen ausgerüsteten Sportwagen im Platzregen überholte. In der Schweiz sind viele Polizei- und Feuerwehrautos, aber auch Krankenwagen mit den Doppelreifen ausgerüstet. Weltweit interessieren sich viele Firmen für das System.

M + S-Reifen. Michelin hatte als Pionier auf dem Gebiet der Winterbereifung schon 1914 Glatteisketten herausgebracht und 1933 einen Schneereifen. **1978** präsentierte die Firma schließlich einen Winterreifen ohne Nägel.

Fahrzeugeinfälle

Oben: Das Versuchsfahrzeug *P. 29* von Matra; damit sollen verbesserter Antrieb und Bremsen, Straßenlage und Infrarotanlage geprüft werden.

Rechts: Besondere Aufmerksamkeit lenkte dieser *Mercury 50 Leadsled Top Choppée* durch sein speziell nach hinten abgeflachtes Dach auf sich.

***Litestar* ist ein ausgesprochen leistungsfähiges Fahrzeug (von 0 auf 100 km/h in 6,7 Sek.; Verbrauch: 3,14 l auf 100 km). Sein Konstrukteur ist der Amerikaner James R. Bede.**

TDX-Reifen. Anfang der siebziger Jahre hatte Dunlop den nicht von der Felge zu lösenden *Denovo-Reifen* in den Handel gebracht, mit dem man auch nach einer Reifenpanne bei Tempo 80 noch etwa 160 km weiter fahren kann. So großartig diese Lösung auch schien, sie wurde rasch von einer zweiten Generation nicht von der Felge zu lösender Reifen mit Sicherheitswulst abgelöst, den *Denloc* von Dunlop. Zusammen mit dem *TRX* von Michelin führte er zum *TDX*, der Anfang **1984** in den Handel kam. Der Felgenreifen *CTS* von Continental und Uniroyal kann als Plattfuß noch mehrere hundert km zurücklegen. Er wurde 1985 entwickelt.

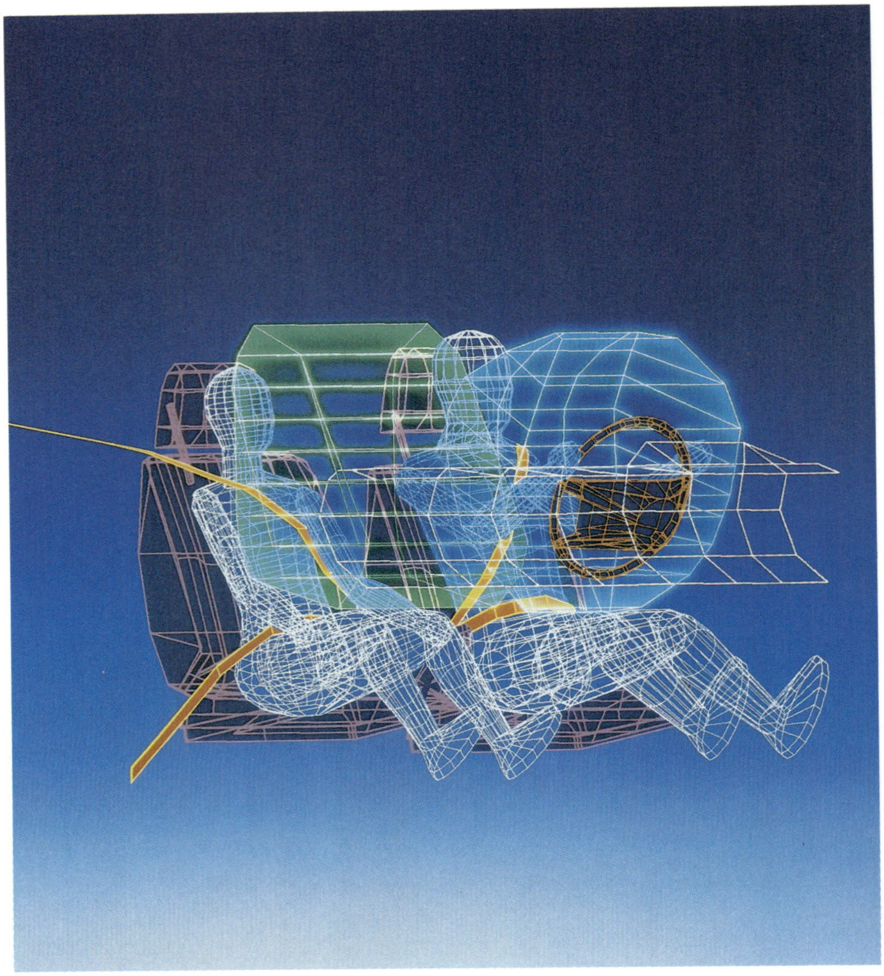

Bib-Mousse. Der für die Rallye Paris–Dakar im Januar **1984** hergestellte *Bib-Mousse* von Michelin ist ein Reifen für Geländemotorräder, in dem die Luftkammer durch einen sehr weichen Gürtel aus Polyurethanschaum ersetzt wurde. Damit ist die Gefahr des Platzens gebannt.

Schneeketten erfand **1904** der Amerikaner Harry D. Weed aus Canastota im US-Staat New York.

Druckanzeiger. Für sein neues Reifenüberwachungssystem *MTM* (Micheline Tyre Monitor), das **1985** erstmals vorgestellt wurde, bekam Michelin den Oscar für Autozubehör. Durch einen in die Räder eingebauten Meßwertgeber mißt dieses Gerät permanent Temperatur und Druck der Reifen. Diese Informationen werden durch eine kreisförmige, mit jedem Rad verbundene Antenne weitergegeben und von einem Mikroprozessor in Anzeigen auf dem Armaturenbrett verwandelt. Der *MTM* wird durch die Autobatterie betrieben.

Der Berliner Walter Treser baute diesen Roadster, den er 1987 der Öffentlichkeit vorstellte. Sein Gag: mittels Gasfedern läßt sich ein festes Hardtop-Dach mühelos in Sekundenschnelle hinter die beiden Notsitze klappen – ohne den Kofferraum oder andere Nutzflächen zu verringern. Ein Knopfdruck genügt, und stumme Elektromotoren öffnen und schließen das Dach.

Eine selbstjustierende Radaufhängung, die über einen Minicomputer gesteuert wird, wurde im Februar **1983** erstmals in zwei Toyota-Modelle eingebaut, die nur in Japan verkauft werden. Neuerdings gibt es sie auch in dem Toyota-Luxusmodell *Soarer*, das nur für die USA bestimmt ist. Man kann diese Aufhängung hart oder weich einstellen. Im japanischen *Mazda 626* und beim *BMW M3* gibt es einen Korrektor für die Härte der Stoßdämpfer, die der Fahrer steuern kann, die aber auch automatisch funktioniert. Dieselbe Idee wurde auch in dem 1984er-Prototyp *MX 02* wieder angewandt. Mittlerweile gibt es auch bei Mitsubishi ein ähnliches System.

Stoßstangen aus Kautschuk waren die ersten, die sich **1905** der Brite F. R. Simms patentieren ließ. Im Sommer desselben Jahres montierte seine Firma Simms Manufacturing sie an das *Simms-Wellbeck-Auto*. Allerdings hatte es schon an dem 1897 gebauten tschechischen Auto *Präsident* Stoßstangen gegeben. Aber beim ersten Test fielen sie nach 15 km ab und wurden nie mehr ersetzt.

Der Do-it-yourself-Wagenheber hebt in 45 Sek. mit Hilfe eines 12-Volt-Akkumulators jedes Auto. Der Däne Erik Hauberg Skriven Nielsen erfand **1976** dieses Gerät, mit dem man sein Fahrzeug selbst inspizieren und reparieren kann wie in der Werkstatt. Unter dem Namen *Autolift* brachte die englische Firma Ringparts aus Leeds 1983 ein verbessertes Modell auf den Markt.

Die ersten Windschutzscheiben wurden **1903** angefertigt. Sie waren im allgemeinen sehr hoch, da auch die Autos dieser Epoche oft 2 m in der

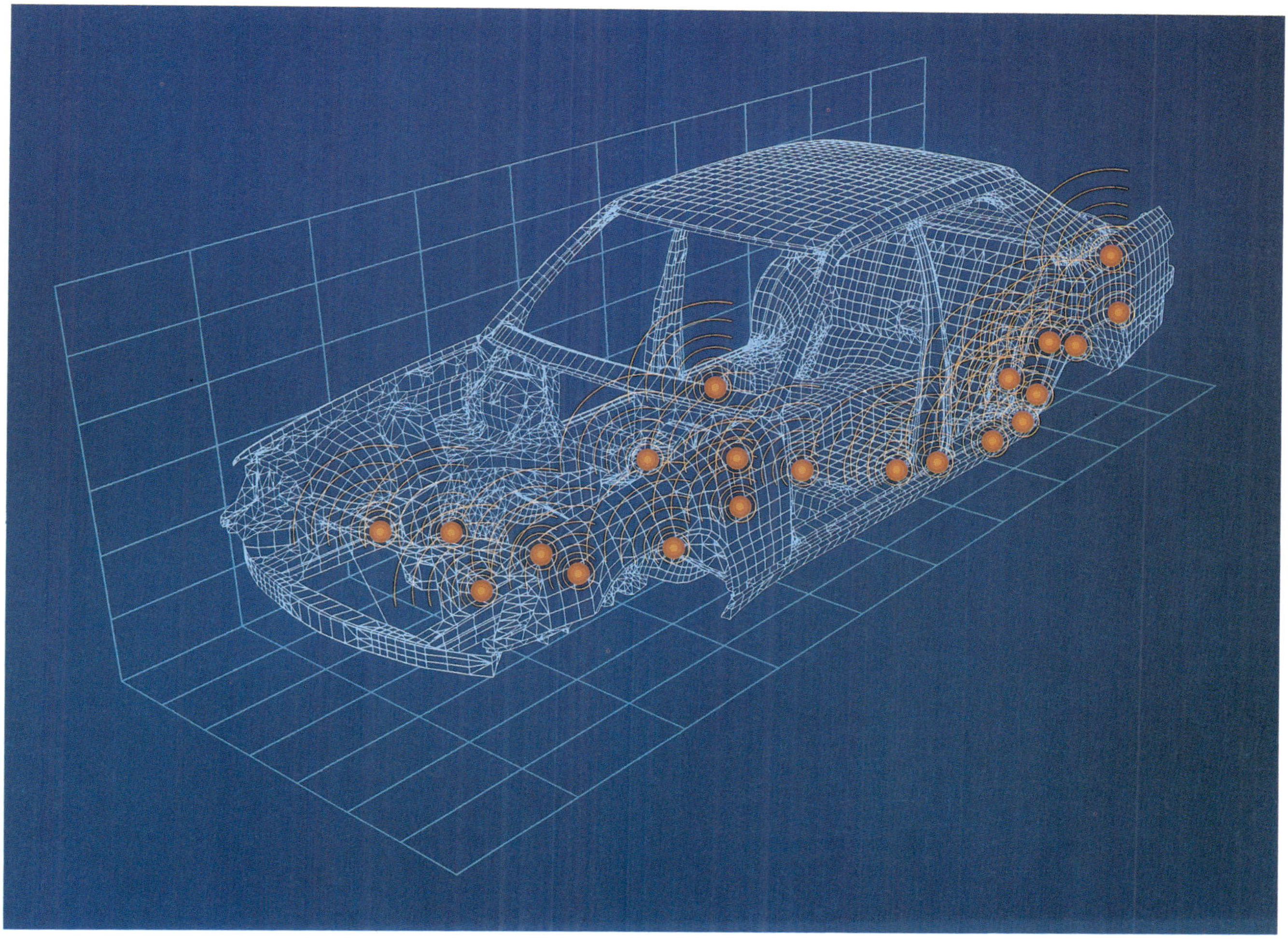

Daimler-Benz stellte 1987 als Erweiterung des Fahrer-Airbags auch den Beifahrer-Airbag vor (links oben). Spitzentechnik verwirklicht sich auch bei der Wertsicherung: die elektronisch gesteuerte Hohlraumkonservierung (oben).

Höhe maßen. Aus normalem Glas gefertigt – also sehr bruchgefährdet –, gehörten sie zu jenem Zubehör, auf das der Autofahrer auch verzichten durfte.

Verbundglas-Windschutzscheiben brachte der französische Chemiker E. Benedictus **1910** unter dem Namen *Triplex* in den Handel. Lange Zeit blieb sie den Autos der oberen Preisklassen vorbehalten, während das bei Unfällen sehr gefährliche, sogenannte gehärtete Glas, immer weitere Verbreitung fand. Als erster Hersteller baute Volvo 1944 die Windschutzscheibe aus Verbundglas serienmäßig ein – in den *PV 444*.

Den ersten handbetriebenen Scheibenwischer für Automobile erfand Prinz Heinrich von Preußen, der am **24. März 1908** ein Patent darauf bekam. Auf die Initiative dieses begeisterten Automobilisten ging übrigens die erste Langstrecken-Zuverlässigkeitsfahrt, die Prinz-Heinrich-Fahrt, zurück. 1922 gab es in Deutschland den ersten mechanischen Scheibenwischer mit Unterdruckantrieb und von 1926 an den ersten elektrischen Scheibenwischer, der von Bosch entwickelt worden war.

Ein sensibler Scheibenwischer, der sein Arbeitstempo automatisch der Stärke des Regenfalls anpaßt, wurde **1983** von der japanischen Firma Nissan herausgebracht. Man kann ihn an allen Nissan-Fahrzeugen anbringen und auch an einigen anderen.

Der Rückspiegel wurde erstmals im Jahre **1911** auf der amerikanischen Rennstrecke von Indianapolis gesehen. Bereits ein Jahr später wurde er im Reglement des Wagens fest gefordert.

Der Sicherheitsgurt von heute basiert auf einem Patent aus dem Jahr **1903,** das der Franzose Gustave Désiré Liebau für »Gurte zum Schutz von Autofahrern und anderen« bekam, und auf einem fast identischen Modell, das der amerikanische Militärarzt Colonel Stapp in einem Raketenschlitten bei Geschwindigkeiten von mehr als 1000 km/h ausprobierte.
Zuerst nur in der Luftfahrt benutzt, erfuhr der Sicherheitsgurt immer neue Abwandlungen, bevor er erstmals serienmäßig in Volvos eingebaut wurde. Dort hatte man von 1959–63 Versuche durchgeführt und sich schließlich für den Drei-Punkt-Gurt entschieden. 1985 ist in Deutschland die Gurtanlegepflicht eingeführt worden.

Einen Sicherheitsgurt mit regulierbarer Spannung präsentierte **1984** der auf Sicherheitsgurte spezialisierte Samy Herson aus Val d'Oise auf der Pariser Erfinderwoche. Sein System bestand aus einer verstellbaren Schnalle, die sich wie eine Büroklammer am Riemen jedes beliebigen Gurts befestigen läßt.

Der Sicherheitsgurt für Kinder. Um Kinder auf den Rücksitzen zu sichern, hat Volvo **1985** einen Dreipunktgurt mit einem Spezialkissen herausgebracht. Er ist leicht anzubringen und verhindert das Herausgleiten. Gleichzeitig hat Volvo auch noch ein *Sicherheitsnetz* entwickelt, das an den Rückseiten der Vordersitze befestigt wird, um die Lücke dazwischen zu schließen. So kann das Kind bei einer Vollbremsung nicht mehr in den Nacken der vorne Sitzenden geschleudert werden.

Sicherheitsgurt-Zerschneider. Es handelt sich um einen einfachen Schneider, der am Armaturenbrett klebt. Im Notfall, oder wenn der Gurtverschluß blockiert, kann man den Sicherheitsgurt damit durchtrennen. Der Deutsche M. Reinhardt hat das Messer unter dem Namen »SOS-Gurtzerschneider« **1984** in den Handel gebracht.

Das aufblasbare Sicherheitskissen »Airbag« zum Abfangen von Stößen ist von der Firma Daimler-Benz entscheidend mitentwickelt worden und wurde 1981 erstmals in den USA als Zu-

Automalereien von Detlev M. Lehmann, dem gefragten Lackdesigner aus Berlin-Neukölln. Auf sein Konto geht auch die Erfindung einer raffinierten Lacksprühpistole.

behör gegen Aufpreis angeboten. Es handelt sich dabei um eine in die Lenkradsäule eingebaute Lufttasche. Bei einem Frontalzusammenstoß bläst sie sich automatisch auf.

Das Lenkradschloß erfand **1934** der deutsche Industrielle Abraham Neimann, ein Auto- und Rennfan. Zuvor hatte er bereits eine Radaufhängung konstruiert, die die Motorradkonstrukteure ebenso wie die Konstrukteure leichter Autos sofort übernahmen. Auf die Idee zu dem Lenkradschloß kam er, nachdem man ihm vor der Fabrik sein Auto gestohlen hatte.

Das abnehmbare Lenkrad präsentierte **1984** der Portugiese Manuel Martins zur Verblüffung der Öffentlichkeit auf dem Lépine-Rennen. Beim Aussteigen wird das *Volantantivol* (Antilangfinger-Lenkrad) einfach abgenommen und auseinandergeschraubt, so daß es in jedem Koffer Platz findet. Der Dieb hat nicht einmal die Chance, das Auto kurzzuschließen, weil alles so raffiniert angelegt ist, daß auf der Lenkradsäule keine Kabel liegen.
Bei Rennwagen ist es allerdings seit den 30er Jahren üblich, das Lenkrad mit einem Schnellverschluß auszustatten, damit die Fahrer problemlos in die Fahrzeuge steigen können.

In Reih und Glied präsentieren sich hier die Produkte einer Autofabrik in Los Angeles (USA).

Die Anti-Diebstahl-Markierung besteht darin, daß man die Fahrzeugnummer unauslöschlich in alle Fensterscheiben des Autos graviert. Sie wird außerdem zusammen mit allen anderen Nummern des Fahrzeugs in einem Zentralcomputer gespeichert, der die Identifikationskartei führt. Edward Bruneau ließ sich die Gravierpistole mit einer in England erprobten Technik am 3. Dezember **1982** patentieren.

Zentrale Türverriegelung zum Selbsteinbau. Egal, was für ein Auto man fährt, der englische Hersteller Securon garantiert, daß die Installation seines Systems der Simultanverriegelung aller Türen, das seit **1985** auf dem Markt ist, nicht länger dauert, als der Einbau von Lautsprechern in die Wagentüren – nämlich etwa drei Std. Das System wird nachträglich eingebaut, und der Fahrer kann die alten Schlüssel aufheben und bei Bedarf die Türen immer noch einzeln auf- und zuschließen.

»Carin«. Philips präsentierte im Oktober 1985 das System *Carin* (*Car Information and Navigation*): ein richtiger elektronischer Copilot, der es dem Autofahrer ermöglicht, seinen Weg ebenso im Gewirr städtischer Straßen zu finden wie auf einem Rennparcours. Man braucht dem Apparat einfach nur den Start- und den Zielpunkt anzugeben.
1988 soll dieses neue System in den Handel kommen. Ein ähnliches Verfahren hat »Télédiffusion de France« auf der Automesse 1984 vorgestellt. Es heißt *Atlas* und wurde gemeinsam mit Renault entwickelt.

Eine elektronische Straßenkarte baute **1981** der Ingenieur Ron Dork von General Motors in einen *Buick* ein. Bei seinem *Lorran*-System handelt es sich um ein Informatikaggregat, das über Navigationssatelliten, die für Schiffe arbeiten, Informationen über den Standort des Autos einholt. Der Computer überträgt sie sofort auf einen Bildschirm und zeigt die Position auf einer gespeicherten Karte. Der von den Japanern 1984 vorgestellte *Gyrokator* arbeitet nach einem anderen System: Man erhält die Informationen über die Position des Autos über ultrasensible Meßwertgeber, die mit den Rädern und der Lenkung gekoppelt sind. Nach einem ähnlichen System arbeitet der *Etak*, den Stanley K. Honey in Sunnydale (Kalifornien) erfand und 1985 in den Handel brachte. Eine zusätzliche Finesse bei diesem Bordcomputer: Bei allen Richtungsänderungen ortet er sich selbst und korrigiert eventuelle Fehler des Meßwertgebers. Bis zum Serieneinbau wird es allerdings noch einige Jahre dauern, da diese Systeme derzeit noch zu teuer sind.

Kilometerzähler mit Fahrtzweckangabe. Nachdem er viel Geld an den Fiskus bezahlt hatte, weil er nicht in der Lage war, exakt anzugeben, wieviel Kilometer er sein Auto für berufliche Zwecke benutzt hatte, erfand der Amerikaner Lynn Wilkey **1984** mit dem Elektroingenieur Kevin Ormond einen Bordkilometerzähler. Das Gerät speichert automatisch die Art der unternommenen Fahrt, und zwar nach vier Typen: Geschäftsfahrt, Gefälligkeitsfahrt, Fahrt aus gesundheitlichen Gründen, Privatfahrt. Der Zähler, in Wahrheit ein kleiner Computer, druckt auf Anfrage die Fahrtzwecke aus. Und zwar täglich, wöchentlich, monatlich oder jährlich.

Elektronischer Alcotest. Für schnelle und automatische Tests gibt es seit **1985** eine neue Art von »Äthylometer«, das die amerikanische Firma Federal Signal herausgebracht hat. Der »Intoxylizer« ist ein elektronisches Gerät, das Atemanalysen durch Infrarotstrahlen durchführt. Und zwar durch eine kleine Pumpe, die direkt vor den Mund gehalten wird. Die Promillezahl wird binnen einer Min. auf einem Zettel ausgedruckt.

Alcotestgerät, das das Autofahren verhindert. Wenn Sie den SADA installiert haben, können Sie Ihr Auto nur in Gang bringen, nachdem Sie zwei Bedingungen erfüllt haben: Ihr Gurt muß korrekt festgemacht sein, und das Mini-Alcotestgerät, das daran befestigt ist, darf keine Promillezahl registrieren, die über der erlaubten liegt. Sind diese Bedingungen nicht erfüllt, fährt das Auto nicht. Jacques Hudelot, ein Pariser Ingenieur, hat die Apparatur **1985** erfunden und patentieren lassen. Ein sehr ähnliches Gerät wurde gleichzeitig von Jack Simon in Carmel Valley, Kalifornien (USA), erfunden.

Anti-Einschlaf-Ring. *Dormalert* heißt diese Erfindung des englischen Ingenieurs Huntley Spence und des Arztes Gerald Swyer von **1985:**

Ein Alarmsystem, das wie ein Ring am Finger oder am Zeh (selbst, wenn man Schuhe anhat) getragen wird. Sobald der Fahrer einen gefährlichen Grad an Schläfrigkeit erreicht, wird Alarm ausgelöst.

Sonnenkompensator. Einer der häufigsten Gründe dafür, daß sich die Batterie von selbst leert, wenn das Auto zu selten gefahren wird, ist die Aufrechterhaltung des Alarmsystems (55 bis 60 mA). Um dem entgegenzuwirken, hat die Firma Veglia aus einem System fotogalvanischer Zellen **1984** einen Minisonnenkollektor gebaut, der die billigste Energie der Welt in Strom umwandelt. Natürlich funktioniert die Sache nicht, wenn der Wagen in der Tiefgarage steht.

Tankstelle für Elektrizität. Der Franzose Daniel Goncalvés erfand **1979** die Aufladestation mit Münzautomat für elektrisch betriebene Fahrzeuge. Diese »Tankstelle« sieht aus wie eine Parkuhr und ist wie diese mit einem Zähler ausgerüstet, der gegen Geldeinwurf die gewünschte Menge elektrischer Energie freigibt.

Die erste mobile Solartankstelle der Welt wurde **1986** von der deutschen Firma AEG fertiggestellt. Erstmals eingesetzt wurde sie auf der *Tour de Sol 1986* - dem derzeit einzigen Rennen für Solarmobile -, die am 23. Juni 1986 von Freiburg im Breisgau aus gestartet wurde und nach sechs Tagen über einen 380 km langen Berg- und Talkurs in Suhr in der Schweiz endete. Die Tankstelle leistet bei voller Sonneneinstrahlung rund 2 kWh. Zur besseren Leistungsausbeute wird sie dem Stand der Sonne nachgeführt. Damit wird eine Energieabgabe von maximal 10 kWh erreicht. Das längste Rennen für Solarmobile fand im November 1987 statt - es führte 3200 km quer durch Australien. Es gewann der *Sunraycer* des amerikanischen General Motors-Konzerns.

Zweiräder

Ursprünge. Zwar ist uns kein tatsächlich gebautes Zweirad aus der Zeit vor dem **18. Jh.** bekannt, aber es ist sehr wahrscheinlich, daß sich die Menschen schon lange vorher gedanklich mit Zweirädern beschäftigten. Alte Zeichnungen von Zweirädern sollen in China entdeckt worden sein, und auch der Obelisk von Luxor auf der Place de la Concorde in Paris zeigt zwischen Hieroglyphen einen Mann, der rittlings auf einem waagerechten Balken über zwei Rädern sitzt. Und dieser Obelisk stammt immerhin aus der Zeit Ramses II., also aus dem **13. Jh. v. Chr.**

Fahrräder

Célérifère und Vélocifère. Die Zweirad-Ära begann **1790** mit dem *Célérifère* des Grafen von Sivrac in Frankreich. Es handelte sich um ein Holzgestell mit zwei Rädern ohne Lenker, das keinen anderen Antrieb hatte als die Muskelkraft des Fahrers, der sich mit den Füßen vom Boden abstieß. Später wurde der *Célérifère* in *Vélocifère* umgetauft und verschönert, indem man ihm das Aussehen eines Löwen, eines Pferdes oder eines Drachens gab.

Die Draisine, die **1817** der Deutsche Karl Friedrich Drais Freiherr von Sauerbronn im Pariser Jardin du Luxembourg vorführte, brachte Zweiräder wieder in Mode. Dieses Zweirad hatte schon eine drehbare Lenkung durch eine Art Ruder, ein Vorläufer der Lenkstange.
Unter ständigen Verbesserungen wurde die Draisine immer wieder gebaut, vor allem in England nach 1819. Dort gab man ihr übrigens den Namen *Hobby-Horse* (Steckenpferd). Dennoch blieb die Draisine ein relativ unbequemes Gefährt. Aber ein burgundischer Ralleyfahrer schaffte die 37 km lange Strecke Beaune–Dijon im Jahr 1830 dennoch in 2:30 Std. mit ihr, was einem Durchschnittstempo von 15 km/h entsprach.

Véloziped. In Paris kam dem Hufschmied Pierre Michaux und seinem Sohn Ernest **1861** beim Reparieren einer Draisine die Idee, an der Nabe des

Dieser Park-Aufzug »Vertipark« kann seit 1987 im oberbayerischen Bad Tölz bestaunt werden. 22 Autos lassen sich auf einer Fläche von nur 49 m² stapeln. Ein Elektromotor sorgt dafür, daß die Rückgabe des Wagens nur 1–2 Min. dauert. Herbert Jochum aus München hat sich den Paternoster nach amerikanischem Vorbild zusammenbauen lassen.

Vorderrades etwas zu installieren, was man später Pedale nennen sollte. Die Testergebnisse waren überzeugend, und 1865 verkaufte die Firma Michaux & Co. schon 400 Vélozipeds. Der Name ist aus zwei lateinischen Wörtern gebildet (velum und pedes) und bedeutet »schneller Fuß«. Zwischenzeitlich war Michaux' Teilhaber Pierre Lallement in die USA ausgewandert, wo er mit dem Amerikaner James Carrol die amerikanische Fahrradindustrie begründete.

Das Fahrrad mit senkrechten Pedalen ließen sich **1978** der Koreaner Man Te Seol und der Amerikaner Marione Clark patentieren, das die Firma Alenax 1984 in den Handel brachte. Mit diesem neuen Fahrrad kann man mühelos erstaunliche Geschwindigkeiten erreichen, weil es 29 Gänge hat und das Treten dieser Pedale viel weniger anstrengend ist.

Tret- und Motordreirad. Drei Jahre dauerte es, bis dieses **1980** von dem Amerikaner Albert A. Rodiger erdachte Fahrzeug als Prototyp dastand. Man fährt es im Liegen, es hat drei Gänge, zwei Vorderräder und ein ausschwenkbares Hinterrad, auf das der Motor montiert ist. Für kleinere Stadtfahrten, so der Erfinder, soll dieses Fahrzeug das Auto ersetzen.

»Run«. Eine Erfindung, die in Europa und Amerika **1980** patentiert wurde. Der Franzose Yvan Garel hat sie gemacht. Es handelt sich um ein »pedalgetriebenes Einrad mit Selbstorientierung«. Hinter dieser technischen Definition versteckt sich in Wirklichkeit ein sehr witziges Fahrzeug mit sonderbarem Aussehen: Zwei kleine Vorderräder, ein großes hinten und ein Sattel auf einem langen Hals. Der Lenker ist auf das äußerste Minimum reduziert. Das »Run« kann man sogar nur auf dem Hinterrad fahren, was allerdings einige Geschicklichkeit erfordert.

»Jobby«. Man hätte es ebensogut in die Spalte »Basteln« einordnen können, denn hierbei handelt es sich ebenso um ein Heimwerkergerät wie um ein Fahrzeug. Richard Beti erfand es **1980,** als er in Kolumbien auf einer Baustelle arbeitete. Es besteht aus einem Generator ohne Motor und einem Moped ohne Generator – man brauchte sie nur zusammenzubauen. Es schafft auf der Straße 38 km/h, kann aber genausogut einen Kompressor, eine Hochdruckpumpe, ein Stromaggregat antreiben. Man kann wirklich fast alles mit ihm machen: den Garten bewässern, Batterien wieder aufladen, Luftmatratzen aufpumpen, usw. Zu allem Überfluß ist »Jobby« auch noch zusammenklappbar.

Elektrofahrrad. Das *Vidyut 24* – halb Fahrrad, halb Moped – wurde **1983** in indisch-französischer Zusammenarbeit gebaut. Der Fahrradteil stammt aus Indien, der Motor aus Frankreich. Dieses Rad ist besonders sparsam im Verbrauch, leise und verschmutzt die Umwelt nicht. Eine Batterieladung reicht für 75 bis 80 km.

Karl Friedrich Drais Freiherr von Sauerbronn in einer zeitgenössischen Darstellung auf dem von ihm entwickelten Laufrad, einer Draisine.

Ganz-Alu-Fahrrad. Die Firma Paris-Peugeot und Péchiney haben **1986** ein neues, federleichtes Fahrrad herausgebracht, das ganz aus Aluminium ist. Ursprung war ein Patent von Cegedur-Péchiney, das die industrielle Verwendung des Materials ermöglichte, das bis dahin Rennen vorbehalten war. Obwohl es nicht mehr als 8,980 kg wiegt (der Rahmen 1,350 kg), ist dieses Fahrrad sehr robust. Die meisten Leute wissen nicht, daß ein Fahrrad beträchtlichen Belastungen ausgesetzt ist. Beim Erklettern eines Hügels oder während eines Sprints hält es beinahe die gleiche Belastung aus wie die Verbindungsstellen der Flügel über dem Rumpf eines Airbusses.

Kettenübersetzung. Schon **1869** ließ der Franzose Gilmet Vélozipeds bauen, bei denen die Pedale nicht mehr an der Nabe des Vorderrades saßen, sondern zwischen Vorder- und Hinterrad, wie heute. Eine Kette übertrug die Drehungen auf das Hinterrad. Unglücklicherweise fiel Guilmet im preußisch-französischen Krieg, und seine Erfindung geriet in Vergessenheit. Erst 1879 kam der Engländer Harry Lawson wieder auf dieselbe Idee. Der Fabrikant James Starley realisierte sie und präsentierte im Januar 1885 das Rover-Sicherheitsrad. Damit hatte das Fahrrad seine endgültige Form gefunden.

Fahrradrahmen. Die Firma Badier stellte **1983** ein neuartiges Modell aus Kohlefasern her, einem Material, das bisher nur in der High-Technology verwendet worden ist.

Fahrradfederung. Der Fahrradhändler Maxime Janin bemängelte, daß weder Touren- noch Sporträder eine Federung besaßen. **1983** konnte er seine Entwicklung fertigstellen, die ein Jahr später auf den Markt kam. Sie fängt sowohl vorne als auch hinten Stöße auf – vor allem unter dem Sattel, so daß die Bequemlichkeit erheblich größer ist.

Kraftsparende Pedale. Radfahrer aller Art – vom einfachen Spazierfahrer bis zum Rennsportler – interessieren sich für diese im Februar **1985** patentierte Erfindung des Franzosen Norbert Renault. Tatsächlich reduziert dieses System den Kraftaufwand um 15 bis 20 Prozent, was vor allem bei Steigungen sehr nützlich ist. Die Pedale, deren Achse im Vergleich zu den normalen versetzt ist, können auf alle Fahrradtypen montiert werden.

Vom Drahtesel zum Hochgeschwindigkeitsrad

Der von Waltham Manufacturing 1898 in England gebaute Zehnsitzer war 7,24 m lang; sein Gewicht: 138 kg.

Knapp 50 km/h schafft Helmut Kißling aus Tübingen auf (oder besser in) seinem selbstgebauten Allwetter-Liegefahrrad mit Vorderantrieb und Hinterradlenkung.

Ex-Radprofi Ueli Sutter (Bergkönig beim Giro d'Italia) auf dem aerodynamisch konstruierten, seit 1988 in Serie gegangenen *Vilostar* eines Schweizer Fahrradherstellers aus Buttisholz. Die robuste Kunststoffverschalung entwarf der deutsche Designer Hans A. Muth.

Rechts oben: Auf Geschwindigkeitsrekorde zielt diese Konstruktion des italienischen Industrie-Designers Domenico Modolo aus dem Jahr 1985. Hochwertige Materialien, unter anderem Titan, finden dabei Verwendung.

Motorräder

Ursprünge. Am Sonntag, dem 5. April **1818,** soll im Jardin du Luxembourg in Paris eine hinten mit einem Dampfkessel ausgerüstete Draisine vorgeführt worden sein. Die einzige zeitgenössische Zeichnung gibt keinen Aufschluß darüber, wie die Energie auf die Räder übersetzt wurde. Der offizielle Name dieses Fahrzeugs war »Vélocipédraisiavaporianna«. Der Italiener Murnigotti bekam 1879 das erste Patent für ein Zweirad mit Viertaktmotor und 0,5 PS. Aber gebaut wurde dieses Fahrzeug niemals.

Das erste Motorrad bauten **1885** die Deutschen Gottlieb Daimler und Wilhelm Maybach mit Holzrahmen und -rädern. Angetrieben wurde es von einem Viertakt-Verbrennungsmotor. Dieser Motor entwickelte 0,5 PS und schaffte 18 km/h. Ein Jahr vorher hatte der Engländer Edward Butter ein Patent auf ein Zweitakt-Motorrad angemeldet, das aber erst drei Jahre später fertiggestellt werden konnte.

Das erste serienmäßig gebaute Motorrad war ein zweizylindriges Modell mit 1488 cm^3, das die Deutschen Heinrich und Wilhelm Hildebrand gemeinsam mit Alois Wolfmüller 1894 konstruiert hatten. Mehr als 1000 Exemplare wurden davon verkauft. Weil die Deutschen zu dieser Zeit in Frankreich sehr unbeliebt waren, wurde es dort unter dem Namen »Duncan und Superbie« in Croissy bei Paris in Lizenz hergestellt.

De Dions Dreizylinder. Die Zukunftschancen, die dem Daimler-Motor auf einem leichten und sparsamen Fahrzeug sicher waren, erkannte als erster der Marquis Albert de Dion. Gemeinsam mit Georges Bouton und Trépardeoux hatte er seit 1881 an der Entwicklung von Dampfmotoren gearbeitet. Den ersten Dreizylinder mit Viertaktmotor mit ¾ PS und elektrischer Zündung brachte er **1895** heraus. Bis 1902 wurden 15 000 Exemplare von *De Dions Dreizylinder* gebaut bzw. unter Lizenz überall auf der Welt nachgebaut. Es war das erste wirklich leistungsfähige Motorrad.

Das Motorrad – ein Fahrrad mit Motor –, das seine Erfinder, die Franzosen Eugène und Michel Werner, auf diesen Namen tauften, wurde erstmals auf der Pariser Messe **1897** vorgestellt. Die beiden Journalisten russischer Herkunft hatten schon einen Phonographen, einen Cinematographen und eine Schreibmaschine nachgebaut, als sie 1896 einen von H. Labitte entworfenen kleinen Motor auf ein Fahrrad montierten. Zunächst plazierten sie ihn waagerecht über dem

Links: Als Regenschutz ist die über dem Radvorderteil hochgezogene Verkleidung ungeeignet, ihr Sinn liegt in einer erhöhten Windschlüpfrigkeit. Vorgestellt wurde das Rennmobil auf dem Symposium »Fahrradzukunft« an der TU-Berlin im Juni 1987.

Er hatte sich bereits mit 47 Jahren als wohlhabender Tierarzt und Hobbytüftler in Belfast zur Ruhe gesetzt – Dr. John Boyd Dunlop (1840–1921). So fand Sohn Johnny (10) offene Ohren, als er sich über das schwerfällige Vorankommen mit seinem neuen Dreirad beklagte. Der Vater klebte aus einer dünnen Gummiplatte einen Schlauch, zog ihn auf eine Holzscheibe, bedeckte ihn mit einem Leinenstreifen und pumpte den Pneu mit einer Fußballpumpe auf. Als Ventil benutzte er den Schnuller einer Babyflasche. Rollversuche zeigten die Überlegenheit des Luftreifens. Dunlop baute neue Hinterräder für das Dreirad. Als Reifenabdeckung nahm er Segeltuch. Am 28. Februar 1888 testete Sohn Johnny das neue Gefährt. Schon am nächsten Tag fuhr er seinen vollgummibereiften Kameraden auf und davon.

Am 31. Oktober 1888 erhielt Dunlop das Patent auf seinen Luftreifen. Ein Belfaster Fahrradhersteller nahm die Produktion von ›Pneu-Rädern‹ sofort auf. Dabei nutzte er das von Goodyear erfundene Verfahren der Vulkanisierung. Das Zweirad entwickelte sich zu einem Massenverkehrsmittel. Beim sportlichen Debüt des Pneus im Mai 1889 erkannte Harvey du Cros, Vizepräsident des irischen Radrennfahrerverbandes, die Chance der Erfindung. Dunlop verkaufte die Patentrechte an den Sportfunktionär und beteiligte sich an der neugegründeten Gesellschaft in Dublin. Das Unternehmen florierte: 1893 der Sprung auf den Kontinent nach Hanau. Bereits 1894 hatte Dunlop seine Anteile mit ansehnlichem Gewinn verkauft.

Baby-Schnuller als Ventil

Ab 1895 fuhren die ersten Autos auf Luftreifen. Erst der Luftreifen brachte die Leistung auf die Straße und machte das Autofahren komfortabel. Dunlop expandierte auf allen Kontinenten. Zur Sicherung der Rohstoffversorgung wurden Kautschukplantagen und Baumwollspinnereien für Reifencord gegründet.

Der Engländer Robert William Thomson hatte bereits 1845 einen pneumatischen Reifen entwickelt, darauf ein Patent genommen und einige Kutschen mit seinen Lufträdern ausgerüstet, die er »elastische Gürtel« nannte. Weil diese aber der Belastung nicht standhielten und 1850 die ersten Vollgummireifen aufkamen, ließ Thomson von seiner Idee ab und widmete sich mit besserem Erfolg der Entwicklung von Straßen-Dampflokomotiven, bei denen Luftreifen völlig illusorisch schienen. Sein Patent erlosch, ohne jemals wirtschaftlich ausgewertet worden zu sein. Dunlop wußte nichts von diesem Vorläufer, als er seine Erfindung patentieren ließ.

Plakat der ersten deutschen Luftreifen-Fabrik in Hanau von 1893.

John Boyd Dunlop demonstriert seine Erfindung, den Fahrrad-Luftreifen.

Hinterrad, dann vor den Lenker, wobei ein Lederriemen das Vorderrad direkt antrieb. Der Erfolg ließ nicht auf sich warten. Mehrere tausend Exemplare dieses ersten Modells wurden nach 1898 in Frankreich und – unter Lizenz – in England und Deutschland gebaut. Das Wort »Motorrad«, unter dem die Gebrüder Werner ihre Erfindung hatten patentieren lassen, wurde bald zur geläufigen Bezeichnung für alle mit einem Motor ausgerüsteten Zweiräder. 1900 entwarfen die Brüder dann die endgültige Form mit einem Motor zwischen den beiden Rädern und mit Drehgriffen an der Lenkstange als Bedienungselemente. Das Glück der Brüder wäre gemacht gewesen, wenn diese beiden Emigranten ihren Gewinn nicht unglücklicherweise in russische Anleihen investiert hätten. Ihr Patriotismus ruinierte sie. Sie starben ohne einen Pfennig in der Tasche.

Der Motorroller kam **1902** unter dem Namen *Sesselauto* in Frankreich auf. George Gauthier entwickelte dieses Motorrad mit einem Schutzschild, kleinen Rädern und einem offenen Rahmen, der dem Fahrer das Sitzen ermöglichte. Nach 1919 entwickelte sich dieser Fahrzeugtyp enorm, und von den fünfziger Jahren an wurde er durch die italienischen Firmen Lambretta und Vespa geradezu ein Modefahrzeug.

Der Beiwagen. Die Zeitschrift *Le Cycle* erwähnt ihn schon in ihrer Ausgabe vom 29. April 1894. Aber erst nach **1910,** als das Motorrad an Stabilität und Schubkraft gewonnen hatte, entwickelte sich auch der Beiwagen. Erwähnenswert unter den Erfindungen im Zusammenhang mit dem Beiwagen sind: Die 1916 in den USA erfundene Montage aus Einzelteilen, dank derer sich das Motorrad in die Kurven legen kann, sowie das vom Motor angetriebene Beiwagenrad, das alle großen Marken ab 1939 einführten.

Das motorisierte Fahrrad »ABC«. Im Ersten Weltkrieg fabrizierte die französische Firma Gnome & Rhône Sternmotoren für Flugzeuge. Bei Kriegsende hatte sie noch eine Reihe Stahlzylinder mit Kühlrippen auf Lager. So kam man um **1920** auf die Idee, ein Zweirad mit Einzylinder-Motor zu bauen. Es wurde zum Vorläufer der Motorräder mit Boxermotor, die nach Gnome & Rhône auch BMW baute.

Das moderne Vierzylinder-Motorrad. Nachdem man sie aus wirtschaftlichen Gründen einige Zeit nicht mehr gebaut hatte, tauchte die Vierzylinder-Maschine **1969** doch wieder auf – und zwar als 750-cm^3-Honda. 1980 kam die zweite Generation mit enorm verfeinerten Motoren heraus, zwei Jahre später folgten die *V 4.* 1983 brach BMW mit einer 60jährigen Boxermotor-Tradition und brachte die *K 100* auf den Markt, ein vierzylindriges Motorrad mit liegendem Reihenmotor und ultramoderner Technik, darunter auch elektronische Einspritzung. 1984 war dann das Geburtsjahr der dritten Generation. Die neuen japanischen Motoren mit mehr als 130 PS

Der hölzerne Daimler-Reitwagen von Gottlieb Daimler und Wilhelm Maybach aus dem Jahr 1885 war das erste Motorrad der Welt.

Motorräder – damals, heute und morgen

Einer der Träume aus den fünfziger Jahren – der Motorroller Marke *Vespa*.

Die *CB 750 F* ist das Folgemodell des ersten Motorrades der Welt mit einem Reihen-Vierzylindermotor.

Der Fahrer sitzt mehr *im* als *auf* dem Motorrad, der Schwerpunkt der Maschine liegt extrem tief. Diese Design-Studie von Hans-Joachim Maier aus Pforzheim, vorgestellt 1987, zielt auf sicheres, defensives und bequemes Fahren.

Rechte Seite: Die *VFR 750 R*, ein brandneues Modell von 1988: das Motorrad ist für Langstreckenrennen geeignet, aber auch für den Straßenverkehr zugelassen.

brauchen praktisch keine Wartung, verbrauchen wenig und beschleunigen auf über 240 km/h. In Deutschland haben sich Hersteller jedoch freiwillig dazu bereit erklärt, kein Motorrad mit mehr als 100 PS Leistung zu verkaufen.

Die »RD 500 LC«. Dieses **1985** herausgekommene Yamaha-Modell ist eine Rückkehr zum Zweitakter, aber ohne die Nachteile, um derentwillen man ihn ab der Ölkrise 1973 nach und nach aufgab: exzessiver Verbrauch, Schadstoffausstoß und starker Lärm. Dank der Erfindung des YPVS (Yamaha Power Valve System) bringt es die *RD 500 LC* auf 87 PS, verbraucht nur 10 l auf 100 km, und der Schadstoffausstoß ist beachtlich kleiner geworden.

Die »RG 500 Gamma«. Auch Suzuki hat **1985** einen Zweitakter herausgebracht, mit einem Auspuffklappen-System, das sich ein wenig von dem der Yamaha unterscheidet: es heißt SAEC (Suzuki Auto Exhaust Control) und verringert die Austrittsgeschwindigkeit des Gases. Honda hat das ATAC-Verfahren konzipiert (Automatic Torque Amplification System), bei dem im Auspuffstrang ein »Butterfly-Valve« genanntes zusätzliches Ventil liegt, das bei niedriger Drehzahl die Öffnung zu einer Auspuff-Subkammer freigibt und damit das Volumen des Auspuffs vergrößert. Bei Zweitakt-Motoren ist dieses Volumen entscheidend für die Leistungscharakteristik des Triebwerks. Ein großes Auspuffvolumen bei niedrigen Drehzahlen, ein kleines Volumen bei hohen Drehzahlen – so sieht das Ideal des Technikers aus. Bei dem Honda-System schließt das »Butterfly-Valve« bei Drehzahlerhöhung die Subkammer, und das in diesem Betriebszustand gewünschte kleine Volumen ist gegeben. So ist dieses System ein wirklicher Fortschritt für Zweitakt-Motorräder mit kleinem und mittlerem Hubraum, ohne sie gleich in Rennmotorräder zu verwandeln, die nur etwas für routinierte Fahrer sind.

Gyrobike. Dieses futuristische und revolutionäre Motorrad hat der Franzose Bernard Eb ent-

wickelt. Es hat superbreite Reifen, um ein Maximum an Stabilität zu garantieren, wenn die Grenze der Bodenhaftung erreicht ist, und Räder, die in einer Kurve senkrecht zum Boden bleiben, während der Körper des Motorrades schwankt, um die Zentrifugalkraft auszugleichen. Das gesamte Motorrad ist ungeheuer kompliziert und braucht fortschrittlichstes Zubehör: Kreiselkompaß, Mikroprozessor usw. Bernard Eb ist noch im Forschungsstadium, aber alles sieht sehr vielversprechend aus. Eine serienmäßige Ausführung ist für **1990** geplant.

Einzylinder. Das erste motorisierte Fahrrad der Gebrüder Werner war ein Einzylinder. Er kam **1897** auf den Markt und hat seither in seiner Beliebtheit immer leichte Schwankungen erlebt. Mit dem Einbau eines Einzylindermotors in das *XT 500* kreierte Yamaha 1976 einen ganz neuen Motorradtyp mit Namen *Enduro.* Hierbei handelt es sich um ein sparsames Motorrad, das für Stadtfahrten ebenso tauglich ist wie für Wüstenrennen und Geländefahrten.

Sechszylinder. Die ersten wurden **1901** entwickelt. Die berühmtesten Motoren sind jedoch neueren Datums, wie der in der *250er Honda Grand Prix.* Er schaffte 18 000/min, was 1966 und 1967 den Weltmeistertitel einbrachte. Auf die *250er Honda Grand Prix* folgten die berühmten *Honda CBX 1000* und die *Kawasaki 1300.* Heute gibt es zu diesen Modellen noch die 1983 auf den Markt gebrachte *Benelli 900 Sei.* Aus der *Kawasaki 1300* entwickelte Godier-Genoud ein Modell mit Turbolader, dessen Leistungsfähigkeit bis 170 PS geht. Derzeit ist dies die stärkste Maschine.

Vierzylinder. Der englische Colonel Holden stellte **1901** ein motorisiertes Fahrrad mit vier einander gegenüberliegenden Zylindern vor, deren Kolben ohne Keilriemen direkt das Hinterrad antrieben – wie die Pleuelstangen bei einer Lokomotive. Nach dem 1902 gebauten Vierzylinder-Rennmotorrad von Clément ging man 1904 in Frankreich daran, auch normale Motorräder mit Vierzylinder-Motoren zu bauen. Auf der anderen Seite des Atlantiks erlebten die Vierzylinder eine wahre Hochblüte. Nacheinander kamen 1909 die *Pierce,* 1910 die *Militär,* 1912 die *Henderson,* 1919 die *Ace,* 1925 die *Cleveland,* 1927 die *Indian* heraus.

Turbolader. Das erste in Serie gefertigte Motorrad mit Turbolader war die *Honda CX 500* im Jahr **1981.** Eine Elektronik überwacht permanent den Betriebszustand des Motors, korrigiert die Zündung und steuert die Einspritzung. Defekte werden aufgespürt und durch einen Morsecode angezeigt. 1984 stellte sich die japanische Regierung gegen die Produktion von 250-cm^3-Vierzylindern mit Turboladern. Sie dürften mehr als 200 km/h schaffen.

Düsenmotorrad. Henk Vink, ein holländischer Dragster-Champion, hat **1983** das von einer Düsenrakete angetriebene Motorrad erfunden, das 2500 PS leisten soll. Es legt in gut 5 Sek. nach dem Start 400 m zurück, durchfährt die Ziellinie mit 400 km/h und wird zusätzlich mit Fallschirmen gebremst.

Übersetzung. Keilriemen, Kette und Welle, also die drei wichtigsten Systeme für die Übertragung der vom Motor erzeugten Energie auf das angetriebene Hinterrad, gibt es seit den ersten Motorrädern um **1900.**
Der lederne Treibriemen – glatt oder mit Kettengliedern – und der Riemen aus verstärktem Gummi haben sich seit **1914** immer wieder durchgesetzt.
Von den Anfängen des Motorrades bis 1972 blieben *die Ketten* fast unverändert. Dann brachte der Engländer Reynolds eine Doppelkette unter dem Namen *Duplex* heraus. Und 1982 wurde die Yamaha *Ténéré* mit einer wasserdichten, sich selbstschmierenden Kette aus geschlossenen Gliedern ausgerüstet.
Von der belgischen Firma Delin wurde der *Kardanantrieb* erfunden und **1900** in einen De-Dion-Motor eingebaut. 1923, mit der ersten *BMW,* tauchte er erstmals in einem serienmäßig hergestellten Motorrad auf. In den 80er Jahren wurde diese Antriebstechnik perfektioniert. Heute arbeitet sie genauso weich wie eine Kette.

Rotationsmotor. Der Engländer Umpleby konstruierte **1908** einen Motor mit drei Brennkammern und einem einzigen »Kolben«, sehr ähnlich

So schmuck kann ein Luftfilter aussehen, der doch »nur« verhindern soll, daß Schmutz in den Vergaser gelangt.

dem Prinzip des Wankelmotors, der erst 50 Jahre später erfunden wurde. Aber in Serie wurde er nie gebaut. 1974 produzierte der japanische Motorbauer Suzuki ein Motorrad mit Wankelmotor, die *RE 5.* Zur Zeit führt die britische Armee Tests mit einem von Norton konstruierten Drehkolbenmotor durch.

Ventile. Von den Automatikventilen des *De-Dion-Motors* gingen die Motorradbauer zu Seitenventilen über und zu den sie steuernden Nokkenwellen, die Peugeot **1903** eingeführt hatte. Die Verteilersteuerung durch eine obenliegende Nockenwelle entwickelte sich vor allem ab 1930, gefolgt von der desmodromischen Zwangs-Steuerung. Heute nimmt die Zahl der Ventile pro Zylinder ständig zu. Aus vier Ventilen im Jahr 1982 waren 1985 schon fünf geworden *(Yamaha FZ),* und in dem Rennprototyp *NR 500* von Honda gibt es sogar schon acht. Dieses Motorrad hat auch ovale Kolben und konkurriert um den Preis einer fast unglaublichen Kompliziertheit mit den besten Zweitaktern – allerdings bislang ohne Erfolg.

Drehmomentwandler kamen um **1910** – vor den Gangschaltungen – auf. Die vom Motor kommende Energie wandeln sie durch Riemenscheiben mit im Abstand variablen Wangen um. Terrot in Frankreich brachte sie zuerst heraus, dann, ein Jahr später, Rudge Witworth in England. Mit der Entwicklung von Leistung und Geschwindigkeit hielt der Wandler nicht Schritt und wurde deshalb später im Motorradbau nicht mehr verwendet. Man setzt ihn allerdings heute in Automatikmopeds ein, erstmals übrigens 1966 bei »Motobécane«.

Kühlung. De Dions Motor hatte als erster Kühlrippen zur Verbesserung der Luftzufuhr. **1912** baute James Booth einen Achtzylinder mit 5500 cm^3 und Wasserkühlung. Dieses Motorrad wog 370 kg.

Elektrischer Anlasser. Die *Hendée spéciale* der amerikanischen Firma Indian mit ihrem 998-cm^3-Zweizylindermotor war **1913** das erste Motorrad mit elektrischem Anlasser. Er hieß *Dynastart.* Weil aber die *Hendée* ihrer Zeit weit voraus war, wurde sie ein totaler Flop, und der elektrische Starter kam erst in den 60er Jahren mit japanischen Motorrädern richtig in Mode. Der Kickstarter ist praktisch bei den Motorrädern verschwunden.

Elektronische Einstellung. Nachdem die Möglichkeiten der Federungseinstellung (Federkennung, Luftdruck, Justierung der Stoßdämpferwerte) immer größer werden, haben Honda und Yamaha zur selben Zeit Modelle mit Bordcomputer herausgebracht. Die Computer regeln über Steuerventile die Arbeit eines Kompressors, der so die Federung nach der Art der Belastung, der Fahrweise und dem Straßenzustand einstellt.

Die Gangschaltung wurde um **1914** bei Motorrädern gebräuchlich. Zuerst betätigte man sie von Hand durch einen am Tank befestigten Hebel. 1923 kam dann in England die Fußschaltung auf, die sich aber erst nach dem Zweiten Weltkrieg durchsetzte.

Hydraulische Kupplung. Die **1982** in den Handel gebrachte *Honda VF 750 S* hatte sie als erste. Genutzt wird ein System der Differentialreibung. Es ermöglicht nach dem Gebrauch der Motorbremse bei schneller Fahrt ein Rutschen. So wird verhindert, daß das Motorrad infolge der plötzlichen Verzögerung auf der Fahrbahn springt.

Teleskopgabel. Das erste Patent auf dieses System bekam **1904** die französische Marke Terrot. 1909 brachte die englische Firma Scott ein anderes Modell heraus, das zwar noch keine hydraulischen Stoßdämpfer, aber dennoch mehr Erfolg hatte. Die Vorderradschwinge von Terrot, die bald auch Alcyon und Triumph in England verwendeten, kam 1909 auf.

Teleskopgabel mit hydraulischer Stoßdämpfung. Nachdem BMW sie **1935** kreiert hatte, setzte sie sich sofort allgemein durch und ist bis heute üblich. Die einzige Ausnahme macht ausgerechnet BMW selbst mit der 1955 auf den Markt gebrachten *Earles,* einer Federung mit Schwingarm. Bis in die 60er Jahre fand auch dieses System viel Beifall. Alle Motorroller sind mit ihm ausgerüstet, und auch die ersten *Hondas* waren es.

Moderne Radgabeln. Die *Elf* mit ihrer von den Formel-1-Wagen inspirierten Vorderradfederung durch übereinander liegende Dreieckslenker bewies **1978** sofort die Überlegenheit dieses Systems über die Teleskopfederung. Alle *Elf-Hondas,* die an Rennen teilnahmen, waren 1980 damit ausgestattet. Auf der Pariser Messe von 1981 stellte dann Claude Fior die Radgabel mit verstellbarer Härte vor.

Die Hinterradfederung wurde **1898** für die Vélozipeds erfunden. Die erste damit ausgerüstete Maschine war die französische *Stimula* von 1904. Sie hatte bereits eine Hinterradfederung mit Schwingarm und eine Cantilever-Federung unter dem Sattel.
1911 wurde NSU auf diesem Gebiet führend – und zwar mit einer Federung aus einem Schwingarm und zwei seitlichen Stoßdämpfern mit Schraubenfedern, wie wir sie heute noch

kennen. Die englische Firma ASL wurde dafür marktbeherrschend auf dem Gebiet der pneumatischen Federung. Sie bestand aus Luftdruck-Stoßdämpfern vorne und hinten sowie einem luftgefederten Kissen unter dem Sattel. Praktisch alle Arten der Hinterradfederung waren also schon Anfang unseres Jahrhunderts erfunden. Aber die technische Entwicklung war noch nicht soweit gediehen, daß man sie auch praktisch nutzen konnte. Erst nach dem Zweiten Weltkrieg setzten sich Teleskopfederungen und später auch Drehstabfederungen durch.

Die Federung mit variabler Geometrie ist seit **1979** auf dem Markt. Bei Honda heißt sie *Pro Link,* bei Kawaski *Uni Track,* bei Suzuki *Full Floater.* Alle bestehen aus einer Feder-Stoßdämpfer-Kombination, die durch eine komplizierte Apparatur aus gelenkigen Hebeln bewegt wird.

Gußräder. Auf Anregung des Franzosen Eric Offenstadt, eines erfolgreichen Rennfahrers,

Der silberne Gasbehälter am Hinterrad dieser Maschine soll die Härte der Stoßdämpfer regulieren.

Ob der Fahrer dieses Geräts – er lebt in Florida (USA) – seinen Alligator als Diebstahlsicherung verstanden wissen will? Abenteuerlich ist die Sitz- und Lenkvorrichtung in jedem Fall. Und vielleicht lehrt sie auch manchem das Fürchten.

wurden **1972** die aus einer Aluminium- oder Magnesiumverbindung gegossenen Räder entwickelt. Nach und nach verdrängen sie die traditionellen Speichenräder. Unter anderem kann man schlauchlose Reifen aufmontieren, die im Falle eines Plattfußes sehr viel sicherer sind.

Stoßgesicherte Motorradanzüge. In der Normandie und in Genua hatten die Erfinder Christian Curti und Michel Steiner unabhängig voneinander die gleiche Idee: nämlich einen Motorradanzug zu erfinden, der sich bei einem Sturz automatisch aufbläst und dadurch viele Verletzungen verhindert. Der Anzug ist durch eine Leine mit dem Motorrad verbunden. Beim Sturz klinkt sich ein Sicherheitsstift aus, setzt Gas frei, und dieses füllt binnen Zehntelsekunden den Anzug. Michel Steiner brachte **1985** mit Unterstützung von J. M. Barbey eine aufblasbare Kombination aus Weste und Hose in den Handel.

Eisenbahn

Schienen. Bereits die römischen und griechischen Wagen benutzten Fahrspuren, doch Schienen im eigentlichen Sinne gibt es erst seit dem **16. Jh.** – vor allem im Bergbau. 1602 gab es bereits in Newcastle-upon-Tyne (Großbritannien) ein ausgedehntes Netz aus Holzschienen.
1767 entwickelte Richard Reynolds die ersten gußeisernen Gleise, die infolge einer Absatzflaute in den Eisenhütten hergestellt wurden. Die ersten oberirdisch verlegten Eisenschienen, die auf Querschwellen freitragend verlegt wurden, gab es **1789**. Der Engländer William Jessop hatte sie entworfen. Stahlschienen wurden **1856** von Bessemer erfunden. In Frankreich waren sie erstmals 1872 offiziell zugelassen. Heute sind alle Schienen aus Stahl. Für die großen Strecken werden heute im voraus zusammengeschweißte Schienen von bis zu 800 m Länge geliefert.

Die Weichen wurden auch von dem Engländer Jessop erfunden, und zwar im Jahr **1789.** Nach dem Aufkommen der metallenen Schienenstränge um 1756 hatte man sich immer wieder Anschlußsysteme ausgedacht, die schon leise auf richtige Weichen hindeuteten, aber noch kein bewegliches Element enthielten. Jessops Geistesblitz bestand darin, an diese primitiven Modelle eine bewegliche Nadel anzuschließen. Sein System wurde der Ausgangspunkt für die Entwicklung der Weiche, die eigentlich das Produkt vieler Erfinder ist. Die erste elektrische wurde übrigens **1898** in Paris installiert und regelte den Zugverkehr im Gare de Lyon. Im Grundprinzip haben sich die Weichen seither wenig verändert, aber ihre Leistungen wurden durch ständige Veränderung in der Konstruktion ständig verbessert. So gibt es zum Beispiel an der Strecke Paris-Lyon für den Hochgeschwindigkeitszug *TGV*

Eine Freude für Eisenbahnfans ist diese Nachbildung der 1835 auf der Strecke Nürnberg-Fürth eingesetzten *Adler*.

Weichen, die man selbst beim Abbiegen mit 220 km/h passieren kann.

Die erste Dampflok konstruierte der englische Mechaniker Richard Trevithick von **1802–03** in den Hüttenwerken von Coalbrookdale in Wales (GB). Auf Anregung des in der Nähe ansässigen Schmiedemeisters Samuel Monfrey baute er kurz darauf eine zweite. Am 21. Februar 1808 waren die Versuche erfolgreich abgeschlossen. Die Trevithick-Lok verkehrte mit einem Geleitzug von 6 t auf der 15 km langen Strecke zwischen Pen-y-Darren und Abercynion. Unbeladen schaffte sie 20 km/h und belastet 8 km/h. Trevithick war auch der Erfinder der Hochdruck-Dampfmaschinen, und im übrigen verdanken wir ihm mehrere Prototypen für Dampfautos.

Die Grubenlokomotive des Engländers John Blenkinsop war **1812** die erste Lok, die in Serie ging. Es handelte sich um eine Maschine mit einem gewöhnlichen, nicht röhrenförmigen Heizkessel. Sie war der Vorläufer aller Zahnradbahnen. Eingesetzt wurde diese Lokomotive im Gütertransportverkehr auf der Strecke Leeds-Middleton. Ein Liebhaberklub hat sie inzwischen zur Touristenattraktion gemacht.

Die Séguin-Lok. Der Eisenbahn- und Schiffsunternehmer Marc Séguin bekam am 22. Februar **1828** in Frankreich ein Patent auf einen Röhrenkessel. Damit war ein kapitaler Schritt nach vorn getan. Wie bei den anderen Heizkesseln befand sich der Feuerraum im Inneren, verlängert durch ein Bündel Ofenrohre, das die heizbare Oberfläche vervielfachte. Derselbe Marc Séguin ließ aber zwei Stephenson-Lokomotiven für seine Linie Lyon–St. Étienne aus England kommen. Auch sie stellten ihn nicht restlos zufrieden, und so machte er sich **1829** an die Konstruktion einer ganzen Lokomotive mit Röhrenheizkessel. Diese konnte dann in der Tat viel schwerere Lasten befördern als die *Locomotion No 1,* die George Stephenson 1825 für die Stockton and Darlington Railway gebaut hatte. Weil sie aber andererseits kaum über 10 km/h kam, wurde ihr Bau nach zehn Exemplaren wieder aufgegeben.

Mit der »Rocket« brachte **1829** George Stephensons Sohn Robert die erste Dampf-Schnellok heraus und konnte mit dieser Neuentwicklung noch im selben Jahr das von den Besitzern der Eisenbahnlinie Liverpool–Manchester veranstaltete Lokomotivenrennen von Rainhill gewinnen. Unter den vorgeschriebenen Wettkampfbedingungen (einen Zug von 40 t ziehen) schaffte die *Rocket* 26 km/h. Aber leer brachte sie es auf 56 km/h. Damit war die Eisenbahn wirklich geboren.

Personenwagen. Zwar transportierte die Stockton and Darlington-Eisenbahn seit ihrer Gründung im Jahr 1825 gelegentlich auch Passagiere, aber sie mußten in den Kohlenwagen reisen. Die ersten Personenwagen, die diese Bezeichnung verdienten, sahen wie Postkutschen aus und fuhren schon im Gründungsjahr **1830** auf der Strecke Liverpool–Manchester. Diese Strecke war übrigens seinerzeit auch die erste funktionierende Städteverbindung weltweit. In Frankreich fuhr der erste Zug 1831 von St. Étienne nach Lyon. In Deutschland wurde am 7. Dezember 1835 die erste Eisenbahnfahrt von Nürnberg nach Fürth unternommen.

Die Lokomotive »Long Boiler« (Langer Kessel) war ebenfalls eine Konstruktion von Robert Stephenson. Charakteristisch waren die langen Schornsteine. Einige der ersten Modelle aus dem Jahr **1841** fuhren noch in den 20er Jahren. Aus der *Long Boiler* entwickelte sich die moderne Dampflok.

Die Crampton-Lok. Bei der Konstruktion dieses Modells **1846** verfolgte der Engländer Thomas Russell Crampton das Ziel, eine von Stephensons *Long Boiler* inspirierte Lok ohne deren – durch den über die Achsen hinausragenden Heizraum verursachten – Mangel an Stabilität zu bauen. Er konstruierte gleich zwei Lokomotiven, die in Belgien auf der Strecke Lüttich–Namur eingesetzt wurden und dort mühelos 100 km/h erreichten.
1848 konstruierte Crampton für die Linie London–Wolverton die überdimensionale *Liverpool.* Sie schaffte 127 km/h, wurde aber schnell wieder aus dem Verkehr gezogen, weil sie die Gleise zu sehr abnutzte.

Eisenbahn-Signale. Ursprünglich ergaben sich die Abstände zwischen den einzelnen Zügen einfach aus den Abständen im Fahrplan. Nachdem aber mehrere Auffahrunfälle passiert waren, weil ein Zug den anderen unterwegs eingeholt hatte, führte die Firma New York and Erie **1849** Signalanlagen auf den einzelnen Streckenabschnitten ein. Sie wurden von Hand betätigt und fanden bald auch Eingang in Europa. Dem französischen Eisenbahner Vignier kam 1855 die Idee, durch das Koppeln von Signalen und Weichen die Sicherheit weiter zu erhöhen. Ein Jahr später erfand Tyler die elektrische Signalanlage. Sie wurde in einem Tunnel auf der Strecke Paris–Dijon installiert. Nach der Erfindung des Automatikstopps durch den Amerikaner Thomas Hall im Jahr 1867 konnte man die Signale sogar von den Zügen aus betätigen. 1871 installierte Franklin Pope auf der Boston and Lawell Railroad das erste elektrisch gesteuerte System.
In Frankreich wurde die erste *ausschließlich funkgesteuerte Signalanlage* **1949** in Monterau in Betrieb genommen. Wegen ihrer Verläßlichkeit ist sie derzeit das am weitesten verbreitete System. Natürlich hat man nach ihr noch raffiniertere entwickelt, die sich der Elektronik und Informatik bedienen. Solche Systeme kann man vor allem auf den Strecken der neuen Hochgeschwindigkeitszüge bewundern.

Die erste Waggon-Innenbeleuchtung wurde **1836** von der Leipzig-Dresdner Eisenbahn eingeführt: es handelte sich dabei um Kerzenbeleuchtung. 1871 fanden die ersten Versuche mit Gasbeleuchtung statt, wobei Ölgas und Acetylen verwendet wurden. 1888 entschloß man sich bei der Königlich-Preußischen Eisenbahnverwaltung, allgemein die Gasbeleuchtung einzuführen. Die Elektrizität konnte ihren Einzug im Eisenbahnwesen erst halten, als brauchbare Akkumulatorenbatterien (Stromsammler) verwendet werden konnten. 1881 wurden die ersten Abteile auf der Strecke London–Brighton probeweise elektrisch beleuchtet. Ab 1913 stattete die Königlich-Preußische Eisenbahnverwaltung alle D-Züge und Schlafwagen mit reiner Batteriebeleuchtung aus.

Die ersten Liegewagen kamen **1836** in den USA auf, als die Eisenbahn mit dem Komfort der Dampfschiffe auf den Seen und Flüssen mithalten mußte. Die Liegeplätze waren in drei Reihen übereinander angeordnet und mit einem Strohsack ausgestattet. Decken mußte sich der Passagier selbst mitbringen.

Der erste Schlafwagen wurde am 1. September **1859** in den USA eingesetzt. Georges M. Pullman hatte ihn erfunden und 1867 die Pullman Palace Car Company zur Entwicklung und zum Bau von Schlafwagen und Luxusrestaurants gegründet. Heute gibt es auf der ganzen Welt nur noch drei Pullman-Züge: den Manchester-Pullman auf der Strecke London–Manchester, den Merseyside-Pullman zwischen London und Liverpool und den Yorkshire-Pullman auf der Strecke London–Leeds. Die beiden letzteren wurden im Mai 1985 wieder in Dienst genommen. In Europa gab es 1872 die ersten Schlafwagen. Der Belgier Georges Nagelmackers hat sie für die Compagnie Internationale des Wagon-lits gebaut. Sie hatten nur zwei Achsen und drei Abteile.

Die Zahnradbahn erfand **1862** der Schweizer Riggenbach für Schienenwege mit mehr als 6 Prozent Gefälle. Blenkinsop hatte ihn dazu inspiriert, der 1812 seine Eisenbahn auch für Fahrten in flachem Gelände mit Zahnrädern gebaut hatte, da er davon ausging, daß glatte Räder auf glatten Schienen durchdrehen müßten. Er hatte die Reibung der Lokomotivräder unterschätzt. In den Vereinigten Staaten baute Sylvester Marsch 1868 die Mount-Washington-Linie, deren Rampen bis zu 33 Prozent Gefälle hatten. Am 23. Mai 1871 wurde die erste dem öffentlichen Verkehr dienende Zahnradbahn in Europa von Vitznau auf den 1750 m hohen Rigi (Schweiz) eröffnet. Der Luzerner Ingenieur Abt erfand 1885 für die deutsche Harz-Bahn die Dreifachzahnradbahn. Heute ist die Schweiz das Land mit den meisten Zahnradbahn-Linien. Insgesamt umfassen sie dort 182,5 km und damit 3,5 Prozent des gesamten Eisenbahnnetzes.

Der erste Speisewagen fuhr **1863** auf der Strecke Philadelphia–Baltimore in den USA. In Europa gab es den ersten Speisewagen mit Küche 1879 auf der Strecke Leeds–London King's Cross. Ab 1880 kam ein Speisewagen auf der Strecke Berlin–Frankfurt dazu. Allerdings waren die ersten Versuche mit einem Speisewagen schon 1867 in Rußland gelaufen. Die ersten regelmäßig mitgeführten Speisewagen hatten in Frankreich am 1. Juni 1883 gleichzeitig auf den Strecken Paris–Caen und Paris–Trouville Premiere. Auf dem Great Central Railway in England fuhr übrigens 1899 der erste Buffetwagen mit.

Luftdruckbremsen. Ursprünglich waren die Bremsen auf den Eisenbahnen nichts als einfache Bremskufen, die man gegen das Rad drückte. Sie wurden von Hand bedient. **1869** ließ sich der Amerikaner George Westinghouse automatische Luftdruckbremsen patentieren. Dieses System, das 1872 erstmals auf einem Reisezug ausprobiert wurde, bedeutete eine enorme Verbesserung für die Eisenbahn und blieb vom Prinzip her bis heute im Gebrauch.
Mit seiner Westinghouse Air Brake Company gründete der Erfinder eine der mächtigsten US-Firmen. Um 1900 ließ sich diese Firma bei Paris nieder. Man gab dem Ort daraufhin den Namen Freinville (Bremsenstadt), den er bis heute trägt.

Läutesignal. Dieser Kupferdraht zwischen zwei Schienen gibt die Signale akustisch an den Lokführerstand weiter. Dieses System, zu dem auch eine Bürste unter der Lok gehört, wurde **1872** von Lartique und Forest erfunden. Heute noch ist das Signalläuten in Frankreich und Belgien üblich. Auf einigen Linien ist es mit elektromagnetischen Signalleuchten verbunden.

Die Verbundlokomotive baute der Franzose Anatole Mallet **1876** für die Lokalbahn Bayonne–Biarritz. Sie war für relativ langsame Fahrten gedacht und arbeitete nach dem Prinzip der Dampfmaschine mit aneinander gekoppelten Zylindern. Ab 1881 baute der Engländer Webb auf der Basis dieser Lokomotive eine Schnellok mit dem Namen *Experiment.* Bei einer Dauergeschwindigkeit von 80 bis 90 km/h verbrauchte sie 20 Prozent weniger Kohle als die traditionellen Maschinen.

Elektrolok. Nach diversen Werkstattversuchen des Amerikaners Davenport und des Engländers Davidson seit 1835 kam **1879** ein kleiner Zug mit einer Elektrolok heraus, den Henning Wesslau im Auftrage von Siemens & Halske entworfen hatte. Er verkehrte in Berlin auf dem Gelände der Gewerbeausstellung und war die Sensation. Trotz ihrer kleinen Dimensionen gilt diese Lok als Anfang des elektrischen Zugverkehrs. Die Firma Siemens hat die Veteranin bis auf den heutigen Tag bewahrt.

Die Sensation vom 31. Mai 1879: Siemens zeigt die erste brauchbare elektrische Eisenbahn auf der Berliner Gewerbeausstellung. Auf dem 3000 m langen Rundkurs werden in 4 Monaten fast 90 000 Fahrgäste befördert.

Oben: Der Versuchstriebwagen von Siemens und AEG erreichte 1903 bei seinen Rekordfahrten zwischen Zossen und Marienfelde bei Berlin 210 km/h. Zum Einsatz kam erstmals der Drehstromantrieb.

Unten: 1965 bauten BBC und Thyssen-Henschel drei elektrisch ausgerüstete windschnittige Dieselloks. In Verbindung mit der neuen Elektronik begann eine neue Ära der Drehstromtechnik bei Elektrolokomotiven.

Die ersten Doppelstockwagen nahm **1868** die Altona-Kieler-Eisenbahn in Betrieb.

Einen Schienenbus erfand **1897** der Franzose Jean Serpollet, dessen Clou das extrem geringe Gewicht des Dampfheizkessels war. Später wurden die Schienenbusse allerdings mit Dieselmotoren ausgestattet. Der erste Diesel-Schienenbus auf Luftreifen, ein Renault-Michelin, fuhr übrigens ab 1931.

Die Lokomotive »Atlantic« fuhr um **1900** auf der Strecke Philadelphia–Atlantic City (USA); daher hat sie auch ihren Namen. Ab 1901 breitete sich die *Atlantic* auch in Europa aus. Sie leistete damals 1500 PS, wog 64 t und schaffte 16 kg Druck in ihrem Dampfheizkessel. Die *Atlantic* vom *Typ 221* war besonders erfolgreich. Vor dem Zweiten Weltkrieg verkehrte sie auf der Schnellstrecke Paris–Nizza.

Die erste Diesellokomotive. Zahllose Versuchslokomotiven entstanden, doch der erste große Erfolg war die Diesellok, die die Königlich-Preußische Eisenbahnverwaltung **1912** bei den Borsig-Werken in Auftrag gab. Adolph Klose (1844–1923) und Rudolf Diesel (1858–1913) hatten sie entwickelt. Doch schon während des Ersten Weltkriegs wurde diese erste Großdiesellokomotive der Welt abgestellt und 1920 verschrottet.

Der Micheline-Schienenbus mit Luftbereifung ist eine Erfindung der französischen Firma Michelin. Zu seiner Zeit brachte er mehr Komfort bei höherer Geschwindigkeit und weniger Lärmbelästigung als andere Züge. Der erste fuhr am 26. Januar **1931** auf der Strecke Paris–Deauville und schlug den Geschwindigkeitsrekord, indem er die 214 km bei einer Durchschnittsgeschwindigkeit von 107 km/h in 2:03 Std. schaffte. Heute existiert nur noch eine einzige *Micheline* auf der ganzen Welt. Sie gehört der Eisenbahngesellschaft von Madagaskar und fährt nur noch auf Bestellung.

Autoreisezug. Die britischen Eisenbahnen kamen auf die Idee, diesen Service anzubieten. Zwischen London und Perth verkehrte **1955** der erste Autoreisezug. 1956 fuhren Autoreisezüge unter anderem schon zwischen Ostende und München sowie Hamburg und Chiasso.

Einen Luftkissenzug erfanden die beiden französischen Ingenieure J. Bertin und P. Guienne. Die Firma Bertin & Cie meldete ihn am 26. Februar **1962** zum Patent an. Ventilatoren erzeugen das Luftkissen, auf dem er gleitet. Die Luft wird durch Gummischürzen zwischen dem Fahrzeug und einem Betongleis eingeschlossen. Der experimentelle Luftkissenzug *I.80*, der zwischen 1969 und 1976 auf der Teststrecke von Chevilly bei Orléans präsentiert wurde, hält übrigens immer noch einen Geschwindigkeitsrekord für Schienengefährte mit Passagieren: Er schaffte 425 km/h. Aber der hohe Energieverbrauch führte dazu, daß man diesen Zugtyp doch wieder aufgab. Doch war er 1987 für eine Hochgeschwindigkeitsstrecke Paris–Brüssel–Köln wieder im Gespräch.

Die japanischen »Bullet-trains«. Am 1. Oktober **1964** weihten die japanischen Nationalen Eisenbahnen ihre erste Blitzstrecke zwischen Tokio und Osaka (515 km) ein. Die Höchstgeschwindigkeit der *Bullet-trains* (bullet [engl.] – Geschoß) beträgt 210 km/h. Heute verkehren sie auf drei Strecken: Tokio–Hakat (1069 km), Tokio–Niigata (297 km) und Tokio–Morioka (492 km).

TGV. Schon im Jahr **1967,** als der erste Turbogas-Zug *TGS* herauskam, begannen in Frankreich die Studien zur Entwicklung eines Hochgeschwindigkeitszuges (*TGV* ist die Abkürzung für »train à grande vitesse«). Aus dem *TGS* entwikkelten sich zwei verschiedene Zugtypen: die *ETG* von 1970 und die *RTG*. Letztere kamen 1973 heraus, ein Jahr nach dem *TGV 001,* der auch mit Gasturbinen ausgerüstet war und 318 km/h schaffte.
Der erste elektrische *TGV* wurde **1978** ausgeliefert. Die *16* erreichte im Februar 1981, wenige Monate bevor sie auf der neuen Strecke Paris–Lyon eingesetzt wurde, 380 km/h. 1985 kam der *TGV* auf Spitzengeschwindigkeiten von 270 km/h. Heute gibt es 110 *TGV*-Zugmaschinen, im September 1984 wurde eine Nonstop-Verbindung Lille–Lyon eingeweiht.

TGV-Atlantik. Dieser Hochgeschwindigkeitszug, an dem seit **1985** gearbeitet wird, soll für die Strecke Paris–Bordeaux bei einer Geschwindigkeit von 300 km/h 3 Std. brauchen (neue Strecke: 567 km), und zwar auf der Linie über Tours und Le Mans, die derzeit im Bau ist. Die zukünftigen *TGVs* werden bei einer Leistung von 4400 kW 40 Prozent stärker sein als die jetzigen Modelle. Technisch gesehen werden die Synchronmotoren die große Neuerung sein, in denen sich der Rotor mit der gleichen Geschwindigkeit dreht wie das Drehfeld, das der Stator erzeugt. Die ersten Serien-*TGVs* mit Synchronmotoren sollen noch im Laufe des Jahres **1988** aus der Fabrik kommen.

Der englische Hochgeschwindigkeitszug. Um die Zuggeschwindigkeiten auf großen, nicht elektrifizierten Strecken zu erhöhen, ließ die englische Eisenbahn **1973** einen elektrischen Versuchs-Dieselzug bauen. Er hatte zwei Antriebe von je 1680 kW, dazwischen sieben oder acht Anhänger und schaffte im Reiseverkehr 200 km/h. Man nannte ihn *High Speed Train* (oder *HST*). 1979 wurde der erste serienmäßig hergestellte *HST* zwischen London und Bristol eingesetzt. Heute verkehren etwa 100 von solchen Schnellzügen auf dieser Strecke, außerdem auch zwischen London und Sheffield, London und Leeds sowie London und Edinburgh. Die meiste Zeit übrigens, wie vorausgesagt – mit 200 km/h.

Der britische APT, das Kürzel steht für *Advanced Passenger Train* (beschleunigter Personenzug), wurde **1975/76** in Betrieb genommen. Seine Zugmaschine arbeitet mit Gasturbinen. Er ist großenteils aus Aluminium gebaut, hat hydrokinetische Bremsen und ein raffiniertes System, das alle durch Schienenkrümmungen verursachten Probleme ausgleicht. Er kann also in die Kurven gehen, ohne sein Tempo zu drosseln. Wegen des hohen Treibstoffverbrauchs baute man 1979 eine elektrische Version dieses Zuges, die aber schon im Versuchsstadium enorme Probleme hatte und deshalb nicht, wie eigentlich beabsichtigt, im Dezember 1981 im normalen Verkehr eingesetzt wurde. Man forschte weiter, beschränkte aber die Höchstgeschwindigkeit des *APT* auf 200 km/h. Heute fährt er gelegentlich als Entlastungszug auf der Strecke London–Glasgow. Die Probleme sind gelöst, und die Forschungsarbeiten, zu denen sie führten, zahlen sich bei der Entwicklung der Hochgeschwindigkeitszüge aus, die ab **1990/92** auf der Strecke London–Edinburgh fahren sollen.

ICE (Intercity Experimental). Wie der *TGV* ist der deutsche *ICE* für hohe Geschwindigkeiten auf neuen Strecken konzipiert. Derzeit befinden sich zwei im Bau, eine zwischen Hannover und Würzburg und eine zwischen Mannheim und Stuttgart. Der *ICE*-Prototyp wurde der Bundesbahn im April 1985 geliefert. Er besteht aus zwei Maschinen mit drei Waggons dazwischen und erreichte im Mai **1988** eine Geschwindigkeit von 406 km/h. Der *ICE* hat Asynchronmotoren, die mit Drei-Phasen-Strom betrieben werden. Insgesamt hat der Zug eine Leistung von 2800 kW und sogar 4200 kW in der Spitze.

Magnetzüge. Im Versuchszentrum Pueblo, Colorado (USA), wurde **1967** der erste Zug mit Magnetantrieb getestet. Es handelte sich um eine von Garrett entwickelte Maschine mit Linearmotor. 1973 erreichte sie 402,5 km/h.

In der Bundesrepublik Deutschland wurde **1971** ein Elektrogleiter mit Magnetantrieb entwickelt. Aber der erste Zug mit Magnetantrieb, der *Transrapid,* kam erst ein Jahr später heraus – ebenfalls in der Bundesrepublik Deutschland. Er erreichte am 22. Januar 1988 auf der 21 km langen Teststrecke im Emsland eine Geschwindigkeit von 412,6 km/h und stellte damit einen neuen Weltrekord auf. In Großbritannien verbindet eine Kurzstrecke von 2 km seit 1983 den Bahnhof Birmingham International mit dem Flughafen. Aber diese Magnetbahn fährt nicht schneller als 25 km/h. In der Schweiz wurden Pläne über eine unterirdische Magnetbahn bekannt: die *Swissmetro.* Die Wagen sollen in 4,5 m hohen und breiten Schächten mit einer Geschwindigkeit zwischen 300 und 420 km/h verkehren. Die Transportkapazität: 450 Sitzplätze.

Die Japan Air Lines kreierten den *HSST,* die Japanese National Railways den *ML 500.* 1978 brachte es der *HSST* auf 307 km/h und der *ML 500* auf 301 km/h. Letzterer schaffte 1979 schon 407 km/h und 1980 sogar 517 km/h, womit er den Rekord für ein unbemanntes Magnetschwebefahrzeug hält. Inzwischen ist das Fahrzeug unter dem Namen *Maglev* (auch *MLU*) bekannt.

Für den normalen Personenverkehr werden Magnetbahnen bisher noch nicht eingesetzt.

Gilt als härtester Konkurrent der deutschen Magnetbahn *Transrapid*, die japanische Alternative *Maglev*.

Öffentlicher Personennahverkehr

Ursprünge. Der berühmte Mathematiker und Denker Blaise Pascal ist der geistige Vater des öffentlichen Personennahverkehrs. Er schlug **1661** vor, Kutschen einzuführen, »die auf vorgeschriebenen Strecken in Paris in regelmäßigen Abständen zu einem bescheidenen Preis« verkehren sollten. Am 19. Januar 1662 genehmigte der Rat des Königs den Finanziers das Projekt, ein Verkehrssystem mit öffentlichen Kutschen in der Stadt Paris und ihren Vororten zu etablieren.
Die erste Strecke führte von Norden nach Süden und verband die Porte St. Martin mit der Porte du Luxembourg. Am 16. März **1662** wurde sie in Betrieb genommen. Das Unternehmen besaß vier Fahrzeuge, die in achtminütigem Abstand in beiden Richtungen verkehrten. Allgemein erregten diese Verkehrsverbindungen große Neugier, aber ihr Erfolg währte nur kurz, denn die Kutschen kamen auf den noch mittelalterlichen und dazu auch noch sehr belebten Straßen nur mit entmutigender Langsamkeit voran. Weil es an Kundschaft fehlte, mußten die Preise erhöht werden. 15 Jahre später war die Firma pleite.

Die Straßenbahn wurde **1775** von dem Engländer John Outram entwickelt. Sie war für den

Gruppentransport bestimmt und fuhr auf gußeisernen Schienen. Zwei Pferde zogen sie. **1832** baute John Stephenson in New York die erste Stadtstraßenbahn zwischen dem oberen Manhattan und Harlem. Der Franzose Émile Loubat aus Nantes hatte 1852 die Idee, die Gleise in die Fahrbahn zu versenken. Dank dieser Erfindung konnte er noch im selben Jahr auf der 6. Avenue in New York eine Tramlinie aufziehen. Die New Yorker Straßenbahnen wurden von Pferden gezogen und waren an beiden Enden offen.

Die erste elektrische Straßenbahn mit Stangenstromabnehmer baute der Amerikaner Frank Sprague **1888.** Er bekam eine Konzession für eine Strecke von 27 km in Richmond, Virginia (USA). Zehn Jahre später fuhren in den USA schon 40000 Straßenbahnen. Der *Elektrischen* waren zwei Prototypen vorausgegangen: von Siemens & Halske in Berlin (1879) und von Edison in Menlo Park (1880). Weil die Schienen wie in Brüssel allgemein mitten in den Fahrbahnen lagen, wo sie später den übrigen Verkehr sehr störten, verschwanden die Straßenbahnen nach und nach wieder.

Der Trolleybus, eine Konstruktion aus dem Jahr **1911,** hat einen Elektromotor, der seine Energie aus zwei Oberleitungen mit konstanter Spannung bezieht. In der Bundesrepublik gibt es ihn noch in Esslingen/Neckar und in Solingen.

Der Omnibus. 150 Jahre nach dem Auftauchen der ersten öffentlichen Personennahverkehrsmittel hatte Stanislas Baudry, ein früherer Colonel der kaiserlichen französischen Armee, die Idee, kutschenähnliche Fahrzeuge, die 15 Fahrgäste inklusive Schaffner aufnehmen konnten, einzusetzen. Er bot sie seinen Kunden für die Fahrt von Nantes zu seinen heißen Bädern vor den Toren der Stadt an. Bald merkte er, daß außer den Badegästen auch viele Bewohner der Außenbezirke seine Wagen benutzten. Also erweiterte er seinen Service. Seine Endhaltestelle im Stadtzentrum lag an der Place du Commerce vor dem Geschäft eines gewissen Omnes, auf dessen Aushängeschild »Omnes Omnibus« stand. Baudry fand es verlockend, daß Omnibus »für jedermann« heißt, und taufte seine Linie danach. In Großbritannien fuhr der erste Linienomnibus am 4. Juli **1829.** Den ersten motorisierten Autobus verdankt England Walter Hanrock. Er hatte einen Dampfmotor und konnte 10 Passagiere befördern. Zwischen Stratfort und der City von London wurde er im Jahr seiner Erfindung versuchsweise eingesetzt. Man nannte ihn *Infant.* Ab dem 18. März 1895 wurde er durch den Autobus mit Benzinmotor der deutschen Firma Benz ersetzt.

Der Superbus ist ein für den öffentlichen Verkehr entworfener Bus, der seit Ende **1986** in Bordeaux getestet wird. Er besteht aus drei Teilen, die durch zwei Gelenke miteinander verbunden sind. 215 Personen kann er aufnehmen und hat die bemerkenswerte Länge von 24,18 m.

Das Taxi. Der Kutscher Nicolas Sauvage eröffnete **1640** das erste Taxiunternehmen auf der Rue St. Antoine in Paris. Er besaß damals 20 Kutschen. 1703 reglementierte die Polizei den Droschkenverkehr und gab jedem der Taxis eine Nummer. Die Einführung des Autos in den öffentlichen Personennahverkehr mit Taxameter, Geschwindigkeits- und Entfernungsmesser verdanken wir Louis Renault. Er setzte 1904 in Paris speziell entwickelte Kleinwagen mit zwei Zylindern als Taxis ein. Am 7. September 1914 trugen 700 Pariser Taxis zum Abzug der deutschen Armee bei. General Gallieni hatte sie konfisziert, um damit 3000 Reservisten rasch an die Front zu befördern.

Originalaufnahme von 1881: In Berlin-Lichterfelde wird die erste für längere Zeit eingesetzte elektrische Straßenbahn in Betrieb genommen. Die Stromzuführung erfolgt jedoch noch über die Schienen.

Die erste Untergrundbahn wurde **1863** in London eingeweiht. Sie verkehrte auf einer Strecke von 6,4 km und hatte Dampfantrieb.

Eine automatische U-Bahn wurde **1980** in Kobe (Japan) in Betrieb genommen. Sie ist mit der französischen VAL vergleichbar, einer kleinen U-Bahn auf Luftreifen und ohne Fahrer.

Drahtseilbahn. Schon ein Stich aus dem **17. Jh.** von Faustus Wranczi zeigt einen Wagen, der in der Luft an einem Kabel rollt und durch Ziehen angetrieben wird.
Um 1860 wird die Drahtseilbahn in den USA zur Ausbeutung der Bergwerksminen benutzt. Damals schaffte man manchmal schon Lasten von fast 4 t. 1909 wurde in Famatima (Argentinien) eine Drahtseilbahn eingerichtet. Sie verkehrte in den Kupferminen, war 35 km lang und schaffte 40 t pro Std. (statt 4000 t pro Jahr und Muli). **1911** wurde die erste Drahtseilbahn für die Personenbeförderung auf der *Aiguille du Midi* in Frankreich installiert.

DMC-Drahtseilbahn. Am 30. Mai 1984 gab es in Villeneuve-la-Salle in den französischen Alpen eine Weltpremiere: Die doppelt koppelbare Einseilbahn von Pomagalski wurde eingeweiht. Sie kann 20 Skiläufer auf einmal transportieren und 3600 Personen pro Std. Dieselbe Firma konzipierte die größte Drahtseilbahn der Welt in Courchevel, die Weihnachten **1984** eröffnet wurde.

Ein Kabinenlift über den Mississippi eigens für die von Mai bis November **1984** stattfindende Weltausstellung von Louisiana in New Orleans (USA) gebaut, ist die längste Einkabelbahn der Welt. Sie führt über 700 m, hat 109 m hohe Masten und 56 Kabinen, davon 2 für Behinderte. Die Baukosten betrugen 5 Mio. Dollar. Nach Ausstellungsende wurde der Lift dem öffentlichen Verkehr übergeben.

LUFTFAHRT

Ballons

Montgolfiere. Die Brüder Étienne und Joseph de Montgolfier, Papierfabrikanten in Vidalon-lès-Annonay im französischen Departement Ardèche, erfanden und konstruierten den ersten Apparat, der sich in den Himmel erhob: die Montgolfiere. Ihren ersten Versuch starteten sie im November **1782** in Josephs Zimmer in Avignon. Am 4. Juni 1783 fand in Annonay die erste öffentliche Vorstellung des Apparates statt. Ein Feuer aus nassem Stroh und gekämmter Wolle

Ballonfahrertreffen in den französischen Alpen 1987; 204 Jahre zuvor waren es zwei Franzosen, die sich erstmals auf solch eine Luftfahrt einließen.

wurde unter dem Ballon angezündet, der sich sehr schnell aufblähte. Man band ihn von den Haltemasten los, und schon begann der erste Montgolfierenflug der Welt unter den staunenden Augen der Dorfbewohner. Sie erhob sich auf etwa 1000 m und landete nach 10 Min. Am 19. September 1783 wurde sie in Versailles dem König vorgeführt. Diesmal trug der Ballon einen Weidenkorb mit einem Schaf, einem Hahn und einer Ente. Als erste Reisende im Luftraum landeten sie nach einigen Kilometern ohne die kleinste Panne.

Erster bemannter Flug. Étienne de Montgolfier hatte schon einige Flüge mit dem Fesselballon gemacht, als Pilâtre de Rozier und der Marquis d'Arlandes am 21. November **1783** als erste vom Château de la Muette aus Paris überflogen. Nach einer Reise von 25 Min. landeten sie im 13. Pariser Arrondissement.

Moderne Montgolfiere. In den fünfziger Jahren begann sich die US-Navy, die amerikanische Marine, für die klassische Montgolfiere zu interessieren. **1956** wurde ein Forschungsprojekt gestartet mit dem Ziel, preiswerte Techniken für den Aufstieg unbemannter Ballons zu finden. Sie führten schließlich zu Heißluftaerostaten aus leichtem, strapazierfähigem, schwerbrennbarem Polyester- oder Nylonmaterial, aufgeheizt mit billigem Propangas. Damit wurde eine weite Verbreitung der Montgolfiere, z. B. im sportlichen Bereich, eingeleitet.

Gasballon. Der Pariser Physiker Jacques Alexandre Charles entdeckte alle Regeln der modernen Fesselballonfahrt. Sein mit Waserstoff gefüllter Ballon erhob sich am 1. Dezember **1783** aus den Pariser Tuilerien. An Bord: Charles und die Brüder Robert. Ihr Ballon hatte ein Ventil, das, in Verbindung mit dem Ballast, dem Fahrer erlaubte, Steigen und Sinken zu kontrollieren. Der Fahrkorb war durch ein Netz mit dem Ballon verbunden. Der amerikanische Ballonfahrer Wise perfektionierte Charles' System durch die Einführung der Reißleine. Die heutigen Sportballons unterscheiden sich von denen Charles' nur durch den Einsatz des nichtentzündlichen Heliumgases und die Qualität der Ballonhüllen.

Der »Lenkbare«. Zahllose Versuche wurden seit dem Aufkommen des ersten Ballons unternommen, diese Gefährte lenkbar zu machen. Aber das gelang erst im 19. Jahrhundert. Am 24. September **1852** startete der Franzose Henri Giffard seinen von einem Dampfmotor angetriebenen lenkbaren Ballon. Ein lenkbares Modell von Dupuy de Lôme startete nur ein einziges Mal: am 2. Februar 1872. Der Antrieb durch einen von acht Männern bewegten Propeller erwies sich als viel zu schwach. Der *Lenkbare* der Brüder Tissandier sah aus wie sein Vorgänger, hatte aber einen kleinen Elektromotor. Er schaffte zwei Flüge im Oktober 1883 und im September 1884, blieb aber insgesamt unsicher. Erst als ein von den Franzosen Charles Renard und Arthur Krebs gebauter und gesteuerter Fesselballon am 9. August 1884 einen geschlossenen Kreis geflogen hatte, war der lenkbare Ballon wirklich geboren.

Der Zeppelin. Der deutsche Graf Ferdinand von Zeppelin experimentierte seit 1890 und konnte **1895** eine Reihe von Patenten für das erste Starrluftschiff anmelden. Eine drehbare Flugzeughalle ermöglichte es ihm, sein lenkbares Luftschiff gefahrlos herauszufahren, egal, woher der Wind wehte. Der Jungfernflug des *LZ 1* fand am 2. Juli 1900 am Bodensee statt. Die kommerzielle Nutzung des Zeppelins ließ sich durchaus gut an.

DIE ANFÄNGE DES FLIEGENS

Zu allen Zeiten träumte der Mensch davon, wie ein Vogel zu fliegen. Im 15. Jh. machte Leonardo da Vinci wissenschaftliche Beobachtungen des Vogelfluges, zeichnete künstlich gebaute Flügel und sogar Hubschrauber. Im Jahr 1680 griff Borelli diese Analysen in einer Studie wieder auf. Die erste wirkliche Konzeption eines Flugzeuges aber verdanken wir dem Engländer Sir George Cayley. Als Grundlage diente ihm das aerodynamische Verhalten des Drachens. 1809 stellte er ein Segelflugzeug mit einer durchgehenden Tragfläche und einem stabilisierenden Leitwerk fertig. Er beschäftigte sich auch als erster mit dem Einsatz von Gasen zur Erzeugung der zur Beförderung nötigen Energie. 1871 gelang es dem französischen Ingenieur Alphonse Pénaud, ein kleines, gummimotor-getriebenes Flugzeugmodell 50 m weit fliegen zu lassen. Das erlaubte ihm, erstmals die Gleichungen für den Flug aufzustellen. Bereits 1843 erhielt William Henson in Großbritannien ein Patent auf eine dampfgetriebene Flugmaschine, aber seinem Kompagnon John Stringfellow gelang es 1848, ein kleines Flugzeugmodell mit Dampfantrieb einige Meter fliegen zu lassen. Der erste Gleitflug gelang dem Franzosen Jean-Marie Le Bris 1856 mit einem Modell am Strand in der Bretagne. Maßgebend auf dem Gebiet der Hängegleiter waren die Konstruktionen des deutschen Ingenieurs Otto Lilienthal. Zwischen 1891 und 1896 führte er mehr als 2000 gesteuerte, bis zu 300 m weite Gleitflüge durch. Seine Hängegleiter waren

Flugpionier Otto Lilienthal mit seinem Flugapparat 1896. Im gleichen Jahr verunglückte er bei einem Flugversuch tödlich. Seit 1988 trägt Berlins Flughafen Tegel seinen Namen.

als Ein- oder Zweidecker konstruiert und besaßen eine Schwanzflosse. Um sein Fluggerät zu stabilisieren und zu steuern, verlagerte er seinen Oberkörper und die Beine nach vorn, nach hinten oder seitwärts. Die Brüder Wright wurden inspiriert von Lilienthals Flugversuchen. Drei Jahre lang, von 1900 an, machten sie zunächst Versuche mit Gleitflugzeugen, ehe sie zum Motorflug übergingen.

Den ersten mechanisch angeschobenen Flug realisierten zwei Amerikaner: die Wright-Brüder Wilbur (1867–1912) und Orville (1871–1948). Als Fahrradfabrikanten in Dayton (Ohio) begannen sie 1900 mit Gleitflugexperimenten auf den Dünen von Kitty Hawk in North Carolina. Dann bauten sie den Doppeldecker *Flyer I.* Durch Losentscheid wurde dann Orville am 17. Dezember 1903 der erste Mensch, der mit einem motorisierten Flugzeug flog. Bei diesem ersten Test verließ die Maschine die Antriebsschiene und schaffte 36,60 m in 12 Sek. Danach gelangen Wilbur und Orville nacheinander Flüge von 13 bzw. 15 Sek. Beim 4. Flug schaffte Wilbur 284 m in 59 Sek. Damals erleichterte man den Start des *Flyer* durch einen Apparat, der aus einem Gleis bestand, auf dem ein Wagen rollte, der das Flugzeug trug.

Nach dem spektakulären Erfolg von Alberto Santos-Dumont am 12. November 1906 brach ein Streit aus. Der mutige Pionier hatte nämlich 220 m in 21 Sek. geschafft – mit seinem *Doppeldecker XIV.* Es war der erste offiziell kontrollierte Flug. Eine Kommission des Aéro-Club de France hatte die Aufsicht. Weil dieser Flug ohne Anschiebesystem gelungen war, hatte Santos-Dumont auch die Brüder Wright deklassiert. Nun aber meldeten sich Leute, die behaupteten, der rumänische Ingenieur Trajan Vuia habe schon am 18. März desselben Jahres am Steuer seines fledermausartigen Flugapparates nach Art des Ader-Flugzeugs einen Flug von 12,60 m über dem Boden geschafft. Und dann meldeten sich auch die Dänen. Ihr Landsmann Ellehammer hatte am 12. September 1906 einen 42-m-Flug in 50 cm Höhe vollendet – in einem Eindecker mit Schraubenantrieb. Wie man unschwer erkennen kann: Die Anfänge des Fliegens waren abenteuerlich.

So wurden zwischen 1900 und 1939 rund 52 000 Personen befördert. Dabei wurden etwa 2 Mio. km zurückgelegt und das zum großen Teil auf regelmäßig beflogenen Linien. Die Katastrophe bei der Landung des Zeppelins *Hindenburg* am 6. Mai 1937 in Lakehurst bei New York bedeutete praktisch das schlagartige Ende der Passagier-Luftschiffahrt.

Einen Ballon ohne Korb erfand **1980** die englische Firma Colt Balloon. Der Fahrer wird von Fallschirmgurten gehalten. Antrieb und Steuerung übernimmt ein auf seinem Rücken befestigter 20-kg-Tank mit flüssigem Propangas, der ihm einen Flug von 60 bis 90 Min. ermöglicht. Mit einem 700 m^3 *Cloudhopper* (Wolkenhüpfer) von Colt schaffte der Belgier Gérard Delforge am 16. Mai 1983 den ersten unterirdischen Flug in den Grotten von Han (Belgien).

Infrarot-Montgolfiere. Das erste Modell hieß *MIR*, war für wissenschaftliche Forschungen bestimmt und startete am 1. Juni **1981** von Pretoria in Südafrika. Vier Franzosen sind seine Väter: Michel Rougeron, Robert Regipa, Alain Hanchecorne und Pierre Pommereau. Weil er bei Tag die Sonnenstrahlung nutzt und bei Nacht die von der Erde ausgesandte Infrarotenergie, ist dieser Ballon der einzige, mit dem man Langzeit-Forschungsprojekte durchführen kann. Er hat ein Volumen von 96 000 m^3 und kann Lasten bis 65 kg befördern.

Den Helibus stellte **1984** sein Erfinder, der deutsche Ingenieur Jürgen Bothe, in Hannover vor. Es handelt sich um einen neuen Typ von lenkbarem Ballon für den Transport von Frachtgut (Helitruck) und Passagieren (Helibus) auf kurzen und mittleren Strecken.

Helistat. Hier handelt es sich um einen Plan des berühmten amerikanischen Ingenieurs Frank Piasecki. Er will einen Heliumballon mit einem Senkrechtstarter kombinieren. Die Idee stammt von 1956, die ersten Patente von 1962 und die

Realisierung läuft derzeit. Erste Flüge gab es Ende **1984.**

Skyship 600. Die ersten Flugtests mit ihm machte man **1984** in Großbritannien. Vier *Skyship-500*-Modelle stellten die Prüfer zufrieden. Das *Skyship 600* ist länger (6000 m³ Volumen) und trägt einen 12 m langen Fahrkorb für 20 Passagiere. Seine Hersteller, die Air-Ship Industries, versprechen eine Geschwindigkeit von 102 km/h, 55 Std. Flugdauer und 5500 km Reichweite. Der Polyurethanballon wurde von Zodiak in Frankreich hergestellt. Zwei Porsche-Turbomotoren treiben den Apparat an. Ein Studienprogramm für einen *Skyship 5000* läuft im Auftrag der US-Navy. Derzeit sind etwa zehn Exemplare des Skyship weltweit im Einsatz. Das *Skyship 500* steigt viermal täglich zu einem 75 Min. dauernden Rundflug über London auf. Es ist daran gedacht, das sehr sichere und leicht lenkbare Luftschiff auf der Strecke London–Paris einzusetzen, die in 2:30 Std. zurückgelegt werden könnte.

Flugzeuge

Das erste dampfgetriebene Flugzeug, dem ein Flug mit Piloten an Bord gelang, war die *Éole* des Franzosen Clément Ader. Sie schaffte am 9. Oktober **1890** einen Flug von etwa 50 m und eine Flughöhe von 15 cm. Sein Patent, das er am 19. April 1890 anmeldete, führt zum erstenmal die Bezeichnung *Avion* (Flugzeug). Sein *Avion Nr. 3* schaffte am 14. Oktober 1897 in Satory eine Höhe von 300 m.

Wasserflugzeug. Sein Vater ist der Franzose Henri Fabre. Er baute ein Wasserflugzeug mit Schwimmern und startete am 29. März **1910** von einem Weiher in Berre. Der Apparat gehörte zu dem Typ, den man *Canard* (Ente) nannte – mit Tragflächen und einer Antriebsgruppe am Heck. Schon 1905 hatte Gabriel Voisin ein von einem Motorboot geschlepptes Segelflugzeug auf katamaranförmigen Schwimmern geplant. Von nun an entwickelte sich das Wasserflugzeug in Frankreich und in den USA etwa gleich schnell. Nachdem die Industrie und auch die Konstrukteure dem Wasserflugzeug lange Zeit kaum noch Beachtung schenkten, tritt jetzt ein Wandel ein. So gab z. B. die internationale Gesellschaft HYDRO 2000 den Entwurf eines Wasserflugzeugs von 1000 t Gewicht bekannt. Ausgestattet mit 8 bis 10 Motoren könnte es 400 t Fracht über 7000 km transportieren. Der verstärkte Einsatz von Wasserflugzeugen könnte auch die stark frequentierten Flughäfen entlasten.

Wasserflugzeug Sybille. Auf dem Aerosalon in Le Bourget **1987** stellte der französische Erfinder Patrick Lendepergt das Selbstbau-Wasserflugzeug *Sybille* vor. Mit 250 km/h Reisegeschwindigkeit besitzt es einen Aktionsradius von 2000 km. Der »Bausatz« soll 1988 kommerziell verfügbar sein.

Die Boeing 247 wurde im März **1933** als erstes amerikanisches Linienflugzeug bei den United Airlines in Dienst genommen. Sie konnte zehn Passagiere aufnehmen und reduzierte die Flugdauer einer Überquerung der Vereinigten Staaten auf weniger als 20 Std. Der zweimotorige Eindecker mit niedrig gezogenem Flügel repräsentierte eine Reihe von Neuerungen, die die Fliegerei revolutionieren sollten: ein- und ausfahrbares Fahrgestell, ein Autopilotsystem und eine Treibstoffzufuhr, die in den verschiedenen Flugphasen immer die optimale Leistung ergab.

Die DC 3, ausgerüstet mit der fortschrittlichen Technologie der *Boeing 247,* stammt von der amerikanischen Firma Douglas. Sie faßte mehr Passagiere als ihr Vorbild und ging erstmals im Dezember **1935** an den Start. Die American Airways setzten sie ab Juni 1936 auf der Nonstop-Strecke New York–Chicago ein. Als erste überquerte die *DC 3* den Himalaya zwischen Indien und China. Im Krieg wurde sie gern als Transportflugzeug unter dem Namen *C 47 Dakota* eingesetzt. Mehr als 10 000 *DC 3* wurden gebaut. Auch heute ist sie noch ein sehr häufig eingesetztes Flugzeug, vor allem in Afrika und in der Dritten Welt.

Die Viscount V 630. Das erste zivile turbopropgetriebene Flugzeug dieses Typs baute die britische Firma Vickers-Armstrong. Es war ein von vier Rolls-Royce-Motoren angetriebener Eindekker mit einer Verkehrsgeschwindigkeit von 440 km/h. Nach ihrem ersten Flugversuch am 29. Juli **1948** flog sie zwei Wochen lang auf der Strecke London–Paris als erstes Linienflugzeug mit Turbopropantrieb. Weil sie sich aber als zu klein erwies, wurde sie bald durch die größere und stärkere *V 700* ersetzt.

Die De Havilland Comet 1. Das erste jetgetriebene Flugzeug in der zivilen Luftfahrt startete am 27. Juli **1949.** Es wurde von vier Triebwerken angetrieben, von denen jedes eine Schubkraft von 2020 kg hatte. Die Verkehrsgeschwindigkeit betrug 788 km/h. Es erreichte eine Flughöhe von 12 000 m und konnte 36 Passagiere befördern. Die BOAC nahm es am 2. Mai 1952 in Dienst. Die *De Havilland Comet 1* schaffte die Strecke London–Johannesburg (10 750 km) in 17:06 Std. Nach einer Serie von tragischen Unfällen wurde sie jedoch bald wieder aus dem Verkehr gezogen.

Die Boeing 707. Die ersten Versuche mit dem Prototyp der *707,* die damals noch *B 367-80* hieß, fanden am 15. Juli **1954** in Seattle im US-Staat Washington statt.
Das erste Serienmodell, die *707-120,* flog am 20. Dezember 1957 erstmals für die PanAm. Es war ein großes Flugzeug mit Flügeln im Winkel von 35 Grad zum Rumpf und vier Düsentriebwerken als Antrieb. Sie hatte eine Spannweite von 39,9 m und konnte 179 Passagiere befördern.

Mit seiner *Spirit of St. Louis* schaffte Charles Lindbergh 1927 seine erste Atlantiküberquerung von New York nach Paris. Wozu heute eine französische *Concorde* 3:30 Std. benötigt, brauchte Lindbergh allerdings noch 30:30 Std.

Flügel-Ideen

Oben: Christophe de Brichambaut, ein junger französischer Flugingenieur, entwarf dieses 415 kg schwere Flugzeug und hält damit den Geschwindigkeitsweltrekord für Flugzeuge unter einer Tonne mit 240 km/h.

Mitte: Die Konstruktion dieser »Ente« SCM des Schweizers H. U. Farner garantiert eine exzellente Flughaltung.

Unten: Die Aerodynamik eines Delta-Flüglers wird durch Farbeffekte sichtbar gemacht.

Ihre Verkehrsgeschwindigkeit betrug 912 km/h. Die *707* wurde in mehr als 3000 Exemplaren gebaut. Größer, zuverlässiger und leistungsfähiger als andere zeitgenössische Flugzeuge, wurde sie die Linienmaschine.

Die Caravelle. Der erste Prototyp dieser französischen Maschine startete am 27. Mai **1955.** Das Revolutionäre dieses Flugzeuges waren die hinten zu beiden Seiten des Rumpfs angebrachten Düsenantriebe. Diese Lösung ließ die Flügel unbelastet wie bei einem Segelflieger, wodurch sich die Stabilität erhöhte und der Lärm in der Kabine vermindert wurde. Sie wurde 1958 in Dienst genommen und faßte 130 Passagiere. Trotz ihrer Qualitäten war sie technisch bald überholt und wurde ab **1970** und nach 280 Exemplaren nicht mehr gebaut. Aber die *Caravelles* hatten von allen Flugzeugen auf der Welt die wenigsten Unfälle.

Die C-5A-Galaxy baute **1966** die amerikanische Firma Lockheed Aircraft Co. Zu ihrem ersten Flug startete sie am 30. Juni 1968. Die *Galaxy* ist das größte transportlogistische Flugzeug der Welt. Dieser Gigant von 74,67 m Länge und 67,73 m Spannweite wiegt 380 t. Er kann sich mit einer Ladung von 57 t in eine Höhe von 12 900 m heben. Eine mit den allerneuesten Schikanen ausgestattete Version der *C-5,* die *C-58,* wurde 1983/84 entwickelt.

Die Tupolev 144, ein sowjetisches Überschallflugzeug, hat eine Spannweite von 28,8 m, eine Länge von 64,45 m und kann 126 Passagiere befördern. Seine Lufttaufe hatte es am 31. Dezember **1968.** Seit Oktober 1974 in Betrieb, verkehrte die *Tupolev* seit dem 26. Dezember 1975 zwischen Moskau und Alma Ata (der Hauptstadt von Kasachstan). Allerdings beförderte sie nur Post und leichte Frachtgüter. Am 1. November 1977 wurde die Linie Moskau–Alma Ata für den Personenverkehr geöffnet. Wie der Chef der Aeroflot am 9. August 1984 bekanntgab, wurden die Flüge der *TU 144* offiziell gestoppt. Inoffiziell ist aber allgemein bekannt, daß die *TU 144* ein Flop war und nur von November 1977 bis Juni 1978 flog. Die Linie Moskau–Alma Ata war nie zufriedenstellend gewesen, und ein Unglück im Juni 1978 hatte das Schicksal der *TU 144* auch im normalen Luftverkehr besiegelt. Sie gilt heute

Ernst Heinkel, der Vater des Düsenflugzeugs

Als 23jähriger Student begann er mit seinen ersten Flugversuchen in einem selbstgebauten Doppeldecker. Und alles schien ein schnelles Ende zu nehmen: Ernst Heinkel (1888–1958) überlebte nur knapp einen fürchterlichen Absturz, als er am zehnten Tag seiner Flugversuche 1911 mit Schädel- und Knochenbrüchen ins Krankenhaus eingeliefert wurde. Der dickköpfige Schwabe aus Grunbach, Remstal, nahe Stuttgart, machte weiter. Er gab sein Studium auf, und nach Beschäftigungen in großen deutschen Flugzeugwerken gründete er 1922 seine »Ernst-Heinkel-Flugzeugwerke« in Warnemünde an der Ostsee. Erste große Erfolge waren seine Zeitungsflugzeuge *HD 39* und *HD 40,* die Heinkel für die Berliner Tageszeitung »BZ am Mittag« entwickelte. Die Maschinen hatten im Laderaum Abwurfvorrichtungen, die während des Überflugs der Zielorte zum »Ausladen« der Zeitungen zum Einsatz kamen. Zu seinen erfolgreichsten Typen gehört die *He 70 Blitz,* die 1932 mit einer Höchstgeschwindigkeit von 377 km/h das schnellste Verkehrsflugzeug der Welt wurde. Von hier war der Weg zum Luftwaffenlieferanten für Hitlers Angriffskrieg nicht mehr weit: Heinkels Werk entwickelte und baute Bomber, Jagd- und Aufklärungsmaschinen – wie den Standardbomber *HE 111.* Und am 27. August 1939, vier Tage vor Beginn des Zweiten Weltkriegs, machte Werkspilot Erich Warsitz mit der *He 178* über Rostock den ersten Düsenflug der Welt – eine technische Errungenschaft, die ohne die Arbeit des Göttinger Physikers Pabst von Ohain bei der Entwicklung des Düsentriebwerks undenkbar gewesen wäre. Heinkel starb am 30. Januar 1958 in Stuttgart, wo er nach 1945 sein Werk mit der Konstruktion von Motorrollern wiedererrichtet hatte. Der Traditionsname lebt nach der Fusion mit den Vereinigten Flugtechnischen Werken (VFW) 1964 in Bremen heute unter dem Firmendach von Messerschmitt-Bölkow-Blohm (MBB) fort.

Das Bild oben links zeigt Ernst Heinkel bei einem Flugversuch auf seinem selbstgebauten Doppeldecker (Bauart Farman), 1911. Rechts: Ernst Heinkel im Jahr 1953, nachdem er unter die Motorroller-Konstrukteure gegangen war.

als größter Reinfall in der Geschichte der Luftfahrt.

Die Boeing 747 startete zum erstenmal am 9. Februar **1969.** Die PanAm nahm sie am 21. Januar 1970 in Dienst. Mit ihr lancierte die amerikanische Firma Boeing eine neue Generation von Großraumflugzeugen, »Jumbo-Jets« genannt. Ende des Jahres 1983 hatte Boeing schon 619 Exemplare der *B 747* weltweit verkauft. Inzwischen haben sie 500 Mio. Passagiere befördert. Eine Verlängerung des Rumpfes um 7 m ermöglichte es, das Gesamtvolumen um 43 m^3 zu vergrößern. So wurde die *747-300* das größte aller Linienflugzeuge. Die fünfte Version ist 1988 auf den Markt gekommen. Eine *Boeing 747* der Air France hält den Geschwindigkeitsrekord: Sie legte im September 1986 die Strecke Paris–San Francisco nonstop in 10:34 Std. zurück.

Die Concorde, das französisch-britische Überschallflugzeug (gebaut von Aérospatial und BAC), startete erstmals am 2. März **1969.** Dieses erste Überschallflugzeug in der zivilen Luftfahrt ist das schnellste der Welt. Bei einer Spannweite von 25,56 m und 62,17 m Länge kann es 100 bis 139 Passagiere befördern und ein Gewicht von 185 000 kg in die Luft heben. Sein maximaler Aktionsradius beträgt 6200 km. Am 30. Oktober 1969 flog die *Concorde* Mach 1,05 und am 4. November 1970 überschritt sie Mach 2. Derzeit fliegen noch acht *Concorde.* Der Überschall-Jet legt die Route Paris–New York in 3:30 Std. zurück, wobei er in einer maximalen Höhe von 18 000 m fliegt. Die älteste Maschine hat bereits 9200 Flugstunden zu verzeichnen. Man rechnet damit, die Flugzeuge noch zehn Jahre nutzen zu können, nach nunmehr schon 11 Jahren kommerziellen Einsatzes. Seit 1976 sind 621 000 Passagiere mit der *Concorde* geflogen.

Airfoilcraft X 114. In den **70er Jahren** entwickelte die deutsche Firma VFW-Fokker den Prototyp zu diesem Luftfahrzeug (Tempo: 150 km/h), das ebenso auf der Erde wie auf dem Wasser operieren kann. Sein Aktionsradius beträgt mehr als 2000 km. Das Konzept wurde weitgehend von den Sowjets entwickelt, die derzeit anscheinend den Start des *WIG,* des Ekranoplans, vorbereiten. Dieses Luftkissen-Flugzeug, mit dessen Konzept man sich in der UdSSR seit über zwei Jahrzehnten beschäftigt, soll 400 Passagiere befördern können. Lockheed-Georgia untersucht seit einiger Zeit die Nutzung des Bodeneffekts für ein Fluggerät, das über den Ozeanen eine Geschwindigkeit von 480 km/h erreichen kann. Bei nur 33 m Spannweite soll seine Länge 80 m betragen.

Die BD 5 J. Hierbei handelt es sich um das Flugzeug, das James Bond 007 in *Oktopussy* flog, und zugleich um das kleinste Düsenflugzeug der Welt. Ursprung war das von dem Amerikaner James R. Bede erfundene *BD* vom Typ *Kit,* dessen erster Flug im Juli 1963 stattfand. **1970** gab es eine neue Version, die *BD 5.* Sie wurde in kleiner Serie bei Grumman gebaut. Ihre aerodynamische Form inspirierte die französische Firma Microturbo. Sie baute der Maschine 1973 ihren TRS-Motor ein und fügte dem Namen das *J* von Jet hinzu. Es existieren nur drei Exemplare des *BD 5 J* auf der ganzen Welt: zwei in den Vereinigten Staaten, das dritte fliegt seit 1980 im Cercle aéronautique Marcel Dassault in Istres (Frankreich).

Der Airbus. In Toulouse fand am 28. Oktober **1973** der erste Flug eines Airbus statt. Er ist der erste Mittelstrecken-Jumbo-Jet. Durch den Vermittler Hawker-Siddeley, der die Tragflächen konstruierte, partizipierte auch Großbritannien an diesem Programm. Alles übrige wurde von den deutschen Firmen VFW-Fokker und HFB realisiert. Die französische Firma Aérospatiale war für die Konstruktion der Antriebselemente

Oben: Die *Concorde*, 1969 erstmals gestartet, hier mit dekorativer Flugbegleitung, ist das bisher einzige Überschallflugzeug in der zivilen Luftfahrt und damit natürlich auch das schnellste. Bei einem Fassungsvermögen von 128 Passagieren erreicht die Maschine 2333 km/h.

Für sein »Airfoil« oder auch »Bodeneffekt-Fahrzeug«, wie der Physiker dazu sagt, das ist ein schnelles und wendiges Fahrzeug zwischen Schiff und Flugzeug, erhielt Günther Jörg (* 1927) aus Zweibrücken 1984 den renommierten Philip-Morris-Forschungspreis.

zuständig. Der Zusammenbau und die ersten Flugversuche fanden am 23. Oktober 1972 statt.

Der Airbus A-320. Der Startschuß zum Bau dieses neuen Airbus-Typs war das Luftfahrtereignis des Jahres 1984. Am 22. Januar 1985 kam das metallene Modell der Antriebe in Toulouse an. Die Zusammensetzung dieser Nr. 1 unter den Flugzeugen begann im Februar **1986.** Der erste Testflug fand am 22. Februar 1987 statt. Die Zulassung soll im Laufe des Jahres 1988 erfolgen. Die Dimensionen des vielbegehrten *A-320*: 33,91 m Spannweite, 37,57 m Länge und ein Leergewicht von 37,1 t. Rund 16 000 l Treibstoff werden Flüge zwischen 3500 und 5950 km – je nach Auslegung – erlauben, wobei die Passagierzahl zwischen 135 und 179 variieren wird. Der *A-320* ist mit allen technischen Raffinessen, so einem Warnsystem vor den tückischen »Microbursts«, Mikroturbulenzen, ausgerüstet. Die vollelektronische Flugzeugsteuerung und -führung benötigt im Cockpit nur noch zwei Piloten.

Die Boeing 767. Dieses zweimotorige Mittelstrecken-Transportflugzeug hatte eine völlig neue Konzeption. Im Juli **1978** lief das Programm an. Die *767* war das erste neue Flugzeug, das Boeing nach der 1966 erfolgten Inbetriebnahme der *747* herausbrachte. Im August 1982 wurde die Auslieferung abgebrochen. 1986 präsentierte Boeing eine neue Version, die 767-300. Sie kann 261 Passagiere befördern. Für sie sieht man relativ gute Marktchancen.

Die Sun Ray. Hier handelt es sich um ein Amphibienflugzeug, das die amerikanische Firma Sun Aerospace Corporation **1984** fertigstellte. Ursprünglich als Ultraleicht-Flugzeug konzipiert, wurde die *Sun Ray* später dann doch aus Fertigteilen gebaut, um die Produktion auf diese Weise zu beschleunigen.

ATR 42. Diese Transportmaschine für Regionalflüge wurde von einem franko-italienischen Konsortium der Aérospatiale und der Air Italia konzipiert. Am 16. August **1984** machte sie ihren ersten Flug. Ende 1985 wurde sie zugelassen, und die ersten Auslieferungen begannen gleich danach. Die *ATR 42* kann 42 Passagiere bei mehr als 500 km/h 1300 km weit transportieren. Sie ist 22,7 m lang und hat eine Spannweite von 24,57 m. Mehrere Varianten dieser Maschine sind in Planung.

Fokker 100. Die zweimotorige niederländische Verkehrsmaschine, ausgelegt für 100 Passagiere und einen Aktionsradius von 2500 km, absolvierte im November **1986** ihren Jungfernflug und wurde im Frühjahr 1987 in die Flotte der Swissair übernommen.
Das niederländische Unternehmen wurde von Anthony Fokker (1890–1939) ins Leben gerufen. Er gründete 1912 in Johannisthal bei Berlin eine Flugzeugfabrik. Während des Ersten Weltkriegs baute er für die Deutschen Jagdmaschinen. 1919

Fliegende Neuheiten

Oben: Der fensterlose *Super Guppy* ist darauf spezialisiert, Einzelteile des in ganz Europa produzierten Airbus zu transportieren.

Mitte: Zur Gattung der »Entenflügler« (langer Hals, mächtige Tragflächen) zählt die *Starship*. Das von Beech Aircraft Corp., Kansas (USA), gebaute Flugzeug schafft 676 km/h und besteht fast ganz aus Kunststoff.

Unten: Die *Bumble Bea* des Amerikaners Robert H. Starr ist mit ihrer Flügelspannweite von 1,98 m und 2,84 m Länge eines der kleinsten Flugzeuge der Welt.

errichtete Fokker dann in Amsterdam eine Produktionsstätte für Flugzeuge. Zu den frühen Entwicklungen des Luftfahrtpioniers zählt die dreimotorige *F. VII*, mit der erstmals 1924 die Linienverbindung Amsterdam–Batavia, heute Djakarta, aufgenommen wurde.

ATSF. Eine *Concorde* der zweiten Generation wird derzeit bei Aérospatiale und SNECMA in Frankreich geplant: Die ATSF (Avion de transport supersonique futur = Zukunftsflugzeug für Überschallflüge). Sie soll 200 Passagiere transportieren können (derzeit sind es 100) und zweimal weniger Treibstoff verbrauchen.

A-330 und A-340. Die nächsten Schritte im Ausbau der Airbus-Familie sind bereits konkret geplant. Nach dem jetzt auf den Markt kommenden *A-320* wird es einen zweistrahligen *A-330* geben, ein Großraumflugzeug für 328 Passagiere mit einem Aktionsradius von 9300 km. Parallel dazu soll der *A-340* entstehen, der – je nach Version – zwischen 262 und 294 Reisenden Platz bieten soll. Er ist für Strecken zwischen 13 200 und 14 300 km gedacht. Die beiden neuen Typen sollen erstmals **1991** fliegen.

Flugzeug mit Gelenkflügeln. Dieser neue Konstruktionstyp mit gelenkigen Flügeln, den der amerikanische Ingenieur Julian Wolkowitch erfand, ermöglicht bei gleicher Aerodynamik einen Gewinn an Leichtigkeit von 30 bis 40 Prozent. Für das eingesparte Gewicht kann man weitere Passagiere mitnehmen. Außerdem dringt die Maschine dank der speziellen Flügelform besser in die Luft ein und ist unfallsicherer. Ein Prototyp der *JW-1* wird gerade bei ACA Industries für die NASA gebaut. Der erste Flug ist für **1988** vorgesehen.

Boeing 757. Boeing hat diese Maschine als Linienflugzeug der dritten Generation für das Jahr **1992** angekündigt. Sie ist mit Propfans ausgerüstet und präsentiert sich als Konkurrent für den Airbus *A-320*.

Voyager. Am 14. Dezember **1986** starteten die Amerikaner Jeana Yeager und Dick Rutan in ei-

Dem Briten Kenneth H. Wallis gelang 1975 mit seinem selbst konstruierten *WA-116-F*-Drehflügler ein Nonstopflug von 874,32 km.

nem von Burt Rutan konstruierten Flugzeug, *Voyager*, zu einer Nonstopumrundung der Erde, ohne nachzutanken, die sie in neun Tagen bewältigten. Ihr Rekordunternehmen gilt als die sensationellste fliegerische Glanzleistung seit Charles Lindberghs Atlantik-Überquerung. Auf den ersten Blick erinnert *Voyager* an eine Kreuzung zwischen Segelflugzeug und Katamaran. Das Flugzeug ist so groß wie eine *Boeing 737*, aber leichter als ein *Volkswagen*. Technologisch hat der Flug bedeutende Akzente gesetzt, z. B. mit dem Durchschnittsverbrauch von nur 14 l Treibstoff auf 100 km. Aber auch hinsichtlich der verwendeten Verbundwerkstoffe und der aerodynamischen Eigenschaften sind neue Erkenntnisse gewonnen worden.

Hubschrauber

Ursprung. In Form eines kleinen Modells hob sich der erste Hubschrauber **1784** in die Luft. Die Franzosen Launoy und Bienvenu führten ihr Modell der Akademie der Wissenschaften vor. Der sehr einfache Apparat bestand aus zwei sich gegeneinander drehenden Rotoren, die durch die Bewegung eines gespannten Bogens aus Fischbein angetrieben wurden. Leonardo da Vinci aber hatte schon **1480** eine Maschine mit einer Art Luftschraube gezeichnet, deren Flügel sich um eine Vertikalachse drehten. Borelli griff diese Theorien 1680 wieder auf und Paucton 1768. **1862** konstruierte dann der Franzose Ponton d'Amècourt, dem wir das Wort »Helikopter« verdanken, einen mit Dampfmotor angetriebenen Apparat, und der Italiener Forlanini tat 1877 dasselbe. Ihre Experimente führten nach vielen Schwierigkeiten zu lenkbaren Apparaten.

Den ersten bekannten Hubschrauberflug mit einem Piloten schaffte der Franzose Paul Cornu am 13. November **1907** in Lisieux. Der Apparat wog 260 kg, sein Motor war eine *24-PS-Antoinette.*

Rotor. Seine Geschichte ist untrennbar mit der des Hubschraubers verknüpft. **1908** – also kurz nach dem ersten Flug von Paul Cornu – stürzte sich der russische Emigrant Igor Sikorsky in den USA auf das Problem, durch Propellerblätter und Rotor eine Maschine gleichzeitig anzutreiben und in der Luft zu halten. Es gab viele Lösungen dieses Problems in der langen Entwicklungsgeschichte des Helikopters. Eine der wichtigsten ist die zyklische Veränderung der Gewinde, die es ermöglicht, die Stellung der Rotorblätter der Rotation anzupassen und auf diese Weise die durch die Vorwärtsbewegung des Apparates bedingte Asymmetrie zu beheben. 1939 führten seine Arbeiten Sikorsky dazu, den *VS 300* mit einem Monorotor auszustatten. Prompt brach dieser Hubschrauber den bis dahin bestehenden Weltrekord in der Reichweite mit einem eineinhalbstündigen Flug. (1937 hatte es schon den deutschen *Focke-Aghelis FA 61* mit zwei Rotoren gegeben.)

Seither hat man viele neue Rotoren erfunden: den stromlinienförmigen *Fenestron* (1967) und den *Starflex* (1973) bei der französischen Firma Aérospatiale, der eine Nabe aus kunstharzimprägnierter Glasfaser und Blätter aus Materiallegierungen hat. Die kippbaren Rotoren machen den Prototyp *Bell XV* zu einem Helikopter mit der Leistungsfähigkeit eines Flugzeuges. Dann gibt es noch die sich gegeneinander drehenden Rotoren von Sikorsky.

Gyroplane. Mit Unterstützung Prof. Rigets konstruierte Louis Breguet **1907** die *Gyroplane Nr. 1.* Diese sehr ausgereifte Maschine absolvierte ihre ersten Flüge im August und September desselben Jahres in Douai (Frankreich). Aber erst nach Cornus Flug wurden diese Geheimtests bekannt. Der *Gyroplane* hatte vier zweigeschossige Rotoren mit jeweils vier Blättern – also 32 Blätter insgesamt mit 7 m^2 Fläche. Sein *Antoinette*-Motor leistete 45 PS, das Gesamtgewicht betrug einschließlich Pilot 578 kg. Nach dem Konzept des *Gyroplane* baut man in den USA noch heute Hubschrauber: Das Modell *Air and Space 18 A* bei Farrington Aircraft ist seit 1961 zugelassen, wird seit 1965 produziert und kommt seit 1980 – mit allen modernen Schikanen – wieder in Mode: Es hat Bordinstrumente und besteht aus Verbundwerkstoffen; transportieren kann es zwei Passagiere.

Erste Flüge mit dem Hubschrauber. Der Hubschrauber des Franzosen Étienne Oehmichen flog am 4. Mai **1924** den ersten geschlossenen Kreis. Der Marquis Pescara baute in Frankreich zwischen 1920 und 1925 drei Helikopter, die es schafften, sich in die Luft zu erheben. Es war das erste theoretisch und praktisch abgeschlossene Programm des Helikopterflugs mit Autorotation. Aber erst 1936 konzipierten Louis Breguet und René Dorand den Versuchs-*Gyroplane*, der, von Maurice Claisse geflogen, tatsächlich das komplette Programm des stationären Flugs, der seitlichen Beförderung, des längeren Linienfluges und vor allem der ersten Präzisionslandung mit Autorotation bei abgestelltem Motor durchstand.

Der erste in Serie bestellte Hubschrauber war der deutsche *Focke-Aghelis FA 223*, dessen Prototyp erstmals 1940 geflogen war. Der *Bell 47* bekam am 8. März 1946 als erster Helikopter auf der Welt eine allgemeine Zulassung für die zivile Luftfahrt.

Autogiro. Der spanische Ingenieur Juan de la Cierva (1895–1936) gilt als der Vater des *Autogiro*, des Tragschraubers, einer Entwicklung aus dem Jahr **1922.** Hierunter versteht man ein Drehflügelflugzeug, dessen Rotor durch den Fahrtwind in Drehung gehalten wird und den Auftrieb liefert. Der Vortrieb wurde meist durch einen Propeller am Rumpf erzeugt. Am 18. September 1928 überquerten la Cierva und Henry

Der größte Hubschrauber der Welt, der *MIL V-12*, benannt nach seinem sowjetischen Konstrukteur Michail Mil, kann 40 t Last bis in eine Höhe von 2400 m befördern.

Rechts: Der zweimotorige (3,8 bis 4,5 t) Hubschrauber *Dauphin 365 N* wurde speziell für die Industrie entwickelt.

Bouche mit einem *Autogiro* den Ärmelkanal. Das Konzept ist dann im Laufe der Zeit in Großbritannien, Frankreich, den USA, der UdSSR und Japan weiter verfolgt worden.

Düsen-Hubschrauber. Der einzige Hubschrauber dieses Typs, der in Serie hergestellt wurde, war der *SO 1121 Djinn*, ein Zweisitzer mit einem Leergewicht von 369 kg, der **1953** erstmals startete.

Hubschrauber mit Turboantrieb. Der erste dieser Art war der *SO 1120 Ariel III.* Er hatte einen Gasturbinenantrieb und flog erstmals am 18. April **1951** in Villacoublai (Frankreich). Der große Erfolg des Turboantriebs datiert aber vom März 1955. Da stieg Jean Boulet mit der *Alouette II* in Buc erstmals in die Luft. Von Charles Marchetti und René Mouille für Aérospatiale konzipiert, ist die *Alouette II* der erste Hubschrauber, der um einen Turbomotor herumgebaut wurde. Es handelt sich um einen Fünfsitzer, dessen Weiterentwicklungen immer noch gebaut werden.

Die neuesten Helikopter. Am meisten beachtet werden derzeit die mittelgroßen, zweimotorigen (3,8 bis 4,5 t), speziell konstruiert für die Industrie und zur Montage von Erdölbohrinselstationen. Es sind schnelle, leise, komfortable Maschinen, die 8 bis 12 Personen bei einer Geschwindigkeit von 250 bis 280 km/h 500 bis 800 km weit transportieren können. Der *Bell 222*, der *Sikorsky S 76 C* und der *Dauphin 2 N* kämpfen um diesen Markt. **1984** kam als weiterer Konkurrent der deutsch-japanische *BK 117* dazu. Die Turbomotoren sind heute absolut zuverlässig, leise und sparsam. Mit der Zulassung eines neuen Systems zur Enteisung der Rotoren auf dem *PUMA* von Aérospatiale hat eine neue Ära begonnen. Die wichtigsten Fortschritte kommen derzeit von der vermehrten Verwendung von Verbundwerkstoffen in der Konstruktion der Rotorblätter und -naben.

Wasserbomben-Hubschrauber. Zur Bekämpfung von Flächenbränden experimentiert das französische Luft- und Raumfahrtunternehmen Aérospatiale mit Großhubschraubern, die in kurzer Zeit große Wassermengen absprühen. Der Prototyp *SA 350 B1* wurde am 25. August **1986**

Anfangs waren Flugpisten nicht mehr als holprige Äcker und Wiesen. Das erste echte Flugfeld dürfte 1909 der Flugplatz Johannisthal im Südosten Berlins gewesen sein. Vom modernen Frankfurter Flughafen – 1936 in Betrieb genommen – hat er sich nicht nur in der Größe unterschieden.

erprobt. Er konnte 700 l Wasser innerhalb von 30 Sek. versprühen. Allerdings ist der Einsatz solcher Hubschrauber ein kostspieliges Unternehmen. 50 Flugstunden kosten etwas über 1 Mio. DM.

Größter Hubschrauber der Welt. Der vielleicht leistungsfähigste Hubschrauber der Welt ist der sowjetische *MIL V-12,* dessen Grundversion **1968** in Dienst gestellt wurde. Der *V-12,* benannt nach seinem Konstrukteur Michail Mil, ist mit vier Strahltriebwerken von 6500-PS (4800-kW) Leistung ausgerüstet, die die beiden Rotorsysteme antreiben. Der *MIL V-12* mißt in der Breite über die Rotorblätter 67 m und ist 37 m lang. Er kann 40 t Nutzlast transportieren und verfügt selbst über ein Gewicht von 105 t. Die schwerste Last hob am 3. Februar 1982 ein *Mil-Mi-26* in Podmoskownoe (UdSSR) mit 56,77 t 2000 m hoch.

Der »Rainbow«. Der billigste Hubschrauber ist der seit **1986** lieferbare *Rainbow* (Regenbogen) von Chadwick Helicopters, einer kleinen amerikanischen Firma. Er wiegt nur 115 kg, fliegt 150 km/h in 9400 Fuß Höhe und hat eine Reichweite von 200 km.

Zubehör und Sonderentwicklungen

Windmesser. Vorbei ist die Zeit der Pioniere, wo man »mit den Pobacken steuerte«, also nach Gefühl flog, weil die Geschwindigkeit das war, was die ersten Piloten am meisten beschäftigte. Seit **1910** hatte Kapitän Étévé am Bau des ersten Geschwindigkeitsanzeigers gearbeitet. Es handelte sich um eine dem Luftzug ausgesetzte und mit einer Nadel verbundene Platte, die auf einer Skala die Windgeschwindigkeit anzeigte. Dieses Instrument war außerhalb der Kabine angebracht und zeigte die Verkehrsgeschwindigkeit durch einen roten Strich an. Nach den Verbesserungen des Ingenieurs Raoul Badin besteht der Geschwindigkeitsmesser aus einer kleinen Skala, die den Unterschied zwischen dem dynamischen Druck eines beweglichen Körpers in der Atmosphäre und dem statischen Druck mißt.

Laser-Windmesser. Das genaue Messen der Luftgeschwindigkeit, besonders auf sehr langsam fliegenden Maschinen, war Gegenstand vieler Recherchen. Eine der in weiter Zukunft anvisierten Lösungen könnte ein Laser-Windmesser an Bord sein. Der Laser-Windmesser ist von extremer Empfindlichkeit. Die Firma Crouzet hat nach eigenen Aussagen erste Versuchsflüge mit einem Prototyp, der in einem Hubschrauber montiert war, erfolgreich abgeschlossen.

Raketengürtel. Die amerikanische Firma Bell Aerosystem Company hat ihn entwickelt. Der Öffentlichkeit wurde er **1961** vorgestellt. Sein Erfinder ist Wendell F. Moore. Die Tester des Raketengürtels bringen es derzeit auf Strecken von 200 m und Flughöhen von 20 m. Der Raketengürtel besteht aus zwei Düsen und einem auf dem Rücken des Fliegers befestigten Tank. Zwei Gänge, vergleichbar denen des Motorrades, werden mit den Händen bedient. Der Gürtel erlaubt Senkrechtstarts ebenso wie stationären Flug, und er kann sich voll um die eigene Achse drehen. Von einem fliegenden Menschen gesteuert, hatte der Raketengürtel einen äußerst spektakulären Auftritt bei den Olympischen Spielen 1984 in Los Angeles.

Kreisel. Um die Rotation der Erde sichtbar zu machen, hängte der französische Physiker Léon Foucault **1852** ein Pendel von 60 m Länge in die Kuppel des Panthéons in Paris. So wurde sichtbar, daß sich die Schwingungsebene unter dem Pendel hinwegdreht. Dann erfand er einen mechanischen Apparat mit einem Rotor und taufte ihn Gyroscope (Kreisel). **Anfang des 20. Jh.s** benutzte man *Kreiselkompasse* gegen das Schlingern auf Schiffen. Statt dieser schweren und platzraubenden Geräte benutzt man heute Automatiksteuerungen. Dennoch ist die Karriere des Kreisels noch nicht beendet. 1975 hat die französische Firma SFIM eine Serie von Mini-Kreiselkompassen auf den Markt geworfen. Die Produkte der seit 1980 laufenden Forschungen sind so groß wie ein Daumennagel. 1985 kamen die ersten Prototypen heraus. Eine der zeitgemäßen

Adaptionen des alten Kreiselkompasses ist der 1964 entstandene Gyrolaser.

Rotoren aus Kohlenstoff. Die englische Firma Dowty Rotl bekam im Januar **1985** die Zulassung für einen Rotor mit Blättern aus Kohlenstoff-Fibern. Sie sollen eine SAAB *Fairchild 340* ausstatten. Es ist die erste Zulassung für diesen Rotor. Die Rückdrift ist bei diesem Rotor kleiner als bei den klassischen.

Stewards und Stewardessen. Die ersten Flugbegleiter waren Stewards. Die Zeppeline hatten schon vor dem Ersten Weltkrieg Bordpersonal. 1919, mit dem Aufkommen des Linienflugs, sind es oft die Funker, die Getränke und Eßkörbe verteilen. Erst **1927/28** trifft man in den Flugzeugen der Imperial Airways oder der Air Avion richtige Stewards. Boeing Air Transport, später United Airlines, engagiert **1930** die ersten Stewardessen. Ellen Church und sieben andere junge Frauen bilden die erste Mannschaft auf der Strecke San Francisco–Chicago. In Europa war Nelly Diener die erste Stewardeß. Die Swissair engagierte sie 1934. In Frankreich werden erst 1946 auf Initiative der Air France Stewardessen eingestellt. Abgesehen von ihren normalen Aufgaben müssen Stewards und Stewardessen heute Sicherheits- und Rettungsmaßnahmen durchführen. Die Evakuierung einer verunglückten Maschine sollen sie in 90 Sek. schaffen.

Der erste Fallschirm, der diesen Namen verdient, wurde am 11. Oktober **1802** patentiert. Der Franzose Jacques Garnerin war der Erfinder. Schon seit der Antike benutzten aber chinesische Akrobaten Fallschirme aus Bambus und Papier, um ihr Publikum zu unterhalten, und einige Jh. später zeichnete Leonardo da Vinci einen Entwurf für einen Fallschirm. 1783 ließ sich der französische Physiker Sebastian Lenormand mit einem Sonnenschirm in jeder Hand aus der ersten Etage fallen. Aber der erste richtige Fallschirm gelang Jacques Garnerin am 22. Oktober 1797. Er stieg in einem Ballon über dem Parc Monceau in Paris auf. Als er um 17.35 Uhr eine Höhe von etwa 800 m erreicht hatte, kappte er die Leine, die den Ballon mit der Gondel verband. Von einem Fallschirm gehalten, sank der Fahrkorb zur Erde.

Der zusammenlegbare Fallschirm wurde von Kätchen Paulus (1868–1935) erfunden. Sie war zugleich die erste deutsche Fallschirmspringerin. Den ersten Fallschirmsprung von einem Flugzeug aus wagte der damals recht mutige amerikanische Captain Albert Berry. Er sprang am 1. März 1912 über Saint Louis, Missouri, von einem Doppeldecker ab. Die UdSSR setzte 1935 als erstes Land Fallschirme für militärische Zwecke ein.

Fallschirmflugzeug. Am 13. Oktober **1984** überquert ein Fallschirm den Kanal. Es ist der einzige Fallschirm, der auch aufsteigen kann. Er hat einen Motor und wird von Gérard Feldzer gesteuert. Gebaut ist er aus einer mittelgroßen Fallschirm-Tragfläche (etwa 42 m^2), die unter einer Art zweimotorigem ULM-Wagen hängt. Man fährt mehr damit, als daß man fliegt. Domina Jalbert erfand diese Art Flügel in den USA. Stephen Snyder, Direktor der Paraflight, griff die Idee wieder auf und experimentiert seit drei Jahren mit dem Fallschirmflugzeug, das aber bei Betriebskosten von 4000 Dollar und einer bescheidenen Reichweite von nur 40 km ein Gag für Reiche bleiben wird. In Frankreich experimentiert derzeit die Firma Parachute mit dem Prototyp *Aero-Cross.*

Flug mit Menschenkraft. Mit dem von Paul MacCready entwickelten *Gossamer Albatros,* einem Leichtflugzeug mit einem Propeller, der über Pedale angetrieben wird, überquerte am 12. Juni **1979** Bryan Allen den Ärmelkanal. Für die 36 km lange Strecke benötigte er 2:49 Std. Am 22. Januar 1987 flog Glenn Tremml (USA) mit Muskelkraft über der Edwards Air Force Base, Kalifornien (USA), eine Strecke von 59,8 km, wobei er 2:13 Std. in der Luft blieb. Das Fluggerät, die *Michelob Light Eagle,* nur 41 kg schwer, wurde vom Massachusetts Institute of Technology (MIT) entwickelt.
Mit dem ebenfalls vom MIT entwickelten Fluggerät *Dädalus 88* ist es dem griechischen Radmeister Kanellos Kanellopoulos am 23. April **1988** gelungen, einen neuen Langstreckenrekord für ein von Muskelkraft betriebenes Flugzeug aufzustellen. Kanellopoulos überwand die Entfernung von 119 km zwischen Kreta und der Ägäisinsel Santorin wie ein Fahrradfahrer, Pedale tretend, in der Zeit von knapp 4 Std. Die *Dädalus 88* flog in einer Höhe von etwa 5 bis 7 m über der Meeresoberfläche. Bei der Landung zerbrach das Flugzeug in mehrere Teile – der Pilot blieb unverletzt.

Die erste deutsche Fallschirmspringerin und Erfinderin des zusammenlegbaren Fallschirms: Käthchen Paulus.

Wie ein Känguruh-Baby hängt der Schüler im Gurtzeug seines Lehrers. »Skydive«, das Tandem-Fallschirmspringen, kommt aus den USA und wird seit 1985 in der Bundesrepublik Deutschland betrieben.

AFF: Accelerated Free Fall (Beschleunigter freier Fall)

Den revolutionären Unterricht im freien Fall verdanken wir der Initiative eines Fallschirmspringerlehrers bei Kalamazoo in Michigan. Ken Coleman, 1975 mit seiner Mannschaft Weltmeister im abhängigen Flug, hatte im Sommer 1979 die geniale Idee, einige seiner Schüler, die zu große Angst vor der Leere hatten, im direkten, freien Fall über 4000 m zu begleiten. Indem er bei einer Geschwindigkeit von 200 km/h 1 Min. lang bis zum Öffnen ihres Fallschirms mit ihnen verbunden blieb, konnte Coleman im Notfall erst ihnen den Fallschirm öffnen und dann den seinen.

Monate später fand diese Methode die Zustimmung der Behörden, allerdings mit einer Abänderung: Damit sie überall in den USA angewandt werden durfte, mußten die Lehrer zu zweit sein.

In dieser Form setzt auch Frankreich inzwischen die Methode des freien Falls ein. Nach sieben Sprüngen aus 3500 m Höhe gibt es das Fallschirmspringerpatent. Für 2200 DM kann sich inzwischen jeder in Bergérac in der Dordogne im freien Fall unterrichten lassen.

Der Erfinder Ken Coleman starb übrigens im August 1981 bei einem Ballonunglück.

Instrumentenflug. Die ersten Blindflüge entsprangen sowohl dem Wunsch, den Menschen in der Pilotenkanzel zu ersetzen, als auch dem technischen Fortschritt. Das erste leistungsfähige System entwickelte der Amerikaner Elmer Sperry. Sein Sohn Lawrence entwickelte es weiter und baute es 1912 in ein Wasserflugzeug vom Typ *Curtiss* ein. **1914** präsentierte Sperry sein Gerät auf einem Wettbewerb für Flugsicherheit in Paris. Um die Sicherheit seines Flugzeugs zu demonstrieren, machte er einen Schauflug, bei dem er die Arme in die Luft hob, während sein Passagier sich auf der Tragfläche des Flugzeugs festhielt. Die neuesten Instrumentenflug-Systeme findet man bei dem Amerikaner Collins und seiner neuen Generation von Verkehrsflugzeugen. Hier werden die jüngsten Erkenntnisse für den numerischen Instrumentenflug umgesetzt.

Ökonometer. Ein Airbus verbraucht pro Flugstunde 6500 l Kerosin. Eine Flugstunde kostet 23 000 DM. Jede Min. Sparflug bedeutet eine Ersparnis von mehr als 350 DM. Seit **1984** erprobt die französische Firma SFENA einen Minicomputer auf einem Airbus der Air Inter. Dieses einfach zu bedienende Gerät ist ein programmierter Automatikpilot, der den optimalen Flug ermöglicht. Das Elektronenhirn mit dem Namen PMS mißt während des Flugs die Außentemperatur und die ständige Abnahme des Flugzeuggewichts durch den Treibstoffverbrauch. Er mißt auch den Luftdruck, gibt auf dem Geschwindigkeitsmesser die Höhe an und auch, wie die Maschine sich verhalten muß, um die Flugzeit nicht unnötig zu verlängern. Alle diese Informationen diktiert der automatische Pilot. Derzeit kostet ein solches Gerät etwa 330 000 DM.

Überdruckerzeugung. Nach dem Aufkommen des motorisierten Fluges wurden bald enorme Höhen erreicht, so daß man in den Maschinen Überdruck erzeugen mußte, damit die Passagiere normal atmen konnten. Das erste Linienflugzeug mit Überdruck war die *Boeing 307 Stratoliner,* die es schon vor dem Ersten Weltkrieg gab, die aber **1920** erstmals mit Überdruck flog.

Das Tanken im Flug mit einem Schlauch gelang erstmals bei der Überbrückung von zwei *DH-4* Flugzeugen. Das war am 26. Juni **1923** in San Diego (Kalifornien). Das Flugzeug des amerikanischen Leutnants Seifert betankte das des Captains Smith. Aber das erste Betanken im Flug überhaupt gelang dem Amerikaner Wesley May am 12. November 1921 in einer Tour de Force. Er glitt mit der Tragfläche einer *Lincoln Standard* unter die einer *JN 4,* dann kletterte er mit einem Tank voller Benzin auf dem Rücken auf den Motor und schüttete den Treibstoff vorsich-

tig in den Flugzeugtank. Vom 26. Februar bis zum 2. März 1949 flog der amerikanische Captain James Gallagher in 94:01 Std. mit einer *Boeing B 50 Lucky Lady II* erstmals nonstop um die Welt. Das war natürlich nur möglich, weil die Maschine im Flug betankt wurde.
Beim ersten Versuch im Mai **1984**, mit einem Hubschrauber nonstop das Mittelmeer zu überfliegen, klappte das Betanken im Flug dank einer 13 m langen Stange, die ein anderer Hubschrauber herabließ und an deren Ende eine gewöhnliche Zapfpistole montiert war, die der Pilot etwas umständlich in der Handhabung im Flug ergreifen mußte.

Das Solarflugzeug *Solair I* des Münchner Industrie-Designers Günter Rochelt hat eine Spannweite von 16 m. Es fliegt mit dem Höhenruder voraus, hier also von rechts nach links. Am 21. 8. 1983 beendete Rochelt nach 5:41 Std. seinen Flug: bis heute Weltrekord. Inzwischen widmet er sich neuen »luftigen« Erfindungen: So schwebt ihm ein Hängegleiter vor, der vollkommen ohne fremde Hilfe startet.

Schleudersitz. Seit der Erfindung der Hochgeschwindigkeitsflugzeuge, bei denen das Abspringen mit dem Fallschirm sehr gefährlich ist, hat man an diesem Projekt gearbeitet. Schon 1918 plante Colonel Holt in diese Richtung, aber erst 1938 begannen sich Deutsche und Schweden ernsthaft mit dem Problem zu beschäftigen. Den ersten Versuch, bei dem statt einer Puppe ein Mensch eingesetzt wurde, machte der Engländer Bernard Lynch am 26. Juni **1946.** Er flog mit einem von der britischen Firma Martin-Baker konstruierten Schleudersitz in 2500 m Höhe bei einer Geschwindigkeit von 500 km/h aus einer *Meteor.* Der erste Pilot, dem sein Schleudersitz das Leben rettete, war ein Schwede bei einer Kollision am 30. Juni 1946. Am 26. Februar 1955 wurde erstmals ein Pilot mit seinem Sitz aus einem Überschallflugzeug geschleudert, es handelte sich um eine *F-100 Sabre.*

Einfahrbares Fahrgestell. Das erste einfahrbare Fahrgestell gab es **1911** auf dem deutschen Eindecker *Wiencziers,* allerdings war es eher zusammenklappbar als einfahrbar. Einige Jahre später stattete der amerikanische Ingenieur James Martin seinen Jäger *Martin K 3 Kitten* mit einem Fahrgestell aus, das in das Heck eingezogen wurde. Der amerikanische Renneindecker *Dayton-Wright RB* hatte schon 1920 Räder, die sich in den Rumpf zurückzogen. 1922 tauchte dann das erste Flugzeug mit einem Fahrgestell auf, das in die Tragflächen eingefahren werden konnte. Es handelte sich um die amerikanische *Verville-Sperry R 3.* Das erste sich hydraulisch einfahrende Fahrgestell baute der Franzose Georges Messier 1929.

Turboclair. Dieses **1958** von J. Bertin und E. Dubois für die Firma Bertin entwickelte Verfahren beseitigt Nebel auf den Start- und Landepisten der Flughäfen. Umgebaute Flugzeugmotoren werden entlang der Piste eingegraben und erzeugen gleichzeitig die thermische Energie, die zur Aufheizung der Luft notwendig ist, und die kinetische Energie, die die Vermischung der produzierten heißen Gase mit der umgebenden Luft ermöglicht.

Der Propfan. Am 26. August **1986** absolvierte eine ungewöhnlich aussehende *Boeing 727* ihren Erstflug. Sie besaß nur zwei statt der üblichen drei Strahltriebwerke, dafür aber am Steuerbordteil des Hecks einen Motor, einen sogenannten »Unducted Fan« (*UDF*). Hierbei handelt es sich um ein mit neuartigen Propellern versehenes Triebwerk, letztlich um einen Turboprop-Antrieb von modernstem technischen Zuschnitt. Der *UDF* hat gegenläufig rotierende, nicht ummantelte Blätter bzw. Propeller. Genauer gesagt: Bei dieser Konstruktion von General Electric handelt es sich um am Triebwerksende sitzende Druckpropeller. Beim Versuchsflug wurde eine Höhe von 6000 m und eine Fluggeschwindigkeit von 500 km/h erreicht.
Weitere Versuche mit dem *UDF,* er soll erhebliche Treibstoffeinsparungen bringen, wurden inzwischen an Bord einer McDonnell Douglas *MD 80* vorgenommen. Es gibt verschiedene technische Konzepte für den Propfan. Erwähnt seien die französische Entwicklung *Charme* und das deutsche System *Crisp* mit ummantelten Propellern. Der Schwerpunkt des zukünftigen Einsatzes des Propfans dürfte vor allem bei Kurz- und Mittelstreckenflugzeugen liegen.

Solarflugzeug. Das mit rund 2500 Solarzellen bestückte Flugzeug *Solair I* von Günter Rochelt aus München ist in der Lage, eine dauerhafte Fluggeschwindigkeit von 50 km/h und eine Spitzengeschwindigkeit von 90 km/h zu erreichen – alles mit Hilfe von Sonnenenergie. Dies ergaben Flugversuche seit **1981.** Weiterentwicklungen betreffen einen eigens für das Solarflugzeug geschaffenen Elektromotor mit hohem Wirkungsgrad sowie einen Propeller, der bei 500 U/min. den nötigen Schub liefert und sich dann stromlinienförmig nach hinten klappt. Seit 1984 hängt die *Solair I,* für die Rochelt 1986 den Philip-Morris-Forschungspreis bekam, in der Lichthalle des Deutschen Museums in München. Erkenntnisse aus diesem Flugzeug fließen ein in das neue Projekt Rochelts: ein zusammenklappbarer, 40 kg schwerer Hängegleiter, der vom Piloten ohne fremde Hilfe aufgebaut und gestartet werden kann.

SEEFAHRT

Schiffe

Dampfschiff. Schon Denis Papin dachte **1690** daran, Schiffe mit Dampf anzutreiben. Ein Versuch, den er 1707 durchführte, hatte unglücklicherweise keine Fortsetzung. 1729 meldete der Engländer John Allen ein Patent an. Zwei Dampfmaschinen sollten durch das Ausschleudern eines Wasserstrahls ein Schiff antreiben. Die Erfindung funktionierte jedoch nicht.

Raddampfer. James Watts Dampfmaschine brachte die Dampfschiffahrt mächtig voran. Mit dieser Maschine rüstete Claude de Jouffroy d'Abbans 1778 ein Ruderboot aus. An jeder Seite des Bootes befand sich ein Flossenpaddel, das wie ein Entenbein arbeitete. **1783** probierte er mit Erfolg den ersten Raddampfer auf der Saône aus. Aber ihre größte Vervollkommnung sollte die Dampfschiffahrt in Amerika erfahren.

Ruderdampfschiff. Im Sommer **1787** stellte es der Konstrukteur John Fitch in Anwesenheit von George Washington und Benjamin Franklin auf dem Delaware-Fluß vor. Eine Dampfmaschine bewegte die Ruder und erreichte eine Geschwindigkeit von etwa 5 km/h. Dieser Erfindung war aber in der Zukunft kein großer Erfolg beschieden.

Den ersten Flußdampfer, »North River Steamboat of Clermont«, baute Robert Fulton **1807** in New York. Er war 50 m lang, 5 m breit, hatte ein Fassungsvermögen von 150 t und 4,52 m hohe Schaufelräder. Trotz anfänglicher Schwierigkeiten, seine Zeitgenossen zu überzeugen, hatte Fulton am Ende vollen Erfolg mit seinem Flußdampfer und führte mit ihm jahrelang den Linienverkehr zwischen New York und Albany durch.

Der erste Transatlantik-Dampfer. Der Kapitän Moses Rogers aus Savannah, Georgia (USA), schlug **1818** vor, ein Dampfschiff für den regelmäßigen Verkehr zwischen Amerika und Europa zu bauen. Eine Handelsgesellschaft machte sich daran, kaufte ein schönes Segelschiff und rüstete es mit einem Dampfmotor samt Schaufelrad aus. Die *Savannah* lief am 26. Mai 1819 aus und erreichte Liverpool in 25 Tagen. Ihre Maschine hatte 18 Tage lang gearbeitet, an den anderen Tagen hatte der Kapitän eine günstige Brise genutzt, um Kohle zu sparen. Die *Savannah* nahm ein unrühmliches Ende: Da sich in Europa kein Käufer fand, wurde sie in den USA wieder ein Frachtsegelschiff und beendete ihre abenteuerliche Karriere zwischen Long Island und New York.

Magnus-Effekt. Eine andere Methode, die Kraft des Windes zu nutzen, erfand der deutsche Physiker Heinrich Gustav Magnus **1852.** Sie besteht im wesentlichen darin, einen glatten Zylinder mit Hilfe eines Motors im Wind zu drehen.

Das Tragflügelboot besteht aus einem normalen Schiffsrumpf, auf den Tragflächen montiert sind, die einen Auftrieb erzeugen, der der Geschwindigkeit der Maschine entspricht. Sobald das Tragflügelboot eine bestimmte Geschwindigkeit erreicht hat, hebt sich sein Rumpf aus dem Wasser, und das Boot wird nur noch von den durch das Wasser ziehenden Tragflächen getragen. Der Fahrwiderstand ist dadurch wesentlich geringer. Versuche mit diesem Prinzip soll schon 1869 der französische Ingenieur Joseph Farcot durchgeführt haben, doch erst um **1930** begannen die beiden Deutschen von Schertel und Sachsenberg und der Schweizer Büller, das Prinzip zu entwickeln und gründlich zu testen.

Windharfenschiffe. 1870 rüstete der Skipper John C. Buckley ein altes Rettungsboot, das er *City of Ragusa* getauft hatte, mit einem Segel und einer Äolsharfe aus sechs Rotorblättern aus, die eine zweiflügelige Schraube im Wasser antrieben. Daß die Sache nicht besonders gut funktionierte, hinderte das Boot und seine zweiköpfige Besatzung nicht daran, den Atlantik zu überqueren. 1920 fuhren die Franzosen Constantin, Joessel und Dazol in Paris vom Pont de Sèvre bis zum Pont de St. Cloud mit der *Bois Rose* (Rosenholz), deren Schraube von einer Windharfe angetrieben wurde. Zur Zeit arbeitet der Windharfenantrieb nach dem Prinzip des Turbosegels.

Seinen kleinen Segler *Vagabund II* kann Janusz Kurbiel zugleich als Mini-Eisbrecher nutzen; immerhin gelingt es, Packeis bis zu 50 cm zu brechen.

Gleitboot. Graf Lambert de Versailles plante schon **1897** ein Gleitboot. 1907 schaffte der brasilianische Flieger Alberto Santos-Dumont bei einem Versuch über der Seine in der Höhe von Neuilly 100 km/h. Sein Gleitboot bestand aus drei mit Seide bezogenen *Zigarren* aus Aluminium und Holz. Das Gleitboot ist ein Schiff mit flachem Boden, das unter dem Einfluß der Geschwindigkeit abhebt. Es hat dann nur noch mit den äußersten Enden Kontakt zum Wasser. Von einer Luftschraube angetrieben, kann das Gleitboot Flüsse mit geringer Tiefe befahren, aber es müssen ruhige Gewässer sein.

Eisbrecher. Die *Ermark* war der erste Eisbrecher. Sie wurde **1898** in der englischen Armstrong-Werft nach den Plänen des russischen Admirals Makarow gebaut.

Nuklear-Eisbrecher. Die *Lenin* ist das erste Nicht-U-Boot mit Nuklearantrieb. Es handelt sich um ein Testmodell, das in der Sowjetunion **1960** fertiggestellt wurde. Seine drei Reaktoren entwickeln eine Leistung von 44000 PS. In freiem Gewässer schafft der Atom-Eisbrecher 18 Knoten (33 km/h) und bricht Eisdecken von 2,5 m Dicke bei einer konstanten Geschwindigkeit von zwei Knoten (3,6 km/h). Das Herz der *Lenin* (ihr Atomreaktor und die Schutzmauern) wiegt 3000 t.

Zylinderschiff. Der Deutsche Anton Flettner rüstete **1925** ein altes Segelschiff, die *Barbara*, mit zwei rotierenden Zylindern aus und überquerte dann den Atlantik. Zwei Jahre später gelang ihm dasselbe noch einmal mit der *Buckau*, einem Frachter.

In Japan wurde 1980 der erste Tanker mit Segeln in Betrieb genommen, ein kleiner Beitrag gegen die inzwischen kaum aufzuhaltende Meeresverschmutzung.

Windcargo. Der letzte große Handelssegler verschwand **1936.** Heute allerdings machen die hohen Treibstoffkosten den Wind als Hilfsenergie wieder interessant. **1980** brachte die japanische Schiffswerft Nippon Kokan den Frachter *Skin Aitoku* heraus. Er hat zwei starre Flügel, die sich wie ein Buch öffnen und eine Gesamtfläche von 194,4 m^2 bilden. Diese Hilfstragfläche ermöglicht Treibstoffeinsparungen von 50 Prozent. Fünf andere, für die Küstenschiffahrt bestimmte Windfrachter sind seither gebaut worden. Die Janda (Gesellschaft zur Entwicklung der japanischen Marine) hat anschließend die Konstruktion eines Hochsee-Windfrachters veranlaßt. Im November 1984 wurde diese *Usuki Pioneer* fertiggestellt. Seine beiden computergesteuerten Metallsegel ermöglichen diesem 162,5 m langen Frachter etwa 30 Prozent Treibstoffeinsparung. In den USA wurde der Küstenfrachter *Mini-Lace* (3100 t) 1980 mit einem Stoffsegel ausgerüstet, das man durch Einrollen um den schwenkbaren Mast verkleinern kann. Mit ihm erzielt man Treibstoffeinsparungen von 20 Prozent. In Frankreich wurden seit 1981 mehrere Fangschiffe mit Hilfssegeln ausgerüstet.

Die Nachbildung eines historischen Hochsee-Seglers, der 1987 in Portsmouth (GB) eine Gedenkfahrt für die ersten Gefangenentransporte nach Australien antrat.

Atomfrachter. Die am 21. Juli **1959** in Betrieb genommene *Savannah* war das erste Handelsschiff mit Atomantrieb. 1959 bekam sie den Namen ihrer berühmten Vorfahrin, die als erstes Dampfschiff den Atlantik überquert hatte. Die neue *Savannah* konnte 9500 t und 60 Passagiere transportieren. Mit einer 100köpfigen Mannschaft schaffte sie 20 272 PS und 21 Knoten (38 km/h). Obwohl die *Savannah* unzweifelhaft ein technischer Fortschritt war, endete sie finanziell doch in einem Mißerfolg. Die Entwicklungsfirma mußte sie 1967 abtakeln.

Luftgleiter. Diesen Schiffstyp, dessen technischer Name »Schiff mit Bodeneffekt« ist, erfand der Engländer Christopher Cockerell **1968.** Sein *Hovercraft* ist ein Luftkissenboot. Es berührt also nicht das Wasser, sondern schwebt auf einem Luftkissen darüber. Es kann auch über ebene Strände gleiten, um zum Beispiel Passagiere aufzunehmen.

Luftkissenboot. Dieses neue Schiff, das die amerikanische Firma Air Ride Craft **1985** herausbrachte, hat Donald E. Burg erfunden. Ihm liegt eine sehr originelle Konzeption zugrunde: Der Schiffsrumpf selbst spielt die Rolle des Luftkissens. Das Resultat: Bei Motoren mit derselben Kraft wie bei herkömmlichen Luftkissenbooten und jeder beliebigen Ladung ist dieser Typ schneller.

Das U-Boot für Touristen ließ **1987** die schottische Firma Fluid Engineering vom Stapel. Das Freizeitunterseeboot soll Touristen die Unterwasserwelt rund um die Jungfern-Inseln in der Karibik zeigen. Für umgerechnet 90 DM kann nun jeder die bunte Fischwelt und die Korallen für eine Stunde trockenen Fußes besichtigen. Das U-Boot, das von Mike Angove konstruiert wurde, ist 21 m lang, 5 m breit und bietet 48 Personen Platz. Es kann bis zu 80 m tief tauchen. Falls der Fischreigen ausbleibt, werden kleine Raketen mit Fischködern losgeschickt, um die Fische vor die Bullaugen zu locken.

Turbosegel. Lucien Malavard und sein Schüler Bertrand Charrier stellten es **1982** im Prinzip fertig. Das Turbosegel, eine Variante des Magnus-Effekts, ermöglicht unter anderem, zu verhindern, daß sich der Zylinder zu schnell dreht. Das Turbosegel wurde vor allem 1983 mit der *Windmühle I* der Stiftung Cousteau getestet, dann mit der *Alcyone* (die frühere *Windmühle II*), die am 13. Mai 1985 zu einer Transatlantiküberquerung von La Rochelle nach New York auslief. In Planung befindet sich zur Zeit die *Calypso II.*

»Riesenschwertfisch«. Im Januar **1983** meldete die französische Firma Georges Hennebutte ein Patent für ein großes, halb-festes, faltbares Kanu an, den *Riesenschwertfisch.* Es handelt sich um einen Nachkommen der ersten Generation der *Schwertfische,* die dieselbe Firma **1963** erfunden hatte. Dieses wellenbrechende Kanu hatte an einem Sturmtag die berühmte »Barre d'Étel« bei Biarritz durchquert – ein Experiment, das niemals wiederholt wurde. Die für militärische wie auch für zivile Zwecke verwendbaren und mit viel Spezialzubehör erhältlichen *Riesenschwertfische* können in Wellenbergen eingesetzt werden, wie es sie auf Hawaii gibt.

Anker. Die ersten Anker, die chinesische und ägyptische Seeleute im **3. Jtsd. v. Chr.** benutzten (und später auch die Griechen und Römer), waren Felsbrocken oder mit Sand oder Kies gefüllte Säcke, die man einfach über Bord warf. Plinius, Strabon und andere Autoren der Antike schreiben die Erfindung des Metallankers verschiedenen Seevölkern zu. Sein erster Vorläufer ist der einschaufelige Enterhaken um 600 v. Chr. Eine wichtigen Fortschritt gab es im 18. Jh. durch den Einsatz hochwertigen Eisens. Um **1770** herum verdrängen die Eisenanker die Holzanker völlig. 1821 kreiert der Engländer Hawkins den *Klüsenanker* mit Schaufeln, den die Engländer C. und A. Martin, S. Baxter und W. Q. Byers weiter vervollkommnen. **1933** läßt sich der Engländer G. I. Taylor einen Anker patentieren, dessen Festhaltevermögen zweimal größer ist als das des herkömmlichen Ankers. Es ist der *Pfluganker.*

Kompaß. Nach der Überlieferung haben die alten Chinesen den Kompaß erfunden. Sie sollen ihn den Arabern gezeigt haben, die den Indischen Ozean durchquerten. Die Venezianer brachten den Kompaß dann angeblich von ihren Handelsexpeditionen in den Orient mit. Anscheinend wurde die erste Windrose von Flavio Giova, einem Handwerker in Amalfi (Italien) gebaut. Nach Jahrhunderten des Herumexperimentierens bewährte sich die Windrose Thomsons aus dem Jahr **1876.** Die Gitterstäbe dieses Trockenkompasses waren zylindrisch und dünn, auf Seidenfäden montiert und auf einer sehr feinen Windrose aus Papier befestigt. Das Ganze wog nicht mehr als 20 g. Der Flüssigkeitskompaß der Engländer Dent (1833) und Ritchie (1855) verbreitete sich um 1880. Der Kreiselkompaß macht ihm seit dem Ersten Weltkrieg ernste Konkurrenz.

Den ersten uns bekannten Quadranten baute **1731** der Astronom und Mechaniker John Hadley in England. 1757 erweiterte Kapitän John Campbell den Kreisbogen des Quadranten für die Winkelmessung von 80° auf 120°. Das Instrument wurde nun unter dem Namen Sextant bekannt.

Gezeitentabelle. Die ersten Gezeitentabellen wurden im **13. Jh.** von den Mönchen von Saint Alban erarbeitet. Die ersten gedruckten Tabellen wurden im *Nautical Almanach* des Bretonen Brouscon veröffentlicht. Eine der berühmtesten ist die von Richard Holden, die **1773** in Liverpool herausgegeben wurde. In ihr waren die sehr unregelmäßigen Gezeiten in diesem Hafen für viele Jahre errechnet. **1858** erschien im *Nautical Almanach* eine Gezeitentabelle für alle Häfen der Welt. Seit 1910 gibt es nur noch eine Tabelle für 26 Häfen.

Beaufort-Skala. Diese Skala zum Anzeigen der Windgeschwindigkeit (von 0 bis 12) ist eine Idee des englischen Admirals Sir Francis Beaufort aus dem Jahr **1806.** Seit 1934 wird sie auf allen Schiffen der Royal Navy benutzt. Sie ermöglicht es, die in den Logbüchern festgehaltenen Angaben zu vereinheitlichen. 1854 führten sämtliche Marinen die Beaufort-Skala ein, und ab 1874 wurde sie auch in der internationalen Meteorologie benutzt. Auch heute noch ist sie für alle Navigatoren von größter Wichtigkeit.

Schiffahrts-Barometer. Zunächst bremsten die konservativ eingestellten Seeleute des **18. Jh.s** ihre Verbreitung, weil sie an den althergebrachten Methoden der Wettervoraussage hingen. Dann kam der englische Admiral Fitzroy **1858** auf die Idee, alle Fischereihäfen mit einem Barometer auszurüsten, um die Seeleute vor schlechtem Wetter zu warnen.

Rettungsring. Ein französischer Kirchenmann, der Abt von Lachapelle, erfand **1769** den ersten Rettungsring. Er bestand aus einer ärmellosen Drillich- oder Leinenweste aus dickem, doppelt genähtem Lütticher Hanf.

Der selbstausklinkende Rettungsring. Mit Hilfe dieser Erfindung der Franzosen André Neveu und Gérard Salaun aus dem Jahr **1983** kann man

Die *Mighty Servant 2* schleppt auf ihrem Ladedeck eine Bohrinsel mit einem Gewicht von umgerechnet etwa 1 Mio. VW-Käfern. Am Ziel taucht der Schwertransporter bis etwa 10 m unter die Insel ab, die dann von Schleppern weggezogen wird. Zum Wiederauftauchen wird das Ballastwasser mit Pumpen und Preßluft entfernt. Das Schwesterschiff *Mighty Servant 3* ist mit 180 m Länge übrigens der größte Schwertransporter der Welt.

sehr schnell eingreifen, wenn ein Mensch ins Wasser fällt. Allerdings muß der Verunglückte einen Sender am Körper tragen (zum Beispiel um den Hals), der sofort einem Empfänger an Bord einen Impuls schickt, damit der seinerseits den Elektromagneten des Rettungsrings auslöst. Dann klinkt sich der Ring von selbst aus. Eine 100 m lange Leine verbindet ihn mit dem Schiff. Gleichzeitig alarmiert eine Sirene die anderen Reisenden, und ein Kreiselscheinwerfer zieht die Aufmerksamkeit der anderen Schiffe auf sich, die in dem Gebiet unterwegs sind.

Automatisch aufblasbare Rettungsinseln. Die amerikanische Firma Survival Technologies Group, spezialisiert auf Seenotrettungssysteme, erfand **1986** kapselförmige Rettungsinseln, die sich bei der Berührung mit Wasser sofort aufblasen und im Wasser treibende Menschen aufnehmen können.

Ruderschrauben. Die Schraube, die seit der **Antike** für die verschiedensten mechanischen Zwecke benutzt wird (die Schraube des Archimedes), wurde als Schiffsantrieb erstmals von dem Schweizer Daniel Bernoulli ins Auge gefaßt. Seine Idee, eine Art Windmühlenrad sich mitten im Wasser drehen zu lassen, fand aber keine einzige überzeugende praktische Umsetzung. Mehr Glück hatte auch die Idee des französischen Ingenieurs Paucton, die Ruder durch Schrauben zu ersetzen, 1768 nicht. Der Amerikaner David Bushnell gehört ebenfalls zu den Vordenkern. **1777** baute er eine Schraube in das Tauchboot ein, das er gerade erfunden hatte.

Der Engländer Joseph Bramah ließ sich **1785** eine sechzehnflügelige Schraube für den Schiffsantrieb patentieren. Aber den ersten Test machten der Amerikaner John Stevens und ein Engländer französischer Abstammung, Sir Marc Isambard Brunel. Sie koppelten zwei vierblättrige Schrauben an ihren Einzylinder-Dampfmotor und fuhren damit den Passaic River hinauf. Die Maschine und ihre Schrauben befinden sich heute im Naturwissenschaftlichen Museum von London.

Die 6000 PS starke *Ravenstein* hat einen Eisberg am Haken. Mit Rückenwind lassen sich bis zu 3 Mio. Tonnen schwere Eisberge von nur einem Schlepper ziehen.

Schiffsschrauben. Nach den fruchtlosen Versuchen des Franzosen Dallery und des Österreichers Ressel waren die Bemühungen des Schweden Ericsson **1837** von Erfolg gekrönt. Sein aus zwei Schrauben bestehendes Antriebssystem wurde auf einen Schlepper montiert: auf die *Francis Ogden.* Zur selben Zeit stellten die englischen Konstrukteure Smith und Rennie ein ähn-

Unterseeboote

Schon Alexander der Große, so berichtet eine Sage, soll 70 Tage in einem gläsernen Boot weit unter dem Meeresspiegel verbracht haben, nur um die Welt der Fische und ›Seeungeheuer‹ betrachten zu können. Neben die Faszination, die vom Meer ausging, traten schon früh Überlegungen militärischer Art mit dem Ziel, gegnerische Schiffe zerstören zu können, ohne selbst entdeckt zu werden. Pläne für Unterwasserfahrzeuge entstanden. Viele nahmen sich dieses Problems an, darunter auch Leonardo da Vinci, Cornelius van Drebbel, N. Symons und David Brushnell. Sie konstruierten und experimentierten, um ein funktionstüchtiges Unterwasserboot zu erhalten, doch war keine ihrer Konstruktionen längerfristig einsetzbar.

Erst der bayerische Unteroffizier Wilhelm Bauer entwickelte ein U-Boot, das vom Prinzip her brauchbar war. 1849 war ihm die Idee dazu während des deutsch-dänischen Krieges gekommen, und er konnte sie mit finanzieller Unterstützung der Marine verwirklichen. Als Vorbild diente ihm die Körperform eines Seehundes. Am 1. Februar 1851 war das erste U-Boot fertiggestellt, und Bauer nannte es *Brandtaucher.* Da man in Zeitnot zu billig gebaut hatte, sank das Boot gleich bei der ersten Tauchfahrt, doch kam glücklicherweise niemand ums Leben. Im November 1855 konnte er ein neues Modell vorstellen: den *Seeteufel.* Nach 134 Tauchfahrten sank es vor Petersburg.

Das Prinzip war gut, doch war der Antrieb per Handkraft für eine längerfristige Benutzung nicht geeignet. Durch die technische Weiterentwicklung und das Bemühen vieler Erfinder weltweit, gelang es 1898 dem Iren John P. Holland, das erste brauchbare U-Boot zu bauen. Das 16 m lange Boot wurde unter Wasser durch Elektromotoren und über Wasser mit Verbrennungsmotoren angetrieben.

liches System fertig und gründeten die Firma »Gesellschaft für Dampfantrieb«, die 1838–39 die *Archimedes* bauen ließ. 1843 baute Isambard K. Brunel (Sohn des vorhin erwähnten Marc) den ersten Transatlantikdampfer mit Schiffsschraube, die 98 m lange *Great Britain.* Zwei Jahre später kaufte die britische Admiralität zwei Dampfer mit Heckantrieb: Die *Alecto* hatte Schaufelräder, die *Rattler* eine Schraube. Die ganze Kraft der Schaufelräder der *Alecto* verhinderte nicht, daß sie von der *Rattler* ins Schlepptau genommen wurde. Damit war die Überlegenheit der Schraube bewiesen.

Hohlschrauben. Um an Geschwindigkeit zu gewinnen, setzt die amerikanische Marine seit **1970** stark gebogene Schrauben ein, die sich den um die Schraubenflügel entstehenden Sog zunutze machen. Sie profitieren also von dem Luftloch, das sich durch die Drehung der Schraube bildet.

Kiel. Um zu verhindern, daß die Segelschiffe durch den Seitendruck der Segel kenterten, mußte man das Gewicht immer so tief wie möglich im Schiffsrumpf konzentrieren. Kampfsegler, die keine Lasten beförderten, beschwerte man mit einem Material, das schwerer als Steine ist. Ende des **17. Jh.s** ließ der englische König den Boden einer seiner Jachten mit Bleiplatten auslegen. 1796 ließ die Royal Navy zwei Fregatten, die *Redbridge* und die *Eling,* bauen, an deren Rumpf von außen lange Bleibarren befestigt waren. Die von Robert L. Stevens entworfene und 1844 gebaute Schaluppe *Maria* hatte einen mit Blei verstärkten Holzrumpf. Der erste außen ganz mit Bleiballast verkleidete Segler war die *Peg Woffington* des Schotten Georg L. Watson im Jahr 1871.

Der australische Kiel. Nach 132 amerikanischen Siegen wurde der America-Cup **1983** von dem Segler *Australia* gewonnen, und das dank seines sehr originellen Kiels. Ein Kiel funktioniert im Prinzip wie ein Flugzeugflügel: durch Druckverminderung auf der einen Seite und Druckanstieg auf der anderen. Unglücklicherweise schluckt der Unterdruck am äußersten Ende des Kiels den Oberdruck der anderen Seite und verkleinert so das Ergebnis. Ben Lexcen, der Erbauer der *Australia,* hatte sich vorgestellt, kleine Flügel unter dem Kiel anzubringen, die diesen Druckverlust verhinderten. Dadurch konnte er einen Kiel entwerfen, der unten breiter ist als oben und damit effektiver arbeitet. Man beginnt inzwischen damit, Kreuzfahrtschiffe mit diesem Kiel auszustatten.

Die Themse-Schleuse in Woolwich/London ist mit 9 Piers und 10 Toren die größte Flußschleusen-Anlage der Welt. Die 6 Schleusentore im Hochwasser-Bereich sind 61 m breit, die 4 Tore im Niedrigwasser-Bereich 31,5 m. Der Standort für die Schleusen ist 1971 bestimmt worden. Kosten: umgerechnet rund 1,8 Mrd. DM.

Leuchtturm. Auf der Insel Pharos, gegenüber von Alexandrien, ließ der ägyptische König Ptolemaius II. Philadelphe um **285 v. Chr.** einen Turm bauen. Dieser Leuchtturm soll über 130 m hoch gewesen sein. Die ganze Nacht über wurde in seiner Spitze ein Holzkohlenfeuer aufrechterhalten. Er war eines der sieben Weltwunder. 1302 wurde der Turm zerstört.
Der entscheidende Fortschritt im Leuchtturmbau wurde **1759** die Erfindung eines wasserbeständigen Zements durch den Engländer John Smeaton. Das Licht lieferten bis ins 18. Jh. Holzfeuer. 1784 entwarf der Schweizer Argand den Ölbrenner mit flachem Docht. 1901 gab es eine weitere Verbesserung durch den Petroleumbrenner von Arthur Kitsen. Die Optik fand für die Anwendung ihrer neuen Errungenschaften und Erkenntnisse in den Leuchttürmen ein ideales Terrain. Ab 1752 wurde die Kraft der Lichtsignale durch den Parabolspiegel des Engländers William Hutchinson beträchtlich verstärkt. Die entscheidendste Etappe brach aber mit dem Einsatz der von dem französischen Physiker Augustin Fresnel entworfenen Sammellinsen an. Der Einsatz elektrischen Lichts, in Großbritannien ab **1859,** verbesserte die Leistungsfähigkeit der Leuchttürme weiter erheblich. Seit Mitte des 19. Jh.s gibt es auf dem Gebiet der Leuchttürme keine umwerfenden Neuigkeiten mehr; die Entwicklung war weitgehend abgeschlossen.

Funkleuchttürme. Der französische Physiker André Blondel (1863–1938) schuf die ersten Funkleuchttürme. Sie strahlen Signale aus, die die Schiffe mit einem Radiogoniometer auffangen. Dieser Apparat gibt die Position des Senders im Verhältnis zum Schiff an, so daß das Schiff seine eigene Position durch Ermitteln der Signalfrequenz bestimmen kann. Auch Flugzeuge können das System nutzen.

Außenbordmotor. Zwei Modelle kamen **1905** gleichzeitig heraus: ein amerikanisches, das der Norweger Ole Evinrude gebaut hatte und das er *Außenborder* nannte, weil es der erste Motor war, der an der Außenseite des Rumpfes senkrecht angeschraubt wurde, und der *Elt-Zett* des Deutschen Fritz Ziegenspeck.

Rettungsei. Während eines furchtbaren Sturms im Baffinmeer zwischen Kanada und Grönland kam dem Kanadier Vincent Thériault die Idee zu dieser Erfindung. In der Tat, was sollte im Wasser sicherer sein als ein Ei? Seine Form wird mit Wellenschlägen am besten fertig. Thériaults Ei, *Esperanto* genannt, ist für 15 bis 20 Personen konzipiert, eine Handpumpe ermöglicht die Wiederaufbereitung der Luft im Inneren, durch ein Ventil kann man eindringendes Wasser wieder ablassen. *Esperanto* wurde im September **1983** erfolgreich getestet.

Tiefseetauchkapsel. Dieses Gerät wurde **1948** von dem berühmten Schweizer Physiker Auguste Piccard erfunden. Das erste unbemannte Modell sank auf der Breite von Dakar auf 138 m Tiefe. Die amerikanische Tiefseetauchkapsel *Trieste,* die Piccard 1953 baute, hält den Tiefenrekord. Sie erreichte am 23. Januar 1960 in der Challengertiefe im Marianengraben des Pazifiks eine Tiefe von 10916 m.

Die Taucherglocke war schon im **4. Jh. v. Chr.** bekannt. Eine detaillierte Beschreibung lieferte Aristoteles (384–322 v. Chr.). Im Mittelalter blieb sie unbekannt, doch fanden sich ihre Spuren wieder im 16. Jh. in Spanien und Italien. Im Jahr 1538 ließen sich unter den erstaunten Blikken von Tausenden neugieriger Zuschauer, darunter Karl V., zwei Griechen in Toledo auf den Grund des Tajo hinab. Völlig trocken und ohne daß ihr Lampenlicht verlöscht war, kamen sie an die Oberfläche des Flusses zurück. Ein ähnliches Experiment machten 1552 einige Adria-Fischer in Gegenwart des Dogen von Venedig und der Senatoren. Den Venezianern verdanken wir eine um die gleiche Zeit entstandene Taucherkappe, die sie *cornamusa* (soviel wie Sackpfeife) nannten.

Die Halleysche Glocke ist eine Konstruktion des englischen Astronomen Edmond Halley von **1717**, die den Namen Taucherglocke wirklich verdiente: bleiverkleidete Holzfässer sorgten für zusätzliche Luftzufuhr, Glasfenster für Licht. 1786 verbesserte ein anderer Engländer, der Ingenieur Smeaton, die Halleysche Glocke, indem er über Schläuche Außenluft in die Glocke pumpte.

Taucheranzug. Als Erfinder des Taucheranzugs gilt der deutsche Werkzeugmacher August Siebe, der in England seine neue Taucherausrüstung im Jahr **1829** vorstellte und daraufhin beauftragt wurde, die französische Marine (bis 1857) damit auszustatten. Es war ein schwerer *aufschraubbarer Metallhelm* und ein Anzug aus wasserdichtem Segeltuch. Um den Wasserdruck auszugleichen, wurde Luft vom Schiff aus durch einen Schlauch in Helm und Anzug gepumpt.

Ein Selbstversorger-Tauchgerät wurde anläßlich der Weltausstellung **1867** von der New Yorker Untersee-Gesellschaft in Frankreich vorgestellt. Ähnlich wie das Modell von August Siebe bestand auch dieses Gerät aus einem Metallhelm und einem wasserdichten Anzug, doch trug der Taucher auf seinem Rücken zusätzlich ein Preßluft-Reservoir (17 Atmosphären Druck), das ihm bei einer Tauchtiefe von 20 m für 3 Std. genügend Luft garantierte.

Aquazepp ist ein einsitziges Unterwasser-Fahrzeug mit elektrischem Antrieb. Es wurde **1969** von dem Deutschen Josef Rupprecht, einem Taucher und Unterwasser-Amateurforscher, vorgestellt. Mit dem Aquazepp kann man sich ohne Schwierigkeit selbst in starken Strömungen fortbewegen.

Schleuse. Die Doppelschleuse oder Verbindungsschleuse ist eine Erfindung, die entweder auf holländische Ingenieure des **14. Jh.s** zurückgeht und anschließend von Leonardo da Vinci perfektioniert wurde, oder aber Leonardo erfand sie selbst um **1480.** Die ersten Konstruktionen waren nur eine Stauanlage mit einem Tor. Das geöffnete Tor setzte eine kurze Flutwelle frei und schwemmte die Schiffe mit sich. Dank der Verbindungsschleuse mit zwei Toren kann man Schiffe von einer Staustufe zur nächsten transportieren und den für Schiffe gefährlichen Auf- und Abstieg bewältigen.

Meerwasser-Entsalzer. Bei der Expedition *RFO-Grönland* wurde diese Erfindung des Toulousers Fernand Lopez im Juni **1983** getestet. Sie soll vor allem die Überlebenschancen Schiffbrüchiger verbessern. Es handelt sich bei dieser Erfindung um einen kleinen Apparat, den man nur einige Meter tief zu versenken braucht. Dann kann man ihn von Zeit zu Zeit herausholen und das Süßwasser genießen.

Swingbo, wie ein Skate-Board im Schnee, ist immer häufiger auf unseren Pisten zu sehen.

SPORT

BALLSPIELE

American Football stellt eine Mischung aus Fußball und Rugby dar und wird vor allem in den USA betrieben. Erfunden wurde diese Sportart **1871** an der Universität von Yale (USA). 1874 gab es das erste Spiel nach offiziellen Regeln zwischen der Harvard- und McGill-Universität von Montreal in Cambridge, Massachusetts (USA). Das größte Ereignis auf dem amerikanischen Kontinent ist das Super-Bowl-Finale. In der Bundesrepublik erlangte das Spiel erst in den letzten 15 Jahren eine gewisse Popularität.

Baseball ist britischen Ursprungs (um etwa **1750**), auch wenn eine hartnäckige Behauptung die Erfindung dem Amerikaner Abner Doubleday im Jahr 1839 zuschreibt.
Alexander Cartwright, einer der Gründer des ersten Baseball-Clubs, legte die Regeln dieses Spiels im Jahr 1845 fest. Danach wurde Baseball zu einem Nationalsport in den USA. In Europa wird es dagegen nur wenig gespielt.
Der Deutsche Baseball-Verband wurde 1953 in Mannheim gegründet.

Basketball. Das Spiel *Pok-ta-pok* wurde im **10. Jh. v. Chr.** von den Olmeken in Mexiko gespielt und war seinem Grundkonzept nach dem Basketball sehr ähnlich. *Ollamlitzli* war eine Abart dieses Spiels und wurde von den Azteken in Mexiko bis zum 16. Jh. gespielt. Wurde der Ball, der aus massivem Gummi bestand, im Spiel durch einen befestigten Steinring geworfen, so hatten die Spieler das Anrecht auf die Kleidung sämtlicher Zuschauer.
Das moderne Spiel wurde vom Kanadier Dr. James A. Naismith (1861–1939) am YMCA-College in Springfield (USA) **1891** entwickelt, weil das Interesse am winterlichen Turntraining der Studenten erlahmte. Das erste Spiel mit abgewandelten Regeln fand am 20. Januar 1892 statt. Vier Jahre später kam Basketball nach Europa und wurde noch im gleichen Jahr vom Turn- und Rasensportverein 1896 Braunschweig gespielt; olympische Sportart seit 1936. Weltmeisterschaften gibt es seit 1950 (Männer) bzw. 1953 (Frauen).
Der Arzt der französischen Basketball-Nationalmannschaft, Dr. Jacques Huguet, führte **1983** das *Baby-Basket* für Kinder von fünf Jahren aufwärts ein, damit auch sie ein ihrer Körpergröße und ihren Kräften entsprechendes Spiel praktizieren können.

Baseball – das populäre Spiel in den USA. Der Mann mit der Keule muß äußerst reaktionsschnell und treffsicher sein.

Faustball wurde erstmals erwähnt im Jahr **240 n. Chr.** von Gordianus III., Kaiser von Rom. Im Mittelalter entwickelte sich das Spiel besonders in Italien. Antonio Scaino verfaßte 1555 erste Regeln. Johann Wolfgang von Goethe erwähnt in seinem zweiten Tagebuch *Italienische Reise* 1786 eine Begegnung zwischen vier Veronesern und vier Vicentern. Georg Heinrich Weber veröffentlichte 1893 dann ein verfeinertes Regelwerk. Die erste Deutsche Meisterschaft der Männer fand 1913 statt. Europameisterschaften gibt es seit 1965, Weltmeisterschaften seit 1968.

Fußball. Das Spiel in der heute bekannten Form gibt es offiziell seit **1863**, als die Football Association es gegen Football-Rugby abgrenzte, ihm eigene Regeln gab und seine Verfälschung untersagte. Fußball stammt von einem im Mittelalter populären, jedoch ziemlich brutalen Mannschaftspiel ab.
1878 wurde in Hannover der erste deutsche Fußballverein gegründet. Die erste Deutsche Meisterschaft errang 1903 der VfB Leipzig. Olympische Turniere gibt es seit 1900, Weltmeisterschaften seit 1930, Europameisterschaften seit 1959/60 und den Europa-Cup der Landesmeister seit 1956.

Fußballtoto ist eine organisierte Wette über den Ausgang von Fußballspielen. Sie wurde bereits **1921** in England eingeführt, 1934 in Schweden, 1938 in der Schweiz und schließlich 1948 in Deutschland. Inzwischen gibt es auch die Wette 6 aus 45, wo Unentschieden getippt werden müssen.

Handball. Der Deutsche Max Heiser legte am 29. Oktober **1917** in Berlin die ersten Regeln vor, die von Carl Schelenz später überarbeitet und verbessert wurden. 1921 wurde der erste Deutsche Meister ermittelt. Lange Zeit existierten zwei Formen, Feld- und Hallenhandball. Doch inzwischen hat das Großfeldspiel völlig seine Bedeutung eingebüßt. Im olympischen Programm war Feldhandball nur 1936, Hallenhandball für Männer ist seit 1972, für Frauen seit 1976 olympische Disziplin. Weltmeisterschaften gibt es seit 1938.

Hockey. Eine Darstellung zweier Spieler mit gekrümmten Schlagstöcken wurde im Grab Nr. 17 in Beni Hasan (Ägypten) entdeckt und auf **2060 v. Chr.** datiert. Es gibt einen britischen Hinweis auf ein Spiel 1277 in Lincolnshire. Das erste Land, das eine nationale Vereinigung gründete, war England am 16. April 1875 im Cannon Street Hotel in London.
Der älteste Herrenklub mit einer kontinuierlichen Geschichte ist der im Herbst 1871 gegründete Teddington H. C.
Der älteste deutsche Klub ist der Hamburger Hockey-Club, gegründet 1898. Seit 1909 besteht der Deutsche Hockey-Bund. Die erste offizielle Deutsche Meisterschaft wurde 1937 entschieden. Olympische Disziplin ist das Spiel seit 1908 (Männer) bzw. 1980 (Frauen). Weltmeisterschaften gibt es seit 1971 (Männer) bzw. 1974 (Frauen). Inzwischen wird sowohl im Freien als auch in der Halle gespielt. Die erste Hallen-Europameisterschaft fand 1974 statt.

Rugby wurde im November **1823** durch William Webbs Ellis erfunden, einem Schüler des Colleges in Rugby (in der englischen Grafschaft Warwickshire). Es heißt, er habe sich während eines aufregenden Football-Spieles den Ball geschnappt, ihn an seine Brust gedrückt und sei damit bis zum gegnerischen Tor gelaufen. Dieses neuartige »Hand«-Spiel verbreitete sich rasch, doch die Regeln blieben zunächst verschwommen. 1871 gründeten einige Klubs die Football-Union, und dieser Verband formulierte die Regeln für das Spiel mit Fünfzehner-Teams.
Die erste Rugbyabteilung in Deutschland wurde 1872 bei dem in Heidelberg ansässigen Flaggenklub gegründet. Um Deutsche Meisterschaften wird seit 1909, um Weltmeistertitel erst seit 1987 gekämpft. Zwischen 1900 und 1928 war Rugby olympische Sportart.

Volleyball wurde **1895** von dem Amerikaner William G. Morgan in Holyoke, Massachusetts, erfunden. 1955 wurde in Kassel der Deutsche Volleyball-Verband gegründet. Seit 1964 ist Volleyball olympische Disziplin, doch schon seit 1949 gibt es Weltmeisterschaften.

Badminton. Ein ähnliches Spiel gab es in China im **2. Jtsd. v. Chr.** Das moderne Spiel wurde 1872 in Badminton Hall in Avon (England), dem Sitz des Duke of Beaufort, erfunden. Seit 1887 existieren die neuen Regeln. 1893 wurde der englische Verband gegründet. In Deutschland wird offiziell seit 1950 gespielt. Europameisterschaften gibt es seit 1968, Weltmeisterschaften seit 1976.

Racquetball kommt aus den USA; **1949** spielte Joe Sobek, ein Tennis- und Squash-Profi, in einer

Wenn die Panthers auf die Bulldozers treffen, wird American Football gespielt. Allerdings hat es fast 100 Jahre gedauert, bis diese typische amerikanische Sportart auch bei uns eine gewisse Popularität fand.

Handball-Halle mit verkürztem Tennisschläger. Anfangs hieß das Spiel Paddle Racquets (Paddel-Racquet), später dann Racquetball, und unter diesem Namen begann es sich in den USA zu verbreiten. 1968 fand das erste nationale Turnier in Milwaukee statt, und etwa zur gleichen Zeit wurde die International Racquet Association gegründet. In den Vereinigten Staaten gibt es zur Zeit rund 20 Mio. aktive Spieler, davon die Hälfte Frauen.

Squash, so heißt es, sei **1815** von zwei (natürlich englischen) Gentlemen erfunden worden, die wegen hoher Verschuldung im Gefängnis gelandet waren und sich dort mit diesem Zeitvertreib in der Zelle ein wenig Bewegung verschaffen wollten. Seit 1817 soll es in Harrow School, London, gespielt werden. Eigentlich ist Squash ein Abkömmling des Tennisspiels; es fand Anerkennung erst **1886.** Vom Tennis unterscheidet es sich mehrfach: Es wird in einem »Käfig« ohne Netz und gegen eine Wand gespielt. 1973 wurde der Deutsche Squash-Rackets-Verband gegründet, seit 1976 gibt es Deutsche Meisterschaften. Bereits seit 1957 kämpfen die Amateure um eine Weltmeisterschaft, aber auch die Profis kämpfen seit Jahren um den Titel.

Tischtennis hat sich in Ostasien und England in der zweiten Hälfte des **19. Jh.s** enorm entfaltet. Die erste bekanntgewordene Erwähnung des Tischtennis findet sich in einem Katalog des Sportartikelfabrikanten F. H. Ayres aus dem Jahr 1884. Das älteste »Patent« darauf hat man in Spuren als aus dem Jahr 1891 stammend ermittelt. **1890** brachte der Engländer James Gibb aus Amerika den *Zelluloidball* mit. Einem anderen Engländer, M. Goode, ist die Erfindung des *Schlägers mit Gumminocken* zu verdanken **(1924).** Und den Namen *Ping-Pong,* der die Akustik des hin und her fliegenden Balles reflektiert, ließ John Jacques aus Croydon 1891 schützen. Originellerweise fand die erste nationale Meisterschaft nicht in England, sondern 1897 in Ungarn statt. 1925 wurde die erste internationale Deutsche Meisterschaft ausgetragen. Weltmeisterschaften fanden bereits 1927 statt. Tischtennis wurde 1988 erstmals olympischer Wettbewerb.

Die Tischtennis-Maschine konstruierte der Taiwan-Chinese Cheng-Huei Chiang **1980**, damit man auch allein »mit sich selbst« Tischtennis spielen kann. Der elektrisch betriebene Apparat, der den geschlagenen Tischtennisball automatisch zurückbefördert, wurde auf den Erfindermessen 1982 in Genf und 1984 in New York mit Medaillen ausgezeichnet.

Trainingsautomat. Im Trainingszentrum der Vereinigung amerikanischer Tischtennisspieler werden *Sitco-TT-Roboter* verwendet – eine Erfindung des Amerikaners Gustav Berliner aus dem Jahr **1974** und seit 1985 im Handel. Der Roboter ist ein idealer Partner für das intensive Training. Sein System wirft pausenlos Bälle aus, und dank einer Entfernungskontrolle kann der Spieler sich die Bälle so bestellen, wie er sie haben will. Außerdem kann er Häufigkeit, Geschwindigkeit und Flugbahn der Bälle bestimmen.

TENNIS

Das Tennisspiel geht in seinen Ursprüngen auf das **13. Jh.** zurück, als man es in Frankreich noch mit der flachen Hand spielte, dann seit dem 16. Jh. mit einem Schläger. Das *Jeu de paume* (frz. »Schlagballspiel«) betrieb man besonders im 16./17. Jh. in Ballhäusern mit Schläger und Federbällen. 1873 verfaßte der englische Major Walter C. Wingfield die ersten Spielregeln, die er sich **1874** schützen ließ. Einige seiner Regeln entnahm er dem indischen *Poona*-Spiel, so auch bezüglich des Grasbodens, auf dem gespielt wurde. Das Wort »Tennis« kommt aus dem Französischen: der Aufschlagende rief »Tenez!«, um anzudeuten, daß er den Ball ins Spiel bringen wollte. Vom 9. bis 19. Juli 1877 fand das erste Wimbledon-Turnier im südwestlichen Teil Londons statt; seitdem haben sich die Tennisregeln

Schauplatz der alljährlichen Französischen Tennismeisterschaften ist das Stadion Roland-Garros in Paris. Auf dem Center Court kämpfen stets nur die Stars.

kaum mehr verändert. Seit 1881 werden die Internationalen Meisterschaften der USA ausgetragen (zunächst in Forest Hills, seit 1978 in Flushing Meadows), seit 1891 die Internationalen Meisterschaften von Frankreich in Paris und seit 1905 die Internationalen Meisterschaften von Australien in Melbourne. Zwei Mannschaftswettbewerbe gibt es, den Davis-Cup für Herren (1900) und den Federation-Cup für Damen (1963). Tennis gehörte von 1896 bis 1924 zum olympischen Programm und dann wieder seit 1988.

Der Tie-Break wurde **1970** eingeführt, um überlange Matches zu verhindern. Erstmals angewandt wurde er von den Profis in Forest Hills, den offiziellen Status erhielt er **1971** in Wimbledon. Beim Stand von 6:6 wird zum Satzgewinn nur ein einziges weiteres Spiel ausgetragen. Hierbei gewinnt derjenige Spieler, der 7 (oder mehr) Punkte mit mindestens zwei Punkten Differenz auf den Gegner erreicht.

Babolat-Saiten. Im Jahr **1875** fragte der britische Tennisschläger-Fabrikant Sir Bussey beim Lyoner Industriellen Pierre Babolat an, ob es möglich wäre, entsprechend lange Cellosaiten (21 Fuß pro Saite) zur Bespannung von Tennisschlägern herzustellen. Der Franzose begriff sogleich, daß hier ein neuer Markt zu erschließen war. Nach monatelangen Recherchen entstand in Lyon die erste Darmsaite, deren Qualität derjenigen von Instrumentensaiten nicht nachstand.

Den Stahlrahmen-Schläger erfand Frankreichs Altmeister und Wimbledonsieger Jean René Lacoste (*1905) im Jahr **1960.** Seither gab es bis 1980 zahlreiche Patente. François Lacoste, der Sohn des Erfinders, verbesserte das ursprüngliche Modell. Amerikas berühmter Tennis-Champion Jimmy Connors schwört auf diesen Schlägertyp.

Den Großkopfschläger brachte der Amerikaner Howard Head (er erfand auch den Head-Metallski) **1976** als Schlägertyp *Prince* heraus. Seine Schlagfläche war 20 Prozent größer als bei herkömmlichen Schlägern. Diese Verbesserung löste eine wahrhafte Revolution im technischen Bereich des Tennisspiels aus. Heutzutage gibt es *Prince*-Schläger mit 50 Prozent mehr Schlagfläche als bei herkömmlichen Rackets.

Der Ergonom-Schläger, ein eigenartig »schiefer« Schläger, wurde vom italienischen Industriellen Carlo Gibello für die belgische Firma Snauwaert **1983** entworfen. Nach den Gesetzen und Prinzipien der Ergonomie konzipiert, ist sein Kopf gegenüber der Achse um 40 Prozent »verschoben«. Dadurch soll nach Meinung von Weltklassespielern eine größere Präzision der Schläge erreicht werden.

Tennisschuhe wurden zum erstenmal **1929** unter dieser Bezeichnung in einem Sommerschuh-Katalog der Firma Hutchinson angeboten, und zwar in Verbindung mit der Marke »à l'Aigle« (Adlerform). Davor – und auch noch lange danach – spielte man in Leinenschuhen mit geflochtener Sohle.

Belag von Tennisplätzen. Gespielt wird vor allem auf Rasen, Kunststoff, Zement und Asche. Bis vor kurzem war der Nadelfilzbelag den Hallen-Tennisplätzen vorbehalten. Im Jahr **1984** präsentierte die französische Firma Sommer einen neuen Belagtyp, der auch für Freiluftplätze Verwendung finden kann, den »Tennis Grand Prix«. Das ist ein sehr schwerer Teppich, den man einfach auf dem flachen Boden verlegt und sauberhält, vorwiegend mit Sauggeräten.

Sandplatz für alle Jahreszeiten. Der »Covasco«-Belag, den der Deutsche Christoph Schoherus **1986** vorstellte, macht es möglich, sich zu jeder Jahreszeit an den Vorzügen eines Sandplatzes zu erfreuen. Dank seines Aufbaus aus verschiedenen Schichten vermeidet er die größten Schwächen des Sandplatzes – Aushärten und notwendige Instandsetzung im Frühjahr.

Half-Court kam Anfang der siebziger Jahre in Australien auf. Praktiziert wird das Spiel auf einer Fläche, die etwa einem Drittel eines normalen Tennisplatzes entspricht, mit zirka 50 cm langen Schlägern, deren Griff sehr kurz und deren Bespannung nicht so hart ist wie bei gewöhnlichen Tennisschlägern. Die Bälle sind gleich groß wie beim Tennis, aber weicher. Bekannte Spieler wie Tony Roche und Allan Stone machten sich in Australien um die Verbreitung des Half-Court besonders verdient.
Nach Australien und den USA hat Half-Court inzwischen auch in Europa Einzug gehalten. Die ersten internationalen Meisterschaften von Paris in dieser Sportart fanden 1983 statt.

GOLF

Golf wurde in Schottland erfunden, wo es bald so populär wurde, daß sich König Jakob II. gezwungen sah, diesen Sport im Jahr **1457** zu verbieten. Er meinte, seine Untertanen würden dafür zuviel Zeit aufwenden, anstatt nützlicheren Beschäftigungen wie Bogenschießen oder Reiten nachzugehen.
Dennoch blieb Golf ein nationaler Sport. Königin Maria Stuart (1542–87) war die erste Golfspielerin. Sie ließ auch den ersten großen Golfplatz anlegen, der heute noch existiert: St. Andrews. Dort ist auch der älteste *Golf-Club* der Welt, der »Royal and Ancient Golf-Club of St. Andrews«, seit **1754** zu Hause. 1895 wurde der erste deutsche Golf-Club in Berlin gegründet. Die ersten Golfbälle waren mit Federn vollgestopfte lederne Hüllen. Der Ball mit dem Kautschukkern wurde erst 1902 erfunden. Seit 1953 gibt es jährliche Weltmeisterschaften für Berufsspieler, seit 1958 alle zwei Jahre für Amateure und seit 1964 im gleichen Rhythmus für Frauen. Zweimal stand Golf auf dem olympischen Programm, 1900 und 1904.

Der Golf-Abschlag (engl. *Tee*) wurde von dem Franzosen Pascal Charmolu **1982** in konischer

Form konzipiert und patentiert; dadurch kann der Golfball ohne Schwierigkeiten aufgelegt werden; außerdem bekommt er dadurch gute Stabilität. Im Gegensatz zu den klassischen Tees kann ein solcher Tee nicht abbrechen und somit auch den Golfschläger beim Auftreffen nicht beschädigen.

Swin als dem Golf verwandte Sportart wurde **1983** von Laurent de Vilmorin erfunden. Man kann Swin praktisch auf jedem Untergrund spielen: am Strand, in den Dünen, auf Wiesen usw. Innerhalb weniger Minuten ist alles aufgestellt. Gespielt wird mit einem dreiflächigen Schläger und einem Schaumstoffball. Die Swin-Regeln ähneln denen beim Golf, die Bewegungen der Spieler sind nahezu gleich. Swin eignet sich als Einführung ins Golfspiel und für Trainingszwecke; außerdem ist es unterhaltsam und ungefährlich.

FLUGSPORT

Segelfliegen. Die Anfänge gehen auf das Jahr **1891** zurück, als Otto Lilienthal die ersten Gleitflüge ausführte, indem er durch Verlagerung des Körpergewichts seine Maschine, eine fledermausähnliche Konstruktion, steuerte.
1920 wurde von O. Ursinus in Deutschland das erste Fliegerlager auf der Wasserkuppe, dem höchsten Berg der Rhön, gegründet. Von dort aus wurden jährlich Segelflugwettbewerbe ausgetragen bis zum Jahr 1938.
1925 begann die FAI (Fédération Aéronautique Internationale) offizielle Rekordlisten zu führen über die wettbewerbs- und rekordfähigen Disziplinen: Freier Streckenflug, Zielstreckenflug, Zielflug mit Rückkehr zum Startort, Höhen- und Dreiecksflüge.

Motorflug. Nach jahrelanger Versuchsarbeit hatten die amerikanischen Brüder Orville und Wilbur Wright ein Motorflugzeug gebaut, mit dem sie am 17. Dezember **1903** die ersten kurzen Flüge unternahmen. Die Dachorganisation des internationalen Luftsports wurde bereits 1905 in Paris gegründet, die FAJ. Die Sportfliegerei kennt Kunstflüge, Ziellande-Wettbewerbe, Rund- und Sternflüge mit Navigationsaufgaben sowie Geschwindigkeits- und Zuverlässigkeitsprüfungen. Auch Weltmeister werden ermittelt. Es gibt Strecken-, Dauer-, Geschwindigkeits- und Höhenweltrekorde.

Der Modellflugsport entwickelte sich seit **1920** parallel zum Flugsport. Bei den Segelflugmodellen unterscheidet man zwischen freifliegenden, die aus der Hand gestartet werden, und leinengesteuerten, die anhand einer Leine in die Luft gezogen werden.
Seit 1950 finden Weltmeisterschaften statt, bei denen neben den Segelflugmodellen ferngesteuerte Motor- und Hubschraubermodelle und Maßstabmodelle in getrennten Disziplinen starten. Gewertet werden Flugstil, Schwierigkeiten sowie Figuren. Es gibt auch Weltrekorde, wo Dauer, Strecke, Höhe und Geschwindigkeit ihren Niederschlag finden.

Drachenfliegen geht auf das Jahr **1948** zurück. Der Amerikaner Francis Melvin Rogallo konstruierte einen geschmeidigen, flexiblen Flügel aus einem Metallfaden-Gewebe mit Silikonverkleidung. Für seine Erfindung interessierten sich verschiedene Organisationen, darunter auch die NASA, verfolgten sie jedoch nicht weiter.
Zehn Monate vor Rogallo, im Januar 1948, hatte ein Amerikaner namens Wanner einen Drachen patentieren lassen, dessen Form an den klassischen Delta-Flügel erinnerte, doch wurde sein Name nicht weiter bekannt.
Ab 1964 tauchten immer häufiger in der Praxis einsatzfähige Delta-Flügel auf. Der australische Ingenieur Bill Moyes, der für die NASA gearbeitet hatte, entwarf 1964 einen Delta-Flügel von 4,5 m^2. Am 4. Juli 1969 ließ sich sein Landsmann und Geschäftspartner Bill Bennett auf Wasserskiern von einem Boot anschleppen, löste sich dann vom Boot und überflog mit seinem Drachen die Freiheitsstatue. Dave Kilbourne ist es zu verdanken, daß der Start eines Drachenfliegers aus dem Schlepp mit motorisiertem Fahrzeug durch den eigenen, freien Start abgelöst wurde. Heute ist der freie Drachenflug ein international betriebener Sport.

ULM. Seit 1970 fand das Drachenfliegen immer größeren Zuspruch. Leute, die im Flachland wohnen, müssen jedoch oft weit fahren, um diesen Sport ausüben zu können. Darum gehen die Freunde des freien Flugs daran, ihre Drachen zu motorisieren. **1975** tauchen nahezu gleichzeitig in Frankreich, Australien und den USA die ersten ULM-Prototypen (ULM = soviel wie **u**ltra**l**eichte **m**otorisierte Flugapparate) auf. Die Amerikaner Mauro, McCornack, Rotec, Chlurzaczik kommerzialisieren die Produktion von Antriebsmaschinen.
Der Franzose Jean-Marc Geiser unternahm die ersten Versuche mit seinem *Motodelta*, einer Kombination zwischen einem Delta-Flügel und einem Rumpf mit Zweitaktmotor. Der Australier Gary Kimberley startete in seinem Flugapparat namens *Scout*.
Am 9. Mai 1978 gelingt David Cook die erste Überquerung des Ärmelkanals von England nach Frankreich in 1 Std. 15 Min. Im Oktober 1979 hat der Franzose Roland Magallon sein *Mosquito* fertig; es kann auf zweierlei Art eingesetzt werden: für den motorlosen Flug als »Drachen« oder mit einer angehängten Motorkiste. Die Modelle werden immer perfekter: leistungsfähiger, sicherer, allerdings oft auch komplizierter.
Im Jahr 1984 gab es in der Welt 20000 ULM-Benutzer.

Das ultraleichte Motor-Segelflugzeug besteht aus einem motorisierten Rumpf mit herunterklappbarem Rotor, der sich ohne besondere Anpassung auf jedem Delta-Flügel befestigen läßt. Mit dem **1985** entwickelten Sportfluggerät kann man von der Ebene aus starten und bis in Höhen fliegen, wo sich die aufsteigenden Luftströmungen nutzen lassen; dann kann man den Flug mit heruntergeklapptem Rotor fortsetzen.

Parafan. Schon nach einer Stunde Unterricht kann mit dieser Erfindung des Franzosen Marc Ranjon aus dem Jahr **1985** jeder fliegen. Es handelt sich um einen Sitz mit drei Rädern, einem Motor, der einen vierblättrigen Rotor antreibt, und einen Fallschirm. Das Ganze ist sehr stabil und läßt sich – zusammengeklappt – leicht auf dem Autodach transportieren.

Bei Turnvater Jahn ging es noch nicht so spektakulär zu. Sein Anliegen war Anfang des 19. Jh.s die körperliche Ertüchtigung der Jugend im Kampf gegen Napoleon.

Surfair ermöglicht ein Gleiten ähnlich dem freien Flug und Starts von mäßigen oder steilen Abhängen. Man braucht kein Flugzeug, man braucht nichts auseinander- oder zusammenzuklappen, und man braucht auch keine vorherige Schulung für den freien Fall. Der **1986** von einer französischen Firma für Fallschirme herausgebrachte *Surfair* ist derzeit der leistungsfähigste Flügel mit 20 m², 7,60 m Spannweite und einem Gewicht von 3,9 kg.

TURNEN

Bodybuilding wurde bereits in der Antike von den Griechen (Sparta) und den Römern praktiziert. Im **19. Jh.** waren die Schweden Vorläufer der modernen *Gymnastik.* Eine von P. H. Ling (1776–1839) erdachte Methode war ein erster wissenschaftlicher Versuch der Körperertüchtigung. Heutzutage eine umstrittene Methode, um einen muskelbepackten Körper zur Schau zu stellen, wobei um Titel wie Mister Universum gekämpft wird.

Gymnastik war im antiken Griechenland die Lehre und Wissenschaft von den Leibesübungen. Doch nicht nur die gymnastische Grundausbildung und Vorbereitung zum Wettkampf gehörten dazu, sondern auch Massagen und Hautpflege. In Deutschland beschäftigte sich Johann Christoph Friedrich GutsMuths (1759–1839), ein Lehrer im thüringischen Schnepfenthal, zuerst mit der Leibeserziehung. Er legte nicht nur den ersten Sportplatz in Deutschland an, sondern schrieb **1793** das Buch *Gymnastik für die Jugend.*

Mut, Konzentration, Geschicklichkeit und ein gutes Auge sind vonnöten, um beim Fechten eine scharfe Klinge zu schlagen.

Rhythmische Sportgymnastik ist eine Mischung aus Gymnastik und Tanz, die hauptsächlich von Mädchen und Frauen betrieben wird. Als Moderne Gymnastik feierte sie erstmals unter Wettkampfbedingungen **1948** in der UdSSR Premiere. Fünf verschiedene Geräte werden benutzt: Band, Seil, Reifen, Ball und Keule. Seit 1963 gibt es in dieser Sportart Weltmeisterschaften, seit 1980 Europameisterschaften, und seit 1984 ist der Wettbewerb olympisch.

Turnen erlebte seine Geburtsstunde **1811** in Berlin mit der Eröffnung des Turnplatzes in der Hasenheide durch Friedrich Ludwig Jahn (1778–1852). Gemeinsam mit Karl Friedrich Friesen und Ernst Wilhelm Bernhard Eiselen wollte er die Jugend körperlich so ertüchtigen, daß sich das Land von der napoleonischen Fremdherrschaft befreien konnte. 1816 erschien das von Jahn und Eiselen verfaßte Buch *Deutsche Turnkunst,* das zu einem Standardwerk der Literatur wurde. Seit 1860 in Coburg gibt es Deutsche Turnfeste, die zumeist in einem Fünf-Jahres-Rhythmus stattfanden und 1987 in Berlin mit 118410 aktiven Teilnehmern ihren vorläufigen Höhepunkt erlebten. Turnen gehörte von Anfang an zum olympischen Programm, doch Frauen durften erst von 1928 an starten. Bereits 1903 wurden die ersten Weltmeisterschaften entschieden.

Trampolinturnen. Seit **1910** kannte man das Trampolin aus dem Showgeschäft. Der Amerikaner George Nissen baute **1936** den ersten Prototyp, das Modell T, für sportliche Zwecke. Der Name dieser Sportart kommt aus dem Spanischen: Trampolin bedeutet Sprungbrett. Seit 1964 werden Welt-, seit 1969 Europameisterschaften entschieden.

Zur Zeit entwickelt sich eine neue Disziplin aus dem Trampolinturnen: *Tumbling,* eine Art Bodenakrobatik auf einer 25–30 m langen und 1,50–1,80 m breiten elastischen Bahn.

FITNESS

Aerobic geht als »Gymnastik des Herzens und der Lunge« auf den amerikanischen Arzt Kenneth Cooper zurück. Es wird seit **1981** betrieben. Der große Erfolg von Aerobic (das Buch *Sauerstoff à la carte* von K. Cooper erlebte eine Auflage von über 2 Mio. Exemplaren) ist zum Teil auch Jane Fonda aus den USA und der Französin Sylvie Vartan zu verdanken, die sich nachhaltig für diese neue Methode eingesetzt haben.

Das Gymboard ist ein Spezialbrett des italienischen Physiologen und Biomechanikers Professor Dal Monte (er konstruierte übrigens auch das Rennrad mit verkleideten Rädern für Francesco Moser), erfunden **1984.** Es ist praktisch für alle Sportarten geeignet. Nicht weniger als 165 physiologische und zweckbestimmte Bewegungen können mit ihm auf sehr engem Raum (1,60 m lang, 50 cm breit) ausgeführt werden. Sein unterer Teil ist »ausgeschnitten«, ein dort angebrachtes bewegliches metallisches Element in V-Form gestattet die verschiedensten Bewegungen jeglicher Art. So kommt jeder einzelne Körperteil einmal an die Reihe. Demnach können sich Skiläufer, Tennisspieler, Leichtathleten und auch Radfahrer oder Rugbyspieler jetzt daheim in ihrer Wohnung vorbereiten. Dieses revolutionierende Brett schafft es, jeden Muskel entsprechend der Sportart, die man betreibt, zu belasten.

Känguruh-Schuhe, erfunden **1982** vom Kanadier David Lekhmann, sind mit einer Sprungfeder versehene Schuhe, mit denen man sich – relativ sanft – in Riesenschritten fortbewegen kann. Eine Viertelstunde in Känguruh-Schuhen ist genausogut wie eine volle Stunde Jogging. Ein exzellentes Training für Skifahrer, Tennis-, Fußball- und Basketballspieler, weil es die Muskeln im Oberschenkel- und Unterleibsbereich stärkt und das Gleichgewichtsgefühl verbessert.

Leuchtende Schuhe als Sicherheit für Jogger bei Nacht wurden **1983** vom Sportausrüstungs-Fabrikanten Lotto auf den Markt gebracht. Der von Lotto entwickelte Schuh *Run Light* ähnelt hinsichtlich Gewicht, Robustheit und Form den

Die Anfänge des Hochsprungs. Im sogenannten Scherenstil überquerte der Amerikaner Ray C. Ewry (oben) die Latte. Doch das gehört längst der Vergangenheit an!

Die zweite Generation der Hochspringer waren die Bauchwälzer- und Straddle-Spezialisten. Auch sie gibt es kaum noch. Hier ist der Amerikaner Ray Webb in Aktion.

Der Flop – mit dem Rücken zuerst über die Latte: Carlo Thränhardt ist ein meisterhafter Interpret jenes neuen Stils, den einst der Amerikaner Dick Fosbury kreierte.

sonst üblichen Schuhen. Nur in einem Detail unterscheidet er sich: Er hat hinten einen Spoiler mit einem aus zwei kleinen Birnen, einer roten und einer grünen, bestehenden Leuchtkörper, der von einer Batterie gespeist wird. Die beiden im Takt arbeitenden Lichtpunkte lenken die Aufmerksamkeit des Autofahrers auf den nächtlichen Läufer am Straßenrand.

Elektronische Schuhe hat **1984** der Engländer W. Johnson für die Firma Adidas erfunden. Der *Micropacer* ist ein mit Kleincomputer ausgestatteter Laufschuh. Mit ihm kann man ständig die eigene Trainingsleistung kontrollieren. Vorläufig ist dieser Schuh nur in der Bundesrepublik Deutschland zu haben.

Stretching ist eine Streckmethode, um dem Körper Geschmeidigkeit zu verleihen. Sie wurde von Holt **(1971)** sowie verschiedenen amerikanischen und schwedischen Ärzten (insbesondere Sven-Anders Sölverborn) vervollkommnet. Sie basiert auf Überlegungen von Kabath (1958) und Bobath (1963) über Techniken der Muskel-Heilbehandlung, in die der Auftrieb des Wassers im Schwimmbecken einbezogen wurde. Seit 1983 beginnt sie sich auch in den Turn- und Gymnastiksälen durchzusetzen.

KAMPFSPORT

Boxen als Faustkampfsport ist seit sehr langer Zeit bekannt. Ein im Irak entdecktes, etwa um das Jahr **3000 v. Chr.** zu datierendes Fresko zeigt bereits zwei Boxer, um deren Hände Lederlappen gewickelt waren. Im antiken Griechenland steckte man in die Handschuhe ein Stück Eisen, weshalb die Kämpfe oftmals mit dem Tod des Besiegten endeten. 688 v. Chr. wurde dieser Wettbewerb in das olympische Programm der alten Festspiele aufgenommen.

Der erste große Champion der moderneren Zeit war der Brite James Figg (1684–1734), der 1719 in London eine Boxschule eröffnete. Ein anderer Engländer, Jack Broughton (1704–89), formulierte 1743 Regeln für den Boxkampf mit bloßen Fäusten. Er begrenzte den Kampfplatz, den er Ring (Kreis) nannte, und untersagte Schläge unter die Gürtellinie. Der achte Marquis von Queensbury, John Sholto, verfeinerte zusammen mit dem Boxer Arthur Chambers die Regeln so, daß sie zum größten Teil heute noch ihre Gültigkeit besitzen, und führte 1866 die gepolsterten Boxhandschuhe ein. 1904 fanden in St. Louis (USA) die ersten Kämpfe der neuen Olympischen Spiele statt. Weltmeisterschaften wurden erst 1974 eingeführt.

Ringen. Die frühesten Darstellungen von Ringergriffen und -figuren, die auf den Wänden des Grabes von Ptahhotep in Ägypten (5. Dynastie) zu finden sind, weisen darauf hin, daß es bereits **2350 v. Chr.** organisiertes Ringen gab. Es war der beliebteste Sport bei den frühen Olympischen Spielen. Seit 708 v. Chr. existieren auch Verzeichnisse über die Sieger. Der griechisch-römische Stil, im Gegensatz zum Standkampf auch Wälzringen genannt, ist französischen Ursprungs und wurde 1886 von Doublier erfunden. Seit 1896 gehört er zum olympischen Programm, der Freistil seit 1904. Weltmeisterschaften gab es

Triathlon – das ist ein Vielseitigkeitswettbewerb, der sich aus den Disziplinen Schwimmen, Radfahren und Leichtathletik zusammensetzt und immer populärer wird.

zwischen 1904 und 1922 sowie regelmäßig seit 1950.

Judo, was soviel wie »sanfter Weg« bedeutet, wurde im Februar **1882** von dem Japaner Jigoro Kano begründet.
Der 1860 in Mikage in der Provinz Settsu geborene Kano widmete sich anfangs dem Jiu-Jitsu (waffenlose Selbstverteidigung). Er war aber nicht sehr kräftig und bemühte sich, dieses Handikap durch die Ausbildung von Körper und Geist zu kompensieren. Während seines Studiums an der Universität Tokio interessierte sich Kano für alle Versionen des Jiu-Jitsu. Schließlich entwickelte er eine Angriffs- und Verteidigungsmethode, mit der man einen physisch überlegenen Gegner besiegen konnte. Judo verzeichnete zunächst in Japan, später in der ganzen Welt einen unerhörten Erfolg. Seit 1956 gibt es Weltmeisterschaften, seit 1964 in Tokio ist Judo olympische Sportart. Inzwischen ist der Wettbewerb auch bei den Frauen sehr beliebt geworden und steht bei den Olympischen Spielen in Seoul als Demonstrationswettbewerb auf dem Programm.

Karate ist eine fernöstliche Zweikampfform mit mehr als zweitausendjähriger Tradition. Waffenloser Nahkampf- und Selbstverteidigungssport, bei dem fast alle Gliedmaßen als Hieb-, Stich- und Schlagwaffen eingesetzt werden. Karate kommt aus dem Japanischen: *Kara* = leer, *te* = Hand. Die Bevölkerung von Okinawa hat sich um 1500 mit dieser Methode gegen die bewaffneten japanischen Unterdrücker gewehrt. Der Übergang vom Lebensrisiko (Kampf) zum Freizeitspaß (Sport) setzte erst in diesem Jahrhundert ein. Damit verbunden war dann auch die Schaffung einheitlicher Techniken und Regeln. Es gibt die zwei Formen Kata (Perfektionsübung) und Kumite (Partnerübung). Nach Europa und den USA kam diese Sportart erst nach dem Zweiten Weltkrieg. Es bestehen verschiedene internationale Verbände, die eigene Weltmeisterschaften veranstalten. Die erste fand 1970, organisiert von der World Union of Karate-Do Organisation, statt.

Taekwon-Do ist die in Korea weiterentwickelte Form der alt-asiatischen Selbstverteidigung, wobei noch größerer Wert auf Sprünge, Wendungen und schnelles Zustoßen gelegt wird. Tae = springen, stoßen, schlagen; kwon = Faust; do = Weg. Seit 1973 gibt es Weltmeisterschaften, seit 1976 Europameisterschaften.

Kendo stammt aus dem Japanischen (Ken = Schwert, do = Weg) und wurde von den Samurai mit Schwertern und ohne Schutzpanzer betrieben. Heute ist es ein moderner Kampfsport mit Bambus-Schlagstöcken, wobei mehrere Teile des Körpers gepolstert sind. Seit 1969 gibt es Europameisterschaften, seit 1970 Weltmeisterschaften.

Aikido. Der Japaner Morihei Ueshiba (1882–1969) erfand **1927** die humane und elegante Form der Selbstverteidigung. Die neue Technik, die aus der altjapanischen Kriegskunst Jujutsu entwickelt wurde, gibt dem Kampf einen spirituellen Sinn und kanalisiert die Aggression des Angreifers. Das Ziel von Aikido hat Morihei Ueshiba so definiert: »Den Angriff zerstören, nicht den Gegner.« Ins Deutsche übersetzt heißt Ai = Harmonie, ki = Geist und do = Weg.

Fechten ist neben dem Ringen und Boxen eine der ältesten Zweikampfsportarten. Schon in der Antike gab es Fechtschulen. Eine Blütezeit erlebte das Fechten in Rom unter Kaiser Augustus. **1383** wurde in Deutschland die erste Fechtvereinigung gegründet, um 1410 in Italien das erste Fechtbuch herausgegeben. 1896 fand die erste Deutsche Meisterschaft statt. Neben dem Degen wurden auch Florett und Säbel akzeptiert. Olympische Sportart ist Fechten seit 1896, doch Frauen (Florett) sind erst seit 1924 zugelassen.

Der Moderne Fünfkampf wurde **1909** von Pierre de Coubertin als Vielseitigkeitsprüfung entwikkelt und 1912 in das olympische Programm aufgenommen. Die Legende besagt, daß ein Kurier eine Botschaft durch feindliche Linien bringen sollte. Er verliert sein Pferd, kämpft mit dem Degen, schießt sich mit der Pistole den Weg frei, legt

Startszene beim olympischen 100-m-Finale von 1896 in Athen. Der spätere Sieger Thomas Burke aus den USA versucht, im Gegensatz zu seinen Konkurrenten, einen fast perfekten Tiefstart. Seine Siegerzeit betrug 12,0 Sekunden.

die folgenden Strecken erst schwimmend und dann laufend zurück. Der Wettbewerb lehnt sich an den Pentathlon der griechischen Geschichte an. Der jetzige Fünfkampf setzt sich aus Springreiten (die Pferde werden ausgelost), Degenfechten, 300-m-Freistilschwimmen, Pistolenschießen und dem 4000-m-Geländelauf zusammen. Weltmeisterschaften gibt es seit 1949 (Männer) bzw. seit 1981 (Frauen). Deutsche Meisterschaften werden erst seit 1962 entschieden.

LEICHTATHLETIK

Ursprung. Oberbegriff für die Wettbewerbe Laufen, Springen, Werfen, Stoßen sowie Gehen. Bereits in der griechischen Antike genossen diese Konkurrenzen hohes Ansehen und zählten zum Programm der Olympischen Spiele. **776 v. Chr.** gewann Koroibos aus Elis den ersten Stadionlauf. Die Entwicklung der modernen Leichtathletik begann um die Mitte des 19. Jh.s vor allem in Großbritannien. Das Jahr 1896 brachte in Athen die ersten Olympischen Spiele der Neuzeit, wobei die Leichtathletik mit ihren zahlreichen Disziplinen sogleich die Hauptposition einnahm. Sie hat diese Stellung bis heute gehalten.

So warb Chamonix für die ersten Olympischen Winterspiele vom 25. Januar bis zum 5. Februar 1924. Bei der Premiere waren 294 Sportler aus 16 Ländern am Start.

Frauen durften erstmals 1928 in Amsterdam an Olympischen Spielen teilnehmen. Auf dem Programm standen damals 100 m, 800 m, 4 × 100 m, Hochsprung und Diskuswerfen.

Die Deutsche Sportbehörde für Athletik wurde 1898 gegründet und 1933 in Deutscher Leichtathletik-Verband umbenannt. Europameisterschaften gibt es seit 1934, Weltmeisterschaften seit 1983. Seit jüngster Zeit werden auch offizielle Titelkämpfe in der Halle entschieden.

Die Stoppuhr wurde **1880** erfunden, der *Tiefstart* bei Sprintern 1888, die *Spikes* 1893, der *Bambusstab für das Stabhochspringen* 1905, der *Wurfkreis* für Diskus und Kugel sowie die *Längsmarkierungen der Laufbahnen* 1912.

Der *Hochsprungstil* unterlag den revolutionärsten Entwicklungen – vom althergebrachten Scherenstil über den Rollsprung, den Straddle bis hin zum Flop, den der Amerikaner Dick Fosbury kreierte, der 1968 in Mexiko City mit der neuen Technik auch Olympiasieger wurde. Seitdem wird nur noch »rückwärts« über die Latte gesprungen.

Der Marathonlauf ist ein Super-Langstreckenrennen, das bei den ersten Olympischen Spielen der Neuzeit 1896 in Athen seine Premiere erlebte. Die damals 40 km lange Strecke legte der Grieche Spiridon Louis in 2:58:50 Std. zurück. Der Wettbewerb geht auf die Legende eines Läufers zurück, der im Jahr 490 v. Chr. die Entfernung von Marathon nach Athen durchlief, um die Botschaft vom Sieg des Miltiades über die Perser zu überbringen, worauf er am Fuße des Parthenon vor Erschöpfung starb. Diese Legende ist allerdings nicht belegt. Die heute gültige Streckenlänge von 42,195 km wurde erstmals 1908 zwischen Windsor und London gelaufen und 1924 verbindlich festgelegt.

Triathlon entstand **1977** auf Hawaii und wurde aus einer Bierwette heraus geboren. Commander John Collins faßte drei renommierte Ausdauer-Wettbewerbe, das Waikiki-Rough-Water-Swim (3,8 km), das Oahu-Bike-Race (180 km) und den Honolulu-Marathon (42,195 km) zu einer Nonstop-Konkurrenz, dem *Ironman*, zusammen. Inzwischen haben sich aber mehrere Varianten mit wesentlich kürzeren Strecken durchgesetzt, ohne daß es feste Normen für die Länge der Distanzen gibt.

OLYMPISCHE SPIELE

Antike Festspiele fanden im Vier-Jahres-Rhythmus zwischen **776 v. Chr.** und **393 n. Chr.** in Olympia, einer kleinen Stadt in der griechischen Landschaft Elis, statt. Bei der Premiere gab es nur einen Stadionlauf (192,27 m), den Koroibos aus Elis gewann. 724 v. Chr. kam der Diaulos (Doppellauf) hinzu. Seit 720 v. Chr. liefen die Athleten nackt, als Ursippus von Megaron während des Rennens seinen Lendenschurz verlor und dennoch alle Favoriten schlug. Eine große Aufwertung erfuhren die Spiele 708 v. Chr., als der Pentathlon (Fünfkampf), der aus Diskus- und Speerwurf, Weitsprung, Lauf und Ringen bestand, ins Programm aufgenommen wurde. Boxen (688 v. Chr.), das Wagen- und Pferderennen (680 v. Chr.) und der Pankration (648 v. Chr.), eine Mischung aus Boxen und Ringen, folgten. Die Blütezeit erlebten die Festspiele zwischen 480 und 468 v. Chr. mit immerhin schon 13 Wettbewerben. 393 n. Chr. verbot Kaiser Theodosius die Olympischen Spiele aus politischen und religiösen Gründen.

Die Wiedergeburt der Olympischen Spiele ist dem Franzosen Pierre de Coubertin (1863–1937) zu verdanken. Der Pädagoge und Historiker erhielt 1889 den Auftrag seiner Regierung, eine Studie über die moderne körperliche Erziehung und Ertüchtigung anzufertigen. Dabei kam er auf die Idee, die antiken Festspiele zu erneuern. Bei einer internationalen Konferenz im Juni 1894 an der Pariser Sorbonne machte er Vertreter aus zwölf Ländern mit seinen Gedanken vertraut und begeisterte sie für den Plan. Dank seines Organisationstalents fanden dann vom 6. bis 15. April **1896** in Athen die ersten Sommerspiele der Neuzeit statt. Insgesamt kämpften 311 Athleten, darunter 200 Griechen, in der Leichtathletik, im Fechten, Gewichtheben, Radsport, Schwim-

Fliegen ist keine seltene Übung beim Moto-Cross. Die Idee zu dieser Motorsportart kommt aus England; seit 1972 kennt man auch die Cross-Rennen im Stadion.

men, Schießen, Turnen und Tennis um insgesamt 42 Goldmedaillen. Erster Olympiasieger wurde der Amerikaner James Brendan Connolly im Dreisprung mit 14,47 m. Frauen durften erstmals 1900 in Paris starten.

Olympische Winterspiele wurden erst **1924** eingeführt, nachdem Eiskunstläufer schon 1908 in London und Eishockeyspieler 1920 in Antwerpen (Belgien) bei Sommerspielen (!) an den Start gingen. Auf dem Kongreß des Internationalen Olympischen Komitees 1921 wurde auf Antrag des Franzosen Marquis de Polignac beschlossen, drei Jahre später eine Internationale Wintersport-Woche zu veranstalten. Sie fand vom 25. Januar bis 4. Februar 1924 in Chamonix (Schweiz) statt und erhielt zwei Jahre später das Prädikat 1. Olympische Winterspiele. Skilanglauf und Skispringen, Eiskunst- und Eisschnelllaufen, Bobfahren sowie Eishockey standen auf dem Programm. 294 Sportler, darunter 13 Frauen, aus 16 Ländern beteiligten sich.

Olympische Fahne, 1913 entworfen von Coubertin, wurde – weil 1916 die Spiele wegen des Ersten Weltkrieges ausfallen mußten – erstmals 1920 in Antwerpen im Stadion gehißt. Die im gleichen Abstand ineinanderlaufenden fünf Ringe in den Farben Blau (für Europa), Gelb (für Asien), Schwarz (für Afrika), Grün (für Australien) und Rot (für Amerika) sind auf weißem Grund dargestellt und sollen die Freundschaft der Menschen auf den fünf Kontinenten symbolisieren.

Olympischer Eid, jetzt Gelöbnis, wird bei der Eröffnungsfeier von einem prominenten Athleten gesprochen. Erstmals war das **1920** in Antwerpen der Fall. Der belgische Wasserballer und Fechter Victor Boin schwor: »Im Namen aller Teilnehmer verspreche ich, daß wir uns bei den Olympischen Spielen als loyale Wettkämpfer erweisen, die Regeln achten und teilnehmen im ritterlichen Geist zum Ruhme des Sports und zur Ehre unserer Mannschaften.«

Olympische Flamme. Erstmals brannte sie **1928** bei den Spielen in Amsterdam. Acht Jahre später erlebte diese Erinnerung an die alten Spiele, wo zu Ehren der Götter ein Feuer entzündet wurde, eine weitere Bereicherung. Nach einer Idee von Carl Diem und Theodor Lewald fand ein olympischer Fackellauf statt, der im Berliner Olympiastadion 1936 endete. Das am Fuße des Kronos-Hügels in Olympia entzündete Feuer wurde seit diesem Zeitpunkt von einer Stafette zu dem jeweiligen Schauplatz der Spiele gebracht. Erstmals 1956 übernahm ein Flugzeug den Transport nach Melbourne (Australien).

Olympisches Dorf ist ein abgeschlossener Wohnblock für Olympiateilnehmer. Seine Premiere erlebte es **1932** in Los Angeles (USA). Damit lockten die amerikanischen Organisatoren die zunächst – wegen der weiten Anreise – sehr skeptischen europäischen Länder nach Übersee. Anfangs waren nur Männer im Dorf untergebracht. Frauen wohnten in einem Hotel. Bei späteren Spielen gab es Zäune zwischen den Unterkünften beider Geschlechter, ehe nach und nach eine Liberalisierung einsetzte.

Olympische Kunstwettbewerbe gab es im Rahmen der Sommerspiele von 1912 bis 1948. Preise und Medaillen wurden für Musik, Architektur, Malerei, Bildhauerei und Lyrik verliehen. Entwürfe von Bauvorhaben, Grafiken, Plastiken, Reliefs, Gemälde, Kompositionen sowie literarische Werke mußten von einer Jury begutachtet werden.

MOTORSPORT

Automobilrennen. Das früheste Rennen, über das es allerdings widersprüchliche Angaben gibt, war das von Green Bay nach Madison, Wisconsin (USA), im Jahr **1878** über eine Länge von 323 km. Es wurde von einem dampfgetriebenen *Oshkosh* gewonnen.
1887 gewann Graf de Dion de Malfiance

(1856–1946) das La-Vélocipède-Rennen in Paris über 31 km in einem De-Dion-Dampf-Vierrad, mit dem er eine Durchschnittsgeschwindigkeit von knapp 60 km/h erreicht haben soll. Das erste richtige Rennen führte vom 11. bis 13. Juni 1896 von Paris nach Bordeaux und zurück (1187 km).
Das älteste deutsche Rennen fand am 24. Mai 1898 von Berlin nach Potsdam und zurück statt.

Dragster tauchten zum erstenmal **1930** in den USA auf. Danach sah man sie in England und anderen europäischen Ländern. Mit Dragsters bestreitet man Rennen – meist mit zwei Fahrzeugen im Duell – über eine Viertelmeile (402 m), bei denen es um die reine Beschleunigung geht. Diese im allgemeinen in grellen Farben, sonst aber ohne schmückendes »Beiwerk« gehaltenen Fahrzeuge entwickeln mittlerweile leicht bis zu 2500 PS und beschleunigen von 0 auf 350 km/h in nur 6 Sek.

Mittelmotor. Mit dem *Racer 500* als Ausgangsbasis entwickelten die englischen Konstrukteure Cooper, Vater und Sohn, **1955** einen Sportwagen mit Coventry-Climax-Mittelmotor, den *Cooper Type 60,* für die Formel-1. Auf Weiterentwicklungen dieses Typs errang der Fahrer Jack Brabham zweimal nacheinander, 1959 und 1960, den Weltmeistertitel. Diese Siege des australischen Champions veranlaßten 1961 Ferrari, Lotus und BRM, ihrerseits das Mittelmotor-Prinzip anzuwenden. Die Entwicklung des *Cooper* revolutionierte die Produktion aller nachfolgenden Rennmodelle (von der Formel 1 bis zum einfachen Kart), bei denen sich der Mittelmotor weitgehend durchsetzte.

Karting. Erst ein rundes Dutzend Jahre, nachdem die Go-Karts in Amerika vor allem auf Flughäfen Furore gemacht hatten, wurden sie um **1960** unter Mithilfe des Präsidenten der FISA, J.-M. Balestre, nach Frankreich gebracht. Während die »drolligen Spielzeugkisten« der Amerikaner sich auf die wesentlichsten Konstruktionsteile beschränkten – kleine Bodenplatte, Flugzeug-Laufräder, Antrieb durch Rasenmäher-Motor, weder Kupplung noch Wechselgetriebe oder Differential –, sind die Go-Karts unserer Sportfahrer heutzutage Monoposto-Kreationen mit ausgetüftelter Technologie. Die Motoren erreichen Drehzahlen von 15 000/min und erzielen verblüffende Beschleunigungen sowie auf der Geraden Geschwindigkeiten zwischen 120 und 200 km/h, je nach Kategorie. Nicht wenige sehr berühmte Rennfahrer wie Alain Prost, René Arnoux, Riccardo Patrese, Elio de Angelis und die beiden Fittipaldi-Brüder begannen ihre Karriere im Go-Kart.

Superkart ist eine Schöpfung des Jahres **1985.** Mittlerweile besitzen die Karts eine Karosserie zwecks Verbesserung der Aerodynamik, werden von 250-cm³-Motoren mit Wechselgetriebe bewegt und erreichen auf Auto-Rennstrecken Geschwindigkeiten von mehr als 240 km/h.

Fernfahrt. Zu Beginn des Jahres 1907 stellte die Zeitung *Le Matin* die provozierende Frage: »Gibt es jemanden, der gerne die Strecke Peking–Paris fahren möchte?« Das Rennen startete in Peking am 10. Juni **1907,** und die von Prinz Borghese gesteuerte siegreiche *Itala* erreichte Paris am 11. August nach Überwindung nahezu unglaublicher Schwierigkeiten.
Im Jahr darauf fand ein noch verrückteres Rennen statt: New York–Paris, über Alaska und Rußland. Sieger wurde das amerikanische Fahrzeug *Thomas Flyer.* Und das Transkontinentalrennen New York–Seattle gewann ein *Ford.*

Die Croisière jaune. 12 000 Fahrkilometer in zehn Monaten, von April **1931** bis Februar 1932, zurückgelegt von 14 Fahrzeugen des Hauses Citroën. – Vorläufern der Halbkettenfahrzeuge – mit Start am Mittelmeer und Ziel am Chinesischen Meer, dazwischen mit einer Vielzahl schwierigster natürlicher Hindernisse, vor allem die Wüste Gobi und der Himalaya – diese Leistung vollbrachte die *Croisière jaune* (gelbe Kreuzfahrt, auch *Expedition Citroën-Zentralasien* genannt) unter Führung von Georges-Marie Haardt, einem langjährigen vertrauten Mitarbeiter von André Citroën.
Der gleiche Mann hatte bereits **1923** eine *Sahara-Durchquerung auf Raupenfahrzeugen* und 1924 die *Croisière noire* (schwarze Kreuzfahrt) organisiert. Seine Vorliebe für abenteuerliche Unternehmen ließ ihn später rückfällig werden: Er startete eine Fahrt Paris–Kabul–Paris (1300 junge Fahrer waren unterwegs mit 500 *Citroën 2 CV*), eine Fahrt Paris-Persepolis und schließlich 1973 eine weitere Afrika-Fahrt, bei der die bis dahin für normale Fahrzeuge als unzugänglich geltende Wüste Ténéré durchquert wurde.

Die Formel 1 kam gleichzeitig mit der Weltmeisterschaft für Autorennen von **1950** auf. Diese Wagen sind derzeit Einsitzer mit Motoren von maximal 3500 cm³ oder 1500 cm³ mit Aufladung. Die Großen Preise werden über 300 bis 320 km gefahren. Dabei darf das Rennen nicht über 2 Std. dauern. Das Volumen der Tanks ist (für Fahrzeuge mit Turbomotor) auf 165 l begrenzt, Rennwagen mit Saugmotoren haben keine Benzinlimitierung. Mit 88 Siegen war Ferrari bisher die erfolgreichste Marke. Die meisten Siege hat bisher der Franzose Alain Prost errungen.

Erster Turbo in der Formel 1. Nachdem Renault-Sports seit 1975 an seiner Entwicklung gearbeitet hatte, gab der erste durch Turbokompressor versorgte Renault-Motor (ein V6 mit 90 Grad von 1492 cm³ und vier Ventilen pro Zylinder) sein Renndebüt am 7. Juli **1977** beim Großen Preis von Großbritannien in Silverstone. Seinen ersten Sieg errang er beim Grand Prix von Frankreich 1979. Nach Renault setzten auch andere Autohersteller den Turbo in ihre Rennmotoren ein. Den ersten WM-Titel mit einem Turbomotor errang Nelson Piquet mit einem Brabham-BMW im Jahre 1983. Die erfolgreichsten Marken waren Porsche (WM-Titel 84, 85 und 86) sowie Honda (WM-Titel 87).

Direkte Benzineinspritzung. Anfang der 50er Jahre wurde die Einspritzpumpe von Gutbrod beim *Goliath GT 700* (Zweitakter, **1951**) und von Bosch beim *Mercedes 300 SL »Flügeltürer«* (Viertakter, **1954**) eingeführt. Einige Jahre später verfügten die meisten Rennwagen darüber. Die Robert Bosch GmbH in der Bundesrepublik Deutschland und Lucas in Großbritannien haben viel zu ihrer Verbreitung beigetragen, indem sie die Direkteinspritzung elektronisch steuerbar machten.

Rallye Paris–Dakar. Im Jahr **1979** griff der Rallye-Fahrer Thierry Sabine eine Idee von Jean-Claude Vertrand auf, der 1976 die Rallye Elfenbeinküste–Côte d'Azur ins Leben gerufen hatte, und organisierte die Fernfahrt Paris–Dakar. Der Erfolg dieser neuen Rallye war so groß, daß die Zahl der teilnehmenden Fahrzeuge von 70 (40 Motorräder und 30 Autos) im ersten Jahr bis zur siebenten Austragung von Paris–Dakar im Jahr 1985 auf über 500 anstieg (150 Motorräder, 337 Autos, 25 Hilfsfahrzeuge, 56 Lkw). 1986 ereilte Thierry Sabine das Schicksal: Während der Rallye kam er bei einem Hubschrauber-Absturz im Sandsturm über der Wüste zusammen mit vier weiteren Insassen ums Leben.

Stock Car-Rennen sind in Europa praktisch nicht bekannt, da hier die geeigneten Rundstrekken fehlen. In den USA sind diese seriennahen Rennwagen jedoch seit den 50er Jahren äußerst beliebt. Heute erreichen diese Fahrzeuge regelmäßig Geschwindigkeiten von 320 km/h mit Spitzen bis zu 350 km/h. In den USA finden Stock-Car-Rennen jede Woche statt.

Ein Traktorrennen fand aufgrund einer Wette zwischen zwei Landwirten in Amerika einige Jahre vor dem Zweiten Weltkrieg statt. In Frankreich wurde das erste Riesentraktor-Rennen am 23. Juni **1983** auf Anregung von Philippe Girard und Denis Tabailloux in Amboise veranstaltet. Letzterer wurde danach Präsident des Verbandes, der diese ungewöhnliche Sportart organisiert.
Diese skurrilen Fahrzeuge sind oft mit einem Flugzeugmotor ausgestattet. So hat der Riesentraktor *White Horse* beispielsweise das V12-Triebwerk *Allison 1210* mit 1500 PS, das eigentlich für das amerikanische Jagdflugzeug vom Typ *Hunter* entwickelt worden war. Der stärkste Riesentraktor der Welt bringt es auf 8000 PS.

Die Camel Trophy fand erstmals **1980** im Amazonas-Gebiet statt. Danach gab es Veranstaltungen auf Borneo, Madagaskar und in Zentralafrika. Bei Vorentscheidungen wird pro Land eine Mannschaft ausgewählt. Alle Teams starten auf den gleichen Fahrzeugen und mit der gleichen Ausrüstung. Eine Jury beurteilt die Teilneh-

Pferd und Reiter müssen eine Einheit bilden, wenn es über die Hindernisse im Parcours geht. Nur so sind Fehler zu vermeiden.

mer danach, wie sie das Auto unter extremen Bedingungen im Griff haben, und nach ihrer Fähigkeit, Situationen aller Art zu meistern. Zur Zeit sind Frauen bei diesem Wettbewerb nicht zugelassen.

Rennen für Fahrzeuge mit dem geringsten Treibstoffverbrauch gibt es seit **1977** in vielen Ländern. Der Weltrekord, 1 l Verbrauch auf 2016 km, wurde am 28. Mai 1986 in Oakville (USA) von einem Fahrzeug aufgestellt, das die Universität von Saskatchewan (Kanada) gebaut hatte.

Das erste ausschließlich Motorrädern vorbehaltene Rennen fand Ende Juli **1889** auf der Strecke Étampes–Chartres–Étampes statt. Drei- und vierrädrige Fahrzeuge waren nicht zugelassen. Den Sieg unter den 13 Startern errang die schwerste am Rennen teilnehmende Maschine, eine Moto Pernoo (43,5 kg). Sie gewann mit einer Durchschnittsgeschwindigkeit von 38 km/h. Diese Rekordgeschwindigkeit wäre, so behaupten böse Zungen, mehr den kraftvollen Waden des Konstrukteurs M. Labitte als dem 1,25-PS-Motor zu verdanken gewesen.

Die erste Motorrad-Weltmeisterschaft fand **1949** statt und gilt als vorzügliche Testgelegenheit für zukünftige Serienmaschinen. Die Weltmeisterschaft umfaßt ein Dutzend Rennen in derzeit vier Kategorien: 80 cm^3, 250 cm^3, 500 cm^3 und Seitenwagen.

Die Tourist Trophy ist zweifellos die älteste Geschwindigkeitsprüfung auf der Straße. Seit **1907** wird sie alljährlich auf der Isle of Man in der irischen See ausgetragen. Die Tourist Trophy ist ein gefahrvoller Wettbewerb, bei dem schon über hundert Fahrer den Tod gefunden haben.

Das erste dreirädrige Geländemotorrad baute John Plessinger **1967** während seiner Zeit als Student an der Universität Michigan (USA). Anfangs waren die Modelle ungefedert, der tiefe Schwerpunkt verbesserte die Fahrstabilität. 1969 verkaufte Plessinger sein Patent an die Firma Sperry Rand, die den *Tri Cart* herausbrachte. Doch erst die japanische Firma Honda führte solche Dreiräder ab 1973 im Handel ein und machte damit diese Maschinen populär.

Elf X. André de Cortanze, ein auf Automobile spezialisierter französischer Ingenieur, konstruierte **1977** ein Motorrad mit Achsschenkellenkung, die *Elf X.* Durch das selbsttragende Triebwerk erübrigte sich ein Rahmen. Eine Vorderschwinge ersetzte die Teleskopgabel. Der Motor war ein Grand-Prix-Yamaha-Zweitakter, an dessen Stelle 1981 ein Honda-Werksmotor trat, damit das Motorrad an der Endurance-Weltmeisterschaft teilnehmen konnte. Danach nannte sich die Maschine *Elf E.*

Endurance TT. Im Jahr **1978** rief Marcel Seurat den sogenannten *Bol d'Herbe* ins Leben, ein 24-Stunden-Querfeldeinrennen. Die Zahl der Endurance-Rennen nimmt immer weiter zu. Am bekanntesten ist heute das 24-Stunden-Rennen der Bretagne, das traditionsgemäß stets am ersten September-Wochenende in Ploubalay stattfindet. Über 100 Teams mit je vier Fahrern kämpfen um den Sieg.

Enduro erblickte im Jahr **1913** in Schottland bei den schottischen Six Days erstmals das Licht der Welt. Hierbei handelte es sich um eine Geschwindigkeits- und Präzisionsprüfung auf offenem Geländekurs.

Le Tourquet. Dieses »Sand-Enduro«, ist ein jedermann offenstehendes Rennen, ein Mittelding zwischen Cross und Enduro. Es wurde **1975** von Marcel Seurat erfunden; Thierry Sabine übernahm die Idee und machte daraus den heutigen Erfolg: 1000 Fahrer und 300 000 Zuschauer. Um »fliegende Starts« zu verhindern, setzte man 1985 erstmals ein über 300 m langes Startgitter ein. Die Maschinen erreichen am Ende des Strandes manchmal Geschwindigkeiten bis zu 180 km/h.

Moto-Cross. Im Jahr **1924** wurde in Chamberley (England) unter der Bezeichnung *scramble* das erste Geschwindigkeitsrennen auf einem geschlossenen Geländekurs ausgetragen. Die Belgier übernahmen diese Formel und richteten am 11. März 1934 das erste Moto-Cross-Rennen aus. Nach einer vor kurzem in den USA erstellten Analyse kann man diesen Sport wohl als den

Rasantes Spiel hoch zu Roß. Polo gehörte schon fünfmal zum olympischen Programm und fasziniert stets aufs neue die Zuschauer.

härtesten betrachten, der für den menschlichen Körper zumutbar ist. Dennoch kommt es relativ selten zu schweren Unfällen.
Als *Supercross* im Coliseum von Los Angeles, dem späteren Stadion der Olympischen Spiele 1984, erlebten nahezu 80000 Zuschauer zum ersten Mal **1972** ein Cross-Rennen in einem Stadion. Bei dieser sehr viel spektakuläreren Variante des Moto-Cross überbieten sich die Fahrer gegenseitig an akrobatischen Kunststücken. Nach einem weiteren Debüt 1981 in Amsterdam fand das erste offizielle Supercross-Rennen in Paris am 4. und 5. März **1984** statt. Schauplatz war der neue Sportpalast von Paris-Bercy.

Der Ursprung des Trial fällt zeitlich mit dem des Enduro zusammen. Zunächst hieß diese Wettbewerbsart auf englisch *Six Days Trial Event*. Die Geschwindigkeitskomponente fiel beim Trial jedoch weg. Es zählte allein die Geschicklichkeit des Fahrers, der die Schwierigkeiten meistern mußte, möglichst ohne einen Fuß auf den Boden zu setzen.

Horse-Buggy – eine neue Form römischer Wagenrennen? Es wird sicherlich noch einige Zeit dauern, bis diese Sportart populär wird.

Speedway, Motorradrennen auf Aschenbahnen, lassen sich in den USA bis 1902 zurückverfolgen. Die ersten organisierten »Kurzstreckenrennen« fanden im November 1923 bei der West Mailand Agricultural Show (Australien) statt. Der Sport entwickelte sich vor allem in Großbritannien.

PFERDESPORT

Wettkämpfe sowohl mit als auch ohne Wagen waren schon den Hethitern (**um 1400 v. Chr.**), den Ägyptern, Griechen und Römern bekannt. Olympische Rennen mit Vierergespannen gab es bereits 680 v. Chr. Sie zählten zu den Höhepunkten der Antiken Festspiele. Pferderennen, bei denen die Reiter nackt und ohne Sattel auf dem Pferd saßen, wurden 648 v. Chr. eingeführt. Die Engländer holten arabische Pferde ins Land, das erste Rennen fand hier im Jahr 210 in Netherby (Cumberland) statt.
Das erste moderne *Flachstreckenrennen* erlebte man um **1600** in Newmarket. Dabei hatte jedes Pferd die gleiche Last von 63,5 kg zu tragen.

Trabrennen gibt es seit **1554,** als es in Valkenburg (Niederlande) zu einem ersten Wettkampf kam. 1824 wurde in New York der erste Traber-Club gegründet, 1829 der Sulky erfunden. Seit 1895 wird das Deutsche Derby entschieden. Das wertvollste Rennen ist der Prix d'Amérique in Paris (seit 1920).

Galopprennen moderner Prägung reichen bis in das **14. Jh.** zurück und erlangten vor allem auf der britischen Insel große Popularität. König Heinrich VIII. ließ 1540 die erste Rennbahn in Chester bauen. Das erste Rennen in Deutschland fand 1810 auf der Münchener Theresienwiese statt. Die erste richtige deutsche Rennbahn wurde 1822 in Doberan errichtet. Die wichtigsten Prüfungen sind die Derbys, das Gold-Cup-Rennen im englischen Ascot (1807) und der Prix de l'Arc de Triomphe in Paris (1920).

Springreiten, früher auch Jagdspringen genannt, entstand aus den Reitjagden der Barock- und Feudalzeit bzw. aus der Formationstaktik der Kavallerie im **19. Jh.** Bereits 1896 fand in Berlin das erste deutsche Turnier statt. Preis-, Hoch- und Weitspringen standen bei den Sommerspielen 1900 in Paris erstmals auf dem olympischen Programm. Seit 1953 werden auch Weltmeister ermittelt.

Dressurreiten, verbunden mit Gehorsamsprüfungen, Figurenreiten und Reiterspielen, hat eine lange Tradition. Das erste Handbuch der Dressur stammt von den in Kleinasien herrschenden Hethitern aus dem **14. Jh. v. Chr.** Xenophon schrieb 369 v. Chr. die berühmte Griechische Reitlehre. Im Mittelalter, dann aber vor allem in der Renaissance, erlebte die Dressur eine Wiedergeburt. 1572 wurde die Spanische Reitschule in Wien gegründet. Seit 1912 ist Dressurreiten olympische Disziplin, seit 1965 gibt es Europa-, seit 1966 Weltmeisterschaften in der Einzel- und Mannschaftswertung.

Schon immer trachteten Konstrukteure danach, den Luftwiderstand so gering wie nur möglich zu halten. Fred Markham erreichte auf diesem aerodynamischen Fahrrad eine Geschwindigkeit von 104,6 km/h (rechts).

Military, auch Vielseitigkeitsprüfung genannt, setzt sich aus den Disziplinen Dressur- und Springreiten sowie einem Geländeritt zusammen. Sie war stets ein Bestandteil der Pferdeausbildung bei der Kavallerie, vor allem Querfeldeinritte. 1912 erstmals olympisch, blieb bei der Premiere jedoch nur aktiven Offizieren vorbehalten. Seit 1950 gibt es Europa-, seit 1966 Weltmeisterschaften, wobei inzwischen Amazonen außerordentlich erfolgreich sind.

Fahrsport besteht aus Gebrauchs-, Dressurprüfungen, Hindernis-, Gelände- und Streckenfahren, sowohl ein- als auch zwei-, vier- oder mehrspännig. Seit 1970 gibt es offizielle Turniere, seit 1971 Europa- und seit 1974 Weltmeisterschaften.

Polo, ein Hockey-ähnliches Spiel zu Pferde, taucht schon um **900 v. Chr.** auf und wurde von Meder- und Perserfürsten bevorzugt. Auch Tibet und die Tang-Dynastie erheben Herkunftsanspruch. Über Byzanz kam Polo nach Indien, wo 1859 mit dem Kachar-Club in Assem auch der erste Verein gegründet wurde. Von Indien wiederum wurde das Spiel nach England importiert, und zwar 1869 von den 10. Husaren von Aldershot, Hampshire. Das früheste Spiel auf der britischen Insel fand im Juli 1871 zwischen den 9. Ulanen und den 10. Husaren in London statt. 1908, 1920, 1924 und 1936 stand der Wettbewerb auf dem olympischen Programm. Der älteste deutsche Club ist der Hamburger Poloclub von 1896.

Horseball wurde – im Gegensatz zu seinem englisch klingenden Namen – **1978** in der Nähe von Bordeaux erfunden. Es ist eine ziemlich rauhe Sportart, die einiges aus dem Fußball und Basketball übernommen hat. Horseball wird auf einem sehr großen Feld mit einem Ball ähnlich der Lederkugel beim Fußball gespielt. An ihm sind sechs lederne Griffe befestigt, an denen der Reiter ihn vom Boden aufnimmt.

Beim Horse-Buggy handelt es sich um eine neue Sportart im Bereich des Pferdesports. Der Horse-Buggy ist ein kleiner, sehr beweglicher Zweisitzer auf Gummirädern, vor den ein Pferd gespannt wird. Er wurde **1982** von zwei leidenschaftlichen Reitern erfunden: von Michel Figueras und Michel Robert, dem französischen Meister im Springreiten 1983.

RADSPORT

Das früheste Radrennen war ein Hochradrennen über 2 km im Pariser Parc de St. Cloud am 31. Mai **1868.** Ein Jahr später fand bereits die erste Fernfahrt Paris–Rouen über 130 km statt. Am 17. April 1869, wurde in Hamburg-Altona der erste deutsche Radfahrklub gegründet, der noch im selben Jahr ein »Velocipeden-Wettreiten« veranstaltete, das erste Radrennen in Deutschland.
Der Bund Deutscher Radfahrer besteht seit 1884. Deutsche Meisterschaften gibt es seit 1890 (Bahn) bzw. 1919 (Straße), Bahn-Weltmeisterschaften seit 1893, Straßen-Weltmeisterschaften seit 1921; olympische Sportart seit 1896. Die Wettbewerbe auf der Bahn gliedern sich in Fliegerrennen, Zeit- und Verfolgungsfahren, Punktefahren sowie Steherrennen hinter Schrittmacher-Maschinen. Auf der Straße finden Einer- und Mannschaftsrennen sowie der Kampf gegen die Uhr statt.

Die Tour de France, die von Henri Desgranges ins Leben gerufen wurde, ist das längste und berühmteste Etappenrennen für Berufsfahrer. Der erste Start fand am 1. Juli **1903** statt. Damals bestand die Tour noch aus sechs Etappen, und von den 60 Teilnehmern kamen 20 ans Ziel. Sieger wurde Maurice Garin. Desgranges schuf 1919 auch das *Gelbe Trikot* für den Spitzenreiter. Inzwischen gibt es auch das Grüne Trikot für den Punktbesten, das Weiße mit den roten Punkten für den besten Kletterer und das Weiße für den besten Neuling. Heute werden 20 bis 23 Etappen gefahren, deren Gesamtlänge zwischen 4000 und 4600 km beträgt. Der Streckenverlauf wird jährlich neu festgelegt. Daß die Tour de France die Königin unter den Rennen wurde, ist allerdings dem Einsatz von Jacques Goddet und Félix Levitan zu danken.

1984 gab es erstmals die *Tour de France für Damen.* Siegerin wurde Marianne Martin.

Die Sechstagerennen auf der Piste sind eine amerikanische Erfindung, erstmals in New York **1899** ausgetragen. Zwei Fahrer lösten sich dabei nach Bedarf ab. In Berlin wurde **1909** das erste deutsche Sechstagerennen durchgeführt.

Kunstradfahren ist ein artistischer Wettbewerb, bei dem turnerisches Können mit hochqualifiziertem Radfahren in Einklang gebracht werden muß. Die verschiedenen Figuren besitzen verschiedene Schwierigkeitsgrade und haben demnach auch entsprechende Wertungsziffern. Es gibt Einer-, Zweier-, Vierer- und Gruppenfahren. Die Anfänge dieses Sports reichen bis in das **19. Jh.** zurück. Die ersten Europameister wurden bereits 1895, die ersten Weltmeister erst 1960 ermittelt.

Radball. Ein Spiel für Zweiermannschaften, das um die Jahrhundertwende geboren wurde und gleich mehreren Erfindern zugeschrieben wird. 1901 im Berliner Wintergarten zeigten Artisten dieses Spiel. 1921 fand die erste Deutsche Meisterschaft, 1929 die erste Weltmeisterschaft statt.

Querfeldeinrennen, auch Cross genannt, finden vorwiegend in den Wintermonaten statt, und zwar in einem abwechslungsreichen, hügeligen Gelände, wo die Fahrer künstliche und natürliche Hindernisse zu bewältigen haben. Nicht selten müssen längere Distanzen zu Fuß zurückgelegt werden. Die erste Weltmeisterschaft gab es 1950.

BMX, dieses kleine, ausgezeichnet manövrierbare Spezialrad, entstand **1972** in den USA. Es wird für Bicycle Moto-Cross (BMX) verwendet. Das sind Radrennen im Gelände mit eigens aufgebauten künstlichen Hindernissen. Das BMX-Rad ist ungefedert, seine Laufräder messen bis zu 20 Zoll.

Das Cyclo-Skiff ist ein Mittelding zwischen Ruderboot und Fahrrad. Es wurde **1977** vom Franzosen J.-M. Lemarchand und einer Gruppe von Technikern erfunden und 1979 weiter verbessert. Der letzte, aus Aluminium konstruierte Prototyp ist – halbamtlich – schneller als 100 km/h gefahren.

Das Mountain bike, ein Fahrrad für jedes Gelände, kam **1973** in Kalifornien auf. Einige auf sportliche Abenteuer Versessene bauten sich spezielle Fahrräder zusammen, mit denen sie die Berghänge der Umgebung herunterrasen konnten. Sie fanden bald zahlreiche Nachahmer.
Später begannen auch Kleinbetriebe, solche Räder herzustellen, die man in den USA Mountain bikes (soviel wie Bergfahrräder) nannte. Im Laufe der Jahre fanden sie dort eine so starke Verbreitung.

Das vollverkleidete Rennrad dachte sich Professor Dal Monte, ein international geschätzter Aerodynamik-Spezialist, **1983** aus. Mit diesem einzigartigen, futuristisch anmutenden Rennrad (die Investitionen dafür beliefen sich auf 2 Mrd. Lire) versuchte der Italiener Francesco Moser, den seit 1972 von dem Belgier Eddy Merckx mit 49,481 km gehaltenen Stundenweltrekord zu überbieten. Am 19. Januar 1984 schaffte Francesco Moser, unterstützt von einem Team aus Wissenschaftlern und Technikern, in Mexico City 50,808 km. Keineswegs ermüdet durch diese Leistung, ging Moser vier Tage später erneut auf die Piste und verbesserte seinen eigenen Stundenweltrekord auf nunmehr 51,151 km.

Spezialfahrzeug für die Berge auf vier Rädern. Da braucht der Fahrer nur noch Geschicklichkeit und muß den Gashahn richtig betätigen, um die Anstiege zu nehmen.

SEGELN UND SURFEN

Yachtsegeln. Das Wort *Yacht* kommt aus dem Holländischen und heißt jagen. Die erste Regatta fand in England statt. Dabei ging es am 1. September **1661** um ein Wettrennen zwischen Charles II. und seinem Bruder James, Herzog von York, über 23 Meilen von Greenwich nach Gravesend. Der älteste Klub ist der Cork Harbour Water Club (Irland), gegründet 1720.
Der älteste deutsche Segelverein ist die Stralauer Tavernen Gesellschaft von 1835. Der America's Cup, die erste internationale und immer noch bedeutendste Wettfahrt, wurde am 22. August 1851 rund um die Insel Wight ausgesegelt. 1882 fanden die ersten Regatten vor Kiel statt. Daraus wurde dann später die Kieler Woche. Olympische Wettbewerbe, mit wechselnden Klassen, gibt es seit 1900.

Katamarane, heutzutage spricht man von Doppelrumpfbooten, gab es schon vor mehreren tausend Jahren an der Coromandel-Küste in Indien; eigentlich waren es Flöße aus drei Stämmen von unterschiedlicher Länge. Der Name ist abgeleitet von zwei Wörtern der Tamilen-Sprache: katu (anbinden, befestigen) und maram (Baumstamm). Im polynesischen Archipel verwendete man den Katamaran als Transportmittel im täglichen Leben.
Nachdem der Engländer Sir William Petty die im Pazifik verwendeten Boote kennengelernt hatte, baute er **1662** zwei Katamarane, die bei Wettfahrten gegen Einrumpfboote erfolgreich blieben.
Die ersten wirklich seetüchtigen und lenkbaren Katamarane entwarf Nathanael G. Herreshof in der Zeit von 1876 bis 1881. Damals waren seine Katamarane die schnellsten, die man bis dahin auf der Welt kannte.

Links: Jeder Handgriff muß sitzen, wenn eine Segelcrew den gewünschten Erfolg haben will. Je größer das Schiff, desto umfangreicher wird die Verantwortung für jeden einzelnen.

Kampf mit dem Wind und vor allem den Wellen. Da muß die Besatzung an Bord voll konzentriert sein, denn die Doppelrumpfboote erreichen hohe Geschwindigkeiten.

Unten: Im Landsurfen versuchte sich der Franzose Christian-Yves Nau mit Erfolg: im Tal des Todes (Death Valley), Kalifornien (USA), schaffte er mit seinem Dreirad erstaunliche 170 Kilometer in 4 Tagen – begleitet von 18 Reifenpannen und bis zu 53° C Hitze.

Sogar bis in die Antarktis wagen sich mutige Surfer auf ihren schmalen Brettern und kreuzen sogar dicht vor einem Eisberg. Im Bild der Amerikaner John Stephenson.

Der erste Hochsee-Katamaran wurde **1947** auf Hawaii von Brown, Kumalae und Choy vorgestellt. Er hieß *Manu Kai,* war 12 m lang und mit Sicherheit das erste Segelboot, das eine Geschwindigkeit von mehr als 20 Knoten (37 km/h) erreichte. In England waren nach 1954 die Gebrüder Prout die Pioniere auf dem Gebiet der Katamarane. Der auf der Welt meistverbreitete Katamaran-Typ ist der 1967 entstandene *Hobie Cat.*
Einer der größten Katamarane überhaupt, der 25 m lange *Fleury Michon VII* von Jeanneau, gewann die erste Wettfahrt auf der Route, die Christoph Kolumbus 1492 bei seiner Entdeckungsfahrt gewählt hatte.

Trimaran, das dreirumpfige Schiff, eine Nachbildung der legendären polynesischen *Latakoïs,* wurde erstmals **1786** von dem Schotten Patrick Miller gebaut. Es war ein dampfgetriebenes Boot mit je einem Schaufelrad zwischen den drei Rümpfen.
Das erste aufblasbare Boot, das den Atlantik überquerte, der amerikanische Segler *Non-Pareil,* hatte ebenfalls drei Rümpfe. Das war 1868. Auf dieser Überfahrt sollte die Zuverlässigkeit des »Dreirümpfers« als Rettungsboot geprüft werden.
Etwa um 1943 ging ein in die USA emigrierter Russe, Viktor Tscheschett, daran, Segelschiffe mit drei Rümpfen, für die er das Wort Trimaran erfand, weiterzuentwickeln. Jedoch dauerte es bis zum Ende der sechziger Jahre, ehe die Trimarane dank der Schöpfungen des Engländers Derek Kelsall und vor allem des Amerikaners Dick Newick als absolut seetüchtige Segelschiffe gelten konnten.

Ein superleichtes Segel wurde von der Firma Brochier Espace in Zusammenarbeit mit CNES (Centre National d'Études Spatiales) in Frankreich herausgebracht. Es bringt eine Gewichtseinsparung von 50 Prozent gegenüber den herkömmlichen Segeln. Das leichteste Segel überhaupt hat ein Gewicht von nur 11 g/m². Die hierbei angewandte Technologie fußt auf Erfahrungen aus der Raumfahrt. Als Material wurde eine Kombination zwischen Tergal und Terfane verwendet. Anfangs fand dieser Segeltyp nur bei Wettbewerben Verwendung (beispielsweise **1983** beim Boot *France III* im Admiral's Cup). Erst seit 1985 kann dieses Segel auch im normalen Handel erworben werden.

Ein Segelboot mit Pedalantrieb ist der *Sunbird* der englischen Firma Bellway Marine von **1984.** Es ist ein kleines einsitziges Segelboot, dessen Ruder durch zwei Pedale (links und rechts) betätigt wird. Dabei bleiben die Hände frei für die Segel. Die Pedalsteuerung ist durch Stahlseile mit dem Ruder verbunden. Dank des einziehbaren Kiels erreicht der *Sunbird* eine beträchtliche Geschwindigkeit.

Das erste Schlauchboot wurde **1936** von dem Franzosen Pierre Debroutelle präsentiert. Es bestand aus Leinwand mit einer Gummibeschichtung und wurde mit Luft aufgepumpt.
Die heute gebräuchlichen Schlauchboote sind aus synthetischem Gewebe, das mit Neopren verstärkt und ebenfalls mit elastischem Gummi beschichtet ist.

Segelfahrzeuge – heute gleichermaßen als Sportfahrzeug wie als Transportmittel bekannt – waren schon den alten Ägyptern, später den Römern und Chinesen bekannt.
Im 19. Jh. setzten Arbeiter der Kansas Pacific Railways Segelfahrzeuge zur Überwachung der Eisenbahnlinie ein. Es heißt, sie hätten damals auf diese Weise bis zu 135 km in vier Stunden zurückgelegt.
Für sportliche Zwecke benutzten erstmals die Belgier Frank und Ben Dumont im Jahr **1910** ein Segelfahrzeug; es war schneller als die Autos jener Zeit. Seit 1925 baute man Segelfahrzeuge einheitlich mit zwei Hinterrädern und einem lenkbaren Vorderrad. In den Wüsten Kaliforniens erlebt man es öfter, daß große Segelfahrzeuge Geschwindigkeiten von über 120 km/h erreichen.

Den ersten Strandsegler konstruierte der Franzose Louis Blériot im Jahr **1910**. Eigentlich war er als Zeitvertreib für die Teilnehmer seiner Pilotenschule in Buc gedacht, wenn zu starker Wind ein Fliegen unmöglich machte. Später verlegte Blériot seine Fahrzeuge (Aéroplage) an den Strand des Pas-de-Calais, wo bereits vor dem Ersten Weltkrieg Wettrennen stattfanden.

Windsurfen und Drachenfliegen kombiniert. Bei der neuen Konstruktion lassen sich gleich zwei sportliche Tätigkeiten miteinander verbinden. Ein idealer Freizeitspaß. Der Name des Geräts: Wind-Weapon.

Das Segel-Dreirad von Christian-Yves Nau ist das erste Fahrrad mit Segelantrieb, das jemals auf der Straße erfolgreich erprobt wurde. Es wurde 1983 unter Mitwirkung der Firma Motobécane gebaut und im Juni **1984** offiziell vorgestellt. Als Vorbild diente das Segelfahrzeug; in dieser Sportart war Nau im Jahr 1966 Weltmeister. Für eine Segelfläche von 4 m² ist es mit rund 40 kg sehr leicht. Auf flacher Straße bei guten Bedingungen kann es Geschwindigkeiten bis zu 40 km/h erreichen.

Surfen. Der traditionelle polynesische Sport des Surfens in einem Kanu *(ehorooe)* wurde zum ersten Mal von Kapitän James Cook (1728–79) auf seiner ersten Reise in Tahiti im Dezember **1771** beschrieben. Surfen auf einem Brett sah James King im März 1779 in der Kealakekua-Bucht (Hawaii). Der Sport wurde 1909 auf Waikiki neu belebt.

Das Surfbrett moderner Art wurde **1958** von dem Engländer Peter Chilvers erfunden. Er war ein echtes Original, eigentlich ein Automechaniker, der alte Rolls-Royce aufmöbelte. Am liebsten glitt er auf seinem Brett allein dahin, so daß seine Erfindung zunächst in Vergessenheit geriet.

Erst 1964 hatte ein Amerikaner, Newman Darby, die gleiche Idee. Er setzte ein Segel auf das Surfbrett. Weitere vier Jahre später fuhren die beiden Kalifornier Jim Drake und Hoyle Schweitzer, die nie etwas von ihren Vorgängern gehört hatten, ebenfalls auf einem selbstgebauten Surfbrett, sogar auf ruhiger See. Doch sie begriffen, daß das nicht genügte, und erfanden den Mastfuß mit Gelenk und den Gabelbaum, womit das Surfbrett seine endgültige Form hatte.
Zuerst wurde das Surfbrett aus Holz gefertigt. Mit der Zeit wurde es dann immer leichter, weil neue Materialien erfunden wurden, mit denen man Geschwindigkeiten bis zu 70 km/h erreichen kann. Seit 1973 gibt es Europa- und Weltmeisterschaften. Der Windglider feierte 1984 in Los Angeles seine olympische Premiere.
Auf einem Surfbrett unternahm der Franzose Christian Marty im Jahr **1982** eine *Atlantiküberquerung* in 36 Tagen. Ihn begleitete dabei lediglich ein Boot.

Das Tandem-Surfbrett erfand **1980** der Amerikaner Raynier Dobelman. Dieser Gleiter aus ABS ist 7,60 m lang, besitzt zwei Mastfüße und zwei gewöhnliche Masten, dazu ein großes Schwert. Anfangs wurde dieses Brett nur von Klubs erworben, doch später fanden an ihm auch zahlreiche Individualisten Gefallen.

Das Twin-Surfbrett ist eine **1982** von zwei Bürgern aus Cannes, Jean Lambezat und Louis Ortelli, erfundene Konstruktion, bei der zwei Surfbretter mit Hilfe eines über einen Aluminiumrahmen gespannten Verbindungsbügels zusammengekoppelt werden, wodurch ein sehr schneller Katamaran entsteht. Dieses auch als Baukasten lieferbare System kann mit einem kleinen Motor versehen werden, wodurch der Katamaran zum Ausflugsboot wird.

Morey-Boogie wurde **1971** von dem Kalifornier Tom Morey erfunden. Er schuf ein ziemlich breites, fast rechteckiges Brett mit etwas weicherer Struktur. Damit sollten ohne Beeinträchtigung der Leistung Unfälle vermieden werden. Auf diesem Brett gleitet man auf dem Bauch liegend, die Hände halten sich an den Füßen (Versuche aufzustehen, sind erlaubt!). Der Morey-Boogie gilt selbst bei nicht ganz perfekten Surfern als hervorragend geeignet zum Wellenreiten. Seit ein paar Jahren findet dieser Sport in den USA großen Anklang. Zu den Morey-Boogie-Veranstaltungen kommen bisweilen schon mehr Zuschauer als zu den großen Surf-Wettbewerben. Fortgeschrittene Morey-Boogie-Spezialisten meinen, die tollste Figur, die man damit ausführen könne, sei »el rollo«, eine komplette Rolle an der Welleninnenwand.

Wind-Weapon. Die beiden Amerikaner Thomas Magruder und Robert Crowel erfanden **1987** eine Art Luft-Surfbrett, mit dem sie sowohl Segelfliegen als auch Surfen konnten. Das symmetrische Segel drehte sich dabei um einen kleinen Mast, konnte sowohl eine senkrechte als auch waagerechte Position einnehmen.

Eis-Surfen. Der Deutsche Anthony Ruge erfand **1987** ein Brett, das mit Schlittschuhkufen versehen wurde, so daß es über gefrorene Seen gleiten konnte.

Für Landsurfen, das **1977** von dem französischen Surfer Arnaud de Rosnay erfunden wurde, benützt man ein auf Rollen fahrendes Surfbrett. Immerhin bedurfte es einiger Jahre, ehe sich diese spektakuläre Sportart durchsetzte. Seither nimmt die Zahl der Landsurfer immer weiter zu. Landsurfen bietet den Vorteil, daß man damit relativ leicht zurechtkommt. Es ist eine gute Vorstufe zum eigentlichen Segelsurfen. Und – nicht zu vergessen – man kann hierbei nicht ins Wasser fallen!

Hydrosurf. Übers Wasser gleitet es mit 50 km/h, auf Schnee flitzt es mit über 100 km/h, und in der Luft kann es sich auf 3000 m erheben. Dieses vielseitige Gerät wurde im August **1984** dem Franzosen Jean-Claude Chauveau patentiert. Auf den ersten Blick gleicht es einem Tretboot mit Luftschraube. Wenn man einen Mast und ein Segel hinzufügt, hat man schon einen Katamaran. Nimmt man die beiden Schwimmer weg und ersetzt sie durch drei Räder, erhält man einen Strandsegler. Ohne Segel, aber mit Motor, verwandelt es sich in einen Schneegleiter. Um zu fliegen, braucht man ihm nur einen Fallschirm zu verpassen. Dieses Fahrzeug interessiert vor allem Lebensretter sehr, denn mit seiner Hilfe erreicht man in kürzester Zeit die unzugänglichsten Orte.

SCHIESSEN

Der erste urkundlich erwähnte Verein ist die St. Sebastian Bruderschaft Gymnich bei Köln **(1139)**. Der Kloster Neuburger Schützenverein (Niederösterreich) wurde 1288 als Bogenschützengesellschaft unter der Regentschaft Albrechts I. gegründet. Der erste überlieferte Wettbewerb fand 1472 in Zürich statt. Der Deutsche Schützenbund wurde 1861 in Gotha gegründet. Weltmeisterschaften gibt es seit 1890. Schießen gehört schon seit der Premiere 1896 in Athen zum olympischen Programm.

Armbrustschießen. Die Armbrust ist eine Schußwaffe für Bolzen und Pfeile, die die Chinesen schon um **300 n. Chr.** gekannt haben sollen. Mit den Kreuzzügen kam diese Waffe dann nach Europa. Die ersten Armbrustbrüderschaften wurden 1213 in Brüssel und 1220 in Goslar gegründet. Nach und nach entstanden vor allem in den Städten Schützengilden. Sogar Goethe war ein eifriger Schütze. Mit der Erfindung der Feuerwaffen verlor die Armbrust an militärischer Bedeutung und wurde später hauptsächlich zur Jagd, aber auch als Sportgerät benutzt.

Gewehrschießen sind Wettbewerbe mit dem Kleinkalibergewehr, Frei- und Scheibengewehr, Luftgewehr, Militärgewehr und Zimmerstutzen. Mit der Erfindung der Luntenbüchse und des Schießpulvers begann der Siegeszug der verschiedenen Waffen. Im **15. Jh.** gab es zunächst nur Vorderladerwaffen, im 19. Jh. tauchten dann die ersten Hinterladerwaffen auf. Entfernungen, Scheibenmaße und Zeiteinheiten sind bei den einzelnen Wettbewerben unterschiedlich. Die ersten Weltmeisterschaften fanden 1890 statt. Seit 1896 ist das Schießen olympische Disziplin.

Pistolenschießen. Die üblichen Waffen sind die Luftpistole, Standardpistole, Sportpistole, Schnellfeuerpistole und Freie Pistole. Geschossen wird auf Ring- oder Duellscheiben. Um **1540** tauchten die ersten Radschloßpistolen auf, um 1870 die ersten Scheibenrevolver. Bereits bei der olympischen Premiere 1896 stand der Pistolenwettbewerb auf dem Programm.

Trap- und Skeet-Schießen. Ein Schießwettbewerb mit einer Bockdoppelflinte auf (künstliche) Tauben, wobei Schrotladungen verwendet werden. Populär wurde dieser Sport Mitte des vorigen Jh.; Trap wurde 1952, Skeet 1968 olympischer Wettbewerb. Es gibt inzwischen Europa- und Weltmeisterschaften. Geschossen wird jeweils auf 200 Tauben.

Darts ist ein englisches Wurfspiel mit kleinen Pfeilen, die einen gefiederten Schaft besitzen. Im Mittelalter wurde dieser Wurfspieß als Waffe eingesetzt. An Bord der *Mayflower* im Jahre **1620** vertrieben sich Pilgerväter mit verkleinerten Spießen die Zeit. Das moderne und heute noch übliche Spiel ist Brian Gamlin of Bury, Lancashire, zuzuschreiben, der 1896 die runde Scheibe mit den Kreissegmenten und unterschiedlichen Punktzahlen erfand.

WASSERSPORT

Schwimmwettkämpfe sind seit **36 v. Chr.** bekannt. In Japan wurde Schwimmen in Schulen im Jahr 1603 durch ein kaiserliches Edikt von Kaiser Go-Yozei angeordnet. Das erste Schwimmlehrbuch erschien 1538 in Deutschland und ist von dem Pädagogen Nycolaus Wynmann aus Ingolstadt verfaßt worden. Die erste deutsche Badeanstalt wurde 1774 in Frankfurt am Main eröffnet. 1837 wurde der erste Schwimmverein, die Wasserfreunde Berlin, gegründet; das erste Hallenbad eröffnete 1855 ebenfalls in Berlin. 1883 fanden die ersten Deutschen Meisterschaften statt. Schon 1896 olympische Disziplin. Europameisterschaften wurden 1926, Weltmeisterschaften 1973 eingeführt.

Der Kraulstil (früher Crawl) wurde **1905** durch den Engländer Cavill aus Australien mitgebracht. 1924 erwies er sich bei den Olympischen Spielen in Paris als schnellster Schwimmstil. Außerdem gibt es noch das Brust-, Rücken- und Delphinschwimmen sowie Lagenwettbewerbe. Die kürzeste Strecke beträgt 50 m, die längste 1500 m.

Schnellste Fortbewegungsart im Wasser ist das Freistilschwimmen. Matt Biondi (USA) ist ein glänzender Vertreter dieser Disziplin. Sein 100-m-Weltrekord steht bei phantastischen 48,74 Sekunden.

Wildwasserkanu ist ein Kampf mit den Naturgewalten. Schon die kleinste Unaufmerksamkeit kann zum Kentern führen.

Zum Schwimmen gehören auch die Disziplinen Kunst- und Synchronschwimmen, Tauchen, Wasserspringen und Flossenschwimmen.

Wasserball ist ein Ballspiel im Wasser, bei dem es vor allem auch auf schwimmerische Fähigkeiten ankommt. Eine Mannschaft besteht aus elf Spielern, von denen sieben stets im Wasser sind. Bislang war diese äußerst harte Sportart nur Männern vorbehalten, doch seit einigen Jahren wird sie auch von Frauen betrieben. **1859** entstand das Spiel in England. 1876 fand in Bornemouth das erste offizielle Spiel statt. Seit 1900 wird um olympische Medaillen, seit 1973 um Weltmeisterschaften gekämpft. Der erste Deutsche Meister wurde 1912 mit Germania Berlin ermittelt.

Linke Seite, oben: Jet-Ski, das ist eine Art Motorschlitten, der im Stehen gesteuert wird und mit dem man mit hoher Geschwindigkeit über das Wasser gleiten, aber auch von einer Rampe zum Flug ansetzen und springen kann.

Unten: Traditionsreichster Wettbewerb im Rudern ist das alljährliche große Achterrennen auf der Themse in London zwischen den Studenten-Crews von Oxford und Cambridge.

Wasserski. Schon 1921 hatte ein anonym gebliebener Skifahrer die Idee, sich auf dem Annecy-See von einem Boot ziehen zu lassen. Gesichert ist die »Geburt« des Wasserskisports im Jahr **1927:** Der Norweger Petersen führte das Gerät in Cannes vor. Frankreich richtete die erste Europa- (1947) und Weltmeisterschaft (1949) aus. Man unterscheidet die Sportarten Wasserski am Boot und am Lift, Barfuß-Wasserski und Wasserski-Racing. Slalom, Figurenlauf (Trickski) und Springen sind möglich.

Hydrospeed ist ein Kunststoffbrett, das **1981** vom Franzosen Alain Ventelou erfunden wurde. Mit seiner Hilfe kann man durch Wildwasser schwimmen. Der Hydrospeed, auf dem sich der Schwimmer lang ausstreckt, besitzt innen zwei Handgriffe, die Stabilität und Manövrierbarkeit gewährleisten. Dank des besonders widerstandsfähigen Materials, aus dem seine Bodenfläche besteht, können ihm Fels und Klippen nichts anhaben.
Splanch nennt sich diese Sportart, mit der besonders Mutige die Herausforderung suchen.

Rudern reicht bis in die **Antike** zurück. Schon Homer rühmt die Ruderkunst der Phäaken, und Vergil beschreibt in seiner Aeneis sogar ein Rennen. Der moderne Rudersport entwickelte sich jedoch in England, wo seit **1715** Wettstreite zwischen Berufsschiffern und Fährleuten auf der Themse stattfanden. Eines der traditionsreichsten Rennen findet seit 1829 zwischen den Universitäts-Achtern von Oxford und Cambridge in London statt. 1836 wurde der erste deutsche Ruderclub in Hamburg gegründet. Wichtigste Neuerung war um 1850 die Erfindung von Auslegern, so daß die Dollen außenbords angebracht werden konnten und somit die Boote schmaler wurden. Seit 1900 olympische Disziplin, doch die Frauen durften erst 1976 teilnehmen. Weltmeisterschaften wurden 1962 eingeführt.

Kanu ist heutzutage eine Sportart, die sich aus den Wettbewerben Kajak- und Kanadier-Rennen bzw. -Wandern, Kanuslalom, Wildwasserrennen, Kanupolo und Kanusegeln zusammensetzt. Ursprünge des Paddelns lassen sich bis in die sumerische Zeit **(4000 v. Chr.)** verfolgen. In Nordamerika benutzten die Indianer das kanadische Kanu, den Kanadier, wo der Fahrer beim Fortbewegen des Bootes kniet und ein Stechpaddel führt. Dagegen saßen die Eskimos in einem Boot und benutzten ein Doppelpaddel.

Um 1850 entstanden die ersten Kanus (Grönländer) zum Flußwandern in Deutschland. 1864 baute der Schotte J. MacGregor einen geklinkerten Holzkajak. Ein Jahr später entstand der Königlich Englische Kanuclub. 1879 wurde in Breslau der Grönländer-Club gegründet. Mit dem Bau des ersten brauchbaren Faltbootes um 1900 begann ein großer Aufschwung dieser Sportart, die 1936 olympisch wurde. Erste Europameisterschaften fanden 1933, erste Weltmeisterschaften 1938 statt.

Olympischer Vorführwettbewerb 1988 in Calgary, der für großes Aufsehen sorgte: Trick-Skifahren kommt immer mehr in Mode.

der Super G. Olympische Premiere 1936, Weltmeisterschaften seit 1937.

Nordische Disziplinen sind Langläufe mit Einzelstarts, Staffelwettbewerbe, das Skispringen sowie die Nordische Kombination, die aus einem Springen und 15-km-Rennen besteht. Beim Langlauf gibt es zwei Techniken, den Diagonalschritt und das Skating, zu vergleichen mit dem Schlittschuhschritt auf dem Eis. Olympische Premiere 1924, Weltmeisterschaften seit 1937.

Skifliegen sind Wettkämpfe auf Flugschanzen, auf denen Weiten von über 180 m möglich sind. Seit 1972 in Planica (Jugoslawien) gibt es sogar eigene Weltmeisterschaften.

Biathlon. 10- bzw. 20-km-Skilangläufe sowie eine 4 × 7,5-km-Staffel mit Schießübungen, die liegend und auch stehend ausgeführt werden müssen. Als Waffe wird ein Gewehr benutzt. Weltmeisterschaften gibt es seit 1958, olympischer Wettbewerb seit 1960.

Skiakrobatik. 1920 führte der Deutsche Fritz Rauel Figuren aus dem Eiskunstlauf auf Skiern vor. Aber erst **1950** legte der Schwede Stein Eriksen die Regeln dieser Disziplin fest.

Trickskifahren besteht aus den Disziplinen Ballett, Buckelpistenfahren und Springen, kam 1970 aus den USA nach Europa durch »Fuzzy« Garhammer. 1986 fand erstmals die offizielle Weltmeisterschaft statt. 1988 in Calgary olympischer Vorführwettbewerb.

Schwingungsdämpfer für Ski. Ausgehend von der Beobachtung, daß durch Unregelmäßigkeiten der Piste entstehende Schwingungen der Skier den Kontakt zwischen Ski und Schuhen

WINTERSPORT

Skisport. Der älteste existierende Ski wurde gut erhalten in einem Torfmoor bei Hoting (Schweden) gefunden und datiert von etwa **2500 v. Chr.** Eine Felsschnitzerei von einem Schneeschuh in Bessowsjsledki (UdSSR) datiert von 6000 v. Chr. Der früheste militärische Gebrauch von Skilaufen wurde 1199 in Norwegen gemacht.

Das sportliche Skilaufen entwickelte sich erst 1843 in Tromsö (Norwegen). Der 1861 in Norwegen gegründete Trysil Schieß- und Skiclub macht geltend, daß er der älteste der Welt sei. 1888 wurde erstmals bei den Holmenkollenspielen ein 50-km-Rennen entschieden.
Skilaufen wurde in den Alpen 1883 eingeführt, obwohl es im Carniola-Distrikt einige Hinweise auf einen früheren Gebrauch gibt.

Der erste Abfahrtslauf fand **1870** in Telemarken (Norwegen) statt, den ersten Slalom steckte **1905** in Muckenkogel, Steiermark (Österreich) der Österreicher Matthias Zdarsky aus. Die erste größere Veranstaltung fand 1922 in Mürren (Schweiz) statt. Der Internationale Skiverband (FIS) wurde 1924 in Chamonix mit Sitz in Gümlingen bei Bern (Schweiz) gegründet.

Swingbo – ein schneetaugliches Skate-Board, das wendig ist und sich vor allem für flache bis mittelsteile Skipisten eignet.

Die ersten deutschen Skiclubs wurden 1892 in Todtnau (Schwarzwald) und Braunlage (Harz) gegründet.

Alpine Disziplinen sind der Slalom, der Riesenslalom, der Abfahrtslauf und seit kurzem auch beeinträchtigen, ersannen Techniker der Firma Rossignol **1980** für ihre Skier eine neue Struktur (VAS) mit eingebautem Schwingungsdämpfer. Bei den Olympischen Spielen 1984 in Sarajevo errangen Läufer und Läuferinnen, die mit Rossignol-VAS ausgerüstet waren. acht Medaillen. Im Jahr 1983 erfanden die Schweizer Ingenieure Arieh und Courvoisier (Dynastar-Patent) das Kontaktsystem, das die Schwingungen der Skier »schluckt«. Eine am Skiende angebrachte Kapsel absorbiert die Schwingungen ähnlich, wie es die Stoßdämpfer der Autos tun, und läßt so den Kontakt der Skier mit dem Schnee nicht abreißen.

Die Skibremse, eine mechanische Vorrichtung, die den Ski aufhält, nachdem er sich am Hang vom Schuh gelöst hat, wurde **1974** vom Franzosen Salomon erfunden. Damit waren die früher üblichen Fangriemen überflüssig.

Eine Aufstieghilfe erfand der Franzose Paul Champagnac aus Aurec (Departement Haute-Loire) **1984,** die es jedem Skiläufer möglich macht, Steigungen bis zu 45 Grad selbst auf hartem Schnee zu nehmen. Auch beim Abfahren können damit Anfänger bremsen. Die Vorrichtung besteht aus zwei einziehbaren Hebeln, die sich im Schnee festkrallen. Eingeschaltet wird das System mit den Skistöcken.

Ski-Sicherheitsbindung. Zwei kurz nacheinander aufgetretene Beinbrüche veranlaßten den französischen Ingenieur und leidenschaftlichen Skiläufer Jean Beyl im Jahr **1948,** eine Sicherheitsbindung zu konzipieren. Er gründete die Firma Look und brachte die ersten Bindungen heraus, die Brüche verhindern sollten. Die französische Firma Salomon stellt 1966 das erste präzis funktionierende Sicherheitssystem vor: Die Auslösung des Stiefels erfolgt an der Ferse über einen Kipphebel.

Die gemischte Bindung für Touren- und Alpin-Skifahrer meldete der begeisterte amerikanische Skiläufer Thomas A. Schwartz aus Wakefield (Massachusetts) **1981** zum Patent an. Damit kann ein Tourenfahrer die Hänge nahezu wie ein alpiner Spezialist herunterfahren. Es funktioniert ganz einfach: Die Norpine-Bindung blokkiert die Schuhferse nach Belieben.

Der Monoski wurde von einem Surfer erfunden. In den fünfziger Jahren war der Amerikaner Mike Doyle der unbestrittene König des Surfens. Ab 1972 widmete er sich dem Skilaufen. Er wollte beim Gleiten auf Schnee das gleiche empfinden wie auf Wasser. In nur wenigen Stunden baute er **1973** den ersten »Single-Ski«. Der Prototyp ist transparent und dreimal so breit wie ein gewöhnlicher Ski. Dazu gehört ein Paar herkömmlicher Bindungen, beide Füße stehen parallel zueinander. Der zum »Mono« gewordene »Single« zeichnet sich durch außergewöhnliche Tragfähigkeit auf Pulverschnee aus.

Der Winter kann in den Bergen noch so schön sein, doch gefährlich wird es, wenn im Frühling Lawinengefahr droht. Inzwischen wurde ein Lawinenauslöser (oben) und ein Lawinensuchgerät (unten) konstruiert, damit der Mensch die Natur besser in den Griff bekommt.

Den Tandemski erfand **1978** der Franzose Jacques Cillières. Der Tandemski ist für Langläufer gedacht, die trotz unterschiedlicher Kräfte zusammen laufen wollen. Besonders interessant ist er für kleine Kinder. Mit seiner Hilfe nahm Laurent, der Sohn des Erfinders, mit 9 Jahren am Wasa-Lauf in Schweden teil – bei einem Durchschnittstempo von 15 km/h. Er wurde natürlich von einem guten Läufer gezogen. Tatsächlich ist der Tandemski eine Art Geschirr, das die beiden Skiläufer miteinander verbindet.

Der Twin-Ski wurde **1985** von Dynastar erfunden. Die Skier werden auf Höhe der Bindungen zusammengekoppelt, und der Fahrer kann je nach Belieben »Bi« oder »Mono« fahren. Daneben ist der Twin-Ski auch ein pädagogisches Hilfsmittel, weil man mit ihm die Technik des Parallelski-Laufens verbessern kann. Das System eignet sich für alle Skitypen und für die meisten Bindungen.

Den Turbinen-Ski entwickelte **1985** Bernard Gervasoni, indem er an seinen Skiern zwei Wärmeaggregate montierte, die mit zwei Turbinen verbunden waren. Ihre Leistung betrug 12 PS bei 33000 U/min. Damit kann man Geschwindigkeiten um die 250 km/h erzielen.

Ein Ortungsgerät für Skier wurde **1986** von dem Schüler Martin Eichberger (*1969) aus Passau erfunden. An der Skioberfläche wird ein winziges elektronisches Gerät mit akustischer Signalvorrichtung befestigt sowie Kontakte an Bindung und Skischuh, die einen Summton auslösen, sobald der Skischuh den Kontakt zum Ski verliert. Der Summton läßt die Skier im Schnee, selbst im Tiefschnee, leicht auffinden.

Die ersten Skischuhe tauchten **1893** auf. Sie waren aus ungewendetem Rentierfell gefertigt. Als

Dicht hintereinander gekauert sitzen die Männer im Viererbob, um dem Fahrtwind möglichst wenig Angriffsfläche zu bieten.

Vorbild hatten Eskimo-Schuhe gedient, die der Norweger Nansen von seiner Grönland-Durchquerung 1888 mitgebracht hatte.

Einen Schnallenverschluß für Skistiefel konstruierte **1962** der Franzose Martin, wodurch die traditionelle Verschnürung ersetzt wurde. Später erwarb die französische Firma Le Trappeur das Patent und brachte den ersten, mit fünf Schnallen versehenen ledernen Skistiefel nach dem System Martin heraus.

Der Plastikstiefel wurde **1968** von der Firma Lang präsentiert. Dieser Stiefel besteht aus einer äußeren Schicht aus Epoxydharz (einem Kunststoff) und einem wattierten Fußteil. Mit solchen Stiefeln waren die amerikanischen Skifahrer bei den Olympischen Spielen 1968 in Grenoble ausgerüstet.

Langlauf-Skischuhe wurden **1978** durch zwei Erfindungen der französischen Firma Salomon beträchtlich verbessert: Mit einem elastischen Plättchen in der Bindung wurde ein längerer Schritt möglich. Ferner besitzt die Bindung eine Vorrichtung, in die die Sohle einrastet. Dieses System wurde von zahlreichen anderen Skifabrikanten übernommen.
1982 brachte die Firma Patrick unter der Bezeichnung *Futura* die erste Stiefelform speziell für den Langlauf heraus. Die Fersenkappe und die Sohle sind steif, der Stiefelschaft dagegen weich. Damit ist das Torsionsproblem gelöst.

Den Manschetten-Skihandschuh erfand **1976** Walter Cecchinel für Racer, indem er ein Bergsteiger-Utensil für den Skiläufer nutzbar machte. Es handelt sich um einen Hochgebirgs-Fausthandschuh, allerdings mit fünf Fingern. 70000 Exemplare vom Typ *K 2* wurden innerhalb eines Jahres in der ganzen Welt verkauft. 1983 erhielten sie sogar das Prädikat »unverzichtbar«.

Beheizter Fausthandschuh. Der Franzose Bernard Giraudon nutzte mit seiner Erfindung von **1984** ein altes chinesisches Verfahren für die Beheizung von Winterkleidung. Mineralische und pflanzliche Pulver erzeugen, miteinander vermischt, Hitze. Wenn man sie dann in einer Heiztasche in Fausthandschuhe oder Schuhe schiebt, wird 6 bis 24 Std. lang Wärme abgegeben.

Den beheizbaren Skistockgriff dachte sich **1987** die junge Passauerin Alexandra Hausteiner (*1974) aus. In eine verschließbare Öffnung am Haltegriff des Skistocks wird ein vorgewärmtes Heizelement eingeschoben, das die Wärme über Abluftöffnungen an die Hände des Skifahrers weitergibt.

Mit Kunstschnee wurde **1935** zum erstenmal eine Sprunglauf-Skipiste versorgt. Das war in Boston (USA). Danach erlebte man künstlichen Schnee im New Yorker Madison Square Garden und zur Freude vieler Sportler drei Jahre später sogar in Los Angeles.

Das Recco-System ist ein Radarsuchsystem für Lawinenopfer. Magnus Granhed vom polytechnischen Institut Stockholm erfand es **1974.** Es besteht aus einem reflektierenden Plättchen, das der Skifahrer immer bei sich trägt, und einem tragbaren Suchgerät für die Rettungsmannschaft. Die Plättchen nutzen sich nicht ab und brauchen keinerlei Pflege. Wenn man das System vom Hubschrauber aus einsetzt, hat man in 5 bis 7 Min. ein Terrain von 1 ha Fläche abgesucht. Heute sind die meisten großen Bergwachtstationen damit ausgerüstet.

Das Skisegel erfand **1982** der Bergführer Georges Bettembourg und ließ es sogleich patentieren. Bei den schwindelerregenden Abfahrten hat Skisegeln etwas mit Fallschirmspringen gemein. Ein 2,45 m^2 großes Segel wird im Rückenteil des Skianzugs festgehakt. In seiner Mitte regelt eine Düse den Luftstrom, wodurch das Segel stabilisiert wird. Dank dieser nur 260 g schweren »Luftbremse« kann man risikolos auch die steilsten Hänge bewältigen. Bemerkenswert, daß Marie-Diane de Rouvre schon zwei Jahre zuvor die Idee einer ähnlich gearteten »Ski-Blase« (3 m^2, 300 g) hatte.

Schnee-Surfbrett. Seit seiner Jugend träumte der Holländer Dimitrje Milovich davon, die verschneiten Berghänge auf einem Schlitten stehend herunterzufahren. **1973** läßt er sein erstes Modell eines Schnee-Surfbretts schützen. Damals war Milovich, der das Skilaufen für sich im amerikanischen Osten entdeckt hat, weder ein guter Skiläufer noch ein guter Surfer. Dennoch gelang ihm das Gerät gut.
Das geringe Gewicht (etwa 3 kg) und die Tragfähigkeit auf Pulverschnee gestatten beachtliche Geschwindigkeiten. Das war eine ganz neue Erkenntnis, denn bis dahin waren Pulverschnee

und hohe Geschwindigkeiten auf Skiern nicht miteinander vereinbar. Die Haltung des Schneesurfers auf seinem Brett ist gleich wie beim Wassersurfen oder auf einem Skateboard. Die Beine stecken in großen Stiefeln und werden durch Gurte abgestützt. Am besten gleitet man über die höchsten Stellen der Bodeneinschnitte, vergleichbar etwa der Bewegung auf Wellenkämmen. Dieser Sport ist ungefährlich, sofern man Lawinenhänge meidet, denn Schneesurfen gelingt nur auf Pulverschnee.

Bobfahren. Der älteste bekannte *Schlitten* wird auf **6500 v. Chr.** datiert und kam aus Heinola (Finnland). Das erste Bobrennen fand **1889** in Davos in der Schweiz statt, als der Engländer W. Smith zwei Schlitten aneinanderkoppelte, wobei er den vorderen zum Lenken benutzte. Heutzutage gibt es Zweier- und Viererbobs.

Die Fédération Internationale de Bobsleigh et de Tobogganing (FIBT) wurde 1923 gegründet, der Deutsche Bob- und Schlittensport-Verband 1911. Seit 1924 gibt es Weltmeisterschaften und olympische Wettbewerbe.

Rennschlittensport ist aus dem Rodeln hervorgegangen. **1883** fand das erste Wettschlitteln auf der Straße von Wolfgang nach Klosters (Schweiz) statt. Seit 1914 gibt es Europa-, seit 1955 Weltmeisterschaften, seit 1964 gehört der Wettbewerb zum olympischen Programm, und zwar im Herren- und Dameneinsitzer sowie im Doppelsitzer. Die wichtigsten Entscheidungen fallen heutzutage nur noch auf Kunsteisbahnen.

Der aufblasbare Schlitten Air Bob 2000 ist aus Kunststoff (PVC) und wurde vom VTC Zürich **1984** entwickelt. Seine Geschwindigkeit hängt davon ab, wie hart er aufgepumpt wird. Das schützende Luftpolster reduziert die Gefahr bei Stürzen oder einem Aufprall auf ein Minimum. Im Sommer kann man den *Air Bob 2000* in ein Boot verwandeln.

Skeletonschlitten. Seit **1872** finden in Davos und St. Moritz Wettrennen statt. Der Skeleton ist ein Schlitten, auf dem man bäuchlings liegen muß, den Kopf vorwärts gewendet. In dieser Position kämpfen die Fahrer auf eisigen Pisten um den Sieg, wie beim berühmten Cresta Run von St. Moritz. Diese schon 1885 angelegte Piste ist 1212 m lang und weist ein Gefälle von 157 m auf. Die durchschnittliche Geschwindigkeit beträgt 80 km/h, doch können die Fahrer sogar Spitzen von ca. 150 km/h erreichen. 1928 und 1948 war Skeleton olympische Disziplin.

Der Skibob wurde von Mr. J. C. Stevens aus Hardford, Connecticut (USA), erfunden und am 19. April **1892** als ein »Fahrrad mit Skikufen« patentiert. Die Fédération Internationale de Skibob wurde am 14. Januar 1961 in Innsbruck (Österreich) gegründet. Die ersten Weltmeisterschaften fanden 1967 in Hofgastein (Österreich) statt.

Eishockey. Es gibt Bildhinweise, daß ein hokkeyähnliches Spiel in den Niederlanden im frühen **16. Jh.** auf dem Eis gespielt wurde. Das Spiel wurde wahrscheinlich das erste Mal 1855 mit einem Puck in Kingston, Ontario (Kanada), gespielt. Die International Ice Hockey Federation wurde 1908 gegründet.
Das erste Eishockeyspiel in Deutschland fand im offiziellen Rahmen am 4. Februar 1897 zwischen dem Akademischen Sportclub Berlin und einer gemischten Mannschaft statt. Die erste Deutsche Meisterschaft wurde 1912 ausgespielt. Sieger: Berliner Schlittschuh-Club. Zum ersten Male wurde 1920 – bei den Sommerspielen(!) in Antwerpen – ein Olympiasieger ermittelt. Seit diesem Zeitpunkt gibt es auch Weltmeisterschaften.

Eislaufen kennt man in den nordeuropäischen Ländern seit Jahrhunderten. Anfangs befestigte man knöcherne Kufen an hölzernen Sohlen. Später, vermutlich gegen Anfang des 17. Jh.s, ging man zu Metallkufen über. In den USA tauchten die ersten *Schlittschuhe* mit Stahlkufen um **1850** auf. Im Anschluß an eine Europa-Tournee des amerikanischen Schlittschuhläufers Jackson Haines fanden die neuen Schlittschuhe überall Verbreitung.

Eiskunstlaufen besteht aus den Einzelkonkurrenzen für Damen und Herren sowie dem Paarlaufen und Eistanzen, das seit 1949 ein eigenständiger Wettbewerb ist. Zur Pflicht und der Kür ist bei Einzelwettbewerben noch das Kurzprogramm hinzugekommen. Weltmeisterschaften gibt es seit 1896. Die ersten Olympiasieger wurden 1908 ermittelt – und zwar bei den Sommerspielen(!) in London.

Eisschnellaufen. Wettbewerbe zwischen 500 m und 10 000 m, auch Mehrkämpfe und Stunden-Rennen. Weltmeisterschaften gibt es seit 1889, olympische Konkurrenzen seit 1924. Erstmals

Im Winter ein Schlitten, im Sommer ein richtiges Schlauchboot – das ist Snow-Rafting. Eine herrliche Sache und ein schöner Spaß zugleich, wenn ein Sportgerät zweifach zu benutzen ist.

Eishockey ist das schnellste und rasanteste Mannschaftsspiel der Welt. Besonders in Kanada, Skandinavien und der UdSSR erfreut sich diese Sportart größter Beliebtheit.

wurden 1988 in Calgary (Kanada) die olympischen Wettbewerbe nicht im Freien, sondern in einer Halle entschieden.

Kunsteisbahnen hat vermutlich der Engländer John Gamgee als erster gebaut, und zwar **1876** in London und in Chelsea. Die Londoner Bahn hatte eine Fläche von 40 m², die in Chelsea sogar von 100 m². Im Jahr 1879 verfügte New York bereits über eine 860 m² große Kunsteisfläche.

Die erste Eiskiste erfand **1790** der Amerikaner Oliver Booth, indem er an einer Kiste ein Segel und Kufen anbrachte. Damit segelte er im Winter auf der gefrorenen Oberfläche des Hudson in Poughkeepsie, wo der erste Eiskistenklub, der Poughkeepsie Ice Yacht Club, entstand. Die größte Eiskiste aller Zeiten war 21 m lang und hatte 100 m² Segelfläche; sie wurde 1870 für den New Yorker John E. Roosevelt gebaut. Auf dem Eis des Lake Winnebags (Wisconsin, USA) erzielte John D. Buckstaff mit 230 km/h die größte je gemessene Geschwindigkeit unter windgetriebenen Fahrzeugen.

Eissegeln erreichte in den Niederlanden eine gewisse Popularität. Zuerst wurden Eisschlitten als Transportmittel benutzt, später als Sportgerät. **1929** fanden die ersten Regatten statt. Es gibt sogar Deutsche und Europameisterschaften.

Eisspeedway, das sind Motorradrennen auf dem Eis, wurde zuerst in der Sowjetunion durchgeführt. Seit **1965** gibt es offizielle Weltmeisterschaften. Die Reifen einer Maschine sind mit vielen Spikes versehen, damit sie auf dem glatten Untergrund Halt finden.

Curling, das Spiel, bei dem ein Stein über das Eis geschoben wird, ist vermutlich im **15. Jh.** in Flandern entstanden. Seine eigentliche Entwicklung begann jedoch im 16. Jh. in Schottland, wo man damals zur praktischen Ausübung schon außergewöhnliche Kräfte besitzen mußte (manche Steine wogen bis zu 100 Pfund). Um 1700 tauchten die ersten runden Steine mit eisernem Griff auf. Ihre heutige Form erhielten sie jedoch erst im 19. Jh., und ihr Gewicht betrug etwa 20 kg. Curling, das auch in Kanada viel gespielt wird, hielt Einzug in die Alpenregion erst zu Beginn des 20. Jh.s. Dank zahlreicher Kunsteisbahnen kann Curling heutzutage das ganze Jahr über gespielt werden; es wird auch von Frauen betrieben. Weltmeisterschaften gibt es seit 1968.

Eisstockschießen kommt ursprünglich aus Skandinavien, wo es im **13. Jh.** als Volkssport betrieben wurde. Seit Anfang dieses Jahrhunderts in Österreich und Süddeutschland populär geworden. Deutsche Meisterschaften gibt es seit 1926, Europameisterschaften seit 1951, Weltmeisterschaften seit 1983. Das Wurf- und Zielspiel kann nicht nur im Winter auf dem Eis, sondern auch im Sommer auf Asphalt, Beton, Terrazzo oder Holz durchgeführt werden.

TÄGLICHES LEBEN

Vom schüchternen Mädchen bis zum jovialen Onkel, bei Walter Gerths Stuhlkreationen ist jeder Typ dabei.

Gehört zu den ältesten Errungenschaften der Menschheit – unser täglich Brot.

NAHRUNGS- UND GENUSSMITTEL

Essen

Die Entwicklung des Brotes geht zurück auf das **5. Jtsd. v. Chr.** und ist eng verknüpft mit dem Wandel des Menschen vom Jäger und Sammler zum Viehzüchter und Bauern. Das Mehl aus zerriebenen Körnern wildwachsender Gräser wurde mit Wasser vermengt und der Teig auf heißen Steinplatten ausgelegt. So entstand das *Fladenbrot.*
Die Entdeckung des Sauerteigs, der auch heute noch die Grundlage des Brotbackens bildet, fällt in die Zeit der **ägyptischen Antike.**

Das Croissant wurde nach der Befreiung Wiens von den Türken durch den Polen Kulyeziski **1683** erfunden. Man überließ ihm die Kaffeevorräte, die die türkische Armee auf ihrer Flucht zurückgelassen hatte, und gab ihm die Erlaubnis, in Wien ein Kaffeehaus zu eröffnen, weil er eine entscheidende Rolle bei der letzten Schlacht von Kahlenberg gespielt hatte. Um zum Kaffee etwas servieren zu können, bestellte er bei einem Bäker Brioches in Halbmondform, um an den Sieg über die Türken zu erinnern, die die Mondsichel in der Flagge führen. Der Erfolg stellte sich sofort ein.

Sandwich. Johan Montagu, vierter Graf von Sandwich, soll sich beim Spielen geweigert haben, aufzustehen, um zu speisen. Sein Koch bereitete ihm daher **1762** einen kleinen Imbiß aus einer Scheibe Fleisch zwischen zwei gebutterten Brotscheiben: das Sandwich.

Ein Weltraumbrot wurde **1985** von dem auf Brotkonserven spezialisierten Industriellen François Cantenot erstmals hergestellt. Es krümelt nicht und wurde als Proviant für die Raumfähre *Columbia* ausgewählt.

Margarine kreierte **1869** der Franzose Hippolyte Mège-Mouriès in einem von Napoleon III. initiierten Wettbewerb um ein Ersatzprodukt für Butter. Eine preiswerte Kunstbutter, die man aufbewahren konnte, ohne daß sie ranzig wurde, war damals von großer Wichtigkeit für die Ernährung von Armee und Marine. Mège-Mouriès nannte sein Produkt wegen der Perlenfarbe »Margarine«, vom griechischen »Margaron« für Perle. Später wurde dank verschiedener Verbesserungen die ursprünglich aus tierischen Fetten hergestellte Margarine aus pflanzlichen Fetten gemacht.

Mit Camembert hatte Marie Harel auf den Märkten von Camembert an der Orne **1790** großen Erfolg. Ihre Tochter und ihr Schwiegersohn – als ausgezeichnete Kaufleute – verschafften dem Käse seinen Ruf und gaben ihm seinen Namen. Ob Madame Harel das Rezept von ihrer Mutter oder einem fahnenflüchtigen Priester aus dem Brie hatte, darüber streiten die Gelehrten.

Kunstkäse brachten erstmals die Labors der englischen Milch-Vermarktungsbehörde **1982** heraus. Es ist ein ohne Milch hergestellter Käse, dessen Selbstkostenpreis halb so hoch ist wie der echten Käses.

Joghurt soll in biblischen Zeiten erfunden worden sein. Nachdem ihn ein Engel Abrahams entdeckt hatte, soll er zu dem langen Leben des Patriarchen beigetragen haben. In Frankreich taucht er um **1542** auf. Sulaiman der Große bot ihn damals dem an Verdauungsschwierigkeiten leidenden Franz I. an. Aber der Arzt und Botschafter des Sultans nahm sein Geheimnis wieder mit. Erst im Ersten Weltkrieg wurde das Rezept in Bulgarien wiederentdeckt und nach Frankreich zurückgebracht. Die industrielle Fabrikation fing erst in den 50er Jahren an.

Pulver-Joghurt ließ der Japaner T. O. Yoshimi **1979** patentieren. Es handelt sich um ein feines Granulat, dem man nur Wasser hinzuzufügen braucht, um einen exzellenten Joghurt zu erhalten.

Milchpulver zu fabrizieren versuchte der Franzose Parmentier schon **1805.** Der Deutsche Grünwald machte 1855 die ersten industriellen Versuche. Erst im 20. Jh. entwickelte sich eine Milchpulverindustrie, zunächst in den USA, dann in allen anderen Industrieländern.

Kakaopulver stellte der Holländer Coenraad Johannes van Houten erstmals **1828** in Amsterdam her. Er pulverisierte die Bohnen und entölte sie, so daß man ein heißes Getränk daraus herstellen konnte. Zuvor machte man Kakao, indem man ein Stück Schokolade zum Schmelzen brachte.

Ketchup, wie wir ihn heute kennen, wurde **1876** von dem Amerikaner Heinz erfunden. Seine Ursprünge allerdings sind alt. Die Chinesen waren wahrscheinlich die ersten, die eine Soße namens »ke-tsiap« zubereiteten, eine Art Lake aus Fisch und Meeres-Krustentieren. Die Engländer entdeckten es Ende des 17. Jh.s in Malaysia unter dem Namen »Ketchap«, vermengten es mit einheimischen Zutaten und führten es durch Fernreisende in die USA ein. Die Nutzung der Tomate als Nahrungsmittel, verbunden mit dem orientalischen Ketchap, brachte Heinz auf die Idee zu seinem berühmten Ketchup.

Mayonnaise. Am 28. Juni **1756** fuhr Marschall Richelieu von Port-Mahon zu den Balearen. Als Feinschmecker gab er ein Fest, bei dem er die örtliche Lieblingssoße entdeckte: die Mayonnaise. Er bat um das Rezept und nahm es mit nach Frankreich. Nach anderen Quellen wurde die Mayonnaise 1589 für den Herzog von Mayenne kreiert; wieder andere sehen ihren Ursprung in Bayonne.

Bechamel-Soße ist eine feine Sauce aus Mehl, Milch, Butter, Zwiebeln und Gewürzen. Es ist nicht sicher, ob Louis de Béchameil, Marquis von Nointel, ein reicher Gutsverwalter und Hobbykoch, sie **1700** allein erfand oder mit Hilfe seines Herren, Ludwigs XIV.

Das Sauerkraut. Als Nahrungsmittel haben es die Chinesen vor **2000 Jahren** für sich entdeckt.

Neue kulinarische Techniken: Fertigsalat vom Fließband gibt es in Frankreich seit 1982 (oben); fertig geschnittenes Gemüse wird in Folie vakuumverpackt.

Zum 100jährigen Bestehen kamen sie alle zusammen, die Flaschen, die den Suppen über die Jahre hinweg die Würze brachten.

In Deutschland entwickelte es sich allerdings zu einer Art Nationalgericht.
Im frühen Mittelalter konservierten die Mönche Kohl, indem man die ganzen Köpfe in Salz und Essig in hölzernen oder irdenen Gefäßen einlegte. Die Säuregärung von Weißkohl wurde in Mitteleuropa im Lauf des Mittelalters von den Slawen, die es ihrerseits von den Tataren kennengelernt hatten, übernommen.

Künstliche Trüffel haben **1987** die beiden Franzosen Eugène und Pierre Parise erfunden. Hervorgegangen sind diese Trüffel, die das Aussehen und den Geschmack der seltenen natürlichen Trüffel haben, aus einer 6monatigen Zusammenarbeit mit den Forschern des Pasteur-Instituts in Lyon und dem Forschungszentrum CNRS. Die Erfinder, beide Frabrikanten, wollen jährlich bis zu 300 Tonnen der Kunsttrüffel produzieren, deren Preis pro kg bei etwa 180 DM liegen wird. Ein kg der echten Trüffel, in Frankreich auch ›schwarzes Gold‹ genannt, kostet immerhin 900 DM.

Fertigsalate gibt es, seit **1982** in Frankreich die Gemüsegärtner Emile Ryckeboer und Jacques Peyronnet eine Technologie entwickelt haben, die es erlaubt, Gemüse bis zu 6 Tagen frischzuhalten. Seitdem kann man die Plastikbeutel in den Kühlregalen der Supermärkte sehen: Tafelfertig geputzte Gemüsesorten (Karotten, Radieschen u.a.) und vor allem geputzte, gewaschene und geschnittene Salatsorten, die sofort zubereitet werden können.

Gewürzte Eier. Georg Lauermann, ein Tierarzt aus Bad Segeberg, stellte **1988** eine neuartige Kräutermischung für Hühner vor, die aus Basilikum, Rosmarin, Salbei, Thymian und Kerbel besteht. Diese Mischung, die dem herkömmlichen Hühner-Futter beigemischt wird, läßt die Eier würzig schmecken und macht das Salzen überflüssig. Jetzt soll ein Markttest mit 30 000 Würzeiern beginnen. Das gewürzte Ei wird im Laden etwa drei Pfennig mehr als das gewohnte Produkt kosten.

Das Frankfurter Würstchen kann auf eine lange Tradition zurückblicken: **1487** gab es erstmals eine Beschreibung der Frankfurter Spezialität. Heute darf sich ein Frankfurter Würstchen als ein solches ausgeben, wenn es im Großraum Frankfurt hergestellt wurde. Seine Rezeptur ist nicht geschützt, es unterliegt aber hohen Qualitätsanforderungen. Es muß geräuchert und pikant gewürzt sein; es darf nur aus Vorder- und Hinterschinken gewonnenem Schweinefleisch bestehen. Den ersten Beweis für seine Qualität bekam das Würstchen 1893 auf der Weltausstellung in Chicago, als ihm seine erste internationale Auszeichnung verliehen wurde.

Weißwurst. Am 22. Februar **1857** schuf der Metzger Sepp Moser am Marienplatz in München die berühmte Wurst, die in New York wie auch in Tokio gleichermaßen geschätzt wird. Ihre Rezeptur ist erst in der »Münchner-Weißwurst-Konvention« von 1972 festgelegt, nach der sie überwiegend aus Kalbfleisch bestehen muß. Auch der Umgang mit der Wurst ist reglementiert: verzehrt werden darf sie nur vormittags vor dem 12-Uhr-Läuten; als Beilage sind süßer Senf, Brezeln und Bier gestattet.

Tiefkühlkost. Als erster schlug der Amerikaner Maxson **1945** den Fluggesellschaften vor, Passagieren Tiefkühlkost zu servieren. Später gab es die berühmten »TV-Dinners«, die nach 1954 eine spektakuläre Entwicklung nahmen. 1960 wurden in den Vereinigten Staaten bereits 215 Mio. Gerichte in dieser Form hergestellt.

Die Fabrikation von Tiefkühlkost begann **1924** der Amerikaner Clarence Bridseye. Er benutzte die Konservierungstechniken der Eskimos in Labrador, die er von 1912–15 studiert hatte. 1924 gründete er die Freezing Companie.

Wasserentzug als Technik des Einfrierens wurde **1945** von dem Amerikaner Howard erfunden und 1949 patentiert. Die zu transportierende Menge wird um etwa 50 Prozent reduziert. Man benutzt das Verfahren vor allem für viele Gemüse und Früchte, von Karottenscheiben bis zu Kartoffeln, aus denen man Suppen oder Soßen macht.

Das erste McDonald's Restaurant in Des Plains, Illinois (USA), 1955. Die amerikanischen Brüder Maurice und Richard McDonald besaßen seit 1940 einen Hamburger Verkaufsstand neben ihrem Kino in Pasadena (Kalifornien). 1948 führten sie die Selbstbedienung ein.

Zur Kontrolle von Tiefkühlprodukten hat Luis Knaack de Castillo, ein brasilianischer Mediziner, **1984** eine Kapsel erfunden, mit deren Hilfe man feststellt, ob sich ein Tiefkühlprodukt zwischendurch erwärmt hat. Sie wird mit dem Produkt zusammen verpackt. Bei der ersten Erwärmung über die zulässige Gradzahl wird sie rot und bleibt es auch bei erneuter Tiefkühlung. Das System ermöglicht es, Kunden vor Lebensmittelvergiftungen zu bewahren.

Zucker. Die Zuckergewinnung aus Rohr geht weit in die **Antike** zurück und wurde wahrscheinlich vorher schon in Indien angewandt. Griechen und Römer nannten den Zucker nämlich indisches Salz oder indischen Honig. Ohne Zweifel brachten die Christen den Zucker von den Kreuzzügen mit ins Abendland. Nachweislich gab es im 12. Jh. auf Sizilien Zuckerrohrmühlen. Die Chinesen beherrschten schon in sehr frühen Zeiten nicht nur die Gewinnung aus Zuckerrohr, sondern auch das Raffinieren, das im Abendland erst viel später aufkam.

Rübenzucker hatte der deutsche Chemiker Marggraf **1747** erfunden, unabhängig von ihm auch der französischstämmige Deutsche Archard 1799.
Während der Kontinentalsperre verfügte Napoleon, daß Frankreich Rübenzucker fabrizieren sollte. Der Industrielle Benjamin Dellessert hatte 1812 in Passy Erfolg damit. Napoleon reiste hin, entschied, daß staatliche Zuckerfabriken zu gründen seien und ließ 600 000 Morgen Land für die Zuckerrübenzucht reservieren. Da der Rübensaft durch Zerreißen der Zellwände gewonnen wurde, war er trüb und der Ertrag mittelmäßig. Erst 1864 gelang es dem Franzosen Robert, den Saft zu gewinnen, ohne die Zellen zu zerstören.

Sacharin wurde **1879** von dem Amerikaner Constantin Fahlberg erfunden, der unter Leitung des Prof. Ira Remsen an der John-Hopkins-Universität in Baltimore arbeitete. Er publizierte das Resultat seiner Arbeit in einem Artikel mit dem Titel *Über das flüssige Toluesulfochlorid* am 27. Februar 1879. Jüngere Studien scheinen zu beweisen, daß es gesundheitsschädlich ist, wenn man es in zu großen Mengen konsumiert.

NutraSweet. Der amerikanische Chemiker James Schlatter entdeckte **1965** eine süßende Substanz, die *Aspartame* genannt wurde. Dieser Süßstoff besitzt die 180–200fache Süßkraft von Zucker, hat aber nur 10 Prozent der für diese Zuckermenge üblichen Kalorien und soll besser schmecken als jeder andere Süßstoff. Seit 1986 ist der Süßstoff unter dem Namen *NutraSweet* in den USA auf dem Markt. In der Bundesrepublik muß noch die amtliche Zulassung des Süßstoffes abgewartet werden, bevor der Stoff in Lebensmitteln eingesetzt werden kann.

Corn flakes erfand der Amerikaner William Kellogg **1898.** Vorher hatte sein Landsmann Henry D. Perky aus Denver 1893 als erster die Idee, ein zum Verzehr bereites Getreidefrühstück herzustellen. 1895 überflügelte ihn ein Arzt am Sanatorium von Battle Creek in Michigan, indem er unter dem Namen *Cranose Flakes* Weizenflokken anbot.

Popcorn tauchte erstmals **1630** bei einem Geburtstagsdiner britischer Kolonialisten in Amerika auf. Der Bruder Quadequina von Massasoit bot seinen Tischgästen einen Hirschledersack voller gerösteter Maiskörner an.

Die Praline wurde **1625** für den Marschall du Plessis-Praslin, Herzog von Choiseul, von dessen Mundschenk Clement Jaluzot, genannt »die Blume«, erfunden – als galantes Präsent für die Verehrerinnen des Herzogs.

Schokolade. Schokoladenähnliche Produkte wurden bereits im **17. Jh.** aus Kakao hergestellt. Die erste *Schokoladenfabrik* in Deutschland gab es **1804,** danach 1815 in Holland. **1875** erfand D. Peter die *Milchschokolade.*

Schmelzschokolade. 1879 gründete der Schweizer Rodolphe Lindt in Bern eine Schokoladenfabrik. Zu jener Zeit waren die Tafeln noch hart, und man mußte sie kauen. Dabei hinterließen sie unter anderem einen sandigen Eindruck und einen eher scharfen Nachgeschmack. Selbst durch Erhitzen gelang es nicht, die Paste zu verflüssigen. Sie blieb schwer und dick. Da erfand Lindt eine Maschine, in der die Schokoladenpaste

Blick auf das süße Fließband der modernen Pralinenherstellung.

lange geknetet wurde. Außerdem kam er auf die Idee, Kakaobutter hinzuzufügen: Die Schmelzschokolade (praktisch die, die wir heute kennen) war geboren. Ein Patent darauf gab es am 4. September **1880.**

Das Sahnebaiser soll **1720** der Schweizer Patissier Gasparini erfunden haben, nachdem Stanisław Leszczyński, Polens König im Exil, ihn nach Wissembourg im Elsaß hatte kommen lassen.

Crêpes Suzettes. Henri Charpentier berichtet, daß er am 31. Januar **1896** dem Prinzen von Wales Crêpes servierte, die mit einer Soße aus Alkohol und Zucker begossen waren. Beim Kontakt mit der Warmhalteplatte entzündete sich die Soße. Charpentier sagte nichts. Der Prinz fand das Rezept delikat. Da gestand der Koch sein Mißgeschick und schlug vor, sie »Crêpes Prinz von Wales« zu nennen. Da dieser aber eine junge Frau bei sich hatte, antwortete er: »Nein, ›Crêpes Suzettes‹.«
Anderen Quellen zufolge wurden sie von Auguste Escoffier (1846–1935) erfunden und dürfen auf keinen Fall flambiert werden.

Pfirsich Melba wurde im Londoner Savoy-Hotel **1892** von Auguste Escoffier kreiert – zu Ehren der Sängerin Nelly Melba, die seinerzeit im *Lohengrin* auftrat. Escoffier servierte die Pfirsiche auf einem Bett aus Vanilleeis. Später übergoß er sie mit Erdbeerpüree.

Eis am Stiel. Der Amerikaner C. K. Nelson aus Onawa (Iowa) hatte **1922** als erster die Idee, eine Stange Eis mit einem Schokoladenmantel zu umhüllen. 1931 wurde daraus das Eis am Stiel entwickelt.

Kaugummi. Zu allen Zeiten kaute der Mensch Blätter, Kräuter oder andere Pflanzen. 1848 brachte der Amerikaner J. Curtis erstmals ein Fichtenbeerenprodukt in den Handel. 1860 fing man an, statt dieser Beeren Chicle zu kauen, das man besser mit Geschmacksstoffen wie Anis oder Pfefferminz aromatisieren konnte. Am 28. Dezember **1869** holte sich William F. Semple aus Ohio ein Patent auf »Chewing Gum«, einer Mischung aus Gummi und anderen Substanzen. Dieser Kaugummi war ein ausgesprochener Renner und wurde ab 1900 industriell hergestellt.

Trinken

Absinth. Tees aus der bitter schmeckenden Absinth-Pflanze gab es schon in der Antike. Aber erst **1797** brachte Henri Louise Pernod Absinth-Likör in den Handel, der sehr schnell Bars und Cafés eroberte. Der Dichter Rimbaud, der Maler Modigliani und viele Zeitgenossen verfielen ihm. Wegen seiner schädlichen Nebenwirkungen ist die Herstellung heute in Deutschland, Frank-

3000 Portionen Eis am Stiel können in diesem modernen Rundgefrierer gleichzeitig gehärtet werden. Zwar stammt die Idee zu diesem Lutschgenuß aus dem Jahr 1922, doch schon der griechische Dichter Simonides von Keos schickte um 500 v. Chr. seine Sklaven zum Eisholen los.

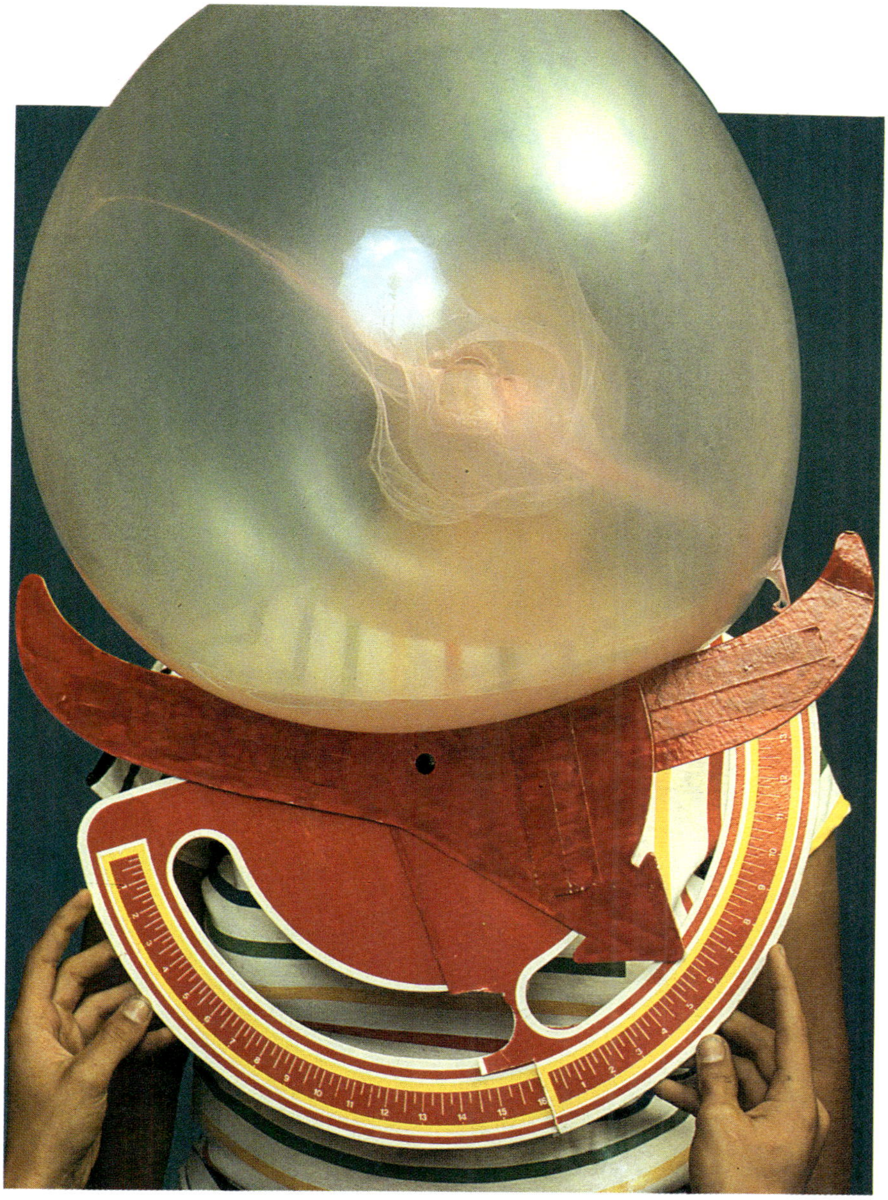

William F. Semple erhielt 1869 ein Patent auf seinen »Chewing Gum«. Kaugummibläser schaffen inzwischen Topleistungen: bei 55,8 cm Blasendurchmesser liegt derzeit der Weltrekord.

reich, der Schweiz und anderen europäischen Staaten verboten.

Armagnac. Die Römer führten in der gleichnamigen südöstlichen Region Frankreichs im 3. Jh. den Weinanbau ein. Weindestillation erwähnen die Chroniken erstmals **1461** in Saint-Sever. 1805 führte der Marquis von Bonas die dauerdestillierende Retorte ein. Damit nahm die Armagnac-Herstellung einen gewaltigen Aufschwung. Die Erzeugergebiete waren schon 1860 beschränkt und staatlich geschützt. Der Weinbrand wird bei 53 Vol.-Prozent Alkohol in Fässern aus schwarzer Armagnac-Eiche bis acht Jahre gelagert und nimmt dabei die schwarzbraune Farbe des Holzes an.

Bier trinken die Menschen seit Jahrtausenden. In Indien seit **3200 v. Chr.,** in China seit 3000 v. Chr., im Vorderen Orient nutzten die Sumerer seinerzeit 40 Prozent ihrer Getreideernte für Bier. In Ägypten war Bier ein regelrechtes Nationalgetränk. Es unterschied sich von dem heutigen allerdings dadurch, daß es mehr eine Art trinkbares Brot war, aber mit einem relativ hohen Alkoholgehalt von 13–15 Vol.-Prozent. In Deutschland wird es erstmals 736 in Geisenfeld (Bayern) erwähnt. Allgemein wurde es aus Gerste hergestellt. Den Hopfen führten im Mittelalter die Mönche ein. Erst ab dem **12. Jh.** gibt es hauptberufliche *Brauer.* 1976 waren die Deutschen mit 95 Mio. Hektolitern die größten Biertrinker, gefolgt von den Engländern. Die Weltproduktion betrug 1983 genau 967 871 000 Hektoliter.

Das alkoholfreie Bier wurde Ende des **19. Jh.s** in Tantonville in der Region Meurthe-et-Moselle erfunden. Von der lokalen Bedeutung begann sein Aufstieg erst 1960 unter dem Namen »Biomalz« und »Biochampi«. Seit Februar 1986 bringt die Münchner Brauerei Paulaner das erste alkoholfreie Hefeweißbier heraus.

Calvados. Gilles de Gouverbilles ließ erstmals **1553** im französischen Mesnil en Val Apfelwein destillieren. Unter Heinrich IV. schlossen sich die Apfelweinbrenner zu Vereinigungen zusammen. Die Einschränkung der Calvados-Erzeugung auf bestimmte Gebiete gibt es seit Anfang des 20. Jh.s.

Champagner erfand Dom Pierre Pérignon, Mönch in der Abtei von Hautvillers in der Champagne und genialer Feinschmecker, Chemiker und Physiker, **1688,** indem er mehrere Weine miteinander verschnitt – gegen alle Regeln. Da er außerdem das Prinzip der Schaumherstellung beherrschte, füllte er den Wein in absolut dicht schließende Flaschen, wodurch die Kohlensäure festgehalten wurde, die durch die Frühlingsfermentierung entsteht.

Die Inder waren einst die Ersten, die Deutschen sind heute die Größten – im Biertrinken. Im Bild: eine moderne Bierabfüllanlage.

Coca-Cola erfand 1886 John Pemberton, Apotheker von Atlanta (Georgia), im Alter von 50 Jahren. Im Hinterzimmer seines Ladens mixte er Colanußextrakt, Zucker, ein bißchen Koffein, Cocablätter, denen man das Kokain entzogen hatte, und Pflanzenextrakte. Die genaue Zusammenstellung ist noch heute ein Geheimnis. Zufällig servierte ein Verkäufer Monate später einem Kunden Coca-Cola mit Soda. Er hatte das I-Tüpfelchen gefunden, das den großen Erfolg einleiten sollte. 1891 erwarb Asa Chandler für nur 2300 Dollar die »Geheimformel« von Pemberton und gründete die Coca-Cola-Firma. 28 Jahre später wechselte die Firma bereits für 25 Mio. ihren Besitzer.
1983 brachte Coca-Cola die *Cola ohne Koffein* auf den Markt. Seit kurzem gibt es eine zuckerarme Coca-Cola. Zur Zeit werden weltweit 300 Mio. Flaschen Coca-Cola getrunken.

Weltraum Coca-Cola gibt es seit **1985.** Mit einem Raumschiff machte sie ihren Jungfernflug um die Erde – als erster Soft-Drink, der im Weltall serviert wird. Die Entwicklung dieses in der Schwerelosigkeit servierbaren Getränks hat eine ¼ Mio. Dollar gekostet.

Cognac. Wein aus der Charente verkaufte sich bis zum 17. Jh. sehr gut an die Holländer. Aber oft litt er unter dem Transport, und die Konkurrenz aus der Region von Bordeaux drückte die Preise. So fand sich bald ein sehr guter Markt für den Cognac. Angeblich war es Chevalier de la

John Pemberton, der die Geheimformel für Coca Cola erfand, war Apotheker in Atlanta (USA).

Eine Porzellanbowle als Zapfanlage für Coca Cola aus dem Jahr 1890. Damals wurde das Getränk noch nicht in Flaschen abgefüllt.

Croix-Marrons, der seinen Wein zweimal nacheinander erhitzt hatte und so zugleich die doppelte Destillation erfand. Das Wort »Cognac« taucht erst **1783** auf.

Gin. Der neue König von England, Wilhelm von Oranien, verbietet **1688** den Import von Branntwein. Im selben Jahr stürzen sich die Engländer auf die Fabrikation von Nachahmungen des holländischen Genevers, den sie Gin nennen. Der Verbrauch steigt auf 20000000 Liter im Jahr 1729.

Grand-Marnier, ein Likör aus Bitterorangenschalen und Cognac, wurde **1872** von Louis Alexandre Marnier erfunden.

Kaffee. Nach der Legende wurden die anregenden Eigenschaften des Kaffees von einem muselmanischen Schäfer im Jemen entdeckt. Seine Tiere schliefen nächtelang nicht, nachdem sie die roten Früchte des Strauchs gefressen hatten. Sicher ist, daß man in Aden **1420** Kaffee trank, dann folgten Syrien, die Türkei, und 1615 erreichte der Kaffee Venedig.

Nescafé. Ohne großen Erfolg hatte man schon 1867 versucht, Instantkaffee herzustellen und zu verkaufen. Dem Chemiker Max Rudolf Morgenthaler aus Bern (Schweiz) gelang es im Auftrag der Schweizer Firma Nestlé, ein vollösliches und aromatisches Kaffeepulver herzustellen, das unter dem Namen Nescafé am 1. April **1938** erstmals auf den Markt kam. 1938 erwarb Nestlé auch ein Patent für Instanttee.

Espresso gibt es seit dem 19. Jh. Aber erst, nachdem der Italiener Gaggi **1946** die Espressomaschine erfunden hatte, verbreitete er sich in ganz Europa.

Mineralwasser mit Kohlensäure ist eine Erfindung des Engländers William Browning aus Whiteheaven in Cumberland. Er ließ **1741** Kohlensäure in normales Quellwasser einblasen und es dann auf Flaschen ziehen. Wenn man die Flasche öffnete, perlte es.

Die erste Wasserbar der Welt ist **1986** in Paris eröffnet worden. In dieser besonderen Bar wird den Gästen nur Mineralwasser angeboten – dafür mehr als 130 Sorten aus 40 Gegenden.

Den Portwein gibt es seit **1720.** Um diese Zeit herrschte ein feindliches Klima zwischen Frankreich und England. Die Engländer besteuerten die französischen Weine sehr hoch. Die Kunden wandten sich also den Weinen Portugals zu. Aber diese vertrugen den Transport schlecht, weil sie zu leicht waren. Die Händler verstärkten daher die Weine des Douro-Tals mit Brandy und schufen so den Portwein.

Tee. Zwei Legenden berichten von der Entdekkung des Tees. Nach der ersten hatte der chinesische Herrscher Shen Young, der um 2737 v. Chr. regierte, seinen Untertanen befohlen, nur gekochtes Wasser zu trinken. Eines Tages fielen Blätter von einem Baum in das kochende Wasser. Der Herrscher war begeistert von dem Geschmack: Der Tee war geboren. Die zweite Version spielt um 520. Ein indischer Prinz, nach japanischer Tradition zum Asketen geworden, begab sich nach China, um den Zen-Buddhismus einzuführen. Während der langen Meditationsstunden versuchte er sich wachzuhalten, indem er sich die Wimpern abschnitt und sie wegwarf. An dieser Stelle wuchs bald ein Strauch aus der Erde. Die Schüler des Meisters sammelten seine Blätter auf und machten einen Aufguß daraus, um sich wachzuhalten.
Assam soll die Heimat des Teestrauchs sein. In einem Buch wird er **2700 v. Chr.** erwähnt. Erste Belege über die Verwendung von Tee als Genußmittel stammen aus dem Jahre **729 n. Chr.** aus Japan. Nach Europa brachten als erste reisende Araber die Kenntnis des Tees. 1610 brachten Holländer von chinesischen Kaufleuten getauschten Tee in ihre Heimat. In Deutschland bürgerte sich erst seit Beginn des 19. Jh.s das Teetrinken ein.

Trinkwasser wird als zum menschlichen Verzehr bestimmtes Wasser seit **1886** mit Ozon sterilisiert, das bereits 1783 durch den niederländischen Physiker Martinus van Marum entdeckt wurde. Wie ein Doktor Fröhlich 1891 berichtet, wurde mit Ozon angereicherte Luft ins Wasser gemischt, um es zu sterilisieren. So ging man auch 1893 bei den ersten großangelegten Versuchen mit Rheinwasser vor. Schon Anfang des 19. Jh.s bestellte die Stadt Amsterdam für die Inspektion der Trinkwasser-Transportschiffe einen Inspektor, der die Qualität des Wassers durch Kosten testete.

Wein aus edlen Reben wurde schon **3500 v. Chr.** in Vorderasien und Ägypten gewonnen. Auch die Griechen kannten den Weinanbau etwa 1000 v. Chr. und sorgten für dessen Verbreitung in Süditalien, Südfrankreich und Spanien. Durch die Römer kam der Weinanbau nach Burgund und Britannien, wohl auch an Rhein und Mosel. Später machten sich besonders die Klöster um die Verbreitung (bis nach Skandinavien), aber auch um die Qualitätssteigerung verdient.
Großen Schaden verursachte die in Europa aus Amerika eingeschleppte Reblaus im 19. Jh. Um den Weinbau vor der totalen Vernichtung zu retten, wurden die europäischen Rebsorten auf amerikanische Unterreben aufgepfropft.

Wein in der Tüte ist eine Erfindung der schwedischen Tetrapack-Technik. **1983** brachte ihn die Société des Vins du France auf den Markt.

Most, diese wunderbare Vereinigung von Traubengeist und Traubensaft, erfand im **13. Jh.** Arnaud von Villeneuve, Doktor der Medizin und Rektor der Universität von Montpellier, in den Bajole-Kellern von Perpignan für das Kommando der Ritter von St. Jean de Jerusalem. Er gab Weinbrand in den noch nicht ganz fermentierten Traubensaft. Dieses Verfahren sollte den Ruhm der Naturmoste von Banyuls und Rivesalte begründen.

Muselmanische Schäfer im Jemen sollen die ersten Kaffeegenießer gewesen sein. Hier bereiten Fachleute Proben für eine Kaffee-Auktion vor.

Die erste Tonpfeifenmanufaktur gab es schon 1590 in England. Porzellanpfeifenköpfe kamen allerdings erst in den sechziger Jahren des 18. Jh.s auf. Die bunte Fülle, vielgestaltig in Umfang und Motiven, kam u. a. aus den Porzellanmanufakturen Berlin, Nymphenburg und Meißen. Heute sind es Sammlerobjekte.

Der elektronische Weinratgeber ist dem ersten Weinkellner Frankreichs, Georges Pertuiset, zu verdanken, der das Geschmacksprofil von über 250 Weinsorten und 160 kulinarischen Spezialitäten, die zu den Weinen zu empfehlen sind, elektronisch gespeichert hat. Ist der Wein per Tastendruck gewählt, verrät der Kleincomputer die wichtigsten Geschmackseigenschaften dieses Weines, die Farbe, Temperatur, Alkoholgehalt, als auch die Speisen, die genau zu diesem Wein passen. Alle Informationen liefert der Computer auf französisch, englisch und deutsch. Der Weinratgeber *Devigny*, so benannt nach der Herstellerfirma, wurde **1987** auf der Genfer Messe der Erfindungen erstmals vorgestellt.

Die Weinzuckerung entwickelte **1801** der Chemiker Jean Antoine Chaptal, Graf von Chanteloup. Sie erhöht den Alkoholgrad des Weines durch Beifügung von Zucker. Da sie oft mißbraucht wurde, ist sie heute sehr streng reglementiert.

Whisky. Der erste Schnaps auf der Basis gemahlener Gerste wird in Schottland **1494** erwähnt. Der Ordensbruder John Cor destillierte ihn für seine Abtei. Aufgrund von Bürgerkriegen und Religionskriegen, die Schottland jahrhundertelang verwüsteten, blieb die Schnapsgewinnung aus Gerste bis 1823 relativ unbekannt. Dann eröffnete John Smith eine offizielle Destillerie im Tal von Glenlivet.

Irischer Whiskey geht nach einer Legende auf den heiligen Patrick um 410 zurück. Aber tatsächlich gibt es Destillation erst im **14. Jh.** und die Bezeichnung »Whiskey« erst am Ende des 18. Jh.s. Wie der schottische Whisky, ist der Whiskey hauptsächlich auf Gerstenbasis hergestellter Alkohol.

Bourbon kreierte der Pastor Eliza Craig als amerikanischen Vetter des Whiskys im Norden Kentuckys in der Region Bourbon erstmals **1789.** Die Herstellung aus Maisbrei und gemahlener Gerste wurde von Dr. James Crow später auch in Kentucky angewandt.

Rauchen

Zigaretten sollen von den Bettlern von Sevilla im **16. Jh.** erfunden worden sein, indem sie aufgesammelten Tabak in kleine Papierzylinder füllten. Die Indianer kannten bereits maisblattumwickelte Tabakröllchen, aus denen sich im **17. Jh.** in Südamerika und Kuba die *Papelitos* entwickelten. Diese verbreiteten sich nach Spanien und der Türkei. Um 1812 wurde von einem Hamburger Kaufmann die Zigarette aus Kuba in Deutschland eingeführt.

Die erste **Maschine zum Drehen** wurde **1844** von dem Franzosen Le Maire erfunden.

Die erste **Zigarettenfabrik** entstand **1853** in Havanna.

Das Anti-Nikotin-Plättchen, »Nac Plate« genannt, wurde **1985** von dem japanischen Forschungsinstitut CITI in Tokio erfunden. Es reduziert Nikotin und Teer in den Zigaretten um 20 Prozent, ohne ihren Geschmack zu verändern. Es handelt sich um ein richtiges kleines Taschen-Mikrolabor, das Teer- und Nikotinmoleküle angreift. Sie bleiben in der Asche und werden nicht inhaliert. Die Karte muß in das Zigarettenpaket geschoben werden, dann beginnt sie sofort zu arbeiten. Aber es dauert 12 Std., bis ein Fünftel Teer und Nikotin neutralisiert sind. Die Quote kann in 24 Std. auf immerhin 50 Prozent erhöht werden.

Die qualmfreie Zigarette hat **1987** der amerikanische Zigarettenkonzern R. J. Reynolds Tobacco entwickelt. Sie besteht aus vier Segmenten: einer Brennkammer an der Spitze, einer Geschmackskapsel, der Tabakzone und dem Filter. An ihrem Äußeren hat sich nichts verändert, ebensowenig wie an ihrer Handhabung. Der

Mit Hilfe dieser Zigarettenmaschine konnten die Spanier in den zwanziger Jahren ihre geliebten »Papelitos« mit Hohlmundstück selbst fabrizieren. Heute fertigen moderne Zigarettenmaschinen 130 Zigaretten pro Sekunde.

große Unterschied: der Tabak wird nicht mehr verbrannt, sondern nur noch erhitzt. Dadurch entfällt die Rauchentwicklung und das lästige Entstehen von Asche. Gesundheitsschädlich bleibt auch diese neue Zigarette. Der Rauch mag sich gelichtet haben – das Gesundheitsrisiko bleibt.

MODE UND SCHÖNHEIT

Bekleidung

Seide gewinnt man vermutlich seit **3000 v. Chr.** in China. Funde stammen aus der Han-Zeit (206 v. Chr.–200 n. Chr.). Über die Seidenstraße wurde chinesische Seide nach Westen exportiert bis zum Mittelmeer. Große Bedeutung hatte die Seidenraupenzucht in Sizilien. Die ersten größeren Seidenmanufakturen bestanden seit dem 15. Jh. in Frankreich, das mit seiner Seidenweberei seit der 2. Hälfte des 17. Jh.s führend in Europa wurde.

Kunstseide. Seit **1884** unternahm der französische Ingenieur Louis-Maurice-Hilaire Bernigaud, Graf de Chardonnet, Versuche, die **1889** zur *Kunstseide,* dem ersten künstlichen Textilgewebe, führten. Der Zellulosefaden wurde aus Kollodium gewonnen, das man blitzschnell unter Wasser abkühlte, nachdem es bereits Hitze und Druck ausgesetzt gewesen war. Das Verfahren wurde 1889 patentiert, 1890 gab es die erste Fabrik in Pres des Vaux bei Besançon. Obwohl die Kunstseide nur eine sehr entfernte Ähnlichkeit mit der Naturseide hatte, leicht entflammbar war und sehr teuer, hatte sie großen Erfolg. 1900 produzierten sieben Fabriken in sieben Ländern jedes Jahr 1000 t Chardonnet-Seide.

Wasserdichte Stoffe. Die ersten Versuche, Kleidungsstücke und Stiefel wasserundurchlässig zu machen, unternahm der Mathematiker, Astronom und Ingenieur François Fresneau. **1748** berichtete er in einem Schreiben an die Akademie der Wissenschaften, daß er Stiefel und einen Mantel mit einem aus Latex gewonnenen Saft wasserdicht gemacht habe. Von seinem Verfahren verriet er nur, daß er den Kautschuk nicht in rohem Zustand verwendet habe und daß er verflüssigt werden müsse.

Schließlich war es der Schotte Macintosh, dem es **1823** als erstem gelang, wasserdichte Stoffe herzustellen, aus denen man Kleidung machen konnte. Seine Baumwollstoffe, imprägniert mit einer Mischung aus Kautschuk und Terpentin, behielten ihre ganze Weichheit. Der Macintosh wurde danach der *Regenmantel* der Männer im 19. Jh.

Reyon, dieser Kunststoff, ist bereits seit **1895** unter dem Namen »Viskose« bekannt. Er entsteht durch Lösung von Zelluloseabfällen im Ätzbad und in Schwefelkohlensäure. Gegenüber der Kunstseide hatte diese Erfindung von Charles Crosset und Ernest Bevan den Vorzug, daß man sie ohne das gefährliche Kollodium herstellen konnte. Der Name »Reyon« existiert seit 1936.

Platinkleider. Die japanische Firma Platinum Guild International stellt seit **1988** Kleidungsstücke für den ganz besonderen Geschmack her: es handelt sich um ein Material aus einer Mischung von hauchdünnen Platinfäden und Japanpapier. Die Herstellung eines Kimonos aus diesem Material dauert sechs Monate. Die Preise reichen von 280000 bis vier Mio. DM.

Der Büstenhalter findet sich schon auf antiken Keramiken dargestellt. Weibliche Sportlerinnen trugen das Strophium, eine Art Schal, den sie um die Brüste geschlungen trugen. 1805 hielt ein elastisches Stoffband unter den Empirekleidern die Brüste; das Band kreuzte sich vorne und wurde im Nacken befestigt. **1886** konstruierte man in England ein Drahtgestell in doppelter Körbchenform. 1891 war es Hugo Schindler, der das erste Patent auf einen Büstenhalter erhielt. Erst in den 20er Jahren unseres Jahrhunderts verdrängte der Büstenhalter endgültig das Korsett.

Den ersten Bikini präsentierte der französische Modeschöpfer Louis Réard am 5. Juli **1946** in seiner Kollektion. Er hatte diesen sehr gewagten, zweiteiligen Badeanzug so getauft, weil er ihn für genauso explosiv hielt, wie die amerikanische Atombombe, die vier Tage zuvor auf dem pazifischen Bikini-Atoll explodiert war.

Den Minirock kreierte im Frühjahr **1965** die legendäre Mary Quant, Modellschneiderin mit einer Boutique in der Londoner King's Road.

Nylonstrümpfe kamen **1938** auf, mit der Erfindung des Nylons durch eine amerikanische Forschergruppe der Firma Du Pont de Nemours unter der Leitung von Wallace H. Carothers. Sie revolutionierten den gesamten Strumpfmarkt. In Deutschland war es Paul Schlack, der ebenfalls **1938** das *Perlon* erfand, das zunächst im Krieg für Fallschirme verwendet wurde. Es waren die Laboratorien der Azetatkunstseidenfabrik »Aceta« in Berlin-Lichtenberg, die die Produktion übernahmen. In Europa wurden die ersten Nylonstrümpfe 1945 verkauft.

Gegenstände und Accessoires der Antike

Gegenstand	Ursprung	Geschichte
Strumpf	Römische Antike	Von den Römern getragene Bänder wandelten sich im 16. Jh. zum gestrickten Schuh-Strumpf. Ende des 16. Jh.s revolutionierte das Strumpfhandwerk die Fabrikation.
Knopf	3. Jtsd. v. Chr.	Eine sehr alte Erfindung, die es schon im Industal gab (3. Jtsd. v. Chr.) und in Schottland (2. Jtsd. v. Chr.); ab dem Mittelalter machte man Knöpfe aus verschiedenen Materialien.
Krawatte	Römische Antike	Militärischen Ursprungs, wurde im 17. Jh. allgemein üblich. Ihre Einführung in die Mode verdanken wir entweder den Schweden (um 1600) oder den kroatischen Soldaten (um 1668).
Fächer	Römische Antike/ Ägypten	In Ägypten aus Lotosblättern, in Rom aus Pfauenfedern. Der zusammenklappbare Fächer kommt erst gegen Ende des Mittelalters auf.
Spiegel	Ägyptische Antike	Viele Spiegel wurden in den Pharaonengräbern gefunden. Die Erfindung des Kristallspiegels geht auf die Venezianer des 18. Jh.s zurück.
Kamm	Prähistorik	In Skandinavien wurde er seit 8000 v. Chr. benutzt. Im alten Ägypten war er ebenfalls gebräuchlich. Die Herstellung von Schildpattkämmen begann 1780 in den USA.

Mit der Strumpfhose griff Antoine Verley **1958** eine bereits patentierte, aber nie ausgeführte Idee des Hauses Garnier Lunot in Montceau-les-Mines auf und brachte die Strumpfhose heraus. Aber erst das Aufkommen des Minirocks verhalf diesem neuen Kleidungsstück zu seinem Welterfolg.

Jeans. Die ersten Hosen aus blauem Segeltuch ließ Levi-Strauss **1850** für die Pioniere des Wilden Westens schneidern. Doch zu echten Bluejeans wurden sie erst durch ein entscheidendes Merkmal: kupferne Niete. Die Idee, die Hosennähte durch Niete abzusichern, trug Levi-Strauss am 20. Mai **1873** ein Patent ein. Etwa zur selben Zeit wurde auch das Wort *Bluejeans* ein Begriff.

Der Dufflecoat ist belgischen Ursprungs, auch wenn ihn die englische Marine zuerst als Uniformmantel trug. Aus dem Stoff machte man in der flämischen Stadt Duffel bei Antwerpen seit **1940** Anglerkleidung.

Der Matrosenanzug. Frankreich hatte schon im **18. Jh.** für seine Seeleute eine Uniform geschaffen, deren wesentlicher Bestandteil eine dunkelblaue Bluse mit kleinem Kragen und drei weißen Streifen war. In Deutschland gab es eine einheitliche Marinekleidung erst ab **1871,** die jedoch nur zu festlichen Anlässen getragen wurde. Dafür war sie schon in anderen Bereichen des Lebens in Erscheinung getreten: Als sich in Deutschland in der ersten Hälfte des 19. Jh.s der Wassersport einer immer größeren Beliebtheit erfreute, wurde Marinekleidung zunächst von Ruder- und Segelclubs imitiert und diente dann auch der Freizeitmode als Vorbild. Die Popularität war perfekt, als Königin Victoria 1862 ihrem Enkel einen Matrosenanzug schenkte.

Schuhe. Das römische Museum besitzt ein Paar ägyptische Schuhe aus Papyrus von **4000 v. Chr.** Aber die Erfindung des Schuhs ist noch viel älter und geht ohne Zweifel auf die **Steinzeit** zurück. Die Erfindung *rechter* und *linker Schuhe* stammt

Schon vor 5000 Jahren gab es Knöpfe, doch seit fast 100 Jahren ist der Beruf des Knopfmachers bei uns ausgestorben. Norbert Köhler aus Münster läßt die alte Tradition wieder aufleben: er stellt handgefertigte Knöpfe aus Holz her. Die vielen unterschiedlichen Holzsorten besorgt er sich selbst und lagert sie mindestens 2 Jahre ab.

Ein Abendkleid aus den Seiten eines Telefonbuches oder ein Minikleid aus Plastikfolie, verziert mit Sprungfedern, Leiterplatten, Spraydosenköpfen und Besteck – Stephan Hann und seine Jungdesigner-Gruppe aus Berlin präsentierten 1987 diese Mode aus Müll einer großen Öffentlichkeit.

übrigens erst aus der Mitte des 19. Jh.s. Der *Pumps* stammt von einem schlichten Hauspantoffel ab und kam im 16. Jh. auf. Ab dem 18. Jh. wurde er vervollkommnet, ab 1900 wurde er durch den Damenstiefel abgelöst und wandelte sich seither immer mehr in einen komfortablen Stadtschuh.

Regenschirm. Offenbar ist der Regenschirm eine chinesische Erfindung, denn er taucht schon auf Holzschnitten aus dem **2. Jh. v. Chr.** auf. Aus China kommt der Regenschirm erst im 18. Jh. über Persien nach England. Trotz des berüchtigten britischen Klimas hatte der Globetrotter Jonas Hongway enorme Schwierigkeiten, ihn beliebt zu machen.
Anfang der dreißiger Jahre verhalf der *Knirps* dem Regenschirm zu neuer Blüte. Sein deutscher Erfinder Hans Haupt bekam am 26. April **1930** ein Patent auf den zusammenleg- und verkürzbaren Schirm.

Über den Zylinder streiten sich Franzosen und Briten um die Vaterschaft. Ein Bild des französischen Malers Charles Vernet (1758–1836) zeigt einen Zeitgenossen von 1796 mit einem solchen Ofenrohr auf dem Kopf. Nach anderen Überlieferungen wurde er zum erstenmal auf dem Kopf seines Erfinders präsentiert – eines Kurzwarenhändlers im Londoner Strand mit Namen Etherington. Eine Nummer der *Times* vom 15. Januar **1797** schreibt: »John Etherington hatte seinen Laden gerade verlassen, als seine ungewöhnliche Kopfbedeckung einen Auflauf verursachte und die Neugier der Gaffer in ein Getümmel umschlug. Etherington mußte vor das Tribunal des Lord Mayor, weil er öffentliches Ärgernis erregt hatte.«

Chapeau claque. Der Hutmacher Lonchamps machte um 1824 herum in England die ersten Versuche mit dem Faltzylinder. Der wahre Erfinder aber soll der Pariser Gibus gewesen sein, der **1834** ein raffiniertes Gelenksystem erfand: Man muß den Hut schütteln, um ihn zu öffnen, und in seine Mitte drücken, um ihn wieder zu schließen. Der Gibus-Zylinder ist mit Seide bespannt, weil Filz das Zusammenfalten nicht aushält.

Smoking. Es begann mit einem Eklat: Grisworld Lorillard, Mitglied der amerikanischen High Society, erschien **1886** zu einem Ball, bei dem Frackzwang herrschte, in einem schwarzen Anzug ohne Rockschöße. Der Smoking war geboren. Innerhalb weniger Jahre wurde dieser Abendanzug, den die Amerikaner nach seinem ›Geburtsort‹ *Tuxedo* nennen, von modebewußten Männern auf der ganzen Welt getragen.

Die ersten Schaufensterpuppen tauchen mit der Geburt der Warenhäuser auf. »Ahnfrau« war die patentierte Büste des Franzosen Alexis Marie Lavigne um **1860.** Der Belgier Fred Stockmann, ein früherer Lavigne-Angestellter, gründete seine eigene Firma und bot der Kundschaft eine ganze Typensammlung von Schaufensterpuppen an. Die Körper waren vollständig, gelenkig und hatten einen Wachskopf mit echten Haaren. Stockmann konstruierte sogar eine Radfahrerpuppe, die drei Stunden lang radfahren konnte.

Sprechende Schaufensterpuppen wurden **1986** von Jeff Machtig in den USA kreiert: Er formt das Gesicht eines bekannten Schauspielers aus Fiberglas nach und projiziert einen Film mit Aufnahmen des sprechenden Schauspielers von hinten in das Innere dieses Fiberglaskopfes. Die Illusion ist perfekt – sogar bei Tageslicht sieht die Puppe aus, als ob sie lebendig sei. Machtig hat nun eine Firma gegründet, die amerikanische Ge-

Kleideranprobe ohne lästiges Umziehen – die Informatik macht es möglich mittels eines Bildschirms, auf dem sich die Betrachterin wie in einem Spiegel im neuen Kleid sehen kann. Ein ähnliches System von J. C. Bourdier wird seit 1984 getestet.

schäftszentren mit diesen perfekten Puppen ausstatten will.

Mannequins. Die Idee, Modellkleider von Frauen vorführen zu lassen, stammt von Charles Frédéric Worth. Als Verkäufer bei Camelin ließ der spätere große Modeschöpfer ab **1846** das entzückende Ladenfräulein Marie Verne Kleidungsstücke tragen, auf die er die Aufmerksamkeit der Kunden lenken wollte. Als er das Fräulein 1851 geheiratet hatte, schuf Worth für sie Garderoben, die einen solchen Erfolg hatten, daß er 1858 in der Rue de la Paix 7 ein eigenes Modehaus eröffnete. Nach und nach brauchte Madame beim Vorführen Hilfe, also engagierte der Modeschöpfer junge Mädchen, die sich auf diese Arbeit spezialisierten.

Schönheitspflege und Hygiene

Badewannen aus Marmor oder Silber benutzten schon die Griechen und Römer. Im Mittelalter waren es einfache Holztröge. 1679 bestellte Ludwig XIV. zwei Marmorbadewannen. Weil sie schwer warmzuhalten waren, wurden sie mit Tüchern und Spitze ausgekleidet. Die Einzelbadewanne mit Wassererhitzer stammt vom Schwitzbad ab, das der französische Chirurg Ambroise Paré in der zweiten Hälfte des 16. Jh.s erfunden hatte. Im 18. Jh. begann die Verbreitung der Metallbadewanne, die man schon im 17. Jh. benutzt

Kleider machen Leute

Der Begriff des Couturiers geht zurück auf das **12. Jh.,** als man dazu überging, ausgefallene Bekleidung nicht mehr selber zu nähen, sondern vom Schneider, dem Couturier, anfertigen zu lassen. Der Bedarf war sichtlich groß. Im Jahr 1292 gab es in Paris 482 Schneider, acht Jahre später waren es schon fast doppelt so viele. Der erste Couturier, der sich namentlich hervortat, war Charles Frederick Worth, der als Engländer die französiche Mode der ersten Hälfte des 19. Jh.s entscheidend beeinflußte, besonders durch eine Vielzahl von Raffinessen wie Plissees, Volants und Krinolinen.
Worth war der Begründer der Haute Couture, die Berühmtheit in aller Welt erlangen sollte mit Namen wie Coco Chanel, Christian Dior, Yves Saint Laurent und vielen anderen. Doch nicht ewig währte der Ruhm. Ab den fünfziger Jahren ging man mehr dazu über, von der Stange zu kaufen: die *Prêt-à-porter-Mode* setzte sich durch. Mode wurde Massenware, die zwar auch mit berühmten Namen geschmückt war, aber keine exklusive Angelegenheit mehr darstellte. Heute nun spricht alle Welt von der Wiedergeburt der Haute Couture. Ein junger französischer Designer, Christian Lacroix, ist der neue Star, der in Paris gefeiert wird. Er macht Furore mit nostalgischen, üppig ausstaffierten Modellen, die geschickt auf das 20. Jh. zugeschnitten sind. Um die Exklusivität der Modelle müssen seine Kundinnen nicht fürchten – seine Luxuskreationen mit Preisen bis zu 70000 DM können sich nur wenige leisten. Für seine neueste Kollektion erhielt Christian Lacroix 1988 den »Goldenen Fingerhut«.

Extravagantes aus der Sommerkollektion 1988 der Berliner Designerin Claudia Skoda, bekannt für ihre außergewöhnlichen Strickmodelle. Linke Seite unten: »Elegance« vom Pariser Modehaus Lecoanet Hemant.

hatte. Ende des 18. Jh.s kam dann ein Speziallack auf, mit dem man das Blech schützen konnte. Nun gab es endlich Badewannen zu vernünftigen Preisen, und sie verdrängten die herkömmlichen aus Holz und Marmor rasch. Das erste Hotel, in dem jedes Zimmer ein Bad hatte, scheint das Mount-Vernon-Hotel in Cape May, New Jersey (USA), 1853 gewesen zu sein.

Die Seife soll von den Sumerern erfunden worden sein. Tatsächlich fand man in den Ruinen von Sumer eine Tonplatte von **2500 v. Chr.**, die die Herstellung der Seife beschreibt. Später findet man sie in Rom, bei den Galliern und im Islam.

Die Sauna erfanden die Finnen zur Entspannung und Hygiene des Körpers. Jüngste völkerkundliche Recherchen führen die Sauna 2000 Jahre zurück. Damals war es ein einfaches Loch im Boden und das wesentliche Element darin ein Haufen Steine, die man erhitzte und mit Wasser übergoß, das sich prompt in Dampf verwandelte. Weil man die Sauna meist in einem Anbau neben der Wohnung unterbrachte, wurde sie bald auch zum Trocknen von Fleisch und Getreide benutzt.

Shampoo, 1877 erfunden, führten die Engländer 1880 in die feine französische Gesellschaft ein. Die Bezeichnung stammt von dem Hindu-Wort »champo«, was soviel wie durchdringen, massieren bedeutet. Die Friseure stellten Shampoo auf der Basis von schwarzer Seife her, die sie im Wasser mit Sodakristallen kochten.

Die moderne Dauerwelle wurde um **1870** von dem Franzosen Lenthéric erfunden. Von nun ab wurden die Haare nicht mehr durch Erhitzen mit dem Lockeneisen onduliert, sondern durch Heißlufttrocknen. Der in die USA ausgewanderte Deutsche K. F. Nessler wickelte erstmals 1908 mit chemischer Lösung benetzte Haarstränge um Metallstäbchen und erhitzte sie. In den 20er Jahren erkannte der Pariser Friseur Rambaud, daß man die Dauerwelle und die Lokkenwelle miteinander kombinieren konnte. Nachdem er die Haare geschnitten und mit einer Dauerwelle versehen hatte, rollte und steckte er sie mit Haarnadeln fest. Getrocknet wurden sie dann unter einer Haube, in die man heiße Luft einblies. Das Resultat war erstaunlich, anstelle von unzerstörbaren, aber wenig ästhetischen Frisuren hatte man nun weiche Lockenköpfe.

Haarspray wurde mit der Epoche der toupierten Haare erfunden. L'Oréal entwickelte es **1960** – und auch die Methode der allerfeinsten Verteilung durch Sprühen. Elnett-Haarspray, das erste Produkt dieser Art, bildet ein unsichtbares Netz, das die Frisur hält, sich aber beim leichtesten Bürstenstrich verflüchtigt.

Die ersten Haartrockner waren noch handbetrieben, als sie **1920** in Racine (Wisconsin) herauskamen. Die erste *Trockenhaube* für den Hausgebrauch brachten Sears, Roebuck und Co. im Winter **1951** heraus.

Die Personenwaage für den Hausgebrauch wurde **1910** von der Firma Jas Raveno herausgebracht.

Die Sprechende Waage wurde **1984** von dem aus Malaysia stammenden H. S. Ong konzipiert. Die Firma Barney Ltd. ließ sie in Hongkong bauen – speziell für Leute, die schlecht gehen und sich schlecht hinunterbeugen können, um die Skala abzulesen. Sie sagt auf englisch, ob man seit dem Vortag ab- oder zugenommen hat.

Lippenstift geht auf den Anfang des **17. Jh.s** zurück, als die Frauen Trauben benutzten, um sich die Lippen zu färben. Später stellte man Salben aus Wachs und Öl her. Im 20. Jh. kamen die Chemiker den Kosmetikern zu Hilfe mit Lippenstiften, die sich leicht auftragen lassen, aber fest sind und ungefährlich für die Mundschleimhäute.

Rouge, Pastellpuder für die Wangen, brachte erstmals die französische Firma Bourjois **1912** in kleinen runden Dosen auf den Markt.

Nivea, die erste Fett- und Feuchtigkeitscreme der Welt, kam **1912** in den Handel. Der Hamburger Apotheker Oscar Troplowitz hatte in einem Butterfaß die Fett-Wasser-Emulsion mit Hilfe des

Aus dem 10. Jh. stammt diese Badewanne aus einem Stück, die heute in der Ben Youssef Moschee in Marrakesch (Marokko) zu besichtigen ist.

neuen Emulgators Eucerit angerührt. Den Grundstein für diese Möglichkeit lieferte bereits **1902** der deutsche Chemiker Lifschütz, als er am 31. Januar ein Patent für den von ihm erfundenen Emulgator erhielt. Wenige Jahre später erwarb dann die Firma Beiersdorf von ihm dieses Patent. Heute ist die Creme in 142 Ländern auf dem Markt.

Sonnenschutzmittel. 1936 brachten Léon Blum und seine Regierung das Gesetz über den bezahlten Urlaub durch. L'Oréal-Gründer Eugène Schueller zog daraus die Konsequenz und schuf *Ambre Solaire* für die neuen Ferienreisenden, die an die Strände zogen. Dieses erste erfolgreiche Produkt seiner Art auf dem Markt war ein Öl mit einem Filter zum Schutz der Haut gegen Sonnenstrahlen.

Das UV-Strahlungsmeßgerät *Sensor* wurde **1984** von den Amerikanern Victor F. Zackay, William G. Lloyd und Gerald T. Swanson erfunden. Das kleine tragbare Gerät, auf das die Erfinder auch ein Patent bekamen, mißt die UV-Strahlung und meldet sich mit einem akustischen Signal, falls die Einstrahlung zu stark werden sollte und die Gefahr eines Sonnenbrandes besteht.

Kölnisch Wasser soll von der italienischen Familie Farina im **18. Jh.** erfunden worden sein, vor allem von Johann Maria Farina, der im italienischen Crana geboren wurde und 1766 in Köln starb.

Die erste moderne *Parfumfabrik* entstand übrigens **1863** in Levallois-Perret in der Bannmeile von Paris. Die Vettern Armand Roger und Charles Gallet bauten sie auf, nachdem sie die Nachfolge von Léon Collas angetreten hatten, der seinerseits Nachfolger von Johann Maria Farina war.

Ein Computer zur Hautbild-Analyse wird seit Anfang **1985** von der Firma Elizabeth Arden in exklusiven Parfümerien in der Bundesrepublik Deutschland eingesetzt. Der *Skin Imaging Computer* ist eine Verbindung von Hautforschung und Computertechnologie. Zur Bestimmung des Hauttyps und der Hautstruktur ist es nicht einmal nötig, das Make-up zu entfernen.

Das erste Taschentuch soll schon vor vier Jahrtausenden bei den Chinesen benutzt worden sein, aber ein Dokument aus dem Jahre **1235**, vom römisch-deutschen Kaiser Friedrich II. ausgefertigt, schreibt den Italienern diese Erfindung zu. Im 14. und 15. Jh. fand das Tuch weite Verbreitung, doch oft nicht im eigentlichen Sinne. In Deutschland galt das mit Spitzen besetzte Taschentuch, damals »Facilettlein« genannt, als

Kölnisch Wasser wurde Mitte des 19. Jh.s in lange, säulenförmige Rosoliflaschen abgefüllt, deren dunkelgrünes Glas gewisse Bestandteile des Duft- und Heilwassers vor dem Tageslicht schützen sollte. Heute sind solche attraktiven Flaschen leider nicht mehr im Gebrauch.

Moderequisit. Königin Anna von England ließ Reden darauf drucken, und der britische Feldherr Marlborough verkündete seine Siege auf ihnen. Marie Antoinette, Königin von Frankreich, verfügte im 18. Jh. die viereckige Form, die uns noch heute erhalten ist.

Die ersten Papiertaschentücher stellte die Kimberley-Clark Co. **1924** in Neenah, Wisconsin (USA), her. Sie wurden mit dem bekannten Erfolg unter dem Namen *Kleenex* vertrieben.

Klebepflaster. Der Hamburger Apotheker Paul Beiersdorf meldete **1882** das erste Patent für ›gestrichenes‹ Pflaster an, das aus einer Einheit von Stoff und heilender Pflastermasse bestand und bei Zimmertemperatur haften blieb. **1901** kam *Leukoplast* auf den Markt, der direkte Vorläufer unserer heutigen vollsynthetischen Polyacrylatpflaster.

Die Gesichtspflege für den Mann entwickelte Yves Saint Laurent **1975.** Allerdings hatte Carita schon 1971 eine Serie von Hautstimulantien und Geschmeidigmachern für den Mann auf den Markt gebracht.

Rasierapparat. Natürlich kann sich niemand rühmen, ihn erfunden zu haben. Der Mann hat

Unter dem Schutz des preußischen Adlers: Plakat aus der Glanzzeit der Firma Johann Maria Farina, dem ältesten Destillateur in Köln (oben).

Eine Landschaft aus Seifenblasen. Seife soll es schon in der Antike gegeben haben, vor mittlerweile rund 4500 Jahren.

Zwei Nachbildungen aus dem Braun Rasierer-Museum: Um 1770 versprach ein Erfinder, bis zu 6 Kunden gleichzeitig von ihren Stoppeln zu befreien. Pinsel wachsen wie Schlingpflanzen aus einem schaumgefüllten tischähnlichen Riesennapf und umwedeln die mit Kopfstützen fixierten Klienten. Rasiert wird auf 2 Spezialstühlen, wo »zur Vermeidung von Verruckungen« die Köpfe von Zwingen umfaßt werden. Das an einem langen Gestänge befestigte Messer gehorcht dem Dampfdruck, den der Friseur-Maschinist mit Hebeln am Dampfkessel dosiert. Nicht ganz so gefährlich erscheint die ebenfalls dampfbetriebene »Rasierbank« aus den achtziger Jahren des 18. Jh.s (rechts unten).

sich immer rasiert: mit Muschelschalen, mit Haifischzähnen und mit Bronzeklingen. Der Rasierapparat stammt aus dem **12. Jh.** Die Stahlklinge wurde im 19. Jh. in Sheffield (England) erfunden.

Den Sicherheits- oder mechanischen Rasierer ließ **1895** der Amerikaner King Camp Gillette patentieren. Sein Charakteristikum sind auswechselbare Klingen mit zwei Schneiden. Gillette gründete in Boston die Gillette Safety Company und lancierte 1871 in den USA den *G II* mit Zwillingsklingen und 1875 den ersten Rasierapparat mit drehbarem Kopf.

Der erste Elektrorasierer ist das Werk des Amerikaners Jacob Schick aus dem Jahr **1928.** Darauf folgte 1939 der Schweizer Rasierer Harab. Die allgemeine Verbreitung des Elektrorasierers begann 1949.

Zahnpasta. Scribonius Largus, ein lateinischer Mediziner, erfand Ende des **1. Jh.s** die Formel für die erste Zahnpasta: Eine Mischung aus Essig, Honig, Salz und zerstoßenem Glas.
Plinius der Ältere empfahl Urin zur Reinigung des Mundes. Der Gebrauch von Urin, vor allem gegen Karies, blieb bis ins 19. Jh. üblich. Man war damals der Auffassung, daß Urin als »heiß und trocken« anzusehen sei und deshalb die karieserzeugenden Eigenschaften des als »kalt und feucht« eingestuften Schleims neutralisieren könne.

Die erste Zahnbürste führte ein chinesischer Artist erstmals Ende des **15. Jh.s** vor. In Europa tauchte sie im 17. Jh. auf. Die erste *Nylonzahnbürste* war die »Wunderzahnbürste von Dr. West«, deren Borsten Du Pont de Nemours ab September 1938 herstellte.
Das erste Patent auf eine *elektrische Zahnbürste* geht auf **1908** zurück. Aber erst 1930 begann der Gebrauch rotierender elektrischer Bürsten sich durchzusetzen.

Die Bürste mit Zahnpasta, dieses Modell für Faule und Reisende, brachte die Firma Yeh's Mark Corp. aus Taiwan **1984** auf den Markt. Man drückt auf einen Knopf und hat die gewünschte Menge Zahnpasta auf den Borsten.

Signal-Zahnpasta, diese zweifarbige Paste aus der Tube, verdanken wir der Erfindung eines Systems, mit dem man zwei verschiedenfarbige Pasten gleichzeitig ausdrücken kann, so daß eine gestreifte Wurst erscheint. Die Erfindung, die seit Jahrzehnten Kinder erfreut, machten **1961** Victor Ollivry, Jean Baptiste Allegrand und Paul Malgrain.

Raucherzahnpasta gibt es seit **1983.** Unter dem Namen *Clinomint* entwickelte sie das englische Labor E. C. De Witt in London erstmalig für England und die USA.

Zahnbürste mit Musik. 1987 stellten die beiden Schweizer Hans Ineichen und Erwin Kreit eine Zahnbürste vor, die mit lustigen Puppenköpfen, 12 Melodien und Lichtsignalen ausgestattet ist. Gute Unterhaltung beim Zähneputzen.

Mit einem Druck auf den Hinterkopf der Puppe beginnt der Spaß: zu der Melodie, die alle 25 Sek. wechselt, blinken in der Puppe Lämpchen auf; je nach Tageszeit wechseln Melodien und Lämpchen, so daß die Eltern jederzeit kontrollieren können, ob ihr Kind die Zähne geputzt hat.

Der Zahnstocher gehört zu den ältesten, heute noch existierenden Werkzeugen, wie Wissenschaftler der Universität Kansas (USA) nachwiesen. Die Forscher fanden bei Ausgrabungen nahe Krapina (Jugoslawien) Zähne von Menschen, die zur Gruppe der Neandertaler gehörten. Diese 50000 bis 100000 Jahre alten Zähne wiesen seitliche Vertiefungen auf, die den Gebrauch von dünnen, spitzen Werkzeugen zur Zahnreinigung belegen.

Das Toilettenpapier erfand der Amerikaner Joseph Cayetti **1857**; es galt lange Zeit als besonderes Raffinement, bevor es ein alltäglicher Gebrauchsartikel wurde.

HAUSHALT UND FREIZEIT

Küche

Teller kannten schon die Völker der **Antike,** vor allem die Römer. Im Mittelalter wurden sie von Näpfen und Holzbrettern verdrängt. Aber 1530 tauchten *Silberteller* bei der Hochzeit Franz' I. mit Eleonore von Habsburg wieder auf. *Suppenteller* führte Mazarin um 1650 in Frankreich ein.

Gabel. Ähnliche Gegenstände aus dem **6. bis 3. Jtsd. v. Chr.** wurden bei Ausgrabungen der alttürkischen Stadt Catal Hüyük gefunden. Danach ist die Gabel bis zum 14. Jh. unbekannt. Zum Inventar Eduards I. von England gehörten **1307** sieben Gabeln, eine davon in Gold. Das Inventarverzeichnis Charles' V. von Frankreich erwähnt 1380 zwölf Gabeln, von denen einige mit Edelsteinen besetzt waren. Als Symbol von Luxus und Raffinement setzte sich die Gabel erst am Ende des 18. Jh.s gleichzeitig mit Tellern und Gläsern durch.

Die Konservendose als geniale Konservierungsmethode für Nahrungsmittel erfand **1795** der Franzose Nicolas Appert (1749–1841). Er sterilisierte Lebensmittel unter Luftausschluß in hermetisch schließenden Behältern. Zunächst waren es noch keine Konservendosen, sondern mit fünf Schichten Kork überzogene dickbauchige Flaschen. Damit gewann Appert einen mit 12 000 Francs dotierten Wettbewerb der französischen Regierung und konnte so sein Verfahren industriell auswerten. Der Marineminister testete die Erfindung 1804. Warenmuster wurden nach Brest geschickt und drei Monate lang gelagert, bevor man sie öffnete und den Inhalt kostete. Die Resultate waren überzeugend. Der Marinepräfekt schrieb in seinem Bericht: »Die Bohnen und Erbsen, mit und ohne Fleisch zubereitet, haben ihre Frische und den angenehmen Geschmack frischen Gemüses bewahrt.«

Die Konservendose aus Weißblech. 1810 ließ sich Pierre Durand metallverkleidetes Geschirr für die Nahrungsmittelkonservierung patentieren. Die Briten Brian Donkin und John Hall kauften ihm das Patent für 1000 Pfund ab und kombinierten es 1812 mit dem Appert-Verfahren.

Die Konservendose mit dem auf dem Deckel befestigten Schlüssel erfand der Amerikaner J. Osterhoudt aus New York am 2. Oktober **1866.**

Weck-Glas. Der Deutsche Johann Weck lancierte im Jahr **1900** das Einweckverfahren, das zwar nach ihm benannt ist, aber nicht von ihm erfunden wurde. Der deutsche Chemiker Rudolf Rempel entwickelte nach **1880** als erster einen Einkochapparat, den er auch zum Patent anmeldete. Stützen konnte er sich bei der Entwicklung auf Entdeckungen, die die Franzosen François Nicolas Appert und Louis Pasteur in bezug auf Konservierung von Lebensmitteln gemacht hatten. Johann Weck erwarb lediglich das Patent und vertrieb ab 1900 Gläser und Einmachapparate unter seinem Namen.

Künstliche Trinkhalme erfand **1888** in Washington D. C. der Amerikaner Marvin Chester Stone. Sie wurden von Hand aus paraffingetauchtem Papier hergestellt. Wegen der wachsenden Nachfrage erfand Stone 1905 eine Maschine, die seine Halme rollte.

Der herausspringende Trinkhalm ist eine Erfindung des Taiwan-Chinesen Ming Shen Wang, die **1986** auf der Erfindermesse in Genf vorgestellt wurde. Sie ist ebenso einfach wie raffiniert: Man braucht sich jetzt keinen Trinkhalm mehr zu holen, wenn man seinen Saft trinken will, denn er ist schon in der Flasche. Man braucht nur die Flasche zu öffnen, und der Trinkhalm kommt entgegen.

Rasiermaschinen entwickelt im 18. Jahrhundert – nie verwirklicht. Von Braun im Modell nachgebaut.

Thermosflasche. Der schottische Chemiker und Physiker James Dewar erfand **1906** ein System der Wärmeisolation, mit dem man Flüssiggase konservieren kann. Die üblichste Version davon ist die Thermosflasche.

Die Espresso-Thermoskanne ließ sich Sonia Mils **1984** patentieren. An die normale Kaffeemaschine ist ein wasserdichtes, wärmeisoliertes Reservoir angeschlossen, das den Kaffee heiß hält, wenn das Aufbrühen beendet ist.

Tupperware, diese hermetisch schließenden kleinen Plastiktöpfe, verdanken wir dem Erfindergeist des Amerikaners Earl W. Tupper, eines früheren Chemikers von Du Pont de Nemours. Er erfand sie **1945.**

Der Korkenzieher wurde durch die Einführung des wasserdichten Korkens gegen Ende des **18. Jh.s** notwendig. Aber den Erfinder kennt man nicht. **1795** erfand der Engländer Samuel Hershaw den Korkenzieher mit Gewinde. **1976** präsentierte Lucien Monod, ein französischer Erfinder, den *schnellsten Korkenzieher* der Welt und bekam dafür die Silbermedaille der Genfer Erfindermesse.

Der elektrische Korkenzieher wurde bei Philips erfunden und ist seit **1984** im Handel. Man braucht nur das Gewinde auf den Korken zu setzen und auf einen Knopf zu drücken, dann schraubt es sich selbständig hinein. Ein entgegengesetzter Antrieb zieht den Korken heraus.

Einen Korken-Angler erfand **1984** der Italiener Edoardo Turati mit seinem genialen Korkenzieher *Wine-Waiter* (Wein-Kellner). Diese Zange mit acht Ästen und einem herkömmlichen Korkenzieher ermöglicht es, in die Flasche gefallene Korken wieder aufzufischen und unbeschädigt aus der Flasche zu ziehen. Bei dieser Prozedur leiden Wein, Flasche und Korken keinerlei Schaden.

Den rechts- und linkshändig zu gebrauchenden Dosenöffner ließ sich der Franzose Igor Deiness **1984** patentieren.

Den Dampfkochtopf erfand **1680** ein Franzose namens Denis Papin. Mit seinem Apparat konnte man in kurzer Zeit Fleisch weich kochen. Allerdings verlor es dabei auch Geschmack, Farbe und Vitamine. 1927 erst ließ sich der französische Ingenieur Hautier einen mit kontrolliertem Dampf kochenden Topf patentieren.

Ein elektrischer Wasserkessel wurde schon **1893** in Chicago angeboten. Aber das Heizelement, ein emaillierter Eisendraht, hielt nicht lange. Erst **1923** erfand A. L. Large in Birmingham (Eng-

Der französische Koch Marc Daniel sammelt alte Kaffeemühlen. Seit 1687 kann der Kaffee auf diese Weise gemahlen werden; 1937 kamen in den USA elektrische Kaffeemühlen auf den Markt.

land) ein Element, das ganz in den Wasserkessel eingelassen und erhitzt werden konnte. Es verkürzte die Kochzeit um ein Drittel. 1931 führte W. H. Bulpitt, ein anderer Birminghamer Industrieller, den Wasserkessel *Swan* ein, der schon eine Art Sicherung hatte: Wenn er sich zu sehr erhitzte, sprang der Stecker heraus, und der Kontakt war unterbrochen.

Der nicht kippende Kessel verfügt über ein einfaches, auf alle Kesselgrößen anzuwendendes System: einen Arm mit Gelenken. Er hält den Kessel auf der Kochplatte fest und verhindert das Kippen selbst dann, wenn ihn jemand herunterziehen will oder mit dem Ärmel daran hängen bleibt. Er wurde **1985** erfunden.

Sparkessel. Um kein Gas zu verschwenden und seine Kessel stabiler zu machen, stattete der österreichische Erfinder Josko (Joseph Kochauf) **1984** die Unterseiten seiner Kochtöpfe mit einer Art gezahnter Krone aus, die die Energie zentralisierte.

Die Teflonpfanne wurde **1954** von dem Franzosen Marc Gregoire rein zufällig erfunden, als er seine Angelruten perfektionieren wollte. Seine Patente auf Küchengeräte veranlaßten ihn 1956, die Firma Tefal zu gründen, die dann die berühmte Pfanne herausbrachte.

Die ersten Kaffeemühlen, erfunden **1687,** trugen seinerzeit viel zur Verbreitung des neuen Getränks bei. Die *elektrische Kaffeemühle,* deren erstes Modell die *10 A* war, wurde **1937** von der Abteilung Küchenhelfer der Hobart Manufacturing Co. in Troy (Ohio) herausgebracht und kostete 12,75 Dollar.

Die erste Kaffeemaschine hieß *Cafeolette* und bestand aus zwei durch einen Filter getrennte Wasserbehälter. Der Apotheker François-Antoine Descroisilles hatte sie **1802** erfunden. Kurz darauf kreierte der Chemiker Antoine Cadet die Kaffeemaschine aus Porzellan.

Den ersten Kaffeefilter erfand Melitta Bentz **1908,** indem sie Löcher in den Boden eines Zinnbehälters stach und eine runde Scheibe Löschpapier ausschnitt, die sie darauf legte. Sie setzte den Behälter auf die Kaffeekanne, füllte Kaffee darauf und goß dann kochendes Wasser darüber. Das Resultat war exzellenter Kaffee.

Den ersten Toaster brachte General Electric im Staate New York **1909** heraus. Es handelte sich um nackte Drähte, die man um Bänder aus Glimmer gedreht hatte. Ein Mechaniker aus Stillwater (Minnesota), Charles Strite, erfand 1918 den Toaster, der das Brot von *zwei Seiten* bräunt und es hinauswirft, wenn es fertig ist. 1919 wurde er patentiert.

Mixer. 1910 bringen Fred Osius, Chester A. Beach und L. H. Hamilton in Racine, Wisconsin (USA), den ersten mit Gleich- und Wechselstrom arbeitenden Elektromotor für den Haushalt in den Handel. Daraus entwickelt die Air-O-Mix Inc. in Wilmington (Delaware) bis **1923** den Allesrührer. Den ersten großen Erfolg hatte der Mixmaster von Sunbeam: 1930 aufgebracht, verkaufte er sich schon im ersten Jahr 60 000mal.

Bügeleisen. Die Chinesen benutzten im **4. Jh.** kohlengefüllte Messingbehälter mit Stiel. In Europa waren die Vorfahren des Bügeleisens Plättwerkzeuge aus Holz, Glas oder Marmor. Man benutzte sie bis etwa zum 15. Jh. kalt, denn der Einsatz von Gummi zum Beschweren machte heißes Arbeiten unmöglich. Das eigentliche Bügeleisen wird erstmals im 17. Jh. erwähnt. Aufeinander folgten in der Entwicklung Eisen, die man ins Feuer legte, Eisen mit Kohlefüllung, schließlich im 19. Jh. die klassischen Büglerinneneisen, die man auf dem Ofen erhitzte. Später fand man andere Mittel des Aufheizens, wie heißes Wasser, Gas, Alkohol.

Elektrisches Bügeleisen. Als sich der New Yorker Henry W. Seely am 6. Juni **1882** ein elektrisches Bügeleisen patentieren ließ, war es praktisch unbrauchbar, denn die Häuser hatten noch keinen Strom. 1891 kamen die ersten auf den Markt. Das elektrische Eisen mit Thermostat erfand Joseph W. Myers 1924, und das *Dampfbügeleisen* für den Hausgebrauch brachte die Eldec Co. (N. Y.) **1926** auf den Markt.

Das drahtlose Bügeleisen erfanden die Engländer Howard E. Freckleton und John Stanley Bird **1978** für Lyon and Brandfield Ltd. Es arbeitet mit Gas. Eine eingeschobene Patrone liefert Energie für fünf Stunden. Im wesentlichen ist es für Camping und Wohnwagen gedacht.

Heißmangel. Die ersten Modelle waren **1883** so groß, daß sie nur für Wäschereien interessant waren. Ab 1926 gab es ein für den Hausgebrauch entwickeltes Modell.

Die Kehrmaschine geht auf das 17. Jh. zurück. **1699** erfand der Engländer Edmund Hemming eine Kehrmaschine zum Straßenfegen. Weitere Konstruktionen stammen von dem Engländer James Hume (1811) und Lucius Bigelow (1858). Patentiert wurde die erste Kehrmaschine am 19. September **1876** durch den Amerikaner Melville R. Bissel. Ohne Zweifel war sie praktischer als ihre Vorgänger, aber einen großen Anteil an ihrem Erfolg hatte auch das enorme Werbetalent ihres Erfinders.

Das erste Staubsauger-Patent, das alle späteren Erfinder kaufen mußten, um ihre Staubsauger herstellen zu dürfen, gehört seit **1901** David E. Kenney, einem Installateur in New Jersey. Dennoch hatte auch er zwei Vorläufer: die Engländer I. G. MacGaffey 1869 und H. C. Booth 1901. Den ersten effektiv arbeitenden Staubsauger, der weite Verbreitung fand, konstruierte Murray Spengler aus Ohio. Nachdem er 1908 ein Patent darauf bekommen hatte, verband er sich mit seinem Cousin William B. Hoover. Sie gründeten die Hoover Company und lancierten das Modell *Hoover.*

Einen antibakteriellen Staubsauger erfand **1981** der Schweizer Ingenieur R. F. Moreillon; dieser schluckt nicht nur Staub, sondern zerstört auch

Für den anspruchsvollen Genießer von heute in neuem Glanz wieder erhältlich: ein Toaster aus den zwanziger Jahren. Gut 10 Jahre zuvor hatte der Toaster das Licht der (Markt-)Welt erblickt.

Eines der ersten elektrischen Bügeleisen, Baujahr ca. 1920.

Rowenta

Mikroben – dank eines Systems von Lampen, die durch ultraviolette Strahlen Ozon erzeugen.

Der Fleckstaubsauger wurde **1983** von dem Reinigungsfachmann Jean Paul Ispenian erfunden. Er läßt sich an jeden beliebigen Staubsauger anschließen und »frißt« frische Flecken. Wenn ein Fleckmittel zugegeben werden muß, kann man die Flüssigkeit sofort nach Benutzung wieder aufsaugen. Unter anderem reinigt das neue Modell auch Toiletten, entfernt Verstopfungen und fegt Kamine.

Der Roboter-Staubsauger wurde **1983** von der japanischen Firma Automax in den Handel gebracht. Er ist mit einem Positionsanzeiger ausgerüstet, der mit Hilfe von Honda entwickelt wurde. Man setzt ihn in ein Zimmer, er erkundet dessen Abmessungen, und dann reinigt er es von Grund auf.

Linoleum, ein Bodenbelag, wurde von dem Engländer Fred Walton **1864** in London erfunden. Vorher benutzte man lange Zeit gewachste Leinwand. Der Chemiker Galloway erzielte durch Mischen von Korkabfällen und Kautschuk ein ähnliches Produkt und nannte es *Kamptulico.* Als es auf dem Markt war, ersetzte Walton den teuren Kautschuk im Kamptulicon durch oxidiertes Leinöl, mischte es mit Korkpulver und erhielt so die weiche Oberfläche, die er mit einem Jutegewebe stabilisierte. Damit war das Linoleum geboren.

Backöfen zum Backen von Brot kennt man bereits aus dem vorgeschichtlichen Europa um **2000 v. Chr.** Bis etwa 1860 verwendete man brennendes Holz auf der Backsohle zum Erhitzen, dessen Asche entfernt wurde, um anschließend mit der gespeicherten Wärme das Brot zu backen. Erst später baute man den Rost und den Rauchgasabzug ein. Nach dem Ersten Weltkrieg baute man Backöfen, deren Backraum durch ein Mauerwerk vom Brennraum getrennt war.

Der elektrische Backofen wurde **1916** als ein kleines Gegenstück zu den Backöfen der Bäcker von Charles C. Armstrong erfunden und verkauft. Der *selbstreinigende kleine Backofen* wurde **1970** von International Appliance präsentiert.

Die ersten Kühlschränke kamen **1850** in den USA auf den Markt. Es waren isolierte Holzkästen, in die man Eisblöcke legte, ein Prinzip, das den mesopotamischen Eisgruben entsprach.
Die neuartige Methode, Kälte mit Maschinen zu erzeugen, wurde erstmals **1879** von dem deutschen Ingenieur Karl von Linde für den Haushalt genutzt. Er verwendete noch eine dampfgetriebene Kompressionspumpe und Ammoniak als Kühlmittel.

Elektrische Kühlschränke gelangten **1910** in den USA in private Haushalte. 2 Jahre später bot die AEG in Deutschland automatische Kühlmaschinen an. Das gefährliche Ammoniak wurde später durch das Kühlmittel Frigen ersetzt, ein ungiftiges und unbrennbares Gas.
Die amerikanische Firma General Electric fabrizierte 1939 den ersten Zweitemperaturen-Kühlschrank, in dessen Eisfach man Tiefgefrorenes lagern konnte.

Den Mikrowellenherd erfand der Amerikaner Percy Daron Spencer **1946** zufällig bei der Arbeit über die Aussendung elektromagnetischer Energie auf Kurzwellen. Es war ihm aufgefallen, daß die Mikrowellen ein Bonbon in seiner Tasche zum Schmelzen gebracht hatten. Tatsächlich erzeugen Mikrowellen in der Nahrung, die sie zum Kochen bringen, eine Molekularbewegung, die ihrerseits die Hitze erzeugt. Die Firma Raytheon entwickelte aus Spencers Beobachtung den ersten Mikrowellenherd und brachte ihn 1947 in den Handel.

Eine Heizplatte, an der man sich nicht verbrennt, wurde **1984** vom AEG-Ingenieur Anton Seelig erfunden; sie erhitzt den Inhalt der Kochtöpfe durch elektromagnetische Induktion, ohne selbst heiß zu werden. Kinder können die Hände auf die Platte legen, ohne sich zu verbrennen.

Solarherde wurden bereits **1877** von dem Franzosen Augustin Mouchot im Auftrag seiner Regierung für die Afrika-Truppen konstruiert. Er verwendete noch Brennspiegel, mit denen man jedoch nur kochen konnte, solange die Sonne schien.
Die deutschen Ingenieure Bernd Stoy (*1935) und Erich Pöhlmann (*1932) stellten **1986** einen Solarherd mit Wärmespeicher vor, für den sie im gleichen Jahr den Sonderpreis im Rahmen des Philip-Morris-Forschungspreises erhielten. Der Solarteil besteht aus Röhrenkollektoren, die direkte Sonnenstrahlen und diffuses Tageslicht gleichermaßen sammeln und auch speichern. Die erzeugte Hitze kann bis zu 240° C betragen.
Nahezu gleichzeitig stellte das Freiburger Fraunhofer-Institut für solare Energiesysteme einen neuentwickelten Solarherd mit integriertem Speicher vor. Dieser besteht aus einem Flachkollektor und einem Ölspeicher.

Ein automatisches Spülbecken, ideal für kleine Mengen Geschirr, führte Lavasonic **1984** in Frankreich ein. Man setzt Teller, Gläser und Bestecke in das Becken, drückt auf einen Knopf – und Ultraschall besorgt das Abspülen und Abtrocknen in fünf Minuten.

Die erste mechanische Spülmaschine kam zwischen 1850 und 1885 in den Vereinigten Staaten heraus. Die *Spülmaschine mit Elektromotor* folgte **1912.** Seit 1932 erleichterte die Erfindung des maschinengeeigneten Spülmittels *Calgon* die Verbreitung dieses Haushaltsgerätes. Die *automatische Spülmaschine* wurde **1940** in den USA geboren und erst 1960 nach Europa exportiert.

Ein Haushaltsroboter wurde **1947** als *Kenwood Chef* von dem Engländer Kenneth Wood erfunden. Er besteht aus einem Motorblock, an dem eine Menge Zubehör angeschlossen ist: Mixer, Hacker, Zerkleinerer, Reibe, Zentrifuge, Teigkneter, Getreidemühle, Dosenöffner usw.

Den ersten Wäschetrockner nannte sein Erfinder, der Franzose Pochon, **1799** »Ventilator zum Wäschetrocknen«. Das Gerät hatte einen Locheinsatz und wurde mit einer Kurbel gedreht – ein modernes, wenn auch stromloses Prinzip.

Die Waschmaschine verdrängte die Dampfmaschine, die das Waschfaß des Mittelalters abgelöst hatte. Man füllte heißes Seifenwasser in einen Holzbottich, in dem schwere Propellerblätter rotierend die Wäsche bewegten. Eines der ersten Modelle stand **1830** in einer englischen Wäscherei.
1840 konstruierte man in Frankreich einen industriellen Typ mit doppeltem Gehäuse und vier Kammern sowie einem Hahn zum Entleeren. Dieses System wurde mit Hilfe einer Kurbel angetrieben.

Die elektrische Waschmaschine erfand Alva J. Fischer und brachte sie **1901** in Amerika in den Handel. Aber erst zu Anfang des Zweiten Weltkrieges begann die serienmäßige Herstellung elektrischer Maschinen mit vertikalem Behälter und eingebauten Turbinenwäschern oder Vertikalachse mit Propellerblättern. 1960 kamen die Maschinen mit horizontaler Trommel auf.

Der Schuhwasch-Automat, der **1984** von dem Japaner Nobuo Misawa hergestellt wurde, ist hauptsächlich für Sportschuhe gedacht und funktioniert wie eine normale Waschmaschine. Er besteht aus zwei übereinanderstehenden Einheiten: in der oberen werden die Schuhe gewaschen und gespült, in der unteren werden sie innerhalb von 10 Min. getrocknet.

Stärke benutzten die Ägypter schon **3500 v. Chr.** zur Papyrusherstellung. Der griechische Arzt Dioscorides erwähnte als erster im 1. Jh. n. Chr. ihren Gebrauch zum Bleichen von Kleidung und zum Haarepudern. Danach scheint sich der Gebrauch von Stärke bis ins Mittelalter verloren zu haben. Die Holländer nahmen den Handel damit wieder auf. Jetzt benutzte man sie zum Bleichen und Stärken der Wäsche, ein Luxus, den sich nur der Adel leisten konnte. Vom 16. bis zum 18. Jh. diente Stärke in den meisten europäischen Ländern zum Pudern der Haare.

Das erste selbsttätig wirkende Waschmittel wurde im Juli **1907** von Henkel auf den Markt gebracht. Es setzte sich aus Perborat und Silikat zusammen und erhielt seinen Namen *Persil* aus den ersten Buchstaben der beiden Bestandteile. Viele Jahre lang blieb es das führende Universalwaschmittel, bis 1955 der britische Unileverkonzern das erste synthetische, d.h. seifenfreie,

Ein Werbeplakat aus dem Jahre 1908 für das erste »selbsttätige« Waschmittel der Welt.

Waschmittel *Sunil* herausbrachte. Das *synthetische Feinwaschmittel* gab es schon 1932 unter dem Namen *Fewa*, und zahlreiche Produkte folgten nach.

Die erste Reinigung wurde **1855** in Paris eröffnet. Der Franzose J. B. Jolly hatte das Trockenreinigungsprinzip zufällig entdeckt: Nachdem er versehentlich eine Flasche Terpentinessenz über ein Kleid geschüttet hatte, fiel ihm auf, daß es keinen Fleck gab, sondern der Stoff im Gegenteil gereinigt wirkte. Eine ganz neue Epoche leitete der Leipziger Ludwig Anthelin 1897 mit dem weniger feuergefährlichen Tetrachlorkohlenstoff ein. Dieser allerdings griff die Atemwege an und wurde deshalb 1918 durch Trichloräthylen ersetzt.

Wohnen

Die Stehlampe ohne Elektrokabel hat der Franzose Johannes Andriessen im Februar **1983** zum Patent angemeldet. Ein unsichtbarer, unter dem Teppich angebrachter Apparat versorgt die Stehlampe mit Elektrizität von drei Punkten, die ein gleichschenkliges Dreieck bilden und elektronisch auf zwei Leitungen geschaltet sind, die den Strom aussenden.

Den nicht wackelnden Tisch erfand der Schweizer Elektroingenieur Jan Olsfors **1985.** Es ist ein einfaches Armaturensystem, das sich in eine Art Boden verwandelt und dem Tisch perfekten Stand gibt, selbst wenn er auf schiefen Platten oder Steinen steht.

Die Couchtisch-Wiege ist ein originelles Verwandlungsmöbel von Don Robertson aus Australien: ein niedriger Tisch, den man in eine Wiege verwandeln kann. Das Baby kann man darin schaukeln; ist es herausgewachsen, bleibt den Eltern ein Couchtisch. Erfunden wurde er **1985.**

Wasserbett. Seit fast 20 Jahren macht der Amerikaner Charles P. Hall mit seinem **1967** erfundenen »Waterbed« Furore. Es handelt sich dabei um eine ganz normal aussehende Matratze, in die eine wassergefüllte Plastiktasche eingelassen ist, die sich durch die Körperwärme aufheizt. Der Schläfer hat den Eindruck, im Wasser zu treiben, und ein unnachahmliches Gefühl von Ruhe und Entspannung. Der Erfinder hatte das Wasserbett übrigens seinerzeit als Mittel gegen die eigene Schlaflosigkeit konstruiert.

Wärmeregulierendes Bett. Sun Ming An, Bibliothekar und Mitglied der Vereinigung chinesischer Erfinder, stellte das automatisch regulierte, thermostatische Bett im April **1986** auf der Erfindermesse in Genf vor.

Die Thermoreflex-Matratze erfand **1983** der Franzose Paul Riedel, weil die heutigen Matratzen kaum Wärme isolieren. Sie enthält zwei Schichten, eine aus Textilfasern und eine aus Isolierschaum, alles auf einem reflektierenden Film befestigt. Das Ganze ist mikroperforiert, um die Matratze atmen zu lassen. Ein Gummiband an jeder Ecke dient der Befestigung.

Beim **Kopfkissen für Schnarcher** ging die Australierin Judy Challen davon aus, daß man das Schnarchen in den meisten Fällen besiegen kann, wenn man dem Kopf eine leicht erhöhte und feste Lage gibt. Sie konstruierte **1984** also ein entsprechendes Kopfkissen aus Polyurethan. Seit es im Handel ist, wurden schon 100 000 Exemplare in Australien verkauft, und 85 Prozent der Käufer sind zufrieden.

Die erste Elektroheizung ließen **1892** die Engländer R. E. Bell Crompton und H. J. Dowsing patentieren. Sie befestigten Eisendraht auf einer Gußeisenplatte und schützten das Ganze durch eine Emailleschicht. 1906 erfand der Amerikaner Albert Marsh aus Lake Country (Illinois) eine Chrom-Nickel-Legierung, die rotglühend wird,

Das erste Unterwasserhotel wurde 1987 in Florida eingeweiht.

ohne zu schmelzen. Diese Legierung erwies sich als ideales Material für Elektroheizungen. 1912 brachte der Engländer C. R. Belling aus Enfield feuerfestes Schamotte heraus, das man mit einem Draht aus der Nickel-Chrom-Legierung umwickeln konnte. Im selben Jahr wurden die ersten Standard-Heizgeräte herausgebracht.

Wasserspülung. Obwohl der englische Dichter John Harrington schon **1595** ein funktionierendes Wasserspülsystem zur Toilettenreinigung erfunden hatte, gelang es seiner Erfindung nicht, den Nachttopf zu verdrängen. Erst **1775** ließ der Brite Alexander Cunnings die Wasserspülung patentieren. 1778 erfand der 30jährige Joseph Bramah, auch ein Engländer, den Mechanismus mit Klappe und Siphon, der heute noch in Gebrauch ist. Dennoch nahm die Wasserspülung erst am Ende des 19. Jh.s Einzug in die Wohnungen, als es fließendes Wasser und moderne Installationen gab.

Die ersten Schlösser hat es im **antiken Ägypten** gegeben. Diese Schlösser aus massivem Hartholz enthielten Kombinationen zylindrischer Stifte unterschiedlicher Länge, die genau in die Einschnitte des einzusteckenden Teils paßten, das die Rolle des Schlüssels spielte.

Sicherheitsschlösser stammen aus dem **18. Jh.** (Zylinderschloß von Robert Barron 1778, Bramahschloß 1784). Im 19. Jh. wurden sie verbessert, besonders von Alexandre Fichet (patentiert 1829 und 1836), Charles Louis Sterlin und Eugène Bricard (Zweiriegelschloß 1829) und Linus Yale (amerikanisches oder Yale-Schloß, patentiert 1851 und inspiriert von altägyptischen Schlössern). Das erste Passepartout wurde 1894 von Alfred und Jules Bricard bei der Weltausstellung in Chicago (USA) vorgestellt.

Gegensprechanlage. In Berlin kamen 1920 die ersten Modelle auf. Unter dem Namen *Tür-Telefon* ließen sich fast alle Ärzte der alten Hauptstadt eines für den Nachtdienst installieren.

Infrarotschloß. Hierbei wird die Verriegelung durch einen elektronischen Motor gesteuert. Die Firma Picard hat es **1984** herausgebracht. Die Elektronikanlage enthält einen Infrarotempfänger, der mit einer quer durch die Tür geführten optischen Faser verbunden ist. Ein Mikrosender in einem winzigen Gehäuse, das als Schlüsselhalter dient, sendet einen Infrarotstrahl Richtung Tür aus und steuert über die optische Faser den Empfänger.

Heimwerken und Handarbeiten

Der Hammer zählt zu den ältesten Werkzeugen. Seine Vorfahren waren wohl die Steinäxte des Neolithikums. Da aber der Stein ein zerbrechliches Material ist, traten in der Bronzezeit Metallhämmer an ihre Stelle.

Der Hobel kam in der Eisenzeit, etwa **1200 v. Chr.**, auf. Die ältesten Stücke, die wir besitzen, gehen in die gallogermanische Epoche zurück. Der Schicht- oder Fugenhobel zählt sogar zu den ältesten Werkzeugen. Die besser erhaltenen sind geschnitzt und poliert und stammen aus dem 16. bis 18. Jh.

Die Säge entstand offenbar in Ägypten, als bei uns noch Bronzezeit war. Das römische Handwerk schuf eine Vielfalt von Sägen, die bis zum 14. Jh. kaum verändert wurden. Im 15. Jh. kam die Metallsäge auf.

Die kabellose Elektrosäge stellte Bosch auf der Heimwerkermesse **1984** vor. Sie erlaubt präzise Schnitte ohne Netzanschluß.

Die Schleifmaschine mit Sandpapierreservoir hat **1986** die holländische Firma Themens vorgestellt. Das Gerät ist mit zwei Rollen bestückt, von denen die eine das abgenutzte Sandpapier aufrollt, während die andere automatisch neues Papier bis zu einer Länge von 1,90 m nachliefert.

Scheren kannte man bereits im alten **Ägypten,** wo sie aus Bronze oder Kupfer hergestellt waren; später, um 300 v. Chr., verwendete man Eisen. Im 14. Jh. kamen Scheren mit Scharnieren auf. Nachdem sich heute Stahlscheren durchgesetzt haben, kommt die neueste Erfindung aus Japan: Scheren aus Keramik sollen noch härter und haltbarer sein und widerstandsfähiger gegen Rost, Säuren etc.

Der Schraubenzieher ist ein in ständiger Veränderung befindliches Werkzeug. Benutzt wird es schon seit Ende des **17. Jh.s,** obwohl die Eisenschraube erst seit Mitte des 19. Jh.s an Bedeutung gewann, und zwar mit der Erfindung der Werkzeugmaschine, denn bis dahin war die Schraubenherstellung sehr mühsam, weil man die Rillen von Hand feilen mußte.

Den Nagelhalter, damit sich ungeschickte Handwerker beim Nageln nicht auf die Finger klopfen, erfand **1975** der französische Pensionär Vincent Hatayan.

Bohrgeräte gibt es seit der Vorgeschichte. Die Ägypter benutzten ein dem Drillbohrer verwandtes Gerät. Der Stangenbohrer oder Erdbohrer kam in der mittleren Bronzezeit auf und fand in der Eisenzeit seine endgültige Form. Die Brustleier, aus der man den *Drehbohrer* ableitete, scheint seit dem 11. bis 13. Jh. von den Skandinaviern benutzt worden zu sein, vor allem von den Schiffszimmerleuten. Der Drehbohrer, der dem unseren bereits ähnelt, kam im ersten Viertel des 15. Jh.s auf.

Elektrohandbohrer. Nachdem sie schon Briefmarkenpressen, Maschinen zum Anbringen von Stiefelknöpfen und Druckmaschinen für Banknoten erfunden hatten, revolutionierten die beiden jungen Amerikaner S. Duncan Black und Alonso G. Decker **1917** die Heimwerkerei durch den ersten Elektrohandbohrer mit Revolvergriff. Er war tragbar und wog 11 kg. Nach dem Zweiten Weltkrieg wurden die Handbohrmaschinen bedeutend verbessert und waren leichter zu bedienen. Nun erfuhren sie eine ungeheure Verbreitung als unverzichtbares Handwerkszeug der Heimwerker.

Für sein Universalwerkzeug erhielt Wolfgang Schwarz auf der Erfindermesse in Nürnberg **1984** die Bronzemedaille. Es zeichnet sich durch viele Funktionen aus: Hammer, Flaschenöffner, Schraubenzieher, Beißzange, Schraubenschlüssel, Heckenschere, Säge, Zerkleinerer, Blechschneider usw.

Kabellose Elektrowerkzeuge. Auf der Heimwerkermesse **1985** stellte die Firma Makita-France ein Programm von zwanzig kabellosen Werkzeugen vor, die mit einer Cadmium-Nickel-Batterie betrieben werden. Tatsächlich leisten sie mehr als Bleibatterien: Sie halten länger bei extrem kurzen Aufladezeiten. Das Programm umfaßt eine Auswahl verschiedener Sägen, Bohrmaschinen, Bandschleifmaschinen usw., auch eine Heckenschere, eine Taschenlampe und sogar einen Staubsauger.

Mobile Werkstatt. Der Traum jedes Bastlers ist es, seine Werkstatt bei sich zu haben. Michel Lavrard und Robert Ransan machten ihn **1979** möglich. Ihre mobile, faltbare Werkstatt, die alle nötigen Werkzeuge enthält, ist mit zwei Steckdosen ausgerüstet. Die Abschlußplatte verwandelt sich in wenigen Sekunden in einen Arbeitstisch. Auf Räder montiert, läßt sich die mobile Werkstatt, einmal geschlossen, ziehen wie ein großer Koffer.

Die ersten Nähnadeln sind belegt aus der Zeit des Cro-Magnon-Menschen, der sie schon vor etwa 30000 Jahren aus dünnen Knochen und Geweihstücken schnitzte; bei den alten Ägyptern waren sie für deren Perl- und Lederstickereien notwendig. Griechen, Römer und besonders Phryger kannten die Stickerei auf Gewändern.

Die erste Nähnadelfabrik hatte schon **1625** John Tilsby in Gloucestershire (England) gegründet. 1817 brachte der Amerikaner Seth Hunt eine automatische Maschine zur Herstellung von Nadeln mit Öhr und Spitze in einem Stück zum Patentamt. 1838 perfektionierten die Engländer Henry Shuttle und Daniel Foote Taylor aus Birmingham Hunts Maschine, ihre Nähnadeln waren funktioneller und ungefährlicher.

Die moderne Sicherheitsnadel wird dem Amerikaner Walter Hunt zugeschrieben, der sie **1849** erfand. Wahrscheinlich dienten ihm Broschen der Antike als Vorbilder.

Der Druckknopf wurde von Paul Albert Regnault aus Renoble **1885** erfunden und zunächst als Handschuhverschluß eingesetzt.

Den Reißverschluß als Schnellverschlußsystem, basierend auf der Kreuzung sich verhakender kleiner Zähne, stellte der Amerikaner Whitecomb Judson um **1890** vor. Er meldete ihn 1893 zum Patent an und gründete mit dem Rechtsanwalt Walter zusammen eine Firma, um sie zu produzieren. 1905 war die Maschine fertig, aber die Ergebnisse von Perfektion noch weit entfernt. Erst 1912 stellte Judsons Erfindung dank einiger Verbesserungen durch den Schweden Gideon Sundback die Kunden zufrieden.

Der Klettverschluß geht auf eine Entdeckung aus dem Jahr **1948** zurück. Weil nach der Jagd oft Kletten in seiner Kleidung hingen, sah sich der Schweizer Ingenieur Georges de Mestral das Ganze einmal unter dem Mikroskop an. Dabei fand er heraus, daß die Klettenhaare winzige Häkchen sind, die sich an die Stoffe klammern. Also kam er auf die Idee, genau solche Haken auf Stoffbändern zu befestigen, so daß sie sich ineinander haken konnten und so einen Verschluß ergaben. Das erste Patent wurde 1953 in Frankreich angemeldet.

Nähmaschine. Um **1775** baute der in England lebende Deutsche Ch. F. Weisenthal die erste mechanische Nähvorrichtung.
Um 1800 entstand die erste brauchbare Kettenstich-Nähmaschine. Ihr Konstrukteur war der deutsche Strumpfwirker Balthasar Krems.
Die 1830 von dem Franzosen Barthélémy Thimonnier erfundene enthielt bereits alle Elemente der heutigen Nähmaschine. Im folgenden Jahr gründete Thimonnier eine Firma, stieß aber auf gewalttätigen Widerstand der Arbeiter und mußte als einfacher Schneider in seine Geburtsstadt Amplepuis zurückkehren.
Parallel zu den Forschungen des Franzosen konstruierte in Amerika Walter Hunt 1834 eine Maschine mit zwei Fäden und einem Schiffchen, deren Nähhaken Helias Howe zwölf Jahre später durch eine Nadel mit Öse ersetzte. 1845 versuchten Thimonnier und sein neuer Mitgesellschafter Magnin ein Patent für eine Maschine zu bekommen, die 200 Stiche in der Minute nähte, und am 5. August 1848 stellten sie einen Patentantrag für eine Maschine aus Metall, die Kettenstich ausführte. Wenig zuvor hatte Thimonnier ein englisches Patent erhalten und es einer Firma in Manchester überlassen.
Die Engländer Morey und Johnson kauften 1849 ein amerikanisches Patent. Diese Maschine hatte eine Hakennadel wie die von Thimonnier. 1851 fand in London eine Ausstellung statt. Durch unglaubliches Pech kam Thimonniers Schnellnäher erst zwei Tage nach der Auswahl der Angebote durch die Jury in London an.
Eine Nähmaschine für den Hausgebrauch, die *Singer,* konstruierte **1851** als erster der Amerikaner Isaac Singer. Die Nadel war wie aus der Maschine von Howe. Singer wurde weit berühmter als Thimonnier, der 1857 ruiniert in Amplepuis starb, nachdem er zwei Jahre zuvor den Trost hatte, seine Maschine auf der Weltausstellung in Paris zeigen zu dürfen.

Chinesen waren die ersten Pyrotechniker und sind auch heute noch führend in der Herstellung von Feuerwerkskörpern.

Freizeit

Camping in der Freizeit kam um **1900** auf. 1910 gründete man in Frankreich den ersten Campingclub. Parallel entwickelte sich später das Wochenendcamping. Weil die Motorisierung es möglich machte, komfortable Ausrüstungen mitzunehmen, gingen ab 1950 auch immer mehr Motorrad- und Autofahrer zum Campen über. **1952** begann der Siegeszug des *Campingwagens.*

Jugendherberge. Weil sich niemand um Fahrradtouristen und Wanderer kümmerte, kam dem Deutschen Richard Schirrmann **1909** die Idee, eine Beherbergungsorganisation zu gründen, die auch für junge Leute erschwinglich war. Schon 1934 gab es in Deutschland 2500 Jugendherbergen. Die erste wurde in einer ehemaligen Schule nahe der Burg Altena in Westfalen gegründet und beherbergt noch heute Reisende.

Für den ersten modernen Rucksack bekamen die Gebrüder Lafuma in Frankreich am 22. Januar **1936** das Patent. Ihre wichtigste Neuerung: Die Metallteile sind in den Rucksack integriert und hängen nicht mehr heraus. Dies ist der Ahnherr unserer modernen Rucksäcke.

Die Luftmatratze wurde **1478** erstmals schriftlich erwähnt. Sie trug damals noch den hübschen Namen »Windbett« und wurde als solches in einem Brief des Königlichen Tuchmachers Guilleaume Dujardin an den Seigneur von Lamot Desguy beschrieben. Sie muß aber schon seit dem Mittelalter existiert haben und wurde damals mit auf die Jagd genommen. Sie war aus gewachster, wasserdichter Leinwand, hatte ein Ventil wie die heutigen Luftmatratzen und erlaubte dem Jäger, vor Nässe geschützt und ohne sich zu beschmutzen auf dem Anstand zu liegen.

Den ersten Taschenliegestuhl erfand **1984** der Architekt Manfred Arbter aus Essen. Der mit Baumwollstoff bezogene Buchenliegestuhl, auf den auch ein Patent erteilt wurde, läßt sich zusammengeklappt mühelos in einem Tragebeutel unterbringen, da seine Abmessungen dann nur noch 60 × 10 × 9 cm betragen.

Spray wurde **1926** vom Norweger Erik Rotheim erfunden. Er kam darauf, daß man ein Produkt fein zerstäuben kann, wenn man in einen Behälter ein Gas oder eine Flüssigkeit einführt, die einen Innendruck erzeugen.

Ein elektronischer Mückenschutz wurde **1973** entwickelt. Ausgehend von der Erkenntnis, daß schwangere Mückenweibchen (die einzigen, die stechen, um sich von Blut zu ernähren) die Männchen meiden, entwickelte der Erfinder einen zigarettenschachtelgroßen Apparat, den man am Körper trägt und der Ultraschallwellen auf der gleichen Frequenz wie männliche Mükken aussendet. Der Apparat stört nicht, denn das menschliche Ohr hört die Töne nicht.

Insektenvernichtende Farbe. Der Franzose Jean Castel, ein berühmter Animateur der Pariser Nächte und Gründer eines nach ihm benannten Klubs, erfand diese Farbe **1953**, die nicht nur die Wände schmückt, sondern auch desinfiziert und Insekten vernichtet.

Konfetti nannten die Italiener ein Gewitter von Blumen und Knospen, das bei einem Karnevalsumzug in Nizza im Winter 1821/22 zu Ehren Viktor Emanuels I. von Sardinien veranstaltet wurde. Ein Italiener hatte denn auch **1892** die Idee, kleine runde Plättchen aus Buntpapier zu schneiden.

Die ersten Streichhölzer mit Phosphorsulfat wurden **1681** von dem Engländer Robert Boyle erfunden. Es waren in geschmolzenes Sulfat getauchte Holzspäne. Nur an einem brennenden Gegenstand konnten sie entzündet werden. Phosphorstreichhölzer entwarf Charles Sauria, ein Schüler am College von Dole im Französischen Jura, aber *industriell hergestellt* wurden sie erst ab **1832** in Deutschland. Ihr Hauptübel war, daß sie sich mit erschreckender Leichtigkeit entzündeten. Der Schwede Karl Frantz Lundström löste das Problem: Er ersetzte den weißen Phosphor 1844 durch amorphen roten Phosphor. Die heutigen Streichhölzer sind Ableitungen dieser Produkte. Darum nennt man sie auch Sicherheitsstreichhölzer oder Schwedenhölzer.

Das Feuerwerk oder zumindest das Schwarzpulver, also den Grundstoff der Pyrotechnik, sollen die Chinesen **im 8./9. Jh.** erfunden haben. Marco Polo bezeugt die Erfindung erst 1313 bei seiner Rückkehr aus China. Die ersten Feuerwerke in Europa gab es Ende des 15. Jh.s. Venezianische oder florentinische Händler hatten das Material aus dem Fernen Osten mitgebracht. Ende des 16. Jh.s eroberte das Feuerwerk Italien, Spanien und Flandern. In Frankreich gab Sully 1606 das erste Feuerwerk in Fontainebleau. Ludwig XIV. und XV. gaben viele Feuerwerke in Versailles.

SPIELE

Kartenspiele

Spielkarten werden erstmalig in der Literatur um **900 n. Chr.** in China erwähnt. Aus dem Europa des 13. Jh.s kennt man sie zunächst nur durch Verbote. In Deutschland sind die ersten Verbote aus dem Jahr 1378 (Regensburg und Konstanz) bekannt. In Frankreich soll König Karl VI. mit Spielkarten bei Laune gehalten worden sein, so behauptet es jedenfalls der Jesuitenpater Ménestrier 1702 im *Journal de Trévoux*; er meint auch, das Kartenspiel symbolisiere die Feudalgesellschaft. Zunächst wurden die Spielkarten wohl mit der Hand gezeichnet oder gemalt, aus dem Jahr 1418 stammt der älteste Holzschnitt, dem sich später Stahlstich, Stein- oder Buchdruck anschlossen.

Bridge wurde als Weiterentwicklung von Whist erstmals im Jahr **1850** in Istanbul gespielt. Bridge unterscheidet sich von Whist dadurch, daß nur der Partner des Spielenden seine Karten offen auflegen muß. Jeweils zwei der vier Spieler bilden eine Gemeinschaft, daher der Name Bridge (Brücke), wobei die Partner einander gegenübersitzen. Bridge war seit jeher ein Objekt eingehender Studien, die bisweilen sogar wissenschaftlichen Charakter haben. Die beiden Pioniere dieses Spiels waren der Amerikaner Culbertson und der Franzose Albarran. Ab 1925 revolutionierten sie das Spiel, indem sie ein Punktsystem erfanden, nach dem ein Spieler den Wert seiner Karten taxiert und entsprechend »bietet«.

Poker ist nicht, wie man vielleicht meinen könnte, zur Zeit der Prohibition in Chikago erfunden worden. In seinen Grundzügen entstand es vielmehr vor 3000 Jahren. Hervorgegangen ist es aus einem anderen Spiel, das sich *As* nannte und in Persien verbreitet war. Das Paar, der Drilling, Full-house und Carré waren schon damals bekannt, ebenso die »Würze« des Poker, der Bluff. Mit den Kreuzfahrern hielt dieses Spiel Einzug in Europa und fand in Italien Verbreitung unter dem Namen *Primero. Bouillotte* (Hasardspiel) und *Brelan* (Drilling) sind französische Varianten des *Primero*, die von französischen Kolonisten nach Louisiana mitgenommen wurden. Danach breitete sich das Spiel mit der Eroberung des amerikanischen Westens entlang dem Mississippi aus. Poker entwickelte sich daraus als jüngste Variante – so wie wir dieses Spiel heute kennen.

Skat entstand um **1810** aus dem erzgebirgischen Kartenspiel Schafkopf in der Stadt Altenburg, Thüringen (jetzt DDR), wo am 7. August 1886 der erste Deutsche Skatkongreß stattfand. In der »Allgemeinen Deutschen Skatordnung« wurden einheitliche Spielregeln festgehalten, die auch heute noch gelten.

Tarock wird im Jahr **1457** zum erstenmal vom heiligen Antonius in seinen *Theologischen Schriften* erwähnt. Seitdem gilt es als »Urahn« aller Kartenspiele. Es ist nicht mehr feststellbar, was dieses Wort (ursprünglich »tarau«) bedeutet oder aus welcher Sprache es stammt. Die Italiener nennen das Spiel *tarocco.* Mancherorts will man einen ägyptischen Ursprung erkannt haben (tar = Weg, ro = royal, königlich), dann auch wieder einen hebräischen (abgeleitet von Torah = Gesetz). Durch Silbenversetzung erhält man daraus »rota«, was im Lateinischen »Rad« bedeutet, das Glücks- oder Schicksalsrad, wie es ein »Geheimnis« des Marseiller Tarocks etwa um das Jahr 1500 vorgibt. Der Franzose Antoine Court de Gebelin entdeckte das Spiel 1781 neu.

Whist ist als Vorgänger des *Bridge* englischen Ursprungs. Zum erstenmal beschreibt es Edmund Hoyle **1743** in einer offiziellen Abhand-

An Farbigkeit lassen die neuesten Flipper nichts zu wünschen übrig. Die Kugel kann rollen.

Aus der bunten Pinball-Welt

Der Flipper selbst gilt inzwischen als Klassiker unter den Spielautomaten. Der Traum eines jeden Sammlers von Flippern ist es, einen der legendären Vorläufer des heutigen Pinball zu besitzen. Der älteste bekannte Automat, der als Pinball bezeichnet werden kann, ist *Bally Hoo.*

Der eigentliche Ursprung des Pinball ist unbekannt; allerdings erwähnte bereits 1836 Charles Dickens in seinen *Pickwick Papers* ein Spiel, welches unter dem Namen »Bagatelle« bekannt war. Der sechzehnte Präsident der USA, Abraham Lincoln, betrieb, wie ein zeitgenössisches Bild belegt, im »Peacock Tavern« mit Begeisterung das Spiel mit der Kugel.

1929 entwickelte John J. Sloan, der für die Schausteller-Zeitschrift *Billboard* arbeitete, ein Spiel auf der Basis von Bagatelle mit dem Namen *Marble Game* oder *Pin Game*; Ziel des Spieles war es, eine Glaskugel (Marble) in verschiedene, von Nadeln (Pins) umgebene Löcher zu schießen. Dabei wurde erstmals ein sogenannter Plunger (Abschlußhebel) verwendet. Sloans Spiel besaß jedoch keinen Münzeinwurf – und fand keinen Anklang.

Die Geburtsstunde des ersten Flippers war Ende des Jahres 1931. Raymond T. Malloney entwickelte in Chicago seinen *Bally Hoo.* Dieser handliche Kasten mit den Maßen 61 × 46 × 20 cm wurde eine Sensation. Allein in den ersten sieben Monaten des Jahres 1932 wurden 50 000 Exemplare verkauft. Sie standen überall da, wo viele Menschen sich trafen: beim Friseur, im Drugstore, an Tankstellen, auf Bahnhöfen oder in Restaurants.

1933 stellte Bally mit *Skyscraper* den ersten Flipper mit Beleuchtung und »automatischem« Zählen der Punkte vor. Die Flipper-Arme, die Bewegung brachten, kamen erst 1947 mit dem *Bally-Nudgy* ins Spiel. Ebenso die Bumper (Schlagtürme), Targets (Ziele) und die Möglichkeit, einen Bonus anzusammeln. Erst 1958 – die Bundesrepublik Deutschland erlebte ihre erste Pinball-Blüte – wurde das mechanische Zählwerk eingeführt. Über Walzen konnten erstmals die erreichten, persönlichen »Highscores« optisch sichtbar gemacht werden.

lung. Aus dem Whist entwickelte sich eine Vielzahl von Varianten, unter denen vor allem das amerikanische *Boston* erwähnenswert ist. Sie alle und sogar Whist selbst erhielten den Gnadenstoß durch die enorme Verbreitung des Bridge Mitte des 19. Jh.s.

Glücks- und Geschicklichkeitsspiele

Bingo ist ein Lotteriespiel, das um **1880** vom Lotto abgeleitet wurde. Eine Art Bingo ist in der britischen Armee unter dem Namen *Housey-Housey* und der königlich-britischen Marine als *Tombola* schon seit langem bekannt. Gewinner ist derjenige, der zuerst eine zufällige Zahlenreihe zwischen 1 und 90 richtig rät. In Großbritannien beteiligen sich rund 6 Mio. Menschen an diesem Spiel.

Das Lotto (abgeleitet von »lot« = Los, davon auch Lotterie) stammt aus Genua, wurde in Frankreich von den Soldaten Franz I. bei ihrer Rückkehr vom Italien-Feldzug eingeführt. Ein gewisser Benedetto Gentile gilt als sein eigentli-

Das Flipperspielfeld aus der Sicht der Kugel.

cher Erfinder Anfang des **16. Jh.s.** Man sagt, er habe einfach nur die Mode, die Ratsherren der Stadt immer wieder durch andere zu ersetzen, zu einem Spiel gemacht. *Biribi, Cavagnol* und *Hoca* sind einige vereinfachte Varianten des Lottos, die von Mazarin nach Frankreich gebracht, wenig später aber wieder verboten wurden. Die Einführung der königlichen Lotterie im Jahr 1776, dieser Vorgängerin der Staatslotterie, bewirkte, daß das Prinzip dieses Spiels in der Gesellschaft bekannt wurde.

Roulette fand schon in der *Enzyklopädie* von Diderot Erwähnung. In seiner heutigen Form kam es um **1780** auf. Diese »Glücksmaschine« besteht aus einer feststehenden konkaven Schale, in deren Innerem sich ein Zylinder von 56 cm Durchmesser dreht. Der Rand des Zylinders ist in 37 Felder eingeteilt, die die Zahlen von 0 bis 36 tragen. Zu jeder Zahl gehört eine Farbe: Rot oder Schwarz, ausgenommen Zéro (wie man statt Null sagt). Eine Kugel, die vom Croupier (Spielleiter, Bankhalter) in Umlauf gesetzt wird, entscheidet dabei jeweils über Gewinn oder Verlust.

Toto, als organisierte Sportwette zum Fußballspiel, wurde erstmals in England **1921** eingeführt. Seit 1948 wird Toto auch in Deutschland wöchentlich gespielt (in der DDR erst seit 1953 als Sporttoto), seit 1978 *Elferwette* und Auswahlwette *6 aus 45.*

Video-Spiele. Das erste Video-Spiel wurde **1972** von einem damals 28jährigen amerikanischen Ingenieur, Noland Buschnel, erfunden. Es war noch ein recht einfaches Spiel, bei dem es sich um eine Art Bildschirmtennis handelte. Buschnel bewies Ausdauer, und so etablierte sich sein Spiel schnell in den Spielsalons. Er gründete seine eigene Firma, Atari. 1976 brachte Atari auch Versionen für Heimanlagen auf den Markt. Das Video-Spiel drang unaufhaltsam in die Wohnzimmer ein.

Die beiden größten Erfolge waren »Space Invaders«, das 1978 von der japanischen Firma Taito Corp. präsentiert wurde, und »Pac Man«, das 1983 aus der Gemeinschaftsarbeit einer amerikanischen und einer japanischen Firma hervorging.

Mikrocomputer-Spiele revolutionierten Anfang der **80er Jahre** die Welt der Spiele. Bei allen Spielen mit Mikrocomputern kommt es vor allem auf Geschicklichkeit und Überlegung an.

Man kann zu zweit spielen, dann ist der Computer gewissermaßen der Schiedsrichter, oder aber allein gegen das Programm des Computers. In jedem Falle ist der Computer ein sehr spielstarker elektronischer Gegner. Deshalb findet man alle großen klassischen Spiele unter den eingegebenen Programmen: Schach, Dame, Backgammon, Go, Othello usw. Gegenwärtig kommen 99 Prozent der weltweiten Produktion aus den USA.

An den *computergesteuerten Fern-Spielen,* auch »computer moderated play-by-mail games« (CMPG) genannt, beteiligen sich zwischen 50 und 300 Spieler, die manchmal durch Hunderte von Kilometern getrennt sind. Die Initiative für ein Match geht von einem Spielleiter aus, der über einen Computer verfügt.

Den Rubik-Würfel, diesen verflixten Zauberwürfel, hat **1975** der Ungar Ernö Rubik erfunden. Zur Verzweiflung seiner Benutzer läßt er entsprechend einer mathematischen Berechnung 43 252 003 274 489 856 856 000 Kombinationen zu.

Die Würfelmaschine, einen Roboter, der den Zauberwürfel von Rubik aus jeder Stellung vollkommen selbständig in die Ausgangslage zurückbringt, stellten **1987** Daniel und Felix Scharstein aus Köln vor. Legt man den Würfel in die Greifer ein, bestimmen Farbsensoren als erstes die Position des Würfels. Dann errechnet der Computer in Sekundenschnelle die nötigen Operationen zur Wiederherstellung der Ausgangsposition. Die Greifgelenke drehen den Würfel Schritt für Schritt wieder in die Endstellung zurück.

Brettspiele

Backgammon. Nach Ausgrabungsfunden in Ur war schon etwa **3000 v. Chr.** ein ähnliches Würfel- und Brettspiel bekannt. Später kamen die Römer den heutigen Regeln bemerkenswert nahe. Der Name *Backgammon* wird dem walisischen *little battle* (kleine Schlacht) oder dem angelsächsischen *back game* (Rückzug) zugeschrieben.

Dame, in Nordamerika als *Chekkers* bekannt, ist älter als Schach. Es wurde im **2. Jtsd. v. Chr.** in Ägypten gespielt. Das früheste Buch über das Spiel schrieb 1547 Antonio Torquemada aus Valencia (Spanien).

Domino. Das Nationalmuseum der irakischen Hauptstadt Bagdad beherbergt etliche aus Knochen gefertigte Gegenstände, die in Ur in Chaldäa gefunden wurden und aus der Zeit um **2450 v. Chr.** stammen. Archäologen haben bei ihnen eine Ähnlichkeit mit unserem Dominospiel festgestellt. Es dauerte jedoch bis Mitte des 18. Jh.s, ehe Domino nach Europa und um 1795 über Frankreich bis nach England gelangte. Das Wort »Domino« (das möglicherweise aus der lateinischen Gebetsformel »Benedicamus domino« hervorgegangen ist) geht auf einen gleichnamigen schwarzen Kapuzenmantel zurück, der von den Priestern im Winter über dem weißen Chorhemd getragen wurde.

Das Gans-Spiel war offenbar nicht vor dem Ende des 16. Jh.s bekannt. Das älteste bekanntgewordene Modell ist ein Holzbrett venezianischen Ursprungs aus der Zeit um **1640.** Der immerwährende Erfolg des Gans-Spieles, dem sich auch Ludwig XIII., Ludwig XIV. und Napoleon im Kindesalter hingaben, ist wohl darauf zurückzuführen, daß es sich allen Zeitläufen anpaßte.

Go wurde nach der Überlieferung um **1000 v. Chr.** von dem chinesischen Kaiser Yao erfunden. Dieses Spiel sollte helfen, die Kombinationsgabe und das Denkvermögen seiner Kinder zu entfalten. In Japan wurde Go um die Mitte des 8. Jh.s durch einen Vermittler aus Korea eingeführt. Erst in Japan gelangte das Spiel zu voller Entfaltung. Von Anfang an orientierte sich das Go-Spiel an den tiefverwurzelten moralischen und politischen Auffassungen der asiatischen Völker. Den Höhepunkt seiner Verbreitung ver-

***Bajazzo* war einer der ersten Spielautomaten, 1906 von der Firma Jentzsch und Meerz in Leipzig gebaut. 10 Pfennig mußte man einwerfen, dann kam die Kugel. Nun mußte der Spieler versuchen, die Kugel mit der Mütze des Clowns aufzufangen.**

Original
BAJAZZO
Spielregel
30
20
20
40

zeichnete Go im 17. Jh. Ein alter buddhistischer Mönch namens Hon Imbôsansa, so etwas wie ein Champion auf diesem Gebiet, gründete in Edo (Tokio) eine offizielle Go-Akademie.

Mah-Jongg kam **1850** auf, was einem anonym gebliebenen Spieler aus der Stadt Ning-po zu verdanken ist. Er verfiel auf die Idee, anstelle der herkömmlichen chinesischen Spielkarten Dominosteine zu verwenden, die von den Spielern »Ziegel« genannt wurden. Die weitaus größte Verbreitung fand das reizvolle Mah-Jongg-Spiel in den angelsächsischen Ländern. Schon seit mehreren Jahren macht es in den USA und dort besonders an der Ostküste Furore.

Schach wurde zum erstenmal im **6. Jh.** von dem Perser Karmanak (590–628) erwähnt. Der Ursprung dieses Spiels könnte um das Jahr 500 im Norden Indiens liegen, seine heutigen Regeln wurden jedoch etwa um 1550 in Europa festgelegt. König, Dame, Läufer, Springer, Türme und Bauern bilden die 16 Figuren, die auf einem Brett mit 64 Feldern gegen den gleichstarken Gegner operieren.
Der Ausdruck »schachmatt« geht auf eine phonetische Verunstaltung des arabischen Begriffes »al shâh mat« zurück, was soviel bedeutet wie »Der König ist tot«.

Schachcomputer gibt es seit Mitte der **70er Jahre.** Bereits 1984 gab es mehr als 20 verschiedene Schachcomputer-Modelle. Das »Gedächtnis« eines Computers ist so programmiert, daß er auf jeden Zug des »menschlichen Spielers« optimal reagiert. Deshalb bevorzugen Schachcomputer eine rein taktische Spielweise, ohne Anspruch auf ein sich über mehrere Züge erstreckendes offensives Konzept. Dennoch sind sie ausgesprochen gute Spieler. Bei einem kürzlich ausgetragenen Turnier landete das Modell *Elite Challenger* unter 600 Teilnehmern an 107. Stelle. Vielleicht kommt der Tag, an dem Schachcomputer unschlagbar sind!

Solitaire ist seit dem **17. Jh.** bekannt. Dieses Brettspiel für eine Person wurde möglicherweise von einem gewissen Pelisson erfunden, der auf Befehl von Ludwig XIV. gefangengehalten wurde, oder aber von einem Mathematiker, der sich damit auf seinen Reisen mit der Postkutsche die Langeweile vertrieb. Der römische Dichter Ovid (43 v. Chr.–27/28 n. Chr.) erwähnte in seinen Schriften bereits ein ähnliches Patiencespiel.

Das Stäbchenspiel Mikado ist wahrscheinlich im **14. Jh.** aus dem schon von den Römern praktizierten »Nadelstoßen« hervorgegangen. Bei dem in Europa seit 1474 bekannten Spiel wird eine Anzahl Stäbchen auf einer Unterlage kreuz und quer durcheinandergeworfen. Die Spieler müssen versuchen, die Stäbchen Stück für Stück so herauszuziehen, daß kein anderes sich dabei bewegt.

Daniel und Felix Scharsteins Würfelmaschine, die den Rubikschen Zauberwürfel »entzaubert« hat; sekundenschnell ist die Lösung gefunden.

Gesellschaftsspiele

Hex ist ein typisches Kombinationsspiel. Es stehen sich zwei Gegner gegenüber, von denen jeder bemüht ist, als erster die beiden Spielbrettränder dadurch zu verbinden, daß er mit seinen Steinen eine durchgehende Linie bildet.
Hex wurde **1942** von dem dänischen Forscher Piet Hein erfunden, der am Physikinstitut von Niels Bohr wirkte. Das Spiel wurde unter dem Namen *Polygon* rasch populär. Im Jahr 1948 entdeckte John F. Nash, Student an der Universität Princeton, das Spiel neu. Nun hieß es *Nash.* Und 1952 wurde es von der berühmten Firma Parker Brothers (die auch *Monopoly* herausbrachte) wieder unter dem Namen *Hex* vorgestellt.

Das Kreuzworträtsel wurde von dem in Liverpool geborenen amerikanischen Journalisten Arthur Wynne **1913** erfunden. Er war Mitarbeiter der Rubrik Spiele an der *New York World* und suchte immer wieder nach neuen Rätseln. Unter anderem erinnerte er sich an ein Spiel aus der Viktorianischen Epoche, das ihm sein Großvater gezeigt hatte: das magische Viereck. Er rekonstruierte das »Gitter«, schaltete da und dort ein schwarzes Quadrat ein und fügte eine Liste von 32 Definitionen hinzu. So schuf er die »gekreuzten Wörter«, die zum erstenmal in der Wochenbeilage der *New York World* am 21. Dezember 1913 erschienen. Seine Definitionen waren noch sehr einfach und rein beschreibend.

Monopoly wurde **1933** von dem Amerikaner Charles Darrow (1889–1967) zur Zeit des wirtschaftlichen Niedergangs erfunden, der auf die Krise von 1929 folgte. Er selbst war damals arbeitsloser Heizungsingenieur. Das Spiel hatte sogleich beachtlichen Erfolg.
Es wurde in zahlreiche Sprachen übersetzt. Die amerikanische Firma Parker Brothers, die es herausbrachte, nachdem sie 1935 die entsprechenden Rechte erworben hatte, hat seitdem an die 100 Mio. Exemplare in alle Welt verkauft.

Murder Party lebt unter dem Einfluß der Simulations- und mehr noch der Rollenspiele wieder auf. Dieses Spiel entstand **1920** in den USA, zur Zeit einer besonderen Popularität des Kriminalromans.

Othello erfand der Japaner Goro Hasegawa **1974.** Seine Strategie – gespielt wird es von zwei Personen – besteht nicht darin, die Figuren des Gegners auszuschalten, wie etwa bei Dame oder Schach, sondern man versucht, sie ins Spiel zurückzuholen, um sie ganz zu besitzen. In Japan ist Othello, von dem es auch eine elektronische Version gibt, das am weitesten verbreitete Spiel nach Go. Weltmeister ist gegenwärtig jedoch ein Franzose: François Pingaud.

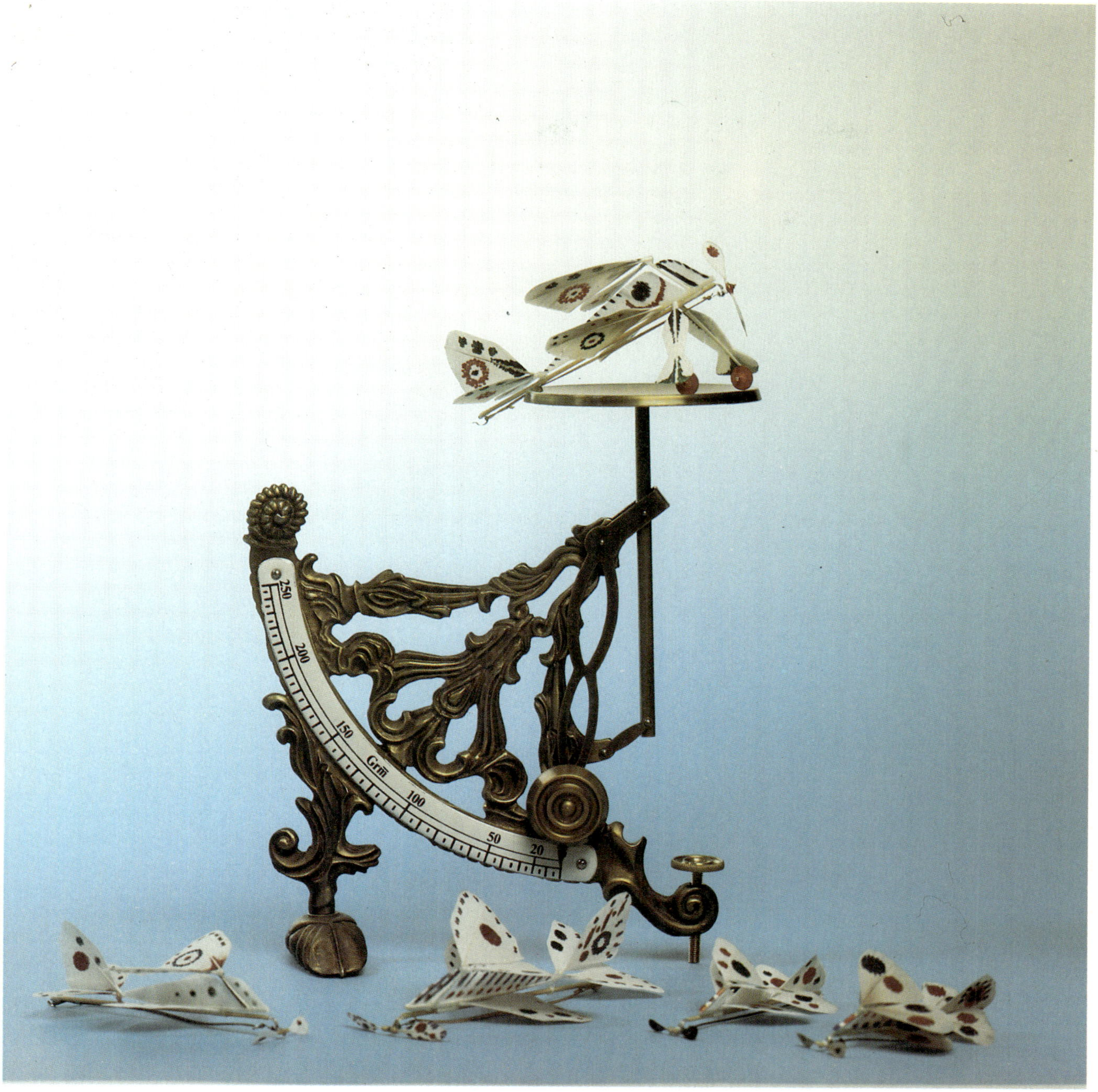

Puzzle, das in viele verschiedenartige Teile zerlegte und wieder zusammensetzbare Bild, entstand **um 1760** gleichzeitig in Frankreich und Großbritannien. Anfangs hatte das Spiel Fortbildungscharakter. In Frankreich begann ein gewisser Dumas im Jahr 1762 damit, Landkarten zu zerschneiden und die Schnipsel, die dann wieder zusammengesetzt werden mußten, zu verkaufen. Der Brite John Spilbury klebte eine Landkarte Englands auf eine dünne Scheibe aus Mahagoniholz. Sein Puzzle wurde genau an den Grenzen der Grafschaften zerlegt, und man konnte sie einzeln kaufen. Spilbury starb mit 29 Jahren; seinen Erfolg erlebte er nicht mehr. Später hatten seine Puzzles historischen Wert. Im Jahr 1787 brachte der Engländer William Darton ein Puzzle mit den Bildnissen aller englischen

Federleichte Motorflieger baut Hermann Holzhauser aus Fürth. Grashalme und Taubenfedern sind sein Material. Der Antrieb kommt vom Gummibandmotor.

Könige heraus, angefangen von Wilhelm dem Eroberer bis zu Georg III. Der Puzzlespieler mußte die Aufeinanderfolge der Könige auswendig kennen, um das Ganze zusammensetzen zu können.
Im Jahr 1789 vereinfachte Wallis dieses Spiel und brachte eine Platte mit der chronologischen Darstellung der englischen Geschichte in Farbe heraus, die als Muster für alle späteren Puzzles diente.

Scrabble ließ der Amerikaner James Brunot aus Newton, Connecticut (USA), **1948** urheberrechtlich schützen. Die Idee dazu hatte er von dem Spiel *Criss-Cross* übernommen, bei dem zwei Spieler mit Buchstaben aus Holz auf einer Kartonunterlage gekreuzte Wörter bilden mußten. *Criss-Cross* war seinerseits im Jahr **1931** von Alfred M. Butts erfunden worden.

Trivial Pursuit wurde **1981** von drei jungen Kanadiern, Chris und John Haney sowie Scott Abbott, erfunden. Das Spiel setzt Kenntnisse auf vielen Gebieten voraus: Geographie, Kunst, Literatur, Unterhaltung, Wissenschaft, Natur, Sport usw. Es können zwischen 2 und 36 Spieler teilnehmen, normalerweise spielt man jedoch mit sechs Teilnehmern. Gegenwärtig umfaßt das Spiel etwa 6000 Fragen und die zugehörigen Antworten. Trivial Pursuit hatte außergewöhnlichen

Erfolg in Kanada, wo zwischen 1981 und 1983 rund 2,5 Mio. Spiele verkauft wurden. In den USA waren es bis 1984 gar 24 Mio.

Spielzeug

Frisbee wurde **1957** von Studenten der Universität Yale, Connecticut (USA), erfunden. Ursprünglich hatte das Gerät Tortenform und war aus Aluminium. Die Form ging auf einen Konditor in Bridgeport, Joseph Frisbie, zurück, der die Universität regelmäßig mit seinen Produkten belieferte. Ein gewisser F. Morisson ließ 1958 ein ähnliches Objekt aus Kunststoff für sich schützen, dem er den Namen *Frisbee* gab. Innerhalb von zehn Jahren stieg der Verkauf dieser »fliegenden Untertassen« von 10000 Exemplaren im Jahr 1970 auf 350000 im Jahr 1980. Nachdem es inzwischen auch Regeln gibt, ist *Frisbee* im Begriff, ein vollkommen selbständiger Sport zu werden.

Der Hula-Hoop-Reifen aus Kunststoff wurde 1958 von Richard P. Knerr und Arthur K. »Spud« Melvin, den Eigentümern der Firma Wham-O Manufacturing Company in San Gabriel, Kalifornien (USA), erfunden. Innerhalb von sechs Monaten verkauften die Erfinder in den USA 20 Mio. dieser Reifen zu einem Stückpreis von 1,98 Dollar.

Die Anfänge des Jo-Jo können durchaus in der Antike liegen. Sicher ist in jedem Falle nur, daß es im Laufe des **18. Jh.s** in England auftauchte, wo es bei Hofe alle begeisterte. Es dauerte nicht lange, bis die Popularität des neuen Spiels andere Länder erreichte. Von der Aristokratie hoch geschätzt, erhielt es bald den Namen *Emigrette* – eine Huldigung auf die während der Revolution emigrierten Adeligen. Danach geriet es lange Zeit in Vergessenheit. Erst 1932 erwachte es zu neuem Leben, diesmal unter dem Namen *Jo-Jo.* Und erneut begeistert sich jung und alt für das Spiel.

Legosteine. Die Idee dazu hatte der Däne Ole Kirk Christiansen aus Billund, der vom Zimmermann zum Spielzeugfabrikanten umsattelte. Auf der Suche nach einem Namen für sein ausschließlich aus Holz gefertigtes Spielzeug fand er **1934** endlich die Lösung, indem er die dänischen Wörter »leg« und »godt« (spiele gut) zu *Lego* zusammensetzte.
Nach dem Krieg entdeckte man dann die Möglichkeiten des Kunststoffs. 1947 wurde die erste Maschine zur Herstellung von Kunststoffprodukten gekauft, und bereits zwei Jahre später hatte man bereits über 200 Produkte im Programm, darunter auch einen Vorläufer des Legosteins, wie man ihn heute kennt. 1954 machte sich dann der Sohn des Begründers, Godtfred Kirk Christiansen, Gedanken über die Entwicklung eines völlig neuen Systems, in denen er auch die Möglichkeit der Massenproduktion miteinschloß. **1955** war es dann soweit. Der Legostein wurde als gänzlich neugestaltetes Spielsystem auf den Markt gebracht, das für alle Altersstufen geeignet ist.

Das Playmobil tauchte **1974** auf dem Spielzeugmarkt auf. In Dietenhofen bei Nürnberg von der Firma Geobra-Brandstätter produziert, wurde dieses Spielzeug so populär, daß Geobra zum bedeutendsten Spielzeugfabrikanten der Bundesrepublik Deutschland aufrückte.

Rollschuhe erfand der belgische Musikinstrumentenbauer Joseph Merlin **1759.**
Er hatte die ausgefallene Idee, als geladener Gast eines Ballvergnügens im Londoner Carlisle House Geige spielend auf Rollschuhen zu erscheinen. Leider hatte er das Bremsproblem noch nicht gelöst, weshalb er gegen den großen Spiegel im riesigen Empfangssaal krachte, wobei der Spiegel und die Geige in Trümmer gingen und er selbst schwere Verletzungen davontrug. Seine beiden Rollschuhe hatten je zwei große Rollen. Im Bereich des sportlichen Wettkampfs war es der Eisläufer J. Garcin, der Anfang des 19. Jh.s das Rollschuhlaufen erfand. Zunächst betrieb man Rollschuhlaufen nur im Sommer zu Trainingszwecken.
Der Amerikaner James L. Plimpton aus New York ließ **1863** die ersten Rollschuhe mit *vier Rollen pro Schuh* patentieren.

Beim **Teddybär** machen sich Amerikaner und Sowjets die Urheberschaft streitig. Seit langem produzierte man in Rußland Holzspielzeug, insbesondere Bären und Schlitten. Es wird berichtet, daß Zar Nikolaus II. (1868–1918) seinen Gästen Spielzeug in Form von langzotteligen Bären schenkte. Einen solchen Bären erhielt der Präsident der französischen Republik, Loubet, anläßlich der Unterzeichnung des französisch-russischen Vertrages von **1892.**
Eine andere Geschichte besagt, daß der Sohn des Präsidenten Theodore Roosevelt während der Mandatszeit seines Vaters (1901–08) einen kleinen Bären hatte, den er sehr mochte. Als dieser starb, war das Kind sehr traurig. Daraufhin bot ein Tüftler an, ein diesem Tier ähnliches Spielzeug zu basteln. Er fertigte einen Bären aus Plüschresten und stopfte ihn mit Lumpen aus. Der Sohn des Präsidenten hieß Teddy, daher der Name Teddybär. Die Firma Ideal Toy Corporation brachte damals die ersten amerikanischen Bären zur gleichen Zeit in den Handel, als die deutsche Firma Steiff in Giengen (Württemberg) in Europa den Stoffbären herausbrachte.

Das erste und einzige Teddybären-Museum der Welt wurde am 6. März **1986** am Kurfürstendamm in Berlin (West) eröffnet. Initiatorin und Museumsdirektorin ist die Kunsterzieherin Florentine C. Wagner, die bereits mehr als 2000 Plüschtiere aus aller Herren Länder zusammengetragen hat. Der älteste Teddy aus der Privatsammlung – einer der ersten überhaupt – ist immerhin schon 83 Jahre alt. 5 cm mißt der kleinste Bär. Es finden sich jedoch auch welche in Lebensgröße.

Puppen

Puppen fertigten sich die Kinder bereits in der **Vorgeschichte** an. Das Wort selbst kommt vom lateinischen »puppa«, was soviel wie Mädchen bedeutet. Die ersten Puppen waren aus Holz oder Terrakotta, seltener aus Wachs oder Elfenbein. Die Griechen und Römer kannten bereits Puppen mit präzise nachgebildeten Gliedmaßen.

Älter als 3000 Jahre ist der Bumerang. So mancher hat ihn inzwischen auch für den sportlichen Vergleich entdeckt. Hier wird Wilhelm Tell Konkurrenz gemacht.

Im 19. Jh. kamen die meisten, aus Pappmaché hergestellten Puppenkörper aus Sachsen. Nürnberg und London waren – neben anderen Städten – besonders auf Porzellanpuppen spezialisiert. In Paris wurden sie »angezogen« und bis nach China versandt.

Die sprechende Puppe verdanken wir Thomas A. Edison (1847–1931), dem Mann, der 1877 den Phonographen erfand. Sie wurde **1880** herausgebracht und konnte »Papa, Mama« mit einer aufgezeichneten echten menschlichen Stimme sagen.

Die Barbie-Puppe wurde **1958** von der amerikanischen Firma Mattel herausgebracht. Es war die erste Puppe mit dem Aussehen einer Erwachsenen. Zu ihr gehörte eine ganze Kollektion von Miniaturkleidern. Barbies kleiner Freund Ken erschien 1961. Danach folgten ihre beste Freundin, Midge, und noch etwas später die Geschwister Skipper, Allan usw. Im Jahr 1976 konnte man anläßlich der Zweihundertjahrfeier der Unabhängigkeit der Vereinigten Staaten Barbie-Puppen in Etuis verschweißt und mit Datum versehen kaufen. Diese Etuis dürfen erst im Jahr 2076 anläßlich der Dreihundertjahrfeier geöffnet werden.

Die Cabbage Patch Kids (soviel wie »Kohlpuppen«) sind eine neue Puppen-»Rasse«, die in den USA für Furore sorgt. Die am 12. November **1983** in Hayward (Kalifornien) »geborenen« und von Xavier Roberts erfundenen Cabbage-Dolls gehen nicht, sprechen nicht und haben einen komischen runden Kopf. Ja, sie schielen sogar ein wenig, aber das machte sie nur noch attraktiver. Die Firma Coleco hat es fertiggebracht, eineinhalb Mio. Stück dieser Puppen zu produzieren, von denen keine einer anderen völlig gleicht. Jede Puppe wird mit einem »Geburtsschein« und einer richtigen Adoptionsurkunde verkauft.

Spiel mit der Kugel

Billard wurde erstmals im **14. Jh.** gespielt, und zwar auf dem Erdboden. Später hatte der Tischler Henri de Vigne die Idee, das Spiel »auf vier Beine« zu stellen, und baute für Ludwig XI. den ersten Billardtisch. Es gibt mehrere Arten des Billardspiels: Das amerikanische Billard, auch *Pool* genannt, wird heutzutage in aller Welt von rund 50 Mio. Menschen gespielt; vorübergehend hat es sogar das klassische Billard übertroffen. Weitere Varianten sind das Englische Billard, Golf-Billard, Nicolas-Billard, das Russische Billard; letzteres ist ein Vorgänger des elektrischen Billards.

Snooker ist ebenfalls eine Art Billardspiel; sein Ursprung geht auf das Jahr **1875** zurück. Erfunden wurde es von englischen Offizieren der Indien-Armee, die damit gegen die Langeweile in

Zur Nachbildung des Hafens von Kopenhagen waren 3 Mio. Legosteine erforderlich.

der Garnison ankämpften. Die erste Snooker-Weltmeisterschaft fand 1926 statt, aber erst 1969 nahm dieses Spiel dank der BBC einen enormen Aufschwung. Millionen Fernsehzuschauer haben inzwischen viel Spaß an Snooker. Weltmeister ist gegenwärtig der 26jährige Engländer Steve Davis.

Das Boule-Spiel war schon bei den Griechen der Antike unter der Bezeichnung *Spheristik* als ein der körperlichen Entspannung dienendes Spiel bekannt. Danach übernahmen es die Römer, und seit dem Mittelalter wird Boule in Frankreich betrieben. Dort hieß es *jeu des grosses boules*, Spiel mit großen Kugeln. Bei der Obrigkeit fand es keinen Gefallen, weshalb es der französische König Karl V. im Jahr 1369 verbot. Danach wurde es zunächst heimlich, dann aber immer offener weitergespielt. Ähnliche Spiele sind *Boccia, Pétangue, Raffa, Jeu provençal*.

Bowling ist die moderne Form des Kegelns; seine Regeln wurden **1874** in den USA verfaßt.

Das Kegelspiel war schon in der Antike bekannt. Im Mittelalter erfreute es sich großer Beliebtheit, insbesondere in Deutschland. Es heißt, daß niemand anders als Martin Luther die Zahl der Kegel mit neun festgelegt habe. Der zehnte Kegel

Über die Urheberschaft gibt es keine Einigung. Aber Steiffs Teddybären gehörten ohne Zweifel zu den ersten. Der Herr mit Brille stammt noch aus dem Jahr 1903, das Hausmütterchen von 1930.

tauchte 1845 in Connecticut (USA) auf. Mit ihm wurde das Verbot des Neuner-Kegelspiels umgangen.

ÖFFENTLICHES LEBEN

Gemeinschaftseinrichtungen

Der erste bekannte Aufzug wurde unter Ludwig XV. **1743** in Versailles konstruiert. Er war in einem kleinen Hof an der Außenseite des Gebäudes angebracht und beförderte den König von seiner Wohnung im ersten Stock zu seiner Geliebten, Madame de Châteauroux, im zweiten Stock. Durch ein System von Gegengewichten konnte man den Apparat ohne große Mühe manövrieren.

Ein mechanischer Aufzug wurde **1829** erstmals im Kolosseum des Londoner Regent's Park gebaut. Er faßte zehn Passagiere und war eine Kopie der St.-Paul's-Kathedrale. Von ihm aus konnte man das Panorama von London bewundern. Der erste Aufzug für den öffentlichen Gebrauch wurde am 23. März 1857 in New York eingeweiht. Der Amerikaner Elisha Graves Otis hatte ihn für ein fünfgeschossiges Kaufhaus am Broadway konstruiert. Schon 1852 hatte E. G. Otis den ersten Sicherheitsaufzug mit Notbremse vorgestellt.

Hydraulischer Aufzug. Auf der Weltausstellung in Paris **1867** stellte der Franzose Léon Edoux zwei Lifts von 21 m Höhe mit *hydraulischen Kolben* vor. Er gab ihnen den Namen Aufzug. Ab 1879 breitete sich das Modell in den USA aus und war schon 20mal so schnell wie das von Otis von 1857. Trotz der Schwierigkeit, die Zylinder sehr tief eingraben zu müssen, hatte Edoux 1899 für den Eiffelturm schon einen Aufzug von 160 m Höhe realisiert. 1984 wurde der hydraulische Aufzug, der zur dritten Etage des Eiffelturms fuhr, durch den Duolift ersetzt, ein System ohne Gegengewichte, das die Firma Ascinter-Otis erfunden hatte. Mit vier Kabinen kann man 80 Passagiere bei 1,8 m/Sek. auf 160 m heben.

Den ersten elektrischen Aufzug baute die deutsche Firma Siemens & Halske für die Industrieausstellung **1887** in Mannheim. Er stieg in 11 Sek. 22 m und transportierte 8000 Passagiere in einem Monat auf den Gipfel des Turms, von dem aus man die Ausstellung überblicken konnte. Der erste Elektroaufzug, der über 200 m hoch stieg, wurde 1908 in New York gebaut. Heute verkehrt der schnellste Aufzug mit 600 m/min im Sunshine Building von Tokio.

Der Paternoster, der **1880** in England erfunden wurde, wurde 1896 in Berlin beim Kaiserlichen Patentamt angemeldet. Um die Jahrhundertwende wurde er bei uns zu einem beliebten Beförderungsmittel. Doch der Siegeszug der modernen Fahrstühle stoppte seine Karriere: 1973 wurden Neuanfertigungen wegen mangelnder Sicherheit untersagt.

Der Spindelaufzug, der **1965** von dem Belgier Emil Letz erfunden wurde, ist in seiner Einfachheit revolutionär. Eine einzige Tragemauer und eine feste Schraube, um die sich eine Mutter dreht, auf der die Kabine und der mit ihr auf- und abfahrende Motor ruhen – das ist alles. Kein Maschinenraum also, kein Flaschenzug, keine Gewichte und Gegengewichte und vor allem sofortiger Stopp bei einer Panne.

Eine Aufzugsicherung erfand **1979** der Franzose Antoine Serina, indem er das System *ISA* entwikkelte. Bei einer Panne garantiert es die Unterbrechung des elektrischen Stroms, so daß sich die Kabine aus der Halterung lösen läßt. Elektromagneten setzen dann die zu beiden Seiten angebrachten leistungsstarken Widerlager frei, so daß die Kabine von ihrer zentralen Halterung abgekoppelt ist. Eine Winde mit in der Halterung verankerten Federn löst die Kabel vorsichtig und läßt die Kabine langsam durch ihr Eigengewicht nach unten sinken. Der Aufzug hält auf der untersten Etage, wo man dann die Passagiere befreien kann. Der Prototyp des Apparates bekam auf der Internationalen Erfindermesse 1983 in Genf den Großen Preis. Seit 1986 ist er im Handel.

Die Rolltreppe entstand aus den vereinten Anstrengungen der Amerikaner Jesse W. Reno und George W. Wheeler. Zunächst mündete das Projekt der mechanischen Treppe in ein Förderband, das sich als ziemlich gefährlich erwies. Reno perfektionierte es, indem er das Band durch rollende Stufen ersetzte. Er ließ die Erfindung am 15. März **1892** patentieren. Dann konstruierte er gerippte Stufen, damit sie zwischen die Zähne eines Kamms paßten, den er an den Treppenaufsätzen befestigte. Die erste öffentliche Rolltreppe wurde 1900 bei der Weltausstellung in Paris gezeigt, bevor sie in den USA in einem Kaufhaus von Philadelphia installiert wurde.

Die erste Klimaanlage erfand Willis Carrier **1911.** Seit 1902 hatte er in einer Brooklyner Druckerei die Regulierung der Luftfeuchtigkeit studiert. Daraus entwickelte er 1904 die zentrale Klimaanlage mit Luftreinigung durch Wasserzerstäubung. Dieses System wird bis heute benutzt. Er entwickelte seine Idee weiter und stellte 1911 ein Diagramm der Feuchtluft auf, nach dem man Klimaanlagen rationell berechnen und einsetzen konnte.
Man kann die Klimaanlage auf die *künstliche Belüftung* zurückführen. Schon **1155** hatte der Italiener Agricola die Vorgänge bei der Minenbelüftung beschrieben. Auch Leonardo da Vinci hatte sich mit dem Problem beschäftigt.
1919 eröffnete man in Chicago gleichzeitig das erste *klimatisierte Kino* und ein *klimatisiertes Kaufhaus.*

Der erste Feuerlöscher, der mit Chemikalien arbeitete, wurde **1866** von dem Franzosen François Carlier erfunden.
1905 vermischte dann der Russe Alexander Laurent eine Lösung aus Aluminiumsulfat und doppelt kohlensaurem Natron mit einem Stabilisierungsmittel. Die so entstehenden Bläschen enthielten Kohlensäure. Sie schwammen auf Öl, Petroleum und Farbe und verhinderten so den Kontakt mit der Luft, also dem verbrennungsfördernden Sauerstoff.

Die telefonische Alarmanlage mit Stimmensynthesizer brachte im September **1983** die auf Telefonforschungen spezialisierte Firma »3 M« heraus. Sie wird an das öffentliche Netz und den Telefonanschluß angeschlossen und ist mit einem Suchsystem verbunden.

Für seine Foto-Alarmanlage verlieh die Jury der Erfindermesse in Genf **1980** dem Schweizer Heinz Lechner eine Silbermedaille. Die Genfer Gesellschaft »35« vertreibt sie seither. Die Foto-Alarmanlage fügt den traditionellen Funktionen eine weitere hinzu: Sie macht ein Foto vom Dieb mit einer Sofortbildkamera, die mit zehn Negativen und Blitzlicht ausgerüstet ist.

Securisan ist ein neues, elektronisches, von weitem programmierbares Sicherheitssystem fürs Haus, das **1987** von der Firma Thomson verbreitet wurde. Mit diesem Computer, der nicht größer als ein Radiogerät ist, lassen sich Heizung, Bewässerungsanlage für den Garten und auch sonst alle Haushaltsgeräte programmieren. Gleichzeitig wird das Haus bewacht und kann per Telefon im Falle eines Defektes oder Brandes Hilfe geholt werden. Mit Sendern für Nachrichtenansagen und einer Alarmanlage ausgestattet, hält Securisan auch Einbrecher fern.

Alarm für Alleinstehende. Um Alten oder Alleinstehenden zu helfen, baute der Ingenieur Heinz Lechner (Schweiz) **1981** ein kleines Elektrogerät, das man am Körper trägt. Es heißt *Care-Alarm,* läßt sich bei Schwierigkeiten mit einem einfachen Knopfdruck bedienen und sendet dann sofort ein Funksignal an einen in der Nähe, zum Beispiel beim Nachbarn, aufgestellten Empfänger. Der Apparat wird seit 1984 verkauft.

Der Sender GRX, der **1985** von dem Franzosen Guy Royoux präsentiert wurde, kann Personen oder abhandengekommene Tiere in einem Umkreis von 1,5–5 km aufspüren. Der mit Hochfrequenz ausgestattete Sender gibt Licht- oder Tonalarmzeichen von sich, sobald er das gesuchte Objekt, das mit einem entsprechenden Empfänger ausgerüstet ist, geortet hat.

Die erste Verkehrsampel wurde an der Ecke Bridge Street und Palace Yard in London am 10. Dezember **1868** installiert. Sie hing auf einem sieben Meter hohen Stahlpfosten und arbeitete mit Gas. Von einer Seite war sie rot, von der anderen grün. Man drehte sie durch ein Hebelsystem. Das Rot hieß Stopp und das Grün Achtung. Der Polizist, der sie drehen mußte, wurde schwer verletzt, als sie am 2. Januar 1869 explodierte. Die erste *elektrische Ampel* wurde auf Anregung von Alfred A. Benesch am 5. August **1914** an der Ecke 150. Straße und Avenue Euclid in Cleveland, Ohio (USA), installiert. Wenn die Ampel die Farbe wechselte, war ein Klingelzeichen zu hören. Die erste dreifarbige Ampel stand 1918 in New York.

Die Parkuhr wurde von dem Journalisten Carlton Magee erfunden. Er gründete auch die erste Fabrik für Parkuhrenherstellung, die Dual Meter Co., und zwar am 16. Juli **1935** in Tulsa, Oklahoma (USA).

Die Kanalisation geht schon auf assyrische und babylonische Architekten zurück. Für eine Entwässerung sorgten auch die Ägypter in ihren Tempeln und Pyramiden. Unterirdische Kanäle für ihre öffentlichen Bäder und Abortanlagen mit Wasserspülung bauten Griechen und Römer (bekannt ist die *Cloaca maxima* in Rom von **590 v. Chr.**). Um 1200 ließ König Philipp August die Straßen von Paris pflastern und befahl, die offenen Gräben zu vertiefen, um das Abwasser abfließen zu lassen (Faulgräben). **1530** baute man in der schlesischen Stadt Bunzlau die erste *Schwemmkanalisation mit Rieselfeldern* zur Abwasserreinigung. London erhielt erst 1859–75, Berlin 1873–83 eine Kanalisation.

Der Mülleimer kam **1884** auf, als Eugène Poubelle, der Präfekt von Grenoble und spätere Präfekt von Paris, die Wohnungseigentümer verpflichtete, ihren Müll zu beseitigen. Er gab den Gemeindekehrern den Auftrag, die Mülleimer in Tonnen zu leeren, deren Abtransport durch die Straßen wie die Eisenbahn von einem Pfeifton angekündigt wurde.

Müllwagen, diese im modernen Leben so wichtige Erfindung, verdanken wir dem französischen Ingenieur Fernand Rey. Bis 1933 wurde der Abfall in offenen Behältern gesammelt. Rey arbeitete einen geschlossenen aus, in dessen Innenraum die Abfälle zusammengepreßt werden, wodurch Hygiene und Kapazität steigen. Der erste Müllwagen kam **1934** in Paris heraus.

Das Müllverbrennungsauto, das Abfälle aufsammelt und verbrennt, erfand Michel du Chambon **1980.** Es löst Probleme der Müllvernichtung und beseitigt unter anderem die schrecklichen Abfallhalden an den Rändern mancher Ballungszentren. Es hat eine Kapazität von 2000 kg/Std. und verarbeitet den Müll ohne Luftverschmutzung unmittelbar nach dem Aufsammeln.

Die Sicherheit des Hauses im Auge zu behalten, ist oberste Aufgabe dieses Überwachungscomputers. Er kann aber ebenso die Raumtemperatur regulieren oder die Haushaltsgeräte kontrollieren.

Toilettenhäuschen. Vorläufer des öffentlichen Klos ist die *Vespasienne,* die öffentliche Bedürfnisanstalt für Männer, deren Erfindung man dem römischen Kaiser Vespasian (9–79 n. Chr.) zuschreibt und deren Wiederentdeckung im Jahr 1841 dem Grafen Hambuteau zu danken ist.

Den antibakteriellen Handtrockner verdanken wir dem Schweizer R. F. Moreillon. Er ist vor allem für Krankenhäuser, Labors und medizinische Praxen gedacht. Ultraviolett strahlende, ozonisierende Lampen zerstören die Mikroben, bevor die Luft in die Turbine gewirbelt und wieder hinausgelassen wird. Er wurde **1981** erfunden.

Geschäftsleben

Geld, genauer gesagt gemünztes Geld, wurde in Vorderasien im **7. Jh. v. Chr.** erfunden, und zwar unter dem Regime des lydischen Königs Ardis. Bis dahin zahlte man mit kleinen Stücken aus einer Legierung von Kupfer und Silber, Electrum genannt, die man in natürlichem Zustand in dem Fluß fand, der die lydische Hauptstadt durchquerte. Die ersten aus dieser Legierung hergestellten Geldstücke hatten die Form platter Kügelchen und trugen auf einer Seite einen viereckigen Stempel und auf der anderen einen assyrischen Löwenkopf, dessen Nase mit einer Art Strahlenkugel geschmückt war.

Den Wechsel erfanden die Griechen bereits im **4. Jh. v. Chr.** Das »Gespräch über die Bank« von Isokrates (436–338 v. Chr.) beschreibt bereits dieses Zahlungsmittel, das es ermöglicht, bei großen Reisen nicht große Summen Bargeld mitzunehmen. Händler und Reisende wandten sich an den Bankier ihres Wohnortes und hinterlegten bei ihm eine Geldsumme. Er gab ihnen dafür einen Wechselbrief. Dafür gab ihnen der Bankier am Zielort eine entsprechende Geldsumme in der Währung, die sie brauchten. Der Wechselbrief ist der Vorläufer des Bankschecks.

Aktie. Neueste Forschungen der Historiker haben ergeben, daß die ersten Anteilscheine schon **1533** für die oberpfälzische Amberger Zinnblechhandelsgesellschaft ausgegeben wurden. Gründer der Gesellschaft war im gleichen Jahr Pfalzgraf Friedrich II., der spätere Kurfürst. Bislang hatte man angenommen, der Rang der weltweit ersten Aktiengesellschaft käme der holländischen Vereinigten Ostindischen Gesellschaft zu, die 1602 die ersten Anteilscheine ausgab. Immerhin existieren noch heute zwei Aktien davon; eine hängt in der Amsterdamer Börse, die andere soll sich in München in Privatbesitz befinden.

Banknoten. Ursprünglich gaben die Bankiers auf den mittelalterlichen Märkten ihren Einlegern Empfangsbestätigungen. Ab 1507 gab es in Venedig erstmals die Möglichkeit, diese Empfangsbestätigungen durch Wechselgirierungen zu ersetzen. Dies führte dann direkt zur Einführung des Papiergeldes. Die erste Bank, die Banknoten ausgab, war **1658** die Riksbank in Stockholm.

Die Kreditkarte ist eine Idee des Amerikaners Ralph Scheider. **1950** konnten die ersten 200 Mitglieder des Diner's Club in 27 New Yorker Restaurants auf Kredit essen. Die Bank of America brachte 1958 die erste Bankkreditkarte unter dem Namen *Bankamericard* heraus.

»Gedächtniskarte«. Der Franzose Roland Moreno, als Ingenieur ein Autodidakt, meldete die ersten Patente für seine Firma Innovatron **1974** an. Nach vielen Versuchen gelang es ihm, Banken und die Abteilung für Telekommunikation beim Wissenschaftsministerium dafür zu interessieren. Bull war der erste Hersteller, der die passive Erinnerung durch einen Mikroprozessor ersetzte. So kann die Karte den Zugriff zu ihren geschützten Informationen selbst kontrollieren. Der Mikroprozessor kann unter anderem Eingaben chiffrieren und dechiffrieren, was Informationspiraterie verhindert. Im Oktober 1983 waren ein halbes Dutzend Piloteinrichtungen mit der Gedächtniskarte in Frankreich an der Arbeit. Zusammen mit anderen Systemen im Ausland, vor allem dem System *Rapids* von Philips im amerikanischen Verteidigungsministerium, machte das 130 000 Karten. Unter der reduzierten Form eines Jetons oder einer Karte transpor-

Die ersten »Straßenstaubsauger« wurden in Paris im Frühjahr 1987 in Betrieb genommen.

tiert die Gedächtniskarte geschützte Informationen. Ihre Hauptbedeutung besteht in der Sicherheit der Informationen gegen Fälschung und Reproduktion.

Bancavox, eine Erfindung des Jahres **1984,** ist ein kleiner Taschenterminal, der rund um die Uhr Kontakt mit der Bank hält, egal, wo man sich auf der Welt befindet. Er sagt mit lauter Stimme alles, was sich auf dem Geschäftskonto tut, und führt Befehle aus, vom einfachen Erstellen der Auszüge bis zur Buchung und der Bekanntgabe von Börsenkursen. Er hat die Größe eines Taschenrechners.

Einen Bankroboter bringt die schwedische Firma Rosengrens mit dem *DM 5* seit **1984** auf den Markt. Er bietet ein Maximum an Sicherheit gegen Diebstahl, besonders gegen Raubüberfälle. Die Kunden und damit auch der Räuber haben keinen Zutritt mehr zu den heiligen Hallen der Tresore. Der *DM 5* sucht das fragliche Konto, nachdem man ihm die Karte präsentiert und er sie über einen Geheimcode ergriffen hat. Dies geschieht alles im Schutz einer verblendeten Kasse. Anschließend gibt der Automat die Karte zurück.

Die Börse ist eine Fortentwicklung der ursprünglich formlosen Zusammenkünfte von Kaufleuten im Mittelalter. Der Name »Börse« taucht erstmals im 16. Jh. auf und stammt von dem Platz in Brügge, auf dem schon im 13. Jh. die Kaufleute sich versammelten; dieser hieß »de beurse« oder »de burse« nach dem Hause der Patrizierfamilie van der Beurse. Katalanische Seestädte hatten schon im **15. Jh.** Börsen, die erste *internationale Börse* war in Antwerpen **1531,** dann in Frankreich 1546. In London wurde 1566–70 die Royal Exchange gegründet. In Deutschland entstanden die ersten Börsen in der ersten Hälfte des 16. Jh.s in Augsburg und Nürnberg.

Die elektronische Boutique ist ein von L. Bell und Walter A. Forbes **1984** entwickeltes Geschäft, in dem man auf wenigen Quadratmetern ohne Hilfe eines Verkäufers jedes beliebige Produkt erwerben kann. Fotos, Beschreibungen und Modelle der Waren sind auf einer Videoplatte gespeichert. Der Kunde tippt ein, was er möchte, und der Artikel erscheint auf dem Bildschirm. Nachdem er seine Wahl getroffen hat, gibt der Kunde die Bestellung auf. Ist der Artikel auf Lager, kann er ihn gleich mitnehmen, wenn nicht, bekommt er ihn geliefert. Dieses System wird gerade in drei US-Ladenketten eingeführt und bietet derzeit eine Kollektion Haushaltswäsche an.

Die Koffersirene wurde **1984** in Hongkong erfunden. Ein kleiner Koffer ist mit einer sehr starken Sirene ausgestattet, die bei der geringsten falschen Bewegung ausgelöst wird. Der Koffer eignet sich für den Transport von Schmuck, Geld oder Geheimpapieren.

Die Schwarzglas-Hochdrucklampe, die von der Firma Philips **1987** vorgestellt wurde, entlarvt Fälschertricks durch großflächige Ausleuchtung. Briefmarken und Geldscheine können zuverlässig auf deren Echtheit hin untersucht werden.

Den ersten modernen Tresor erfand ein Schloßmontierer, der Franzose Alexandre Fichet, **1844.** Er verdrängte die Geldschränke, die man bis dahin benutzte, weil sie weder feuerfest noch diebstahlsicher waren. 1829 hatte Fichet schon ein Patent auf ein Schloß erhalten, das mit einem Dietrich nicht zu öffnen war. Bis 1864 blieb er der einzige Fabrikant. Dann gründete Auguste Nicolas Bauche, Fabrikant feuerfester Produkte, auf den Rat Napoleons III. eine Tresorwerkstatt in der Gegend von Reims. Ab 1917 warf dann die Erfindung des Schneidbrenners durch Charles Picard ungeheure Probleme für die beiden Erfinder auf. Sie versuchten unabhängig voneinander, etwas dagegen zu erfinden. 60 Jahre später fusionierten ihre Firmen.

Die Rechenmaschine geht zurück auf einfache Rechengeräte wie den *Rechenschieber,* erfunden **1624** von E. Gunter, oder Rechenuhren von Schickard und Pascal. G. W. Leibniz (1646–1716) konstruierte die erste Rechenmaschine mit Staffelwalze. Die ersten Rechenanlagen zu Beginn der 40er Jahre unseres Jahrhunderts benutzten Relais, I. P. Eckert und J. W. Mauchly bauten den ersten *Röhrenrechner* »ENIAC« **1946.** Mit Transistoren (1958), Großschaltkreisen (1966) und in Monolithbauweise (1970) wurden die elektronischen Rechenanlagen weiterentwickelt. Inzwischen sind sie durch Mikrobauweise und Rechner-Rechner-Kopplung gekennzeichnet.

Die Registrierkasse wurde **1879** von dem Saloon-Besitzer James R. Ritty aus Dayton, Ohio (USA), erfunden, weil er sich über die permanenten Streitereien mit der Kundschaft ärgerte. Auf einer Schiffsreise nach Europa hatte er eine Maschine beobachtet, die die Umdrehungen der Schiffsschraube zählte. Dabei kam ihm die Idee der Registrierkasse, die gleichzeitig eine Addiermaschine, Druckmaschine und Schubladenöffner ist.

Das erste Kaufhaus hieß auf deutsch »Die schöne Gärtnerin« und wurde **1824** von Pierre Parissot in Paris eröffnet. Parissots Werbe- und Verkaufsmethoden warfen alles bis dahin Übliche über den Haufen. Bei ihm wurden die Preise nicht mehr zwischen Käufer und Verkäufer ausgehandelt, und Kredit gab es auch nicht mehr. Der »Crystal Palace Bazar« war das erste Londoner Kaufhaus. Es wurde 1858 eröffnet, vorausgegangen war »Harper's Building« 1854 in New York.

Die ersten Supermärkte kamen **1879** in den Vereinigten Staaten auf. In England wurden sie 1909 eingeführt und in Frankreich 1927. Es waren damals Billigläden, die noch nicht den heutigen Charakter hatten. Einheitspreisgeschäfte tauchten 1931 auf. Der erste Selbstbedienungs-Lebensmittelladen gehörte dem Unternehmen Goulet-Turoin und wurde im Juli 1848 in Paris eröffnet.

Im Roboter-Supermarkt von Seiyu-Nokendai zwischen Tokio und Yokohama haben die Roboter seit **1983** die Aufgaben von Lieferanten und Verkäufern übernommen. Lieferwagen werden ohne menschliche Hilfe entladen, die Regale sprechen, der Schinken schneidet sich selbst in so viele Scheiben, wie der Kunde es gerade programmiert hat, die Einkaufswagen sagen »Guten Tag« und stellen sich selbst in den Dienst der Kunden.

Den Einkaufswagen erfand Sylvan N. Goodman, Eigentümer eines Kolonialwarenladens in Oklahoma-City (USA), am 4. Juli **1937.** Er hatte bemerkt, daß es seinen Kunden oft schwerfiel, alle ihre Einkäufe durch die Abteilungen zu tragen. So verwandelte er Klappstühle in Einkaufswagen: an die Füße wurden Rollen montiert, anstelle des Sitzes wurde ein Korb eingebaut und die Rückenlehne diente zum Anschieben. Nachdem sich Goodmans Idee durchgesetzt hatte, entwarf er auch Gepäckkarren, die man heute auf Bahnhöfen und Flughäfen benutzt.

Den Treppenwagen erfand Dominique Berduçone **1985.** Es handelt sich um einen Wagen vom Typ *Caddy,* der auf Räder gesetzt wurde wie ein gewöhnlicher Wagen. Aber um das Treppauf- und -absteigen zu erleichtern, hat er hinten auch zwei Schienen. Der Wagen rollt normal, aber wenn er auf eine Stufe trifft, sind es nicht mehr die Räder, sondern die Schienen, die ihn über die Treppenabsätze bringen. Das System läßt sich auch auf Kinderwagen, Gepäckträger usw. anwenden.

Menübestellung per Computer führten die Sushi-Restaurants **1983** ein. Der Kunde tippt einfach seine Bestellung in eine Tastatur, die an seinem Tisch befestigt und mit der Bestellabteilung verbunden ist. Genauso erfährt er die Zusammenstellung des Gerichts und seinen Preis. Dieses System ermöglicht der Geschäftsführung eine schnelle Bestandsaufnahme und spart Personal.

Das Mietwagen-System erfand ein Chicagoer Gebrauchtwagenhändler **1918.** Er verfügte damals über zwölf Autos. Der Präsident der gelben Taxen von Chicago, John D. Hertz, kaufte die Firma 1923 auf. Danach taufte er sie »Hertz-System des Fahrens ohne Chauffeur«.

Reisebüro. Als der Engländer Thomas Cook am 5. Juli **1841** den Zug bestieg, reiste er nicht allein, sondern als Organisator und Betreuer der ersten organisierten Gruppenreise in der Geschichte des Tourismus. 500 Antialkoholiker fuhren von

Für umgerechnet 1,25 DM kann jeder im Kaufhaus Takashimaya in Tokio 3 Minuten lang 95prozentigen Sauerstoff inhalieren. Der Welt erste Sauerstoffbar wurde im Oktober 1987 eröffnet.

Leicester zu einem großen Treffen nach Laughborough.

Reiseschecks erfand American Express. Der erste wurde am 5. August **1891** gegengezeichnet. Das System verbreitete sich rasch in Europa und trug zur Entwicklung des Tourismus und des internationalen Austausches bei.

Feste

Ostern, das Fest der Auferstehung Jesu, ist das Hauptfest der christlichen Religion, benannt nach der germanischen Frühlingsgöttin Ostara. Auf ihren Kult gehen unter anderem auch noch die Eierspiele zurück. Dem Freudencharakter entsprang im Mittelalter die Sitte der Priester, in der Osterpredigt die Zuhörer zum Ostergelächter zu veranlassen.

Pfingsten ist ein christliches Fest, das am 50. Tag nach Ostern zum Gedächtnis an die Ausgießung des Heiligen Geistes gefeiert wird. Die Pfingstbräuche decken sich weitgehend mit den Maibräuchen.

Adventskranz. Der erste historisch belegte Adventskranz hing **1838** im Hamburger Rauhen Haus, einer kirchlichen Sozialeinrichtung; er bestand aus 19 kleinen und 4 großen Kerzen, von denen bis zum 24. Dezember jeden Tag eine angezündet wurde. Allerdings läßt sich nicht genau feststellen, wann der Adventskranz erfunden wurde, doch es wird angenommen, daß der Brauch erst aus dem 19. Jh. stammt.

Adventskalender. Inspiriert durch eine Idee seiner Mutter, die um 1890 einen Vorläufer des Adventskalenders für ihren Sohn gebastelt hatte, entwarf Gerhard Lang den »Münchner Weihnachtskalender«, von dem **1904** das weltweit erste Exemplar mit dem Untertitel »Die 24 Wartetage« verkauft wurde. Auf einen Ausschneidebogen waren 24 kleine bunte Bilder mit weihnachtlichen Motiven gemalt, zu denen ein Karton mit numerierten Kästchen gehörte. Jeden Tag mußte ein Bildchen ausgeschnitten werden, hinter dem sich jeweils ein Gedicht von Gerhard Lang befand. Seine Erfindung setzte sich rasch in unzähligen Abwandlungen in ganz Europa durch und ist heute aus der Vorweihnachtszeit nicht mehr wegzudenken.

Weihnachten, ein altgermanisches Fest, wird zur Zeit der Wintersonnenwende mit teils altgermanischen, teils altrömischen Bräuchen gefeiert. Das Fest galt der Wiedergeburt der Sonne und dem Wiedererwachen der Natur. Das Christentum verband damit das Fest der Wiedergeburt Christi, das ursprünglich am 6. Januar gefeiert wurde, seit **354 n. Chr.** aber am 25. Dezember.

Den Weihnachtsbaum gibt es erst seit relativ kurzer Zeit. Besonders im alemannischen Raum kam der Brauch Anfang des **16. Jh.s** auf. Man schmückte ihn als Symbol des Paradiesbaums mit Äpfeln und Süßigkeiten. In Deutschland wurde der Weihnachtsbaum bald Tradition. Liselotte von der Pfalz erfand für den Hannoverschen Hof um 1660 den *Kerzenschmuck.*

Der Weihnachtsmann war ohne Zweifel ursprünglich eine heidnische Gestalt, die um die Wintersonnenwende ihr freundliches Wesen trieb, und zwar am 21. Dezember, wo die Tage endlich wieder länger werden. Die Kiepe voller Geschenke – ursprünglich voller Früchte – galt als Symbol der Erneuerung der Natur. Der Weihnachtsmann, diese uns wohlbekannte jovial-väterliche Figur mit ihrem weißen Bart und dem pelzbesetzten Mantel, scheint kurioserweise aus Amerika zu kommen. Angeblich geht er auf eine Idee des Theologen Clement Clarke zurück, als dieser **1822** ein kleines Gelegenheitsgedicht für seine Kinder schrieb. Als der Illustrator Thomas Nast dann eine entsprechende Figur gezeichnet hatte, erreichte diese in kurzer Zeit ungeahnte Popularität. Zweifellos trug er den Namen *Father Christmas* nicht sofort. Möglicherweise handelt es sich dabei sogar um einen Spitznamen, nämlich den des heiligen Nikolaus, der als Schutzpatron der Kinder am 6. Dezember in Westeuropa, vor allem in Deutschland, gefeiert wird. Das eine muß das andere ja auch nicht ausschließen. St. Nikolaus bringt Lebkuchen, Plätzchen und andere Süßigkeiten, der Weihnachtsmann dagegen etwas teurere Sachen.

Neujahrsgeschenke. In der **Antike** war es üblich, zum Jahresende Eisenkrautzweige in einem Wald zu schneiden, der der Göttin Strena geweiht war. In Rom wurden diese Zweige den hohen Beamten geschickt – als Zeichen der Ehrerbietung. Dieser Brauch setzte sich in Gallien mit dem Schnitt der heiligen Mistel am Neujahrstag fort. Die Französische Revolution versuchte diesen Brauch abzuschaffen. Er verschwand für kurze Zeit, um dann in veränderter Form wieder aufzutreten. Kinder gingen nun von Haus zu Haus, um ein gutes Neues Jahr zu wünschen und dabei kleine Geschenke einzusammeln. Bald traten Gewerbetreibende an die Stelle der Kinder, besonders die Handwerker, die ein Werkzeug erhielten, das sie in ihrem Beruf gebrauchen konnten.

Die Mailehenfeier stammt aus dem **15. Jh.,** in dem sie im Rheinland allgemeine Verbreitung fand. Das Kernstück dieser Feier war die scherzhafte Versteigerung der jungen Mädchen unter den Junggesellen eines Dorfes. Es war damit keine Partnerwahl fürs Leben verbunden. Die Verpflichtung, sich gemeinsam in der Öffentlichkeit zu zeigen, reichte meistens nur bis zur bevorstehenden Heuernte oder Weinlese.

Der 1. Mai wurde erstmals **1890** u. a. in Deutschland, Frankreich, Italien, Österreich-Ungarn, Spanien und den USA als Demonstrations- und Feiertag der Arbeiterbewegung durchgeführt.

Den Muttertag forderten englische und amerikanische Feministinnen schon um die Jahrhundertwende. In den USA ist er seit **1914** Staatsfeiertag, in Deutschland wird er 1922/23 erstmals genannt.

Büro

Das Papier wurde mit Sicherheit im Fernen Osten erfunden. Der chinesische Minister Tsai Lun soll im Jahr **105 n. Chr.** eine Methode zur Herstellung von Papier entwickelt haben, die dann um 750 n. Chr. mit den Arabern nach Spanien kam und von dort aus über ganz Europa verbreitet wurde.

Das Meßbuch von Silos, in der Nähe von Burgos (Spanien), ist das älteste europäische Papiermanuskript, es stammt aus dem frühen 11. Jh.

Ende des 14. Jh.s waren bereits mehrere europäische Nationen in der Lage, ihr Papier aus Holz herzustellen. Im 16. Jh. gab es dann das er-

ste Papier, das beidseitig bedruckt werden konnte.
1984 wurden auf der ganzen Welt 189911 t Papier von den 40 größten Produzenten hergestellt.

Bleistift. Nach der Entdeckung des Graphits **1564** im britischen Cumberland wurden die ersten Stifte aus Graphit hergestellt und unter der Herrschaft von Ludwig XIII. in Frankreich eingeführt. In Deutschland geht die Produktion von Bleistiften auf die Mitte des 17. Jh.s zurück. Friedrich Staedler stellte in Nürnberg Graphitstifte, eingehüllt in Holz, her, und weil er dies ohne Lizenz tat, bekam er 1662 Schwierigkeiten mit der Schreinerzunft. Um 1771 war es Kaspar Faber aus Stein bei Nürnberg, der gemahlenes Graphit mit Schwefel, Antimon und bindenden Harzen vermischte, damit die Stifte nicht so leicht brachen und bröckelten. Von der Einleitung in Holzstäbe machte er allerdings keinen Gebrauch.
So war es der Franzose Nicolas Jacques Conté, der beide Ideen zusammenfügte und **1792** die ersten »richtigen« Bleistifte herstellte.

Der erste Drehbleistift, den man nie anspitzen mußte, wurde **1915** von dem Japaner Tokuji Hayakawa als *Ever-Sharp Pencil* auf den Markt gebracht. Die Firma, die Hayakawa schon drei Jahre zuvor gegründet hatte, hieß entsprechend »Sharp Corporation« und hat ihre Aktivitäten später auf die Elektronik ausgedehnt.

Der Radiergummi, eine Kautschukmischung zum Entfernen von Bleistift- oder Tintenspuren, soll eine Erfindung des berühmten portugiesischen Physikers und Astronomen Magellan sein (1722–90). Erwähnt wurde der Radiergummi zuerst **1770** von dem englischen Chemiker J. Priestley.
Heute wird für die Herstellung von Radiergummis Plastikmaterial und synthetischer Kautschuk benutzt.

Tinte haben bereits die alten Chinesen **2500 v. Chr.** erfunden. Sie bestand im wesentlichen aus Ruß in Gummilösung oder feinen Aufschlämmungen in Wasser.
Papyrusfunde in unterirdischen Grabkammern haben bewiesen, daß auch die alten Ägypter schon Tinte kannten – schwarze und rote.

Federhalter. Niemand weiß, wann genau wer die Idee hatte, die Schreibfeder mit einer Tintenreserve auszustatten. In ihren Memoiren bemerkte allerdings schon Katharina die Große von Rußland im Jahr **1748**, daß sie sich einer »Feder ohne Ende« bediente. Meinte sie etwa einen der ersten Federhalter?
Zwischen 1800 und 1900 wurden immer neue Federhalter erfunden, besonders in den USA. Insgesamt kamen mehr als 400 Patente zusammen.

Füller. Der amerikanische Versicherungsvertreter Lewis E. Waterman war es leid, daß ihm Ver-

Die Schreibmaschine

Erfinder	Datum	Land	Eigenschaften
William Petty	1660	Irland	Manuelles System mit zwei Federn. Vorläufer der Schreibmaschine.
Henry Mill	1714	England	Königin Anna erteilte ein Patent für eine Maschine, die aber nicht gebaut wurde.
Peter Mitterhofer	1864	Deutschland	Das erste Modell einer Schreibmaschine schlug die Schrift mit sog. Stacheltypen auf das Papier.
Malling Hansen	1867	Dänemark	Erste Schreibmaschine, die in den Handel kam.
Ch. Latham Sholes	1870	USA	Das »Schriftklavier«, Prototyp einer Maschine der Firma Remington, die ab 1873 unter dem Namen »Remington Model 1« verbreitet wurde.
C. C. Blickensderfer	1889	USA	Erste tragbare Schreibmaschine im Koffer, die »Blick«.
Dr. Th. Cahill	1901	USA	Erste elektrische Schreibmaschine. Die Firma machte Konkurs, nachdem sie 40 Exemplare zum Selbstkostenpreis von 3925 Dollar konstruiert hatte.
R. G. Thompson	1933	USA	Entwickelte die »Electromatic«, die 1933 von der JBM lanciert wurde.
IBM	1965	USA	Verbreitete die erste elektronische Maschine mit Gedächtnis (Magnetband), die »72BM«.
Brother	1982	Japan	Tragbare elektronische Schreibmaschine (2,3 kg), die absolut geräuschlos arbeitet und mit einem kleinen Bildschirm für Korrekturen ausgerüstet ist. Dient auch als Rechenmaschine.

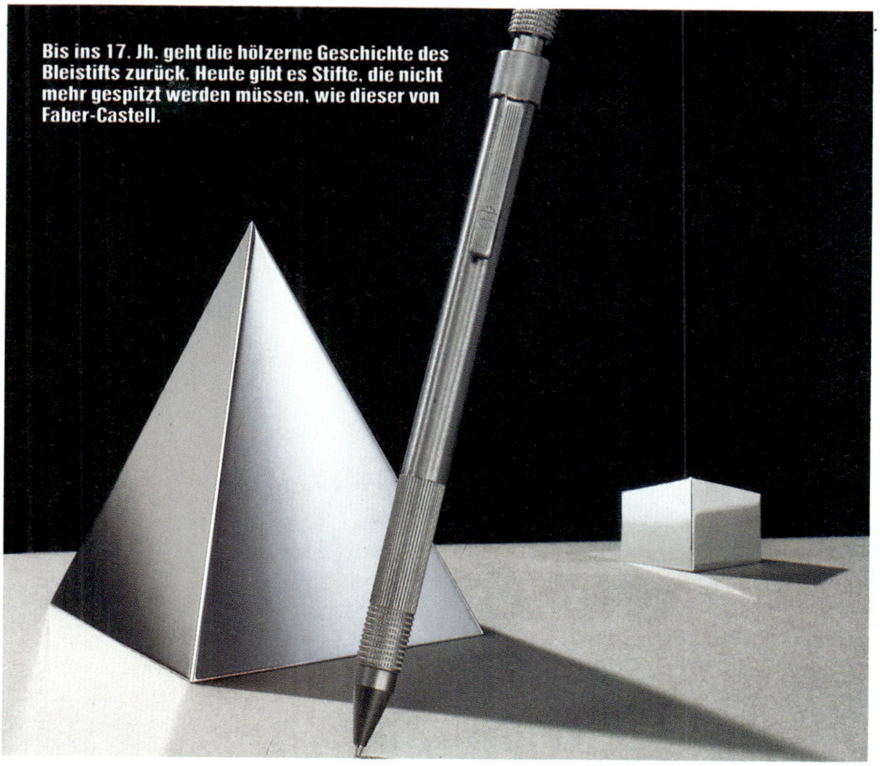
Bis ins 17. Jh. geht die hölzerne Geschichte des Bleistifts zurück. Heute gibt es Stifte, die nicht mehr gespitzt werden müssen, wie dieser von Faber-Castell.

träge entgingen, nur weil sein Füllfederhalter nicht richtig funktionierte. Er beschäftigte sich intensiv mit dem schwierigen Problem des Tintenflusses und konnte am 12. Februar **1884** ein Patent für den ersten richtigen Füller anmelden: den *Waterman Regular.*
1888 wurde die Füllerfirma L. E. Waterman gegründet. Bis 1900 fehlte es nicht an Ideen. Waterman brachte zum Beispiel den »Sinagraph« auf den Markt, ein Gerät aus fünf Füllern, mit dem man fünf Schecks gleichzeitig unterzeichnen konnte.
1927 erfand M. Perraud, der Direktor von Jif-Waterman, die *Tintenpatrone,* 1935 wurde sie patentiert.
Einige Jahre zuvor hatte ein arabischer Scheich bei Waterman einen mit Brillanten besetzten Füller bestellt – bestimmt das teuerste Ding in der Geschichte der Füller.

Den Kugelschreiber erfand **1938** der gebürtige Ungar Laszlo Biro. Biro war Journalist und entdeckte eines Tages in der Druckerei seiner Zeitschrift die Vorteile von schnell trocknender Tinte. Er entwickelte seine Erfindung aber erst 1940 in Argentinien, wohin er vor den Nazis geflohen war. Am 10. Juni 1943 meldete er dort sein Patent an, ab 1945 wurden seine Kugelschreiber in Buenos Aires verkauft. Ab 1948 brachte die Firma Parker in den USA Biros Erfindung auf den Markt. Biro starb im Oktober 1985 87jährig in Buenos Aires.
Es hatte allerdings schon Ende des 19. Jh.s Patente gegeben für Tintenschreiber, die auch – auf unvollkommene Weise – nach dem Kugelprinzip funktionierten (J. J. Loud meldete 1888 ein Patent an und ein gewisser Lambert 1891).

Leuchtkugelschreiber. Um im Dunkeln schreiben zu können, brachte die japanische Firma Nakayama **1984** einen Leuchtkugelschreiber heraus. Schon 1939 hatte Jif-Waterman die Idee, einige Kugelschreiber mit kleinen Lampen auszustatten – sehr praktisch für Kino- und Theaterkritiker.

Einen Filzstift mit Acrylspitze erfand **1963** die japanische Firma Pentel und exportierte ihn in alle Welt.

Kugelfilzschreiber erfand dieselbe Firma Pentel **(1973),** den »Ball Pentel«, und brachte **1981** einen *Stift mit Keramikspitze* heraus: den »Ceramicron«, bisher einzigartig auf der Welt.

Den fälschungssicheren Filzschreiber präsentierte **1985** die französische Firma Reynolds. Sie sind mit einer Spezialtinte gefüllt, die nicht ausradiert werden kann und sich besonders gut für das Ausfüllen von Scheckformularen und anderen Urkunden eignet.

Die Lexikon-Schreibmaschine. Die Firma IBM brachte **1984** in den USA eine Schreibmaschine heraus, die automatisch alle Rechtschreibfehler korrigiert. Ein Kontrollsystem vergleicht die getippten Wörter mit einem elektronischen Lexikon, das 50000 Begriffe umfaßt. Wenn die Orthographie nicht übereinstimmt, gibt die Maschine einen Warnton von sich und verbessert den Fehler sofort und ohne Spuren.

Die Schreibmaschine ohne Tastatur hat **1974** Udo W. Kirsch aus Erlenbach (Bundesrepublik) entwickelt. Ihr Tastenfeld besteht aus einer durchgehenden Fläche, auf der die Tasten durch entsprechende Berührungsfelder ersetzt sind. Außerdem ist in diese Schreibmaschine ein Rechner integriert, der bei Bedarf die Rechnungen, die zu schreiben sind, gleichzeitig ausrechnet und das Ergebnis tippt.

Die Büroklammer erfand **1900** der Norweger Johann Vaaler und ließ sie in Deutschland patentieren.

Das Durchschlagpapier, mit dessen Hilfe man mehrere Exemplare desselben Dokumentes erhält, erfand der Engländer R. Wedgwood. Am 7. Oktober **1806** ließ er es patentieren. Das von ihm beschriebene Produkt bestand aus feinem Papier, das sich mit Tinte vollgesaugt hatte und zwischen zwei Blatt Löschpapier getrocknet worden war.

Die Matrize als Vervielfältigungsverfahren wandte der Amerikaner Thomas Edison **1877** zum erstenmal an. 1881 erfand der Ungar D. Gestetner eine Vervielfältigungsmaschine mit einer wachsüberzogenen Matrize und verkaufte sie. 1888 brachte er die erste Matrize für Schreibmaschinen in den Handel.

Das erste wasserdichte Klebeband ließ Dick Drew **1925** als junger Assistent im Laboratorium von »3 M« in St. Paul (USA) von den Automobilkonstrukteuren mit Erfolg testen. Seinerzeit mußten die Karosseriebauer die Autos zweifarbig streichen. Die Farbe wurde mit der Spritzpistole aufgetragen, aber selten gelang es, die Farbfelder genau gegeneinander abzugrenzen. Man benutzte aufgeklebte Zeitungen, aber oft wurde die frische Farbe mit abgerissen. Fünf Jahre später kam das *Zelluloidklebeband* (»Tesafilm«) heraus, das wir heute kennen.

Ein »Unterschriften-Analysegerät« ließ das nationale britische Physiklaboratorium der britischen Regierung schon **1973** patentieren, aber erst 1982 brachte Analytical Instruments Ltd. es auf den Markt. Sein System identifiziert Unterschriften nach dem Prinzip, daß die typischen Charakteristika einer Handschrift unsichtbar sind und ausschließlich vom Autor produziert werden können. Das Gerät kann sie sofort identifizieren und die Echtheit feststellen. Vor allem die Banken griffen diese Erfindung auf.

Das Wasserzeichen im Papier entstand **1282** in Fabriano. Dieser lichtdurchlässige Abdruck auf einem Blatt Papier entsprach dem Wunsch, Papier unauslöschlich zu kennzeichnen, ohne aber die Benutzung einzuschränken. Ein Metallfaden wird dazu in eine Form gebracht, sein Abdruck in das entstehende Blatt Papier geprägt. Jahrhundertelang benutzten die Papierhersteller dieses Mittel, um ihre Produkte zu kennzeichnen.

Die Fotokopie als schnelle Reproduktion von Dokumenten durch die Sofortentwicklung eines fotografischen Negativs erfand der Amerikaner G. C. Beidler **1903.** 1906 erhielt er das Patent. Aber erst ab 1960 wurde die Fotokopie allgemein gebräuchlich.

Auf das Thermokopierverfahren kam Carl Miller **1944,** als er Schnee unter toten Blättern in der Sonne schmelzen sah. Es war ihm nämlich aufgefallen, daß unter den Blättern der Schnee schneller schmolz als auf der umgebenden Fläche. In der Tat absorbiert dunkle Farbe mehr Sonnenenergie. Dieses Phänomen der Wärmeabsorption durch dunkle Gegenstände führte ihn zum Thermofaxverfahren.

Xerographie wurde **1938** vom Amerikaner Chester Carlson erfunden und 1942 patentiert. Es ist ein Kopierverfahren der indirekten Elektrofotografie. Zwischen 1939 und 1944 lehnten 20 Firmen seine Patente ab. Erst 1944 machte sich das Institut Memorial Battelle, eine Stiftung ohne wirtschaftliche Ziele, daran, die Xerographie zu entwickeln. 1947 schloß Battelle mit einer kleinen Firma namens Haloid einen Vertrag zur Herstellung. 1959 kam der erste Fotokopierer, der »Xerox 1914«, in den Handel. Das Verfahren hat sich bis heute bewährt.

Ein Fotokopiergerät für die Aktentasche hat die japanische Firma Panasonic **1986** auf den Markt gebracht. Das Kleingerät wiegt 450 g. Es eignet sich besonders für Kopien von Adressen- oder Preislisten. Der Lesekopf wird über die Vorlage geführt, ein Sensor liest sie, speichert und digitalisiert das Bild. Ausgedruckt wird auf einem 4 cm breiten Thermopapier-Streifen. Der Kopierer ist wartungsfrei, nur die 10 m lange Papierrolle muß ausgewechselt werden und der Akku nach 20 Min. Gebrauch wieder aufgeladen werden.

Der Telekopierer (auch: Fernkopierer) kann Bilder und beschriebene Seiten über größere Entfernungen originalgetreu übermitteln. Der deutsche Physiker Arthur Korn ermöglichte erstmals **1904** die telegrafische Übermittlung einer Fotografie über die Schleifenleitung München–Nürnberg–München. 1907 erhielt die Londoner Tageszeitung *Daily Mirror* das erste Bild per Funkübertragung aus Paris.
1983 brachte die japanische Firma Sakaki einen *tragbaren Telekopierer* heraus, der in einem 5-kg-Koffer Platz hat. Man schließt ihn ans Telefon an und kann damit jede Art Dokumente über eine beliebige Entfernung übertragen. Allerdings müssen beide Partner, Sender wie Empfänger, über das Fax-1000-Gerät verfügen.

Nicht fotokopierbares Papier. Eine kanadische Firma mit dem bezeichnenden Namen ›Nocopi‹ hat **1985** ein Verfahren entwickelt, das es in Zukunft unmöglich macht, vertrauliche Informationen zu fotokopieren. Das bedruckte Blatt Papier wird mit einer Spezialbeschichtung versehen, die das Licht absorbiert. Beim Kopieren ist ein weißes Blatt das Resultat.

Ferien im Stau – ein Japaner hat Rückbank und Kofferraum zum Mini-Pool umgebaut.

KURIOSITÄTEN

Abenteuerliches von der Karosseriefront

Larry Swente benötigte 4 Jahre, um seinen *Cadillac* mit Schmuck zu behängen; geschätzter Wert: 50000 Dollar.

Nicht aus Liebe zu Pflanzen sondern als Werbegag für seine Düngemittel hat sich der Amerikaner Dick Smith die bewachsene Karosserie für seinen 1951er *Mercury* ausgedacht.

Wohl weniger Zeit, aber immerhin viel Fantasie benötigte der Designer der pinkfarbenen Autoverkleidung für sein Werk.

Mehr für die Optik als für die Straße geeignet: 1986 überraschte Daimler Benz mit seinem *Centomobil*, bestehend aus transparentem Plexiglas.

Rasenauto. Der Amerikaner Bill Harding hat **1986** ein System entwickelt, das es ihm ermöglicht, seinen gesamten *Buick Riviera* mit Rasen zu bedecken – eine ökologische Erfindung.

Der »American Dream«, ein umgebauter *Cadillac*, ist ein Auto von beachtlichen 18 m Länge. Vorgestellt wurde dieser Wagen auf der Rennwagenausstellung **1986.** Er besitzt zwei 8-l-Turbomotoren, 8 angetriebene Achsen, eine selbsttragende Karosserie und 2 Fahrerkabinen. Zur Innenausstattung gehören ein Wohnzimmer, 3 Farbfernseher und eine große Leinwand, eine

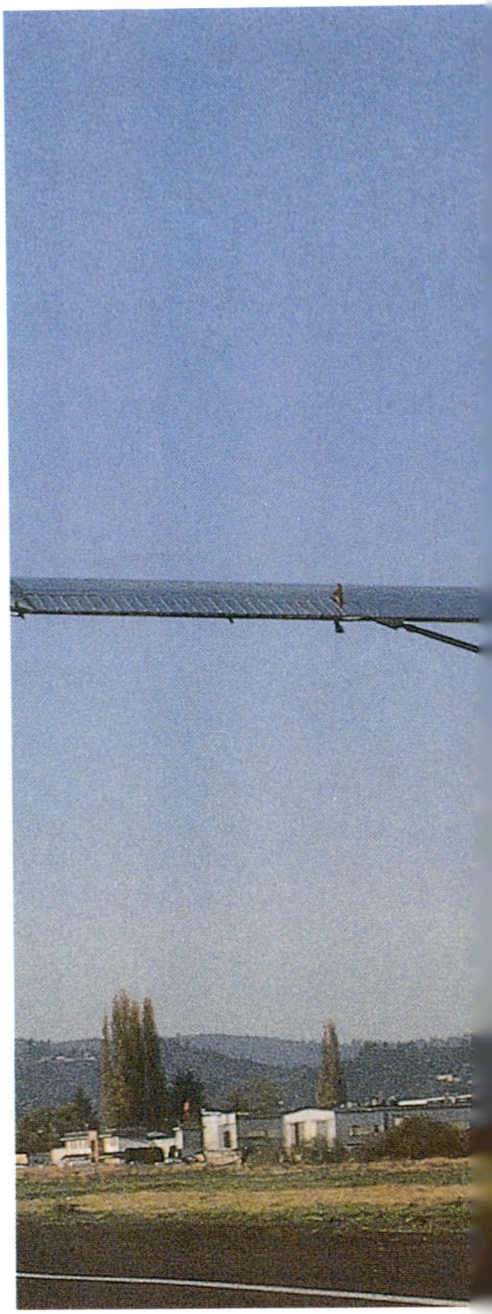

HiFi-Anlage, 10 Telefone, ein Mikrowellenherd und eine Eismaschine; außen bietet der Wagen ein Schwimmbecken mit Sprungturm und einen Landeplatz für Hubschrauber.

Autoaquarium. Es gibt Menschen, die verreisen mit ihren Katzen oder Hunden. Steve Adam Simon, ein 27jähriger Amerikaner, wollte, daß auch seine Fische etwas von der Welt zu sehen bekommen. So hat er **1986** einen Teil seines *Cadillacs* zum Aquarium umfunktioniert: 60 l Wasser anstelle eines Kofferraums und des Rücksitzes; dazu noch eine zweite Batterie, um seine Lieblingsbegleiter mit ausreichend Sauerstoff zu versorgen. Die Fische konnten durch diese Erfindung immerhin schon ganz Kalifornien bereisen.

Peilgerät für Autos. Falls Sie sich nicht erinnern können, wo Sie Ihr Fahrzeug abgestellt haben, hilft Ihnen der **1986** patentierte »Wagenfinder«. Es handelt sich dabei um einen Sender für das Schlüsselbund, der die Hupe und den Scheinwerfer des Wagens in einem Umkreis von 2 km auslösen kann. Erdacht wurde er vom Präsidenten der amerikanischen Gesellschaft DTI, Mark P. Gottlieb.

Das Autobett des Amerikaners Jay Ohrberg wurde auf der 18. Automobilmesse Moto Course **1987** vorgestellt. Zwei übereinanderliegende Betten, die noch eine Maschine zum Führen des »Fahrzeugs« beinhalten, sind mit einem 7,2 l *V8 Chevrolet* verbunden. 400 PS, 240 km/h in 12 Sek. – alles zum ruhigen Schlafen!

Das halbierbare Fahrzeug hat sich **1985** eine Gruppe von Arbeitern der Honda-Werke im Rahmen eines Wettbewerbs ausgedacht, den die japanische Firma alljährlich ausschreibt, um die Kreativität der Belegschaft zu testen. Dieses ungewöhnliche Fahrzeug hat 8 Räder, 2 Motoren und 2 Fahrerplätze (selbstverständlich mit je einem Lenkrad). So kann man gemeinsam reisen, aber auch jederzeit auseinandergehen, wenn verschiedene Ziele die Trennung verlangen.

Aquadeuch'. Das Wort ist abgeleitet von dem weltweit bekannten französischen Auto *Deuch'evaux (2 CV),* doch ist dieses Fahrzeug für das Wasser bestimmt. In Frankreich – genauer gesagt, in der Bretagne – existiert es seit **1984**; belgische Vorläufer gab es schon 1983. Zu verdanken ist es dem bretonischen Hotelier Bernard Vitré aus Huelgoat, der einen gewöhnlichen *2 CV* mit einer Schiffsschraube, einem Schaufel-

Linke Seite: Es ist nicht schnell, dafür sehr stabil, was japanische Tüftler von Honda hier 1987 zuwege brachten. Der Antrieb des Einrades beruht auf der kinetischen Energie eines rotierenden Schwungrades.

Oben: Bei 80 km/h hebt das »Aerocar« ab, 217 km/h schafft es in der Luft. Konstrukteur Molt Taylors ganzer Stolz: sein Autoflugzeug wurde bei der amerikanischen Luftfahrtbehörde als Kleinflugzeug zugelassen. Daß er zugleich auch für die Straße die Zulassung besitzt, versteht sich von selbst.

Rechts: 13 m Spannweite hat die fliegende Ente des Franzosen Claude Lecerf, die sogar auf dem Wasser landen kann.

Oben: 60 l Wasser faßt Steve Adam Simons Autoaquarium. So können seine Fische mit ihm auf Reisen gehen.

Von Honda-Mitarbeitern ausgedacht: Looping-Kart als Mischung von Go-Kart und Rhönrad; der schwindelfreie Pilot ist nötig.

Rechte Seite: Das zusammenlegbare Auto aus der Kiste ist ebenfalls ein Einfall von Honda-Mitarbeitern aus dem Jahr 1987.

火の用心
HONDA

HONDA

Links: Mindestens auch eine Portion Humor ist neben Rollschuhen und Mofa-Motor erforderlich, wenn man sich mit Eric Massiet du Biests *Roll'ex* fortbewegen will.

Unten: Sein »Jogger-Rad« stellte Volkmar Koch aus Mettmann 1987 fertig. Zumindest Lauffaule können mit Hilfe dieses Drahtesels ein besseres Gewissen bekommen; immerhin bewegen sie sich ja auf Schuhen. Die Schuhe für sein Fahrzeug erhielt der Konstrukteur übrigens durch eine Suchmeldung in der WDR-Fernsehsendung »Gesucht – Gefunden« im Dezember 1987.

Rechte Seite, oben: Ob der Erfinder dieses Straßenskis mit Motorantrieb nur elegant durch den dichten Straßenverkehr kommen will oder als Skifahrer auch im Sommer in Form bleiben will, war nicht so recht herauszubekommen. Bekannt ist nur, daß er einen von 330 Einfällen hatte, mit denen die Honda-Mitarbeiter in Suzuka (Japan) 1987 am Ideenwettbewerb ihrer Firma teilnahmen.

Rechts unten: Es fährt wirklich! Kiichiro Kawaguchi aus Japan hat einfach alles »Überflüssige« bei seiner Reifenkonstruktion eingespart. Seit 1987 ist er damit unterwegs.

rad, Turbogetriebe und Luftkissen ausstattete. Die erste Fahrt des *Aquadeuch'* fand am 14. Juli 1984 in Huelgoat statt. Auch eine Kanalüberquerung ist bereits geplant.

Die fliegende »Ente« (2 CV) wurde von dem Franzosen Claude Lecerf entwickelt. Ihr erster Flug fand am 7. September **1986** über dem See von La Blisière (Frankreich) statt. Die »Ente«, die mit einem 65 PS starken Panhard Tiger Motor ausgerüstet ist, hat eine Spannweite von 13 m bei einer Länge von 7,5 m. Leer wiegt sie 290 kg, ihre Geschwindigkeit beträgt 90 km/h. Ihre Flughöhe beträgt 2 m. Es gibt zur Zeit zwei verschiedene Modelle: eines mit Flößen und eines mit Rädern.

Jaboat. Das noch im Prototyp-Stadium befindliche Amphibien-Motorrad *Jaboat* ist eine Erfindung der Französin Louise Jaboulay. Sie ließ sich **1980** die beiden wichtigsten Details dazu schützen: aufblasbare Schwimmer und das System für deren Zusammenbau. Für die Montage des *Jaboat* beim Übergang von der Straße zum Wasser oder umgekehrt benötigt man keinerlei Werkzeug, nur einen kleinen Blasebalg. In 10 Min. ist alles getan. Für die Fahrt auf der Straße werden die Schwimmer zusammengefaltet und hinten am Motorrad befestigt.

Ein Roll'ex besteht aus dem Vorderteil eines Fahrrads samt Bremse sowie einem kleinen Motor; dazu ein Paar Rollschuhe an die Schuhe geschnallt – und schon ist man stolzer Besitzer der billigsten »Zugmaschine«, die es gibt. Sein Erfinder ist der Franzose Eric Massiet du Biest, der die Idee dazu Ende November **1986** hatte. Er ist darüber hinaus auch der Organisator der ersten »Weltmeisterschaft« der Roll'ex, ein Rennen zum Lachen und zugleich der Auftakt zu einer

TICKETS & INFORMATION
MOON STATION

anderen Veranstaltung, die weniger ungewöhnlich und vor allem viel ernsthafter ist: die Weltmeisterschaft im »Zugmaschinen-Fahren«.

Fahrrad mit 42 Gängen. Furore machte Ettore Ombrellini, ein Franzose italienischer Abstammung, auf der Internationalen Erfindermesse **1984** in Brüssel mit einem von ihm erfundenen Fahrrad mit 42 Gängen. Sein ziemlich kompliziertes System der Übersetzung und Untersetzung ist so raffiniert, daß man damit die Leistung eines beliebigen Fahrrads beträchtlich steigern kann.

Velo-Ski. Vier recht kurze Skibretter, drei Räder (zwei hinten, eines vorn) – das ist *Velo-Ski.* Auf der Erfindermesse **1984** wurde es von dem Belgier Maurice Carion aus Zandbergen vorgestellt.

Umrüstbares Fahrrad. Der Italiener Giancarlo Di Paolo hat **1985** das Fahrrad, das zu einem Tandem umgerüstet werden kann, vorgestellt. Dieses kuriose Fahrzeug ist in Italien, in Europa und den USA patentiert. Sollten Sie während der Fahrt mit Ihrem Partner Streit bekommen, kann das Tandem in maximal 3 Min. in ein Einpersonen-Fahrrad zurückverwandelt werden.

Baby-Jogging. Man nehme eine Babykarre, befestige daran anstelle der herkömmlichen kleinen Plastikrädchen drei große Fahrradräder und fertig ist die Baby-Jogging-Karre. So tat es **1984** der Journalist Phil Baechler aus Yakima, Washington (USA), der gleichzeitig joggen und sein Kind beaufsichtigen wollte. Seither bereitet dies keine Probleme mehr: Baechler schiebt seinen Sohn beim Joggen in der flinken Babykarre vor sich her. Und die Nachfrage ist groß – Baechlers inzwischen gegründete Firma zum Bau und Vertrieb der neuartigen Karre konnte 1987 2700 Stück davon verkaufen.

Diebstahlsicherungs-Nummernschild. Der Franzose Marc Ribère hat **1984** eine neue Methode zur Verhinderung von Autodiebstahl entwickelt. Dank einer raffinierten Schloßkonstruktion kann das Zulassungs-Nummernschild entfernt werden, wenn der Fahrer aussteigt. Will ein Autodieb nun wegfahren, sitzt er in der Falle: Anstelle des Nummernschilds erscheint in Leuchtschrift das Wort »gestohlen«. Allerdings wurde dieses System vom zuständigen französischen Ministerium bisher noch nicht zugelassen.

Der Anti-Strafzettel-Scheibenwischer, entwickelt **1985** von dem Deutschen Rainer Szerkovski, löst, sobald er angehoben wird, die Hupe und die Scheibenwaschanlage aus, die auf 30 Sek. »bewässern« programmiert ist; Gebrauch auf eigene Gefahr und Risiko.

»Autoplane«. Die Franzosen Gaétan und Jean-Claude Cuvelier haben auf der Erfindermesse **1986** in Genf ein städtisches Transportmittel vorgestellt, das absolut leise und umweltfreundlich ist; es schwimmt in einem Minikanal aus Beton von 1,80 m Breite und mindestens 1,20 m Tiefe. Ein elektrischer Motor treibt die Räder auf beiden Seiten an und läßt das *Autoplane,* sobald es seine Durchschnittsgeschwindigkeit von 70 km/h erreicht hat, auf dem Wasser dahingleiten. Dieses Fahrzeug hat eine Länge von 4 m, kann 4 Personen aufnehmen und sieht aus wie der Rumpf eines Flugzeugs.

Der telefonabhängige Klangregler wurde **1986** von dem Amerikaner Thomas Howell erfunden. Dieser kleine, extra flache Apparat, an der HiFi-Anlage und am Telefon angebracht, senkt automatisch das Klangvolumen der HiFi-Anlage, wenn der Telefonhörer abgenommen wird. Sobald das Gespräch beendet ist, wird die Lautstärke wieder auf das ursprüngliche Volumen angehoben.

Identität auf den Zähnen. Eine Idee für jene, die permanent ihre Ausweise verlieren, hatte der

Zusatzantrieb von rücklings: Wenn die Beinkraft erlahmt, kommt der Propeller auf dem Rücken zum Einsatz; bei der Tour de France allerdings nicht zugelassen.

Radfahren bäuchlings: Ein Teilnehmer des Symposiums »Fahrradzukunft« stellte im Juni 1987 in Berlin eine ganz neue Kreation vor. Dieses Liegerad war allen anderen Neukonstruktionen deutlich überlegen. Es erreichte auf einer 200 m langen Strecke 46 km/h. Andere Hochgeschwindigkeitsgefährte setzten eher auf verringerten Luftwiderstand durch Verkleidungen mit Türchen und Plexiglas.

Mit ihrem sensationellen 21-Sitzer erregten diese britischen Polizisten 1987 viel Aufsehen – ein Beitrag zur Energieeinsparung?

Inc
USA

Linke Seite, oben: Drei kleine Räder treiben ein großes viertes an. Die beiden japanischen Konstrukteure von Honda haben, wie man sieht, keine Mühe gescheut, das Radfahren etwas zu komplizieren.

Linke Seite, unten: 8 Std. und 50 Min. benötigte 1986 der Pilot Bryan Allan für 93,4 km; sein Fortbewegungsmittel war dieses von Bill Watson erfundene Ballon-Fahrrad.

Oben links: Bildhauer James Hubbel hat sich ein Haus in Form eines Kamels gebaut.

Oben rechts: Eine standesgemäße Wohnung: Nur am »seidenen Faden« hängt das Haus des Seiltänzers Henry.

Unten: In Bonn, wo dieses eigenartige Bauwerk steht, hatten Anwohner vom Architekten Wolfgang Krenz gefordert, das Clowngesicht wieder verschwinden zu lassen.

Gilles Ebersolt ist der Erfinder dieses Schneefloßes. Es ist aufblasbar und kann bis zu 12 Personen transportieren. Seit 1986 ist dieser Schlittenersatz im Einsatz.

1831 wurde der Rasenmäher in England erfunden. Seit 1972 gibt es die dazugehörige »Sportart« – das Rasenmäher-Rennen.

amerikanische Zahnarzt Jeffrey Maxwell **1985:** Er implantiert auf die Innenseite eines Zahnes eine winzige Identitätskarte. Diese Karte kann bis zu 100 Wörter enthalten und liefert alle Informationen wie Name, Adresse, Geburtsdatum, Gesundheitszustand etc. Ideal für zerstreute Personen oder ängstliche Eltern, die befürchten, daß ihre Kleinen verlorengehen könnten.

Die Schokoschallplatte hat **1987** der Berliner Peter Lardong vorgestellt: er gießt geschmolzene Zartbitter-Schokolade in eine Negativ-Form mit Schallrillen und läßt sie abkühlen. Die so gewonnene Schallplatte läßt sich zehn- bis zwanzigmal abspielen, bevor aus dem Hörgenuß ein Eßgenuß wird.

Der Käse-Lehrpfad von Wiggensbach im Oberallgäu ist seit **1987** eröffnet. Er führt den Wanderer durch 19 stillgelegte Sennereien, die als Mini-Museen hergerichtet sind. Wer die gesamte Strecke hinter sich gebracht hat, ist in alle Geheimnisse der Käseherstellung eingeweiht und bekommt eine Urkunde ausgehändigt, die ihn als Käsespezialisten auszeichnet.

Liebesäpfel wuchsen im Herbst **1987** in der Nähe von Hamburg. Rund 9000 Äpfel trugen Herzen auf den roten Apfelbäckchen, die der Obstanbauer Lüns aus Jork dorthin gezaubert hatte. Im Frühling wurden kleine Herzaufkleber auf die kleinen Früchte aufgeklebt und im Herbst wieder abgenommen, mit dem Resultat, daß die beklebten Stellen heller blieben und so kleine hellrote Herzen auf den Früchten hinterließen.

Das Naturhaus wurde **1985** von dem Architekten Jean-Noël Pigout entwickelt. Es verhält sich wie eine Blume oder Pflanze, die auf ihr klimatisches Umfeld reagiert. Es schließt sich nachts, bei Kälte und extremer Hitze, öffnet sich unter Sonneneinstrahlung, dreht sich um sich selbst je nach der Tageszeit. Dieses Haus ist dem Computerzeitalter entsprechend konzipiert: komplett programmiert, um die Unterhaltung des Hauses so einfach wie möglich zu gestalten und um alle Vorteile aus seinem Umfeld zu ziehen.

Olivensaft als Baustoff wurde **1987** auf der Messe für Zukunftstechnologie in Toulouse (Frankreich) vorgestellt. Das neue Baumaterial, das für Häuser und Straßenbeläge von tunesischen Forschern entwickelt wurde, besteht aus Sand, Erde und dem Saft, der zusammen mit dem Öl aus Oliven gepreßt wird. Das ziegelsteinförmige Material zeichnet sich besonders durch seine schall- und wärmeisolierenden Eigenschaften aus.

Bis zu 200 Leute können auf diesem 102 m langen Ledersofa der Schweizer Sitzmöbelfirma deSede Platz nehmen. Es ist im Auftrag des Sultans von Oman hergestellt worden. Das Monstrum besteht aus 426 Einzelelementen, die durch Reißverschlüsse miteinander verbunden sind.

Aufblasbares Fertighaus. Zwei Architekten, der Italiener Bini und der Israeli Heifetz, haben aufblasbare Bauten entwickelt, die mit Zement verstärkt werden können. Der schwedische Architekt Karl Bjarke Ryberg verbesserte dieses System **1984.** Seine »Häuser« können innerhalb eines einzigen Tages errichtet werden. Für die rasche Unterbringung von Obdachlosen bei Naturkatastrophen ist das System besonders gut geeignet.

Satelliten-Urne. Im März **1985** erhielt die amerikanische Firma Celestis die Genehmigung für eine ungewöhnliche Form der Bestattung: Nach der Einäscherung kommt die Asche des Verstorbenen nicht in eine der üblichen Urnen, sondern in eine Kapsel. Diese wird per Satellit in den Weltraum befördert. Der Satellit hat eine reflektierende Außenschicht, so daß er – gutes Wetter vorausgesetzt – alle drei Wochen mit einem Teleskop beobachtet werden kann. Auf diese Weise kann die Familie den Weltraumflug ihres Verstorbenen verfolgen.

Selbsttätige Lampe. Die Firma Universal in Hongkong brachte **1981** eine selbsttätige Lampe für Gräber heraus. Sie geht in der Abenddämmerung von allein an und erlischt, wenn der Tag anbricht. Ihr Geheimnis: eine zwischen Glühbirne und Schraubengewinde eingesetzte Fotozelle.

Volleyballwurfmaschine. Für das Volleyballtraining erfand der Belgier Francis Fraipont eine Ballwurfmaschine, mit der gleich die ganze Mannschaft besser üben kann. Vorgestellt wurde sie auf der Internationalen Erfindermesse **1985** in Genf. Geschwindigkeit, Wucht und Richtung des Balles kann der Trainer mit einem Schaltrad von seinem Platz aus steuern. Bis zu 15 Bälle können dabei benutzt werden.

Abschließbarer Kleiderbügel. Die spanische Firma Atroy zeigte auf der Genfer Erfindermesse **1986** einen diebstahlsicheren Kleiderbü-

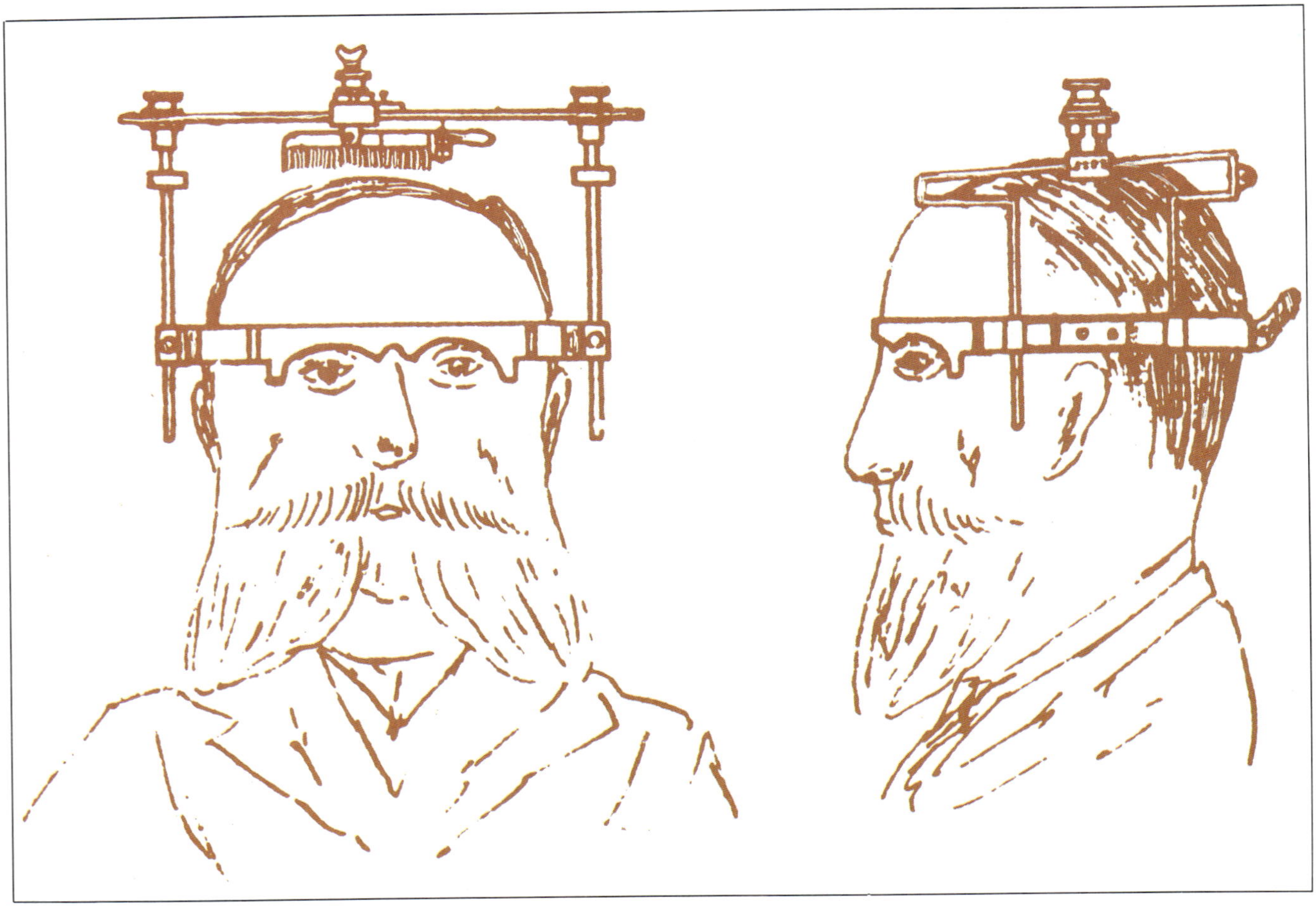

Dittmann's Wellenbad-Schaukel
D. R.-P. 51766
bietet während der heißen Sommermonate die angenehmste und dem Körper zuträglichste Erfrischung. Der Effekt ist derselbe wie im Seebade und hat den Vorteil der Temperatur- und Wellenschlag-Regulirung.
1. Leichter Wellenschlag.
2. Starker Wellenschlag.
Gebrauchsanweisung: Man fülle die Schaukel mit 2—4 Eimer Wasser, setze sich möglichst hoch in die Rückenlehne derselben und halte sich mit beiden Händen an der oberen Wulst; durch Anziehen und Strecken der Beine erzeugt man das Schaukeln und erzielt nach der aufgewendeten Energie bis 12 Sturzwellen in der Minute, die sich brausend über den Körper ergießen. Nässe im Zimmer ist dabei ausgeschlossen.
Dittmann's Wellenbadschaukel ist ein Universalbadeapparat; sie bietet außer dem erfrischenden und nervenstärkenden Wellenbade durch Benutzung des dazugehörigen Holzbockes auch ein Voll-, Kinder- und vorzügliches Sitzbad. Der Apparat nimmt wenig Raum ein, ist von verzinktem Flußstahlblech gefertigt und fast unverwüstlich. Preis 40 Mark, Verpackung 2 Mark. Ausführliche Prospekte kostenfrei.
(1124)
Moosdorf & Hochhäusler,
Fabrik sämtlicher Badeapparate.
Berlin S. 14, Kommandantenstraße 60.

Daniel Keutmanns Patentzeichnung für seine automatische Scheitelvorrichtung aus dem Jahr 1902.

Carl Dittmanns Wellenbad-Schaukel war immerhin 1894 letzter Schrei auf dem Badewannen-Markt.

gel. Zwei Plättchen an einem Hebel durchdringen den Stoff. Weil der Hebel mit einem Vorhängeschloß am Bügel befestigt ist, ist es unmöglich, das Kleidungsstück ohne Schlüssel vom Bügel herunter zu bekommen.

Eine Heizvorrichtung für Betten entwickelte **1987** der Schüler Wolfgang Oberpeilsteiner (*1972) aus Neuhaus. Die warme Luft eines Warmlufterzeugers wird durch einen Schlauch in die Matratze gepumpt, wo sie sich in einzeln aufgeteilte Luftkammern verteilt. Die gewünschte Temperatur kann über ein Thermostat geregelt werden; im Sommer ist durch die Zufuhr von Kaltluft auch Kühlung möglich.

Schwimmendes Sofa. Falls Ihnen weder die Hitze und die vielen Menschen am Strand noch die ständige Bewegung im Wasser zusagen, dann wäre das »schwimmende Sofa« *Lotus,* das die deutsche Firma Allibert **1984** vorstellte, die ideale Lösung. Es läßt sich mit einem Minipaddel oder einem leisen Motor vorwärtsbewegen, und wenn Sie den geeigneten Platz erreicht haben, dann werfen Sie einfach Anker. Vor der intensiveren Sonnenbestrahlung auf dem Wasser können Sie sich mit einem Sonnenschirm schützen. Wenn Sie dann noch einen Walkman und ein paar Schmöker dabeihaben, steht der Entspannung nichts mehr im Weg.

Ein Kopfkissen mit zum Hineinlegen der Ohren bestimmten Ausschnitten wurde **1899** dem Erfinder Wolf von Wolf aus Dresden-Neustadt patentiert. In seiner Patentschrift heißt es, »die Ausschnitte sollen dazu dienen, während des Einschlafens beim Liegen auf der Seite die Ohrmuscheln aufzunehmen und dadurch zu verhindern, daß der Gehörgang auf dem Kissen aufliegt«.

Eine Weckuhr mit Zündvorrichtung erfand **1893** Gustav Genth aus Haspe. Neben dem Läutwerk hatte sein Wecker eine Vorrichtung, durch die zur gewünschten Weckzeit ein Zündplättchen zur Explosion gebracht wurde, dessen Flamme zudem noch eine Petroleumlampe anzündete. Diese Erfindung, die das Aufwachen mit Klingeln, Knall und Licht ermöglichte, erhielt auch ein Patent.

Eine Weckvorrichtung, die die Bettdecke durch ein mittels einer Weckuhr ausgelöstes Federwerk entzieht, erfand **1909** Bernhard Birkenfeld aus Münster in Westfalen.

Kartoffeluhr. Die **1984** von der amerikanischen Firma Skilcraft entwickelte Uhr mit zwei Kartoffeln beweist, daß es möglich ist, sich die von bestimmten Substanzen (zum Beispiel Obst und Gemüse) ausgehende Energie nutzbar zu machen. Es ist eine Digitaluhr, die von zwei Quellen gespeist wird: von zwei Elektroden (eine aus Zink, eine aus Kupfer) und zwei Kartoffeln anstelle einer Batterie. Die in die Kartoffeln eingesteckten Elektroden induzieren eine chemische Reaktion, die den nötigen Strom erzeugt.

Ruhewand. Sie entsprang einer Idee des französischen Formenspezialisten Francis Delacour (der sie sich **1983** patentieren ließ) und soll dazu dienen, Personen mit einer Körpergröße zwischen 1,55 m und 1,90 m das Ausruhen im Stehen zu ermöglichen. Beispielsweise entfällt damit das sonst so ermüdende Warten auf den Bus: Delacours Wand hat eine solche Neigung und ist so flexibel (Knick in Höhe der Lendenwirbel), daß man sich an ihr bequem abstützen und gewissermaßen in senkrechter Stellung ausstrecken kann.

Die Autoschaukel zur Beruhigung schreiender Babys ist **1987** vom US-Gesundheitsministerium präsentiert worden. Dieser Erfindung liegt die Erfahrung zugrunde, daß Babys beim Autofahren meist einschlafen, und so besteht dieses patentierte Gerät »Sleep tight« aus einer Vibrationsmaschine zum Schaukeln der Wiege und einer Schalleinheit, die das Fahrgeräusch eines Autos bei einer Geschwindigkeit von 90 km/h simuliert. Innerhalb kürzester Zeit verstummt das Weinen des Babys, und sogar Koliksymptome werden gelindert.

Korrekturgerät für die Körperhaltung. 1985 erfand die Italienerin Teresa Messina einen Detektor, der eine falsche Haltung signalisiert. Ein am Rücken befestigter, mit Sensoren gekoppelter Stab gibt mit Piepslauten oder durch Blinken einer Leuchtscheibe zu erkennen, daß der Rücken eine falsche Haltung einnimmt.

Minizahnbürste. Diese winzige Bürste mit integrierter Zahnpasta wurde im Juni **1985** von dem Algerier Abdelazir Saibi erfunden. Diskret und platzsparend läßt sie sich auf den Zeigefinger aufstecken.

Sprechende Zahnbürste. Daniel Arnaud, ein Zahnarzt aus Castres (Frankreich), der sich viele Gedanken um die Zahnhygiene gemacht hat, arbeitete 2 Jahre lang an seiner sprechenden Zahnbürste, für die er **1985** das Patent erhielt. Diese modern geformte Zahnbürste – sie ähnelt einer Weltraumrakete – gibt dem Kind alle für die Zahnpflege erforderlichen Tips.

Eine Vorrichtung zum Scheiteln des Kopfhaares erfanden **1902** Daniel Keutmann und August Coutelle aus Essen. Für ihr Gerät, das am Kopf hinter den Ohren zu befestigen war und über dem Kopf an einer Querstange einen Kamm entlanggleiten ließ, erhielten die beiden Erfinder das Deutsche Reichspatent Nr. 142 389.

Das teuerste WC der Welt wurde **1985** von einem berühmten amerikanischen Juwelier, Sidney Mobell, entwickelt. Das Schmuck-WC besitzt einen Wert von einer Viertel Mio. Dollar, besteht aus massivem Gold und 357 kostbaren Steinen. Darunter befinden sich mehr als 100 Saphire, Rubine, Smaragde etc. Trotz allem wäre der Körperkontakt mit diesem WC etwas kühl. Um mehr Komfort zu erreichen, wurde der Sitz mit Nerz bezogen.

Eine Insekten-Fangpistole ließ sich **1911** Edward E. Hayden aus Washington (USA) patentieren. Es ist ein pistolenförmiges Gerät, bei dem durch einen im Lauf verschiebbaren Kolben ein Fangmaul vorschnellt. Dieser Kolben ist als Käfig ausgebildet, in dem die vom Fangmaul aufgenommenen Insekten gesammelt werden. »Der Käfig ist vorteilhaft vom Kolben abnehmbar, so daß die gefangenen Insekten durch Eintauchen des Käfigs in heißes Wasser getötet werden können«, schrieb der Erfinder.

Ein **Regenschirmzelt** dachte sich **1986** der Schüler Hubert Spieleder (*1972) aus Passau aus. Als begeisterter Angler suchte er nach einem Regenschutz, der sowohl ihn als auch sein Angelzubehör bei Regengüssen vor Nässe bewahren sollte. Seine Lösung war ein Regenschirm mit herablaßbarer durchsichtiger Plane, die auch für Jäger, Fußballfans und viele andere interessant sein dürfte.

Schuhe zum Bemalen. Der Franzose Jean-Claude Laurent und die Firma Arche haben den neuen Schuhtypus entwickelt, der es seinem Besitzer erlaubt, die Schuhe in richtige kleine Kunstwerke zu verwandeln. Auf alle Fälle werden es jedoch ganz persönliche Unikate. Es handelt sich dabei um Schuhe (für Männer, Frauen und Kinder) aus weißem, behandeltem Lederimitat. Außerdem gibt es dazu ein kleines Köfferchen mit fünf Farben, die entweder pur oder gemischt aufgetragen werden können; dazu noch ein Mittel zum Imprägnieren. Die Idee hatte Laurent im September **1985,** im Handel waren die Schuhe im Winter 1986/1987. Eine Ausstellung fand bereits 1986 statt. Dort wurden die ersten Schuhmalereien vorgestellt.

Brautkleid aus Papier. Wie kommt man an ein prächtiges Brautkleid, das – im Prinzip – nur einmal zur Anwendung kommt und das nicht teuer ist? **1985** hat die amerikanische Stylistin Susan Lane, die auf diese Zeremonien spezialisiert ist, dies schwierige Problem durch die Erfindung eines Brautkleides aus Papier gelöst.

Der Dreifach-Kugelschreiber – auch »Strafarbeiten-Schreiber« – wurde **1984** von J. P. Balou erfunden. Mit ihm kann man gleichzeitig drei gleichlautende Zeilen schreiben. Gedacht ist er vor allem, um das stumpfsinnige »Du schreibst mir hundertmal: Ich soll nicht ...« etwas erträglicher zu machen, weil er alles auf ein Drittel reduziert.

Aus Benoît Maubreys Berliner Kreation »Sprechende Kleider« von 1986: das Modell »Audio Stahlwerker Uniform«.

Etwas kompliziert, aber sehr dekorativ: der Schweizer Charles Morgan hat sich etwas einfallen lassen, um regelmäßig seinen kleinen Kaktus zu gießen.

Rechte Seite, oben: Ab 1500 DM können Tierliebhaber die automatische Katzentoilette erwerben, ausgestattet mit Mikroprozessoren und gesteuertem Wasch- und Desinfektionsprogramm.

Rechts unten: Fernsehprogramm für Hunde! Aus England kommen die nötigen Video-Cassetten für den einsamen oder gelangweilten Hund.

S. 140: Die Postkarte, die Blumen hervorbringt: Marthe Ratti aus Nizza hat seit 1987 das Patent dafür.

S. 141, oben: Telefonieren mit der Flasche in der Hand; Coca Colas Kreation garantiert dennoch trockene Ohren.

S. 141, unten: Kaffeebad in Japan – im Kaffeemehl liegen soll der Gesundheit und der Kosmetik dienlich sein.

CARTE JARDIN
Ces quelques fleurs apporteront la dernière touche à votre charmante demeure

The Coca-Cola Company
OFFICIAL LICENSED PRODUCT

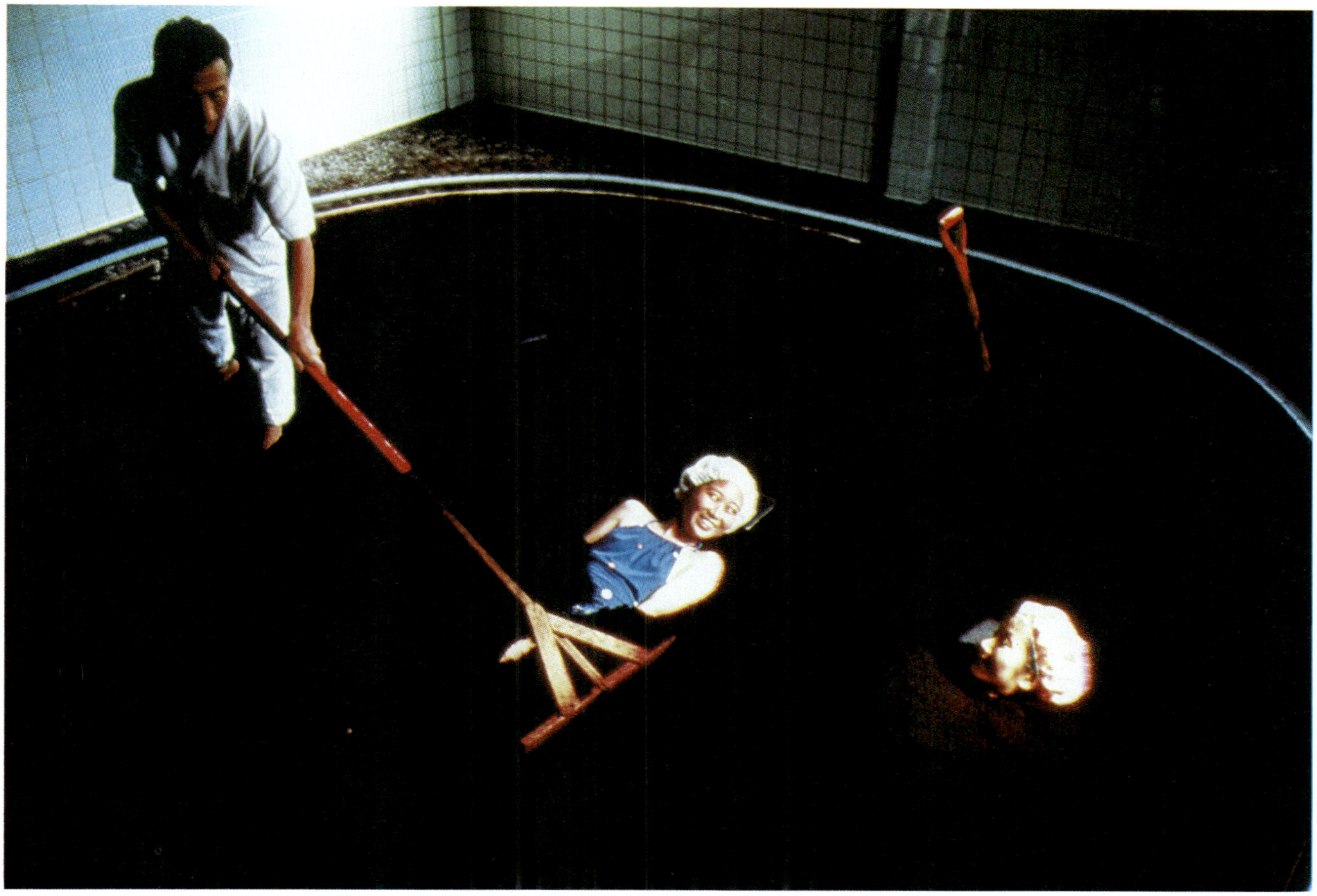

Links der Berg mit Grauschleier, rechts nach gründlichem Frühjahrsputz – so sehr liebt man in Österreich seine Berge. Schon seit dem 17. Jh. wird der Mönchsberg in Salzburg auch deshalb gereinigt, um loses Gestein zu entfernen. Salzburger und ihre Gäste können so gefahrlos am Fuße des Berges flanieren.

Geschirrspültisch. Das **1983** von dem Franzosen Daniel Degony erfundene Kombiservice dient normalerweise als Eß- oder Arbeitstisch, ist obendrein aber auch ein versenkbarer Geschirrspüler. Beim Kombiservice läßt man das Besteck liegen und schiebt nach dem Essen das Ganze, Tisch samt Besteck, in ein Schubfach (oder einen Waschbeutel), das praktisch ein Geschirrspüler ist. Der Tisch eignet sich darüber hinaus ideal für kleine Küchen.

Das schäumende Konfetti wurde von Alain Le Port erfunden, indem er Löcher in Seifenpapier bohrte. Dieses bunte Konfetti, mit dem Geruch exotischer Früchte ausgestattet, löst sich im Wasser völlig auf und ergibt reichen Schaum. Das Badekonfetti wurde **1985** vorgestellt.

Die Liliputorgel ist mit Sicherheit die kleinste Orgel der Welt. **1984** bastelte sie der Straßburger Tischler Hubert Molard. Die Orgel ist nur 28 mm breit und wird mit einem Zahnstocher betätigt. Sie hat eine Klaviatur von 23 Tasten, ferner 12 Pedale, ein »Gedächtnis« für 96 Noten und ein Repertoire von 8 Stücken. Hubert Molard ist auch der Erfinder des kleinsten Musikcomputers.

Videogrüße sind eine Erfindung der amerikanischen Gesellschaft Video Greetings. Seit Februar **1986** kann man seine Grüße, Glückwünsche zum Geburtstag etc. auf Videokassette versenden. Man betritt eine ähnliche Kabine wie die der Paßfotoautomaten, verläßt sie aber mit einer Kassette, auf der eine Videoaufzeichnung (Bild und Ton) der gesprochenen Wünsche gespeichert ist.

Garten-Postkarte. Das ist wirklich eine sehr originelle Idee, die sich die französische Erfinderin Marthe Ratti **1987** patentieren ließ: eine Postkarte im Format 19 × 9 cm, die außer dem üblichen Platz für die Korrespondenz noch eine kleine Tasche hat, in die auf Spezialerde Blumensamen gesät worden sind. Der Empfänger braucht nur noch (entlang der gepunkteten Linie) das Fenster des Kartons zu öffnen, das das kleine Blumenteil bedeckt, und dort ein wenig Wasser hineinzugießen. Drei Tage später beginnen die Blumen zu sprießen.

Lachspray hat der Deutsche Walter Thiele erfunden und **1986** auf den Markt gebracht. Der süßlich riechende Lachspray – laut Werbetext hundert 5-Min.-Lacher in der Dose – besteht aus natürlichen Aromastoffen. Thiele hat übrigens auch den *Lachsack* erfunden, von dem inzwischen 35 Mio. Stück verkauft wurden.

Die tönende Unterhose. Der Franzose Emmanuel de Canecaude, ein durch und durch ernsthafter Erfinder, hat sich **1987** eine ungewöhnliche Erfindung patentieren lassen: eine Unterhose, die einen Tarzanschrei ausstößt, wenn ihr Besitzer aus der Hose steigt. Natürlich handelt es sich hierbei um eine fotoelektronische Zelle, die eine Reaktion auslöst, sobald sie einer Lichtquelle ausgesetzt ist.

Der Jeansautomat, seit Juli **1986** in Frankreich verfügbar, wurde von den drei Korsen René Berlandi, Gérard Maisant und Charles Padovani entwickelt. Ein Größenmeßsystem ermittelt das passende Modell. Man drückt auf einen Knopf, bezahlt mit einer Kreditkarte, und die Hose kommt in einem Karton aus dem Automaten.

Antiglatzen-Pomade. Zhao Zhang Guang aus der Volksrepublik China entwickelte **1987** eine Kräuterpomade, die zu 97 Prozent den Haarausfall stoppt und neue Haare sprießen läßt. Bei der 16. Internationalen Erfindermesse in Genf 1988 wurde dafür der Publikumspreis vergeben.

WC für Hunde. Das mechanische System des Franzosen Daniel Colin, patentiert am 24. Mai **1985,** löst eine automatische Wasserspülung aus. Damit konnte er ein WC für Hunde nach dem Prinzip des türkischen WCs bauen. Das Gewicht des Tieres drückt auf den Boden des WCs; beim Verlassen wird automatisch nachgespült.

Die automatische Katzentoilette, die von dem Franzosen Albert Loctin erfunden und **1985** pa-

tentiert wurde, ist eine völlig neuartige Sanitärapparatur, die sich in ihrem Design gut den anderen Küchengeräten anpaßt. Die Katze betritt die Maschine, verrichtet ihr Geschäft und geht wieder hinaus. Frauchen oder Herrchen brauchen nur noch die Tür der Maschine zu schließen, einen Knopf zu drücken und schon beginnt automatisch die Reinigung. Der Automat ist mit einer Lage von 2 l Streu ausgestattet, das sich im Wasser zersetzt. Nach jedem Reinigungsvorgang setzen sich 10 Prozent der Streulage in einem Kasten automatisch ab.

Das elektronische Anti-Floh-Halsband für Hunde und Katzen entwickelte **1983** Franck J. Bianco, Präsident der amerikanischen Gesellschaft für Biotechnologie. Dieses Halsband, vergleichbar mit einer großen Uhr, sendet einen für das Ohr nicht wahrnehmbaren, intensiven Hochfrequenzton aus, der das Tier von Flöhen und Zecken befreit. Es ist wasserresistent, entwickelt keinen giftigen Geruch und kann jederzeit getragen werden.

Das Fitneßcenter für Hunde in Los Angeles (USA) ist seit November **1984** geöffnet. Dies ist das erste Center, das sich der körperlichen Verfassung Ihres Hundes widmet. Zwei Kalifornier, Beverly J. Harkey und sein Bruder Ron Rophar, hatten die Idee dazu. Ihr Angebot kann sich mit dem der extravagantesten Klubs für Zweibeiner messen: Whirlpool, Jogging, Sauna, Spiele, Antifloh-Kissen, Fellpflege etc. Für die Mitglieder, die einen Imbiß wünschen, steht ein Verpflegungsservice zur Verfügung.

Der Sonnenschirm für Hunde ist eine sympathische Einrichtung, die **1985** von der amerikanischen Gesellschaft MacCurtin Manufacturing Co. entwickelt wurde. Wenn Sie Ihren Hund längere Zeit draußen lassen müssen und Sie um sein Wohl besorgt sind, ermöglicht ihm die tragbare Kombination aus einer Leine zum Anbinden, einem Sonnenschirm (gegebenenfalls auch als Regenschirm verwendbar), einem Wassernapf oder einem Napf mit Plätzchen das streßfreie Warten. Da es in den USA 48 Mio. Hunde gibt, hat die »erfindende« Gesellschaft einen ansehnlichen Markt zu bedienen.

Hundebrillen. Eine französische Optikerin, Denise Lemière, hat sich **1975** die ersten Hundebrillen patentieren lassen. Die Gestelle, die der Kopfform der Hunde angepaßt sind, gibt es in fünf Größen. Denise Lemière hatte zunächst Hundesonnenbrillen entworfen, die für ihre eigenen Vierbeiner gedacht waren. Dann hat sie jedoch die Modelle spezifiziert: Windschutzgläser, Staubschutzgläser sowie hochwertige Schutzgläser, die Tag und Nacht getragen werden können von den Hunden, die sich einer Staroperation unterziehen mußten.

Die kugelsichere Weste für Hunde wurde **1984** von der französischen Firma Sema kreiert, die auf kugelsichere Westen für Menschen spezialisiert ist. Die Anregung zu diesem Produkt kam durch die Tatsache, daß jedes Jahr zu viele Hunde durch Jagdunfälle getötet werden. Hergestellt wird die Weste aus genau den Materialien, die auch für die Polizei- oder Armeewesten verwendet werden. Die Weste schützt den Körper des Hundes vor Schrotkugeln. Darüber hinaus läßt das phosphoreszierende Orange den Hund selbst auf große Distanz hin erkennen. Angefertigt wird sie in vier Größen.

Katzenhütte mit Bürste. Das ist eine Hütte, in der man der Katze das Essen bereitstellt, mit einer Luke, die mit einer sich drehenden Bürste ausgestattet ist. Wenn die Katze zum Essen geht, wird sie am ganzen Körper gebürstet. Nach dem Essen kommt sie auf demselben Weg zurück, und dasselbe passiert. Erfunden wurde sie von dem Schweizer Achille Gamba, der **1984** darauf ein Patent erhielt.

Einen automatischen Türöffner für Katzen erfand **1982** die englische Firma Reilor Ltd. Die Tür öffnet sich, wenn die Katze am Halsband den kodierten »Floh« trägt, der der Frequenz der in der Tür versteckten Antenne entspricht. So kann die Katze kommen und gehen, wann sie will. Außerdem kann auf diese Weise kein unerwünschter Gast ins Haus gelangen. Die elektronische Katzentür gibt es in mehreren Größen, so daß sie sich auch für »kodierte Hunde« eignet.

Katzenhotel. In Maspe (Niedersachsen) liegt eine beliebte Vier-Sterne-Herberge für Katzen, die von Bernd Obarowski seit **1983** betrieben wird. Die Gäste werden in der zweiten Etage eines alten Bauernhauses in zehn Räumen untergebracht. Jede dieser Katzensuiten, deren Größe je 6 qm beträgt, ist komfortabel eingerichtet: die Katze kann sich je nach Belieben in einer kleinen Pappvilla verstecken, auf dem Kratzbaum herumtollen oder im Körbchen mit Kissen dösen. Auch das Katzenstreu, 200 kg werden pro Woche verbraucht, ist täglich frisch. Diesen Service lassen sich die Hotelgäste - bzw. deren Eigentümer - 15 DM pro Tag kosten. Die Nobelherberge ist ständig ausgebucht.

Den Sicherheitsgurt für Tiere erfand **1980** die österreichische Firma Nova Founders. Er besteht aus einem Riemen, der auf der einen Seite des Sitzes befestigt wird, und auf der anderen Seite aus einer Kette mit einem Halsband und einem Gurt. Das Halsband wird um den Hals des Tieres gelegt, der Gurt befestigt den Brustkorb, der hinter den Vorderpfoten zurückgehalten wird. Dieser Sicherheitsgurt macht es dem Tier unmöglich, während der Fahrt auf die Schultern oder die Knie des Fahrers zu springen. Dem Tier bleibt jedoch die Freiheit, sich auf seinem Sitz zu bewegen. Außerdem hält der Sicherheitsgurt das Tier bei einer plötzlichen Vollbremsung gut fest und verhindert, daß es bei einem Unfall durch die Frontscheibe geschleudert wird.

Tierpaß. Ausgehend von einer Idee des Belgiers Ron de Groot, hat sich der Amerikaner Bonnie Schachter **1985** einen Paß für unsere Haustiere erdacht und auch in den Handel gebracht. Dieser Ausweis, der zwar durchaus ernst gemeint, aber nicht offiziell ist, liefert alle möglichen Informationen über die reisende Katze oder den reisenden Hund: den Namen, die Adresse, die des Herrchens und des Tierarztes, ein Foto, das Geburtsdatum usw. Darüber hinaus beinhaltet er noch bestimmte Angaben über Charaktereigenschaften, einen Ernährungsführer, eine Liste der bereits verabreichten Impfungen, einen medizinischen Überblick, ein Schema für das jährliche Check-up - und als Unterschrift einen Pfotenabdruck.

KUNST UND KULTU

Händels Oratorium *Messias* stammt von 1742, Achim Freyers Bühnenbild dazu von 1985.

BILDENDE KUNST

Malerei

Die ältesten Spuren der Malerei, die die Archäologen gefunden haben, sind die Figuren und Zeichen auf den Felswänden der Altsteinzeit (30000 bis 12000 v. Chr.).
Am Anfang hinterließen die Menschen nur Fingerabdrücke auf den Wänden oder verewigten die Umrisse ihrer Hand, indem sie zum Beispiel feinen Ockerpuder aus einem hohlen Knochen daraufbliesen (eine Vorform des *Aerographen*). Später entwickelten sich Motive, insbesondere Darstellungen von Tieren, die wahrscheinlich magischen Charakter hatten.

Die romanische Malerei (ca. **1000 bis 1250**) diente in erster Linie als Schmuck für die Baukunst, so daß vorzugsweise monumentale Wandgemälde angefertigt wurden. Die Darstellung von Typen – die in der Malerei der griechischen und römischen Antike vorherrschte – wurde abgelöst durch eine individuelle Charakteristik.
Als Bindemittel für die Farben verwendete man in erster Linie Wasser und Leim.

In der gotischen Malerei (ca. **1250 bis 1450**) überwiegt der kirchlich-religiöse Charakter in der Themenauswahl. Die Maler gingen dazu über, die Figuren nicht mehr wie bisher wie Silhouetten vor einen goldenen oder himmelblauen Hintergrund zu stellen, sondern vor Landschaften oder Innenräume.

Die Technik der Malerei entsprach weitgehend der aus der Romanik, jedoch hatte man für das Malen auf Holz das Eigelb als Bindemittel entdeckt. Auch die Verwendung von Ölfarben war laut dem florentinischen Maler Cennini in Deutschland bereits eingeführt, bevor die holländischen Brüder van Eyck diese Technik popularisierten.

Die Malerei der Renaissance (1435 bis 1545) wird durch eine aufkommende weltliche Atmosphäre geprägt. In diesem sogenannten Zeitalter der Erfindungen veränderte sich die Darstellung des Raumes und der Anatomie des menschlichen Körpers. Richtungweisend für diese Entwicklung waren die Studien von Leonardo da Vinci (1452–1519) in Italien und Albrecht Dürer (1471–1528) in Deutschland.

Die Leinwand – aus Linnen, Baumwolle oder Hanf – ist noch heute der gebräuchlichste Maluntergrund und hat doch eine uralte Tradition. In Ägypten hat man ein Stück von einer bemalten Leinwand gefunden, das aus der 12. Dynastie stammt, das heißt aus dem **2. Jtsd. v. Chr.** zwischen 2000 und 1788 v. Chr.

Ölmalerei. Das wichtigste Ereignis in der Geschichte der Maltechnik ist sicher die geheimnisumwobene Entdeckung der Ölfarben zu Beginn des **15. Jh.s.**
Die trocknenden Öle waren schon bei den alten Griechen bekannt, und überlieferte Texte zeugten den Menschen des 15. Jh.s auch von den Möglichkeiten, das zähflüssige Material für die Malerei zu benutzen. Aber niemand konnte damit so recht etwas anfangen.

Erst den niederländischen Brüdern Hubert und Jan van Eyck gelang es 1420, die Ölharztechnik auf die Tafelmalerei zu übertragen – eine Revolution in der Kunstgeschichte. Die alchimistischen Kenntnisse Jan van Eycks sollen dabei von großem Nutzen gewesen sein.
Genauso rätselhaft wie die genauen Umstände der Entdeckung ist auch das Leben der van Eycks. Einige Experten sind der Meinung, daß es Hubert überhaupt nicht gegeben habe, andere halten ihn für den Begründer der flämischen Schule. Bis heute ist nicht genau geklärt, welche Teile des berühmten Altarbildes in der Genter Kirche Sint Baafs (St. Bavo) welchem der Brüder zuzuordnen sind. Die Anlage soll von Hubert sein, Jan soll das 4,5 mal 3,5 m große Flügelbild 1432 vollendet haben.
Von Jan van Eyck stammt auf jeden Fall das berühmte Porträt der Brautleute Arnolfini (1434), das heute in der National Gallery von London hängt.

Radierung. Zur einfachen Gravur mit der Nadel in eine Kupferplatte gesellte sich Anfang des **16. Jh.s** die Radierung hinzu. Mit Salpetersäure arbeitete man die Linien heraus; die Säure griff die Metallplatte an freigekratzten Stellen an. Jacques Callot (1592–1635) war einer der Pioniere dieser Technik. Aber der berühmteste Radierer ist der Maler Rembrandt van Rijn (1606–69).

Der Pinsel wurde, wie die Malerei, schon in **prähistorischen Zeiten** entdeckt. Der Künstler der Steinzeit benutzte für seine Felsenmalerei Quasten aus Federn oder Pflanzenfasern am Stiel, wenn er die Farben nicht mit den Fingern, der ganzen Hand oder einem Moostupfer auftrug.

Der Montblanc ist nicht mehr weiß! 1986 hatten Michel Guéranger und seine Mannschaft den Versuch unternommen, Teile des höchsten Berges Europas in eine riesige Freske zu verwandeln. Entstanden war ein künstlerisches Unikat.

Seit frühesten Zeiten gebrauchten auch die Völker des Mittelmeerraums Pinsel zum Auftragen ihrer *Temperafarbe,* einer Mischung aus Wasser, Leim, Gummi oder Eiern. Die Ägypter benutzten Pinsel aus Tierhaaren oder Pflanzenfasern für die Ausschmückung ihrer überaus prächtigen Gräber in der 4. Dynastie des Alten Reiches (3400–2200 v. Chr.).
Noch heute werden die besten Künstlerpinsel aus Tierhaaren und feinen Naturborsten gemacht. Die teuersten sind aus dem Fell des roten sibirischen Marders. Ein Gramm von diesem Haar kostet mehr als ein Gramm Gold.

Das Prinzip der Camera lucida (lat.: heller Raum) wurde am Anfang des **19. Jh.s**, zwischen 1807 und 1812, von dem Physiker und Chemiker William Hyde Wallaston (1766–1826) erkannt und genutzt. Diesem Mann ist übrigens auch die Entdeckung des Palladiums, des Rhodiums und der dunklen Strahlen des Sonnenspektrums zu verdanken.
Rund 40 Jahre später machte Colonel Aimé Laussedat (1819–1907) perfekte Bilder mit der Camera lucida. Jeder, ob er nun Zeichner ist oder nicht, kann damit ohne Schwierigkeiten Bilder reproduzieren – fast wie in der Fotografie.

Das erste öffentliche Museum, so wie wir es verstehen, wurde **1683** in England gegründet: das *Ashmolean Museum* der Universität von Oxford. Das *British Museum* in London wurde am 15. Januar 1759 eröffnet und der *Louvre* in Paris am 10. August 1793. Das erste amerikanische Haus mit ständiger Kunstausstellung für alle war das *Charleston Museum* in Südkarolina, gegründet im Jahr 1773.

Baukunst

Der griechische Tempel geht in seinen Anfängen auf das **8. Jh. v. Chr.** zurück. Jeder einzelne von ihnen wurde zu Ehren einer Gottheit errichtet. Säulenfront, Ringhalle und Giebeldach zeichnen die Form eines Tempels aus. Zu Beginn waren die Säulen noch aus Holz gefertigt, wurden jedoch später durch das sehr viel haltbarere Material Stein ersetzt.
Als Inbegriff des klassischen griechischen Tempels gilt der Parthenon auf der Akropolis von Athen, mit dessen Bau 447 v. Chr. begonnen worden ist.

Die ersten römischen Tempelbauten stammen aus dem **7. Jh. v. Chr.** Überreste gibt es jedoch nur noch von Tempeln aus dem 2. Jh. v. Chr. Im Gegensatz zu den Griechen war für die Römer nicht allein die Verehrung der Götter, sondern auch immer ein geschichtliches Ereignis Anlaß für die Errichtung einer dieser Kultstätten.

Am Pantheon in Rom, das Kaiser Hadrian errichten ließ, kann man auch heute noch den Unterschied in der Bauweise der beiden Kulturen erkennen. Für die Römer stand die Erschaffung eines Raumes im Vordergrund.

Kirchenbauten lassen sich bis zur Mitte des **3. Jh.s n. Chr.** nachweisen. Funde von Kreuzen, die aus dem Jahr 79 n. Chr. aus Pompeji stammen, lassen jedoch vermuten, daß Bauten, die als Kirche dienten, schon früher existierten.

Mit dem Burgenbau wurde im **6. und 7. Jh. n. Chr.** begonnen, sichere bauliche Überlieferungen datieren jedoch erst aus dem 11. und 12. Jh. Um diese Zeit wurde der bis dahin übliche Holzbau durch den Steinbau verdrängt. Burgen sind zugleich Wehrbauten und Wohnsitze und unterscheiden sich dadurch von Schlössern und Festungen, die nur jeweils eine dieser Funktionen hatten.

Mit seiner »Erfindung« der Verpackungskunst hat der Bulgare Wladirow Gowacheff Christo schon heiße Diskussionen entfacht. 1983 verpackte er 11 Inseln in der Biscayne Bay vor Miami, Florida (USA), mit flamingofarbener Plastikfolie.

MUSIK

Instrumente

Die Geige stammt ab von den Streichinstrumenten des Mittelalters und der Renaissance, wie zum Beispiel der dreisaitigen Rubebe und der Leier. **1529** wurden die ersten Violinen in Frankreich gebaut, aber erst im Italien des 17. und 18. Jh.s brachte die Kunst von Geigenbauern wie Nicola Amati (1596–1684) und seinem Schüler Antonio Stradivari (1644–1737) das Instrument zur Reife.
Stradivari schuf mehr als 1100 Instrumente, von denen weniger als die Hälfte erhalten geblieben

Preisfrage: Von welchem bildenden Künstler stammen diese abstrakten Farbstudien? Es sind in Wirklichkeit »nur« fotografische Produkte von Andreas Kay aus Köln, der die Farbenpracht von Seifenblasen festgehalten hat.

sind. Um **1680** gelang dem großen Geigenbauer auch die Vollendung des *Violoncellos* mit seinem ernsten und ergreifenden Klang. Den Vorläufer dieses Instrumentes, die »viola da braccio«, hatte es schon seit 1560 gegeben.
Ein Violoncello von Stradivari ist am 27. März 1984 für rund eine Mio. DM bei Sotheby's in London versteigert worden.
Nach jahrelanger Forschungsarbeit scheint der texanische Biophysiker und Biochemiker Professor Joseph Nagyvari **1986** das Geheimnis des unvergleichlichen Stradivari-Tons entdeckt zu haben: Ein durch Anfeuchten erzeugter Schimmelpilz im Holz der berühmten Geigen sorgt im Verbund mit einem Speziallack für die Klangvollendung.

Der Geigenbogen, wie wir ihn heute kennen, ist das Ergebnis einer Entwicklung, die schon im Mittelalter begann.
Die Italiener Arcangelo Corelli (1653–1713) und Giuseppe Tartini (1692–1770) haben den Bogen verfeinert. Das bis heute gültige Modell jedoch wurde um **1775** von dem Franzosen F. Tourte entwickelt. Von ihm stammen die wichtigsten Vorgaben für Material, Proportionen und Gewicht (ein Bogen wiegt zwischen 54 und 63 Gramm). Man hat Tourte deshalb auch den »Stradivari des Bogens« genannt.

Gitarre. Ihre genaue Herkunft ist umstritten. Die Experten sind sich jedoch ziemlich einig, daß sie an den Ufern des Mittelmeers entstanden ist. Nach einer langen Entwicklung baute der Spanier Antonio Torres ab **1854** die moderne Gitarre. Er hat sich besonders um die Verschönerung des Klangs, die obere Decke des Instruments und eine Standardisierung der Saitenlänge bemüht.

Die Idee der elektrischen Gitarre wurde schon Anfang der zwanziger Jahre in den USA entwickelt. Lloyd Loar, der zu jener Zeit für die Marke Gibson arbeitete, erfand zwischen 1920 und 1924 das erste Spezialmikrophon für Gitarre. Mehrere Leute machten sich Loars Entdeckung zunutze, um den Gitarrenton mit Hilfe eines leeren Kastens zu verstärken. Aber diese Art des Instruments erwies sich schnell als wenig flexibel.
Wenn man die elektrisch betriebene *Dobro* (1930) und die elektrischen *Hawaii-Gitarren* (*Frying Pan* von 1931) ausnimmt, ist der Vorläufer der elektrischen Gitarre dem Amerikaner Rikkenbacher zu verdanken. **1935** fabrizierte er die *Electro Vibrola Spanish Guitar* mit einem Corpus aus Bakelit.
Da es aber für diese Art von Instrument nur eine schwache Nachfrage gab, dauerte es 12 weitere Jahre, bis die erste moderne elektrische Gitarre gebaut wurde. Paul Bigsby (der Erfinder des Vibratosystems) machte sie 1947 für den Gitarristen Merle Travis.
Eine regelrechte Industrie für elektrische Gitarren wurde von Léo Fender gegründet. Ab 1948 verkaufte er die *Broadcaster,* die 1950 in *Telcaster* umbenannt wurde. Dieses Modell ist heute immer noch gefragt – fast in der Originalform.

Eine Tastengitarre wurde **1984** von dem Deutschen William Schmitz erfunden und auf den Markt gebracht. Es handelt sich dabei um eine Elektrogitarre mit sechs Tasten, die die sechs Saiten zum Klingen bringen. Besonders Anfängern wird dadurch das Spiel erleichtert.

Die SynthAxe ist eine Mischung aus Synthesizer und Gitarre (im englischen Musikerjargon ist »axe« der Ausdruck für Elektrogitarre), erfunden von drei Engländern, dem Gitarristen Bill Aitken und den zwei BBC-Ingenieuren Mike Dixon und Tony Sedivy. Bill Aitken hatte die Grundidee schon 1977 entwickelt, aber erst nach jahrelanger Tüftelarbeit konnte das fertige Instrument **1984** der Öffentlichkeit vorgestellt werden.

Die Minigitarre »Picker«, die sich der Amerikaner Ted L. Ridings **1983** patentieren ließ, hat in

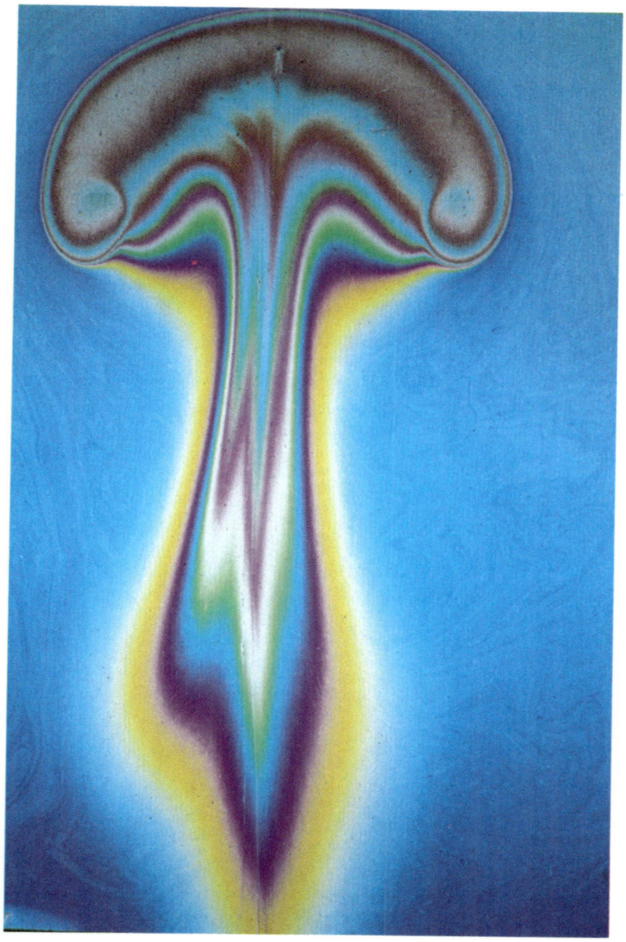

der Musikstadt Nashville (USA) Furore gemacht. Obgleich nur 30 cm lang, ist sie wie eine gewöhnliche Gitarre mit Metallsaiten ausgestattet – dazu hat sie einen Verstärker. Wer nicht spielen kann, kann einen Radioempfänger einbauen und so tun, als ob.

Durchsichtige Gitarre. 1986 erfand der Franzose Joël Laplane, ein Musikinstrumentenbauer aus Marseille, eine elektro-akustische Gitarre aus Plexiglas. Die MC 2 ist völlig durchsichtig und hat kein Schalloch.

Die Harfe ist eines der ältesten Musikinstrumente. Sie stammt vom primitiven Musikbogen ab. Man findet sie bereits **3000 v. Chr.** bei den Sumerern und den alten Ägyptern.
Nachdem sie im Mittelalter groß in Mode war, geriet die Harfe in Vergessenheit – bis zum 18. Jh., als der deutsche Instrumentenbauer Hochbrucker die 200 Jahre alte Idee eines Tiroler Künstlers aufgriff und 1720 die Pedalharfe entwarf. Bei diesem Instrument können Töne durch Bedienung von Pedalen um einen halben Ton erhöht werden.
1786 verbesserte der Franzose Sébastian Erard dieses System und fabrizierte **1801** die ersten Doppelpedalharfen mit zweifacher Tonerhöhung, bekannt als *Erard-Harfen*.
Bernard Szajner, ein Franzose polnischer Abstammung, ist der Erfinder der *Laserharfe*; er präsentierte sie im Juli **1981**. Sie produziert zehn Lichtbündel, die 50 m weit reichen.

Cembalo. Sein legendärer Vorläufer ist das *Monochord* des Griechen Archimedes aus Syrakus (278–212 v. Chr.). Das Monochord war ein Resonanzkasten mit einer einzelnen variablen Saite, mit dessen Hilfe das Verhältnis von Tönen und Saitenlänge studiert wurde.
Der Begriff Cembalo kam erst **1631** auf. Trotz der Tasten gehört das Cembalo wie das Spinett und das Virginal zur Familie der Zupfinstrumente. Seine Drahtsaiten werden von kleinen Federkielen angerissen (weshalb es auch als Kielklavier bezeichnet wird).

Das Klavier geht auf das Psalterium (Hackbrett) zurück, dessen Saiten mit Stäbchen angeschlagen wurden. Als Erfinder des Klaviers gilt der Italiener Bartolomeo Cristofori, der 1698 ein Hammercembalo gebaut hatte und **1710** das *Pianoforte* konstruierte. Ein Exemplar dieses Instruments aus dem Jahr 1720 befindet sich im Besitz des Metropolitan Museums in New York.
In der Folgezeit gab es viele Abwandlungen und Verbesserungen dieses ersten Klaviers: So vollendete G. Silbermann den Hammeranschlag, und J. A. Stein erfand die Pedale (1789).

Der erste Plexiglas-Flügel der Welt wurde **1951** von Arno Wilhelm Schimmel in Braunschweig entwickelt. Das Instrument, das damals zunächst als Demonstrationsobjekt konzipiert war, wird heute wegen seiner Attraktivität ständig als Konzerttournee-Instrument genutzt. Es genügt selbst außergewöhnlichen Ansprüchen.

Elektrisches Piano. Die amerikanische Firma Wurlitzer baute **1958** ein elektrisches Piano, das ursprünglich für Musikschulen bestimmt war. Aber schon bald wurde das neue Klavier für die Rockmusik entdeckt. Der Sound paßte zu den neuen Tönen, und so ein unkompliziertes, relativ kleines Instrument war viel leichter zu transportieren als ein herkömmliches Klavier.
Der deutsche Ingenieur Zacharias erfand **1960** für die Firma Hohner das *Cambalet*, das weiterentwickelt als *Clavinet* zum Lieblingsinstrument von Popstar Stevie Wonder wurde. **1963** kam das *Piano Rhodes Fender* heraus, das 15 Jahre lang als das beste elektrische Klavier galt. Sein für Experten unverwechselbarer Ton gehört auch heute noch zur modernen Musikszene.

Elektroakustisches Piano. Dank des elektronischen Fortschritts wurden zwischen 1970 und 1976 zahlreiche Instrumente gebaut, die mit Hilfe von Schwingkreisen Töne erzeugten. Doch diese Geräte klangen immer gleich, es gab keine Unterschiede in Ton und Anschlag, die Musiker konnten ihrem Spiel keinerlei persönlichen Ausdruck verleihen. Das führte zur Entwicklung des

KUNSTSTÜCKCHEN DER ELEKTRONIK

Künstler trafen sich auf der *artware* im Rahmen der Hannover-Messen CeBIT und INDUSTRIE im März und April 1988. Es war zugleich ein Zusammentreffen von Kunst und Elektronik.

Oben: Die Rauminstallation *Chocolate, Strawberries and Sunshine* von Yvonne Goulbier aus Hannover. Verwendung finden fluoreszierende Pigmente, phosphoreszierende Folien und Schwarzlichtlampen.

Links: Die Computergrafik *Sommer Interieur* (84 × 119 cm) von Gregory Foss aus Columbus, Ohio (USA).

Rechte Seite, oben links: *T für 2*, eine Video-Installation mit Teleporter, Fernseher und zwei Sitzmöbeln der beiden Wiener Künstler Inge Graf und Zyx.

Oben rechts: Ein computererzeugtes, animiertes Integral-Hologramm von Dieter Jung aus Bad Wildungen (Bundesrepublik Deutschland). Eine solche Darstellung unterscheidet sich grundsätzlich von der holographischen Abbildung konkreter Gegenstände.

Unten: Eine Installation *Ohne Worte* der Japanerin Setsuko Ishii mit 6 Hologrammen, Metall, verschiedenen Stoffen, Wolle, Federn.

Das Klavier der Zukunft

Mit ihrem computergestützten Konzertflügel stellte die Firma Bösendorfer aus Wien Ende Januar 1988 in Bremen eine sensationelle Neuheit vor. Der Pianist Stephan Möller spielte Beethovens letzte Klavierkomposition, die Große Fuge, op. 134, für Klavier zu vier Händen, ohne einen zweiten Mitspieler – nur mit der Unterstützung des Flügels. Der Flügel übernahm den Part des ersten Spielers, den Möller zuvor auf dem Computer eingespielt hatte, und Möller spielte live den Part des zweiten Spielers dazu, wobei die Tasten des Instrumentes das vorher Aufgenommene synchron reproduzierten.

Möglich wurde dies durch ein Computersystem, das der Informatiker Wayne Stahnke aus Kalifornien (USA) in 15jähriger Forschungsarbeit entwickelt hatte und das heute in Verbindung mit einem für diese Zwecke modifizierten Konzertflügel der Firma Bösendorfer ungewöhnliche Musikaufführungen gestattet.

Jeder Hammerstiel dieses Flügels ist mit einem empfindlichen Sensor ausgestattet, durch den der Computer 800mal pro Sek. jede minimale Bewegung des Hammerstiels und der Taste erfaßt und digital speichert. Gespeichert werden also nicht bereits entstandene Klänge, sondern die exakte Bewegung der Klaviermechanik, die zur Erzeugung bestimmter Klaviertöne führt. Durch die hohe Meßfrequenz, mit 1018 Abstufungen wird die Genauigkeit auf ein Höchstmaß gesteigert, kann das Gerät auch die dynamischen Feinheiten sehr genau wiedergeben. Nach der Speicherung kann der Computer den Flügel jederzeit als selbstspielendes Gerät in Bewegung setzen; der Flügel wiederholt dann eine völlig authentische Version des von einem bestimmten Pianisten interpretierten Musikstückes.

Die Vorteile dieses neuartigen Flügels liegen vor allem darin, daß sich der Interpret eines Klavierstückes selbst live erleben und seine Leistung auch aus der Perspektive des kritischen Zuhörers erfahren kann, ohne daß sie durch Lautsprecher oder Mikrofone verzerrt erscheint. Bisher übliche Aufnahmetechniken zur Schallplattenproduktion vereinfachen sich durch diesen Flügel beträchtlich, da auch hierbei alle störenden Situationen eines Aufnahmestudios entfallen. Außerdem kann jeder falsche Ton durch einen richtigen ersetzt werden, wodurch das mühsame Schneiden beim Aufnehmen entfällt.

Doch hat dieses Klavierwunder natürlich auch seinen Preis: rund 230 000 DM kostet der hochtechnisierte Konzertflügel. Trotzdem ist das Interesse für diese Entwicklung weltweit ungewöhnlich groß, und vereinzelt wird sogar vom Beginn einer neuen Epoche in der Klaviertechnologie gesprochen.

elektroakustischen Pianos, einem fast traditionellen Klavier, bei dem lediglich die Vibration der Saiten von Magnetmikrophonen aufgenommen wird.

Das erste Modell, das die Profimusiker benutzten, war das *CP 70 Yamaha,* **1978** auf den Markt gebracht.

Die Flöte geht bis auf die prähistorische Zeit zurück. Seit der **Antike** (zum Beispiel im Ägypten des 3. Jtsd.s v. Chr.) findet man sie in den Zivilisationen des Mittelmeerraums.

Die Querflöte, die schon um das Jahr **900** in China gebräuchlich gewesen sein soll, erlebt erst seit dem 17. Jh. eine eigenständige Entwicklung in Europa.

Aber die große Revolution in der Geschichte der Querflöte ist dem Münchner Flötisten Theobald Boehm (1794–1881) zu verdanken. Er veränderte und verbesserte das Instrument so sehr, daß man fast von einer Neuerfindung sprechen kann. Dabei wurde das Holz durch Metall ersetzt, das der Flöte ihren reinen Klang gab.

Die Klarinette erfand im Nürnberg des Jahres **1700** J.-Chr. Denner. Sie ist also eines der jüngsten Instrumente im Symphonieorchester. Aber ihre Ursprünge sind sehr alt: Vorläufer gab es schon bei den alten Ägyptern und Griechen. Auch die Schalmeien des 17. Jh.s haben Ähnlichkeit mit der Klarinette.

Nach einer Reihe von Verbesserungen erhielt die Klarinette dank Theobald Boehms Querflötensystem ihre technische Perfektion.

Oboe. Instrumente aus der Familie der Oboe waren in Ägypten schon vor **2000 v. Chr.** bekannt. Wie viele Instrumente dieses Typs ist die Oboe aus der ägyptischen Schalmei namens Aulos entstanden, deren Entstehung das Volk der göttlichen Minerva und sogar Apollo zuschrieb.

Verantwortlich für ihre Entwicklung sind Michel Philidor, der um 1650 lebte, und Jean Hotteterre, Großvater des berühmten Flötenvirtuosen Jacques Hotteterre (um 1684–1762). **1657** soll die Oboe von Jean Hotteterre zum ersten Mal öffentlich gespielt worden sein. Von da an hielt die Oboe Einzug in die Orchester und hat ihren Platz dort bis heute behauptet.

Saxophon. Bei seinen Versuchen, die Baßklarinette zu verbessern, erfand der Belgier Adolphe Sax (1814–94) ein völlig neues Instrument: das Saxophon. **1846** wurde das Saxophon patentiert und erfolgreich bei militärischen Paraden eingesetzt. Sein voller Ton begeisterte die Musiker von Rossini bis Berlioz, und ab 1920 wurde es zu einem der wichtigsten Instrumente im Jazz.

Die Trompete ist schon seit der Antike bekannt. In Ägypten hat man eine Bronzetrompete aus dem **2. Jtsd. v. Chr.** gefunden.

Die ersten Trompeten waren ganz gerade. Im 15. Jh. wurden die Trompeten in S-Form gebracht. Erst Ende des 16. Jh.s beherrschte man die Kunst, die Röhre rundherum zu biegen.

Gegen **1815** konstruierte Heinrich Stölzel die ersten *Ventiltrompeten* und vergrößerte dadurch erheblich die chromatischen Möglichkeiten des Instruments.

Das Horn gehört – wie die Trompete, die Tuba und die Posaune – zu jenen Blechblasinstrumenten, die lange Zeit im Krieg und auf der Jagd benutzt wurden – bis zurück in die **Antike.**

Ins Orchester eingeführt wurde das Horn erst im **17. Jh.** Noch später, 1760, steckte der deutsche Hornist Hampl ein Stück Baumwolle in den Schalltrichter, um den Ton zu dämpfen. So wurde auch das Horn chromatisch, das heißt, man konnte auch Halbtöne damit spielen.

Orgeln, die älteste wurde von Archäologen entdeckt, stammen aus der Zeit um **200 v. Chr.** Sie waren konstruiert aus einer Art großer Panflöte, verbunden mit zwei Pumpen, die Luft in die Pfeifen drückten. Der Erfinder war vermutlich Ktesibios von Alexandria.

Die Orgelkunst erfuhr ihre Blütezeit im barokken **17. und 18. Jh.** und erreichte ihren Höhepunkt mit den Kompositionen von Johann Sebastian Bach (1685–1750).

1930 wurde die größte Orgel der Musikgeschichte fertiggestellt. Sie befindet sich im Auditorium von Atlantic City, New Jersey (USA), und hat 33 112 Pfeifen, 1477 Register und zwei Gehäuse.

Gasorgel. Bei einer Ausstellung über die Geschichte der Gasindustrie in Tokio Ende 1985 wurde an ein längst vergessenes Instrument erinnert: die Gasorgel, auch Pyrophon genannt. Das kuriose Stück wurde **1872** in Straßburg von

Im Jazz feiert das Saxophon Triumphe, aber auch in der Pop-Musik sorgt es längst für weiche Klänge. Im Bild: der Saxophonist der Gruppe *Supertramp*.

Einen der prominentesten Flötenspieler zeigt dieses Gemälde von Adolph von Menzel: Friedrich der Große (1712–86), König von Preußen, beim Konzert im Musikzimmer des Schlosses Sanssouci.

einem Mann namens Castner erfunden. Es umfaßte nur zwei Oktaven, und der Ton, der aus gasbetriebenen Röhren im Inneren kam, war recht ungenau. Nur ein einziges Exemplar gab es davon – und das verschwand schon bald im Museumsmagazin.

Das Akkordeon hat eine Menge Vorläufer, darunter das chinesische Instrument Sheng, das die legendäre Herrscherin Nyu Wa im 3. Jtsd. v. Chr. erfunden haben soll.
Der Erfinder des Akkordeons, wie wir es kennen, ist jedoch der Österreicher Cyril Demian, dem am 23. Mai **1829** das Patent dafür ausgestellt wurde.
Seit 1935 organisiert die Confédération Internationale des Accordéonistes (CIA) einen weltweiten Wettbewerb.

Das Bandoneon, nicht wegzudenken von der Tangomusik, ist **1850** von dem Deutschen Heinrich Band erfunden worden. 20 Jahre später tauchte es in Argentinien auf und wurde dort so etwas wie ein Nationalinstrument.

Die Mundharmonika ist ein Blasinstrument mit schwingenden Metallzungen; eine Vorläuferin wurde **1821** von Friedrich Buschmann erfunden, der eigentlich nur nach einem Hilfsgerät fürs Klavierstimmen suchte.
1857 stellte der junge Uhrmacher Matthias Hohner (1833–1902) die erste noch heute übliche Form der Mundharmonika her. Im gleichen Jahr gründete er die erste Mundharmonika-Fabrik, die überaus erfolgreich wurde.
Die erste *elektronisch verstärkte Mundharmonika* wurde **1984** von dem Belgier Bernard Olivier auf den Markt gebracht.

Die Schlaginstrumente (Percussion), die die Musik der verschiedenen Völker seit Urzeiten rhythmisch gestalten, sind sicherlich die allerersten Instrumente, die der Mensch erfunden hat. Durch ihre Klangvielfalt fanden sie schon frühzeitig Eingang in die Symphonieorchester: so benutzte Händel 1783 das erste Mal das Glockenspiel.

Das Schlagzeug ist sozusagen das Grundinstrument der modernen Unterhaltungsmusik. Es wurde **1910** in New Orleans erfunden und ist eine Weiterentwicklung jener kleinen tragbaren Schlaginstrumente, die in Blaskapellen von mehreren Musikern bedient wurden. Die Jazzorchester zogen nicht mehr umher, sondern spielten auf einem Podium, und es stellte sich heraus, daß eine einzige Person durchaus mehrere Perkussionsinstrumente spielen konnte. Das Schlagzeug setzte sich langsam durch, und seit 1950 hat es die Form, die wir heute kennen. Es erzeugt neben Rhythmen und Geräuschen auch »Klänge«.

Elektronisches Schlagzeug. Seit der Erfindung des Synthesizers suchte man nach einer Möglichkeit, die Geräusche des Schlagzeugs elektronisch zu erzeugen. Aber erst **1980** konnte sich die englische Firma Simmons das elektronische Schlagzeug patentieren lassen.

Die erste Spieldose, ein rein mechanisches Musikinstrument, ist wahrscheinlich **1796** von dem Uhrmacher A. Favre gebaut worden. Er benutzte dafür eine Stiftwalze – eine ähnliche Technik war schon im 14. Jh. bei den mechanischen Glokkenspielen ausprobiert worden.

Elektrische Orgel. 1902 baute der Amerikaner Thaddeus Cahill einen elektromechanischen Vorläufer der Hammond-Orgel. Ihr Erfinder ist der Amerikaner Laurens Hammond aus Chicago, der 110 amerikanische Patente erhielt. So stellte er auch 1928 die erste in den USA verwendete elektrische Uhr her. **1934** erhielt Hammond ein Patent für die nach ihm benannte elektrische Orgel, die er in einer eigenen Fabrik in beträchtlichen Stückzahlen herstellte.

Digitalorgel. Die amerikanische Firma Allen nutzte **1971** das Patent von Ralph Deutsch über die Anwendung des Digitalsystems bei Musikinstrumenten und entwickelte eine Orgel mit gespeicherten und zahlenverschlüsselten Tönen.

Ondes Martenot. Der französische Ingenieur Maurice Martenot (geb. 1898) erfand dieses elek-

Neues Gewand für alte Opern. Mit seiner Oper *Orpheus und Euridice* setzt Christoph Willibald Gluck 1762 neue Zeichen: Nachdem bis dahin die Oper eher eine Abfolge von Arien war, sollte sich zukünftig die Musik der Handlung unterwerfen. Dieses Bühnenbild war 1982 an der Deutschen Oper in Berlin zu sehen.

tronische Musikinstrument (»ondes« ist das französische Wort für Wellen) im Ersten Weltkrieg. Präsentiert wurde es aber erst **1928** in der Pariser Oper.

Der Synthesizer gilt als die größte musikalische Erfindung dieses Jahrhunderts. Er kann jeden erdenklichen Ton elektronisch nachahmen.
Nach der Erfindung der Ondes Martenot und des Thereminovox von Leon Theremin gab es viele Versuche, die Elektronik für die Herstellung neuer Klangwelten zu nutzen. **1954** begann der Amerikaner Robert Moog, unterstützt von den Komponisten Herbert A. Deutsch und Walter Carlos, mit der Entwicklung eines allumfassenden elektronischen Instruments. Moog war es auch, der das Wort »Synthesizer« erfand.
1965 wurden die ersten, noch schwerfälligen Synthesizer gebaut. **1970** kam dann der *Minimoog* heraus. Von da an begeisterten sich die Musiker für das neue Instrument. Das Funktionsprinzip des Minimoog wird im wesentlichen immer noch bei den meisten modernen Synthesizern angewandt.

Komposition und Ausführung

Komposition. Ein französischer Musiker italienischer Abstammung, Jean-Baptiste Lully (1632–87), sorgte am Hofe Ludwigs XIV. für eine Revolution, als er verlangte, daß die Schar der Geiger ganz genau das spielte, was er geschrieben hatte. Er ist also im **17. Jh.** der erste Komponist im modernen Sinn des Wortes. Tatsächlich waren in den Jahrhunderten zuvor die Notenschriften sehr unpräzise, und es kam auf die Inspiration der Interpreten an.

Das Liniensystem für die Musikschrift führte der Italiener Guido d'Arezzo (ca. 990–1050) ein. Auf vier Linien setzte er Markierungen aus Notenschlüsseln und verschiedenen Farben. Schon vorher gab es im **10. Jh.** erste Versuche, eine Methode für die schriftliche Wiedergabe von Melodien zu finden. Man schrieb damals Silben zwischen horizontale Linien, um die Höhe des Tons auszudrücken.

Das erste öffentliche Konzert wurde **1672** in London von J. Banister organisiert.
Das größte Konzert aller Zeiten fand **1969** in *Woodstock* statt, wo sich auf dem Höhepunkt der Hippie-Bewegung drei Mio. Menschen versammelt hatten, um ihren Rockstars zuzuhören. John Roberts und Noël Rosenberg hatten dieses beispiellose Ereignis organisiert und finanziert. Sie investierten 250 000 Dollar in das Projekt, dessen Vermarktung ihnen aber im Laufe von 15 Jahren 300 Mio. Dollar einbrachte.

Taktstock. Der deutsche Komponist und Geigenvirtuose Louis Spohr (1784–1859) war der erste, der ein Orchester mit Hilfe eines zierlichen Stabes dirigierte – **1816** war es, in der Frankfurter Oper. Zuvor hatte man zwei Jahrhunderte lang Rohrstöcke benutzt, um die Tempi zu markieren. Dies kostete den französischen Komponisten Jean-Baptiste Lully das Leben: Als er am 8. Januar 1687 temperamentvoll sein *Te Deum* dirigierte, verletzte er sich mit dem Stock am Bein. Wenige Wochen später starb er am Wundbrand.

Das Metronom erfand **1816** Beethovens Freund Johann Nepomuk Mälzel (1772–1832). Das kleine Gerät mit Metallpendel schlägt dem Musiker den richtigen Takt.

Die Stimmgabel, auch Diapason, wurde **1711** von dem englischen Lautenspieler John Shore erfunden. Es handelt sich um ein kleines gabelförmiges Instrument zum Stimmen von Musikinstrumenten. Es wird durch einfaches Anschlagen in Schwingungen versetzt, die einen klaren Ton ergeben – den sogenannten Kammerton, das eingestrichene A.

Gyropage. 1981 entwickelte Roger Lidoux dieses Gerät, mit dem Musiker die Seiten ihrer Partitur umblättern können, ohne dabei die Hände zu benutzen. **1887** hatte Augustin Lajarrige, ein Mechaniker in Marseille, dieselbe Grundidee und erfand einen *automatischen Seitenwender*, der allerdings nie verbreitet wurde.

Musikalische Formen und Gattungen

Kantate. Dieser Begriff wurde um **1620** in Italien geprägt. Er bezeichnet ein mehrteiliges Gesangstück (ital. »cantata« = Singstück) im Gegensatz zur instrumentalen Sonate (»sonata« = Klangstück). In Italien gab es sowohl kirchliche als auch weltliche Kantaten, während diese Musikform in Deutschland vorwiegend religiös geprägt war und ihre Vollendung in den Werken von Johann Sebastian Bach (1685–1750) fand.

Concerto grosso. Der Begriff kam an der Wende zum **18. Jh.** auf, während die Musizierform schon einige Jahrzehnte früher existierte. Seinen Höhepunkt erlebte das *concerto grosso* bei Arcangelo Corelli (1653–1713), Francesco Geminiani (um 1670–1762) und Antonio Vivaldi (1678–1741).
Beliebter wurde allerdings das Concerto für einen Solisten und Orchester, dem Wolfgang Amadeus Mozart (1756–91) die endgültige Form gab.
Der deutsche Komponist Christoph Willibald Gluck (1714–87) hatte **1746** in London großen Erfolg mit einem *Concerto für 24 Gläser, eingestimmt mit Quellwasser.*

Das Madrigal, ein kurzes gesungenes Liebesgedicht, wurde im Italien des **14. Jh.s** geschaffen, und war dort eine von den Troubadours übernommene Dichtform.
Die größten Poeten beschäftigten sich mit dieser feinsinnigen Kunst und schrieben Texte für das Madrigal: Dante (1265–1321), Petrarca (1304–74) und Michelangelo (1475–1564), der berühmte Bildhauer, der auch ein Dichter war. Zu den besten Komponisten gehörten Giovanni da Casci (um 1270) und Francesco Laudino (1335–97).

Die Motette hat ihren Ursprung im **13. Jh.** Unter dem Namen Motetus entstanden damals mehrstimmige Gesangskompositionen mit zum Teil völlig verschiedenen, volksliedhaften Texten. Später, ab dem 15. Jh., verstand man unter Motette die mehrstimmige Vertonung eines geistlichen Textes für Singstimmen im strengen, kontrapunktischen Stil.

Die Oper entstand in Florenz Ende des 16. Jh.s. **1594** kam die erste Opernaufführung zustande: *Dafne* von Jacopo Peri (1561–1633). Es folgte Peris *Euridice*, die 1600 anläßlich der Ferntrauung der Maria von Medici mit Heinrich IV. von Frankreich im Palazzo Pitti aufgeführt wurde.
Schon 15 Jahre zuvor, 1585, hatten die Gäste der Traumhochzeit von Markgräfin Jakobe und Erbprinz Johann Wilhelm in Düsseldorf am Rhein das opernhafte Singspiel *Orpheus und Amphion* gesehen.
Aber das erste Hauptwerk der Oper ist *Orfeo* von Claudio Monteverdi (1567–1643), geschrieben 1607.

Das Opernhaus. Zwei römische Kardinäle, Antonio und Francesco Barberini, ließen **1620** das erste Theater bauen, in dem nur Opern gespielt wurden: Das »Teatro delle quattro fontane«. Es konnte etwa 3000 Zuschauer aufnehmen. Das neueste Opernhaus wird die »Opéra de la Bastille« in Paris sein. Am 14. Juli 1989, 200 Jahre nach dem »Sturm auf die Bastille« zu Beginn der französischen Revolution, soll das von dem Architekten Carlos Ott entworfene Opernhaus eröffnet werden. Es wird 2700 Personen Platz bie-

Das Bühnenbild zu Verdis *Aida* schuf Pet Halmen für die Inszenierung an der Deutschen Oper in Berlin.

Michael Jackson, hier bei seinem Auftritt in Tokio zu Beginn seiner Tournee im September 1987, ist einer der souveränsten *Funky-Music*-Macher.

ten. Ihr erster Chefdirigent wird Daniel Barenboim sein.

Oratorium. Schon seit dem **10. Jh.** wurden in den Kirchen des Abendlandes Szenen aus der Heiligen Schrift gesungen und gespielt. Die ältesten erhaltenen Dokumente stammen jedoch aus dem 13. und 14. Jh., darunter ist auch das Manuskript zu den *Carmina Burana* (13. Jh.), wovon sich Carl Orff 1937 zu seinem berühmten szenischen Oratorium inspirieren ließ.
In der Vergangenheit wurde das szenische Spiel, das aus dem Gesangsstück eine Art sakraler Oper machte, allmählich aufgegeben. In der Folge verstand man unter dem Begriff *Oratorium* religiöse Gesänge für Andachtsfeiern, wie sie Philippe Neri (1515–95) veranstaltete.
Das erste große Oratorium, Cavalieris *Rappresentazione di anima e di corpo*, wurde 1600 in Rom aufgeführt.
Die Tradition des Oratoriums wird auch von modernen Komponisten bewahrt. So schrieb der Pole K. Penderecki 1960 seine *Lukas-Passion*.

Die Sonate, das »Klangstück«, wurde zunächst abgeleitet von der Setzweise der Vokalmusik. Geprägt wurde sie (wie übrigens auch die Symphonie) **um 1600** vom Werk Giovanni Gabrielis (1557–1613), *Canzoni e sonate per sonar con ogni sorte d'instrumenti.*
Lange Zeit unterschied sich die Sonate kaum von der Suite, erst Ende des 17. Jh.s bekam sie ihre endgültige Form durch die Kompositionen von Henry Purcell (1659–95). Seit dem 18. Jh. hieß die Sonate für mehrere Instrumente Trio, Quartett, Quintett etc. Beethovens 32 Klaviersonaten gelten als Höhepunkt der Entwicklung der Sonate.

Die Suite ist eine musikalische Form, die auf altes Brauchtum bei den Tänzen zurückgeht. Obwohl es schon im Mittelalter so etwas wie eine Suite gab, hat sie ihre endgültige Form doch erst im **17. Jh.** mit der Musik von Johann Sebastian Bach erhalten. Die Elemente der Suite sind meist tänzerischen Ursprungs (Pavane, Gaillarde, Allemande, Courante), und man kann die Suite bezeichnen als eine Folge von Instrumentalstücken mit ganz unterschiedlichem Rhythmus und Charakter.

Die ersten Symphonien sind Giovanni Gabrieli (um 1557–1613) zu verdanken. Aber die große Symphonie, so wie wir sie heute aus dem Konzertsaal kennen, ist erst im 18. Jh. in Mannheim entstanden, am Hofe des Kurfürsten Karl Theodor von der Pfalz.
Die Mannheimer Schule legte die Form fest, die von Mozart (1756–91) und Beethoven (1770–1827) zur Perfektion gebracht wurde. Die Musik der Klassik war geboren.
Ein Kuriosum ist die Symphonie *Victory at Sea*, die der Engländer Richard Rodgus 1952 komponierte. Sie dauert volle 13 Std.

Das Zwölftonsystem ist eine Kompositionsmethode, die der Österreicher Arnold Schönberg (1874–1951) **1923** entwickelt hat.

Serielle Musik. Nach dem Zweiten Weltkrieg führte die Wiederentdeckung des Zwölftonsystems zur Entstehung der seriellen Musik, deren Vordenker der Österreicher Anton von Webern (1883–1945) war. Die wichtigsten Repräsentanten dieser Richtung sind der Deutsche Karlheinz Stockhausen, die Italiener Luigi Nono und Luciano Berio sowie der Franzose Pierre Boulez.

Die konkrete Musik wurde von dem französischen Ingenieur Pierre Schaeffer entwickelt. Eine erste Demonstration war **1948** das *Concert de bruits* im französischen Rundfunk.

Elektronische Musik. Der Kölner Herbert Eimert gab **1951** den Anstoß dazu. Im Gegensatz zur konkreten Musik bestehen elektronische Kompositionen ausschließlich aus elektroakustisch erzeugten Klängen. Die Vorarbeit haben zwei amerikanische Ingenieure schon 1913 geleistet. Sie stellten fest, daß man mit einer Schwingungen erzeugenden Triode (Elektronenröhre) Töne produzieren kann. Zu den Wegbereitern gehören auch die Deutschen J. Mager (Erfinder des Sphärophons) und F. Trautwein sowie der Sowjetrusse Leon Theremin, der 1920 das Thereminovox erfand.

Elektroakustische Musik. Ab **1953** entstand aus der Allianz von konkreten und elektronischen

Tönen eine neue Form, die elektroakustische Musik. Stockhausen gehörte zu den ersten Komponisten.

Die Theorie der stochastischen Musik, 1956 ausgearbeitet von Iannis Xenakis, geht auf die Wahrscheinlichkeitsrechnung zurück. Man kann damit u. a. eine statistische Analyse von Tonphänomenen machen und mit Hilfe eines Computers alle erdenklichen instrumentalen Kombinationen ausprobieren. Die Möglichkeiten sind unbegrenzt.

Blues ist ein Ausdruck tiefer Traurigkeit, eine Art Schmerzensmonolog der schwarzen Sklaven Nordamerikas. Er entstand um **1860** in der Epoche des Bürgerkriegs (1861–65), also kurz vor der Aufhebung der Sklaverei (1863).
Vom Süden aus verbreitete sich der Blues auch in die Staaten des Nordens, und zwischen den beiden Weltkriegen wurde Chicago zum Zentrum dieser Musik. Dort vermischte sich der Blues mit dem Jazz, woraus, unter anderem, auch der Boogie-Woogie entstand. Der *Boogie*-Stil war dann prägend für einige große Jazzpianisten wie Count Basie oder Art Tatum.
Die älteste erhaltene Blueskomposition ist der *Memphis Blues* von **1912**. Der schwarze Musiker W. C. Hardy hatte ihn für den Bürgermeister-Wahlkampf in Memphis geschrieben.

Funky Music gibt es seit **1982**. Quincy Jones gilt als ihr Vater, ihre wohl berühmtesten Vertreter sind Stevie Wonder und Michael Jackson, die Stars der zeitgenössischen schwarzen Popmusik. Nach dem Soul und dem Disco-Sound kann die Funky Music wohl als die Tanzmusik der achtziger Jahre bezeichnet werden.

Fun Wave. Mit der britischen Gruppe *Culture Club* und ihrem aufgetakelten Sänger Boy George bekam die Rockmusik **1983** einen völlig neuen Ausdruck von Lebensfreude – man will die Krise vergessen und ein bißchen träumen. »Fun« sein, das bedeutet, trotz schwerer Zeiten lachen zu können. Die Melodien sind süß und sinnlich, die Texte dennoch engagiert (zum Beispiel *The war song* von *Culture Club*).

Der Jazz hat sich aus dem Blues entwickelt und aus den *Spirituals*, jenen meist religiösen Liedern, die die schwarzen Einwohner Amerikas schon seit dem Ende des **18. Jh.s** sangen. Der unverwechselbare Sound des Jazz entwickelte sich um **1900** in den unruhigen Stadtvierteln von New Orleans (Storyville).
Einige Jahre später spielte man den Jazz auch in Chicago, wo er dann den großen Aufschwung nahm. **1917** wurde dort die erste Jazz-Schallplatte aufgenommen – von der *Original Dixieland Jazz Band*.
Von da an ging's bergauf mit dem Jazz. Verschiedene Formen entwickelten sich: Der *Be-Bop* (1942–49) wurde von dem Altsaxophonisten Charlie Parker geprägt. Der *Cool Jazz* (1949–54) begann mit einer Plattenaufnahme des Trompeters Miles Davis. Als Vater des *Free Jazz* **(1965)** gilt der Saxophonist Ornette Coleman. Und in den frühen achtziger Jahren machten die Pianisten Herbie Hancock und Chick Corea den *Jazz-Rock* populär.

New Wave. Die Gruppe *Talking Heads* mischte um **1981** ihre kühle synthetische Musik mit fremden afrikanischen Rhythmen und wurde zu den Erfindern der New-Wave-Musik.
Nach der verrückten Maßlosigkeit der Punkbewegung führte eine Rückkehr zur Romantik und eine Aufwertung des Ich-Gefühls zu einem geistigen und musikalischen Dandytum, das sich in süßen und doch kühlen Melodien ausdrückte.

Punk. Die *Sex Pistols* sind die Pioniere der Punkmusik um **1976**. Ihr Grundprinzip ist die Auflösung aller bisherigen Mythen durch Selbstzerstörung und Selbstverhöhnung in einer als bankrott betrachteten Industriegesellschaft. Ihre Musik ist aggressiv, ihre Texte sind Ausdruck von Hoffnungslosigkeit.

Der Reggae, eine rhythmisch besonders betonte Bluesart, kommt ursprünglich aus Jamaika und wurde **Mitte der 70er** Jahre durch den Rasta-Mann Bob Marley in der ganzen Welt populär. Marley starb 1983.

Tanz

Das erste richtige Ballett – *Circe und ihre Nymphen* – wurde am 15. Oktober **1581** anläßlich der Hochzeit des Herzogs von Joyeuse aufgeführt, einem Günstling Heinrichs III. von Frankreich. Die Königin Katharina von Medici hatte es in Auftrag gegeben. Aus diesem Grunde hieß das neuartige Tanztheater auch »Ballet comique de la Reine«, komisches Ballett der Königin.
Schon im Italien des 15. Jh.s waren an den Fürstenhöfen bei großen Festessen ballettähnliche Tanzeinlagen üblich.

Choreographie. Der Franzose Charles Louis Beauchamps (1636–1719), erster Ballettmeister der Königlichen Musikakademie, erfand **1671** eine Methode, Tanzschritte schriftlich festzuhalten. Er nannte das »Choreographie«. Aber erst sein Schüler Raoul Feuillet sorgte im Jahr 1700 für eine Verbreitung der Methode durch sein Buch *La Choréographie ou Art de noter la danse.* Schon vorher gab es verschiedene, weniger ausgereifte Versuche, »den Tanz aufzuschreiben« – zum Beispiel die *Orchesographie*, die Jehan Tabourot, Domherr von Langres, **1588** unter dem Pseudonym Thoinot Arbeau veröffentlichte.

Elektronische Choreographie. Der Kanadier Thomas W. Calvert entwickelte **1984** eine Software, die es erlaubt, alle Ballettfiguren elektronisch zu speichern.

Der Spitzentanz wurde Anfang des **19. Jh.s** entwickelt. Möglich war das allerdings nur durch die Herstellung eines geschmeidigen Ballettschuhs ohne Absatz.
Erfunden hat den Spitzentanz eigentlich niemand: Er ergab sich einfach aus dem Training. Durch die berühmte italienische Ballerina Maria Taglioni, eine der ersten Spitzentänzerinnen, wurde diese Technik 1826 zum Inbegriff des romantischen Balletts.

Tutu. Bei der Premiere des romantischen Balletts *La Sylphide* **1832** in der Pariser Oper trugen die Mädchen zum ersten Mal das berühmte duftige Tanzkostüm, das Tutu. Die Entwürfe stammten von dem Maler Eugène Lamy. Die Solotänzerinnen und das Corps de Ballet hatten weiße, wadenlange Musselinröcke an und dazu weiße Oberteile mit großem Dekolleté: das romantische Tutu.
Das erste runde Tutu, den kleinen steifen Tüllröckchen ähnlich, die heute noch die kleinen

Die Fans drehen durch bei Boy George oder träumen ein bißchen auf seiner Woge des *Fun Wave.*

Ballettmädchen so gerne haben, führte die italienische Primaballerina Virginie Zucchi dem Publikum 1885 in St. Petersburg (Rußland) vor.

Der Charleston entstand **1923** in den USA. Als Erfinder gilt Frank Farnum. Zwei Jahre später führte ihn der englische Tänzer Robert Ciel mit der *Revue Nègre* in Frankreich ein, und auch in Deutschland wurde Charleston zum Modetanz der zwanziger Jahre.

Rumba wurde schon um **1570** auf Kuba getanzt. Aber die kubanische Gesellschaft mied den dunklen Rhythmus, der als orgiastisch galt, und so dauerte es über drei Jh., bis die Rumba 1917 in den Tanzdielen von Havanna groß in Mode kam.

Soca, der neue Tanz des Jahres **1985**, stammt vom *Calypso* ab, der wiederum in den 50er Jahren in Jamaika entstand und durch den weltberühmten Sänger Harry Belafonte verbreitet wurde.
1977 hieß die Soca noch *Soul-Calypso*, und niemand weiß genau, wer das Wort und den Tanz überhaupt erfunden hat. Wahrscheinlich hängt beides mit einem Shadow-Song namens *Soca Boat* (1980) zusammen. Der neue Rhythmus wurde 1978 beim Karneval in Trinidad ganz groß gefeiert, dann nach Brooklyn gebracht, und 1985 eroberte die Soca die europäische Tanzwelt.

Tango. Einen Tanz, der dem Tango ähnlich war, soll es schon zu Beginn des **15. Jh.s** im von den Arabern beherrschten Südspanien gegeben haben.
Später in Lateinamerika ist dieser Rhythmus vielfach verändert worden. Dabei entstanden zum Beispiel die kubanische *Habanera* und verschiedene Tanzformen, darunter der argentinische Tango.

Argentinischer Tango. Wenn man dem großen argentinischen Schriftsteller Jorge Luis Borges glauben darf, ist der argentinische Tango im Bordell entstanden. Auf jeden Fall wurde er **1880** in den Vororten von Buenos Aires getanzt. 30 Jahre lang blieb er das Ritual einer Gruppe von Außenseitern: Zuhälter, Gauner, Emigranten, Entwurzelte jeder Sorte. Dann, in den Jahren 1910–20, machte der Tango Furore in der Modestadt Paris.
Eine der größten Figuren des Tangos jener Zeit ist der in Toulouse geborene Sänger Carlos Gardel. Seine Popularität in Argentinien war so groß, daß er nach seinem Tod 1935 in Buenos Aires ein Staatsbegräbnis bekam.

Oben: Primaballerina Eva Evdokimova 1982 im romantischen Ballett *La Sylphide* – genau 150 Jahre nach der Pariser Uraufführung. Damals trugen die Tänzerinnen erstmals das duftige Tanzkostüm Tutu: der Maler Eugène Lamy hatte es entworfen. Nicht nur die kleinen Ballettmädchen von heute lieben das Tutu.

Rechts: Um 1880 in den Vororten von Buenos Aires entstanden, aber erst dreißig Jahre später salonfähig geworden: der Argentinische Tango – frech, erotisch, elegant.

Unten: Noch etwas unbeholfen, aber vergnügt – die Damen der New Yorker Gesellschaft beim Einüben des Charleston um 1925. Wer etwas auf sich hielt, mußte ihn beherrschen.

Fotografische Objektive

Der französische Philosoph und Mathematiker René Descartes formulierte 1637 in seinem Buch über die Dioptrik die Gesetze der Lichtbrechung und schuf damit die Basis für die moderne optische Wissenschaft.

Typ	Erfinder	Land	Jahr
Achromatischer Meniskus	J. C. A. Chevalier	Frankreich	1830
Porträt-Objektiv	J. Petzval	Österreich	1840
Verzeichnungsfreies Objektiv	Thomas R. Dallmeyer	Deutschland	1866
Anastigmatisches Objektiv	Dr. Schott	Deutschland	1888
Teleobjektiv	Thomas R. Dallmeyer	Deutschland	1891
Triplett	H. D. Taylor	England	1893
Weitwinkelobjektiv	Thomas Sutton	England	1895
Zoom	Frank Back	USA	1945

Zur Zeit ist der Tango übrigens kurioserweise in Japan besonders beliebt.

Walzer. Über den Ursprung des berühmten Tanzes im Dreivierteltakt, der im 19. Jh. ungeheuer populär war, ist nichts Genaues bekannt. Er kommt auf jeden Fall aus Deutschland, genauer gesagt aus Bayern, wo er um **1765** erstmals erwähnt wird. Der eher derbe Drehtanz verfeinerte sich später zum wirbelnden und strahlenden Wiener Walzer. Berühmte Beispiele: die *Einladung zum Tanz* von Carl Maria von Weber (1786–1826) und natürlich die Werke von Johann Strauß Vater (1804–49) und Sohn (1825–99).

FOTOGRAFIE

Das Prinzip der Camera obscura (lat.: dunkler Raum) war den Chinesen wahrscheinlich schon seit dem **4. Jh. v. Chr.** bekannt. Viel später, im 10. Jh. n. Chr., nutzten es die Araber zur Beobachtung der Sonnenfinsternis. Das italienische Genie Leonardo da Vinci (1452–1519) gab eine klare Beschreibung dieses Phänomens, das für jeden sehr leicht zu entdecken ist: Ein Sonnenstrahl, der durch ein kleines Loch in ein dunkles Zimmer fällt, projiziert auf die gegenüberliegende Wand ein umgekehrtes Bild der beleuchteten Dinge außerhalb des Raumes.
Der italienische Physiker Giambattista della Porta (1538–1615) schließlich baute im **16. Jh.** eine Camera obscura für die Reproduktion von Bildern.

Fotoapparat. Auf der Suche nach einer Möglichkeit, die Zeichnungen seines Sohnes zu reproduzieren, tauschte der Franzose Nicéphore Niepce (1765–1833) das Papier gegen eine mit Silberchlorid eingeriebene Platte aus – und erfand im Jahr **1816** zugleich die Fotografie, das fotomechanische Verfahren und den ersten Fotoapparat.

Fotografie. Eine Methode, Papier mit Silberchlorid lichtempfindlich zu machen, wurde bereits 1799 von dem englischen Chemiker Thomas Wedgwood angewandt. Schon vorher, 1725, hatte der deutsche Anatomieprofessor Johann Heinrich Schulze in Altdorf entsprechende Experimente gemacht. Er befestigte eine Schablone an einer Flasche voller Silbernitrat und stellte fest, daß die vor dem Licht geschützten Flächen hell blieben, während die anderen dunkel wurden. Aber die beiden Gelehrten gingen bald zu anderen Forschungen über, und ihre Entdeckungen gerieten in Vergessenheit.
Als Erfinder der Fotografie wird deshalb der obenerwähnte Niepce angesehen. Er war es auch, der nach vielen Versuchen eine Methode zur Fixierung der flüchtigen Bilder fand. Seine ersten *Heliographien* gelangen ihm **1822**. Ein paar Jahre später, 1826/27, entwickelte er Bilder auf einer mit Naturasphalt beschichteten Zinnplatte. Diese Platte mußte 8 Std. lang belichtet werden – so wurden die ersten Fotos gemacht.

Objektiv. *Porträtobjektiv.* Der Österreicher J. Petzval baute **1840** ein spezielles Objektiv für Porträtaufnahmen. Es streute 16mal soviel Licht

Ein Daguerreotypie-Porträt von Jacques Louis Mandé Daguerre, dem Erfinder des gleichnamigen Foto-Verfahrens.

Eines der ersten stereoskopen Fotos. Beim Blick durch den Sucher zeigte sich dem Betrachter ein räumliches Reliefbild.

wie eine Linse für Landschaftsbilder und eignete sich vorzüglich für die Personenfotografie. Die Leute mußten nicht mehr so lange in starrer Pose verharren. Dabei war es nicht so wichtig, daß das Objektiv nur einen Blickwinkel von 20 Grad umfaßte.

Vorsatzlinsen gab es schon **1895**; auf das Objektiv gesteckt, holten sie ein Motiv optisch näher heran.

Die Anti-Reflex-Behandlung neutralisiert den Lichtverlust, der dadurch entsteht, daß die Lichtstrahlen auf der Linse reflektiert werden. Ein Mann namens Taylor kam **1904** auf die Idee, die Oberfläche der Linsen zu mattieren, und ließ sich sein System am 31. Dezember patentieren. 1935 erreichte der berühmte Optiker Carl Zeiss eine Trübung der Linsen durch Behandlung mit Magnesiumfluorid.
Seit 1945 werden die Oberflächen aller Linsen behandelt. Dadurch war es auch möglich, die Zahl der Linsen in den Objektiven zu erhöhen, ohne das Bild zu verdunkeln.

Weltraum-Objektive. Mit einem Objektiv der deutschen Firma Carl Zeiss und einem schwedischen Apparat, der *Hasselblad 500 C,* wurden am 3. Oktober **1962** die ersten Aufnahmen vom Weltraum gemacht (Mission Mercury). Auch die Schritte des ersten Menschen auf dem Mond, Neil Armstrong, wurden im Juli 1969 von einem Zeiss-Objektiv festgehalten.
Parallel dazu benutzte die amerikanische Weltraumbehörde NASA ab 1964 die für extreme Lichtverhältnisse besonders geeigneten Objektive der französischen Marke Angénieux für die Missionen *Ranger 7, 8* und *9.*
Die gebräuchlichsten Objektive im Weltraum haben die Maße 1,2/55 mm für außen und 1,4/35 mm für innen. Alle Materialien werden zunächst natürlich streng getestet. Die NASA hat dafür große Laboratorien eingerichtet, die auch dem Fortschritt der Fotografie ganz allgemein dienen. Bei der *Challenger*-Mission von 1984 zum Beispiel entstanden tadellose Aufnahmen, die trotz einer Fluggeschwindigkeit von 28000 km/h nicht »verwackelt« sind.

Die Blende war um **1840** nichts anderes als eine einfache Scheibe mit einem mehr oder weniger großen Loch in der Mitte. Dieses Ding plazierte man vor die Linse, um so einigermaßen den Einfall der Lichtstrahlen in den Fotoapparat zu regulieren.
1858, nach der Erfindung der verzeichnungsfreien oder gedoppelten Objektive, wurde eine geschlitzte Platte in die Fassung zwischen die beiden optischen Elemente eingeführt – das war die *Schiebeblende.*
Die modernen Objektive sind allesamt mit einer *Irisblende* ausgerüstet, wie es sie seit **1886** gibt. Der Franzose Alphonse Martin holte sich **1939** ein Patent für die *automatische Blendenöffnung,* die sich nach dem Helligkeitsgrad richtet.

Fotozelle. Seit Anfang der **70er Jahre** gibt es Fotoapparate mit einer eingebauten Fotozelle, die, ganz gleich unter welchen Bedingungen, die Belichtungszeit exakt berechnet und die Blende entsprechend einstellt.
Die Anwendung der Fotozelle in der Fotografie ist auf die Forschungsarbeit der deutschen Physiker J. Elster und Hans F. Geitel im Jahr 1893 zurückzuführen.

Daguerreotypie. Im Jahr **1835** entwickelte Niepces Teilhaber Jacques Louis Mandé Daguerre (1787–1851) eine neue Methode, das Abbild eines Gegenstands auf die Platte zu bannen. Er überzog Silberscheiben mit dünnen Schichten von Jodsilber, belichtete sie in der Lochkamera und setzte sie dann Quecksilberdämpfen aus. Das entstandene Bild wurde mit unterschwefligsaurem Natron fixiert und vergoldet. So ein Bild war zerbrechlich, nicht reproduzierbar und seitenverkehrt, aber zu jener Zeit gab es nichts, was besser gewesen wäre.
Am 19. August 1839 gab Arago, ständiger Sekretär der französischen Akademie der Wissenschaften, die Verfahrensweise der Daguerreotypie bekannt. Der Erfolg kam prompt. Die »Daguerreotypomanie« verbreitete sich in der ganzen Welt. Innerhalb von drei Monaten mußte die Anleitungsbroschüre von Daguerre 26mal neu aufgelegt werden, in sechs verschiedenen Sprachen.
Das Verfahren wurde dank der Errungenschaften der optischen Wissenschaft schnell verbessert – zum Beispiel durch das 1840 entwickelte Porträtobjektiv des Österreichers Petzval. Einzige Bedingung für ein gutes Gelingen der Aufnahmen war, daß die fotografierten Leute absolut stillhielten – eine Kopfstütze half ihnen dabei. Und man mußte alles, was später links erscheinen sollte, nach rechts räumen, weil das Foto noch seitenverkehrt wie ein Spiegelbild war.
Noch heute wird die Daguerreotypie von einem Dutzend Experten in aller Welt betrieben.

Papierfotografie. Zwei Männer – unabhängig voneinander – wagten es als erste, die Metallplatte durch einen Papierträger zu ersetzen: der Engländer Henry Fox Talbot (1800–77) und der Franzose Hippolyte Bayard (1801–87).
Schon 1833 versuchte Talbot, das Bild im Fond der Camera obscura auf lichtempfindlichem Papier festzuhalten. Im folgenden Jahr machte er »photogene Zeichnungen«, Negativbilder von Dingen, die er auf das Papier gelegt hatte. Er verbesserte seine Technik immer mehr, und 1835 gelang es ihm, mit Hilfe eines einfachen Holzkastens (seine Frau nannte das Ding »Mausefalle«), an dessen Rückwand er ein lichtempfindliches Papier befestigt hatte, ein schwaches Negativbild herzustellen.
1839, als die Methode Daguerres bekannt geworden war, nahm Talbot seine Experimente wieder

GEORGE EASTMAN (1854–1932)

Der Virus der Fotografie packte den amerikanischen Bankangestellten George Eastman im Jahr 1878, als er die ersten Ferien seines Lebens machte und ein Kollege ihm riet, doch ein paar Erinnerungsfotos zu machen. Eastman nahm also Fotografier-Unterricht und kaufte eine gewaltige Ausrüstung, mit Dunkelkammer-Einrichtung, feuchten Fotoplatten und Kanistern voller Silbernitrat. Bald richtete sich sein Ärger gegen die umständlichen Vorbereitungen und Arbeitsprozesse. Künftig verbrachte er seine Nächte mit langen Versuchen, ein praktischeres System zu erfinden. Und tatsächlich gelang ihm die Herstellung einer trockenen Platte.

1880 mietete Eastman ein Lokal und fing an, seine Trockenplatten massenhaft herzustellen – und zu verkaufen. Bald schon erfand er den elastischen Rollfilm und schließlich eine handliche Boxkamera unter der Bezeichnung »Kodak« (Maße: 82 × 95 × 165 cm, Belichtungszeit: 1/20 Sek.). Man konnte damit 100 runde Fotografien mit einem Durchmesser von 63 mm machen. Nach der letzten Aufnahme schickte man den ganzen Apparat zurück ans Werk, wo das Material innerhalb von zehn Tagen entwickelt – und der Apparat natürlich neu geladen wurde. Der Werbeslogan von Kodak: »Sie drücken auf den Knopf, wir machen den Rest.« Schon im ersten Jahr wurden 90 000 Kodaks verkauft.

1889 trat an die Stelle des Papierfilms das Zelluloid. Nun brauchte man nur noch die Filmrollen zum Entwickeln einzuschicken. 1890 sorgte Eastman für eine weitere Sensation: Er brachte zusätzlich zur Kodak-Kamera die Brownie-Kamera auf den Markt; beide kosteten je 1 Dollar und machten ihn zum mehrfachen Millionär.

Eastman wurde mit seiner Firma Kodak zum vorbildlichen Unternehmer, führte Gewinnbeteiligung, Krankengeld und Altersversorgung ein, spendete für wohltätige Zwecke und finanzierte schulische und medizinische Einrichtungen. Dennoch starb er in Verzweiflung – 1932 durch Selbstmord.

Oben: So war sie gebaut, Eastmans Kodak Nr. 1: ein Gehäuse mit Blende, ein Rollfilm und ein Drehknopf zum Spulen des Films.

Die erste Anzeige für Eastmanns Wunderkasten, wie sie in Deutschlands Journalen und Zeitungen vor der Jahrhundertwende erschien.

100 JAHRE AMATEURFOTOGRAFIE

Oben links: Aufnahme mit einer Kodak Nr. 1 des bekannten Fotografen Paul Nadar um 1888: Ein junges Mädchen geht über die Place de l'Opéra.

Oben rechts: In solchen Läden New Yorks (»drug store«) war um 1890 Eastmans Kamera erhältlich. Der Schnappschuß stammt von einer entsprechenden Kamera.

Mitte links: George Eastman mit seiner Erfindung an Bord der *U.S.S. Gallia* auf der Überfahrt nach Europa im Februar 1890.

Mitte rechts: Das erste Katastrophenbild eines Amateurfotografen, ein Zugunglück in den USA.

Unten: Plötzlich konnte überall und alles fotografiert werden.

auf und entdeckte, daß er seine Negative in Positivbilder verwandeln konnte, wenn er sie wiederum auf lichtempfindliches Papier kopierte.

Kalotypie. 1840 entdeckte H. F. Talbot, daß er ein unsichtbares Negativbild auf einem stark belichteten Papier sichtbar machen kann, wenn er es mit einer Entwicklerlösung aus Gallussäure und Silbernitrat behandelt.
Diese Methode erlaubte ihm, die Belichtungszeiten nach und nach auf weniger als eine halbe Minute herabzusetzen – und durch Kontaktabzüge Positive herzustellen.
Damit wurde die Fotografie praktisch unbegrenzt reproduzierbar. Talbot nannte seine Methode »Calotype«, Kalotypie (von griech. »kalos« = Schönheit).

Erste Fotoausstellung. In den 30er Jahren des 19. Jh.s waren viele Forscher von dem neuen Medium fasziniert. Und so kam es, daß es auch dem Franzosen Hippolyte Bayard gelang, mit der Camera obscura und einem Silberchloridpapier bei einer Belichtungszeit von einer Viertelstunde direkte Positivbilder aufzunehmen. Die Bilder waren von so hervorragender Qualität, daß sie am 24. Juni **1839** zum Gegenstand einer ersten Fotografieausstellung wurden.
Die Verbreitung der Bayardschen Methode hätte das Ende der Daguerreotypie bedeuten können. Und so soll Akademiesekretär Arago höchstpersönlich Bayard aufgefordert haben, sein Verfahren für sich zu behalten, um den Ruf Daguerres nicht zu gefährden.

Eiweißglas. Abel Niepce de Saint-Victor, ein Neffe von N. Niepce, benutzte **1847** eine Glasplatte zum Belichten, die mit einer Lösung aus Eiweiß, Kaliumjodid und Silbernitrat überzogen war. Die Belichtung dauerte 5 bis 15 Min., aber das Bild war sauber und originalgetreu.
Der Fotograf Blanquard Evrard übertrug diese Methode auf eiweißbehandeltes Papier und hatte damit einen solchen Erfolg, daß er für die Fabrikation seines Fotopapiers mit der Zeit fast 18 Mio. Eier verbrauchte.

Kollodiumplatte. Im Jahr **1849** behandelte der Franzose G. Le Gray sein Negativmaterial mit einer Lösung auf der Basis von Kollodium, einem in Äther aufgelösten hochexplosiven Pulver. Die Methode wurde allerdings von einem Engländer, Scott Archer, 1851 verbreitet. Noch schneller als die Daguerreotypie hatte die feuchte Kollodiumplatte ihrer Qualität wegen einen überwältigenden Erfolg.
Scott Archer erfand im selben Jahr auch die *Ambrotypie*, die die Daguerreotypie bald verdrängte.

Reliefbild. Charles Weatstone baute **1838** sein erstes *Stereoskop*, das er schon sechs Jahre zuvor entworfen hatte. Damit konnte man geometrische Zeichnungen räumlich sehen. 1849 konstruierte Sir Daniel Brewster ein einfaches und praktisches Stereoskop, einen kleinen Holzkasten mit zwei Gucklöchern. Das dreidimensionale Seherlebnis entstand zum Beispiel mit Hilfe von mehreren durchsichtigen Fotografien auf Glasplatten im Inneren des Apparates.
Der französische Unternehmer Dubosq brachte das Ding gleich massenweise auf den Markt und machte damit Furore auf der Weltausstellung in London 1851. Die Stereoskopie war besonders deshalb so interessant, weil es mittlerweile die ersten Schnappschüsse gab – mit einer Belichtungszeit von nur einer Viertelsekunde.

Anaglyphen. Louis Ducos du Hauron, einer der Erfinder der Farbfotografie, entdeckte **1891** ein neues 3-D-System, die Anaglyphen. Er belichtete ein Bild gleich zweimal, leicht versetzt übereinander, und färbte die eine Belichtung rot, die andere blauviolett ein. Wenn man solche Bilder nun mit einer Brille betrachtete, deren eines Glas rot, das andere blauviolett war, entstand der räumliche Effekt. Denn jedes Auge sieht nur das farblich passende Bild, und das Gehirn fügt beide Bilder zu einer Einheit zusammen.

Xographie. Die Zeitschrift *Look* veröffentlichte **1964** in einer Auflage von 8 Mio. das erste dreidimensionale Magazinfoto. Das System hieß Xographie und wird auch bei den beliebten dreidimensionalen Postkarten angewandt.

Das Nimslo-Verfahren, 1980 entwickelt, geht auf die Xographie zurück. Mit einem Spezialapparat, der vier Objektive hat, wird ein Motiv aus vier verschiedenen Winkeln aufgenommen. Nach dem Entwickeln werden die vier Bilder über ein Netz von 32 Linsen (8 für jedes Bild) auf das Abzugspapier projiziert.

Visitenkarte von Disderi. Mit der Kollodiumtechnik kam die Porträtfotografie groß in Mode. Eine wahre Sensation war das Werk von Disderi, der sich **1854** die fotografische Visitenkarte patentieren ließ. Wer etwas auf sich hielt, stellte sich mit einer Disderi-Karte vor. Wen wundert es da, daß Napoleon III. an der Spitze der italienischen Armee vor Disderis Studio anhielt, um sich fotografieren zu lassen?

Trockene Platte. Der englische Arzt Richard L. Maddox brachte **1871** die erste Beschreibung einer wirklich gut funktionierenden trockenen Fotoplatte heraus. Die mit Bromsilbergelatine behandelten Platten – bis heute gebräuchlich – wurden 1876 von Charles Harper Bennett noch verbessert und veränderten die Welt der Fotografie total. Sofort interessierte sich die Industrie für das Geschäft und verbreitete den Fotoapparat in Massenproduktion.

Erste Fotoreportage. Der Krimkrieg (1854/55) war die erste Völkerschlacht, von der es fotografische Dokumente gibt. Mit finanzieller Unterstützung eines Kunsthändlers aus Manchester reiste Roger Fenton (1819–69) im März **1855** als offizieller Kriegsfotograf auf die Halbinsel Krim. Unter Lebensgefahr und schwierigsten Bedingungen machte Fenton rund 300 Aufnahmen, die später in London und Paris ausgestellt wurden.
Auch vom amerikanischen Bürgerkrieg (1861 bis 1865) existieren bemerkenswerte Bilder. Matthew Brady und ein ganzes Team von Fotografen haben insgesamt 7000 Aufnahmen gemacht.

Der erste transparente Rollfilm wurde von der Firma George Eastman **1889** auf den Markt gebracht. Schon 1884 hatten Eastman und William H. Walker ein Transporttröllchen für Negativpapier entwickelt. 1885, also noch vor der *Kodak*, brachten sie einen Film namens *Eastman America* heraus, bei dem das Papier nur als provisorischer Träger für eine Emulsionsschicht diente,

Der Beginn der Farbfotografie; das Bild gehört zu den ersten guten Ergebnissen von Louis Dacos du Hauron im Jahr 1869.

die später, für die Abzüge, auf eine Glasplatte übertragen wurde.

Blitzlicht. Um **1850** wurde die Entdeckung gemacht, daß die Verbrennung von Magnesiumdrähten ein gleißendes Licht erzeugte – leider auch eine dicke weiße Rauchwolke.
1887 erfanden die Deutschen Adolf Mietke und Johannes Gaedicke das *Blitzlichtpapier*, eine explosive Mischung auf der Basis von Magnesium, Kalichlorat und Antimonsulfid. Bald schon benutzten alle Fotografen solches Pulver – trotz der relativ gefährlichen Anwendung.

Blitzlichtbirne. 1925 ließ sich Paul Vierkotter eine neue Blitzmethode patentieren: Die explosive Mischung wurde unter Vakuum in einen gläsernen Kolben gefüllt und mit elektrischem Strom entzündet.
Die ersten richtigen Blitzlichtbirnen kamen allerdings erst **1929** auf den Markt. Der Deutsche Ostermeier hatte den *Vacublitz* konstruiert, der geräuschlos war und keinen Rauch machte.
Die modernen Blitzbirnchen sind nichts anderes als Miniaturausgaben dieser ersten zündenden Geräte.

Elektronenblitz. Das Prinzip wurde schon in den Anfangszeiten der Fotografie entdeckt: 1851 gelang es Talbot mit Hilfe eines von Kondensatoren erzeugten Funkens, das Bild eines rollenden Rades festzuhalten.
1931 erfand Harold Edgerton vom Massachusetts Institute of Technology (MIT) die elektronische Blitzlampe: Im Kondensator verdichteter Strom entlädt sich in einer gasgefüllten Röhre.
Heutzutage wird der elektrische Strom von einer Batterie auf erhöhte Spannung gebracht (4000 bis 5000 Volt). Der erzeugte Blitz ist so extrem kurz, daß man damit zum Beispiel das Bild einer Revolverkugel festhalten kann, die sich mit 2100 km/h fortbewegt.
Bei der stroboskopischen Fotografie, die Bewegungsabläufe in einzelne Bilder zerlegt, werden Spezialblitze gebraucht, die eine Frequenz von 50 000 bis 100 000 Bilder pro Sekunde erreichen.

Die Farbfotografie begann im Jahr **1869** mit den Arbeiten von Louis Ducos du Hauron und den Forschungen von Charles Cros. Kolorierte Daguerreotypien gab es schon 1840.

1891 machte Gabriel Lippmann mit Hilfe der Interferenzmethode (Fixierung des Abdrucks von Lichtvibrationen) die ersten direkten Farbfotografien. Dieser Erfolg brachte ihm 1908 den Nobelpreis für Physik. Ein Nachteil seiner Bilder war, daß man keine Kopien davon machen konnte.

Autochromverfahren. Unter Berücksichtigung der additiven Methode entwickelten die Brüder Lumière **1903** das Autochromverfahren. Sie benutzten dafür Farbrasterplatten, die unter ihrer lichtempfindlichen Schicht Millionen von mikroskopisch kleinen Körnern aus Kartoffelstärke enthielten – rot, grün und blau eingefärbt. Jedes einzelne dieser Körner ließ jeweils nur das ihm komplementäre Licht durch – und so entstanden Naturfarben auf den Fotografien.
Diese Methode wurde bis 1932 angewandt, dann von den neuen Lumière-Erfindungen Lumicolor und Filmcolor zurückgedrängt und schließlich ganz vergessen.
Trotzdem muß man sagen, daß im Autochromverfahren wirkliche Meisterwerke entstanden sind, die in ihren Motiven und ihrem Farbenreichtum an die Malerei erinnern.
In der Sammlung Albert Kahn, in der Nähe von Paris, befinden sich viele der schönsten Lumière-Bilder aus der Frühzeit der Farbfotografie.

Mantochromverfahren. Vor einiger Zeit sind Zweifel aufgetaucht, ob die Brüder Lumière wirklich die Erfinder der Farbfotografie waren. Es gibt jetzt Theorien, wonach der Franzose Louis-Amédée Mante schon **1895** farbig fotografierte – nach einer Methode, die dem Autochromverfahren ganz ähnlich war. Bis heute konnte in den Laboratorien nicht sicher festgestellt werden, ob die Mantochrom-Bilder tatsächlich älter sind als die Fotos der Lumières. Dieses Rätsel in der Geschichte der Fotografie ist noch zu lösen.

Kodachrome. Eine substraktive Methode der Farbfotografie wurde erst **1935** erfolgreich auf den Markt gebracht. Zwei amerikanische Musiker und Amateurfototechniker, Leopold Mannes und Leopold Godowsky, erfanden damals für Kodak den Kodachrome-Film – einen Film mit drei verschiedenen lichtempfindlichen Schichten für die drei Primärfarben, die einzeln gefiltert und auf spezielle Art entwickelt wurden. Die Erfinder machten sich dabei eine Entdekkung des deutschen Chemikers Rudolf Fischer (1911) zunutze.

Eine Infrarotaufnahme des Vulkans Mount St. Helen (USA) zeigte zwei Wochen vor einem Ausbruch bereits deutliche Anzeichen dafür.

Agfacolor. Ab **1936** verkaufte auch die deutsche Firma Agfa einen Umkehrfilm für farbige Bilder – Agfacolor. Die substraktiven Methoden eroberten jetzt die ganze Welt, und es wurden immer bessere Filme erfunden. 1939 kam der negativ-positive Agfacolor-Film heraus und wurde sogleich von der NS-Propaganda als nationale Leistung vereinnahmt. 1942 konterten die USA mit Kodacolor.
Die Umkehrfilme (Dias) und die negativ-positiven Filme wurden auch weiterhin nebeneinander auf den Markt gebracht. Zu den ersten gehörten der »Ektachrome« (1945), der »Anscochrome« (1950) und der »Fujicolor« (1948), zu den zweiten der »Gevacolor«. Kodak (1949) und Agfa (1953) wandten dann eine neue Technik an – die Farbmasken.

Polacolor. Die Herstellung eines fertigen Farbfotos blieb langwierig und schwierig. Deshalb war es eine Sensation, als Edwin H. Land **1963** seine Erfindung des hochkomplizierten Minuten-Farbfilms bekanntgab. Mit dem »Polacolor« läßt sich innerhalb von 60 Sek. ein Farbabzug herstellen. Die fotografische Emulsion besteht aus einem 0,05 mm dünnen Negativteil mit neun unterschiedlichen Schichten, einem Positivteil mit vier Schichten und einer weiteren Schicht, die eine alkalische Lösung enthält. Also insgesamt 14 Schichten auf einem einzigen Film!

Fortschritt bei Farbemulsionen. Der Farbfilm hat in den vergangenen 3 Jahren noch einmal ungeheure Fortschritte gemacht. Mit Hilfe von Halogenkörnern aus Silber, die nicht größer sind als ein paar tausendstel Millimeter und nicht dicker als ein zehntel Mikrometer, haben die großen Fotofirmen Kodak, Agfa und Fuji technologische Wunder vollbracht. **1985** brachte Fuji einen höchstempfindlichen 1600-ISO-Film heraus. So ist es heute durchaus möglich, beim Schein einer einzigen Kerze brillante Farbfotografien zu machen.
Mit der Entwicklung der *»T«-Struktur* erreichte Kodak **1983** bei seinen Negativfilmen eine Lichtempfindlichkeit von 1000 ISO. Auch beim Diafilm ist die Entwicklung bemerkenswert. Der neue *Ektachrome* (1984) wird jetzt in einer Empfindlichkeit von 400, 600, 1600 und sogar 3200 ISO angeboten.

DX-Code. 1984 hat Kodak für die Kapseln von Kleinbildfilmen eine Codierung entwickelt, die den Sinn hat, die Kamera über Art, Empfindlichkeit und Bilderzahl des Films zu informieren. Die neuesten Autofocus-Apparate wie die *Minolta AFE* und die *Pentax PC 35 AFM* können diesen Code lesen und melden automatisch die Lichtempfindlichkeit - ein Segen für zerstreute Fotografen.

Die magnetische Farbfotografie hatte ihre große Premiere bei den Olympischen Spielen in Los Angeles **1984**: Das *Still Video System D 413* der Firma Canon, einer Spiegelreflexkamera mit Motor sehr ähnlich, macht fotomagnetische Farbaufnahmen, die über Telefonleitung direkt in die Redaktionen geschickt werden können und auf einem Monitor erscheinen. Für diesen Apparat gibt es auswechselbare Objektive und Disketten mit jeweils 50 Aufnahmen.

Sofortentwickler. Auch bei der Entwicklertechnik für Farbfotografien gibt es immer wieder Neues: *Ektaflex PCT* **(1981)** zum Beispiel, einen Film (Dia oder Negativ) mit passendem Fotopapier. In 15 Minuten ist das Bild fertig. Ein ganz ähnliches System ist *Agfachrome Speed* **(1983)**. Dank dieser neuen Verfahren können jetzt auch Amateure ohne komplizierte Apparate Farbfilme entwickeln.

Auffrischung von Farbfotos. Der Belgier Charles Goossens hat **1987** ein Verfahren entwickelt, das alte Fotografien, deren Farbe verblaßt ist oder die vergilbt sind, wieder auffrischt. Da dieses Verfahren sehr teuer ist, wird es wohl nur zu professionellen Zwecken gebraucht werden.

Fujix TV-Foto. Fuji brachte im September **1984** *Fujix TV-Foto* heraus. Damit kann man Farbfotos (Positive, Negative, Dias) auf den Bildschirm bringen. Das System besteht aus einem kompakten Monitorgerät und einer 8 g leichten Videodiskette, auf die elektronisch bis zu 48 Originalaufnahmen gespeichert werden können. Die Diskette läßt sich kinderleicht einlegen wie eine Videokassette. Sobald das geschehen ist, erscheint das erste Foto.

Apparate und andere moderne Verfahren

Infrarot. Der Astronom Friedrich Wilhelm Herschel (1738–1822), ein Hannoveraner, der später nach England ging, entdeckte um **1800** das Infra- oder Ultrarot, den jenseits von Rot liegenden, unsichtbaren Teil des Spektrums. Er bewegte ein Thermometer langsam durch ein Sonnenspektrum, das er mit einem Prisma sichtbar gemacht hatte, und entdeckte, daß die Temperatur von Violett nach Rot anstieg - und darüber hinaus, wo das menschliche Auge überhaupt keine Farbe mehr sieht.

Infrarot-Fotografie. Die Firma Kodak brachte **1942** die ersten Filme heraus, mit denen die unsichtbaren Strahlungen sichtbar gemacht werden konnten: den schwarzweißen *Kodak Infrared* und den Farbfilm *Ektachrome Areo*, der dann im Korea-Krieg zum Aufspüren von Tarnungen benutzt wurde.
Die Infrarotkamera durchdringt den Schleier der Atmosphäre. Spionageflieger können sie auch aus extremen Höhen noch benutzen. Man kann damit Meeresströmungen lokalisieren, Vulkane überwachen, thermische Karten anlegen - und heimlich fotografieren wie ein James Bond, indem man das Blitzlicht mit einem schwarzen Filter verdunkelt, der nur Infrarotstrahlen durchläßt.
Im November 1983 hat der Satellit *IRAS* unsere Galaxis mit einer Infrarotkamera fotografiert. Auf den Bildern wurde, unter anderem, auch ein Planet entdeckt, der bis dahin unsichtbar war.

Polaroid. Im November **1948** brachte der Amerikaner Edwin Herbert Land die erste Sofortbildkamera auf den Markt, die *Polaroid 95*. Mit 28 Jahren hatte Land 1937 in Boston die Polaroid Corporation gegründet und sich auf Sonnenbrillen und Polarisationsfilter spezialisiert. Der Profit war so groß, daß der junge Unternehmer viel Geld in die eigene Forschung investieren konnte. Seine Kameraerfindung hatte er 1947 zunächst der Weltfirma Kodak angeboten, aber die zeigte kein Interesse. Erst nachdem Land die Polaroid selbst herstellte, wachte Kodak auf und brachte eine ähnliche Kamera auf den Markt.

Einen Wegwerf-Fotoapparat, das ist ein Film mit eingebautem Objektiv, hat die Firma Fuji erfunden und **1986** in Japan auf den Markt gebracht. Es handelt sich um eine kleine Schachtel von nicht einmal 10 cm Länge und nur 75 g Gewicht mit einem 24-Aufnahmen-Farbfilm sowie einem Auslöserknopf und einer Linse. Man benötigt Tageslicht, um den Knopf zu drücken. Sind alle 24 Bilder verknipst, gibt man die Schachtel dem Händler oder einem Fotolabor und wartet die übliche Zeit auf Negative und Papierabzüge.

Das farbfotomagnetische Verfahren ist das erste System, mit dem man gleichzeitig Sofort-Farbbilder machen, Bilder in einem angemessenen Zeitraum über eine simple Telefonleitung in alle Welt schicken, einlagern (Still Video Floppy) und auf Papier abziehen kann. Canon hat es entwikkelt und 1984 bei der Olympiade in Los Angeles erfolgreich getestet. Seit Juli **1986** wird dieses System in Japan und den USA verkauft.

Den Fotoapparat ohne Film stellte am 24. August **1981** die japanische Firma Sony der Presse vor. Die *Mavica-Magnetic Video Camera* funktioniert mit Diskette und ist eine revolutionäre Erfindung auf dem Gebiet der Fotografie. Ein elektromagnetisches System ersetzt die chemischen Mischungen und macht den Film überflüssig. Entwickeln und Abziehen ist nicht nötig, die Fotos erscheinen auf einem Bildschirm.
1986 stellte Canon das Modell einer Kamera ohne Film vor, mit dem das Foto über einen sogenannten Transceiver *per Telefon übermittelt* werden kann. In der Kamera verarbeitet ein Chip die Bilddaten und gibt sie an eine Floppy Disk von 5 cm Durchmesser weiter.

Eine Filmdiskette präsentierte Kodak am 3. Februar **1982** als neuen Fototräger - ein wahrer Umsturz in bezug auf die traditionellen Filme und Filmkassetten. Die von einem flachen Plastikgehäuse geschützte Diskette wird anstelle eines Films in die Kamera eingelegt und dreht sich vor einer Öffnung, die zum Objektiv führt.

Das Sofortdia wird durch das System *Polaroid 35 mm Autoprocess* **(1982)** möglich: Man kann damit innerhalb von Minuten komplette Diapositive herstellen. Die Dunkelkammer ist überflüssig. Zur Zeit gibt es dafür drei Filme: den Polagraph, den Polagraph CT und den Polachrome.

Farbentwicklungs-Center. Die amerikanische Firma Kodak hat **1988** ein Gerät auf den Markt gebracht, mit dem ein Amateurfotograf seine Farbbilder innerhalb von 5 Min. entwickeln, anschließend die Negative auf einem Bildschirm begutachten und Vergrößerungen sowie Ausschnitte für das Foto bestimmen kann. Das Gerät, das mit einem Computer ausgestattet ist, soll in Fotofachgeschäften aufgestellt werden.

Die sprechende Kamera ist **1983** in der Reihe der Kompaktgeräte als kleines Phänomen herausgekommen: die *Af SV* von Minolta, ein automatischer Kleinbild-Apparat mit eingebauter Computerstimme.

Erstmals sitzt bei dieser Kamera, die 1987 herauskam, der Motor für Blende und Scharfeinstellung im Objektiv und nicht wie bisher im Kameragehäuse.

Die drei Hauptfehler von Amateurfotografen sollen mit diesem Gerät vermieden werden. Wenn der Film falsch eingelegt ist, wenn die Belichtung nicht ausreicht oder wenn das Motiv für das Blitzlicht zu weit entfernt ist, meldet sich automatisch die Stimme der Kamera und sagt – zum Beispiel – »Bitte, benutzen Sie den Blitz!« oder »Denken Sie an die Entfernung!«
Doppelte Kontrolle ist noch besser: Deshalb verfügt diese Kamera auch über ein System von Lichtsignalen – für Fotografen, die nicht hören wollen.

Die automatische Scharfeinstellung macht seit **1983** das Fotografieren noch leichter. Es gibt da verschiedene Methoden. Bei Polaroid zum Beispiel ist ein Sonargerät in die Kamera eingebaut, das eine Serie von Ultraschalltönen an den Auslöser sendet. Und Minolta benutzt einen Infrarotstrahl, um die Entfernung zwischen Apparat und Motiv automatisch zu messen und entsprechend einzustellen.

Unterwasserfotografie. Der Engländer William Thompson machte schon **1856** erste Versuche mit der Unterwasserfotografie und tauchte eine Kamera 6 m tief in der Bucht von Weymouth. Der Verschluß, von oben gesteuert, blieb ganze 10 Min. lang offen, und es kam tatsächlich eine Aufnahme zustande.

Im Jahr **1880** verbesserte der französische Zoologieprofessor Louis Boutan die Technik der Unterwasserfotografie und entwickelte ein kompliziertes *System mit Magnesiumblitz.* Die besten Aufnahmen in der Boutan-Technik wurden 1900 in einem Fotoband publiziert, dem ersten dieser Art.
1935 machte der Engländer William Beebe Fotos durch das Bullauge eines Tiefseetauchgerätes in 900 m Tiefe. Zehn Jahre später konstruierte der Amerikaner Maurice Ewing eine *automatische Unterwasserkamera,* die geologische Strukturen in Tiefen zwischen 400 und 7000 m fotografierte.
Neben rein fotografischen Methoden gibt es auch noch andere Möglichkeiten, sich ein Bild von der Meerestiefe zu machen. So brachte die französische Firma Thomson ein Gerät namens *Sea Beam* heraus, das im Schlepptau eines Schiffes Radarbilder macht, die oben auf einem Monitor erscheinen. Mit einem ähnlichen System wurde übrigens auch das Wrack der *Titanic* ausfindig gemacht.
Der berühmte Taucher und Tiefseeforscher Jacques-Yves Cousteau gilt auch als Erfinder des *Unterwasserfilms.* Es gab aber schon vor seiner Zeit Versuche mit dem Unterwasserkino. So ließ der Filmkomiker Buster Keaton 1924, als Cousteau erst 14 Jahre alt war, in seinem Stummfilm *The Navigator* eine Szene aus der Fischperspektive drehen. Der Kameramann wurde in einem Glaskasten versenkt. Damit sich durch den warmen Atem des Mannes die Scheiben nicht beschlugen, füllte man den Kasten mit Eisblöcken.
Schon als Junge war Jacques-Yves Cousteau (geb. 1910) vom Kino so fasziniert wie von der Tiefsee – und so wurde er der Pionier des Unterwasserkinos. Nach zwei interessanten Kurzfilmen gelang ihm mit dem berühmten Streifen *Die schweigende Welt* (dt. 1953) der internationale Durchbruch.
In Zusammenarbeit mit verschiedenen Technikern und Ingenieuren hat Kommandant Cousteau gleich eine ganze Reihe von Erfindungen gemacht. So entwickelte er **1952** mit André Laban und der Firma Thomson die *erste Unterwasser-Fernsehausrüstung* und baute **1955** mit Hilfe von André Davson die *erste 35-mm-Kamera für Unterwasseraufnahmen.* Im gleichen Jahr machte er auch Versuche, den Grund des Meeres zu fotografieren.
1957 perfektionierte Cousteau seine berühmten *Troikas,* das sind fotografische Schlitten, die für große Tiefen geeignet sind. Am 15. Juni **1957** gab es in der Gegend von Marseille (Frankreich) die *erste Unterwasser-Fernsehübertragung,* sie zeigte die Mannschaft von Cousteaus *Calypso* bei der Arbeit.

Was in Wirklichkeit nicht länger als 0,06 Sek. dauert, ist hier in zwei Bildern festgehalten: die Folge eines Steinwurfs ins Wasser. Diese Bilder kann das menschliche Auge gar nicht wahrnehmen. Wir verdanken sie modernster Fototechnik.

Vorläufer des Kinos

Methode	Erfinder	Datum	Land
Laterna Magica	Athanasins Kircher	1654	Deutschland
Fantasmagorie	Gaspard Robert	1798	Frankreich
Thaumatrop	Dr. Paris	1825	England
Praxinoskop	Émile Reynaud	1876	Frankreich
Phenakitiskop	J. Plateau	1883	Belgien
Stroboskop	S. v. Stampfer	1883	Österreich
Mutoskop	Hermann Caster	1894	USA

Der Chronofotograf am Werk. 1874 ließen sich erstmals auf diese Weise Bewegungsabläufe festhalten.

KINO

Taschenkinematograph. 1868 erfand J. B. Linnett den Taschenkinematographen, ein kleines Buch, dessen Blätter nacheinander die gleiche Figur in aufeinander folgenden Bewegungsphasen zeigten und das bei schnellem Blättern die Bilder in raschem Wechsel darbot. Deren Betrachter hatte den optischen Eindruck von sich bewegenden Figuren.

Als **Vorgänger des Kinos** bezeichnet man die *Laterna magica*, die **1646** erstmals in dem Buch *Ars magna lucis et umbrae* (Große Kunst der Lichter und Schatten) von Athanasius Kircher, einem Jesuitenpater aus Thüringen, erwähnt wurde. Das Prinzip war unserem Dia-Projektor ähnlich. Die einzelnen Bilder stellten eine laufende Geschichte dar.

Grundprinzip des Films. Der Engländer John Murray beobachtete zufällig im Jahr 1820 in London die Speichen eines vorüberfahrenden Wagens durch einen engen Lattenzaun. Zu seiner Verwunderung sah er statt des Rades ein nicht rollendes, aber mit der Lage des Rades identisches strauchartiges Gebilde. Er veröffentlichte 1821 einen Artikel mit seinen Beobachtungen anonym in einer Zeitung und bat darin die Gelehrten, seine Beobachtungen wissenschaftlich zu begründen. Der Belgier Joseph Antoine Plateau wies **1829** in seiner Dissertation nach, daß die Trägheit des Auges daran schuld sei – es sei ein stroboskopischer Effekt.

Chronofotografie. 1874 machte der französische Astronom Jules Janssen mit einem selbsterfundenen Apparat eine Reihe aufeinanderfolgender Aufnahmen von einem Stern, der an der Sonne vorüberzog. Janssen nannte seine Kamera »Photo-Revolver«, weil sie einen Rotationsmechanismus wie eine Waffe hatte.
Ein Jahr später gelangen dem amerikanischen Fotografen E. Muybridge nach Jahren der Vorarbeit Reihenaufnahmen von einem galoppierenden Pferd. Diese Aufnahmen lösten eine ganze Serie neuer Erfindungen aus.
Der französische Physiologe Jules Marey entwickelte **1882** das *chronofotografische Gewehr* – und nahm damit am Meer bei Neapel den Flug der Möwen auf. Bauern, die ihn dabei beobachtet hatten, erzählten überall, daß ein Verrückter mit der Flinte auf Vögel zielte, ohne jemals zu schießen, und daß er zu allem Überfluß auch noch erfreut zu sein schien über die erfolglose Jagd.
Im selben Jahr realisierte Marey einen *Chronofotoapparat mit fester Platte* und **1889** einen *mit Film.*
Die belgische Firma Schomat hat sich übrigens auf die Tradition besonnen und bietet eine neue Fotoflinte an (»fusil photographique«). Diese Kamera hat die Form eines Gewehrkolbens, der »Lauf« ist ein Teleobjektiv.

Der Kinetograph war die erste Tonkamera. Ausgehend von seiner Erfindung des Phonographen, entwickelte das Gerät der Amerikaner Thomas Edison **1889** in Zusammenarbeit mit seinem Team und William Dickson. 1891 ließ er es patentieren. Er benutzte einen perforierten 35-mm-Film, der den modernen Filmen ähnlich ist.
William Dickson drehte seine ersten Filme in einem variablen Barackenlager mit großen Fenstern – den ersten Studios der Welt. Man konnte dort mit der ganzen Konstruktion dem Lauf des Sonnenlichts folgen und hatte so immer eine gleichmäßige Beleuchtung.
Die entstandenen Filme wurden in einem Guckkasten (Kinetoskop) vorgeführt.

Kinetoskop. Ebenfalls **1891** ließen sich Thomas Edison und sein Partner William Dickson den Kinetoskop-Guckkasten patentieren. Ein Jahr später brachten sie den Vorführapparat auf den Markt.
Ein einzelner Zuschauer konnte damit durch eine Lupe bewegte Bilder sehen, die mit dem Kinetographen aufgenommen waren. Für eine Projektion war das System nicht geeignet – es ließ zu wenig Licht durch. Die Brüder Lumière überflügelten Edison deshalb schon bald, indem sie ein großes erleuchtetes Bild auf eine Leinwand projizierten. Edison war trotzdem der Meinung, man könne mit dem individuellen Kinetoskop-Spektakel ein besseres Geschäft machen.

Kinematographische Projektion. Der Amerikaner Le Roy entwickelte den ersten Filmprojektor, der den heutigen Modellen im wesentlichen ähnlich ist. Am 5. Februar **1894** führte er an der Beekman Street 16 in New York öffentlich zwei Edison-Filme vor.

Den Kinematograph Lumière ließen sich am 13. Februar **1895** die Brüder Lumière, Louis (1864–1948) und Auguste (1862–1954), patentieren. Es ist ein Apparat »zur Herstellung und Sichtbarmachung chronophotographischer Aufnahmen«. Sie nannten ihn *Kinematograph*, nach einem Aufnahmegerät, das der französische Ingenieur Bouly schon drei Jahre zuvor erfunden hatte.
Die erste öffentliche Filmvorführung der Brüder fand am 28. Dezember 1895 in Paris statt. Die völlig neuartige Volksbelustigung zog natürlich die Massen an – und mit dem ersten Erfolg des Kinematographen war die Kinoindustrie geboren.
Man kann zwar behaupten, daß die Brüder Lumière nur die lachenden Erben einer ganzen Reihe von Gelehrten waren, aber das schmälert ihre Verdienste kaum. Die Lumière-Filme hatten, über die bloße Sensation der lebenden Bilder hinaus, schon einen durchaus künstlerischen Wert. Der allererste Streifen zeigt einen Zug, der in einen Bahnhof einfährt, aus einem so raffinierten Blickwinkel, daß die Zuschauer sich richtig erschreckten.

Kamera. Der Franzose Charles Pathé (1867 bis 1957) zerlegte **1897** den Kinematographen der Brüder Lumière in zwei verschiedene Teile. Kamera und Projektor waren von nun an getrennte Geräte.
Ab **1904** wurden Kameras mit *variabler Geschwindigkeit* gebaut – wichtig für Zeitlupe und Zeitraffer. 16 Bilder/Sek. waren die normale Geschwindigkeit. Im Tonfilm wurden es dann 24 Bilder/Sek.

Kinora. Ein Jahr nach dem Kinematographen entwickelten die Brüder Lumière **1896** ein Gerät namens *Kinora*, das dem Mutoskop sehr ähnlich war. Dieser Apparat blätterte nach Art des Daumenkinos (»Kino zum Blättern«) eine Serie von Filmfotos, die an einer Achse befestigt waren, sehr schnell um. Ein kleiner Keil hielt die einzelnen Bilder einen Moment lang fest. Betrachtet wurden sie durch ein Lupenglas.

Tonfilm. Die Franzosen Baron und Léon Gaumont entwickelten **1902** die erste Methode, den Ton synchron zur Filmvorführung zu reproduzieren – recht schwach allerdings nur. Der Film selbst blieb stumm.
Erste Versuche mit der Synchronisation hatte Thomas Edison schon 1899 gemacht. Ganz simpel war die Pathé-Methode, die die Ingenieure Joly und Mendel ausgearbeitet hatten: Der Ton kam aus einem Phonographen und wurde per Telefon zum Vorführer übertragen, der mit entsprechender Geschwindigkeit die Kurbel drehte.
Aber auch das Verfahren von Baron und Gaumont war nicht ideal. 1910 erst lösten zwei andere Franzosen, Decaux und Laudet, für die Firma Gaumont das Tonproblem – mit der Modulation komprimierter Luft. 1912 wurde diese Methode im großen Saal des Gaumont-Kinos in Paris vorgeführt.

Erster Tonfilm. Der erste sprechende Film, der weltbekannt wurde, war *The Jazz Singer*, **1927** produziert von den Warner Brothers. Bei King Vidors tönendem Kinostück *Hallelujah*, 1929 von der Filmfirma Metro Goldwyn Mayer produziert, gelang es mit fotoelektrischen Tricks, eine Tonspur direkt neben den Bildern auf den Film selbst zu prägen.

Die Zeitlupe. Eine chronofotografische Kamera entwickelte **1890** der Franzose Etienne Jules Marey (1830–1904), mit der die ersten Zeitlupeneffekte erzielt werden konnten. 1907 führte August Musger an der Universität Graz (Österreich) erstmals den »extrafokalen Strahlenausgleich« vor, den man später Zeitlupe nannte.

Animationsfilm. Die Tricktechnik ließ sich schon frühzeitig etwas einfallen, um eigentlich leblose Dinge filmisch lebendig erscheinen zu lassen. Der Franzose Georges Méliès und die amerikanischen Filmer des Kurzfilmes *Humpty Dumpty Circus* waren die ersten, die diesen Effekt auf die Leinwand zu bannen versuchten. Dabei wurde die Bewegung in Einzelbildschaltung aufgenommen: pro Bewegungsveränderung nimmt die Kamera ein bis zwei Bilder auf. Dann wird die Kamera angehalten, die Puppe oder der Gegenstand verändert, und darauf nimmt die Kamera wieder ein bis zwei Bilder auf.
Willis O'Brien benutzte diese Stop-Motion unter anderem **1917** bei *The Dinosaur and the Missing Link*, um Puppen und Tiere aus Knetmasse sich bewegen zu lassen, und 1933 beim legendären *King Kong*.
Sein Schüler Ray Harryhausen verbesserte dieses Verfahren erheblich. In dem Film *Die fantastische Reise des Sindbad* (1958) erlebt der Zuschauer ein perfekt gestaltetes Duell mit einem Skelett.

Cinemascope. Der französische Physiker Henri-Jacques Chrétien (1879–1956) realisierte **1927** sein *Hypergonar* und verkaufte das Patent 1931 an die französische Firma Pathé-Nathan, die es **1952** wiederum an die amerikanische Century Fox weitergab. Seither hieß Chrétiens Erfindung *Cinemascope*. Der Film wird mit Weitwinkel aufgenommen und durch eine Ausgleichslinse auf eine gewölbte Leinwand von zweieinhalbfacher Normalbreite projiziert.
Ab 1953 wurden dem Publikum Breitwandfilme vorgeführt. Es hatte allerdings schon Ende der 20er Jahre ähnliche Versuche gegeben. Damals präsentierte Claude Autant-Lara seinen Kurzfilm *Construire un feu* auf breiter Leinwand.
Das Wort *Pan-and-Scan* kommt von *Panavision* und *Scanner* und bezeichnet eine Methode, das Bild eines Breitwandfilms auf das relativ schmale und hohe Fernsehformat zu bringen. In den Warner-Studios wurde das Verfahren **1980** entwickelt, benutzt wird es von TV-Anstalten und Videofirmen.
Die lästigen schwarzen Streifen oben und unten auf dem Bildschirm gehören so der Vergangenheit an. Allerdings muß ein Teil des Bildes dafür geopfert werden.

Die ersten Filme mit Farbe wurden noch Bild für Bild mit der Hand koloriert. Zwischen **1900** und dem Ersten Weltkrieg wandten die Kinokünstler Georges Méliès und Charles Pathé dann eine mechanische Farbdruckmethode an – *Pochoir*. Auf den wenigen erhaltenen Filmen ist die Farbqualität bis heute tadellos.

Die Technicolor-Methode hatte der Amerikaner Warnake schon **1881** prinzipiell durchdacht, und es waren dann auch Amerikaner, die den ersten Farbfilm drehten.
Technicolor ist zu vergleichen mit einem Dreifarbdruck. Ein einfacher, mit Gelatine überzogener Film wird nach und nach mit drei verschiedenen Farbmatrizen behandelt *(Trichromie)*.
Der erste Film in Technicolor, allerdings noch im Zweifarbdruck (Bichromie), entstand **1917**: *The Gulf Between* mit Grace Darmond und Niles Welch. Der erste Dreifarbfilm in Technicolor war Walt Disneys Zeichentrick-Streifen *Flowers and Trees*. Diese Blumen und Bäume erblühten 1932. Als erster abendfüllender Spielfilm in Technicolor kam 1935 Rouben Mamoulians *Becky Sharp* heraus.
Der erste deutsche Farbfilm wurde im August 1936 in Berlin uraufgeführt; sein Titel: *Das Schönheitsfleckchen*. Regie hatte Rolf Hansen, in den Hauptrollen spielten Lil Dagover, Wolfgang Liebeneiner und Aribert Wäscher. Das Farbverfahren hieß *Opticolor*- bzw. *Berthon-Siemens-Verfahren*, das einen außergewöhnlich hohen Lichtbedarf verlangte.
Bis heute gibt es keine zuverlässigere Farbfilmtechnik – obwohl viele andere Möglichkeiten ausprobiert worden sind. So drehte Vincente Minnelli **1956** seinen Spielfilm *Vincent van Gogh – ein Leben in Leidenschaft* (mit Kirk Dou-

glas) in *Amscolor.* Die herrlichen Farben sind inzwischen praktisch ganz verblaßt.

Kolorierung von Klassikern. Die Erfindung des Kanadiers Wilson Markle hat in der amerikanischen Filmwelt **1986** für Aufsehen gesorgt. Der ehemalige NASA-Ingenieur hat ein Computersystem entwickelt, mit dem alte Schwarzweißfilme koloriert werden können. Die großen amerikanischen Fernsehanstalten beeilten sich sogleich, die Rechte zu bekommen, um die alten Schwarzweiß-Kinoklassiker wie *Der Malteser Falke* mit Humphrey Bogart oder *Dick und Doof* koloriert senden zu können. Den Protesten der Schwarzweißfilm-Liebhaber wie Woody Allen zum Trotz scheint diesem Verfahren eine blendende Zukunft beschieden zu sein.

Zeichentrick. Ein Vorläufer des Zeichentrickfilms war **1893** das *Optische Theater* von Émile Reynaud.

1908 erfanden J. Stuart Blackton und Émile Courtet, bekannt als Émile Cohl, den Zeichentrick auf Film. Nach ihnen entwickelte der Amerikaner Earl Hurd 1914 ein System, bei dem man nicht mehr für jedes einzelne Bild das ganze Dekor neu zeichnen mußte. Die Amerikaner waren überhaupt sehr erfindungsreich auf dem Gebiet des Zeichentricks.

Zu den berühmtesten Trickgeschichten gehören:

Oben: ***Lady Oscars*** **Produzenten sind Japaner, die sich Versailles als Ort und die Französische Revolution als Zeit für ihre Heldin ausgesucht haben. Trotz allem trägt sie einen englischen Namen.**

Unten links: ***Fievel*** **ist das Werk von Don Bluth, einem ehemaligen Mitarbeiter des Disney-Unternehmens. Mit einer Spezialkamera aufgenommen, erscheinen die Bilder perspektivisch. Der Film kam 1987 heraus.**

Rechts: Sie gehören zum ersten Zeichentrickfilm, der 1987 mit Computerunterstützung »gedreht« wurde. Jacques Rouxel hat sich die Figuren ausgedacht. Bald werden Computerfreaks Zeichentrickfilme selbst drehen können.

Pat O'Sullivans Kater *Felix*, *Betty Boop* von den Brüdern Fleisher, Mark Fleishers *Popeye*, Walt Disneys erste *Mickey Mouse* von 1928 und, in neuerer Zeit, *Fritz the Cat* (1972) und *Der Herr der Ringe* (1978) von Ralph Bakshi oder *Yellow Submarine*, womit der Engländer George Dunning 1968 die Musik der Beatles illustrierte.

Die Rotoskopie wurde **1915** von den Gebrüdern Dave und Max Fleischer, Pionieren des Zeichentricks und Erfinder von *Popeye*, entwickelt. Es handelt sich um eine Technik, die die Bewegungen von Zeichentrickfiguren natürlicher wirken läßt. Man filmt die Szenen mit einem echten Schauspieler und benutzt diesen Film dann als Vorlage für den Trickfilm. Dieses Verfahren wurde bei dem berühmt gewordenen Zeichentrickfilm *Gullivers Reisen* von 1939 benutzt sowie bei *Fritz the Cat* (1970).

Dreifachprojektion. Am 7. April **1927** hatte *Napoléon*, das filmische Meisterwerk von Abel Gance, Premiere im Pariser Opernhaus. Für einen Teil seines Films hatte Gance rechts und links neben der normalen Leinwand noch zwei weitere, gleich große Leinwände installiert. In manchen Szenen ergab sich so ein unvergleichliches Panorama aus drei nebeneinander laufenden Filmen, die entweder verschiedene Szenen zeigten oder zu einem einzigen gewaltigen Bild zusammengefügt wurden. Für diesen Effekt brauchte Gance drei parallel laufende Kameras und natürlich drei Projektoren.
Das restaurierte Werk ist Anfang der 80er Jahre mit großem Aufwand und Live-Musik auch in Deutschland wiederaufgeführt worden.

3-D-Film. Seit 1894 wurden Versuche mit dreidimensionalen Filmen gemacht. Am wirkungsvollsten war das Anaglyphensystem, bei dem zwei gleiche Bilder übereinander belichtet wurden, eines davon grün, eines rot eingefärbt. Durch entsprechende Gläser betrachtet, schoben sich die Bilder optisch voreinander und ergaben einen räumlichen Effekt.
Die ersten kurzen 3-D-Filme wurden im Amerika der 30er Jahre hergestellt. Die große Zeit des dreidimensionalen Films kam aber erst mit dem Polaroidsystem, das auf dem Prinzip des Lichtfilters basiert. Ein großer farbiger 3-D-Werbefilm mit Spielhandlung wurde **1937** in Deutschland gedreht: *Zum Greifen nah.*
Die Brüder Gunzburg brachten die von Edwin H. Land entwickelte Methode in die Vereinigten Staaten, wo Arch Oboler dann 1952 den plastischen Streifen *Bwana, der Teufel* drehte. Er brauchte dafür zwei Kameras und zwei absolut synchrone Projektoren. Die Zuschauer sahen sich das Ergebnis durch *Polaroidbrillen* an.
1966 drehte Arch Oboler *The Bubble* mit einem Spezialobjektiv, dem *Polarisator.* Damit brauchte man keine doppelte Projektion mehr.

Holophon. Die Zukunft des 3-D-Films gehört zweifellos der Holographie. Die französischen Ingenieure Denis Lachaud und Hugues Souparis erfanden **1984** das Holophon, ein Gerät zur Aufnahme holographischer, also vollkommen plastisch wirkender Tonfilme. Ihr Prototyp hat bewiesen, daß es möglich ist, Worte und Mundbewegungen an einem perfekt dreidimensionalen Menschenbild synchron vorzuführen.

Der erste holographische Film – er erscheint absolut dreidimensional – wurde im Oktober **1985** vom französisch-deutschen Forschungsinstitut in St. Louis am Oberrhein der Öffentlichkeit präsentiert: Eine junge Frau macht auf der Leinwand Seifenblasen, die auf den Nasen der Zuschauer zu zerplatzen scheinen – die vollkommene optische Täuschung. Der Film hat ein Format von 126 mm und eine Geschwindigkeit von 25 Bildern/Sek. Seine Wirkung wird erzielt nach folgendem Prinzip: Der Film nimmt gleichzeitig das Licht eines mit Laser beleuchteten Objektes und das direkte Laserlicht auf. Aus der Überlagerung beider Belichtungen entsteht das lebensechte Reliefbild.
Frühere Versuche mit dem holographischen Kino in den USA und der Sowjetunion sollen dem deutsch-französischen Ergebnis unterlegen sein. Zur Zeit wird der holographische Film dem breiten Kinopublikum noch vorenthalten und hauptsächlich in der Industrie und in der Medizin verwendet.

Inzwischen ist der Oscar 60 Jahre alt. 1959 erzielte *Ben Hur* mit 11 Oscars den seither unerreichten Rekord.

Oscar. 1928 gründeten A. Zukor, L. B. Mayer und C. Laemmle im kalifornischen Filmort Hollywood die amerikanische Academy of Motion Picture Arts and Sciences (Akademie für Kinokunst und -wissenschaft). Seither verleiht die Akademie jedes Jahr Auszeichnungen für die besten Filmemacher, Schauspieler und Techniker. Als die Trophäe, eine stehende Figur, fertig war, soll der Sekretär von Filmboß Mayer ausgerufen haben: »Ist ja irre, sieht genauso aus wie mein Onkel Oscar!« Und das güldene Männlein hatte seinen Namen weg.
Was Hollywood recht ist… Inspiriert von den Amerikanern, verlieh Georges Cravenne **1976** in Frankreich zum ersten Mal den *César* für französische Filmkunst. Die Trophäe ist ein Werk des Bildhauers César.

»Optoelektronik« ist das neue Schlagwort für Ton- und Bildspeicherung auf störungsfreien Platten.

MEDIEN

DIE SCHRIFT

Die Erfindung der Schrift war eine solche Sensation, daß viele Zivilisationen glaubten, sie wäre ein Geschenk der Götter (die Ägypter zum Beispiel meinten, sie käme vom Mondgott Thot).
Zwar kann man schon in der Symbolsprache von 15000 Jahre alten Höhlenzeichnungen, wie denen in der Felsenhöhle von Lascaux (Frankreich), Ursprünge von Schriftkunst entdecken, aber erst viel später, um **3000 v. Chr.,** wurde die Schrift weiterentwickelt - im Mittleren Orient (Keilschrift, Hieroglyphen) und im Fernen Osten (chinesische Ideogramme).

Die Keilschrift der Sumerer, entstanden zwischen **3500 und 3000 v. Chr.,** ist das älteste überlieferte Schriftsystem. Sie besteht aus keilförmigen Strichen, die mit einem Rohrgriffel in Tontafeln eingedrückt wurden.

Die Entzifferung der Keilschrift ist in gewisser Weise einer Zecherei zu verdanken. Ein junger Aushilfslehrer am Göttinger Lyzeum, Georg Friedrich Grotenfend (1775–1853), sonst ein nüchterner Mann, trinkt eines Abends etwas über den Durst und wettet, daß er die Keilschrift entziffern kann. Schon **1802** legt er seine ersten Resultate in der Göttinger Gesellschaft der Wissenschaften vor und macht damit alle weitergehenden Forschungen möglich - zum Beispiel für den Franzosen Émile Burnouf und den Norweger Christian Lassen.

Die ersten Hieroglyphen - die älteste und charakteristischste Art ägyptischer Schriftkunst - sind um **3000 v. Chr.** entstanden, in der Zeit der Vereinigung Ägyptens. Sie waren lange gebräuchlich, noch bis zum 3. Jh. n. Chr.
Die Hieroglyphen (griech.: »heilige Eingrabungen«) sind eine Bilderschrift mit Zeichen für Begriffe und für Laute.
Es gibt noch zwei andere Formen altägyptischer Schrift - die *demotische* (griech.: »volkstümlich«) und die *hieratische* Schrift der Priester, die von den Hieroglyphen abgeleitet und noch bis zum 5. Jh. n. Chr. benutzt wurde.
1822 gelang es dem französischen Ägyptologen Jean-François Champollion (1790–1832) als erstem, die Hieroglyphen und demotischen Zeichen auf dem Stein von Rosette zu entziffern.
Aus der demotischen Schrift stammen sieben Zeichen des koptischen Alphabets, das nach der arabischen Eroberung Ägyptens im Jahr 641 zur Landessprache wurde.

Das Papyrus als Schriftträger haben wahrscheinlich die alten Ägypter entdeckt. Das Rohmaterial lieferte ihnen das Stengelmark der Papyrusstaude, einer Schilfart, die im Niltal gezüchtet wurde. **3000 v. Chr.** machten die Ägypter mit ihrem Papyrusmonopol das große Geschäft.

Pergament. Diese Erfindung im **2. Jh. v. Chr.** (zwischen 197 und 156 v. Chr.) ist vermutlich den wirtschaftlichen und kulturellen Rivalitäten zwischen dem Pharao Ptolemaios und Eumenes II., dem König von Pergamon, zu verdanken. Der Pharao sah mit Neid auf die Stadt Pergamon in Kleinasien, deren Ruf als Kulturzentrum immer größer wurde. Er stoppte die Papyruslieferungen für Pergamon – und die Schriftgelehrten dort sahen sich gezwungen, etwas Neues zu erfinden: das Pergament, gewonnen aus Schafs-, Ziegen- oder Kalbsleder. – Schon viel früher sind übrigens *Tierhäute* zum Schreiben benutzt worden: in Ägypten, 2500 v. Chr. Die ältesten Schriftstücke aus Pergament, die uns erhalten blieben, sind die berühmten Rollen vom Toten Meer, verfaßt von den Essäern, einer jüdischen Gemeinschaft mit ordensähnlichen Lebensregeln (1. Jh. v. Chr.–70 n. Chr.).

Die chinesische Schrift wurde im **3. Jtsd. v. Chr.** von den Kaisern Chinas erfunden. Die ältesten Schriftstücke wurden im Henan entdeckt. Sie stammen aus dem 14.–12. Jh. v. Chr.
Koreaner, Japaner und Annamiten (frühere Vietnamesen) übernahmen die chinesische Schrift und benutzten sie in Varianten. Sie ist das einzige alte Schriftsystem, das bis heute gebraucht wird, und verbindet 900 Mio. Chinesen, die die unterschiedlichsten Dialekte sprechen.

Oben: Wie die Menschheit das Schreiben lernte: Bildliche Darstellungen waren die erste Form (ganz oben); auch die komplizierte sumerische Schrift (darunter) und die Hieroglyphen waren dem Bild noch recht nahe, allerdings wesentlich schwieriger zu entziffern.

Unten: Mit Pinsel, Papier und Tusche ausgerüstet, nehmen Hunderte von jungen Japanern am alljährlichen Kalligraphie-Wettbewerb teil.

Moderne Ideogramme. Ideogramme, also Begriffszeichen, wie sie in der alten ägyptischen Schrift benutzt wurden, sind auch heute noch gebräuchlich – zum Beispiel auf Hinweisschildern im Straßenverkehr.
Es gibt viele moderne ideographische Systeme. Hierzu zählen besonders die *Piktogramme*, graphische Symbole mit international festgelegten Bedeutungen, wie sie von Otl Aicher in der Bundesrepublik Deutschland entwickelt wurden. Erstmals zur Olympiade in München **1972** im großen Stil öffentlich verwendet, sind sie inzwischen in nahezu allen öffentlichen Einrichtungen zu finden.

Das Alphabet. Bei der Entdeckung der beiden Städte Ras Shamra und Byblos im Mittleren Orient bestätigte sich, daß die Phönizier im **2. Jtsd. v. Chr.** die Erfinder des Alphabets waren. Ihre archaische Schrift, die »furchenwendig« geschrieben wurde, d.h. so, wie ein pflügender Ochse die Furchen einmal von rechts nach links und dann wendend von links nach rechts zieht, verbreitete sich erst ab dem 10. Jh. v. Chr. Man nimmt an, daß sie schon einige hundert Jahre zuvor entwickelt wurde. Das phönizische Alphabet mit seinen 22 Zeichen ist der Vorläufer der meisten heute gebräuchlichen Alphabete.

Das griechische Alphabet. Um **1000 v. Chr.** schauten sich die Griechen das Alphabet von den Phöniziern ab und paßten es ihrer Sprache an. Sie sorgten allerdings für eine grundlegende Neuheit: die genaue schriftliche Wiedergabe von Vokalen.
Anfang des 4. Jh.s v. Chr. übernahm Athen die ionischen Buchstaben als offizielles Alphabet. Seither wurde auch von links nach rechts geschrieben. Aus den ersten zwei Buchstaben der Griechen, Alpha und Beta, entstand dann das Wort »Alphabet«.

Das lateinische Alphabet. Die ältesten Zeugnisse, die wir von der lateinischen Schrift besitzen, führen zurück in das **7. und 6. Jh. v. Chr.** Auf dem Umweg über die Etrusker wurde das lateinische Alphabet vom griechischen abgeleitet. Latein war ursprünglich nur die Sprache Roms, breitete sich aber siegreich aus – erst über die Halbinsel, dann im ganzen Abendland. Etwa 100 v. Chr. bestand das lateinische Alphabet aus 23 Zeichen, zu denen später noch das Y und das Z aus dem ionischen Alphabet kamen. Heute benutzen mehr als 1,3 Mrd. Menschen auf der Welt das lateinische Alphabet.

Das arabische Alphabet. Die älteste bekannte arabische Inschrift stammt aus den Jahren **512–513 n. Chr.**
Die arabische Schrift ist semitischer Herkunft, dem Hebräischen verwandt und knüpft an die phönizische Schrift an. Das Alphabet zählt 28 Buchstaben, ausschließlich Konsonanten, von denen aber drei auch als lange Vokalsilben und Doppellaute dienen.

Der Ursprung des kyrillischen Alphabets ist die glagolitische Schrift, die im Jahr **862** von Konstantin dem Philosophen, dessen Klostername Kyrillos war, erfunden wurde. Er begründete damit eine slawische Kirchenliteratur zur Verbreitung des Christentums. Sein glagolitisches Alphabet (»glagol« ist ein alter slawischer Ausdruck für »Wort«) wurde zu Beginn des 10. Jh.s durch die Einführung von 24 griechischen Buchstaben verändert, und so entstand das kyrillische Alphabet.
Das moderne russische Alphabet ist eine vereinfachte Form des alten kyrillischen Systems und besteht aus 33 Buchstaben.
Die Kirchenspaltung des 9. Jh.s teilte die slawische Welt nach und nach in zwei verschiedene Schriftbereiche. Die Russen, die Ukrainer, die Bulgaren und die Serben übernahmen das kyrillische Alphabet mit dem griechisch-orthodoxen Glauben. Die Polen, die Tschechen, die Slowaken, die Slowenen und die Kroaten wurden römisch-katholisch und benutzten folglich das lateinische Alphabet.

Die Blindenschrift erfand im Jahr **1829** der französische Blindenlehrer Louis Braille (1809–52). Braille selbst war als dreijähriger Junge auf schreckliche Weise erblindet. Er hatte sich mit den Werkzeugen seines Vaters die Augen durchbohrt.
Entschlossen, sich trotz seiner Behinderung weiterzubilden, entwickelte Braille mit Hilfe von Valentin Haüy ein Tastsystem, das von den Morsezeichen der Marine abgeleitet war. Über zehn Jahre dauerte es, bis das Blindenalphabet perfekt war.
Eine Straßenkarte in Blindenschrift gibt es seit **1984.** Das deutsche Institut zur Rehabilitation und Integration von Nichtsehenden hat sie herausgebracht.

Gestensprache. Das erste Gestenalphabet zur Verständigung mit taubstummen Menschen stammt aus dem Jahr **1620.** Ausgedacht hatte es J. P. Bonnet, ein Privatlehrer und Heilpädagoge am spanischen Hof, wo zu jener Zeit zahlreiche gehörlose Menschen lebten. Die meisten Systeme, die seither entwickelt wurden, basieren auf Handzeichen, die Taubstumme irgendwann spontan benutzt haben, um sich verständlich zu machen.
Für große Fortschritte auf dem Gebiet der Gestensprache sorgte der Pariser Abbé Charles Michel de l'Épée (1712–89). Er gründete 1770 die erste Taubstummenanstalt für arme Kinder in Paris (nach seinem Tod wurde sie zum Staatsinstitut) und entwickelte eine wissenschaftliche Unterrichtsmethode.
Die erste deutsche Taubstummenschule wurde 1778 von S. Heinecke in Leipzig eröffnet.

Esperanto. Der polnische Augenarzt Ludwig Lazarus Zamenhof (1859–1917) veröffentlichte **1887** den ersten Entwurf für eine neue, weltumspannende Sprache unter dem Titel *Lingvo In-*

Stenografie

Die Anfänge der Kurzschriften lassen sich bis ins Jahr 63 v. Chr. zurückverfolgen, als der Gebrauch der Tironischen Noten, die aus verkürzten und vereinfachten römischen Großbuchstaben bestanden, vom Römischen Senat belegt ist. Im 1. Jh. n. Chr. wurde dieses System von Seneca noch ausgebaut. Das erste neuzeitliche Kurzschriftsystem, eine geometrische Wortschrift, wurde erst 1588 in England von Timothy Bright (1551–1615) veröffentlicht. John Willis brachte dann 1602 das erste stenografische Buchstabensystem heraus, das er »Arte of Stenography« nannte und durch das er den Grundstein für rund 200 Kurzschriftsysteme legte, die in England bis 1900 entwickelt wurden. Auch die Bezeichnung Stenografie, was soviel heißt wie Engschrift, geht auf ihn zurück.
Ebenfalls von großer Bedeutung war das geometrische System Samuel Taylors aus dem Jahr 1786, das die Kurzschriften anderer Länder, wie z.B. Frankreichs, Italiens und Spaniens, nachhaltig beeinflußte. Doch keines dieser Systeme hatte entscheidenden Einfluß auf die deutsche Kurzschrift.
In Deutschland wurde sie erst populär durch Franz Xaver Gabelsberger (1789–1849), der in langjähriger Fleißarbeit ein eigenständiges System geschaffen hatte, das optimal menschlicher Rede folgen konnte. 1834 veröffentlichte Gabelsberger sein Standardwerk *Anleitung zur deutschen Redezeichenkunst* und galt fortan als eigentlicher Erfinder der Stenografie.
Die Systeme Wilhelm Stolzes (1789–1867) und Ferdinand Schreys konnten mit der Schrift Gabelsbergers nicht konkurrieren; sie gingen aber in die Deutsche Einheitskurzschrift (DEK) mit ein, die 1924 verabschiedet wurde. Sie stellte einen Kompromiß dar zwischen den Zeichen Gabelsbergers und der Systemstruktur von Stolze und Schrey. 1936 und 1968 wurde die DEK jeweils den aktuellen sprachlichen Gegebenheiten angepaßt.

Franz Xaver Gabelsberger (1789–1849) erfand die deutsche Kurzschrift.

Vor der Erfindung des Bilddruckes wurden Bücher noch von Hand illustriert. Von der *Abhandlung über die Jagd* sind 40 Exemplare bekannt.

ternacia. Eine geniale Sprachmixtur sollte zur alle Menschen verbindenden Weltsprache werden. 1888 gründete der Nürnberger Journalist Leopold Einstein die erste Esperanto-Gruppe und kurz darauf die erste Esperanto-Zeitschrift der Welt. Das Interesse an der Kunstsprache ist auch heute noch vorhanden: auf dem 1983 in Budapest veranstalteten Weltkongreß waren 5000 Teilnehmer versammelt. Dennoch konnte sich Esperanto als Weltsprache nicht durchsetzen – die englische Sprache ist auf ihrem Siegeszug nicht aufzuhalten.

Graphologie (Handschriftendeutung) gab es schon im **16. Jh.** Aber erst 300 Jahre später bekam die Graphologie den Rang einer Wissenschaft. Nach den Versuchen von Édouard Hocquart (1812) war der Abbé Jean-Hippolyte Michon der eigentliche Begründer dieser Kunst, und von ihm stammt auch der Begriff »Graphologie« **(1872).** Einer seiner Schüler, Jean Crépieux-Jamin, Zahnarzt in Rouen, organisierte die neue Wissenschaft. Er schrieb die Regeln, ordnete sie, analysierte sie. Er machte die Graphologie populär, und nicht zuletzt ist es ihm zu verdanken, daß mit Hilfe der Graphologie die Unschuld von Alfred Dreyfus bewiesen wurde.
Vollendet wurde die Arbeit Crépieux-Jamins von dem Deutschen Ludwig Klages (1872–1956), einem Philosophen, der von Haus aus Chemiker war, und von dem Schweizer Max Pulver (1889–1952), einem Schriftsteller, Psychoanalytiker und Gerichtsmediziner.

Die Zeichensetzung soll von Aristophanes von Byzanz (etwa 257–180 v. Chr.), Vorsteher der berühmten alexandrinischen Bibliothek, erfunden worden sein. Dieser griechische Philologe führte im **2. Jh. v. Chr.** drei Satzzeichen ein: einen hohen Punkt, der am Satzende stand, einen Punkt in mittlerer Höhe, der mit dem Semikolon zu vergleichen ist, und einen tiefen Punkt, der die Bedeutung des heutigen Doppelpunkts hatte. Die heute üblichen Satzzeichen wurden im **15. Jh.** durch den Italiener Aldus Manutius (1449–1515) eingeführt. Die Regeln der Zeichensetzung blieben jedoch bis zur Mitte des 19. Jh.s noch äußerst unbeständig.

Anführungszeichen. Im Jahr **1670,** als in Frankreich Ludwig XIV. regierte, benutzte der Buchdrucker Guillaume als erster kleine Häkchen, um damit ein Wort oder einen Satz hervorzuheben. Auf französisch heißen die Anführungszeichen nach ihrem Erfinder »guillemets«.

DRUCKTECHNIK UND DRUCKVERFAHREN

Die Ursprünge der Drucktechnik findet man in China, wo schon in der Tang-Dynastie (618–907) Zauberbücher und Schulbücher gedruckt wurden. Die Entdeckung eines **868** gedruckten Exemplars des Diamanten-Sutra lieferte uns den Namen Wang Jie. Demnach war er der erste Drucker, zumindest der erste, der geschichtlich einzuordnen ist.
1041 schuf der Chinese Pi Shêng bewegliche Schriftzeichen aus gebranntem Ton. Unter der Song-Dynastie erlebte die chinesische Druckkunst eine Blütezeit. So publizierte man im Jahr 1000 eine große Sammlung der berühmtesten Herrschergeschichten.

Zurück zu den Anfängen: Marc Friedland aus Kalifornien (USA) hat die 24 000 Titelseiten der Weihnachtsausgabe des Magazins *Status* per Hand gemalt; zehn Tage benötigte er dafür.

Drucken. Die Invasion der Mongolen und die guten Beziehungen, die Ludwig IX. und das Papsttum zu den Khans unterhielten, erleichterten den Einzug der Druckkunst in das Abendland. **Um 1447** erfand der deutsche Drucker Johannes Gensfleisch, genannt Gutenberg, (um 1399–1468) die Technik der beweglichen Lettern. Außerdem verbesserte er das Material hinsichtlich Qualität und Haltbarkeit, indem er eine Verbindung aus Blei, Antimon und Zinn verwendete. Etwa 1455 druckte Gutenberg in

OTTMAR MERGENTHALER (1854–1899)

»A line of types!« (eine Zeile Satz) rief begeistert Whitelaw Reid, der Verleger der *New York Tribune,* als er sah, was Ottmar Mergenthalers Wunderwerk vollbrachte. Und damit hatte das Kind seinen Namen: »Linotype«. Es war die erste Setzmaschine, die in einer Zeitungsdruckerei eingesetzt wurde. Mit einem Schlag konnte das gedruckte Wort billiger verkauft werden und damit mehr Leser finden. Man schrieb das Jahr 1886.
Bis dahin mußten die Setzer von Hand Buchstabe für Buchstabe setzen. Was ein Handsetzer in einer Stunde schaffte, brachte die Linotype-Maschine innerhalb von 15 Minuten »auf die Reihe«. Viele Tüftler waren vor Mergenthaler gescheitert – heute spricht man von fast 200 Erfindern, die sich an der Setzmaschine versuchten und dabei mitunter ihr ganzes Vermögen verloren.
Bei der Linotype-Maschine arbeitet der Setzer an einer Tastatur ähnlich einer Schreibmaschine. Die Buchstabenmatrizen fallen auf Tastendruck in eine kleine Schienenbahn, bilden dort eine vollständige Schriftzeile, die mit geschmolzenem Blei ausgegossen wird.
Ottmar Mergenthaler, dieser Revolutionär der Drucktechnik, war 1854 im mainfränkischen Hachtel geboren. 18 Jahre später war er in die USA ausgewandert, wo er in der Werkstatt eines Vetters in Washington zunächst Arbeit fand. Die ersten Schritte des Erfinders wurden finanziell von einem Washingtoner Anwalt unterstützt. Schon vier Jahre nach der ersten Inbetriebnahme einer Linotype-Maschine führte die große Nachfrage der Zeitungsbetriebe zur Mergenthaler Linotype Company in Brooklyn (USA), 1896 wurde die Mergenthaler Setzmaschinen GmbH in Berlin gegründet. 1899 waren bereits 7000 Maschinen im Einsatz.

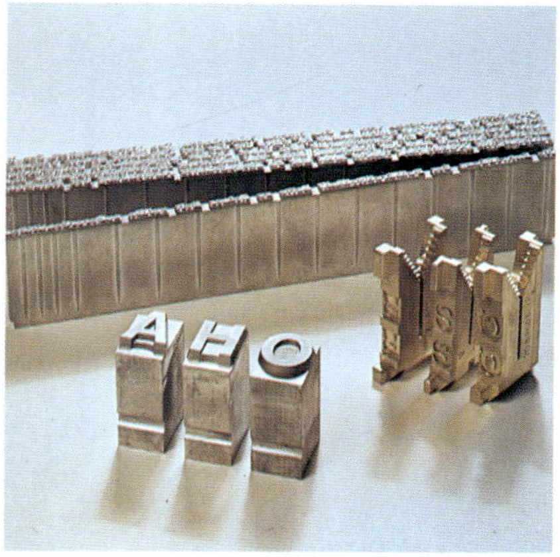

Mainz seine *Biblia Sacra Latina,* auch *Bibel mit 42 Zeilen* (pro Seite) genannt. Es ist die erste lateinische Bibelausgabe, die mit beweglichen Lettern gedruckt wurde. Gutenbergs Partner Johann Fust verklagte ihn und bekam alle Rechte an den beweglichen Druckbuchstaben zugesprochen. So konnte er den gesamten Profit aus der Bibel ziehen. 1465 gründete Gutenberg eine neue Firma. Noch heute gilt seine Bibel als das größte drucktechnische Meisterwerk.

Die ersten Farbdrucke stammen von den beiden Partnern Gutenbergs, Johann Fust und Peter Schöffer. Teile der Druckform färbten sie mit einer zweiten Farbe ein. Den ersten Farbdruck legten sie **1457** in Mainz vor.

Das erste illustrierte Buch schuf **1461** der Drukker Albrecht Pfister in Bamberg. Er kombinierte Holzschnitte und bewegliche Lettern und schuf so ein illustriertes Legendenbuch.

Ein Setzer an einer weiterentwickelten Linotype-Setzmaschine, mit der das manuelle Buchstabensetzen in der Druckerei abgeschafft wurde. Es ist die erste Setzmaschine, die in Deutschland gebaut wurde.

Eine Gegenüberstellung: Handsatzlettern (links) und Linotype-Matrizen (rechts). Im Hintergrund sind gegossene Linotype-Zeilen zu sehen.

Unten: So werden Fehler korrigiert: In einer bereits umbrochenen Seite werden Bleisatz-Zeilen ausgewechselt.

Die Schabkunst für den Druck von Bildern, besonders Gemälden, wurde von dem Deutschen Ludwig von Siegen **1642** erfunden. Es handelt sich dabei um ein besonderes Kupfer- oder Stahlstichverfahren, das auch Grautöne im Druckergebnis ermöglicht.

Der Vierfarbendruck geht in seinen Anfängen auf den Frankfurter Jakob Christof Le Blon zurück, der **1710** das Prinzip der Schabkunst weiterentwickelte. 1725 veröffentlichte Le Blon sein erstes Produkt, das *Coloritto oder die Harmonie der Farben in der Malerei.*

Lithographie. Der in Prag geborene deutsche Lithograph Alois Senefelder (1771–1834) erfand **1798** die Lithographie, ein Druckverfahren durch Übertragung. Er hatte bemerkt, daß eine mit einem fetten Bleistift auf einem Kalkstein (griech. »Lithos«, der Stein) ausgeführte Zeichnung Wasser abwies. Andererseits saugte sich der Stein überall sonst mit Wasser voll. Wenn man nun Tinte über die Oberfläche goß, haftete sie nicht an den nassen Stellen, nur an den fetten und trockenen. Man brauchte den Stein nur noch in eine Presse zu stecken und schon reproduzierte er die ursprüngliche Zeichnung.
Senefelder verbesserte sein Verfahren schnell, indem er das Wasser durch eine Lösung von Gummi arabicum und Salpetersäure ersetzte, die Tinte abweist.

Heliogravüre. Der Österreicher Karl Klič erfand **1878** diese Technik. Als industrielles Verfahren fand dieser vierfarbige Kupfertiefdruck bald große Verbreitung, besonders für den Druck hoher Auflagen von Magazinen, Katalogen, Verpackungen usw.

Der Offsetdruck ist ein Druckverfahren, bei dem die Schrift von einer Metallplatte auf einen mit einem Gummituch bespannten Zylinder und von diesem auf das Papier übertragen wird (Indirektdruck). Diese Weiterführung der Lithographie entwickelte der Amerikaner W. Rubel **1904**. Die ersten deutschen Druckpressen nach diesem System, von C. Hermann entwickelt, liefen 1907 in Leipzig.

Verbesserung der Pressen. Ab dem 18. Jh. brachte eine Serie von Verbesserungen die Gutenbergsche Technik weiter voran.
Der Franzose François-Ambroise Didot baute die »Auf-einen-Schlag-Presse« und verdoppelte die Druckgeschwindigkeit. **1737** normalisierten die *Didot-Punkte* als Maßeinheit Dimensionen und Platzbedarf der Drucktypen. Der typographische Punkt entspricht 0,3759 mm und gilt weithin noch heute.
Gegen 1800 baute Lord Stanhope die erste Presse mit einem gußeisernen Sockel. So konnte er den täglichen Ausstoß von 300 Blatt verzehnfachen.
Die erste von einer Dampfmaschine angetriebene Presse konstruierte der deutsche Buchdrucker Friedrich Gottlob König 1812. Später baute König zusammen mit Andreas Friedrich Bauer die erste Zylinderpresse, der noch viele folgen sollten.
Ab 1814 druckte in London eine einzige Maschine in einer Nacht die 4000 für die Hauptstadt bestimmten Exemplare der *Times.* Es war eine Sensation für die damalige Zeit.

Die Rotationspresse ließ sich der Amerikaner Richard Hoe **1845** in den USA patentieren. Im folgenden Jahr nahm sie ihren Betrieb auf. 1848 stellte die *Times* in London eine solche Presse auf; so konnten 8000 Bogen pro Stunde gedruckt werden.

Die »Cameron« ist für den Buchdruck eine revolutionäre Maschine. Sie druckt und heftet ein Buch ohne jedes menschliche Eingreifen. Charles Aaron, Forschungsdirektor bei Cameron Machine Co. in New Jersey (USA), erfand sie. Die Druckerei von Kingsport in Tennessee nahm im Oktober **1968** das erste Modell in Betrieb. Zur Zeit drucken die verschiedenen *Camerons* pro Jahr 300 Mio. Bücher.

Endlospapier. Am 18. Januar **1799** bekam Nicolas Robert, ein Angestellter des Buchhändlers und Druckers Pierre-François Didot, ein Patent »für die Herstellung eines außergewöhnlichen Papiers mit einer Länge von 12 bis 15 Metern ohne die Hilfe eines einzigen Arbeiters und mit rein mechanischen Mitteln«. Diese Erfindung ermöglichte es, auf die traditionelle Methode zu verzichten, das Papier Blatt für Blatt in der Bütte herzustellen.

Die erste Setzmaschine, die industriell verwertbar war, erfand **1884** der Deutsche Ottmar Mergenthaler (1854–99). In den USA wurde am 3. Juli 1886 seine erste in Serienfertigung hergestellte Linotype-Setzmaschine bei der *New York Tribune* in Betrieb genommen. Während ein Handsetzer nur 1500 Buchstaben in einer Stunde schaffte, erreichte Mergenthalers Maschine in der gleichen Zeit 6000.

Die Monotype, eine Maschine, die Einzelbuchstaben setzt, wurde **1887** von dem Amerikaner Tolbert Lanston erfunden. Mit der Monotype konnten zwar mehr Buchstaben (8000) in der Stunde gesetzt werden als mit der Mergenthalerschen Maschine, da die Arbeitsweise aber in zwei Phasen getrennt war, ergab sich ein zu großer Zeitverlust für die Zeitungsherstellung. Da das Endprodukt jedoch von hoher Qualität war, verwendete man diese Technik besonders für den Buchdruck.

Die erste Fotosetzmaschine entwickelte **1939** der Amerikaner William C. Huebner nach wichtigen Vorarbeiten des Ungarn E. Uher. Hierbei werden keine Bleizeilen mehr hergestellt, sondern Filme. Brauchbare Lichtsatzgeräte verbreiteten sich nach 1945 sehr schnell.

Computersatz. Mit der Erfindung des Digisetsystems durch den Kieler Rudolf Hell begann ab **1965** der elektronisch gesteuerte Satz die herkömmlichen Satztechniken zu verdrängen. Die Form der Buchstaben ist in einem Elektronengehirn gespeichert. Derzeit benutzt man Computer der 3. Generation: Die Buchstaben werden durch ein Bombardement von Laserpunkten erzeugt.

VERLAGSWESEN

Verlage. Richtige Verlagshäuser gab es bereits im **Altertum** bei den Griechen und Römern. Aber erst mit der Erfindung des Buchdrucks setzte der Anstieg der Buchauflagen ein, später kam auch der Einzelbuchhandel auf. Die erste *Buchhandlung* gab es in London mit der Buchhandlung Wynkyn de Worde, dem Nachfolger des Buchdruckers William Caxton. Doch erst zum Ende des **16. Jh.s** spezialisierten sich die Buchhandlungen, so daß die Verleger ihnen den Vertrieb ihrer Produktion anvertrauten. Wahrscheinlich hatte sogar Napoleon etwas mit dem Begriff »Verleger« zu tun, denn er erließ ein Gesetz, das bestimmte, daß jede Publikation einen verantwortlichen »Verleger« haben mußte. Dessen Verantwortung unterschied ihn klar vom Buchhändler oder Drucker.

Das Buch war in China schon im **2. Jtsd. v. Chr.** bekannt, doch kann man davon ausgehen, daß es sich im Abendland in der uns heute bekannten Form zwischen dem 2. und 4. Jh. n. Chr. entwickelte. In dieser Periode wandelte es sich vom schwer zu handhabenden *Volumen* (einer Papyrusrolle) zum tragbaren *Codex* (gefaltete und zusammengefügte Blätter, die ein Heft ergaben). Allerdings blieben die Texte noch längere Zeit im Stadium des Manuskripts, und ihre Verbreitung konnte nur mit Hilfe von Kopisten geschehen, die sie von Hand vervielfältigten. Mit dem Vordringen der Buchdruckerkunst wechselten zahlreiche Kopisten zum Buchhändlerberuf über.

Das Taschenbuch. Bücher im Taschenformat mit Beiträgen verschiedener Verfasser gab es schon im 18. Jh., wie das *Wiener Taschenbuch zum Nutzen und Vergnügen* (1785–87).
Das Taschenbuch, jenen Typ des billigen, in großer Auflage meist im Rotationsdruck hergestellten Buches mit Klebeheftung, »erfand« **1935** der englische Verleger Penguin. Ihm folgten 1939 der New Yorker Verlag Simon & Schuster; in Deutschland wurde es nach 1945 eingeführt.
Im Jahr 1985 wurden Taschenbücher in 19 450 000 Exemplaren verkauft.

Comics. Kulturgeschichtlich sind es Nachfolger der volkstümlichen Bilderbogen und der amerikanischen Groschenromane (»Pulps«) des 19. Jh.s.

Unsere Sprechblasen-Helden

Mickey-Mouse
Ein Jubiläum galt es 1988 zu feiern – den immerhin 60. Geburtstag der immer jungen Mickey-Mouse. Ihren ersten Auftritt hatte die von hemmungslosem Optimismus geprägte Comic-Figur im Zeichentrickfilm »Steamboat Willie« von Walt Disney. Auch wenn Disney weithin als der Schöpfer der beliebten Maus gilt, so war deren eigentlicher Erfinder 1928 der Cartoon-Zeichner Ub Iwerks.

Lucky Luke
Der Vater des »poor lonesome cowboy« stammt nicht aus dem großen amerikanischen Westen, sondern aus Belgien. Jedoch verbrachte J. Morris sechs Jahre in den USA und hatte dort 1951 auch die Idee zu dem sympathischen Cowboy und den Banditen, den schrecklichen Daltons, gehabt. Als Vorlage zu ihren Heldentaten dienten ihm wahre Begebenheiten. Als er 1955 aus den USA zurückkehrte, wurde René Goscinny sein Drehbuchautor.

Snoopy
Die Peanuts, Charlie Brown, Lucy, Linus, Schröder und vor allem ihr außergewöhnlicher Hund Snoopy, sind in den USA wahre Stars. Charles Monroe Schultz, der sie sich ausdachte, hatte das Zeichnen per Fernunterricht gelernt. Die Idee zu diesen Figuren hatte er gleich nach dem Krieg. In den USA erscheinen die Geschichten der Peanuts mittlerweile wöchentlich in über 1500 Zeitungen.

Die Schlümpfe
Der Phantasie von Peyo, eigentlich Pierre Culliford, sind 1958 die Schlümpfe entsprungen. Der Belgier, der von der Geschichte des Mittelalters und vom Zeichnen gleichermaßen fasziniert ist, ließ 1947 die Gestalt des jungen Pagen Johann entstehen und stellte ihm 1954 den spaßigen Pirlouit an die Seite. Johann und Pirlouit trafen dann 1958 im Verwunschenen Land auf kleine blaue Fabelwesen: die Schlümpfe.

Garfield
Wer kennt nicht Garfield, diese fette, faule und meist griesgrämig dreinblickende Katze, die Stunden damit zubringt, über ihr Dasein als Katze zu meditieren? Sollte es doch einmal vorkommen, daß Garfield aus seiner Lethargie erwacht, dann wird er meist zum Schaden der anderen Hausbewohner aktiv. Die Hefte über den frechen Kater werden in den USA mit einer Auflage von 7 Mio. Exemplaren pro Titel verkauft – sehr zum Gefallen seines Schöpfers John Arbuckle.

Gazetten nannten sich die ersten Zeitungen, die im 17. Jh. erschienen.

Ein Vorläufer der Comic strips, so wie wir sie heute kennen, war das illustrierte Feuilleton des Schweizers Rudolf Töpffer (1799–1846), der 1837 *Les Amours de Monsieur Vieux Bois* herausbrachte.

Yellow Kid. 1896 erschien in der *New York World* die Serie The Yellow Kid von R. F. Outcault. Das waren die ersten klassischen *Comic strips.* Hierbei handelte es sich um eine Bilderstreifenserie farbiger Einzelzeichnungen mit Sprechblasen.

Superman. Jerry Siegel und Joe Shuster dachten sich **1938** den Superhelden aus, der tagsüber als Journalist arbeitet, aber sonst seine übernatürlichen Kräfte in vielen Abenteuern einsetzt. Superman alias Clark Kent machte bald Karriere als Filmstar – 1941 gab es den ersten Supermanfilm, und die Flut immer neuer publikumswirksamer Filme ist nicht zu stoppen. Im neuesten Streifen muß der Held sogar gegen Atomraketen antreten – als Retter der Menschheit paßt er sich, inzwischen 50 Jahre alt geworden, den stetig wechselnden Bedrohungen spielend an.

Asterix. Der kleine Gallier, der mit seinem Freund Obelix schon so viele Abenteuer gegen die Römer bestanden hat, wurde von den beiden Franzosen René Goscinny und Albert Uderzo **1959** kreiert.

Das Comic-Heft in der heute bekannten Form geht auf die amerikanische Tagespresse zurück. Das erste Buch dieser Art mit dem Titel *Funnies on Parade* wurde auf dem gleichen Papier und von den gleichen Maschinen gedruckt wie Tageszeitungen und erschien im Jahr **1933**. Verkauft wurde es allerdings nicht, sondern von verschiedenen Firmenmarken, wie Canada Dry, angeboten.

Das erste periodisch erscheinende und entsprechend verkaufte Comic-Heft war im Mai 1934 *Famous Funnies,* von Eastern Color Printing herausgegeben.

Das älteste Lexikon, das sich nachweisen läßt, datiert aus dem Jahr **600 v. Chr.** Es stammt aus Mesopotamien und war in Akkadisch, der Sprache der Assyrer und Babylonier, abgefaßt.

In China wurde ein Lexikon von Hu Chin 150 v. Chr. herausgebracht.

1480 veröffentlichte der englische Buchdrucker William Caxton (1422–91) das erste *zweisprachige Wörterbuch* (Englisch-Französisch) für »Touristen«. Sein Umfang: 36 Seiten.

1611 erschien das erste französische Wörterbuch für Engländer, ein Verdienst des britischen Lexikographen Randle Cotgrave (etwa 1550–1634).

Das erste mehrsprachige Wörterbuch, ausgehend vom Lateinischen und Italienischen, später ausgedehnt auf das Deutsche, Englische und Französische, war das berühmte *Wörterbuch der lateinischen Sprache* **(1509),** eine Art Enzyklopädie des damaligen Wissensstandes. Zu verdanken ist es dem italienischen Gelehrten Ambrogio Calepino. Der in Frankreich lebende Israeli Marco Meirovitz, Erfinder des »Mastermind«, erwarb **1981** das Patent für ein *mehrsprachiges austauschbares Wörterbuch.* Er benutzte dafür ein System einzelner vergleichender Blätter in sieben Sprachen.

Die erste Enzyklopädie, die diesen Namen wirklich verdiente, das heißt eine systematische Zusammenstellung des allgemeinen Wissensstandes, stammt vom französischen Schriftsteller Pierre Bayle (1647–1706). Es war das **1697** erschienene *Dictionnaire historique et critique.* Der Gedanke einer Enzyklopädie als Sammlung des Universalwissens geht allerdings bis ins 4. Jh. v. Chr. zurück.

Die bedeutendste Enzyklopädie ist die von Diderot und d'Alembert (erschienen 1751–72), die von einer früheren Enzyklopädie des Engländers Ephraim Chambers von 1728 inspiriert war.

Die erste deutsche Enzyklopädie war das 68bändige *Große vollständige Universallexikon aller Wissenschaften und Künste* von H. Zedler, das 1731–54 erschien.

Seit **1986** bringt die japanische Firma Pioneer in den USA eine Enzyklopädie auf Videoplatte heraus: *Knowledge Disc.*

Der Kriminalroman geht auf Flugschriften, Volksbücher und auch Kalendergeschichten zurück. Bereits im **18. Jh.** wurden Kriminalfälle auf der Grundlage von Prozeßakten literarisch bearbeitet, besonders von F. G. de Pitaval in dem vielbändigen *Causes célèbres et intéressantes* (seit 1734). Defoes *Moll Flanders* (1722), Fieldings *Jonathan Wild* (1743) und Schillers *Verbrecher aus verlorener Ehre* (1785) sind Übergänge zur literarisch anspruchsvollen Form.

Die *Detektivromane* gehen auf E. A. Poe zurück, der mit seinem »Kommissar Dupin« in *Mord in der Rue Morgue* **1841** den Vorgänger von Sherlock Holmes schuf.

PRESSE

Eine Zeitung, die periodisch erschien, gab es bereits **1605** in Antwerpen: *De Nieuwe Tijdinghen* war auf Initiative des Druckers Abraham Verhoeven gegründet worden.

In Europa fand sie zahlreiche Nachahmer. 1609 erschienen in Deutschland zwei Wochenblätter, von denen eines, die *Relation Aller Fürnemmen vnd gedenckwürdigen Historien* mit Erscheinungsort Straßburg, in ihrer Nummer 37 von der Erfindung des Teleskops durch Galilei berichtete. In Wolfenbüttel erscheint ebenfalls 1609 der *Aviso Relation oder Zeitung.*

In Frankreich publizierte Théophraste Renaudot (1586–1653), ein Günstling Richelieus, seine *Gazette* ab dem 16. Mai 1631. Sie hatte anfangs vier Seiten Umfang. Auflage: 1200 Exemplare.

Die erste Tageszeitung gründete Timotheus Ritzsch aus Leipzig **1650.** Unter dem Titel *Einkommende Zeitungen* erschien sie täglich von Juli bis September; als *Leipziger Zeitung* wurde sie noch bis 1918 herausgegeben.

Massenpresse. Der Amerikaner Benjamin Day wurde 1833 zum Vater der Sensationspresse, als er den *Sun* herausgab und für 2 Cents verkaufte. Um das Billigblatt bemühten sich auch die Franzosen Girardin und Dutacq; im Jahr **1836** senkten sie den Preis ihrer jeweiligen Publikationen *La Presse* bzw. *Le Siècle*; der Abonnementspreis sank sogar von 80 auf 40 Francs. Innerhalb weniger Monate hatte *La Presse* 20000 Abonnenten, *Le Siècle* 30000. In England begann der *Daily Telegraph* 1855 zum Preis von einem Penny zu erscheinen. Erst in den 80er Jahren des 19. Jh.s bildete sich auch in Deutschland eine Massenpresse aus.

Nicht färbende Druckerschwärze ließ sich **1985** der Amerikaner Rodger L. Gamblin patentieren. Sie ist gedacht für Tageszeitungen, damit diese nicht mehr die Finger der Leser verschmutzen. Sie soll in Kürze auf den Markt kommen.

WERBUNG

Agenturen und Vermittlungen. Im Jahr **1842** betrieb der Amerikaner Volney Palmer die erste Vermittlung für Werbeflächen in den USA. Er kaufte en bloc ganze Zeitungsseiten und verkaufte sie an verschiedene Inserenten weiter; wenig später, 1845, gründete Charles Duveyrier in Frankreich die »Société générale d'annonces« (Allgemeine Anzeigen-Gesellschaft).

Das erste bekannte Plakat datiert aus dem Jahr **3000 v. Chr.** Es war ein in Theben entdeckter ägyptischer Papyrus, mit dem für das Ergreifen eines Sklaven eine Belohnung ausgesetzt wurde.
In Griechenland wurden Informationen für die Öffentlichkeit auf Tontafeln gemalt und diese sodann auf öffentlichen Plätzen ausgestellt, so in Athen, Rom, Pompeji und Herkulaneum.
Die Römer erfanden das *album* (das »Weiße«), eine mit Kalk geweißte Wand, an der Schauspielaufführungen oder Verkäufe und ähnliches angekündigt wurden. Man konnte dort aber auch seine persönlichen Probleme vorbringen.
Der Erfindung der Buchdruckerkunst verdankt das *gedruckte Plakat* seine allmähliche Verbreitung. Das erste bekannte Plakat wurde **1477** von dem Engländer W. Caxton gedruckt. Es machte auf das Thermalbad in Salisbury aufmerksam und enthielt bereits einen Hinweis: »Bitte nicht zerreißen«.
1482 verfertigte der Franzose Jean du Pré für die Domkirche in Reims das *erste mehrfarbige Plakat* anläßlich des großen Ablasses von Notre-Dame. Schon bald hatte sich das Plakat so sehr verbreitet, daß in England ein Verbot für Bekanntmachungen an den Mauern privater Besitzungen erlassen werden mußte.

Plakatsäulen. In Paris ließ der Präfekt Rambuteau seit **1842** spezielle Plakatsäulen für Bekanntmachungen aufstellen. In Deutschland wurden die ersten Plakatsäulen am 1. Juli 1855 in Berlin aufgestellt, nachdem der Drucker Ernst Litfaß mit dem Polizeipräsidenten einen entsprechenden Vertrag vereinbart hatte.

Das größte Plakat der Welt. Die Firma Matsushita hat **1986** auf einer gigantischen Maschine ein Plakat von 7 × 15 m Größe (auf einem einzigen Blatt Papier) hergestellt. Dabei wurde ein Foto in numerische Ziffern zerlegt und dann gedruckt.

Marketing wird F. Crowell als Erfindung zugeschrieben, der **1901** in seinem Buch *Report on the Distribution of Farm Products* erstmals entsprechende Regeln aufstellte.

Werbeträger. Urahn aller Werbeträger – Streichholzschachteln, Kugelschreiber, T-Shirts usw. – ist ein **1845** auf Veranlassung eines Versicherungsagenten in Auburn, New York (USA), gedruckter Kalender. Er wollte, daß seine potentiellen Kunden seinen Namen jeden Tag lesen konnten.
Der Zeichner O'Galop schuf **1898** den *Bibendum Michelin*. Das war die erste *Figur als Werbeträger.*
Im Jahr 1902 erwarb eine amerikanische Schuhfirma die Rechte an einer berühmten Comic-strip-Figur, dem von Outcault geschaffenen Buster Brown mit seinem Hund Tige: Auf einem Plakat sollten sie den Schuhverkauf der Firma fördern.

Kleinanzeigen. Im Jahr **1611** öffnete in London ein »Büro für Adressen und Begegnungen« seine Pforten, in dem man kleine Anzeigen aufgeben konnte. Danach dauerte es bis 1631, ehe zum erstenmal eine Rubrik »Kleinanzeigen« in einer Zeitung auftauchte: Es war *La Gazette* von Théophraste Renaudot.

Rundfunkwerbung. Um das Programm seines Versuchssenders in New Jersey (USA) etwas aufzumöbeln, lieh sich Frank Conrad im Jahr **1919** ein paar Schallplatten im Laden aus. Als Gegenleistung bat der Ladenbesitzer, ihn im Programm zu erwähnen. Drei Jahre später (1922) verkaufte zum erstenmal ein Sender, WEAF, dem Immobilienmakler Jackson Heights (New Jersey) zehn Minuten Sendezeit, damit er seine Angebote bekanntgeben konnte.

Werbung in der Presse. Anläßlich des Erscheinens seiner Zeitung *La Presse* im Jahr **1836** erfand Emile de Girardin die Werbung in ihrer heutigen Form. Er entwickelte das Prinzip, daß die Werbeeinnahmen einen wesentlichen Teil der Zeitung zu finanzieren haben, damit ihr Verkaufspreis für alle erschwinglich wird.

Die Werbung, die gegessen werden kann: Es ist ein Schokoladenkuchen von 12 m², an die Mauer geklebt mit Eiweiß.

Straßenreklame. Der *Mann mit dem Sandwich* tauchte zum ersten Mal **1820** in London auf. Er trug einen Zylinderhut dreimal so hoch wie ein gewöhnlicher, darauf stand: »Stiefel für 12 Shilling das Paar – garantiert«. Das New Yorker Geschäftshaus Lord & Tailor ließ 1856 ein Werbeplakat an einer Pferde-Trambahn anbringen.

Wahlreklame. Mag auch das Phänomen Propaganda bis zu den Uranfängen der Menschheit zurückreichen, offiziell in Erscheinung getreten ist es erst 1792. Beim französischen Innenministerium wurde ein »Büro des Geistes« geschaffen, und der Bürger Roland wurde mit der Propaganda beauftragt. Was die eigentliche Reklame im engeren Sinn betrifft, so findet sie **1840** Eingang ins politische Leben. William H. Harrison, Anwärter auf das Amt des Präsidenten der USA, verteilte Knöpfe, Bänder, Abzeichen, Plakate mit

Passanten sind eingeladen, im 3 × 4 m großen Transistorradio eines französischen Senders Nachrichten zu hören. Ein »kleiner« Werbegag.

dem Slogan »Tippecanoe and Tyler too«. Bei Tippecanoe wurde ein Sieg über die Indianer errungen, an dem er beteiligt war, und Tyler hieß der Vizepräsident. Harrison errang einen triumphalen Wahlsieg.

Elektronische Werbung. Der erste von einem Computer voll durchgezeichnete Werbefilm lief in Pariser Kinos im März **1984.** Er war das Werk der Agentur TD und zeigte die gesamte Sharp-Palette vor einem Himmel, in dem Blitze wie Streifen wirkten. Dafür waren vier Monate Arbeit erforderlich gewesen; die 30 Sek. Film hatten über 200 000 DM gekostet.

Musikalische Werbung. Am 25. März **1985** gab es eine Weltpremiere: Die Leser der Zeitschrift *Point* waren nicht wenig überrascht, als sie die IBM-Werbung im Blatt aufschlugen: Dort stellte sich ein blinkender Computer-Bildschirm vor, und dazu ertönte leise Musik.

Fernsehwerbung. Im Juli **1941,** nur wenige Tage vor der Autorisierung durch den Gouverneur, strahlte die Firma Bulowa Watch Co. die erste Werbung über den Sender WNBT-New York aus. Damals gab es in den gesamten USA nur ein paar tausend Empfangsgeräte. 1948 waren es bereits 1 Mio., und 1963 besaßen 91 Prozent der US-Haushalte ein Gerät. Gegenwärtig sind bereits 577 Sender mit Werbung in Betrieb.

Public Relations. Als erste bewußte Aktion dieser Art könnte man die Einweihung der Eisenbahnstrecke New York–San Francisco der Pacific Railroad ansehen, zu der im Jahr **1870** rund 150 Persönlichkeiten eingeladen waren.
Es blieb Ivy L. Lee vorbehalten, aus Public Relations ein System und einen Beruf zu machen. Im Jahr 1906 gelang es ihm, bei einem Sozialkonflikt die öffentliche Meinung gegen die Streikenden aufzubringen. Danach war er damit beschäftigt, für Rockefeller ein positives Image zu entwikkeln, so daß dieser innerhalb weniger Jahre vom geschmähten Prinzipal zum anerkannten Arbeitsbeschaffer und Mäzen avancierte.

Meinungsumfragen. Die erste Befragung über die öffentliche Meinung (auf englisch »straw vote«, soviel wie Stroh-Stimme) fand **1824** in den USA anläßlich einer Präsidentenwahl statt.
Seit den dreißiger Jahren dieses Jh.s sind Meinungsumfragen in den angelsächsischen Ländern, insbesondere in den USA, sehr populär. Der Journalist und Statistiker G. H. Gallup wurde berühmt durch seine alle zwei Wochen in der *New York Times* erscheinenden Umfragen. Dadurch steht der Name »Gallup« in engem Zusammenhang mit dieser Art von Befragungen.

Versandhandel. Die direkte Werbung in Form von Wurf- oder Postsendungen stammt noch aus dem 17. Jh. Aber erst mit der Fixierung der Posttarife um **1850** erlangte diese Praxis eine beträchtliche Verbreitung.

TONWIEDERGABE

Der Phonograph wurde **1877** von dem Amerikaner Thomas Alva Edison (1847–1931) erfunden. Er baute ein Schallaufzeichnungsgerät mit Walzenkonstruktion und ließ es am 17. Februar 1878 patentieren. Seine Erfindung brachte Edison Weltruhm, aber die Tonqualität der Apparate ließ zu wünschen übrig, und die Walzen hielten auch nicht lange. Edison zog es vor, sich anderen Forschungen zu widmen und überließ es anderen Tüftlern, den Phonographen zu verbessern. Zwei Amerikaner, Chichester Bell (der Cousin von A. G. Bell, dem Erfinder des Telefons) und Charles Summer Tainter ließen sich **1886** einen ganz ähnlichen Apparat patentieren, das *Graphophon,* dessen Vermarktung übrigens der Anfang der großen Firma CBS war (»Columbia Broadcasting System«).

Die Schallplatte erfand **1887** Emil Berliner, ein Deutscher in Amerika, und dazu den passenden Apparat, das *Grammophon.* Er ersetzte die Walzenkonstruktion durch flache gewachste Drehscheiben aus Zink. Zurück in Deutschland, gründete er 1898 mit seinem Bruder in Hannover die Deutsche Grammophon Gesellschaft. Tonwalze und Schallplatte hatten viele Jahre lang nebeneinander auf dem Markt Bestand.

Mikrofon. Ein Team des Bell-Laboratoriums (USA) unter der Leitung von Joseph Maxfield entwickelte **1925** die elektrische Tonaufnahme. Das Mikrofon verwandelte den Ton in elektrische Ströme und machte die riesigen Schalltrichter überflüssig. Noch im selben Jahr wurde die erste elektrisch aufgenommene Schallplatte auf den Markt gebracht.

Das kleinste Mikrofon der Welt entwickelte **1987** Dietmar Hohm vom Institut für Elektroakustik der Technischen Hochschule Darmstadt. Für das Mikrofon, das ganze 2 × 1,7 × 0,6 mm mißt, bekam Hohm den Philipp-Reis-Preis 1987 zugesprochen.

Die ersten Stereoplatten mit 78 U/min wurden **1933** von der britischen Firma EMI (Electric and Musical Industries) hergestellt. Der Physiker Alan Dower Blumlein war der maßgebliche Mann in der Entwicklung des Stereotons. Seine Arbeit hatte jedoch noch experimentellen Charakter.
Erst **1958** war die Technik weit genug, und gleich drei Firmen brachten *Stereo-Schallplatten auf den Markt:* die amerikanische Gesellschaft Audio Fidelity sowie die Firmen Pye und Decca in Großbritannien.

Die Langspielplatte erfand kurz nach dem Zweiten Weltkrieg, **1947,** Peter Goldenmark für die amerikanische Firma CBS. Mit ihren 33⅓ U/min löste sie die alte 78er-Platte ab. Die 33er hatte einen Durchmesser von 30 cm und 100 Rillen/cm (im Gegensatz zu 36 Rillen bei der 78er). Als Material wurde jetzt Kunststoff verwendet, statt wie bisher Schellack.
Das Patent wurde angemeldet unter der Bezeichnung »LP« für »Long Playing«. Die ersten Aufnahmen auf Langspielplatte waren das *Violinkonzert* von Mendelssohn Bartholdy, die *Vierte Symphonie* von Tschaikowsky und eine musikalische Komödie mit dem Titel *South Pacific.*

PCM, Pulse Coded Modulation, der erste audiodigitale Prozessor, ist **1977** von der japanischen

So »kratzt« ein Diamant durch die Rillen einer Stereoplatte.

Firma Sony angeboten worden. Dieses Gerät dient dazu, Tonsignale in Zahlensignale umzusetzen. Die Tonqualität ist unvergleichlich gut. Der PCM erlaubt zum Beispiel den Gebrauch eines Videorecorders für die digitale Tonaufnahme.

Fotografische Tonaufnahme. Gleichzeitig entdeckten **1901** der Deutsche Ruhmer und der Engländer Duddel, daß eine fotografische Aufnahme von Tönen auf ein hochempfindliches Band möglich ist. Sie nutzten dabei das Phänomen des singenden Bogens, das schon seit 1892 bekannt war und von Thomson und Simon untersucht wurde.

Die Compact-Disc (CD) wurde **1979** von Philips und Sony erfunden. Es handelt sich dabei um eine völlig neuartige Schallplattenart mit Digitalprägung, die eigentlich nichts anderes ist als eine bestimmte, ungeheuer dichte Folge der Zahlen »0« und »1«, die beim Abspielen wieder in Töne umgesetzt wird. Die alte Rille ist also verschwunden. Statt dessen werden pro Sek. etwa 4 Mio. mikroskopisch kleiner Einbuchtungen, genannt »pits«, von einem Laserbündel abgetastet. Die Compact-Disc hat einen Durchmesser von nur 12 cm, und auf eine Seite paßt bis zu einer Stunde Musik.
1983 kam die Compact-Disc in Europa auf den Markt. Im selben Jahr wurden 380 000 verkauft.

Die Compact-Disc für das Auto präsentierte Philips **1983.** Das kleine Gerät wird von einer Art Wiege gegen Vibrationen geschützt.

Tragbarer CD-Player. 1985 präsentierte Sony den kleinsten CD-Player der Welt, den D-50, den man bequem in einer Hand halten kann. Er wiegt nur 500 g und ist kaum größer als eine Compact-Disc selbst. Dabei ist seine Tonqualität absolut mit dem traditionellen Plattenspieler zu vergleichen.

Die Mini-CD-Platte mit einem Durchmesser von nur 8 cm stellte die zu Warner Brothers gehörende Firma WEA in Hamburg im Februar **1988** der Öffentlichkeit vor. Die Platte liefert bis zu 20 Min. Musik, ihr Preis wird etwas über 10 DM liegen. Diese »Schallplatte für die Westentasche« kann nach Herstellerangaben auch mit herkömmlichen CD-Geräten abgespielt werden.

Musikbox. Im Royal Palace von San Francisco stellte Louis Glas am 23. November **1889** die erste Musikbox auf – noch eine Walzenkonstruktion.

Sieben Jahre später erfand die Firma Gabel den *öffentlichen Phonographen,* der gleich mehrere Musikstücke spielen konnte. Die Tonqualität dieses Apparates namens *Automatic Entertainer* war aber leider miserabel.
Erst die Herstellung des *elektrischen Grammophons* **1925/26** gab der Musikbox neuen Aufschwung. **1926** erfand der aus Schweden emigrierte Amerikaner J.-P. Seeburg, den man den »König des elektrischen Pianos« nannte, das *Audiophon* mit einer Auswahl von acht Musikstücken.
Allerdings kam die Musikbox in den Bars und Cafés erst 1950 so richtig in Mode, als Geräte für eine große Auswahl von Singleplatten hergestellt wurden.

Das Tonbandgerät wurde **1898** von dem erst 20jährigen Dänen Valdemar Poulsen (1869–1942) erfunden. Sein *Telegraphon* fand allerdings bei der Pariser Weltausstellung 1900 nur wenig Beachtung.
Erst **1935** baute die deutsche Firma AEG nach demselben Prinzip einen Apparat mit einem Tonstreifen aus Kunststoff, der mit einer Geschwindigkeit von 7,6 m/sek lief: das Tonbandgerät.

Das erste Tonband hatte sich der deutsche Erfinder Fritz Pfleumer **1928** patentieren lassen. Obwohl Pfleumers Erfindung für eine Vermarktung noch nicht ausgereift genug war, gelang es ihm, die Firma AEG dafür zu interessieren. Die wiederum überließ BASF die Verbesserung des

Der erste CD-Player für die Jackentasche: 300 g leicht, ist er gebaut für die neuen CD-Singles im 8-cm-Maß. Aber auch die »alte« 12-cm-Standard-CD kann damit abgespielt werden.

Tonbandes und behielt sich selbst die Entwicklung des passenden Wiedergabegerätes vor. Die enge Zusammenarbeit der beiden Firmen sorgte für schnellen Fortschritt. Ab 1932 gab es erste Versuche, 1934 konnte BASF schon 50 000 m Tonband liefern.
Im August 1935 präsentierten AEG und BASF

Aus Anlaß des fünfzehnten Geburtstages ihres Starprodukts *Cup Noodle* hat sich die Firma Nissin Food Products 1987 etwas Besonderes einfallen lassen: In die Dose des Produkts wurde ein Radio eingebaut und dieses an zwei Lautsprecher aus Papier angeschlossen, die zusammengefaltet bequem in die Hosentasche gesteckt werden können. Zum Empfang lassen sich die Boxen entfalten.

das erste Tonbandgerät in Berlin: Die acht ausgestellten Modelle waren sofort verkauft.

Die erste öffentliche Tonbandaufnahme fand am 19. November **1936** im Festsaal von BASF in Ludwigshafen statt. Sir Thomas Beecham dirigierte das London Philharmonic Orchestra.

Die erste Tonkassette präsentierte Philips mit passendem Recorder **1963** bei der Funkausstellung in Berlin. Auch Grundig brachte, mit weniger Erfolg, eine Kassette heraus.

Mikrokassette. Die japanische Firma Olympus ließ sich **1976** eine Tonkassette patentieren, die noch kleiner war als die Minikassette von Philips. Diese Kassette mit Taschenrecorder ist besonders geeignet als elektronische Gedächtnishilfe. Ihr Band läuft mit verminderter Geschwindigkeit (1,2 oder 2,4 cm/sek).

Picokassette. Die japanische Firma JVC und die amerikanische Dictaphone brachten im April **1985** gemeinsam eine Tonkassette von neuem Miniformat heraus: Die Picokassette ist zum Diktieren geeignet und enthält ein nur zwei mm breites Band.

Dolby. Das erste Gerät zur Reduzierung von Nebengeräuschen bei der Tonwiedergabe ist das Werk des Amerikaners Ray Dolby. Sein *Dolby A* von **1967** war hauptsächlich für den professionellen Gebrauch bestimmt. Einige Jahre später kam *Dolby B* heraus, auch geeignet für den Hausgebrauch. Seither hat die Firma Dolby immer bessere Versionen hergestellt.
In den Kinos wird *Dolby Stereo* benutzt. Vier Tonquellen sorgen für eine besonders eindringliche Akustik – die Illusion ist fast perfekt.

Lautsprecher. Die ersten Patente für einen Lautsprecher, der Schwingungen hörbar macht, stammen aus dem 19. Jh. Ernst Wermer von der Firma Siemens legte im Dezember **1877** einen Konstruktionsplan vor. Im April 1898 ließ sich Sir Oliver Lodge seinen Lautsprecher patentieren. Die Herren waren jedoch ihrer Zeit voraus. Da Musik damals noch nicht mit Elektrizität reproduziert wurde, fand das neue Gerät keine Verwendung.
1924 meldeten Chester W. Rice und Edward W. Kellog von der amerikanischen Firma General Electric ein neues Patent für einen Lautsprecher mit schwingender Spule an. Zugleich konstruierten sie einen Verstärker, der die Anlage mit einer

Wat is DAT?

Kassetten mit CD-Qualität! DAT (Digital Audio Tape) ist eigentlich derselbe Fortschritt, wie der von der alten schwarzen Schallplatte zur digitalen CD, nur jetzt bei der Musikkassette. DAT, die digitale Kassette, und DAT-Recorder gibt es seit Anfang 1987 auf dem japanischen und seit Ende 1987 auf dem europäischen Markt. Und schon ist ein riesiger Streit entbrannt: Die CD-Hersteller fürchten um ihr Geschäft mit der CD, da das neue DAT-Gerät mit einer so perfekten Qualität kopieren kann, daß die Aufnahme dem Original der CD entspricht; und auf eine DAT-Kassette passen bis zu 4 Std. Musik: also mehrere CD's.
Schallplattenhersteller sehen die Gefahr, daß sich in Zukunft alle per DAT-Recorder die CD privat aufnehmen, statt sie sich zu kaufen. Doch vorerst bauen die DAT-Hersteller noch eine Kopiersperre für die CD ein, und außerdem enthält der Preis für einen Recorder bzw. der Kassetten eine Urheberrechtsabgabe.
Doch wie funktioniert das neue System? Praktisch wie ein Videorecorder. Bei der Aufnahme einer CD übersetzt ein kleiner Computer im DAT-Recorder die Stereomusiksignale der CD in seine eigene Zahlensprache, verschachtelt die beiden Kanäle ineinander und teilt die beiden Stereokanäle in überschaubare Datenblöcke auf.
Wie werden die Datenblöcke auf das Band geschrieben? Eine zusätzliche bessere Tonqualität erhält man durch das Kopieren der Tonsignale in schrägen Spuren auf das DAT-Band. Dadurch wird die Aufzeichnungsgeschwindigkeit (3130 mm/Sek.) vergrößert, obwohl sich das Band sechsmal langsamer dreht als bei den Normalkassetten, mit dem Ergebnis, daß mehr Raum zum Aufkopieren der Signaltöne zur Verfügung steht. Die Zukunft muß nur noch zeigen, ob die DAT-Kassetten auch so sicher funktionieren und so strapazierfähig sind wie herkömmliche Kassetten. Und ob das Mehr an Qualität den hohen Preis rechtfertigt.

Energie von einem Watt versorgte. Im Jahr darauf wurde das Gerät mit eingebautem Verstärker auf den Markt gebracht. Es hieß »Radiola Model 104« und kostete 250 Dollar pro Stück. Für die damalige Zeit ein teurer Spaß.

Plasma-Lautsprecher. Siegfried Klein, ein deutscher Physiker, der in Frankreich lebte, stellte **1951** einen Plasma-Lautsprecher vor, auch Ionophon genannt. Trotz gewisser technischer Schwierigkeiten war die Qualität der Tonwiedergabe unvergleichlich. Siegfried Kleins Erfindung wurde allerdings erst 1982 auf den Markt gebracht – in einem Gehäuse der deutschen Firma Magnat.

Lautsprecherboxen. Erst Ende der sechziger Jahre kamen die Experten auf die Idee, einen oder mehrere Lautsprecher in einen Kasten aus Holz oder Gips (Elipson) einzubauen. Damals entstanden die Boxen, wie wir sie heute kennen.

Kunstkopf. Die belgische Firma European Holophonic System brachte **1982** den Kunstkopf heraus – das Ergebnis von 15 Jahren psychoakustischer Forschung.
Dieses noch immer kaum bekannte Gerät nach einer Erfindung von Freddy Vanbersy simuliert in jedem kleinen Wohnzimmer die Höhe und Tiefe des Aufnahmeortes, eines Konzertsaals zum Beispiel. Auch meint man, ganz genau zu hören, wo die Musiker sitzen, und hat das totale Live-Erlebnis.

Lautsprecher mit Motor. In Konzerten wurde dieser neue Boxentypus bereits benutzt. Entwickelt wurde er **1987** von Thomas J. Danley von der kalifornischen Firma Intersonics. Bei dem neuartigen System ersetzt man das traditionelle Magnetspulensystem durch einen Servomotor.

Europa-Premiere feierten 1987 die neuen Super-Flachmembran-Lautsprecher von Technics in der Wiener Staatsoper. Nur 6,4 cm tief ist das Gehäuse, und in jeder Lautsprecher-Einheit sind 20 Lautsprecher untergebracht.

Seinen 10. Geburtstag feiert bald der Walkman. Der »Boodokhan«-Walkman schirmt durch seinen perfekten Kopfhörer so total von der Umwelt ab, daß auch unter freiem Himmel – zumindest akustisch – Konzertsaal-Atmosphäre aufkommt.

Das Ergebnis ist enorm: besonders die Baßfrequenzen kommen klarer und sauberer denn je.

Flachmembran-Lautsprecher-System. Die Firma Technics zeigte erstmals auf der Funkausstellung Berlin **1987** einen Flachmembran-Lautsprecher, der eine Gehäusetiefe von nur 6,4 cm hat. Dieser in »Twin-Cabinet«-Bauweise hergestellte Lautsprecher entfaltet einen Übertragungsbereich von 35 Hz bis zu 40 kHz. Unter der Bezeichnung SB-AFP 1000 findet er bereits Verwendung im professionellen Musikgeschehen. Er verfügt über 8 Tieftöner, 4 Mitteltieftöner, 4 Mittelhochtöner und 4 Hochtöner.

Als das Radio zu den Menschen kam: Radiomusik sorgte für Abwechslung bei der Ballettprobe.
Mitte: Noch etwas aufwendig gebaut war dieser Autoomnibus 1923 in den USA. Seine besondere Einrichtung: Er verfügte über eines der ersten Autoradios.
Rechts: Neue Unterhaltung im Friseursalon. Die Aufnahme entstand 1924.

Der Walkman ist ein tragbares Stereo-Kassettengerät, verbunden mit leichten kleinen Kopfhörern. Der Präsident der Firma Sony, Akio Morita, hat dieses Gerät im Frühling **1979** vorgestellt. Das erste Modell hieß TPS L2.
Besonders bei jungen Leuten war der Walkman ein ungeheurer Erfolg, und inzwischen sind zahlreiche Varianten auf den Markt gekommen. So gibt es eine Spezialkassette, die einen Walkman zum Radioempfänger macht.
Die Firma Pioneer präsentierte **1983** ein *wasserdichtes Modell für Sportler* sowie eines ohne Kopfhörer, bei dem die *Lautsprecher in Schulterhöhe an einem Blouson* befestigt sind. Im selben Jahr konstruierte Sony einen Walkman mit besonders hoher Leistung, ausgerüstet mit einem Dolby-System.

RUNDFUNK

Maxwellsche Theorie. Der schottische Physiker James Clerk Maxwell (1831–79) sagte **1864** die Existenz elektromagnetischer Wellen voraus. Diese Entdeckung ging dem Radio etwa 25 Jahre voraus.
Maxwell wies nach, daß das Licht durch elektromagnetische Schwingungen von einer bestimmten Wellenlänge entsteht. Seine 1865 verkündete Theorie erlaubte es, die Verbreitung, die Reflexion und Brechung des Lichts vorauszusehen. Sie zeigte auf, daß elektromagnetische Wellen sich anders verbreiten als Lichtwellen.

Resonator. 1888 gelang es dem damals 31jährigen Heinrich Rudolf Hertz (1857–94), Professor für Experimentalphysik an der Technischen Hochschule Karlsruhe, elektromagnetische Wellen nachzuweisen und sie praktisch zu nutzen. Auf der Basis der von Maxwell entwickelten Theorie konstruierte er einen Sender, den er Resonator nannte. Mit ihm wies er die Richtigkeit der Maxwellschen Theorie nach. Erstmals wurden hier Wellen, die man erst später elektromagnetische Wellen nannte, erzeugt und über eine bestimmte Entfernung übertragen.

Detektor (radioleitende Röhre). Der Franzose Édouard Branly (1844–1940), Professor für Physik am Katholischen Institut in Paris, entdeckte **1888** die Möglichkeit, Radiowellen in elektrischen Strom umzuwandeln. Als Ergebnis zweijähriger Arbeit und nach einigen Verbesserungen präsentierte er der Akademie der Wissenschaften am 24. November 1890 seinen Detektor. Damit gelang es ihm, über eine gewisse Entfernung die Funktion einer elektrischen Klingel, eines Telegraphenrelais, ja sogar eines Revolvers auszulösen. Dieser Revolver wurde bei Branly übrigens 1940 von den Deutschen beschlagnahmt. Édouard Branly stellte fest, daß mit seinem empfindlichen Apparat das Aufspüren von Wellen über Distanzen von etlichen Dutzend Metern auch durch Wände hindurch möglich war. Damit schlug die Geburtsstunde der drahtlosen Telegrafie.
Der Engländer Oliver Lodge nannte diesen Apparat »Kohärer«, und mit diesem Namen ging er in die Geschichte des Radios ein.

Frequenzabstimmung. Im Jahr **1894** führte der Engländer Oliver Lodge (1851–1940), Professor an der Universität Birmingham, einen neuen Begriff ein: die Abstimmung. Heute erscheint es selbstverständlich, daß der Empfänger auf die Wellenfrequenz des Senders abgestimmt sein muß, den man empfangen möchte. Lodge, der sich die Arbeiten von Lord Kelvin zunutze machte und auf diesem Gebiet selbst Pionierarbeit leistete, realisierte diese Abstimmung, die er »syntony« nannte. 1897/98 meldete er diesbezüglich drei Patente an. Ein anderer Wissenschaftler, der die Frequenzabstimmung vorantrieb, war in den USA der Kroate Nicolas Tesla (1856–1943).

Die Antenne erfand **1895** der Russe Alexander Popow (1859–1906). Als Assistent an der Torpedoboot-Schule in Kronstadt machte er sich die Verfahren von Branly und Lodge zunutze, um noch weit entfernte Gewitter zu erkennen. Er bemerkte, daß die Empfindlichkeit zunahm, wenn man einen langen Draht senkrecht hielt, um damit die von den Blitzen ausgehende Elektrizität zu empfangen. Ein Blitzableiter war also die erste Antenne. Ebenfalls Popow verdanken wir die drahtlose Morseverbindung über die vergleichsweise große Entfernung von 250 m: Die ersten auf diese Weise am 24. März 1896 übermittelten Worte waren »Heinrich Hertz«.
Zwar ist Alexander Popow der eigentliche Erfinder der Antenne, dennoch hatte bereits Edouard Branly am 12. Januar 1891 erklärt, die Reichweite seiner Apparate würde größer, wenn er sie mit einem langen Metallstab ausrüstete.

Drahtlose Telegrafie. Die allererste drahtlose Verbindung gelang **1895** dem damals 21jährigen italienischen Physiker Guglielmo Marconi, der eine Übertragung über eine Entfernung von 2400 m zustande brachte.

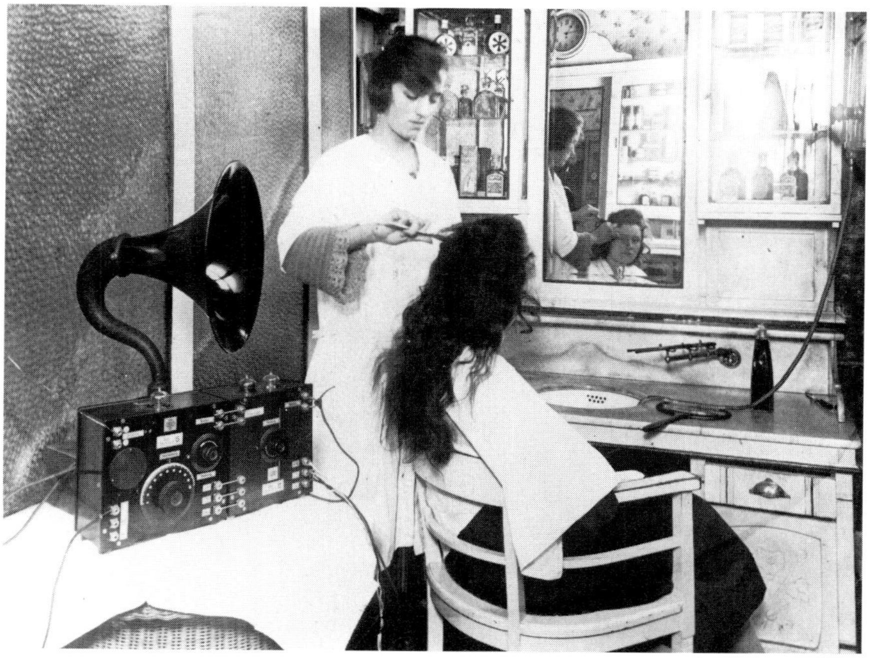

Am 28. März 1899 gelang ihm die erste telegrafische Verbindung zwischen Dover und Wimereux über 50 km, und am 12. Dezember 1901 hatte er – in Zusammenarbeit mit dem Engländer J. A. Fleming (1849–1945) – bei der ersten drahtlosen Verbindung über den Atlantik Erfolg: zwischen Cornwall im Südwesten Englands und Neufundland, über 3400 km.
Der deutsche Physiker Karl Ferdinand Braun bewerkstelligte es **1898,** *elektromagnetische Wellen in eine bestimmte Richtung* zu senden. Zusammen mit Marconi erhielt er 1909 den Nobelpreis für Verdienste um die drahtlose Telegrafie.

Den Elektrolysedetektor erfand **1900** der junge Hauptmann Gustave Auguste Ferrié (1868–1932), ein ehemaliger Schüler der École Polytechnique. Dieses Gerät war empfindlicher als der Kohärer von Branly, außerdem konnte man damit telegrafische Durchgaben im Kopfhörer empfangen. So war die Grundlage für das Morsen gegeben.

Den Edison-Effekt erzeugte Thomas Edison (1847–1931) **1880:** Ein zur Rotglut erhitztes Metall sendet eine Elektronenwolke aus. Die Radioröhren machten sich später diesen Effekt zunutze. Die Elektronenröhre erlaubt das Aussenden von Tönen: Geräusche, Sprache, Musik.

Diode. Marconis Mitarbeiter, der Engländer Sir John A. Fleming (1849–1945), entwickelte **1905** die Diode. Sie ist die erste Radioröhre, doch konnte sie damals die drahtlose Telegrafie noch nicht sonderlich beflügeln.

Die Verstärkerröhre hatten unabhängig voneinander der Deutsche Rudolf von Lieben und der Amerikaner Lee de Forest **1906** erfunden. Durch Einführen eines Gitters zwischen den Glühfäden (die Radio«lampe«) und der Platte einer Diode baute Lee de Forest im Jahr **1906** die erste Triode, die er *Audion* nannte. Mit dem Audion bekam das Radio einen Apparat von höchster Empfindlichkeit. Mittels des Gitters konnte man die Stromstärke präzise dosieren und somit die Schwingungen der menschlichen Stimme, der Musik und überhaupt von erzeugten Tönen mit allen ihren Nuancen übertragen. Diese Röhre – sie war Gleichrichter und Verstärker zugleich – schuf die Voraussetzung nicht nur für das Radio, sondern auch für Fernsehen, Radar und die ersten Computer.

Detektorapparat. Im Jahr **1910** führten die Arbeiten der beiden amerikanischen Forscher Dunwood und Pickard zur Erfindung des Detektorapparats. Mit Bleiglanzkristall (einer Schwefel-Blei-Verbindung) und einigen einfachen Bauteilen konnten sich Tausende von Amateuren ihre eigenen Empfangsgeräte bauen und die ersten Rundfunksendungen empfangen.

Den Empfänger mit Frequenzwechsel erfunden zu haben, nehmen mehrere Erfinder für sich in Anspruch: so etwa Alexander Meissner (1883–1958) in Deutschland, Läut und Lévy in Frankreich und Armstrong in den USA. So entschied ein Gerichtshof in Columbia, daß der Franzose Lucien Lévy der Urheber dieser Erfindung sei: **1917** hatte er zwei Patente eingereicht. Durch Drehen an einem Knopf kann man mit diesem Gerät verschiedene Sender aufspüren. Dies vereinfachte ganz wesentlich die Einstellung der Empfänger und erleichterte auch die Massenproduktion. Heute funktionieren fast alle Geräte nach diesem Prinzip.

Tragbares Radio. 1922 hat J. McWilliams Stone in Chicago den ersten tragbaren Empfänger erfunden. »Operadio« kostete 180 Dollar, wog aber leider fast 10 kg.

Das Autoradio, das heißt ein Rundfunkempfänger für Fahrzeuge, kann dem Amerikaner George Frost zugeschrieben werden, der im Alter von 18 Jahren – es war im Mai **1922** – in seinem *Ford T* ein Radio einbaute.
Die ersten *Autoradios als Industrieprodukte* waren die von der Philadelphia Storage Battery & Co. im Jahr **1927** gebauten »Philco Transitone«.

ARI-Peilsystem. Schon 1932 stellte die deutsche Firma Blaupunkt ein mit mechanischer Fernsteuerung ausgerüstetes Autoradio-Modell vor. Ebenfalls Blaupunkt brachte **1969** das *erste Stereomodell* mit der Bezeichnung »Frankfurt« heraus und experimentierte seit **1974** mit dem Peilsystem ARI (Sender, die Verkehrsinformationen durchgeben, stellen sich von selbst ein). Inzwischen ist ARI in verschiedenen europäischen Ländern verbreitet (u. a. Schweiz, Bundesrepublik Deutschland, Spanien).

Verringerung der Störungen. Edwin H. Armstrong studierte im Jahr **1933** die hauptsächlichen Sende- und Empfangsfrequenzen (erstes Patent am 24. Januar 1933) und wies insbesondere nach, daß störende Geräusche durch Frequenzmodulation (im Gegensatz zur Amplitudenmodulation) reduziert werden können. 1938 installierte General Electric den ersten Sender dieses Typs in Schenectady; ihm folgte das »Yankee Network«. 1939 wurde die Frequenzmodulation bei der amerikanischen mobilen Polizei eingeführt.
Die ersten praktischen Einsätze erfolgten 1940 in den USA und 1947 in Deutschland.

Transistor. Im Jahr **1948** veröffentlichten drei amerikanische Ingenieure der Bell Laboratories, John Bardeen, Walter Brattain und William Shockley, das Ergebnis ihrer Arbeiten, die ihnen 1956 den Nobelpreis für Physik einbrachten: Sie

hatten den Transistor entwickelt, der die gesamte Elektronik revolutionieren sollte. Transistoren sind den althergebrachten Radioröhren ebenbürtig. Ihre Vorteile: Sie sind kleiner und unempfindlicher und benötigen keine Aufwärmzeit.
Es dauerte einige Jahre, bis diese wunderbare Erfindung in den Alltag eingeführt werden konnte: **1955** erschienen die ersten *Transistorempfänger.*

Die erste regelmäßig arbeitende Rundfunkstation, der Sender KDKA, startete seine Sendungen am 2. Nov. 1920 in Philadelphia (USA).

Die erste Stereosendung wurde **1961** in den USA ausgestrahlt. Es waren die Firmen General Electrics und Zenith, die das entsprechende Verfahren entwickelten, wobei über 2 Mikrofone eine Sendung aufgenommen wird und das Empfangsgerät mit einem geeigneten Decoder ausgestattet sein muß. 1963 wurde in der Bundesrepublik Deutschland das Verfahren übernommen.

Die Radiovision (»Radio in Bildern«) wurde **1985** vom französischen Ingenieur Dimitri Baranoff-Rosziné in Zusammenarbeit mit La Radiotechnique, einer Philips-Tochter, erfunden.
Radiovision erlaubt es, parallel zum Radioprogramm ein Signal auszustrahlen, das von einem Fernsehgerät oder dem französischen Btx-System Minitel mit Hilfe eines Decodierers empfangen werden kann. Dieses Signal erscheint als Text oder (festes) Bild. Die Radiovision eignet sich zur öffentlichen Nachrichtenverbreitung oder etwa, um Liedtexte oder deren Übersetzung mitzuliefern.

Der künstliche Nachrichtensprecher. Eine Gruppe von Studenten und Professoren der Abteilung »Journalismus« der Universität Carleton in Ottawa (Kanada) erzielte am 13. November **1985** im Universitätsrundfunk eine Welturaufführung, indem sie für 10 Min. einen Computer live aus einer Zeitung vorlesen ließen. Die verwendete Maschine: der Dectalk, ein künstlicher Decodierer, gekoppelt an einen IBM-Textverarbeitungscomputer.

FERNSEHEN

Bildübertragung durch Elektrizität. Am 27. November **1843** beantragte der Engländer Alexander Bain (1810–77) das Patent für eine Methode zur Übertragung von Bildern mittels Elektrizität. Dieses System, Bilder punkt- und zeilenweise abzutasten, ist der Vorläufer des Bildfunks und des Fernsehens.
In der Theorie funktionierte das System Bains, in der Praxis jedoch waren die Resultate wenig befriedigend. Auch ein anderer Forscher, der Engländer Bakewell, hatte kaum mehr Erfolg.

Pantelegraf. Dem italienischen Physiker Giovanni Caselli (1815–91) glückte im Jahr **1862** erstmals das Experiment, feststehende Bilder über eine Distanz hinweg zu übertragen. Er ergänzte das Prinzip von Alexander Bain durch ein sehr einfaches, aber effektives Synchronisationssystem: Sein *Pantelegraf* wurde von der französischen Post zwischen 1865 und 1870 für die Übertragung feststehender Bilder zwischen Paris und Marseille benutzt.

Nipkowsche Scheibe. Schon als Student erfand der spätere deutsche Ingenieur Paul Nipkow (1860–1940) die Zerlegung des Bildes in Zeilen. Sein **1884** patentiertes »elektrisches Teleskop« war eine Scheibe mit spiralartig angeordneten Löchern, die sich vor dem zu analysierenden Objekt drehte und alle seine Punkte, Zeile für Zeile, abtastete. Diese als Nipkowsche Scheibe bezeichnete Prozedur bildete den Ursprung des Fernsehens. Bis 1935 gab es auf diese Weise mechanisches Fernsehen.

Die Braunsche Röhre erfand **1897** der deutsche Physiker Karl Ferdinand Braun. Die nach ihm benannte Röhre war eine Art Glasbirne, die luftleer gemacht wurde und so für verschiedene elektrische Vorgänge verwendet werden konnte. In ihrer verbesserten Form war die Braunsche Röhre die Vorform der später üblichen Kathodenstrahlröhre.

Mechanisches Fernsehen. Der schottische Ingenieur John Baird (1888–1946) gehörte zu den Pionieren des Fernsehens. **1923** meldete er ein Patent zur Verwendung der Nipkowschen Scheibe für ein mechanisches Fernsehsystem an. Der erste Versuch damit fand gut zwei Jahre später statt. Das damit erhaltene Bild bestand nur aus 16 Zeilen.
Das mechanische Fernsehen verwendet eine Nipkowsche (oder eine davon abgeleitete) Scheibe für die Aufnahme der Bilder. Für den Empfang sorgt eine andere, mit der ersten synchron laufende und an eine Neonlampe angeschlossene Scheibe.

Die erste praktische Fernsehvorführung mit 48 Bildzeilen und 12,5 Bildwechseln mit dem von August Karolus (1893–1972) entwickelten Apparat fand am 20. August **1924** bei Telefunken in Berlin statt.
1928 erfand Baird sogar ein Farbfernsehsystem, jedoch immer noch auf mechanischer Basis. Mit Hilfe der BBC baute er 1930 ein Versuchsnetz für mechanisches Fernsehen auf. Im gleichen Jahr kommerzialisierte er seinen »Televisor«, den ersten für ein breites Publikum bestimmten Empfänger. Doch die potentiellen Käufer ließen es unbeachtet.

Die erste Fernsehkamera war das Ergebnis der Arbeiten des Amerikaners russischer Herkunft Wladimir Kusma Zworykin (1889–1982). Der 1918 in die USA emigrierte Zworykin tüftelte für die Aufnahme von Bildern ein elektronisches Verfahren aus, das zur Schaffung des sogenannten Ikonoskops führte, eines Vorgängers der heutigen Videokameras. Deshalb gilt Zworykin allgemein als der Vater des elektronischen Fernsehens. Im Dezember **1923** reichte Zworykin seine Patentschrift ein, in der das Prinzip seiner Erfindung erklärt wird. Doch erst nach seinem Eintritt in die Gesellschaft RCA im Jahr 1930 konnte die erste Laborvorführung stattfinden. Ausgereift war das Ikonoskop erst 1933. RCA und NBC benutzten es 1936 für Versuchssendungen vom obersten Stockwerk des Empire State Buildings in New York.
Zworykin erfand **1929** auch eine Empfangsröhre, die er *Cinescope* nannte.

Elektronisches Fernsehen. Der in Europa nahezu unbekannte Japaner Kenjiro Takayanagi darf als Erfinder des elektronischen Fernsehens gelten, also des Fernsehens in der heute bekannten Form. Takayanagi hatte die Idee, eine Nipkowsche Scheibe und eine modifizierte Braunsche Röhre zu koppeln. Die erste diente als Kamera, die zweite als Empfänger. Mit diesem Verfahren gelang es ihm, im September **1927** das Bild eines japanischen Schriftzeichens zu übertragen und zu empfangen. Das Bild bestand aus 40 Zeilen und wurde 14mal pro Sek. aufgenommen. Damit war ein entscheidender Schritt auf dem Weg zum elektronischen Fernsehen getan. Allein die dabei benutzte »Kamera« arbeitete noch nach mechanischen Prinzipien.

TV-himmlische Zeiten noch nicht erfunden

Deutschlands Fernseher müssen weiterhin auf ihren Service aus dem Weltraum warten: Der im November 1987 mit einer *Ariane*-Rakete gestartete Satellit *TV-Sat 1* ist nicht funktionsfähig. Enttäuscht mußten dies im Februar 1988 die Techniker im Raumflugzentrum Oberpfaffenhofen feststellen. Geplant war, daß der Satellit von diesem Zeitpunkt an vier Fernsehprogramme ausstrahlt und 16 Hörfunkkanäle zur Verfügung stellt. Nachdem sich nun allerdings trotz mehrfacher Versuche das blockierte Sonnensegel nicht freirütteln ließ, hat man den Satelliten endgültig aufgegeben. Er bleibt stumm. Offen ist damit auch, wann der für 1989 geplante Start des »Reservesatelliten« *TV-Sat 2* erfolgen kann. Betroffen ist auch der baugleiche französische Satellit *TDF 1,* der im zweiten Halbjahr 1988 gestartet werden sollte. Doch erst müssen die Fehler an diesem deutsch-französischen Gemeinschaftsprojekt gefunden werden, denn der bereits entstandene Gesamtschaden von über 600 Mio. DM plus Millionenverluste bei Geräte- und Antennenherstellern dürfte nachdenklich stimmen.

TV-Sat, der erste direkt empfangbare Fernseh- und Rundfunksatellit für die Bundesrepublik Deutschland, hat seine Bewährungsprobe nicht bestanden. Trotz aller Mühen der Ingenieure (rechts) bleibt das Modellbild vorerst Hoffnung für die Zukunft.

Anfang 1928 gelangen Takayanagi Bildübertragungen von Händen und Gesichtern. Im Jahr darauf schuf er einen neuen Typ der Braunschen Röhre, mit dem er sauberere, hellere Bilder erzielte. 1929 gelang ihm eine Fernsehvorführung in Anwesenheit des japanischen Kaisers. **1936** stellte Takayanagi ein perfektioniertes, vollkommen elektronisches Fernsehsystem (441 Zeilen) vor. Daß die Arbeiten von Takayanagi so lange verkannt wurden, ist nicht zuletzt darauf zurückzuführen, daß sein Labor im Zweiten Weltkrieg durch Bomben total zerstört worden war. Außerdem stand die japanische Sprache der Verbreitung der Forschungsergebnisse Takayanagis in Europa und Amerika im Wege.

Öffentliches Fernsehen. In London startete John Logie Baird bei der BBC **1929** die ersten Fernsehsendungen. Sie basierten auf dem mechanischen Verfahren von John Baird. Zuvor hatten etliche Tests stattgefunden, so 1929 durch die BBC und 1930 in den USA durch die Fernsehgesellschaft NBC.
Der erste echte *Fernsehsender* wurde **1935** in Berlin eingerichtet. Schon ein Jahr später gab es von den Olympischen Spielen 1936 die ersten regelmäßigen direkten Fernsehübertragungen.
In den USA entschied sich die Federal Communications Commission 1936 für ein System mit 441 Zeilen. Im gleichen Jahr unternahm die NBC Versuche mit einem Ikonoskop vom New Yorker Empire State Building aus.

Farbfernsehen. David Sarnoff von der Firma RCA erfand die »Shadow-Mask-Tube«, die erste Farbbildröhre. Am 17. Dezember 1953 gab die USA-Funküberwachungsbehörde das Farbfernsehen frei. Im Jahr **1957** erfand der Ingenieur Henri de France, einer der Pioniere des 819-Zeilen-Fernsehens, das Farbfernseh-System *SECAM (Séquentiel couleur à mémoire)*, das in Frankreich 1967 eingeführt wurde und 1969 in der DDR. Dieses System wird auch heute noch benutzt.
Das Farbfernseh-System *PAL (Phase Alternation Line)* wurde **1966** vom deutschen Professor Walter Bruch nach fünfjähriger Entwicklung vorgestellt. Dieses System wurde 1967 in der Bundesrepublik Deutschland, später auch in zahlreichen anderen europäischen Ländern eingeführt. Es zeichnet sich dadurch aus, daß es Übertragungs- und Farbfehler anderer Systeme ausgleicht.

Fernsehen mit hoher Bildauflösung. Zu Beginn der achtziger Jahre entwickelten die amerikanische Firma ITT und die deutsche Firma Grundig die Idee eines Fernsehens mit hoher Bildauflösung, dessen Bild Kinoqualität erreichen sollte. Das System wurde danach von den meisten Großproduzenten in der Welt, wie Matsushita, Sony, Philips, RCA, Thomson und Toshiba, übernommen.
Mehrere europäische Konstrukteure arbeiten seit 1985 im Rahmen des Eureka-Programms an einem digitalen Fernsehsystem, sowohl für die Bild- als auch für die Tonsignale. Dieses System, das mit dem japanischen System HDTV konkurriert, befindet sich aber erst im Experimentierstadium.

Einen Fernseher mit eingebautem Bildkopierer brachten Mitsubishi und Philips **1983** auf den Markt. Dieser reproduziert innerhalb weniger Sekunden auf Papier jedes gewünschte Motiv (Dokument, Grafik, Videotext usw.).
Unter der Bezeichnung P-50 U präsentierte Mitsubishi 1984 ein separates Gerät. Schließt man es an einen Fernseher an, erzielt man mit ihm den gleichen Effekt wie beim eingebauten Modell.

Taschenfernseher. Erstmals brachte die japanische Firma Matsushita ein solches Minigerät **1979** heraus. Später kam der *Watchman* von Sony, der einen 5-cm-Bildschirm besitzt, dann die Typen von Casio (7-cm-Schirm), Seiko (5-cm-Schirm) und Epson, alle ausgestattet mit der neuen Flüssigkristall-Technologie anstelle der herkömmlichen Kathodenröhre.
Seiko hat eine *Fernseharmbanduhr* in den Handel gebracht, deren Bildschirm nur 3 cm in der Diagonale mißt.

Fernsehgeräte mit flachem Bildschirm, die man an die Wand hängen kann, versucht man seit **1983** bei Siemens zu entwickeln. Drei Technologien liegen miteinander im Wettstreit: Flüssigkristalle, wie man sie für Taschenfernseher verwendet, Plasmabildschirme, die bereits bei bestimmten tragbaren Computern Verwendung finden, und elektro-lumineszierende Bildschirme.

Das dreidimensionale Fernsehen wurde von dem Hamburger Rolf Gauss erfunden und seit **1983** von den Firmen Nordmende und Saba weiterentwickelt.

Der »rechteckige« Bildschirm kam **1985** bei den Firmen Thomson, Toshiba und Grundig heraus. Solche Bildschirme liefern ein kontrastreicheres Bild und haben ein größeres Blickfeld. Einige Geräte, so bei Philips (mit der Röhre »FST«) und der japanischen Firma Toshiba, besitzen einen nahezu völlig flachen Bildschirm. Diese neuen Fernsehgeräte werden wohl bald an die Stelle der konventionellen Modelle treten.

Ein mit Sonnenenergie betriebenes Fernsehgerät hat **1986** die japanische Firma Sanyo entwickelt, besonders für Gebiete ohne Stromversorgung.

Der erste LCD-Farbfernseher von Panasonic mißt 9,1 × 10,8 cm bei einer Tiefe von 3,9 cm. Er paßt in die Jackentasche und kann zugleich Kontrollinstrument für Videofilme sein.

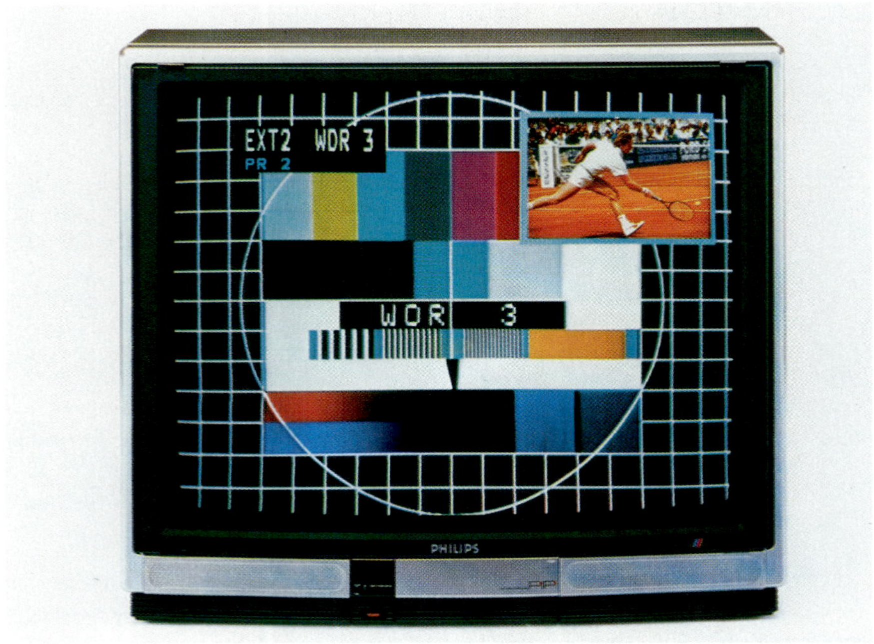

Der Fernseher mit Bild-in-Bild-Einblendung läßt es zu, daß zwei Programme gleichzeitig auf demselben Bildschirm gesehen werden können. Oder nebenher eine Videoaufzeichnung. Hier: ein Blick auf Boris, bis das Programm im WDR 3 endlich anfängt.

Es benötigt jährlich ca. 2000 bis 2500 Sonnen-Std. zum täglichen Betrieb von 4 bis 5 Std. Damit eignet es sich auch für hiesige Verhältnisse.

Bildeinblendsystem (PIP) heißt eine neue Technologie, die es ermöglicht, in ein vorhandenes Fernsehbild (Hauptbild) ein kleines Bild einzublenden, das von einem anderen Kanal, vom Videorecorder, von einer Überwachungskamera, etc. kommen kann. Man kann das Hauptbild zum PIP (Picture-in-Picture) machen und umgekehrt. Der leidige Kampf um das abendliche Programm fällt weg, da nun jeder auf dem gleichen Bildschirm unterschiedliche Programme zur gleichen Zeit sehen kann (inzwischen bis zu neun Einblendbilder). Erstmals stellte die Firma Philips dieses System **1987** auf der Funkausstellung in Berlin vor.

VIDEO

Erste Videoaufzeichnung. Als erste Firma führte Mincom, eine Filiale der Firma 3M/Scotch, **1951** in den USA eine Videoaufzeichnung in Schwarzweiß durch. Im Jahr **1954** konstruierte RCA den ersten Videorecorder.
Ein Jahr später präsentierte die BBC in England das Gerät VERA (Vision Electronic Recording Apparatus) für Aufzeichnungen in Längsrichtung. Es war ein wahrhaftiges »Monster«, das pro Stunde 17 km Band »verschlang«, und so natürlich durch seine Erfindung schon wieder nach Verbesserungen des Geräts verlangte.

Die Ampex-Lösung. Die kalifornische Firma Ampex löste **1953** das Problem des Bandverschleißes durch ein System, bei dem vier Magnetköpfe auf einer mit großer Geschwindigkeit sich drehenden Trommel montiert waren. Die Videospuren liegen quer zum Band. Damit ist es möglich, eine akzeptable Laufgeschwindigkeit einzuhalten. Dieses Verfahren wird gegenwärtig bei allen für berufliche Nutzung oder für das breite Publikum bestimmten Geräten angewendet.
Das Ampex-Forschungsteam wurde von Charles P. Ginsburg und Charles E. Anderson geleitet. Ihm gehörte auch ein 19jähriger Student namens Ray Dolby an, dessen Name später durch eine von ihm erfundene Methode zur Geräuschdämpfung bekannt wurde.
Bis **1956** arbeitete das Ampex-Team an der *Verbesserung der Bildqualität* des von ihm geschaffenen Prototyps. Am 2. März 1955 führte Charles E. Anderson mit Erfolg ein Verfahren zur Tonaufzeichnung im UKW-Bereich ein. Danach wurde dieser Recorder weiter verbessert und Anfang 1956 unter der Bezeichnung Ampex VR 1000 vorgestellt. Erst 15 Jahre später kam er in den Handel.

Die erste Wiedergabe einer Fernsehaufzeichnung fand am 30. November **1956** mit einem Gerät vom Typ Ampex VR 1000 statt. Damals zeichnete die CBS Television City, ein Sender in Hollywood (USA), die aus New York kommende Sendung *Douglas Edwards und die Nachrichten* auf und ließ sie drei Stunden später senden.

Das erste Video-Magnetband, das in den Handel gelangte, wurde **1956** von zwei Forschern der amerikanischen Firma 3M/Scotch, Mel Sater und Joe Mazzitello, entwickelt. In Tag- und Nachtarbeit schafften sie es, ihre Erfindung am gleichen Tag zu präsentieren, an dem die Ampex Corporation ihren ersten Videorecorder herausbrachte. Ihre erste, 2 Zoll breite Rolle hatte eine Länge von fast 800 m und wog nicht weniger als 10 kg.

Der Farbbild-Videorecorder ist ebenfalls Ampex zu verdanken. Er wurde **1958** in den USA unter der Bezeichnung VR 1000 B vorgeführt. 1963 folgte ihm eine voll transistorisierte Version, der VR 110.

Aber auch die Japaner waren nicht untätig, denn 1958 kündigt Toshiba den ersten Recorder mit nur einem Magnetkopf an; 1959 bringt JVC den ersten Recorder mit zwei Magnetköpfen heraus; 1962 präsentiert Shiba Electric (jetzt Hitachi) in Zusammenarbeit mit Asahi Broadcasting einen professionellen Transistor-Recorder; 1964 bringt Sony den ersten Recorder für das breite Publikum in den Handel; 1965 kommerzialisiert Shiba Electric ein tragbares Gerät. In Europa bietet Philips einen Videorecorder an, den VR 650.

Kassettenrecorder. Neben Geräten für berufliche Zwecke brachten die Hersteller sehr bald auch Geräte mit offenen Rollen für das breite Publikum heraus. Das erste davon war der 1965 auf den Markt gekommene CV 2000 von Sony.

Danach kamen die Kassettenrecorder. Gegen Ende der sechziger Jahre entwickelten Matsushita, JVC und Sony gemeinsam das Standardgerät U-Matic, dessen Kassetten mit ¾-Zoll-Band arbeiten. Die ersten Modelle kamen **1970** heraus. Später wurde das U-Matic so verbessert, daß es heute als Profi-Standardmodell gilt.

Im Oktober 1970 brachte Philips seinen VCR auf den Markt, einen Kassettenrecorder, der ausschließlich auf Massenbedarf zugeschnitten war.

Das **Videoformat Betamax** wurde von der japanischen Firma Sony erfunden und **1975** präsentiert. Es arbeitet mit ½-Zoll-Band. Zur Zeit macht es etwa 10 Prozent des Weltmarktes aus.

Im Januar 1985 kündigte Sony unter der Bezeichnung »High band« eine neue Version des Betamax-Formats an. Sie ist mit dem Betamax kompatibel und liefert eine deutlich bessere Bildqualität.

VHS (Video Home System) wurde im Oktober **1975** von JVC vorgestellt und im Laufe des Jahres 1976 auf den Markt gebracht. Es arbeitet gleichfalls mit ½-Zoll-Band. Auf dem Weltmarkt besitzt es gegenwärtig eine dominierende Position mit 80 Prozent Verkaufsanteil.

Eine Variante des VHS, das VHS-C, wurde von JVC im Jahr 1982 herausgebracht. Es ist für tragbare Videogeräte bestimmt und arbeitet mit kleineren Kassetten, die über einen Adapter auch beim klassischen VHS-Gerät verwendet werden können.

Videoformat V 2000 wurde **1979** von den europäischen Firmen Philips (Holland) und Grundig (Bundesrepublik) begründet. Seine Vorteile: jede Kassette hat eine Spieldauer von zweimal 4 Std., beste Wiedergabequalität und ungestörte Bilder bei Zeitlupe und Standbild. Allerdings ist V 2000, das in Europa heute einen Marktanteil von 5 Prozent hält, im Begriff, eingestellt zu werden.

Videoformat CVC wurde in Japan **1981** von Funai vorgestellt. Es benutzt kleinformatige Kassetten und ein ¼-Zoll-Band. CVC ist ebenfalls im Begriff, vom Markt zu verschwinden.

8-mm-Videoformat. Am 20. Januar **1982** unterzeichneten Sony, Hitachi, JVC, Matsushita und Philips ein Abkommen, in dem sie gemeinsam die Normen für ein neues Format festlegten, das sie (entsprechend der Bandbreite) »8 mm« nannten. Dieses Format war für zukünftige Aufnahmekameras mit eingebautem Bildaufzeichnungsgerät, die sogenannten *Camcorder* (Video-*Ca*mera kombiniert mit einem kleinen Videore*corder*), bestimmt. Aber das VHS-C-Format, das auch für herkömmliche Videogeräte geeignet ist, wird 1988 das Rennen machen.

HiFi-Videorecorder. Der Ton der für breite Käuferschichten bestimmten Aufzeichnungsgeräte ist in der Regel von mäßiger Qualität, weil der Audioanteil des Bandes beschränkt ist. Bald wird es jedoch diesen Mangel nicht mehr geben, weil die führenden Hersteller der beiden wichtigsten Formate im Jahr **1983** Aufzeichnungsgeräte herausgebracht haben, die nach dem HiFi-System funktionieren: Betamax HiFi erschien Anfang 1983.

Das erste Gerät dieses Typs, SL-HF77, wurde im April 1983 von Sony auf dem Markt eingeführt. Das VHS HiFi kam in Japan im Mai 1983 heraus, wobei das erste Modell mit der Bezeichnung NV 850 von der Firma Matsushita vorgestellt wurde.

Das System VPS (Video Programming System) wurde von der deutschen Firma Blaupunkt offiziell im August **1985** herausgebracht. Gearbeitet worden war daran seit 1977. Das System gestattet es den Benutzern eines Videorecorders, Aufzeichnungen von Sendungen so zu programmieren, daß sie genau vom Beginn bis zum Ende der betreffenden Sendung laufen. Das VPS funktioniert mittels eines vom Fernsehsender ausgestrahlten Erkennungssignals. Es kann in den Videorecorder integriert oder aber als Zusatzgerät angeschlossen werden.

Iconotron nannte **1984** der Erfinder Alain Lelu sein neues System zum Einordnen und Auswerten großer Mengen von Fotografien. Um die Vielzahl der Möglichkeiten – besonders in der Archivarbeit – zu demonstrieren, speicherte der Fotograf Marc Garanger sein ganzes Lebenswerk auf Videodisc: 54 000 Fotos, erfaßt von einer Laser-Langspielplatte nach der Methode von Philips. Mit dem Iconotron kann man nun alle Fotos sofort abrufen – nach präzisen Auswahlkriterien.

Die digitale Speicherplatte brachte **1984** die französische Firma Thomson unter dem Namen *Gigadisc* in den Handel. Sie vermag die verschiedenartigsten Dokumente in großer Menge zu speichern: Texte, Fotos, Tonbandaufnahmen, sonstige Informationen. Die Informationen werden digital mittels eines Laserstrahls aufgezeich-

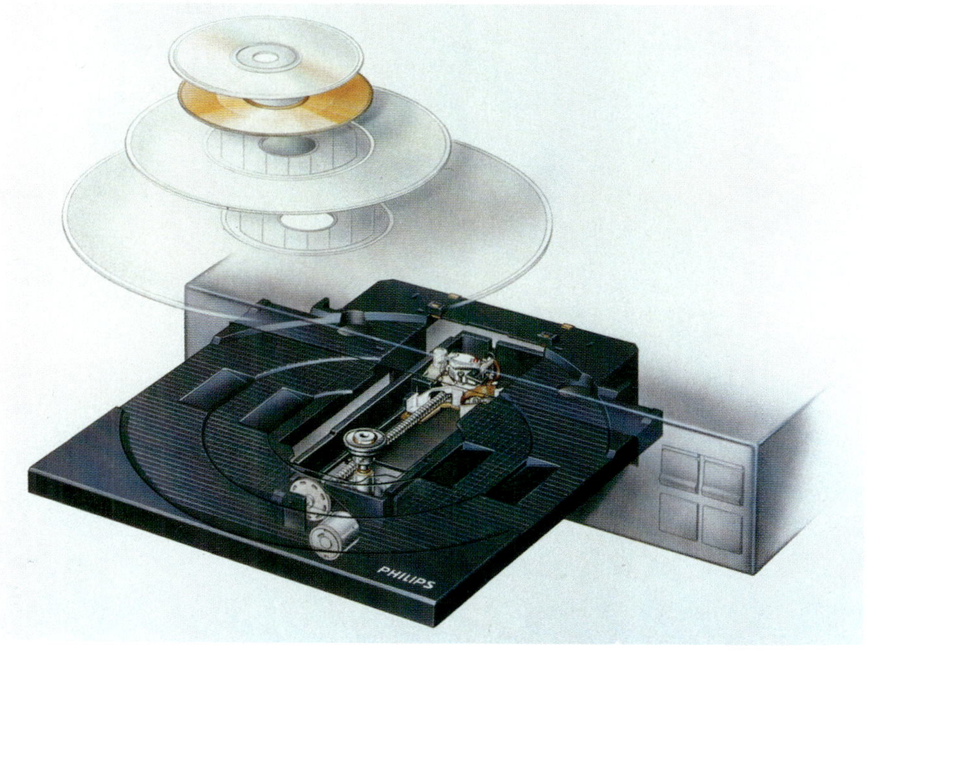

CDV (= CD-Video), die Speicherung von Bild und Ton, war 1987 der neue Geheimtip. Der erste CD-Video-Spieler kann einfach an HiFi-Stereo-Anlagen und Fernsehempfänger angeschlossen werden. Vier Plattenformate sind möglich. Elektronik-Fans haben es jetzt im Heim: das Video-Clip in perfekter Qualität.

net; jedes gesuchte Dokument kann mit kurzer Zugriffszeit wiedergefunden werden. Gigadisc kann bis zu zwei Mrd. Bits speichern, was etwa 600 000 maschinengeschriebenen Textseiten entspricht. Seit einigen Jahren befassen sich auch andere Konstrukteure mit der Erarbeitung des digitalen Speichersystems. In diesem Zusammenhang kann man Philips in Verbindung mit Control Data sowie die japanischen Firmen Hitachi und Sony nennen, die im Juli 1984 ihr eigenes System vorgestellt haben.

Optische Scheibe mit löschbarem Inhalt. Im Oktober **1984** kündigte die japanische Firma Matsushita die Fertigstellung des Prototyps einer löschbaren und wiederverwendbaren Halbleiter-Scheibe für Videoaufzeichnungen an. Sie erhielt die Bezeichnungen MOD (Magneto Optical Disc) und funktioniert nach einem digitalen Aufzeichnungssystem, bei dem mikroskopische Teile der Scheibenoberfläche mit einem Laserstrahlenbündel erwärmt werden. Das Abtasten und Löschen geschieht mit zwei anderen Laserstrahlbündeln.
Andere Firmen, so zum Beispiel 3M, arbeiten gleichfalls mit Systemen, die eine löschbare Halbleiter-Scheibe benutzen. Die französische Firma Thomson und die japanische Firma Nakamichi gaben **1985** bekannt, daß sie gemeinsam an einem Gerät dieses Typs arbeiten, das im Laufe der nächsten zehn Jahre die gegenwärtigen Videorecorder mit Bandaufzeichnung ablösen könnte.

Der erste Video-Clip wurde **1976** in England von der Gruppe Queen mit dem Titel *Bohemian Rhapsody* realisiert. Rasch fanden die Clips Verbreitung dank der BBC-Sendung *Top of the pops.* Bald ließ Jean-Michel Jarre noch im selben Jahr einen Clip für *Oxygène* folgen. Seitdem ist die Umsetzung eines Musikstückes ins Bild zum wichtigsten Werbefaktor für Platten und Künstler geworden.
1983 sind schätzungsweise über 2000 Video-Clips produziert worden, im wesentlichen in den USA und in Großbritannien. Das erste *internationale Video-Clip-Festival* fand **1984** in St. Tropez (Frankreich) statt.

POST UND FERNMELDEWESEN

Eine Postverbindung kannte man bereits im **6. Jh. v. Chr.** Nachdem der Perserkönig Kyros ein gewaltiges Reich erobert hatte, reichten Boten als Überbringer von Nachrichten nicht mehr aus. Deshalb organisierte er um 550 v. Chr. einen Postdienst, der aus einzelnen Stationen bestand, die etwa gleich weit voneinander entfernt waren und wo die Pferde nach der jeweiligen Tagesstrecke versorgt wurden. Die Römer übernahmen diese Organisation und schufen unter Kaiser Augustus (27 v. Chr.–14 n. Chr.) den *Cursus publicus.* Entlang den Heeresstraßen gab es »mutationes«, Posten, wo man frische Pferde bekam, und »mansiones«, Herbergen für die Reisenden.
Die heutige Post geht auf die von F. v. Taxis **1495** *zwischen Wien und Brüssel eingerichtete Postverbindung* zurück. Karl V. schloß 1516 einen Vertrag mit v. Taxis, womit sich eine länderumfassende Verkehrseinrichtung zu entwickeln begann. Ab 1597 breitete sie sich als kaiserliche Reichspost immer mehr aus. Frankfurt a. M. wurde zum Mittelpunkt des Postnetzes.

Briefkasten. Etwa um 1650 gab es in Paris vier Postämter, die die Stadt mit der Provinz und dem Ausland verbanden. Die Einwohner von Paris hatten jedoch keine Möglichkeit, untereinander Kontakt zu halten.
Jean-Jacques Renouard de Villayer beseitigte diesen Mangel durch Schaffung der »petite poste« (kleine Post): Im Jahr **1653** ließ er in den wichtigsten Straßen der Hauptstadt Wandbriefkästen anbringen, wo jeder seine Briefe einwerfen konnte, sofern sie mit einer Marke »port payé« (Porto bezahlt) versehen waren. Es wurde bereits dreimal täglich geleert. Im Jahr 1692 waren es noch sechs Briefkästen, 1780 zählte man in Paris mehr als 500 Briefkästen.
1766 wurde der erste Briefkasten in Berlin aufgestellt.

Einen elektronischen Briefkasten führte die französische Firma France Câbles et Radio **1982** ein. Bei diesem elektronischen Postservice kann man am Bildschirm oder ausgedruckt Informationen empfangen. In sogenannten elektronischen Briefkästen geben die Teilnehmer ihre Informationen auf.

Das erste städtische Adreßbuch existierte für die Stadt und nähere Umgebung von Philadelphia (USA) zwischen der ersten Straße im Norden und der Maiden Road im Süden, zwischen der Zehnten Straße im Westen und der Delaware im Osten. Herausgebracht wurde es von John MacPherson am 1. Oktober **1785.** Es enthielt 6250 Namen und Adressen.

Die Postanweisung wurde **1817** von der französischen Post erfunden. Dieses Formular aus Papier oder Karton war ein echtes »Schuldanerkenntnis«, mit dem sich die Post verpflichtete, dem Empfänger den Geldbetrag auszuzahlen, den der Absender eingezahlt hatte. Damit vermied man die täglich wachsende Gefahr für die Geldtransporte.

Briefumschlag. Ein Einwohner von Brighton (GB) namens Brewer behauptete 1820, den Briefumschlag erfunden zu haben.
Es sind aber bereits mehrere von **1615** datierte Umschläge erhalten; sie werden in Genf verwahrt. Damals faltete man die Briefe und verschloß sie mit einem Seidenfaden, dessen Enden mit einem Wachssiegel befestigt wurden. Später legte man den Brief in ein gefaltetes weißes Blatt, auf das man den Namen des Empfängers schrieb. Erst 1841 begann der Franzose Maquet in Paris mit der industriellen Fertigung von Briefumschlägen.

Die erste Briefmarke druckte der Ire James Chalmers **1834** in Dundee. Aber erst 1840 kamen Briefmarken nach einer Reform der britischen Post durch Sir Rowland Hill in Gebrauch.
Ursprünglich wurde die Postgebühr beim Empfang und nicht bei der Aufgabe der Sendungen entrichtet. Deshalb hatte Renouard de Villayer, ein Pariser Ratsherr, 1653 den Papierstreifen »port payé« eingeführt.
Die erste Briefmarke in Deutschland kam **1849** bei der bayerischen Postverwaltung heraus.
Das größte Kuriosum unter den Briefmarken, je-

Die Weltneuheit mit Ersttagsstempel: die erste Briefmarke mit einer bildlichen Darstellung, deren Wert erst im Automaten aufgedruckt wird.

Das Telefon von Johann Philipp Reis, ein Schmuckstück des Bundespostmuseums in Frankfurt am Main.

Zwei Pioniere des Telefons: der deutsche Physiker und Privatschullehrer Johann Philipp Reis aus Gelnhausen (oben) und Alexander Graham Bell, der gerade die Telefonverbindung zwischen New York und Chicago eröffnet.

denfalls was den aufgedruckten Wert angeht, stellt eine deutsche Marke von 1923 dar: 50 Mrd. Mark! Das war die Zeit der großen Inflation, als das Geld kaum mehr einen Wert hatte.
Der erste Apparat, mit dem man Briefmarken voneinander trennen konnte, wurde **1847** von dem Briten Henry Archer vorgestellt. Er konnte nur Schlitze ins Papier machen. Ein Jahr später hatte der Erfinder den Apparat so weit verbessert, daß er kleine Lochserien stanzte. Die erste Briefmarke mit *gezähntem Rand* war die im Februar **1854** herausgegebene »Penny Red«.

Münz-Wertzeichendrucker. Automaten, die den gewünschten Briefmarkenwert auf eine Einheitsmarke drucken und sie dann erst auswerfen, wurden in der Bundesrepublik Deutschland **1982** erstmals öffentlich erprobt. Ähnliche Automaten sind weltweit in Betrieb, u.a. in Frankreich und Australien.
Als Weltneuheit wurde am 4. Mai **1987** in Berlin der erste Automat aufgestellt, der eine Briefmarke mit einer bildlichen Darstellung auswirft. Diese Briefmarke, die nur für Berlin konzipiert wurde, zeigt das Charlottenburger Schloß.

Die Postkarte wurde **1861** in Philadelphia (USA) von John P. Charlton erfunden, der dafür das Copyright bekam und seine Rechte an einen Papierfabrikanten namens Harry L. Lipman verkaufte. Dieser brachte das Produkt mit einer Verzierung und dem Aufdruck »Lipman-Postkarte, Patent angemeldet«, heraus.

Die Ansichtspostkarte wurde am 1. Juli **1870** von dem Buchhändler A. Schwartz eingeführt. Als Handelsartikel gelangte sie erst 5 Jahre später als Neuerung in die Läden.

Die bereits frankierte Postkarte geht auf den Österreicher Emmanuel Herrmann von der Militärakademie Wiener Neustadt zurück. Die ersten derartigen Postkarten erschienen am 1. Oktober **1869.** Sie waren strohgelb gefärbt und mit einer 2-Kreuzer-Marke freigemacht. Im ersten Monat setzte man 1,4 Mio. Stück ab.

Telegraf. Das Prinzip geht zurück auf das Signalfeuer, mit dem schon Agamemnon seiner Gattin Klytämnestra 1184 v. Chr. den Fall Trojas übermittelt haben soll – über eine Entfernung von 800 km. Aristoteles entwickelte um 500 v. Chr. ein Fackeltelegrafennetz im Persischen Reich. Die Römer benutzten den »Rauchtelegrafen«; so errichteten sie im 2. Jh. eine Feuertelegrafenlinie entlang des Limes zwischen Rhein und Donau. Auch die Engländer meldeten auf diese Weise 1588 die Ankunft der spanischen Armada vor der Küste Englands. Bei den nordamerikanischen Indianern war dieses Nachrichtenübertragungssystem ebenfalls bekannt.
Nach der ersten Vorführung eines rudimentären Telegrafs übermittelte der Franzose Claude Chappe am 12. Juli **1793** erstmals eine telegrafi-

Das erste Fernsprechamt in Berlin anno 1881.

sche Nachricht über eine Entfernung von etwa 15 km, zwischen Saint-Martin-du-Tertre (Ile-de-France) und den Belleville-Hügeln in Paris. Praktisch war der Telegraf von Chappe ein System von Signalstationen, die in Abständen von jeweils etwa 10 km voneinander auf Anhöhen lagen, damit die beweglichen Signalarme mit einem Fernrohr wahrgenommen werden konnten. Dieses System nannte man *Semaphore.* Bei schönem Wetter brauchte eine Nachricht von Paris nach Bayonne 3 Std. Bei Nebel oder bei Nacht blieb die Verbindung unterbrochen.

Morsetelegraf. Am 28. September **1837** reichte der Amerikaner Samuel F. B. Morse (1791–1872) die Patentschrift für seinen elektrischen Telegrafen ein. Zusammen mit seinem Partner Alfred Vail gründete er eine Gesellschaft. Am 30. Dezember 1842 stimmte der Kongreß einer 30000-Dollar-Subvention zu, mit deren Hilfe die dann am 24. Mai 1844 eröffnete Linie Washington–Baltimore aufgebaut wurde. Nach zahlreichen Enttäuschungen - seine Erfindung wurde stark angefochten - erlebte Samuel Morse schließlich die Bestätigung seiner Rechte durch das Oberste Gericht. Der Telegraf nahm eine stürmische Entwicklung, Morse erwarb ein Vermögen und wurde berühmt.

Unterwasser-Telegrafenkabel. 1851 wurde das erste wichtige Telegrafenkabel *zwischen Dover und Calais* durch das englische Dampfschiff *Blazer* verlegt. Treibende Kraft bei dieser Operation war der englische Techniker Jacob Brett. Dieses Unternehmen konnte aber erst durchgeführt werden, nachdem weitere technische Fortschritte erzielt wurden und vor allem nachdem der deutsche Ingenieur Werner von Siemens eine Maschine erfunden hatte, mit der man Kabel durch Beschichtung mit Guttapercha isolieren konnte. Die Verlegung von Kabeln erfolgte nach 1865 durch große Schiffe mit Spezialausrüstung.

Das erste Transatlantik-Telegrafenkabel wurde am 27. Juli **1867** verlegt. Der Amerikaner Cyrus Field (1819–92) führte dies durch, was ihn im übrigen fast sein ganzes Vermögen kostete.
Seine ersten Versuche 1857 und 1858 waren Mißerfolge gewesen. Beim dritten Versuch schien Cyrus Field endlich Erfolg zu haben. In der Tat konnten bis zum 5. August 1858 genau 3240 km Kabel zwischen Irland und Neufundland verlegt werden. An jenem Tag überquerte die erste telegrafische Nachricht den Atlantik unter Wasser. Die *Niagara,* eines der beiden mit der Verlegung befaßten und in Neufundland eingetroffenen Schiffe, wurde auf diese Weise informiert, daß das andere Schiff Irland erreicht hatte. In Amerika wurde die Nachricht enthusiastisch begrüßt. Aber am 3. September 1858, gegen 1 Uhr, entstand durch einen Fehler im Kabel eine Spannung von 2000 Volt, wodurch es ausfiel. Nach dem Sezessionskrieg unternahm Cyrus Field 1865 einen weiteren Versuch, das Transatlantik-Kabel zu verlegen. Es war 3700 km lang. Leider riß es.

Das Telefon erfunden zu haben, beanspruchen viele für sich, und in der Theorie haben tatsächlich viele Forscher ein entsprechendes System beschrieben.
1861 führte der deutsche Physiker Johann Philipp Reis (1834–74) ein elektrisch betriebenes Gerät zur Tonübertragung vor. Musik war dabei gut, Sprache hingegen schwer verständlich. Mit seinen Versuchen hatte er bereits 1852 begonnen.
Der erste brauchbare Fernsprecher funktionierte in den USA: **1876** hatten Alexander Graham Bell (1847–1922), der übrigens das Telefon von Reis kannte, und Elisha Gray nahezu gleichzeitig einen Prototyp entwickelt. Nach einem Gerichtsurteil gilt jedoch Bell als der Erfinder des Telefons.

Drahtloses Telefon. Das *Radiotelephon* von A. G. Bell und C. S. Tainter darf als Vorläufer des drahtlosen Telefons gelten. Die erste Vorführung fand am 15. Februar **1885** statt. Das erste richtige drahtlose Telefon verdanken wir Reginald Aubrey Fessenden, der es **1900** in Cob Point, Maryland (USA), vorführte. 1906 fand ganz zufällig die erste Transatlantik-Verbindung statt, ebenfalls ein Verdienst von Fessenden (die Signale wurden in Schottland aufgefangen). Die erste organisierte Verbindung datiert jedoch erst vom 21. Oktober 1915; sie wurde von ATT zwischen Arlington, Virginia (USA), und Oberstleutnant Ferrié auf dem Eiffelturm hergestellt.

Das schnurlose Telefon führte **1984** die deutsche Bundespost vor; dabei findet zwischen dem Fernsprechendgerät und dem Handapparat eine drahtlose Übertragung über maximal ca. 200 m statt.

Das tragbare Telefon. 200000 Schweden, Dänen und Finnen nehmen **1988** an einem Versuchsprojekt der schwedischen Firma Ericsson teil, bei dem es nicht mehr erforderlich ist, den Standort des Gesprächsteilnehmers zu wissen, sondern nur noch dessen Telefonnummer. Die Teilnehmer stellen eine direkte Verbindung über einen Sender her, das Radiotelefon. Beim Wählen sucht ein Informationssystem, das das Netz überwacht, den Standort des gewünschten Telefonteilnehmers automatisch heraus und leitet über das beste Relais das Gespräch zu der gewünschten Person.

Telefonvermittlung. 1878 nahm die erste *manuelle Telefonvermittlung* mit manueller Bedienung in New Haven, Connecticut (USA), den Betrieb auf. Sie versorgte 21 Teilnehmer, darunter den berühmten Schriftsteller Mark Twain.
1892 reichte der Amerikaner Almon B. Strowger, Besitzer eines Beerdigungsinstituts in Kansas City (USA), seine Patentschrift für eine *automatische Telefonvermittlung* ein. Strowger hatte erkannt, daß die Frau seines Konkurrenten, die in der örtlichen Vermittlung tätig war, stets zuallererst vom Ableben eines Stadtbewohners erfuhr. Offenbar leitete sie alle für Strowgers Unternehmen bestimmten Anrufe an ihren Mann weiter. Strowgers Interesse an einer automatischen Vermittlung war daher nur allzu verständlich.
Strowger war auch **1896** der Erfinder der *Nummernscheibe.*

Der erste Münzfernsprecher wurde **1889** in Hartford, Connecticut (USA), aufgestellt.

Das erste vollautomatische Großstadt-Fernsprechamt Europas nahm **1909** mit anfänglich 2500 Anschlüssen seinen Betrieb in München auf.

Der erste vollelektronische Vermittlungsdienst wurde **1962** in England eingeführt. Aus technischen Gründen mußte er jedoch später wieder aufgegeben werden.

Hertzsches Relais. Die telefonische Übermittlung über Ultrakurzwellen, wie sie in den Hertzschen Relais Verwendung finden, wurde im ATT-Labor (USA) von Harold T. Friis etwa **1942** entwickelt. Sie ist ein Produkt der während des Krieges von den Bell Laboratories durchgeführten Arbeiten.

Das erste Transatlantik-Telefonkabel wurde **1956** zwischen Schottland und Neufundland verlegt. Es übertrug bis zu 36 Gespräche gleichzeitig, später bis zu 88. Zum guten Gelingen dieser Aktion hatten sich die amerikanische Gesellschaft ATT, das British Post Office und die kanadische Gesellschaft Canadian Overseas Telecommunications zusammengeschlossen. Bis 1978 funktionierte das Kabel fehlerfrei, ehe es durch andere ersetzt wurde.

Öffentliches Telefon. William Gray aus Hartford, Connecticut (USA), erhielt am 13. August **1889** das Patent für einen Telefonapparat mit Münzeinwurf. Das erste derartige Telefon wurde in der Bank von Hartford eingerichtet. 1891 gründeten William Gray, Amos Whitney und Francis Pratt eine Firma, die Münztelefone zunächst in Kaufhäusern installierte.

Ein Telefon für Gehörlose wurde **1982** unter der Bezeichnung Echo 2000 von zwei Amerikanern, Steve Powler von Palmetto Technologies und Ed Underkoffler von General Electric, erfunden. Es ist ein kleiner Apparat, der am Telefon angebracht wird und das Gesagte auf einem Flüssigkristall-Schirm entschlüsselt wiedergibt.

Das erste Telefon mit Betätigung durch die Stimme wurde im Juni **1983** vom Amerikaner Garth A. Clowes erfunden. Mit diesem Gerät erreicht man einen Teilnehmer, indem man einfach dessen Nummer laut ausspricht.

Das münzlose öffentliche Telefon, ist inzwischen auf allen Hauptbahnhöfen und Flugplätzen deutscher Großstädte zu finden. Telefoniert werden kann entweder mit einer *Buchungskarte*, die die vertelefonierten Einheiten direkt auf die monatliche Telefonrechnung umbucht, oder mit einer *Wertkarte*, auf der eine bestimmte Anzahl von Einheiten gespeichert ist, die beim Telefonieren elektronisch gestrichen wird. Ab **1988** sollen die neuen Apparate in ganz Deutschland aufgestellt werden.

Ein Telefon mit der Nummernanzeige des Anrufers führte **1984** der amerikanische Ingenieur Richard Sanders vor. Damit soll dem Unfug mit anonymen Anrufen ein Ende bereitet werden. Hergestellt wird der Apparat von ATT, nachdem er in den beiden US-Städten Tampa und Harrisburg getestet worden ist.

Die Telefon-Konferenzschaltung wurde **1977** von der Deutschen Bundespost versuchsweise eingeführt. So können bis zu 10 Teilnehmer im Gebiet der Bundesrepublik durch Handvermittlung über die zuständigen Fernsprechvermittlungsstellen miteinander verbunden werden und miteinander sprechen wie in einer Konferenz. Der Zusammenschluß schließt eine Intervention von außen aus.

Die ersten Fernschreiber, sie funktionierten noch mechanisch, wurden um **1914** in den USA gebaut. Seit 1914 entwickelte dort der aus Deutschland ausgewanderte E. F. Kleinschmidt das Springschreibersystem. Mit der Herstellung eines Tastenschnelltelegrafen begann um dieselbe Zeit die Firma Siemens & Halske in Deutschland.
1928 gestattete man die *Benutzung des Fernschreibers auf Postleitungen* der Deutschen Reichspost.
1974 bestanden in der Bundesrepublik Deutschland über 100000 Anschlüsse.

Das Telexsystem, bei dem man geschriebene Nachrichten per Telefon durchgeben kann, so wie man sie gerade in den Fernschreiber tippt, wurde **1931** in den USA durch Bell Laboratories eingeführt. Ende der fünfziger Jahre existierte bereits ein weltweites Telexnetz.

Bildtelefon. Etwa um 1929 hatten amerikanische Ingenieure mit dem »Visiophon« experimentiert; dabei können sich zwei miteinander telefonierende Personen gleichzeitig auf einem Bildschirm sehen.
Am 1. März **1936** öffnete der erste regelmäßige

Schweren Herzens müssen sich die Briten von ihren beliebten roten Telefonhäuschen trennen. Es ist beschlossene Sache, daß die alten Zellen durch hochmoderne gelb- und chromfarbene Kabinen ersetzt werden sollen. Doch zu Preisen zwischen umgerechnet 150 und 3000 DM kann sich jeder eines der alten Häuschen kaufen.

Fernsehsprechdienst der Welt zwischen Berlin und Leipzig seine Tore – anläßlich der Leipziger Frühjahrsmesse. 1936 und 1937 wurde die Verbindung über Nürnberg bis München verlängert, und in Hamburg gab es eine örtliche Fernseh-Sprechverbindung zwischen Altona und dem Jungfernstieg an der Binnenalster zum Preis von 1,50 RM.
In den siebziger Jahren wurde das Verfahren in den USA kommerzialisiert, doch war der Preis dafür viel zu hoch, als daß es ein breites Publikum hätte interessieren können. Seither wurden fast überall in der Welt verschiedene Prototypen vorgestellt: in den USA, in Japan, Deutschland, Großbritannien. Durchgesetzt hat es sich nirgendwo. Einige Versuchsanlagen laufen im Bigfon-Glasfaserversuch der Bundespost mit.

Videotext geht auf englische Fernsehtechniker zurück, die **1970** erkannt hatten, daß die Technik des Fernsehbildschirms Möglichkeiten eröffnet, die noch nicht genutzt waren. Zusammen mit dem Fernsehbild können nämlich zusätzliche – zunächst verschlüsselte – Informationen auf einer Leerstelle (der »Austastlücke«) des Bildschirms erscheinen.
Parallel entwickelten Techniker bei BBC sowie beim privaten englischen Fernsehen IBA das notwendige Decodiersystem. 1974 begann BBC mit einem Versuchsprogramm, 1975 war es bei IBA soweit. Im selben Jahr begannen in der Bundesrepublik Versuche, wobei man auf die britischen Erfahrungen zurückgriff. 1977 konnte Videotext als neue Technik erstmals öffentlich auf der Funkausstellung in Berlin vorgeführt werden.
Seit 1980 kann der bundesdeutsche Fernsehteilnehmer Videotext empfangen, wenn ihm ein Fernsehgerät mit Decoder zur Verfügung steht. Es bieten sich drei Vorteile: Vom normalen Fernsehbild läßt sich auf Videotext umschalten, um zusätzliche Informationen zum laufenden Programm zu erhalten. Unabhängig von den Sendezeiten lassen sich neben dem festen Programm jederzeit aktuelle und neueste Informationen aus Politik, Wirtschaft, Kultur und Sport abrufen. Schließlich bietet Videotext Untertitel zu einem gerade laufenden Fernsehbeitrag oder -film, etwa die Übersetzung fremdsprachiger Beiträge oder den Lesetext für Hörgeschädigte.

Bildschirmtext (Btx) ist die Nutzung des von den englischen Technikern entwickelten Videotexts durch die Post. **1975** war es die englische Post, 1977 die Deutsche Bundespost, die ihren neuen Dienst vorstellten, der nun nicht neben dem Fernsehbild »herläuft«, sondern über eine Telefonleitung übertragen wird. Deshalb ist zum Decoder noch ein weiteres Zusatzgerät erforderlich, *Modem* genannt, das die ankommenden, verschlüsselten Informationen für den Decoder verstehbar und weiterverarbeitbar macht.
Während Bildschirmtext empfangen wird, kann nicht telefoniert werden. Die Informationen liefern Zeitungen, Firmen, Parteien, Verbände etc., die Post bietet lediglich diesen Anbietern das Verteilernetz.
Inzwischen wird Btx bundesweit angeboten. Der Idealvorstellung nach soll es möglich sein, Versandhauskataloge auf dem Bildschirm zu studieren und sofort die Bestellung aufzugeben, Waren- und Bankenverkehr zu bewerkstelligen, Theaterkarten und Reisetickets zu reservieren etc.
Minitel ist die französische Version des Bildschirmtexts und wird wohl derzeit am erfolgreichsten im Vergleich zu allen anderen Ländern durchgeführt. Inzwischen haben 1,4 Mio. Franzosen Minitel zur Verfügung, 1990 sollen es nach Berechnungen der französischen Post 8 Mio. sein. Frankreichs Erfolgsrezept: der Minitel-Anschluß ist kostenlos.

»Betix« ist ein Maskottchen, das **1984** von Siegmund Eckelt in Berlin entworfen wurde. Es wird inzwischen von der Post und verschiedenen Btx-Anbietern zu Werbezwecken eingesetzt.

KABEL UND SATELLITEN

Kabelfernsehen. Die erste Kabel-Fernsehübertragung wurde **1927** in den USA von der Bell Telephone Company durchgeführt. Das Experiment fand zwischen Washington und New York statt. Man benutzte eine Nipkowsche Scheibe für die Sendung und eine zweite für den Empfang. Diese Kabeltechnik wurde später wieder aufgenommen, um die sogenannten Schattenzonen zu überwinden, was mit der klassischen Hertzschen Übertragung nicht möglich war.
Eine kleine Stadt in Oregon (USA) empfing die aus Seattle kommenden Sendungen wegen der sich ringsum erhebenden Berge nur schlecht. Da verfiel man 1949 auf die Idee, auf einer Anhöhe eine Antenne aufzustellen. Von dort aus leitete ein *Kabelnetz* die Sendungen zu den einzelnen Empfängern.
Den eigentlichen Aufschwung erlebte das Kabelfernsehen, vor allem in den USA und in Kanada, erst in den sechziger Jahren. Seine Vorteile: man erzielt eine bessere Bildqualität, kann auf mehr Kanälen senden und zudem lokale Programme bestreiten. Dank der Entwicklung des Glasfibers anstelle des herkömmlichen Koaxialkabels wird es möglich, daß die Teilnehmer sich nicht nur ihre Sendungen aussuchen, sondern auf deren Inhalt auch direkt einwirken können (durch Blitzumfragen, Frage-und-Antwort-Aktionen, Spiele usw.). Die Glasfibertechnik gestattet die Einrichtung von »Multi-Service«-Netzen: Die gleichen Kabel dienen hierbei nicht nur der Fernsehausstrahlung, sondern auch der Rundfunksendung, der Telefon- (oder Bildtelefon-)Verbindung, der Verarbeitung von Daten.

Fernmeldesatellit. Bereits 1945 veröffentlichte der englische Ingenieur Arthur C. Clarke in der technischen Zeitschrift *Wireless World* die erste theoretische Analyse eines künstlichen Satellitensystems. Am 12. August **1960** startete die NASA den ersten amerikanischen Fernmeldesatelliten, *Echo I.* Das war ein großer Ballon von 30 m Durchmesser, dessen metallische Oberfläche die Wellen reflektierte, ohne sie zu verstärken oder auszurichten. *Echo I* »lebte« im Meteoritenhagel nicht lange.

Telstar. Am 10. Juli **1962** startete die NASA im Auftrag der amerikanischen Gesellschaft ATT den ersten einsatzfähigen zivilen Fernmeldesatelliten, den Telstar. Er wurde mit einer Delta-Rakete auf seine Umlaufbahn geschickt. 10 Tage später wurden die ersten Fernsehbilder zwischen Andover (USA) und der französischen Bodenstation Pleumeur-bodou übermittelt. Telstar hatte 1064 Transistoren und 1464 Dioden, die von 3600 Solarzellen Energie bezogen, und kostete rund 1 Mio. Dollar. Telstar konnte Telefongespräche und Fernsehbilder übertragen.

Satellit ECS. Im Rahmen der Organisation Eutelsat wurde im Jahr **1983** der erste Satellit ECS (European Communication Satellite) von einer Ariane-Rakete auf seine Umlaufbahn gebracht. Er dient für verschiedene Fernsehsendungen (Sky Channel, Music Box usw.), die für europäische Kabelnetze bestimmt sind.

Télécom. Der französische Fernmeldesatellit Télécom wurde im Juli **1984** mit einer Ariane-Rakete gestartet. Er soll in erster Linie der Kommunikation von Firmen dienen (Bildschirm-Konferenzen, Übertragung von Daten und Informationen u. ä.). Die ersten Versuche wurden im September 1984 zwischen dem Eiffelturm und dem Pariser Hotel Méridien aufgenommen. Ein zweiter Satellit dieses Typs, Télécom 2, wurde im Mai 1985 auf seine Umlaufbahn gebracht. Er versorgt sechs Fernsehkanäle »Punkt für Punkt«.

Arabsat. Im Februar **1985** wurde der Fernmeldesatellit Arabsat ebenfalls mit einer Ariane-Rakete gestartet. Er soll den Großteil der Nahost-Staaten mit Telefonverbindungen und verschiedenen Fernsehkanälen versorgen.

Brasilsat. Ebenfalls im Februar **1985** brachte eine Rakete vom Typ Ariane einen brasilianischen Satelliten mit der Bezeichnung Brasilsat, der gleichfalls für Fernmeldeverbindungen vorgesehen ist, in den Orbit.

Satelliten-Empfangsantenne. Damit man Fernseh-Satellitenbilder zu Hause direkt empfangen kann, hat die amerikanische Firma Futur Communication **1986** eine flache, viereckige Antenne entwickelt und auf den Markt gebracht. Sie heißt *Phase Com,* ist kaum 5 cm dick und etwa 1,60 m lang. Man kann sie an die Mauer, ans Fenster oder auf das Dach »kleben« – sei es am eigenen Haus, an der Mietwohnung oder einem Wohnmobil.

Bis in die Antike zurück reicht die Erforschung des Lichts und sogar die Entdeckung elektrostatischer Erscheinungen.

NATURWISSENSCHAFT

MATHEMATIK

Zahlentheorie

Zahlensystem. Schriftlich festgehalten wurde ein Zahlensystem erstmals im **3. Jtsd. v. Chr.** auf Tontafeln, die zuerst in Susa und Uruk, dem heutigen Warka (Irak), und später in Nippur (Babylon) gefunden wurden. Das durchaus geschickt konzipierte *babylonische Zahlensystem* basiert auf der Zahl 60. Unsere Zeitaufteilung hat darin ihren Ursprung. Es gibt keine Null, und die fehlenden Einheiten sind ganz einfach durch eine Leerstelle gekennzeichnet.
Demgegenüber hat das ehemalige *Zahlensystem der Maya* die Zahl 20 zur Basis. Hierbei zählen die Fußzehen zum Zehn-Finger-System hinzu. In diesem System hat bereits jede Zahl ihren Stellenwert, wobei am Ende einer mehrstelligen Zahl zwar eine Null angefügt, diese aber beim Rechnen nicht berücksichtigt wird.
Im **5. Jh. v. Chr.** rechneten die Griechen mit den neun ersten *Buchstaben des Alphabets,* wobei diese zur Kennzeichnung der Tausendereinheiten mit einem Schrägstrich an der linken unteren Seite versehen wurden (α steht für die Zahl 1, während $,\alpha$ die Zahl 1000 symbolisiert). Dieses System, bei dem die Null außer acht gelassen wird, wurde ein Jahrtausend lang benutzt. Die Hebräer und Araber paßten es dem Alphabet ihrer jeweiligen Sprache an. Zum Rechnen bediente man sich Rechentabellen. Dabei waren die Zahlen durch in mehreren Reihen angeordnete Steine symbolisiert.

Das heute gültige Rechensystem. Etwa im **5. Jh. n. Chr.** kamen in Indien das arithmetische System und das Dezimalsystem in ihrer heutigen Form mit den Zahlen von Null bis Neun auf. Im Jahr **829** veröffentlichte der Gelehrte Muhammed ibn Musa al-Khwarizmi (780–850) in Bagdad eine Abhandlung zur Algebra, in der er dieses Dezimalsystem anwendete. Der aus der Auvergne (Frankreich) stammende Mönch Gerbert von Aurillac machte sich mit den »arabischen Zahlen« während einer Reise nach Cordoue (Spanien) vertraut. Nachdem er im April des Jahres 999 zum Papst Silvester II. geweiht worden war, konnte er allmählich diese Symbole verbreiten. Aber in Europa kam die arabische Wissenschaft erst 1202 durch das Werk *Liber Abaci* von Leonardo Fibonacci, genannt Leonardo von Pisa, an die Öffentlichkeit. Mit der Erfindung des Buchdruckes wurde das Rechnen mit den zehn Ziffern endgültig festgelegt.

Die Null. Das babylonische Zahlensystem wurde im **4. Jh. v. Chr.** in mathematischen Texten durch die Verwendung einer Null am Anfang und in der Mitte, aber nie am Ende einer Zahl, vervollkommnet. Die schriftliche Festlegung der Zahl Null erfolgte erst in Florenz **1491.**

Die Primzahlen. Nach Euklid, der im **3. Jh. v. Chr.** bewies, daß es unendlich viele Primzahlen geben muß, entwickelte Eratosthenes (etwa 275–195 v. Chr.) die erste Methode, anhand derer Primzahlen unterhalb eines bestimmten Grenzwertes errechnet werden konnten.
Ausgehend vom Kleinen Fermatschen Satz (1640) arbeitete jedoch der Franzose Edouard Lucas **1876** eine Methode aus, die die Berechnung großer Primzahlen ermöglichte. Die größte bekannte Primzahl ist $2^{216\,091}-1$ (mit 65 050 Ziffern). Ein Technikerteam der in Huston, Texas (USA), angesiedelten Ölfirma Chevron entdeckte durch Zufall bei Spielereien mit einem Super-Computer 1985 diese Primzahl.

Anwendung der Primzahlen in der Kryptographie. 1977 stellten Ronald Rivest, Adi Shamir und Leonard Adleman Forschungen über Primzahlen in der Kryptographie (Wissenschaft von der Verschlüsselung und Entschlüsselung von Informationen) an. Zu diesem Zweck entwickelten sie ein Verschlüsselungssystem, das nach folgender Idee funktioniert: Man gibt eine Zahl P an, die gleich dem Produkt zweier hundertstelliger Primzahlen ist. Zur Aufschlüsselung müssen unbedingt die beiden letzten Zahlen bekannt sein. Zur Zeit gibt es jedoch kein Verfahren, mit dem eine zweihundertstellige Zahl P in ihre Faktoren zerlegt werden kann. Daher wird die Sicherheit eines Codesystems selbst dann nicht gefährdet, wenn man das Verfahren zur Codierung einer Nachricht bekanntgibt.

Dezimalzahlen. Bis Ende des **16. Jh.s** hatte man das System mit der Basis 10 nur für ganze Zahlen ausgearbeitet, da die Dezimalzahlen nur als Bruch oder mit der Basis 60 existierten. Übrigens werden die Zeit- und Winkeleinheiten heute noch auf diese Weise berechnet.
Der Franzose François Viète (1540–1603) erklärte 1579, es sollten hauptsächlich die Tausendstel, Hundertstel und Zehntel, die Sechzigstel nur selten benutzt werden.
Der flämische Mathematiker und Physiker Simon Stevin (1548–1620) schlug 1582 vor, bei Rechenoperationen Dezimalzahlen zu benutzen. Jedoch blieben die Schreibweisen das ganze 17. Jh. hindurch sehr unterschiedlich.
Stevin schlug auch das Dezimalsystem bei der Unterteilung von Maßeinheiten vor. Allerdings wurde erst durch die Französische Revolution **1799** ein *metrisches Dezimalsystem* eingeführt, das auch die allgemeine Einführung der Dezimalzahlen beschleunigte.

Irrationale Zahlen. als Pythagoras behauptete, »die Zahlen regieren das Universum«, dachte er an die gewöhnlichen ganzen Zahlen und an die Brüche. die Zahl $\sqrt{2}$ war »aus einer anderen Welt«. Er war der Überzeugung, die Quadrat-

Der Entwurf für eine ideale Stadt von Piero della Francesca (1415–92). Er wollte dabei Berechnungen von Archimedes und Euklid anwenden.

wurzel zu ziehen, sei ungewöhnlich und demütigend. Aristoteles bewies im **4. Jh. v. Chr.,** daß es möglich ist, die Zahl $\sqrt{2}$ als einen Bruch zu schreiben, und lieferte somit den Beweis für die Existenz der irrationalen Zahlen, die er anfänglich als »unmeßbare« Zahlen bezeichnete. Die Differenzierung zwischen algebraischen Zahlen, wie z. B. die $\sqrt{2}$, und transzendenten Zahlen, wie π und »e«, wurde erst im 17. Jh. gemacht. In den Jahren 1872 und 1882 bewiesen jeweils der französische Mathematiker Charles Hermite und sein deutscher Kollege Ferdinand Lindemann die Transzendenz von »e« und π.

Die Zahl π. Der griechische Gelehrte Archimedes (287–212 v. Chr.) bewies anhand von Polygonen mit 96 Ecken, die sich innerhalb und außerhalb eines Kreises zeichnen lassen, daß die Zahl π zwischen $3 + \frac{10}{71}$ und $3 + \frac{10}{70}$ liegt.
Ptolemäus bestimmte im **2. Jh. n. Chr.** für π den Wert 3,1416 und erkannte, daß diese Zahl ungefähr den Mittelwert der beiden von Archimedes genannten Grenzwerte bildet.
Der englische Wissenschaftler William Schanks berechnete **1874** 707 Dezimalstellen von der Zahl π, die im Pariser Palast der Entdeckungen eingraviert wurden, wobei die 527 ersten Stellen exakt, die folgenden aber falsch sind. Seither konnten anhand von Computern Millionen von Dezimalstellen dieser Zahl π berechnet werden.

Die komplexen Zahlen. Der italienische Mathematiker Raffaele Bombelli (1526–73) definierte als erster die komplexen Zahlen, die er damals in dem **1572** kurz vor seinem Tod veröffentlichten Buch *Algebra* als »unmögliche« oder »imaginäre Zahlen« bezeichnete. Ihre Definition formulierte er, nachdem er die kubischen Gleichungen studiert und die Quadratwurzel von -1 eingeführt hatte. Lange Zeit rechnete man mit den imaginären Zahlen, ohne jedoch ihre Struktur zu kennen. Erst **1746** stellte der französische Mathematiker Jean Le Rond d'Alembert ihre allgemeingültige Form »$a + b\sqrt{-1}$« unter der Voraussetzung auf, daß es in einer Gleichung vom Grade n auch n Wurzeln gibt. Der Schweizer Mathematiker Leonhard Euler (1707–83) führte die Schreibweise »i« zur Bezeichnung der Quadratwurzel von -1 ein, die 1801 auch von Gauß übernommen wurde.

Die reellen Zahlen. Im **4. Jh. v. Chr.** versuchte der Mathematiker und Astronom Eudoxos eine Zahlenkategorie zu definieren, die über den Umfang der rationalen Zahlen, die er für nicht ausreichend ansah, hinausgeht. Weder bei seinen Zeitgenossen noch bei den zahlreichen Mathematikern der Antike, die den irrationalen Zahlen sehr skeptisch gegenüberstanden, hatte er Erfolg.
Erst im **19. Jh.** beschäftigte sich der deutsche Mathematiker Georg Cantor (1845–1918) mit den irrationalen Zahlen und der »Unendlichkeit«. Dieser Begriff ermöglicht die Vorstellung einer reellen unendlichen Geraden, die durch unendlich viele einzelne Punkte gebildet wird, von denen jeder eine Zahl darstellt. Daraufhin kamen zahlreiche Paradoxa auf, durch die die bisherigen Kenntnisse in Frage gestellt wurden. Cantor, der sich bewußt war, gegen die traditionelle Denkweise verstoßen zu haben, mußte jahrelang kämpfen, um seine Zeitgenossen zu überzeugen. Als er am 6. Januar 1918 starb, war sein Werk weltweit bekannt.

Geometrie

Satz des Thales. Der griechische Philosoph und Mathematiker Thales von Milet (um 624–544 v. Chr.) hatte im **6. Jh. v. Chr.** die Idee, Höhenmessungen anhand des Schattens zu der Stunde des Tages durchzuführen, in der Schatten und Objekt einen Winkel von 45° bilden. Er verfeinerte seine Methode und maß die Höhe der Großen Pyramide zu einem beliebigen Zeitpunkt des Tages anhand der Sonnenstrahlen. Zwar hätte er sich damit begnügen können, aber das eigentliche Verdienst seines Werkes liegt in der Theorie, die er aufgrund seiner Experimente mit den Sonnenstrahlen aufstellte. In diesen Experimenten beschäftigte er sich mit dem Zusammenhang zwischen der ursprünglichen Länge von parallelen Geraden und der Länge ihrer Schatten.

Der Satz des Pythagoras. Ausgehend von den Arbeiten Thales' über Parallelen und Projektionen und mit der gleichen demonstrativen Vorgehensweise interessierte sich der griechische Philosoph und Mathematiker Pythagoras im **6. Jh. v. Chr.** für rechtwinklige Projektionen. Er bewies den nach ihm benannten Lehrsatz, womit ein Zusammenhang zwischen den Seiten eines rechtwinkligen Dreiecks aufgestellt wird. Zwar war dieser Zusammenhang bereits seit den Landvermessern bekannt, doch Pythagoras bewies ihn als erster durch eine Demonstration.

Euklidisches Postulat. Der griechische Mathematiker Euklid beschäftigte sich im **3. Jh. v. Chr.** intensiv mit den Arbeiten seiner Vorgänger. In seinem Werk *Die Elemente* werden die als Tatsachen angenommenen Erkenntnisse seiner Epoche gegliedert und anhand von fünf Postulaten bewiesen. Das erste und bekannteste Postulat lautet: »Durch einen außerhalb einer Geraden liegenden Punkt kann zu dieser Geraden nur eine Parallele gezogen werden.« Der Gegenbeweis dieses Postulates war von Aristoteles in seinem Werk *Die zweiten Analysen* zwar vorgesehen, allerdings nur nach streng didaktischem Vorgehen.
Bis ins 19. Jh. hinein dachten die Mathematiker, daß es möglich sei, dieses Postulat zu beweisen. Deshalb versuchten im 18. Jh. viele, den Gegenbeweis zu erbringen – jedoch ohne Erfolg. Es traten dabei zwei mögliche Negationen auf. Erstens: »Es existiert mindestens ein Punkt, durch den keine zu einer gegebenen Geraden parallele Gerade führt«, und zweitens: »Es existiert mindestens ein Punkt, durch den zwei unabhängige Parallelen führen.« Nach diesen klar dargestellten Gegensätzen konnten im folgenden Jahrhundert zwei neue Geometrien geschaffen werden.

Der griechische Bildhauer Phidias stützte sich auf den *Goldenen Schnitt*, um die Maße des Parthenon auf der Akropolis von Athen zu berechnen. 432 v. Chr. war der Bau ausgeführt.

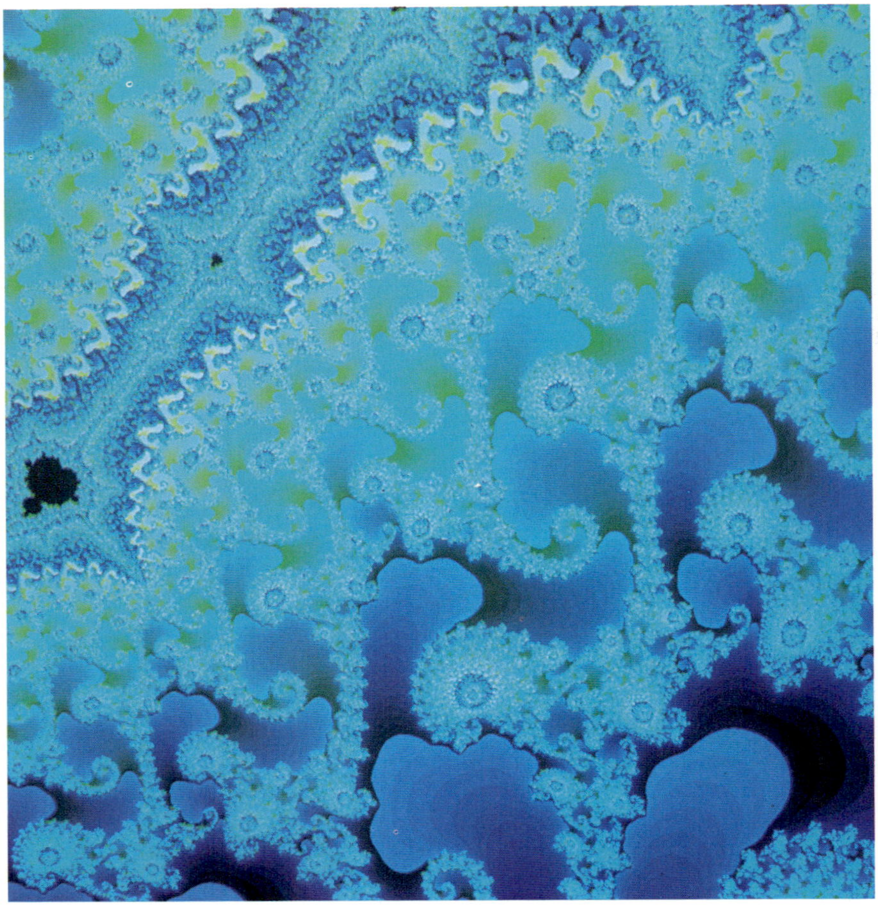

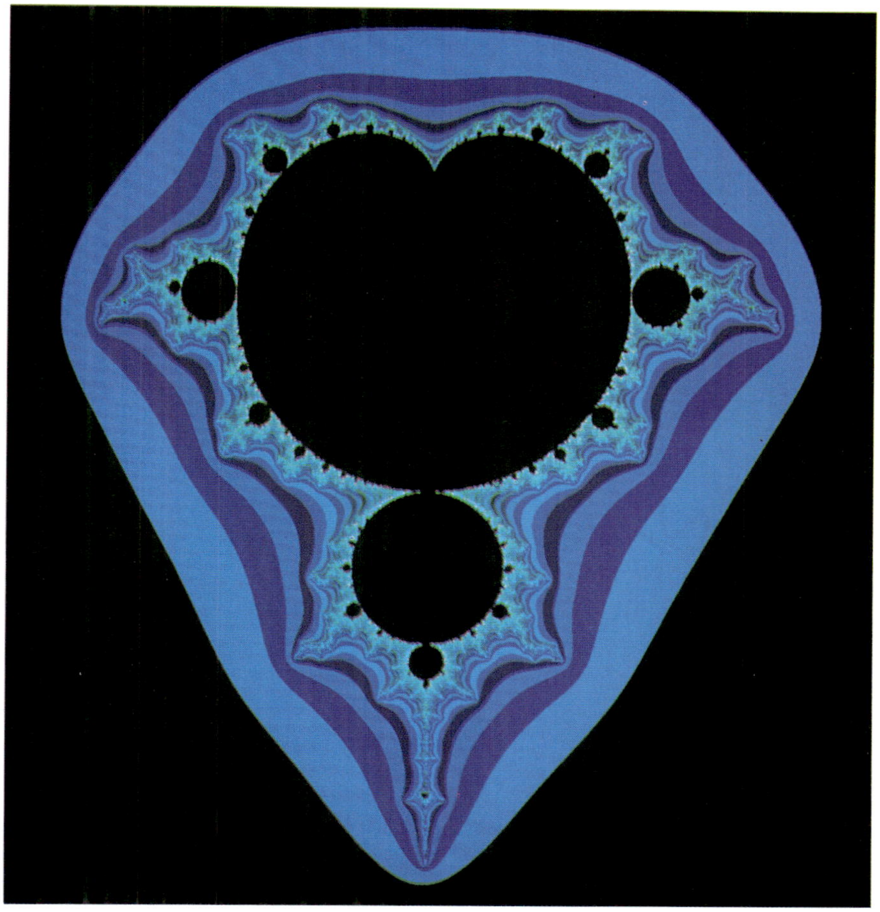

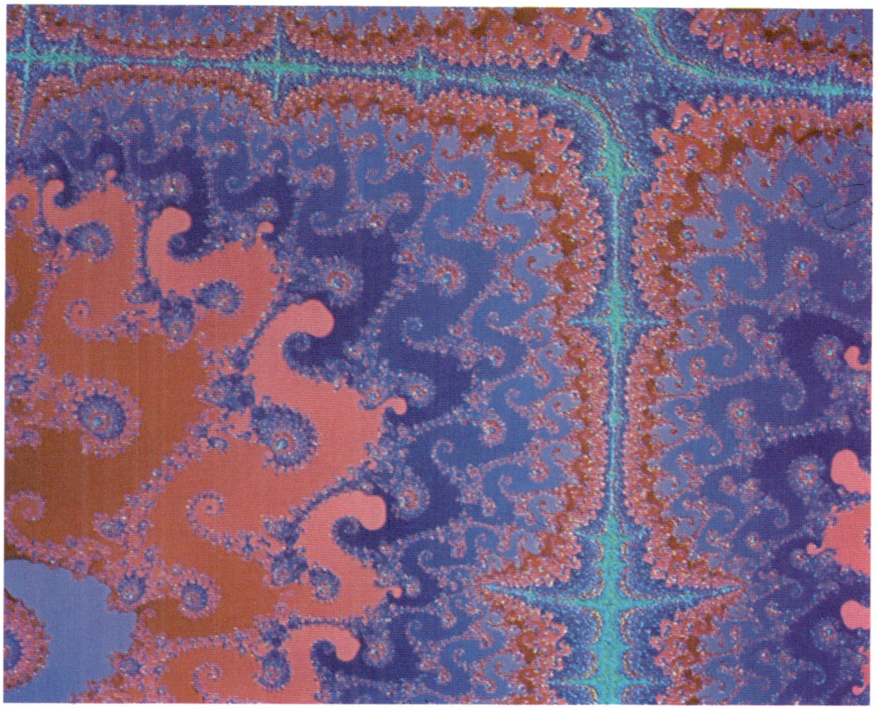

Bisher konnte die Geometrie nur »glatte« Dinge beschreiben, Geraden, Kreise etc.; nun versucht sie sich an Formen wie Wolken, Bergen, Bäumchen. Diese Bilder wurden vom Computer erzeugt und sind dennoch keine Computergraphik. Es sind Ergebnisse der »fraktalen Geometrie«, die der amerikanische Mathematiker Benoît B. Mandelbrot (* 1924) »erfunden« hat. Er beschäftigt sich mit unvorhersehbaren, unregelmäßigen, zufälligen Erscheinungen in den Bereichen Physik, Biologie und Sozialwissenschaften. Das Rechnen wird dabei von modernsten Computern übernommen. Die »Bilder« sind fast eine Revolution für die Mathematik.

Der Goldene Schnitt ist in der Geometrie die Teilung einer Strecke in zwei Abschnitte, deren kleiner Abschnitt sich zum großen Abschnitt so verhält wie der große zur ganzen Strecke. Mathematisch ausgedrückt ist der Goldene Schnitt die Lösung der Gleichung $\frac{1}{x} = \frac{x}{1+x}$ und ist gleich $\frac{1+\sqrt{5}}{2}$ ($\cong$ 1,618). Die heutige Bezeichnung dafür ist *stetige Teilung.*

Diese Relation findet man zwar schon vor Euklid, aber er war es letztendlich, der sich im **3. Jh. v. Chr.** daraus die bekannte mathematische Aufgabe stellte, eine Gerade in zwei gleich oder unterschiedlich lange Teilstrecken oder »Goldene Sektionen« zu teilen. Die auf diese stetige Teilung begründete Harmonie wurde in verschiedenen Kunstrichtungen angewandt, beispielsweise in der Architektur (von Phidias im 5. Jh. v. Chr. beim Bau des Parthenons, von Alberti im 15. Jh. und von Le Corbusier im 20. Jh.), in der Musik (Pythagoras fand auf diese Weise die Tonintervalle) und in der Malerei (von Leonardo da Vinci und Raffael).

Trigonometrie. Während der Antike entwickelte sich die Trigonometrie wie ein Teilgebiet der Astronomie. Deshalb werden die griechischen Astronomen Aristarchos von Samos (3. Jh. v. Chr.) und Hipparchos von Nikaia (2. Jh. v. Chr.) als Vorreiter auf diesem Gebiet betrachtet. Claudius Ptolemäus (um 80–160 n. Chr.) sammelte alle Kenntnisse dieser Zeit in seiner Abhandlung *Almagest.*

Erst durch die Araber entwickelte sich die Trigonometrie im **9. und 10. Jh. n. Chr.** zu einer eigenständigen Wissenschaft. Al-Khwarizmi (780–850) erstellte die ersten Sinus-, Habasch al-Hasib die ersten Tangenstafeln. Eine umfangreichere Abhandlung der modernen Trigonometrie als die von Ptolemäus ist das Werk *Perfektionierung des Almagests* von Al-Battani (877–919). Diese Abhandlungen wurden von den deutschen Mathematikern Johannes Müller (1436–76) und Georg Rhaeticus (1514–76) wieder aufgenommen und vervollständigt. Abraham de Moivre (1667–1754) und Leonhard Euler (1707–83) ordneten jeder komplexen Zahl eine Seite und einen Winkel zu. Dadurch konnte die Trigonometrie mit Hilfe der komplexen Exponenten berechnet und in eine algebraische Theorie integriert werden.

Kegel. Im Laufe der Zeit sind sehr unterschiedliche Studien über die Kegel gemacht worden, wodurch die Entwicklung der Geometrie seit der Antike bis in die heutige Zeit gut nachvollzogen werden kann. Apollonios von Perga (etwa 262–180 v. Chr.) beschäftigte sich in seiner Abhandlung über die Kegelschnitte mit den verschiedenen Möglichkeiten, einen Kegel zu teilen. Er zeigte, daß dabei Parabeln, Hyperbeln und Ellipsen entstehen.

Im **17. Jh.** gelang es Descartes, die Kegelschnitte in Gleichungen zweiten Grades zu definieren. Blaise Pascal (1623–62) arbeitete den modernen Aspekt der Kegelschnitte aus, die er auf analytische Weise anging.

Heute werden die Kegelschnitte als Teil der allgemeineren Theorie der quadratischen Formen angesehen.

Die Koordinaten. Die Verwendung von Zahlen zur eindeutigen Bestimmung eines Punktes auf einer Fläche war schon Archimedes im 3. Jh. bekannt. Aber erst im **17. Jh.** wurden zur Lösung geometrischer Aufgaben systematisch Koordinaten verwendet. In einer Legende über den französischen Philosophen und Mathematiker René Descartes (1596–1650) heißt es, daß diesem die Idee zu dem Koordinatensystem kam, als er eine Fliege vor seinem Fensterrahmen fliegen sah. Durch seine Entdeckung konnten mathematische Aufgaben auf geometrische Weise angegangen werden. Der französische Mathematiker Pierre de Fermat entwickelte etwa gleichzeitig ähnliche Ansätze, mit denen die analytische Geometrie begründet wurde, in der geometrische Fragestellungen mit algebraischen Hilfsmitteln behandelt werden.

Die Vektoren. Unabhängig voneinander schrieben **1798** der dänische Geometriker Caspar Wessel und **1806** der Schweizer Mathematiker Jean-Robert Argan jeweils eine Arbeit über die komplexen Zahlen. Beide hatten die Idee, eine komplexe Zahl nicht nur durch einen Punkt im Raum darzustellen, sondern in einer Ebene, die später als »Gauß-Zahlenebene« berühmt wurde. So entstand der Begriff des Vektors. Vektoren sind Größen, die geometrisch gedeutet und zahlreichen Rechenvorgängen (Vektorrechnung) unterzogen werden können.

Struktur der Vektorräume. Als man sich im 19. Jh. mit der Struktur der mathematischen Gruppen beschäftigte, schien es, daß die Struktur der Vektoren im Raum auch auf andere Gruppen wie z. B. Matrizen oder Funktionen übertragbar sei. Der deutsche Mathematiker Hermann Graßmann (1809–77) definierte in seiner *Ausdehnungslehre* **1844** Vektorräume, die mehr als drei Dimensionen aufweisen. Auch William Hamilton (1805–65) beschäftigte sich mit diesem Thema und stellte anhand seiner Studie über die Quaternionenkörper die ersten Vektorensysteme auf. Diese Definitionen waren in der Physik bei der Aufstellung der Relativitätstheorie von Bedeutung, wo die Raum-Zeit-Verknüpfung in einem vierdimensionalen Vektorraum betrachtet wird.

Nichteuklidische Geometrie. Im **18. Jh.** versuchten Giovanni Girolamo Saccheri, Jean-Henri Lambert, Taurinus, Reid und zahlreiche andere Mathematiker logische Beweise für die Negation des euklidischen Postulates zu liefern. Allerdings glaubten sie nicht wirklich an diese Beweise und konnten deshalb auch keine vollständigen Theorien aufstellen. Zu Anfang des 19. Jh.s konkretisierten sich diese Theorien, wobei sich zwei Geometrien herauskristallisierten, die zwar verschieden, aber beide möglich waren und tatsächlich in Betracht gezogen werden konnten.

Hyperbolische Geometrie. Der ungarische Mathematiker János Bolyai (1802–60) und der russische Mathematiker Nicolai Iwanowitsch Lobatschewski (1792–1856) schufen in der ersten Hälfte des **19. Jh.s** eine Geometrie, deren Raum eine hyperbolische Fläche ist, und bei der die Winkelsumme jedes Dreiecks kleiner als 180° ist. Eine solche Fläche könnte man sich zum Beispiel wie einen Pferdesattel vorstellen.

Elliptische Geometrie. Der deutsche Mathematiker und Physiker Carl Friedrich Gauß (1777–1855) schuf im **19. Jh.** eine Geometrie, deren Raum als Fläche einer Kugel mit unendlich vielen Parallelen definiert ist. Der deutsche Mathematiker Bernhard Riemann (1826–66) knüpfte an diese Arbeiten an und schlug eine Neugestaltung der klassischen Geometrie vor, in der die elliptische Geometrie eine gesonderte Stellung in einer allgemeiner gehaltenen Theorie einnehmen sollte.

Das Erlanger Programm. Die verschiedenen Arbeiten zu Anfang des 19. Jh.s über die nichteuklidischen Geometrien arteten in leidenschaftliche Diskussionen und heftige Polemiken aus. Und sie revolutionierten viel mehr die Philosophie über die Erkenntnisse in der Geometrie als die Geometrie selbst. Deshalb mußten die gewonnenen Erkenntnisse in einer umfangreichen Theorie zusammengefaßt werden, in der die verschiedenen Aspekte der Geometrie nebeneinander bestehen konnten.

1872 definierte Felix Klein während seiner Eröffnungsrede des Erlanger Kongresses die Geometrie als Theorie der Gruppen, die bei einer Transformation bestimmte geometrische Objekte – wie Seitenhalbierende und Höhen – unverändert lassen. Felix Klein interessierte sich für die Strukturen dieser Gruppen und integrierte die Geometrien in eine algebraische Theorie. Dehalb existiert im 20. Jh. der Begriff *die Mathematiken* nicht mehr. Heute sind in der Mathematik Algebra und Geometrie miteinander verbunden.

Vierfarbenproblem. 1976 erbrachten K. Appel, W. Haken und J. Koch von der Universität Illinois (USA) den Beweis für die Theorie der vier Farben. In dieser Annahme wird behauptet, daß jede auf einer Fläche oder Kugel gezeichnete geographische Karte von Ländern, die sich auf einem Kontinent befinden (und weder Kolonien noch Enklaven haben) mit nur vier Farben bemalt zu werden braucht, um zwei aneinandergrenzenden Ländern unterschiedliche Färbungen zuzuweisen. Der demonstrative Beweis dieser Annahme wurde während 1200 Rechenstunden an den besten Computern durchgeführt. Man kann ihn nicht einfach gedanklich nachvollziehen und muß sich sogar fragen, ob unsere ma-

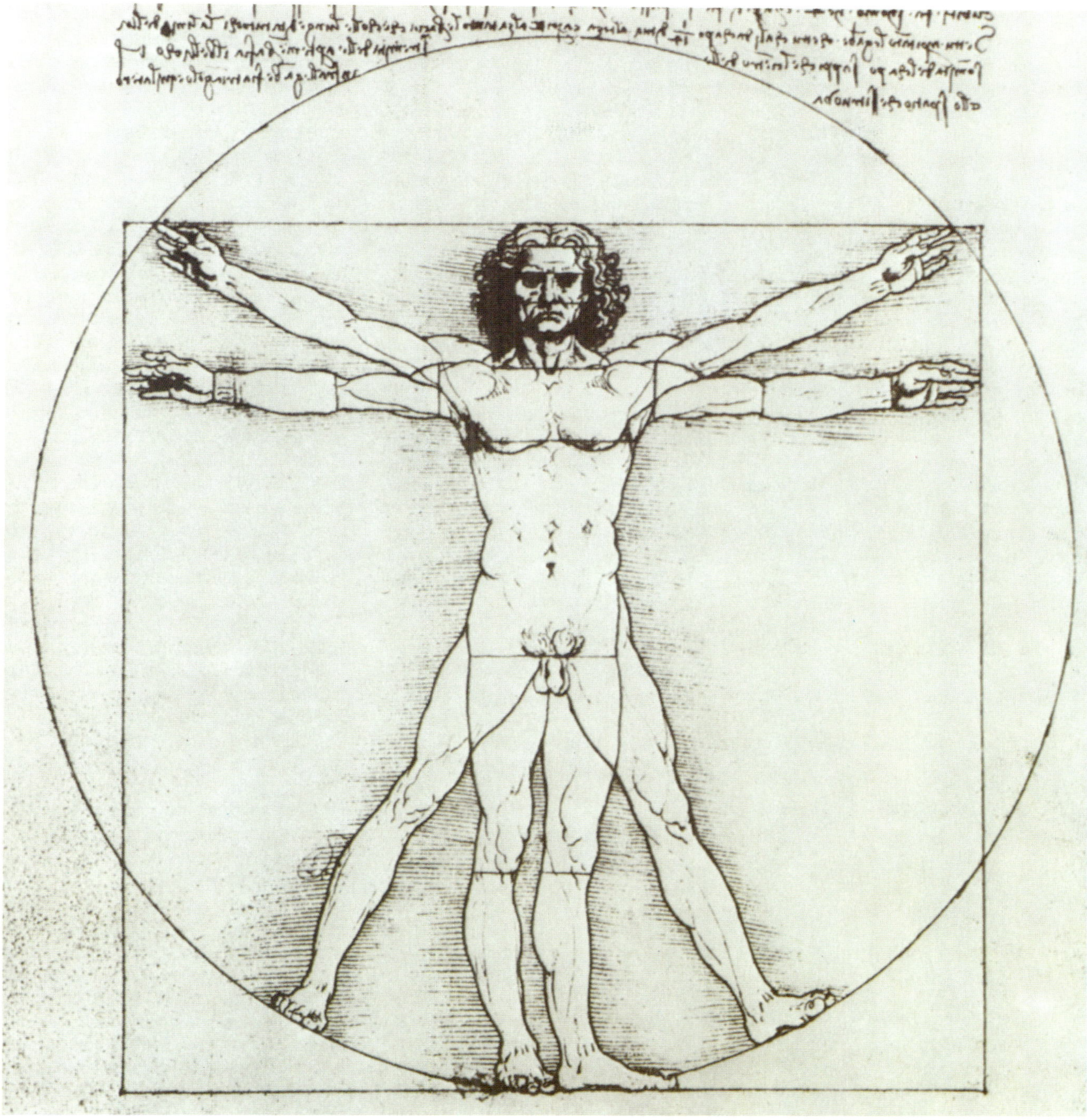

thematischen Kenntnisse dafür ausreichen. Dieser Beweis hat hauptsächlich Forschungen über die *Graphentheorie* angeregt, die bei der kombinatorischen Analysis eine große Rolle spielt.

Algebra

Ursprung. Der Begriff *Algebra* kommt vom arabischen Wort *al-dschabr* und bedeutet »die Einrenkung (gebrochener Teile)«. Im ursprünglichen Sinne ist die Algebra die Lehre von den mathematischen Gleichungen und ihrer Auflösung. Man nimmt an, daß Diophantos von Alexandria im **3. Jh. n. Chr.** eine erste wichtige Rolle für die Entwicklung der Algebra gespielt hat. In seinen 13 *Büchern der Arithmetik* fanden Männer wie die französischen Mathematiker Pierre de Fermat (1540–1603) und François Viète (1540–1603) ihren Ansatzpunkt.
François Viète wird als der Erfinder der modernen Algebra angesehen. In seinem Werk *Ars analytica* führte er **1591** die algebraische Schreibweise ein. Nicht nur für die unbekannten Größen, sondern auch für die noch nicht bestimmten Werte setzte er Buchstaben ein. Andererseits bildete er mit diesen Buchstaben algebraische Ausdrücke, mit denen er operierte.

Leonardo da Vinci illustrierte mit dieser Zeichnung die menschlichen Proportionen, wie sie der römische Architekt Vitruv sah: Der Nabel ist der Mittelpunkt des Körpers; liegt ein Mensch mit gespreizten Armen und Beinen auf dem Rükken, und setzt man die Zirkelspitze an der Stelle des Nabels ein und schlägt einen Kreis, so werden die Fingerspitzen beider Hände sowie die Zehenspitzen vom Kreis berührt. Nimmt man von den Fußsohlen bis zum Scheitel Maß und wendet dieses Maß auf die ausgestreckten Hände an, so erhält man ein Quadrat.

Algebraische Symbole. Schon bei den Ägyptern um **1700 v. Chr.** benutzte man Symbole. Zwei in die gleiche Richtung laufende Beine symbolisierten die Addition, während die laufenden Beine bei der Subtraktion in die entgegengesetzte Richtung zeigten. Im Gegensatz dazu findet man bei den Griechen keinen Symbolismus; jeder Gedankenschritt wurde ausgeschrieben. Erst die Gelehrten des 15., 16. und 17. Jh.s führten das Rechnen mit Symbolen ein.

Unsere Zeichen » + « und » – « für *plus* und *minus,* die zum ersten Mal **1489** in einer arithmetischen Studie des deutschen Mathematikers Johann Widmann erschienen, wurden 1544 durch den Deutschen Michael Stifel (1487–1567) in dessen algebraischer Abhandlung *Arithmetica integra* verbreitet. Das Wurzelzeichen $\sqrt{}$ stammt von dem deutschen Mathematiker Christoff Rudolf aus dem Jahr 1526.

Das Zeichen x ist noch nicht so alt. Es tritt erstmals bei dem englischen Wissenschaftler William Oughtred **1637** auf. Die Zeichen *größer als* » > « und *kleiner als* » < « wurden von seinem englischen Kollegen Thomas Harriot **1631** erdacht.

Die hochgestellten Zahlen, die als Exponenten das Produkt gleicher Faktoren ausdrücken, gehen auf den französischen Philosophen René Descartes **(1637)** zurück.

Die Gleichungen. Auf dem Papyrus von Rhind (Ägypten), der etwa **1700 v. Chr.** geschrieben wurde, findet man konkrete Problemstellungen mit Lösungsbeispielen anhand von *Gleichungen des ersten und zweiten Grades.* Die chinesische Literatur gibt systematische Lösungsbeispiele mit zwei Gleichungen und zwei Unbekannten in dem Werk *Neun Kapitel zur Rechenkunst* (etwa 200 v. Chr.) wieder.

Der geschichtliche Ursprung von Gleichungen zweiten Grades geht auf die babylonische Zivilisation um 1800 v. Chr. zurück. Der rechnende Babylonier konnte zwar alle Gleichungen zweiten Grades lösen, aber nicht anhand aller reellen Zahlen. Die Griechen des 3. Jh.s v. Chr. benutzten die Lösungen der Gleichungen zweiten Grades als Basis ihrer Geometrie, um mit allen reellen Zahlen rechnen zu können. Sie ersetzten das babylonische Vorgehen bei mathematischen Problemen durch Konstruktionen mit Lineal und Zirkel. Allerdings rechneten die griechischen Algebraiker nur mit positiven rationalen Zahlen, weshalb viele Gleichungen ungelöst blieben. Erst mit den komplexen Zahlen im 16. Jh. konnten alle Gleichungen zweiten Grades gelöst werden.

Gleichungen des dritten und vierten Grades. Die italienische Schule des **16. Jh.s** brachte Lösungsmöglichkeiten für die Gleichungen dritten und vierten Grades. Die drei Pioniere auf diesem Gebiet sind in der Reihenfolge Scipione de Ferro, Niccolò Fontana (etwa 1500–57), der Tartaglia genannt wurde, und Girolamo Cardano (1501–76). Sie traten zu jener Zeit in mathematischen Wettstreiten gegeneinander an, die oft in Trinkgelagen endeten.

Der Logarithmus. Als Archimedes im 3. Jh. v. Chr. in seiner Studie über die Sandkörner Rechnungen über die Menge an Sandkörnern anstellte, die nötig wären, um das Universum damit aufzufüllen, war er nahe daran, die Logarithmen einzuführen. Der französische Mathematiker Nicolas Chuquet (1445–1500) erfand die arithmetischen und geometrischen Reihen ebenso wie die negativen Exponenten, aber es war der Schotte John Napier (auch Neper) (1550–1617), der, als er nach neuen numerischen Rechenmethoden suchte, **1614** den Logarithmus erfand. Durch sein System können Multiplikation und Division durch Addition und Subtraktion von kleineren Zahlen ersetzt werden. Jedoch war er mit dem erzielten Ergebnis nicht zufrieden und entwickelte in Zusammenarbeit mit seinem englischen Freund Henry Briggs den Dezimal- oder Briggsschen Logarithmus.

Die Funktionen. Der deutsche Philosoph und Mathematiker Gottfried Wilhelm Leibniz (1646–1716) hatte die Idee, mathematische Aufgaben analog zueinander zu lösen; sein Interesse galt nämlich der »Ähnlichkeit« verschiedener Probleme. Er stellte in seinen Briefen an Johann Bernoulli fest, daß bestimmte Variablen wie Distanz und Zeit miteinander verbunden und in Abhängigkeit voneinander ausgedrückt werden können. Dabei benutzte er Funktionen, die er unter der Form ψx schrieb. Diese Entdeckung machte er, als er nach neuen Rechenmethoden suchte, die im folgenden Jahrhundert unter der Bezeichnung *Infinitesimalrechnung* weiterentwickelt wurden.

Die Infinitesimalrechnung. Der in Basel lehrende Mathematikprofessor Johann Bernoulli (1667–1748) erklärte und veröffentlichte die Rechenmethoden von Leibniz. Insbesondere war er der Lehrer von Leonhard Euler (1707–83), der die Arbeiten seiner Vorgänger ordnete und weiter ausarbeitete. Euler stellte die erste allgemeine Theorie zur Variationsrechnung auf, verdeutlichte den Begriff der Funktion und trug alle Ergebnisse in seinen Veröffentlichungen *Institutiones calculi differentialis* (1755) und *Institutiones calculi integralis* (1768–70) zusammen.

Unabhängig von den Arbeiten von Leibniz und Euler entwickelte der englische Physiker und Mathematiker Isaac Newton (1643–1727) seine Theorie der *Fluxionsrechnung,* in der genau dieselben Probleme behandelt werden. So kam fast gleichzeitig in verschiedenen Ländern die Infinitesimalrechnung auf. Im 19. Jh. wurde die Integralrechnung durch die Arbeiten des Deutschen Bernhard Riemann (1826–66) verbessert.

Die Wahrscheinlichkeitsrechnung entstand aus Studien über die Glücksspiele, über *Hasardspiele,* wie Glücksspiele auch genannt werden (vom arabischen Wort »az-zahr« – Würfelspiel). Aus dem Briefwechsel, den die Franzosen Pascal

Wie bei den Griechen, so dienten auch im Mittelalter peinlich genaue Konstruktionen zur Lösung mathematischer Gleichungen.

Ein Schülertraum wird wahr: Der Franzose Dominique Serina hat den Rechenstift erfunden, der die Zahlen, die er schreibt, »mitliest« und – sobald das Gleichheitszeichen auftaucht – die richtige Lösung gleich anzeigt. Wenn alles klappt, wird Ende 1988 der Stift auf dem Markt sein.

und Fermat miteinander führten, geht hervor, daß sie als erste das Hasardspiel mathematisch definieren wollten. Der holländische Gelehrte Christiaan Huygens (1629–95), der über diesen Briefwechsel informiert war, veröffentlichte als erster **1656** ein komplettes Exposé über die Wahrscheinlichkeitsrechnung mit dem Titel *De ratiociniis in ludo aleae.* In dem von Jakob Bernoulli (1654–1705) später verfaßten Werk *Ars conjectandi* wird die Wahrscheinlichkeitslehre noch ausführlicher behandelt. Auch der französische Mathematiker Pierre Simon de Laplace (1749–1827) hinterließ eine bemerkenswerte Schrift über die angewandte mathematische Analyse in der Wahrscheinlichkeitstheorie.

Die Statistik. Erst **1746** schuf der deutsche Professor aus Göttingen, Gottfried Achenwall, den Begriff *Statistik.*
Allerdings wurden bereits in der **Antike** Informationen über die Statistik gesammelt. Der chinesische Herrscher Yao führte 2238 v. Chr. Zählungen zur landwirtschaftlichen Produktion durch.
1853 nahm der aus Belgien stammende Mathematiker Adolphe Quetelet als erster an, daß die Statistik auf Wahrscheinlichkeitsrechnungen basieren könnte. Mit den ab 1950 konstruierten leistungsstarken Rechnern wurden auch Programme erstellt, die Analysen der Daten im – zur Zeit sehr beliebten – multidimensionalen Raum ermöglichen.

Die Matrix. Durch Studien der Gleichungssysteme und der linearen Transformationen war der englische Mathematiker Arthur Cayley (1821–95) in der Lage, Zahlentafeln aufzustellen, die sogenannten Matrizen, und Rechenvorgänge auf diesen Tafeln zu definieren. So entwikkelte er die Matrixrechnung, die er in seiner Arbeit **1858** veröffentlichte. Seine Arbeiten ermöglichten genauere Studien der Gruppentheorie linearer Transformationen und dienten F. Klein als Basis für die Ausarbeitung seines Erlanger Programms.

Gruppentheorie. Im **19. Jh.** beschäftigte sich der französische Mathematiker Evariste Gaulois (1811–32) mit Permutationsgruppen von algebraischen Gleichungen und formulierte einen ersten Theorieansatz über die Gruppen, den er durch seinen frühen Tod nicht beenden konnte; er wurde in einem Duell im Alter von 21 Jahren getötet. Trotz einiger Überarbeitungen seiner Theorie blieb sie für spätere Forschungen wegweisend.
In der Zeit von 1870–80 arbeitete der norwegische Mathematiker Sophus Lie (1842–99) die Theorie der kontinuierlichen Gruppen oder *Lie-Gruppen* aus, um hauptsächlich die Differentialgleichungen zu untersuchen. Diese Gruppen wurden von Klein in sein Erlanger Programm (1872) aufgenommen, wodurch die Geometrie ein Teilgebiet in der Theorie der Gruppen wurde. Seither wird diese Gruppentheorie in der ganzen Mathematik und selbst in der Physik zur Erforschung der Atomstrukturen benutzt.

Die mathematische Logik. Der englische Autodidakt George Boole (1815–64) ist der Begründer der symbolischen Logik. Im Jahr 1847 veröffentlichte er ein Büchlein, worin er die Behauptung aufstellte, daß die Logik nicht der Philosophie, sondern der Mathematik zugeordnet werden sollte. In der von Boole **1854** veröffentlichten Abhandlung über die Gesetze des Denkens findet man die Ergebnisse seiner Ideen wieder; es sind die Ansätze zur sogenannten *Booleschen Algebra,* in der nur die Zahlenwerte 0 und 1 verwendet werden. Die heute gültige Form der Logik geht auf die Arbeiten des deutschen Mathematikers Gottlob Frege (1848–1925) von **1879** zurück, die der Philosoph Bertrand Russell im Jahr 1903 veröffentlichte.

Die Mengenlehre. Seit Leibniz war die Einführung von Zeichen und Symbolen notwendig geworden, durch die die Logik systematisch aufgebaut werden konnte. In seiner Algebra stellte George Boole einerseits Vereinigungs- und Schnittmenge der Addition und Multiplikation gegenüber und andererseits das logische »oder«

dem »und«. Somit kamen gleichzeitig Symbole in Logik und Mengenlehre auf und eine Theorie, die diese Mengen definierte.
Der italienische Mathematiker und Logiker Giuseppe Peano (1858–1932) führte **1895** die Symbole ∈ *(Element von)*, ∪ *(Vereinigung von zwei Mengen)* und ∩ *(Schnittmenge)* ein. Das Zeichen ⊂ als Symbol für die Teilmenge erdachte sich 1877 der deutsche Mathematiker Schröder. Cantor, der sich mit der Menge der reellen Zahlen beschäftigt hatte, brachte den Begriff der transfiniten Zahlen auf, anhand derer Peano dann die Kardinalzahl einer Menge definieren konnte. Der französische Mathematiker Émile Borel (1871–1956) führte den Begriff der *endlichen Vereinigung* ein, was den Weg zu Forschungen des 20. Jh.s über die Topologie und die Maßtheorie öffnete.

Die Topologie ist ein Teilgebiet der Mathematik, das hauptsächlich die grundlegenden Eigenschaften von *Kontinuum* und *Grenze* umschreibt. Bis ins 19. Jh. wurden diese Eigenschaften von den Mathematikern benutzt, ohne daß sie dafür eine korrekte Definition aufgestellt hatten. Der deutsche Mathematiker David Hilbert (1862–1943) versuchte, sie in einem Axiom auszudrücken und führte den Begriff der *Umgebung* ein.
Der französische Wissenschaftler Maurice Fréchet und der Ungar Frigyes Riesz gaben im 20. Jh. eine Definition der Begriffe Metrik und Topologie. Mit der Definition der Filter, die 1940 durch den französischen Mathematiker Henri Cartan erstellt wurde, war die endgültige Erklärung des Begriffs der *Grenze* gegeben. Henri Poincaré (1854–1912) gilt als der Begründer der Topologie in der Algebra und der Differentialrechnung.

Der Schüler Christoph Ebbert mit seiner genialen Erfindung eines Linier- und Schneidegeräts, auf das nicht einmal Pythagoras gekommen war.

Maßtheorie. Zwar ist der Begriff des *Maßes* schon seit Beginn aller Zivilisation dem Menschen aus Erfahrungswerten bekannt, aber erst im 20. Jh. wurde eine zusammenhängende Theorie formuliert. Anhand des im 18. Jh. erzielten Fortschritts in der Mathematik entwickelte der französische Gelehrte Henri Lebesgue (1875–1941) in der Mengenlehre unter Einbeziehung der Menge der reellen Zahlen, der Riemann-Integrale und der Gruppenalgebra das Lebesgue-Maß, dabei macht er vor allem die paradoxe Annahme einer Menge mit unendlich vielen Punkten geltend, die aber trotzdem gleichzeitig das Maß Null besitzt. In *Schule der Mathematik* veröffentlichte er **1931–35** seine Ergebnisse über das Größenmaß.

Das Bourbaki-Team. Ähnlich Euklid, als er seine *Elemente* schrieb, versucht seit **1933** eine Gruppe französischer Mathematiker gemeinsam eine Zusammenfassung der mathematischen Erkenntnisse des 20. Jh.s zu liefern. Zuerst arbeiteten sie Axiome aus, anhand derer alle Erkenntnisse bewiesen werden konnten, und brachten sie dann in anwendbare Zusammenhänge. Ihre Veröffentlichungen *Die Elemente der Mathematik* (1939) und *Die historischen Elemente der Mathematik* (1960) sind mit dem Namen des französischen Generals Nicolas Bourbaki unterzeichnet. Der Name soll Anlaß eines Scherzes während der Arbeit gewesen sein, als man sich einen fiktiven General Bourbaki ausmalte. Die Gruppe bemüht sich, in einer Gesamtdarstellung der wesentlichen Teile der Mathematik die gemeinsame strukturelle Grundlage herauszuarbeiten.

Das Linier- und Schneidegerät von Christian Ebbert (*1971) aus Passau ermöglicht das Anbringen von geraden Strichen bzw. Schnitten auf gewölbtem, unebenem oder feuchtem Untergrund. Das Gerät besteht aus drei Schenkeln, von denen die beiden äußeren fest miteinander verbunden sind und der mittlere Schenkel »verschwenkbar« zwischen diesen beiden befestigt ist. Für diese geniale Erfindung, auf die weder Thales noch Pythagoras kamen, wurde dem Schüler Christoph Ebbert **1986** ein Patent erteilt.

PHYSIK

Standardmaße

Gewichte und Maße. Die ersten Maßeinheiten sind größtenteils in bezug auf die Ausmaße des menschlichen Körpers gewählt worden, so zum Beispiel Daumen, Unterarm (Elle), der Abstand zwischen Nasenspitze und äußerstem Punkt der Hand des Königs im mittelalterlichen England (Yard) – oder in bezug auf Bewegungen, wie etwa Schritt und Meile, welche einer Marschstunde entspricht.
Obwohl alle Versuche, die mit der Zeit immer zahlreicher werdenden Maßeinheiten zu vereinheitlichen, an örtlichen Gewohnheiten scheiterten, hat die wissenschaftliche und technische Entwicklung die Anwendung eines einheitlichen Systems durchgesetzt. Mit der Einführung des metrischen Dezimalsystems hörte die in Frankreich herrschende Verwirrung auf. In den angelsächsischen Ländern wurde das Internationale System (IS) erst in der zweiten Hälfte des 20. Jh.s angenommen; und erst 1980 hat sich Großbritannien endgültig an das metrische System angepaßt.

Das metrische System. Das Prinzip der allgemein verbindlichen Einheiten für Gewichte und Maße wurde durch Beschluß des Nationalkonvents im 18. Keimmonat des Jahres III der französischen Republik, das heißt am 7. April **1795** festgelegt. Der Erlaß führte das metrische System ein, legte die Nomenklatur der Einheiten fest und definierte zum ersten Mal gesetzlich den *Meter*. Erst 1983 wurde diese Maßeinheit neu definiert. Gleichzeitig wurde das *Kilogramm* als Maß für das Gewicht gewählt. Am 22. Juni 1799 wurden die ersten Prototypen des Meters und des Kilogramms in den staatlichen Archiven in Paris eingetragen. Im gleichen Jahr wurde in Frankreich durch das Gesetz des 19. Reifenmonats des Jahres VII (also am 17. Dezember 1799) das metrische System verbindlich, dessen Gebrauch sich nur sehr langsam verbreitete.

Internationales Einheitensystem. Im Jahr **1960** wurden durch das Internationale Einheitensystem 7 Grundeinheiten definiert, von denen alle weiteren Einheiten abgeleitet werden, nämlich die der Länge (Meter), der Masse (Kilogramm), der Zeit (Sekunde), der Stromstärke (Ampere), der Temperatur (Kelvin, das dem Grad Celsius entspricht, jedoch auf der Kelvinskala beim absoluten Nullpunkt −273,16° C beginnt), der Stoffmenge (Mol) und der Lichtstärke (Candela). *Die Sekunde* wurde 1967 während der 13. Generalkonferenz zur Vereinheitlichung der Gewichte und Maße neu definiert.

Die Atomsekunde wurde **1965** vom internationalen Büro für Gewichte und Maße in Paris festgelegt. Sie zu ermitteln, das ist eine komplizierte technische Aufgabe mittels einer Cäsiumuhr, erhältlich beim amerikanischen Elektronikkonzern Hewlett Packard für 140 000 DM. Definiert ist die Atomsekunde so: sie ist das 9 192 631 770fache der Periodendauer der elektromagnetischen Strahlung, die bei einem bestimmten Quantenübergang von den Atomen des Cäsiumisotops 133 abgegeben wird. In Braunschweig steht ein solches zentnerschweres technisches Prachtstück. In 5 Mio. Jahren könnte sie um etwa eine Sekunde falsch gehen.

»HEUREKA!«

Man weiß, daß Archimedes, nachdem er das Prinzip der Hydrostatik entdeckt hatte, »Heureka!« jubelte (ich hab's gefunden!). Weniger bekannt sind die Umstände dieser Entdeckung: Es heißt, daß Hieron II., König von Syrakus, der ein sehr mißtrauischer Mensch war, einem Juwelier reines Gold gegeben hatte, das dieser schmelzen und zu einer königlichen Krone verarbeiten sollte. Archimedes hatte die Arbeit des Handwerkers zu kontrollieren. So kam ihm die Idee, in einem bis zum Rande mit Wasser gefüllten Behälter zuerst die Krone, dann Gold und Silber von gleichem Gewicht einzutauchen. Es heißt weiter, daß er nach jedem Schritt das übergelaufene Wasser wog. Schließlich stellte sich heraus, daß das erste Ergebnis zwischen den beiden folgenden lag. Dies war der Beweis dafür, daß die Krone aus einer Gold-Silber-Mischung gefertigt worden war. Der Juwelier wurde als Dieb reinen Goldes bestraft.

Statik und Mechanik

Statik. Der flämische Gelehrte Simon Stevin (1548–1620) wird als der Begründer der modernen Statik angesehen, der Wissenschaft, die sich mit dem Gleichgewicht der Körper und den Gleichgewichtsbedingungen beschäftigt. Er stellte eine Lehre über die Statik fester und flüssiger Körper mit Anwendungen auf den Schiffbau auf.

Schwerpunkt. Der große Gelehrte Archimedes (287–212 v. Chr.) aus Syrakus (Griechenland) bestimmte **im 3. Jh. v. Chr.** die Schwerpunkte von festen homogenen Körpern, die geometrisch definiert sind, wie z. B. Zylinder, Kugeln und Kegel. Archimedes dokumentierte diese Erkenntnis im *Buch der Gleichgewichte.* Dort stellt er auch eine Theorie der Hebelgesetze auf.

Waagen. Um **3500 v. Chr.** benutzten die Ägypter Waagen mit zwei an einem Balken hängenden Schalen, um Weizen oder Gold zu wiegen.
Die römische Schnellwaage hat zwei ungleiche Arme, und – obwohl »römisch« genannt – wurde sie von den Chinesen erfunden. Ihr Ursprung soll auf das **10. Jh. v. Chr.** zurückgehen. Sie soll kurz vor Christi Geburt von Nomaden in die westliche Welt gebracht worden sein. Noch heute wird sie unter der Bezeichnung *Laufgewichtswaage* benutzt.
Die *Robervalsche Tafelwaage* geht auf den französischen Mathematiker und Physiker Gilles Persone de Roberval (1602–75) zurück. Er stellte **1670** der Akademie der Wissenschaften in Paris seine Waage mit zwei Waagschalen vor. Jede Waagschale ist auf einen senkrechten Balken montiert, welche durch zwei parallele, waagrechte Stangen mit einem Balkenfuß verbunden sind. Das Stangensystem bewirkt dabei die Auf- und-Ab-Bewegungen der Waagschalen. Noch vor kurzem war die Robervalsche Tafelwaage die im Handel am weitest verbreitete Waage.

Hydrostatik. Archimedes formulierte im **3. Jh. v. Chr.** als erster das Prinzip des Auftriebs, das nach ihm als Prinzip des Archimedes bekannt wurde. Jeder Körper, der in eine sich nicht in Bewegung befindliche Flüssigkeit oder Gas getaucht wird, erfährt einen Auftrieb. Dieser ist gleich dem Gewicht der durch den Körper verdrängten Flüssigkeit und wirkt in Richtung des Körperschwerpunktes.

Hydrostatisches Paradoxon. Der flämische Mathematiker und Physiker Simon Stevin interessierte sich in seiner Funktion als Damminspektor Hollands schon aus Berufsgründen für die in Flüssigkeiten wirkenden Kräfte und war der erste, der diese auch wissenschaftlich untersuchte. **1586** erschienen seine drei Bücher über die Mechanik. Darin beschreibt er das berühmte hydrostatische Paradoxon: Der Druck, den eine Flüssigkeit auf den Boden eines Behälters ausübt, hängt allein von der Höhe der Flüssigkeit über dem Boden, nicht aber von der Form des genannten Behälters ab. Andererseits aber hängt das Gewicht der Flüssigkeit von der Form des Behälters ab.
1663 erschien die von Blaise Pascal (1623–61) verfaßte Abhandlung *Vom Gleichgewicht der Flüssigkeiten.* In diesem zwischen 1651 und 1654 geschriebenen Werk nimmt Pascal das von Stevin formulierte hydrostatische Paradoxon wieder auf: Der unterschiedliche Druck zwischen zwei Punkten einer ruhenden Flüssigkeit entspricht dem Gewicht einer Flüssigkeitssäule, deren Höhe dem Höhenunterschied der beiden Punkte entspricht. Später folgerte er daraus das Prinzip der kommunizierenden Röhren.
Pascal stellte seinen *fundamentalen Lehrsatz* auf: Jeder Druckanstieg an einem Punkt einer ruhenden und nicht komprimierbaren Flüssigkeit wird vollständig auf alle Punkte dieser Flüssigkeit übertragen.

Der freie Fall. Der italienische Physiker und Astronom Galileo Galilei erbrachte den Beweis dafür, daß, wenn man den Luftwiderstand vernachlässigt, die festen Körper mit einer von ihrem Gewicht unabhängigen Geschwindigkeit fallen. In dem **1602** erschienenen Buch *De Motu* bewies Galilei, daß der zurückgelegte Weg zu dem Quadrat der Fallzeit und die Fallgeschwindigkeit zu der Zeit proportional sind. In dem 1638 erschienenen Buch *Unterredung über zwei neue Wissenschaftszweige* formulierte Galilei das Trägheitsprinzip und ebenso die Gesetze der gleichförmigen Bewegungen und Beschleunigungen.

Im 16. Jh. hat sich der Holländer Simon Stevin in seiner Funktion als Damminspektor mit dem hydrostatischen Paradoxon beschäftigt. Am Ort seines Wirkens wurde 1986 das gigantische Sturmflutwehr der Oosterschelde in Betrieb genommen.

Grundgesetze der Mechanik. Beeinflußt von der Arbeit Galileis, veröffentlichte der englische Mathematiker, Physiker und Astronom Isaac Newton (1642–1727) **1687** die drei Naturgesetze der Mechanik. Das Werk endet mit der Formulierung der Gesetzmäßigkeit des freien Falls.

Mechanik der Flüssigkeiten. Der englische Ingenieur Osborne Reynolds (1842–1912) forschte auf dem Gebiet der Hydrodynamik. Vor allem beschäftigte er sich mit dem Fließverhalten zäher Flüssigkeiten. Die *Reynolds-Zahl* ist ein Koeffizient ohne Dimension in der Strömungslehre, der durch Trägheit und Reibung bestimmt wird und technisch eine wichtige Rolle spielt.

Froude Zahl. Dem englischen Ingenieur William Froude (1810–79) gelang es erstmals, die Träg-

***Rafaele* erreicht Mach 2, eine Geschwindigkeit, die nach dem Philosophen und Physiker Ernst Mach bezeichnet wurde.**

heitskräfte in Flüssigkeiten und Gasen experimentell darzustellen. Die Froude-Zahl ist eine wichtige Größe bei Modelluntersuchungen in Strömungen, die dem Einfluß der Schwerkraft unterliegen. Für die Durchführung seiner Experimente konstruierte er das erste Bassin für Modellversuche.

Mach-Zahl. Der österreichische Philosoph und Physiker Ernst Mach (1838–1916) bewies die Rolle der Geschwindigkeit bei aerodynamischen Abläufen. Zum Beispiel wird die Geschwindigkeit eines Flugzeugs durch die Machsche Zahl (M) definiert. Wenn M größer als 1 ist, fliegt das Flugzeug mit Überschallgeschwindigkeit, also schneller als der Schall (340 m/Sek. in der Luft).

Himmelsmechanik. Der Ursprung der Theorien von der Bewegung der Himmelskörper geht auf das **5. Jh. v. Chr.** zurück: die Pythagoräer, die Schüler des berühmten griechischen Gelehrten und Philosophen Pythagoras, stellten sich ebenso wie der Grieche Eudoxos ein System konzentrischer Sphären vor, deren verschieden schräge Rotationsachsen die Erde als Zentrum haben. Der letzte Astronom der Antike, der Grieche Claudius Ptolemäus (etwa 85–165 n. Chr.), stellte dieses kosmogonische System auf.
Im **3. Jh. v. Chr.** erdachte der Grieche Aristarchos von Samos (310–230 v. Chr.) bereits die Darstellung eines *heliozentrischen Universums.* Seiner Meinung nach bewegte sich die Erde zusammen mit den anderen Planeten um die Sonne und nicht umgekehrt. Darüber hinaus erkannte er, daß sich die Erde um ihre eigene Achse dreht.

Das System des Kopernikus. Der aus einer deutschen Bürgerfamilie aus Schlesien stammende Nikolaus Kopernikus (1473–1543), Doktor der Rechtswissenschaften, Kanoniker und begeisterter Astronom, scheint schon zu Beginn des **16. Jh.s** das kosmogonische System ausgearbeitet zu haben, durch das er später berühmt wurde: Die Erde dreht sich um ihre eigene Achse und wie die anderen Planeten um die Sonne. Dieser ausgeglichene und ruhige Mann kannte seine Kirche gut. Sicherlich stellte er sich das Gezeter der Theologen vor, wenn deren feste Meinung von der Erde als Zentrum des Universums und folglich auch deren Dogma vom Menschen als im Zentrum des Universums stehendes »Abbild Gottes« zerstört würde. Daher beeilte er sich mit der Veröffentlichung seines Buches auch nicht. Er vertraute es seinem Freund und Schüler Georg Rhaeticus (1514–76) an, der es 1543 drucken ließ. Das Buch mit dem Titel *De revolutionibus orbium coelestium libri VI* erschien am 24. Mai 1543, einige Tage, bevor Kopernikus starb.

Keplersche Gesetze. Der deutsche Astronom Johannes Kepler (1571–1630) führte systematische Studien über die Planetenbewegungen durch, vor allem über die des Planeten Mars. Er formulierte drei Gesetze, die nach ihm benannt wurden; sie lieferten Berechnungen, die mit den Beobachtungen übereinstimmten. Die beiden ersten Gesetze sind in dem **1609** erschienenen Buch *Astronomia nova* und das dritte Gesetz in dem 1619 veröffentlichten Buch *Harmonices mundi* zu finden.

System des Galilei. Der Italiener Galileo Galilei (1564–1642) war wissenschaftlicher Gesandter am Hofe des Großherzogs der Toskana, Cosimo II., und trug sein Teil zu der von ihm unterstützten These des Kopernikus bei, indem er zahlreiche beobachterische Beweise dafür erbrachte. Aber die Inquisition war wachsam. Deshalb war Galilei sehr vorsichtig und veröffentlichte erst

Trotz seiner Streitigkeiten mit der Inquisition setzte Galilei seine Arbeiten fort. Im Alter verlor er die Sehkraft und mußte seine Überlegungen dem Sohn diktieren.

Nicht schwerelos fliegen diese Menschen durch den Raum, sondern Luft drückt sie in dem Maße empor, daß die Erdanziehungskraft ausgeglichen wird.

1632 das berühmte Buch *Dialog über die beiden hauptsächlichsten Weltsysteme.* In diesem Buch, das einem breiten Publikum zugänglich war, verteidigte er mit Nachdruck die Ideen von Kopernikus. Aber weder der Schutz, dessen sich Galilei erfreute, noch der Erfolg seines Buches hinderten die Inquisition daran, einzuschreiten. Während eines dramatischen Prozesses 1633 zwangen sie ihn, seinen Ideen abzuschwören, bevor sie ihn dazu verurteilten, ganz zu schweigen.

Universelle Anziehungskraft. 1687 formulierte der Engländer Isaac Newton, einer der größten Gelehrten aller Zeiten, das allgemeine Gesetz der Planetenbewegungen in seinem Werk *Philosophia naturalis principia mathematica.* Mit seiner Theorie über die universelle Anziehungskraft erreichte er eine einheitliche Betrachtungsweise der irdischen und kosmischen Schwerkrafteffekte, die bereits auf Untersuchungen in den Jahren 1665 und 1667 zurückgehen. 1684 teilte Newton anhand seiner Abhandlung *De Motu* alle seine Ergebnisse der Royal Society mit. Zwischen 1670 und 1685 stellte der Holländer Christiaan Huygens (1629–95) Messungen über den Zusammenhang zwischen Beschleunigung und Masse an, und der französische Abt Jean Picard (1620–82) berechnete den Erdradius. Mit diesen Voraussetzungen hatte Newton die Möglichkeit, seine Hypothese durch Berechnungen zu belegen, um daraus die Schlußfolgerung zu ziehen, daß die Schwerkraft und die Anziehungskraft den gleichen Gesetzen gehorchen. Es sind dies die verschiedenen Aspekte eines gleichen Phänomens.

Quantentheorie des Gravitationsfeldes. Der deutsche Physiker Albert Einstein (1879–1955) veröffentlichte **1905** eine fundamentale Arbeit, die spezielle Relativitätstheorie, die durch die Aufstellung der Äquivalenz zwischen Masse und Energie die Newtonschen Gesetze der Mechanik abänderte. Wie können die Newtonschen Gravitationskräfte in demselben Moment auf Distanz und unmittelbar wirken? Die Schwierigkeit wurde anhand des Einsteinschen Modells gelöst. Dabei breitet sich die Gravitation in einem Raum-Zeit-Kontinuum mittels Wellen aus, die die Geschwindigkeit der elektromagnetischen Wellen haben. **1919** fand diese Theorie ihren Platz innerhalb der allgemeinen Relativitätstheorie. In dieser Grundtheorie wird das Gravitationsfeld innerhalb eines gekrümmten und vierdimensionalen Universums (wobei die Zeit die vierte Dimension ist) dargestellt.

Materie

Gas. Der flämische Arzt und Chemiker Johann Baptist van Helmont (1577–1644), der, ebenso wie sein Zeitgenosse Galilei, von der Kirche verfolgt wurde, erkannte als erster die Existenz verschiedener Gase wie Kohlendioxid, Kohlenmonoxid und Sauerstoff, die man erst viel später identifizierte. Die Griechen bezeichneten den »immensen und finsteren Raum, der vor Beginn aller Dinge existierte«, mit dem Wort *Khaos,* von dessen Phonetik van Helmont das Wort Gas ableitete. Bis ins 17. Jh. kannte man diesen Zustand der Materie nur aufgrund der damit gemachten Erfahrungen.

Luft. Der erste, der behauptete, die Luft sei ein Gemisch, war der englische Chemiker und Physiologe John Mayow (1640–79), ein Schüler von Robert Boyle. Der englische Chemiker Henry Cavendish (1731–1810) erstellte **1783** die *erste, relativ präzise Analyse* der Luft. Er fand 20,8 Prozent Sauerstoff, 79,2 Prozent Stickstoff und wies auf das Vorhandensein einer *Blase* hin, die etwa 1 Prozent des Volumens des analysierten Gases einnahm. Diese Blase schien besonders reaktionsträge zu sein.

Sauerstoff und Stickstoff. In einer **1777** verfaßten, aber erst 1782 veröffentlichten Abhandlung des Begründers der modernen Chemie, Antoine Laurent de Lavoisier (1743–94), der die Arbeiten des englischen Chemikers Joseph Priestley und des Schweden Carl Wilhelm Scheele weiterführte, wurde die für die Atmung wichtige Luft mit *Sauerstoff* (wörtlich: der eine Säure hervorbringt) und die für den Menschen schädliche Luft mit *Stickstoff* (wörtlich: der Leben zerstören kann) benannt. Der französische Chemiker hatte mit seinen Elementaranalysen die Verbrennung (Oxidation) richtig als Sauerstoffaufnahme erkannt. **1772** hatte bereits der Arzt und Physiker Daniel Rutherford (1748–1819) in seiner Doktorarbeit *De aere mephistico* die Entdeckung des Stickstoffs zu Papier gebracht.

Argon. Zwei englische Forscher, Sir William Ramsay (1852–1916) und Lord John William Rayleigh (1842–1919) fanden **1894** durch spektroskopische Analyse der Luft ein träges Gas, das sie *Argon* nannten. Argon bedeutet im Griechischen »faul«.

Helium. Der schwedische Chemiker Per Theodor Cleve (1840–1905) entdeckte zusammen mit Ramsay **1895** das Helium in einem radioaktiven

Bei 0° C gefriert bekanntlich Wasser. Wie dann unter dem Elektronenmikroskop ein einziges Eiskristall aussehen kann, zeigt das Bild.

Mineral. In der Atmosphäre der Sonne wurde dieses Gas von dem französischen Astronomen Jules Janssen (1824–1907) entdeckt, als er am 18. August 1868 die Sonnenfinsternis beobachtete. Daher erhielt dieses Edelgas den Namen Helium.

Neon, Krypton, Xenon. 1898 isolierten Ramsay und der englische Chemiker Morris William Travers (1872–1966) Neon, Krypton und Xenon aus der Luft.

Radon. 1900 machte der deutsche Forscher Ernst Dorn die letzte Entdeckung bezüglich der Edelgase: Das Radon ist eines der radioaktiven Folgeprodukte nach Zerfall von Radium. Unabhängig davon wurde Radon auch von E. Rutherford identifiziert. Seit 1986 ist Radon in den USA auch ein »Umweltproblem«. In bestimmten Gebieten ist die Konzentration von Radon z. B. in Häusern sehr hoch, so daß eine mögliche Gefährdung der Bewohner diskutiert wird.

Wasser. Der englische Chemiker Henry Cavendish (1731–1810) hatte **1781** die Idee, Sauerstoff zusammen mit Wasserstoff zu verbrennen. Zuvor wog er gründlich die Mengen der beiden Gase und stellte fest, daß das Gewicht der beim Verbrennen entstandenen Wassermenge dem Gesamtgewicht der beiden Gase entsprach. In der Natur besteht Wasser tatsächlich aus einer Verbindung von Sauerstoff- und Wasserstoffisotopen. Der Schweizer Paracelsus (1493–1541) verwies als erster auf die Existenz von Wasserstoff. Der Franzose Antoine Laurent de Lavoisier wiederholte die Experimente von Cavendish und vervollständigte sie. Seine Idee war, das Wasser durch Verdampfen in seine beiden Bestandteile zu trennen und diese anschließend wieder zu Wasser zu verbinden. Nach einer Reihe von Experimenten stellte er das berühmte Gesetz von der Erhaltung der Masse in einer chemischen Reaktion auf.

Zustandsänderung

Atmosphärischer Druck. Der italienische Physiker und Mathematiker Evangelista Torricelli (1608–47), ein Schüler Galileis, stellte **1643** erstmals Messungen des Luftdrucks an. Um den atmosphärischen Druck nachzuweisen, benutzte er Quecksilber, dessen Dichte 13mal höher ist als die des Wassers, um seine Messungen besser durchführen zu können. Damit füllte er einen Schmelztiegel und eine Glasröhre, die an einem Ende verschlossen war. Diese Röhre stülpte er auf den Tiegel. Sofort fiel das Quecksilber aus der Röhre in den Tiegel und stabilisierte sich bei einer Höhe von 76 cm in der Röhre. Torricelli folgerte daraus, daß die Luft auf das Quecksilber des Schmelztiegels einen konstanten Druck ausübte, der das Quecksilber in der Röhre auf 76 cm Höhe halten konnte.
Die Röhre von Torricelli ist das erste *Barometer.* Im Jahr 1647 wurden die Forschungen von Torricelli durch die Experimente des Franzosen Blaise Pascal vervollständigt und bestätigt.

Das Vakuum. Der aus Magdeburg stammende Deutsche Otto von Guericke (1602–86) entwikkelte vor 1650 die erste Luftpumpe, mit deren Hilfe er 1663 in Magdeburg am Hofe Friedrich Wilhelms seinen berühmten Schauversuch zum Vakuum ausführte. Seine Idee war es, zwei hohle Bronzehalbkugeln mit jeweils 50 cm Durchmesser fest miteinander zu verbinden. Er pumpte die so entstandene Kugel luftleer und ließ an jeder Halbkugel zwei Pferde anbinden, die an den Kugeln zogen – aber nichts geschah. Er ließ zwei weitere Pferde anbinden – doch es passierte noch immer nichts. Zur allgemeinen Verwunderung waren auf jeder Seite acht Pferde nötig, um die beiden Halbkugeln zu trennen.

Ausdehnung von Gasen. Der aus Irland stammende autodidaktische Gelehrte Robert Boyle (1627–91) wies **1661** die umgekehrte Proportionalität von Volumen und Druck eines Gases nach. Er hatte sich zuvor bereits für die Gasexperimente von van Helmont und Pascal interessiert und wendete sich mit seinen Forschungen der Komprimierbarkeit von Gasen zu. Mit einer einfachen J-förmigen Röhre, einer Skala und Quecksilber erbrachte Boyle den Beweis dafür, daß man – soll das Volumen der Luft in der Röhre um die Hälfte verringert werden – den Druck, den das Quecksilber ausübt, verdoppeln muß.
Der französische Physiker und begeisterte Fesselballonfahrer Jacques Charles (1746–1823) – er hatte als erster die Idee, einen Ballon mit Wasserstoff zu füllen – formulierte **1798** das nach ihm benannte *Charlessche Gesetz:* Der Druck eines Gases, dessen Volumen konstant bleibt, ist proportional der Temperatur.
1802 entdeckte der französische Physiker und Chemiker Louis-Joseph Gay-Lussac (1778–1850), daß das Volumen eines Gases bei konstantem Druck sich linear mit steigender Temperatur vergrößert, wobei der Ausdehnungskoeffizient je Grad für alle idealen Gase gleich ist, nämlich $1/273{,}15$ *(Gay-Lussacsches Gesetz).*

Ideales Gas. Der französische Physiker Émile Clapeyron (1799–1864) benutzte erstmals den Ausdruck des idealen Gases. Darunter versteht man ein Gas, das genau den Gasgesetzen folgt. Dieser Zustand wird bei genügend hohen Temperaturen und geringen Dichten annähernd erreicht. Unter normalen Verhältnissen hat man es meist mit »realen« Gasen zu tun.

Verflüssigung von Gasen. Der Engländer Michael Faraday (1791–1867) entdeckte **1818** die Verflüssigung von Gasen, somit das Übergangsstadium zwischen gasförmigem und flüssigem Zustand. Er erhöhte den Druck eines Gases, indem er es abkühlte. Michael Faraday war Sohn eines Schmieds. Seine berufliche Laufbahn begann er als Laufbursche bei einem Buchhändler und wurde schließlich Buchbinder. Durch seine Vorliebe für Bücher hatte er sich Kenntnisse in der Physik angeeignet und sich für Abendkurse bei Sir Humphry Davy eingetragen, dessen Assistent er bald wurde. 1818 orientierte er seine Forschungen in eine für die damalige Zeit vollkommen neue Richtung. So beschäftigte er sich mit der Druck- und Kälteeinwirkung auf Gase. Faraday gelang es, Schwefelwasserstoff und Schwefeldioxid zu verflüssigen, was er allerdings mit Sauerstoff, Wasserstoff und Stickstoff nicht erreichte.

Flüssiger Sauerstoff. Der Franzose Louis-Paul Chailletet (1832–1913) erfand **1877** eine Pumpe, mit der es möglich war, einen Druck von mehreren hundert Atmosphären zu schaffen und zu erhalten. Damit gelang es ihm, Sauerstoff zu verflüssigen, indem er das Gas in einem Kapillarrohr mit einem Mal ausdehnte, wodurch der Druck von 300 auf 1 Atmosphäre absank, was einen Temperaturrückgang bis auf −118,9° C hervorrief. Einige Tage nach diesem gelungenen Experiment veröffentlichte der Professor für Physik Raoul-Pierre Pictet (1846–1929) von der Universität Genf das Ergebnis ähnlicher Forschungen.

Flüssige Luft. 1895 gelang es dem Erfinder und Industriellen Karl von Linde (1842–1934), durch Kompression, Abkühlung und Ausdehnung Luft zu verflüssigen. Er stellte fast reinen flüssigen Sauerstoff her.
Der französische Wissenschaftler Georges Claude (1870–1960) erfand **1902** ein weiteres Verflüssigungsverfahren der Luft und trennte Sauerstoff, Stickstoff und Argon durch fraktionierte Destillation.

Flüssiger Wasserstoff. 1899 erhielt der Engländer Sir James Dewar (1842–1923) über das durch von Linde ausgearbeitete Luftverflüssigungsverfahren siedenden flüssigen Wasserstoff.

Flüssiges Helium stellte **1908** der holländische Physiker Heike Kamerlingh Onnes (1853–1926) in seinem berühmten Tieftemperatur-Labor in Leiden her. Normales Helium weist einen Siedepunkt von −268,9° C auf. Als man 1971 flüssiges Helium-3 (ein Isotop des gängigen Helium-4) auf weniger als 2,7 Millikelvin abkühlte, wurde dabei die Entdeckung gemacht, daß auch Helium-3 das Phänomen der sogenannten »Supraflüssigkeit« zeigt. Bei diesem »vierten Zustand« der Materie ist die Wärmeleitfähigkeit sehr hoch und die Viskosität extrem klein. Das Phänomen wurde erstmals bei der Abkühlung normalen Heliums auf 2,117 K bei 51 mbar entdeckt.

Thermodynamik

Ursprung. 1849 schuf der Engländer Sir William Thomson (1824–1907), der später Lord Kelvin genannt wurde, den Begriff Thermodynamik, womit der Bezug zwischen thermischen und mechanischen Phänomenen beschrieben wird; man kann jedoch behaupten, daß der eigentliche Begründer der Forschung auf diesem Gebiet der Franzose Sadi Carnot (1796–1832) war. Die Thermodynamik führt zu mathematischen Formulierungen über Umwandlungen der Wärme in andere Energiearten und umgekehrt.

Carnotsches Prinzip. Sadi Carnot behauptete, nachdem er die von dem Engländer Thomas Newcomen (1663–1729) im Jahr 1703 erfundene Dampfmaschine studiert hatte, daß es möglich ist, einfach durch einen Wärmetransfer mechanische Energie herzustellen. Diese Feststellung veröffentlichte er **1824** in seinem einzigen Buch.

Zusammenhang zwischen Arbeit und Wärme. Nach Carnot interessierte sich der deutsche Arzt und Physiker Julius Robert von Mayer (1814–78) für Gase und die motorische Kraft von Wärme. **1842** veröffentlichte er die Ergebnisse seiner Forschungen in der Zeitschrift *Annalen der Chemie und Pharmacie.* Dort formulierte er ganz in-

Robert Boyles Luftpumpe von 1659, dargestellt in einem zeitgenössischen Kupferstich. Boyles Versuche über die Zusammendrückbarkeit der Luft führten zur Erkenntnis der Gasgesetze.

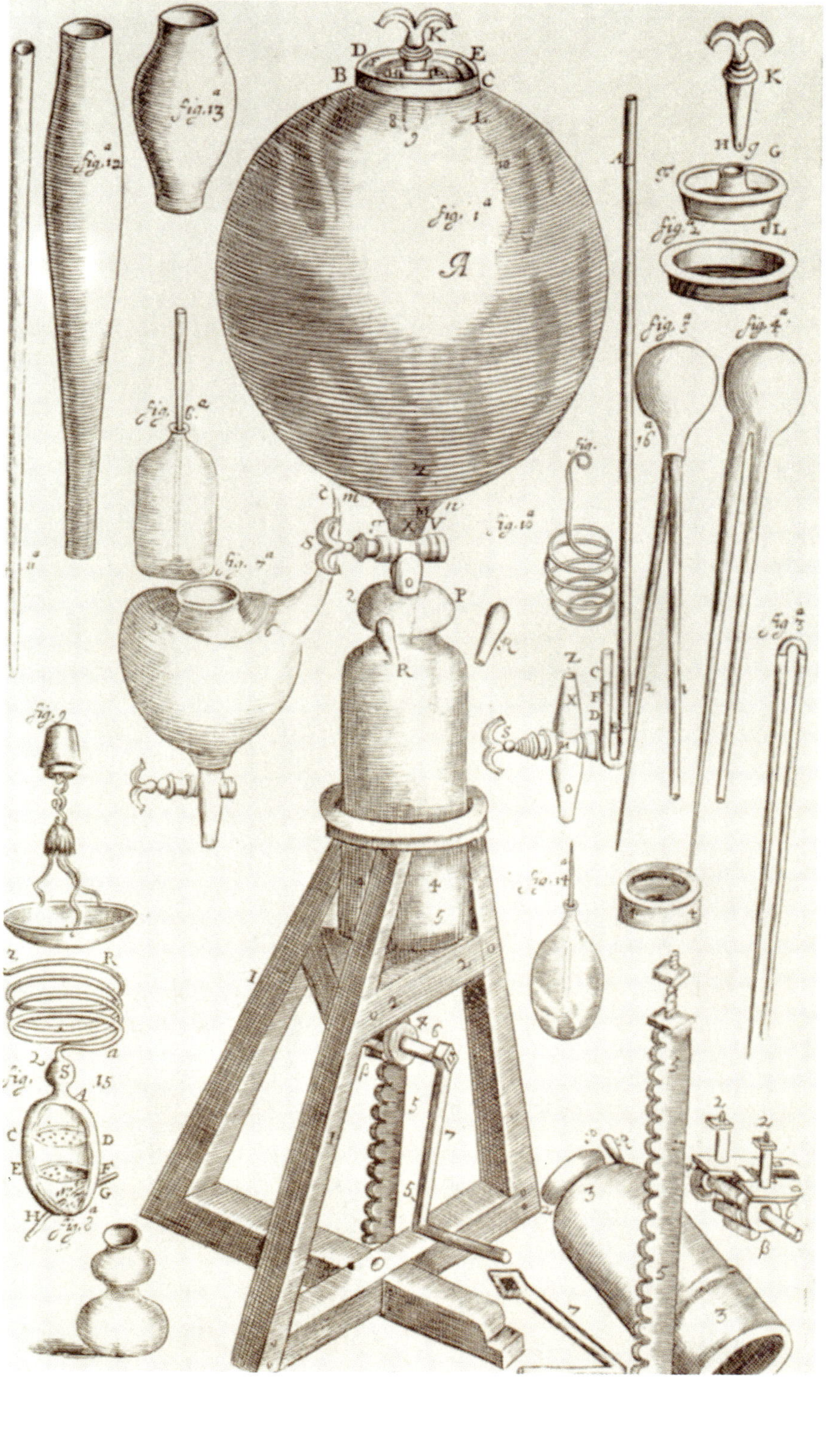

Hochtemperatur-Supraleiter

Der Effekt der Supraleitung, des verlustlosen und widerstandsfreien Transports von elektrischem Strom bei sehr tiefen Temperaturen, wurde bereits im Jahr 1911 von dem niederländischen Physiker Heike Kamerlingh Onnes entdeckt. Bestimmte Metalle, Legierungen und andere metallische Verbindungen verlieren beim Abkühlen auf Temperaturen nahe dem absoluten Nullpunkt ihren elektrischen Widerstand vollständig. Elektrischer Strom kann daher ohne Energieverlust und somit ohne Wärmeabgabe fließen. Da der Widerstand sprungartig auf Null sinkt, nennt man die Temperaturen, bei denen das geschieht, »Sprungtemperaturen«.

Seit der Entdeckung der Supraleitung wurden stetig höhere Sprungtemperaturen bei verschiedenen Metallen beobachtet, doch man bewegte sich nach wie vor in der Nähe des absoluten Nullpunkts. Es bedeutete einen gewaltigen Fortschritt, als es 1973 gelang, eine intermetallische Verbindung aus Niob und Germanium herzustellen. Sie wies eine Sprungtemperatur von 23,2° K (also etwa − 250° C) auf, und dabei blieb es bis Ende 1986.

Wie von Geisterhand schwebt ein schwarzer keramischer Supraleiter über einem ringförmigen Magneten. Die Geisterhand ist ein Magnetfeld, das sich bildet, wenn der Werkstoff supraleitend wird, das heißt, elektrischen Strom ohne Verlust leitet.

Inzwischen hatte man die vielen technisch und praktisch interessanten Möglichkeiten der Supraleitung erkannt: der Transport hoher elektrischer Ströme, höchst wirksame Magnete in der Hochenergiephysik und der Kernfusionstechnik sowie der Einsatz in Magnetschwebebahnen, um nur einige Bereiche zu nennen.

Der große Durchbruch begann 1986, als das Forscherteam Johannes Bednorz (Bundesrepublik Deutschland) und Karl Alex Müller (Schweiz) über die Supraleitfähigkeit einer völlig neuen Stoffklasse – keramikartige metallische Oxide – berichtete. Im Laufe des Frühjahrs 1987 kamen dann aus verschiedenen Laboratorien rund um den Erdball Entdeckungsmeldungen mit immer höheren Sprungtemperaturen. Hatten Müller und Bednorz mit Materialien begonnen, die Sprungtemperaturen von 35° K aufwiesen, so wird derzeit bereits mit Produkten experimentiert, deren Sprungtemperaturen weit über 200° K liegen, die also bereits mit klassischen Kältetechniken beherrschbar sind. Allerdings sind diese Supraleiter gegen hohe Stromlasten empfindlich und brechen dann zusammen. Die Forschung aber läuft auf Hochtouren. Johannes Bednorz und Karl Alex Müller haben für ihre wegweisenden Arbeiten bereits 1987 den Nobelpreis für Physik bekommen.

tuitiv, was später das Prinzip der Äquivalenz von mechanischer Arbeit und Wärme genannt wurde. Dieses Prinzip wurde durch die zahlreichen Messungen des Engländers James Prescott Joule (1818–89) bestätigt, die er von 1840–45 durchführte. In einem vollkommen geschlossenen Behälter, einem kupfernen Kessel, setzte er sein berühmtes Schaufelrad in Bewegung und maß so den Temperaturanstieg der Flüssigkeit, mit der der Raum gefüllt war. Auf diese Weise schätzte er die Wärme ab, die nach einer genau definierten mechanischen Arbeit freigesetzt wird, und bestimmte so den Wert des mechanischen Wärmeäquivalents.

Hauptsätze der Thermodynamik. 1852 formulierte Sir William Thomson (Lord Kelvin) die beiden ersten Hauptsätze der Thermodynamik, wobei er sich auf die Arbeiten von Carnot, von Mayer und Joule stützte. Der dritte Hauptsatz wurde im Jahr 1906 von dem deutschen Physiker Walter Nernst formuliert.

Temperatur. 1848 formulierte Sir William Thomson (Lord Kelvin) die thermodynamische Temperatur, wobei sich ein absoluter Nullpunkt ergibt, der in der Celsius-Skala einem Wert von − 273,15° C entspricht. Die absolute Temperaturskala, einschließlich ihres Nullpunkts, läßt sich objektiv festlegen. Man hat diese Temperaturdefinition auch als »Nullten« Hauptsatz der Thermodynamik bezeichnet.

Elektrizität

Die Elektrostatik ist ein Teil der Physik, der sich mit den Phänomenen der statischen Elektrizität und den neutralisierten elektrischen Ladungen beschäftigt. Bereits im **6. Jh. v. Chr.** hatte der Grieche Thales von Milet (etwa 624–548 v. Chr.) erkannt, daß Bernstein (griechisch: Elektron), wenn man ihn reibt, leichte Körper anzieht. Aristoteles seinerseits benutzte das elektrisch geladene Organ eines Zitterrochens, um Gichtanfälle zu heilen. Der englische Arzt und Physiker William Gilbert (1544–1603) schrieb in seiner Abhandlung *De Magnete* eine erste wissenschaftliche Studie über die elektrischen Anziehungskräfte. Gilbert trennte eindeutig die magnetische und die elektrische Anziehung. Weiterhin verwies er darauf, daß Metalle durch Reibung nicht elektrisierbar sind.

Elektrisiermaschine von Guericke. Der deutsche Ingenieur und Physiker Otto von Guericke (1602–86) konstruierte erstmals **1650** eine elektrizitätserzeugende Maschine, die Elektrisiermaschine. Sie wurde später perfektioniert und schließlich durch andere Maschinen ersetzt, zum Beispiel durch die Scheibenmaschine, die der englische Physiker Jesse Ramsden (1735–1800) 1768 erfunden hatte.

Elektrische Leiter. 1729 beobachtete der englische Physiker Stephen Gray (1670–1736), daß elektrische Ladungen über längere Strecken »wandern« können; durch umfangreiche Versuche entdeckte Gray die elektrische Leitfähigkeit, wobei er erstmals zwischen Leitern und Nichtleitern unterscheidet.

1733 entdeckte der französische Physiker François du Fay (1698–1739), daß ein sehr feines Goldblatt von einem elektrisch geladenen Glasring angezogen, vom nächsten Glasring abgestoßen und von einem Harzring erneut angezogen wird. Daraus folgerte er, daß es zwei verschiedene Arten von elektrischer Ladung gibt, einerseits die der transparenten Körper (glasige elektrische Ladung), andererseits die der harzigen Körper (harzige elektrische Ladung). Im Lauf der Zeit setzten sich die Bezeichnungen *positive* und *negative* Ladungen durch.

Leidener Flasche. Der Deutsche Ewald Jürgen von Kleist (1700–48) und der Holländer Pieter van Musschenbroek (1692–1761) entdeckten gleichzeitig, daß man die von einer Elektrisiermaschine erzeugte Elektrizität speichern kann. **1745** arbeitete Musschenbroek zusammen mit seinen Assistenten an einer Elektrisiermaschine, die durch einen Messingdraht mit einem Arzneifläschchen verbunden war, in dem sich Wasser befand und in welches der Messingdraht eingetaucht war. Musschenbroek brachte die Maschine in Gang, entfernte schließlich das Arzneifläschchen und ergriff den Messingdraht. Daraufhin erhielt er unerwartet einen starken elektrischen Schlag. Dieser erste Kondensator wurde nach dem Namen der Geburtsstadt seines Erfinders *Leidener Flasche* genannt.

Im 18. Jh. war es große Mode, sich in einem Physikkabinett, wo Wissenschaftler einfache, aber spektakuläre Experimente vor allem anhand der Leidener Flasche durchführten, »durchschütteln« zu lassen.

Den Blitzableiter erfand **1752** der Amerikaner Benjamin Franklin (1706–90). Franklin, der anfangs Drucker und später Gründer einer Tageszeitung war, interessierte sich schon immer für Phänomene auf dem Gebiet der Elektrizität.

Durch seine Entdeckung der Spitzenladungen an Körpern und der natürlichen Elektrizität des Blitzes konnte er den Blitzableiter erfinden.

Coulombsches Gesetz. 1785 führte der französische Ingenieur Charles de Coulomb (1736–1806) mehrere präzise Messungen der elektrischen Anziehungskraft durch und stellte das Gesetz über die quantitative Basis der bis dahin nur auf qualitativer Ebene bekannten Elektrostatik auf.
1767 formulierte der Engländer Joseph Priestley (1733–1804) als erster die Hypothese einer Analogie zwischen den Anziehungskräften der Gravitation und der Elektrizität.
1772 bestimmte der Engländer Henry Cavendish (1731–1810) die Kapazität eines Leiters, d. h. den Bezug zwischen der Ladung und dem elektrischen Potential dieses Leiters.

Volta-Batterie. 1800 erfand der Italiener Alessandro Volta (1745–1827) die erste elektrische Batterie. Durch diese Erfindung erlangte er die Gunst von Napoleon Bonaparte, der ihn im Jahr 1810 in den Adelsstand erhob. Von Voltas Name wurde unter anderem die Bezeichnung *Volt* abgeleitet.

Ohmsches Gesetz. 1827 beschrieb der deutsche Physiker Georg Simon Ohm (1789–1854) anhand zahlreicher Experimente den exakten Zusammenhang zwischen Spannung, Stromstärke und Widerstand elektrischer Leiter, der als Ohmsches Gesetz bekannt geworden ist. Nach ihm ist auch die Einheit des elektrischen Widerstands benannt.

Der Joule-Effekt. Ein homogener Leiter erwärmt sich bei Stromeinwirkung. Seit 1882 ist dieser Effekt nach dem englischen Physiker James Prescott Joule (1818–89) benannt, der im Jahr **1841** das entsprechende Gesetz formulierte. Die durch den Stromfluß entstandene Wärme bringt den Draht einer Glühbirne zum Glühen. Auch wärmeproduzierende Widerstände für Elektroküchen, elektrische Heizungen usw. beruhen auf diesem Effekt. Das gleiche Prinzip findet man bei einer Sicherung wieder, wobei ein Metalldraht mit niedriger Schmelztemperatur in einen elektrischen Kreislauf eingefügt wird. Wenn die Stromintensität auf einen zu hohen Wert ansteigt, schmilzt der Draht, und der Kreislauf wird unterbrochen.

Die elektrische Entladung in Gasen entspricht dem Fluß einer elektrischen Ladung, also dem Stromfluß, innerhalb eines Halbleiters oder Isolatoren. Unter der Bezeichnung *Paschensches Gesetz* zeigten 1889 der deutsche Physiker Friedrich Paschen (1865–1947) und sein englischer Kollege Sir John Townsend (1868–1957), daß die Zündspannung einer Gasentladung nur vom Elektrodenabstand und vom Gasdruck abhängig ist. Paschen entdeckte dieses Gesetz im Versuch, während Townsend es wissenschaftlich bewies.

Aus der Geschichte des elektrischen Lichts

1842	L. J. Deleuil (Frankreich)	Versuche mit Bogenlampen am Place de la Concorde (Paris)
1854	Heinrich Goebel (Deutschland/USA)	elektrische Glühbirne mit Glühfaden aus verkohltem Bambusfaden
1879	Thomas A. Edison (USA)	Konstruktion der ersten wirtschaftlich brauchbaren Glühlampe mit Kohlefaden
1882		2300 Edisonlampen beleuchten die Straßen von New York
1883	Deutsche Edison-Gesellschaft	Münchener Residenztheater elektrisch beleuchtet
1896	Conrad Huber (Österreich/USA)	erste Stabtaschenlampe
1905	AEG (Deutschland)	erste Wolframlampe mit gespritzten Fäden
1908	William D. Coolidge (USA)	Erfinder der Wolframdrähte
1910	AEG, Siemens (Deutschland) General Electric (USA)	Glühlampen mit gezogener Wolfram-Wendel
1910	Georges Claude (Frankreich)	Vorführung der ersten Neon-Röhre
1925	Osram (Deutschland)	Zweidraht-Scheinwerferlampen für Automobile
1929	Osram (Deutschland)	innenmattierte Glühlampe
1933	Philips (Niederlande)	Doppelwendel-Lampe
1937	Osram (Deutschland)	Leuchtstofflampe für Netzspannung als Sensation auf der Pariser Weltausstellung
1957	Gordon Gould (USA)	Laserlicht
1986	Osram (Bundesrepublik Deutschland)	erste elektronische Glühlampe

Elektrische Glühlampe. Viele denken gleich an den Universalerfinder Edison, wenn es um den Vater der Glühbirne geht. Doch Edison war erst 7 Jahre alt, als der nach Amerika ausgewanderte deutsche Uhrmacher Heinrich Goebel (1818–93) aus Springe bei Hannover **1854** die erste brauchbare Glühbirne erfand. Er schmolz einen verkohlten Bambusfaden in eine luftleere Glasglocke ein, über eine Batterie holte er sich den Strom, und so konnte er seine Werkstatt be-

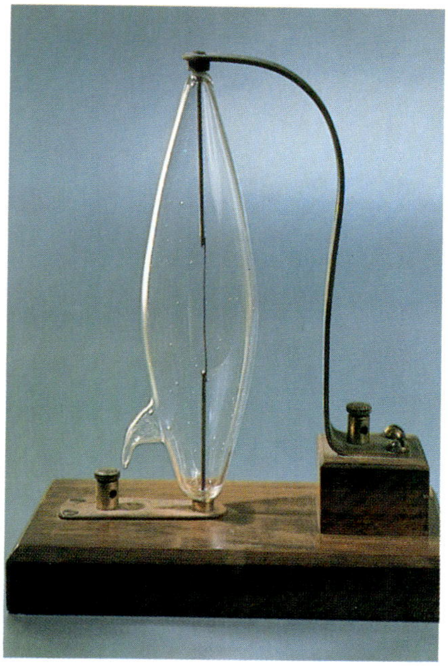

Die Bogenlampe von Louis Joseph Deleuil war die erste elektrische Lampe.

leuchten. Auf die weitere technische Auswertung verzichtete er, weil er einfach keine zuverlässige Stromquelle zur Verfügung hatte.
Der Durchbruch gelang schließlich dem Amerikaner Thomas Edison (1847–1931), als dieser im Oktober **1879** eine Vakuumlampe präsentierte, die 13½ Std. lang brannte. Zuerst benutzte er als Glühfaden verkohltes Nähgarn, dann verkohlte Papierfäden.

Die Neonröhre erfand **1910** der französische Wissenschaftler Georges Claude (1870–1960). Es handelt sich dabei um eine Röhre, die mit Neon gefüllt ist, das unter niedrigem Druck steht. Bei einer bestimmten Elektrodenspannung beginnt dieses Gas hellrot zu leuchten. Die Neonröhre ist einer der bekanntesten Körper, in denen sich elektrische Entladung in Gasen abspielt.

Die nichtdurchbrennende Glühbirne wurde von Kevin Keating (*1952) erfunden und wird seit 1984 von seiner Firma Diolight Technology in Detroit (USA) produziert. Sie ist für umgerechnet 13 DM auf dem Markt, und der Hersteller gibt eine Haltbarkeitsgarantie von 30 Jahren. Obwohl er sich in harter Konkurrenz mit den marktbeherrschenden Firmen befindet, macht

Diese Differentialbogenlampe mit selbsttätigem Nachschub (links der Mechanismus) erfand Friedrich von Hefner-Alteneck 1878.

Keating mit seinen Dauerbrennern Millionenumsatz.

Magnetische Glühbirne. Der Franzose Jean Fritsch hat **1987** eine Glühbirne entwickelt, die nicht mehr mühsam in die Fassung eingeschraubt, sondern einfach eingesteckt und von einem Magneten gehalten wird. Fritsch hat für diese Erfindung den großen Preis der Genfer Erfindermesse 1987 erhalten.

Elektromagnetismus. Der dänische Gelehrte Hans Christian Orsted (1777–1851) zeigte **1819,** daß Strom in dem Raum, der den Stromleiter umgibt, eine Magnetnadel beeinflußt. Dieses Phänomen wird als Induktion bezeichnet. Es heißt, der Stromfluß induziert ein Magnetfeld.
1820 realisierte der Franzose François Arago (1786–1853) den ersten Elektromagneten. Ebenfalls **1820** stellte der französische Mathematiker André Marie Ampère (1775–1836) eine Theorie der stromdurchflossenen elektrischen Leiter auf. Er untersuchte die gegenseitigen Wirkungen von Magnetismus und Elektrizität und wurde so zum Begründer der Elektrodynamik.

Induktion. Der Engländer Michael Faraday (1791–1867) befaßte sich mit den Resultaten von Örsteds und Ampères Forschungen und entdeckte **1831** das Prinzip der elektromagnetischen Induktion. Diese Entdeckung hatte weitreichende technische Folgen. Sie liegt unter anderem den stromerzeugenden elektrischen Maschinen, die als Generatoren bezeichnet werden, zugrunde; solche Generatoren sind z. B. der »Magneto«, ein Elektrogenerator von H. Pixii entwikkelt (seit 1832), der *Dynamo* zur Gleichstrom- und die entsprechenden Maschinen zur Wechselstromerzeugung.

Foucaultscher Strom. Der autodidaktische Physiker Léon Foucault (1819–68) bewies **1850,** daß Strom in Leitermassen durch ein magnetisches Wechselfeld induziert wird. Die in dem Leiter fließenden Wirbelströme erhitzen diesen unmittelbar. Der Foucaultsche Strom findet bei Induktionsheizungen und elektromagnetischen Bremsen Anwendung.

Elektromagnetische Wellen. Ein Schüler Faradays, James Clerk Maxwell (1831–79), einer der größten Physiker des 19. Jh.s, postulierte erstmals **1864** die Existenz von elektromagnetischen Wellen. Daraufhin stellte er die Hypothese auf, daß Licht von elektromagnetischer Natur sei, ohne dies experimentell beweisen zu können.

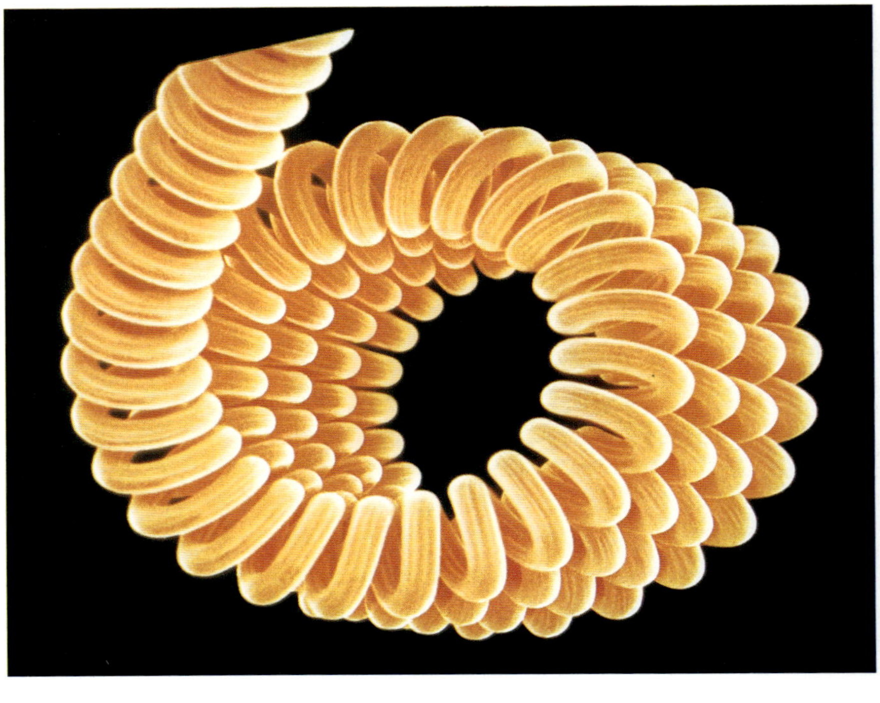

Bis auf 2800° C wird der gewendelte Wolframdraht in einer Glühbirne erhitzt. Feinste Wolframwendeln können teurer als Gold sein.

Meilensteine der Glühlampen-Geschichte; v. l. n. r.: nachgebaute Kohlefadenlampe von Edison (1879), Metalldrahtlampe mit gezogenem Tantaldraht (1905), Doppelwendellampe (1933), erste elektronische Glühlampe (1986).

Hertzsche Wellen. Der deutsche Physiker Heinrich Hertz (1857–94) war der erste, der **1887** die elektromagnetischen Wellen nachweisen und erforschen konnte. Durch diese (nach ihm benannten) Wellen konnte die von Maxwell einige Jahre zuvor aufgestellte Theorie eindeutig bewiesen werden. Hertz stellte fest, daß die in einem Stromkreis entstandenen Schwingungen Wellen waren. Er bestimmte ihre Wellenlänge (etwa 0,6 cm). Durch Experimente erkannte er, daß sie Eigenschaften der Lichtwellen aufweisen (Reflexion, Interferenz und stationäre Wellen), und bewies, daß sie den Gesetzen der Optik gehorchen. Durch die Entdeckung von Hertz wurde die Informationsübertragung über große Entfernungen (Telegrafie) ohne Leiter, also ohne Kabel, möglich. Dies bedeutete ein neues Zeitalter in der Nachrichtenübermittlung.

Der Quanten-Halleffekt. Für seine Entdeckung des Quanten-Halleffekts erhielt der deutsche Physiker Klaus von Klitzing (*1943) den Nobelpreis für Physik **1985.** Dabei geht es um eine neue fundamentale Größe der Natur: die genaue Bestimmung der Naturkonstanten Alpha, die in der Physik eine außerordentliche Rolle als Maß für die Stärke der elektromagnetischen Wechselwirkung spielt. Der exakt definierbare Wert, die *Klitzing-Konstante,* beträgt 25 812,8 Ohm.

Halbleiter sind kristalline Stoffe, deren elektrische Eigenschaften zwischen denen eines Isolators und eines Leiters liegen. Bei niedrigen Temperaturen wirkt der Halbleiter isolierend, während er bei Wärme- oder Lichtzufuhr zum Leiter wird. Seltsame Phänomene elektrischer Leiter wurden bereits von Faraday (1839, Experimente mit Silbersulfid) und von Karl Ferdinand Braun (1874, Bleiglanz) beobachtet, die sie aber nicht erklären konnten. Die erste zusammenhängende Theorie der Leitfähigkeit fester Körper (die gleichzeitig die Eigenschaften der Isolatoren, der Leiter und Halbleiter besitzen), geht auf den Schweizer Felix Bloch (*1905) zurück (1935 nahm er die amerikanische Staatsbürgerschaft an). Er stellte **1929** seine Theorie zur Leitfähigkeit – das Bändermodell – auf und arbeitete zwischen 1925 und 1935 gemeinsam mit zahlreichen Wissenschaftlern verschiedener Länder die Theorie der Halbleiter aus. Allgemein verstanden wurde der Mechanismus der Halbleiter anhand der Transistoren, die die Elektronik revolutionierten.

Kathodenstrahlen. Der deutsche Glasbläser und spätere Fabrikant für Labormaterial Heinrich Geißler (1815–79) stellte etwa **1850** Elektroden-Glasbehälter her, die mit Gas, das unter niedrigem Druck stand, gefüllt waren. Auf diese Weise erhielt er sehr schöne Lichteffekte, die je nach Form des Behälters und Art des Gases variierten. Die deutschen Forscher Julius Plücker (1801–68) und Johann Hittorf (1824–1914) führten **1854** weitere Beobachtungen zu diesem Phänomen durch. **1879** bewies der Engländer Sir William Crookes (1832–1919) anhand von Experimenten

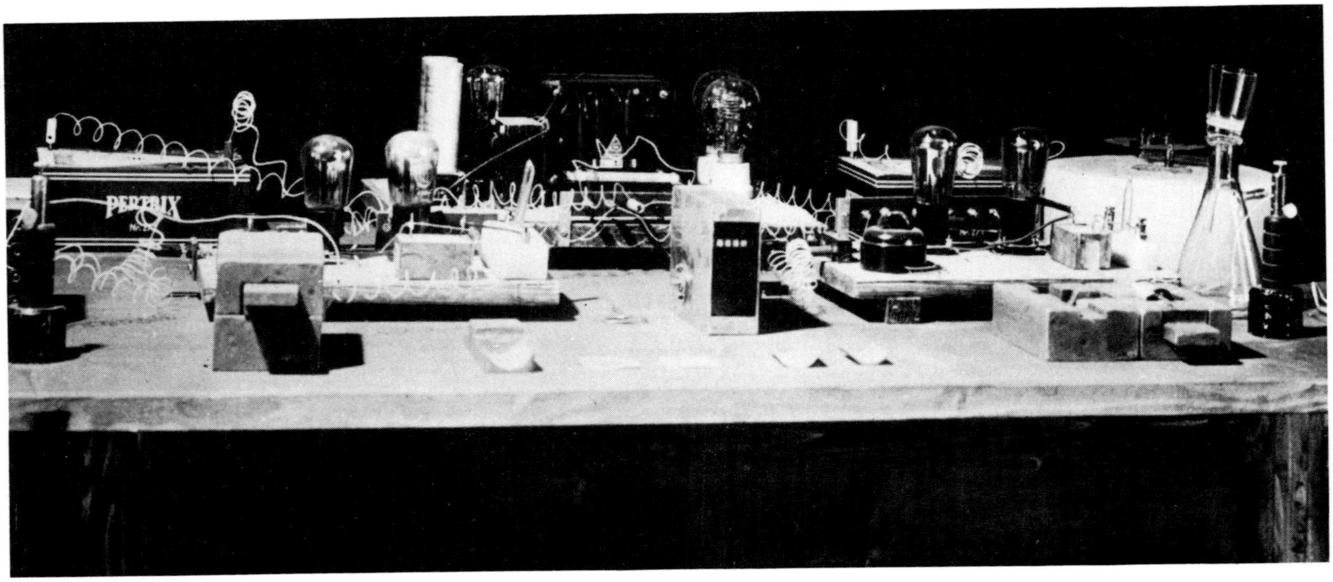

Der Arbeitstisch von Otto Hahn, an dem er zusammen mit Fritz Strassmann 1938 die Atomkernspaltung nachwies: hinten links die Batterie, hinten rechts der Reaktor mit Paraffinschutz zur Uranspaltung, in der Mitte die Hochspannungsanlage und der Verstärker für Geigerzähler.

endgültig, daß die Kathoden dieser Glasröhren Strahlen entsenden.

Der Franzose Jean Perrin (1870–1942) erbrachte **1895** den Beweis dafür, daß die Kathodenstrahlen negativ geladen sind und daß sie durch ein elektrisch oder magnetisch geladenes Feld aus ihrer Bahn gelenkt werden können.

1897 berechnete der Engländer Sir Joseph Thomson (1856–1940) den Zusammenhang zwischen Ladung und Masse der entsandten Partikel. Dabei zeigte sich, daß diese Elementarteilchen die Elektronen sind.

1874 postulierte der Ire George Stoney (1826–1911) als erster die Existenz von »Elektrizitätsatomen« in den Kathodenstrahlen, denen er 1891 die Bezeichnung *Elektronen* gab.

Den Kathodenstrahl-Oszillograph entwickelte **1897** der deutsche Physiker Karl Ferdinand Braun (1850–1918). Die Kathodenstrahlen breiten sich geradlinig aus, erfahren aber im Einfluß eines elektrischen Feldes eine Ablenkung, die proportional zur angelegten Spannung ist. Durch diese Eigenschaft können die zeitlichen Ablenkungen, die man als variable Spannung bezeichnen könnte, in ihrer ganzen Größe anhand einer Kurve dargestellt werden. Auch das Bild, das auf einem Fernsehbildschirm erscheint, hat seinen Ursprung in einer Kathoden- oder Elektronenstrahlröhre.

Kernphysik

Atomtheorie. Die griechischen Philosophen des **5. Jh.s v. Chr.** nahmen an, daß die Materie aus unsichtbaren Teilchen, den Atomen, besteht.

Die moderne Theorie über das Atom geht auf den englischen Physiker John Dalton (1766–1844) zurück. **1801** nahm er die von den Griechen aufgestellte Hypothese über die Unteilbarkeit der Materie wieder auf und gab ihr eine wissenschaftliche Basis. Allerdings bewies **1810** der Franzose Louis Joseph Gay-Lussac (1778–1850), nachdem er sich anhand von Experimenten mit den chemischen Reaktionen von Gasen beschäftigt hatte, daß die Volumen des oder der Bestandteile und des daraus entstandenen Produktes durch eine recht einfache Beziehung zueinander verbunden sind. Dadurch wies er die Theorie Daltons zurück. Die Erklärung dieses Phänomens wurde von dem Italiener Amadeo di Quaregna e Cerreto, Graf Avogadro (1776–1856) gegeben, der eindeutig zwischen Atom und Molekül unterschied (siehe weiter unten: Avogadrosche Konstante).

1897 wurde die Unteilbarkeit des Atoms durch den Franzosen Jean Perrin (Nobelpreis 1926) und den Engländer Joseph Thomson (Nobelpreis 1906) in Frage gestellt.

Das Rutherfordsche Atommodell. Beim Zerfall eines radioaktiven Atoms werden Alpha-Teilchen mit hoher Energie freigesetzt. Wenn ein gebündelter Strahl dieser Alpha-Teilchen eine dünne Metallfolie durchquert, erfahren einige Teilchen eine starke Ablenkung. Der Engländer Lord Ernest Rutherford of Nelson (1871–1937), Nobelpreisträger für Chemie 1908, wollte dieses Phänomen erklären, das der Deutsche Hans Geiger (1882–1945) zusammen mit seinen Mitarbeitern entdeckt hatte. **1911** nahm er die von Jean Perrin 1897 aufgestellte Hypothese einer nuklearen Struktur der Atome wieder auf. Sie besagt, daß Masse und positive Ladung vollständig in einem kleinen zentralen Kern konzentriert sind, der eine starke Anziehungskraft auf die Elektronen ausübt, die ihn umkreisen, so wie die Erde die Sonne umkreist. Rutherford berechnete die Masse der positiv geladenen Teilchen, die 1837mal schwerer sind als die Elektronen. Diese positiven Teilchen nannte er Protonen. Das neutrale Heliumatom hat einen Kern, der aus zwei Protonen besteht und von zwei Elektronen umkreist wird.

Das Bohrsche Atommodell. Wie entstehen die Linien in den Strahlungsspektren der Atome bei z. B. elektrischer Entladung? Inspiriert von der Quantentheorie, die Max Planck (1858–1947) 1900 aufgestellt hatte, formulierte **1913** der Däne Niels Bohr (1885–1962, Nobelpreisträger 1922) eine Theorie, die zwei Möglichkeiten berücksichtigte: 1. Es gibt im Atom sogenannte stationäre Bahnen um den Kern, auf denen sich die Elektronen bewegen können, ohne zu strahlen. 2. Die Spektrallinien entsprechen der Emission oder Absorption von Energiequanten eines Atoms, das von einem Zustand in einen anderen übergeht. Die Linienfrequenz steht somit in direktem Zusammenhang mit der Energiedifferenz des Anfangs- und Endstadiums. Die einzelnen Zustände des Atoms entsprechen den Elektronenbahnen um den Atomkern. Der deutsche Physiker Arnold Sommerfeld (1868–1951) verknüpfte 1918 die relativistische Mechanik mit der Quantentheorie der Atome und erklärte auf diese Weise die Feinstruktur der Spektrallinien bei Wasserstoff. Die kreisförmigen Elektronenbahnen von Niels Bohr ersetzte er durch Ellipsenbahnen.

Das Atom in der Wellenmechanik. Die sehr umfangreiche Bohr-Sommerfeldsche Hypothese lautet, daß sich im Atommodell die Elektronen exakt auf einer Bahn bewegen. Allerdings ist es anhand dieser Hypothese nicht möglich, eine zusammenhängende Atommechanik aufzustellen, in der alle Phänomene des Atoms in Betracht gezogen werden.

1925–26 stellten zwei Physiker gleichzeitig eine zufriedenstellende Theorie auf:

Der Österreicher Erwin Schrödinger (1887–1961, Nobelpreis 1933) baute die Ansätze des Franzosen Louis de Broglie (*1892) weiter aus, und be-

Sie haben die Atomphysik entscheidend vorangetrieben: Fritz Strassmann, Lise Meitner und Otto Hahn (v. l. n. r.). Eine Aufnahme aus dem Jahr 1956.

hauptete, daß die Wellen den Materieteilchen zugeordnet sind (Wellenmechanik).
Der Deutsche Werner Heisenberg (1901–76), Nobelpreisträger 1932, formulierte die Unbestimmtheitsrelation, womit die mathematischen Formulierungen Schrödingers eine akzeptable physikalische Interpretation in der Dualität von Wellen und Materieteilchen erhielt.

Das Periodensystem der Elemente stammt von dem Russen Dimitri Mendelejev (1834–1907) aus dem Jahr **1869.** Es wurde zu einem sehr wichtigen Beitrag für die Weiterentwicklung der Chemie als moderne Wissenschaft. Mit seiner Hilfe konnten grundlegende Beziehungen zwischen den verschiedenen chemischen Elementen, die bis dahin als voneinander unabhängig galten, aufgestellt und ähnliche Eigenschaften verschiedener Elemente erkannt werden. Der große Vorteil dieser Klassifikation steckt in gesetzmäßigen Änderungen der physikalischen und chemischen Eigenschaften der chemischen Elemente in den einzelnen Gruppen, in denen sie nach ihrer steigenden Kernladungszahl geordnet sind.

Ein Atomunfall steht im Mittelpunkt des Films *Silkwood* mit Meryl Streep in der Hauptrolle. Die Katastrophe von Tschernobyl verlieh solchen Filmen Glaubwürdigkeit.

Die Avogadrosche Konstante. 1811 stellte der italienische Physikprofessor an der Universität Turin, Amadeo di Quaregna e Cerreto, Graf Avogadro (1776–1856), ein nach ihm benanntes Gesetz auf. Er nahm an, daß bei analogen Temperatur- und Druckbedingungen die gleichen Gasvolumen auch die gleiche Anzahl an Molekülen aufweisen. Die Hypothese von Avogadro fand erst später Anerkennung: Erst etwa 50 Jahre später bewies der italienische Chemiker Stanislao Cannizzaro (1826–1910), daß die Hypothese Avogadros als Basis einer zusammenhängenden Atomtheorie notwendig ist. Cannizzaro ehrte Avogadro, indem er eine Atomkonstante nach ihm benannte. Er definierte die Avogadrosche Konstante als die Anzahl der Gasmoleküle in einem Gramm-Mol einer beliebigen Substanz, wobei die Quantität dieser Substanz bei typischen Temperatur- und Druckbedingungen ein Volumen von 22,4 l einnimmt.

Natürliche Radioaktivität. In der Natur weisen bestimmte schwere Atomkerne eine natürliche Radioaktivität auf. Der Franzose Henri Becquerel (1852–1908) entdeckte diese natürliche Radioaktivität, als er **1896** in Paris mit Uran experimentierte. Tatsächlich entdeckte er dabei die Gammastrahlen, was die Entdeckung der Radioaktivität nach sich zog. An einem wolkenbedeckten Tag in Paris hatte Becquerel ein Experiment vorbereitet, mit dem er testen wollte, ob eine Probe von Pechblende (einem Uranmineral) und Kaliumuranylsulfat unter Sonneneinfluß Röntgenstrahlen abgeben würde. Wegen der atmosphärischen Bedingungen konnte er sein Experiment nicht zu Ende führen und räumte seine Materialien weg. Dabei hatte er die Pechblende-Probe auf eine Fotoplatte gelegt, die sich noch in ihrer Verpackung befand. Seine Überraschung war groß, als er später beim Entwickeln der Fotoplatte ein Bild erscheinen sah, dessen Umrisse zweifellos die Mineralprobe zeigten. Woher kam wohl diese »Energie« des Minerals, eine Fotoplatte zu bedrucken? Die Frage führte zur Entdeckung von Radium und Polonium.

Radium und Polonium. Becquerel unterhielt sich darüber mit seinen Freunden Pierre (1859–1906) und Marie Curie (1867–1934). Die beiden machten die Entdeckung, daß die Ursache der radioaktiven Strahlung zumindest eine Substanz war, deren Radioaktivität viel stärker als die von Uran sein mußte. Schließlich fanden sie **1898** nach zwei Jahren leidenschaftlicher und sorgfältiger Forschungsarbeiten nicht nur ein, sondern gleich zwei Elemente, die die seltsame Strahlung abgaben, nämlich Radium und Polonium (Polonium erhielt seinen Namen durch Marie Curies polnische Herkunft). Für diese Entdeckung erhielten Henri Becquerel und Pierre und Marie Curie 1903 gemeinsam den Nobelpreis für Physik.

Radioaktiver Zerfall. Dem englischen Chemiker und Physiker Sir Frederick Soddy (1877–1956), der 1921 den Nobelpreis für Chemie erhielt, gelang es **1902,** das Phänomen des radioaktiven Zerfalls von Atomkernen zu erklären. Somit öffnete Soddy den Weg zu Forschungen auf dem Gebiet der Atomenergie.

Künstliche Radioaktivität. Irène Joliot-Curie (1897–1956), die Tochter von Pierre und Marie Curie, und ihr Gatte Frédéric (1900–58) stellten **1934** radioaktives Phosphor her, indem sie Aluminium mit Alphateilchen (Heliumkernen) beschossen. In der Natur weisen bestimmte Elemente wie Radium, Polonium oder Aktinium eine natürliche Radioaktivität auf. Andererseits sind gezielt Kernumwandlungen z. B. durch Teilchenbeschuß möglich, wodurch in der Natur unbekannte radioaktive Atomkerne entstehen. Bei diesen Elementen spricht man von künstlicher Radioaktivität. Für diese Entdeckung erhielt das Ehepaar Joliot-Curie 1935 den Nobelpreis für Chemie. Seither können Isotope hergestellt werden, die für Medizin, Biologie sowie für zahlreiche Industriebereiche wichtig sind.

Die Transurane. Nach der Entdeckung der künstlichen Radioaktivität im Jahre 1934 nahmen die damaligen Physiker die Existenz von Stoffen an, deren Ordnungszahl, die Zahl der Protonen im Kern, höher als die von Uran-92 ist. Diese Elemente sind die Transurane. Das erste Transuran wurde im Jahr 1940 an der Universität Kalifornien in Berkeley (USA) von MacMillan und Abelson entdeckt. Es war das Neptunium mit der Kernladungszahl 94. Gegen Ende 1940 entdeckten dieselben Forscher das Plutonium-94. Zuletzt wurde **1984** das Element mit der Kernladungszahl 108 in Darmstadt mit dem Schwerionenbeschleuniger Unilac entdeckt. Umstritten ist die Identifizierung des Elements 110, die 1987 aus dem sowjetischen Kernforschungszentrum Dubna gemeldet wurde. Sie konnte bisher im Westen nicht bestätigt werden.

Röntgenstrahlen. Im November des Jahres **1895** entdeckte der deutsche Physiker Wilhelm Conrad Röntgen (1845–1923) die Röntgenstrahlen. Röntgen nannte sie »X«-Strahlen, da ihm der Ursprung damals noch unbekannt war. Erst 1912 wurde ihre wahre Natur durch einen anderen Deutschen, nämlich Max von Laue (1879–1960) erkannt, der die Beugung dieser Strahlen beim Durchgang durch ein Kristall nachwies. Die Röntgenstrahlen sind elektromagnetische Wellen, die aufgrund ihrer hohen Energie teilweise auch lichtundurchlässige Materie durchdringen können. Sie haben eine sehr kurze Wellenlänge. Ihre Entdeckung hatte sofort sehr großes Aufsehen erregt. Röntgen erhielt 1901 den Nobelpreis für Physik.

Die kern- oder nuklearmagnetische Resonanz – Spektroskopie (NMR) ist eine Technik, die zur Strukturaufklärung in der Physik, Chemie und Biologie eine wichtige Rolle spielt. Als physikalisches Phänomen wurde NMR **1946** durch die beiden Physiker Felix Bloch (gebürtiger Schweizer) und Edward Mills Purcell (USA) entdeckt. Beide erhielten 1952 den Nobelpreis für Physik. Die kernmagnetische Resonanz nutzt das besondere Verhalten der gebundenen Protonen, in Magnet- und Hochfrequenzfeldern. Dieses Phänomen ist z. B. in der Medizin zur Erzeugung von Schnittbildern und dreidimensionalen Abbildungen einzelner Organe einsetzbar. Aber auch sehr alltägliche Fragen lassen sich beantworten. Zum Beispiel entwickelte G. J. Martin vom Laboratorium nuklearmagnetischer Resonanz in Nantes 1982 ein Verfahren zur Weinanalyse durch NMR, mit dem eventuelle unzulässige Zusätze von Rübenzucker nachgewiesen werden können.

Kohlenstoff-14. Willard Frank Libby (1908–80), amerikanischer Chemiker und Spezialist auf dem Gebiet der Radioaktivität in lebenden Organismen, erklärte **1947** die Bildung von Kohlenstoff-14 in der Atmosphäre. Der Kohlenstoff-14 ist ein Isotop des gängigen Kohlenstoff-12 mit zwei zusätzlichen Neutronen.

Die Altersbestimmung historischer oder prähistorischer Objekte durch Kohlenstoff-14 basiert auf der Restaktivität des Kohlenstoff-14-Isotops. Nach dem gleichen Prinzip (Messung der Reststrahlung eines radioaktiven Isotopes, dessen Zerfallszeit bekannt ist) kann der historische Zeitpunkt von Ereignissen anhand zahlreicher weiterer radioaktiver Isotope, die sich in Gegenständen aus dieser Zeit befinden, bestimmt werden. Die zeitliche Bestimmung mit der sogenannten Kalium-Argon-Methode wird sehr oft angewandt.

Das Tandetron. Vollkommen neue Möglichkeiten in der Altersbestimmung mit dem Kohlenstoff-14-Isotop eröffnet die Erfindung des Tandetrons durch die amerikanische Firma Ionex **(1985).** Tandetron verbindet das Massenspektrometer und den Teilchenbeschleuniger in einem Gerät, mit dem es möglich wird, das historische Alter bis auf 40 000 Jahre zurück zu bestimmen. Dazu ist nur 1 mg des Materials nötig. Nur die USA, Kanada, Japan, Großbritannien und Frankreich besitzen ein solches Gerät.

Die Materieteilchen

Der gängigen Theorie zufolge ist das Universum durch eine gigantische Explosion, den *Urknall,* entstanden, bei der eine enorme Energiemenge in Form von Licht frei wurde. Während der ersten hundertstel Sekunde entstanden die Elementarteilchen (sie sind unteilbar, wie es nach heutigem Wissen scheint), die gleich daraufhin miteinander Verbindungen eingingen. So entstand schließlich die *Materie,* wie wir sie heute kennen. Die großen Teilchenbeschleuniger ermöglichten eine Klassifizierung dieser Teilchen in zwei Gruppen: die *Leptonen* und die *Hadronen.*

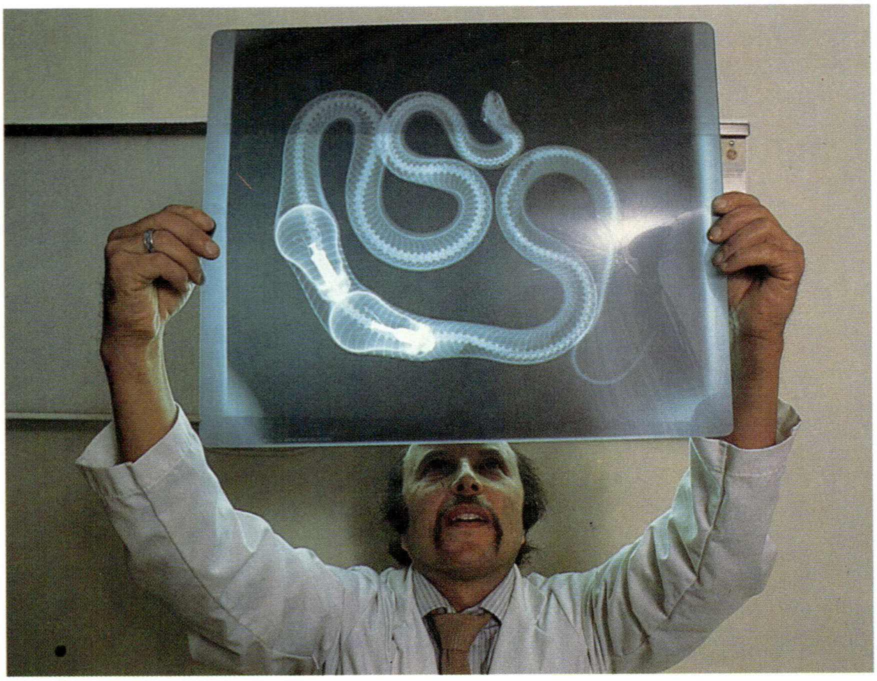

Röntgenaufnahme einer Schlange, die zwei Glühbirnen verschluckt hat.

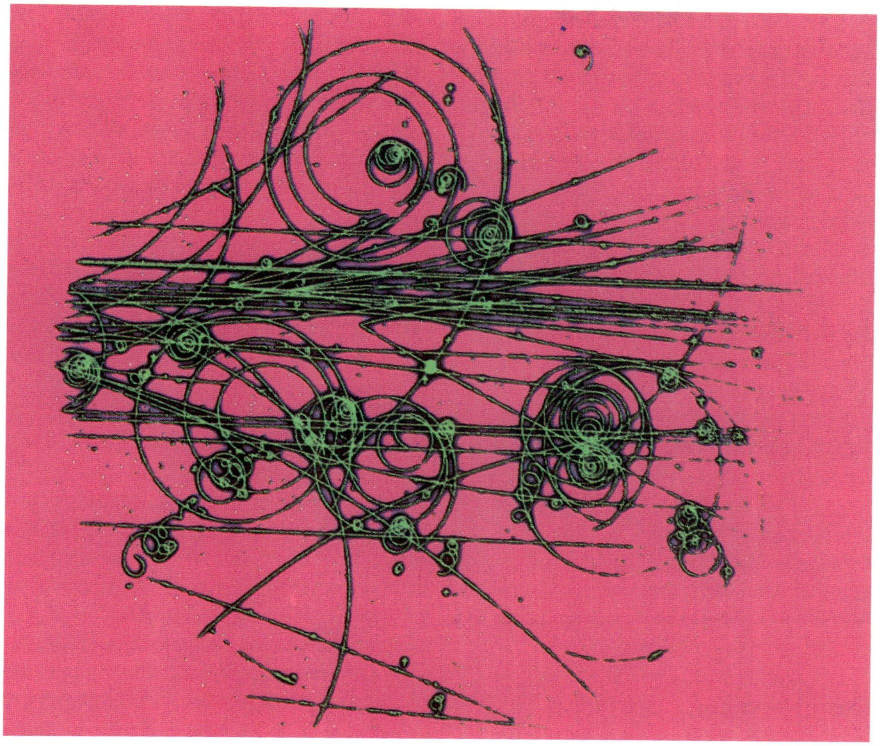

TEILCHEN-BESCHLEUNIGER

Um Studien über die Materie anzustellen, muß man sie in ihre Bestandteile auflösen können. Sehr bald hatten Wissenschaftler die Idee, künstlich beschleunigte Teilchen, die folglich eine größere Energie haben, zu benutzen. Zwischen 1928 und 1929 konstruierte Rolf Wideroe (*1902) eine Maschine, die man als ersten linearen Beschleuniger von Ionenpaketen bezeichnen kann. Zwischen 1931 und 1932 entwickelte R. van de Graaf (1901–67) den ersten elektrostatischen Beschleuniger. Jedoch waren es der Engländer John Cockroft und der Ire Thomas S. Walton, die schließlich den Beschleuniger bauten, mit dem am 14. April 1932 die erste, künstlich eingeleitete Kernzertrümmerung herbeigeführt wurde. Die wichtigsten Teilchenbeschleuniger sind das *Zyklotron* in Berkeley, Kalifornien (USA), das der Physiker Ernest O. Lawrence 1931 entwickelte, das *Betatron* von Kerst (USA) von 1940 und das *Synchrozyklotron*, das 1946 speziell für die Beschleunigung von Elektronen konstruiert wurde (Universität Chicago). Ein solches Synchrozyklotron wurde in Orsay, nahe bei Paris, aufgestellt (konstruiert unter der Leitung von Irène Joliot-Curie und im Jahr 1958 kurz vor seinem Tod von Frédéric Joliot in Betrieb genommen).

Der bekannteste Teilchenbeschleuniger ist das *Synchrotron*. 1943 beschrieb Professor Oliphant in Birmingham das Funktionsprinzip, konstruiert wurde es in Amerika 1949. Die Energie, die ein Synchrotron entwickelt, ist enorm. Das 1952 konstruierte *Cosmotron* in Brookhaven kann eine Energie von drei Giga-Elektronenvolt (1 GeV = 1 Mrd. Elektronenvolt) entwickeln, das 1954 in Berkeley (USA) aufgestellte Betatron 6 GeV und das 1957 entstandene Synchrotron in Dubna (UdSSR) 10 GeV. In Genf wurde 1976 ein *Super Protonen Synchrotron* in Betrieb genommen, das eine Leistung von 400 GeV hat. Das in Grenoble (Frankreich) unter der Leitung von Professor Ruprecht Haensel von der Universität Kiel und dem Ingenieur beim CEA (Zentrum für Atomenergie), Jean-Louis Laclare, konstruierte Synchrotron wird im Jahr 1992 in Betrieb genommen. Der Beginn der Arbeiten ist für Ende 1987 vorgesehen. Das Synchrotron soll einen Lagerring mit einem Umfang von 800 m haben, in dem Elektronen und Protonen mit einer Energie von fünf Mrd. Elektronenvolt beschleunigt werden. Mit solchen hohen Energien werden Elementarteilchen zu höchst wirkungsvollen »Geschossen«. Wenn sie aufeinander oder auf ein materielles Ziel treffen, können neue Teilchen entstehen.

Teilchenbeschleuniger gestatten es, bis zu den letzten Strukturen der Materie vorzudringen. Links: Spuren von atomaren Partikeln; rechts: der amerikanische Teilchenbeschleuniger PFBA-2 mit einer Leistung von 100 Mrd. kW.

Das erste Lepton, das entdeckt wurde, war das *Elektron*. Dieses Elementarteilchen hat die kleinste überhaupt isolierbare elektrische Ladung. Seine Existenz wurde aus Experimenten mit Kathodenstrahlen abgeleitet, die nach 1875 durchgeführt wurden. **1891** wurde es von dem Iren George Stoney »Elektron« genannt. Der exakte Wert der sogenannten elektrischen Elementarladung wurde zwischen 1909 und 1913 von dem Amerikaner R. A. Millikan bestimmt.

Jedoch machte **1932** der amerikanische Physiker C. D. Anderson (*1905) die Entdeckung, daß in kosmischen Strahlen positive Elektronen vorhanden sind, die man *Positronen* nennt.

Das Myon wurde **1937** von C. D. Anderson in Zusammenarbeit mit S. H. Neddermeyer entdeckt. Die Masse des Myons ist 200mal höher als die eines Elektrons. Diese Beobachtung gelang Anderson 1939 anhand eines Teilchenbeschleunigers.

Das Neutrino wurde **1930** von dem Schweizer Physiker österreichischer Herkunft Wolfgang Pauli (*1913) entdeckt, der damit den β-Zerfall erklären wollte, ohne dabei das Prinzip der Energieerhaltung zu verletzen. (Am 4. Dezember 1933 schrieb er einen offenen Brief an seine wissenschaftlichen Kollegen, den er mit der Anrede »Sehr geehrte radioaktive Damen und Herren« begann; darin stellte er seine Theorie vor.) Er nahm die Existenz eines neutralen Teilchens mit sehr kleiner Masse an, das er »Neutron« nannte. Als das tatsächliche Neutron entdeckt wurde, nannte es der italienische Physiker Enrico Fermi in Übereinstimmung mit Pauli »Neutrino«. Dieses Teilchen wurde gegen Ende der 50er Jahre von den Amerikanern Reines und Cowan erstmals im Experiment nachgewiesen.

Das Tau. Bei Versuchen mit aufeinanderstoßenden Elektronen und Positronen erkannten 1976 Martin L. Perl (*1927) und seine Mitarbeiter die

Existenz des negativ geladenen Taus. Dessen Masse entspricht dem 3600fachen des Elektrons.

Das erste Hadron, das entdeckt wurde, war das *Proton.* Es wurde **1886** während eines Versuches von dem deutschen Physiker E. Goldstein erkannt. Die Protonenmasse ist 1836mal größer als die des Elektrons. Seine elektrische Ladung ist im Gegensatz zu der des Elektrons positiv.

Neutron. Seine Entdeckung geht auf Experimente des deutschen Physikers Walter Bothe 1930 und der Franzosen Irène und Frédéric Joliot-Curie 1931–32 zurück. Allerdings erkannte erst **1932** der englische Physiker James Chadwick die wahre Natur dieses Teilchens und erhielt für die Entdeckung 1935 den Nobelpreis für Physik.

Die Quarks. Im Laufe der 60er Jahre wurde die Zahl der entdeckten Hadronen immer größer, so daß bei den Forschern erste Zweifel aufkamen, ob es sich dabei tatsächlich um »echte« Elementarteilchen handle. Die Physiker Gell-Mann und Zweig vertraten **1964** die Meinung, daß es noch kleinere Bausteine gibt, die sie *Quarks* nannten. Es wurden fünf dieser Quarks nachgewiesen. Seit 1977 nimmt man die Existenz eines sechsten Quarks an, das die Symmetrie zu den Leptonen herstellen soll. Bisher ist es nicht gelungen, Quarks zu isolieren.

Feldquanten sind jene Teilchen, die die fundamentalen Kräfte der Natur übertragen. Das masselose Quant, das die elektromagnetischen Kräfte transportiert, nannte man *Photon.* Seine Existenz wurde durch den amerikanischen Physiker A. H. Compton **1923** erstmals beschrieben.
Die sogenannte schwache Wechselwirkung, sie ist z. B. für den radioaktiven β-Zerfall verantwortlich, wird – wie schon seit 1960 theoretisch angenommen – von Masseteilchen übertragen. Die drei *Weakonen* W^+, W^-, Z^0 wurden 1983 am CERN in Genf durch die Zusammenarbeit von 200 europäischen Wissenschaftlern nachgewiesen, die, repräsentiert durch ihre Direktoren Carlo Rubbia und Simon van der Meer, 1984 den Nobelpreis erhielten.

Die Gluonen sind die Feldquanten, die letztlich für den Zusammenhalt der Quarks im Inneren der Hadronen sorgen. Beobachtet konnten die Gluonen zwar noch nicht werden, aber **1982** versuchte eine Gruppe amerikanischer Wissenschaftler aus Brookhaven am City College in New York (USA) ihre Existenz anhand eines Experimentes nachzuweisen.

Die Gravitonen hingegen, sie übermitteln die schwächste aller Naturkräfte, die Gravitation, entziehen sich jedem experimentellen Nachweis. Sie bleiben bislang reine, aber gut begründete Theorie.

Die Erforschung des Lichts

Die Geschichte der Entdeckung, wie Licht beschaffen ist, birgt viele verschiedene und gegensätzliche Theorien, die sich im Lauf der Jahrhunderte gegenüberstanden. Ist das Licht eine Welle oder ein Teilchen?
Schon seit der Antike gibt es viele Theorien, die die Existenz des Lichts mit dem Sehvermögen in Verbindung bringen: **450 v. Chr.** glaubten die griechischen Philosophen Demokrit und Epikur, daß das Licht eine Absonderung ist, ähnlich einer Schale oder Kruste, die sich von den Körpern löst, und dann durch die Luft fliegt, dabei an Größe, jedoch nicht das Aussehen des Gegenstands verliert und schließlich als verkleinerter Körper in unser Auge eintritt. Euklid und die Anhänger der Philosophie des Pythagoras (300 v. Chr.) stellten sich den genau umgekehrten Weg vor: Sie erfanden die Theorie vom »quid« (lat.: [et]was), das sich vom Auge aus auf die Gegenstände und Körper zubewegt; erst wenn das »quid« mit den Gegenständen und Körpern in Kontakt kommt, werden sie für das Auge sichtbar.
Aristoteles (384–322 v. Chr.), der griechische Philosoph, glaubte, daß das Licht eine Art Bewegung ist, die mit Hilfe eines Zwischenmediums zwischen Auge und Objekt entsteht. Im Leeren, oder wenn dieses Zwischenmedium fehlt, kann man nichts sehen.

Erste Theorie über die Reflexion. Der erste, der glaubte, daß Licht eine Existenz unabhängig von anderen Stoffen, also eine eigene Existenz habe, war der arabische Astronom Ibn al-Haitham (965–1039). Das Licht blieb in seiner Theorie jedoch immer abhängig von dem Gegenstand, der es zum Auge sendete. Ibn al-Haitham versuchte, die Reflexion und die Lichtbrechung zu erklären: Die Reflexion entstehe aus dem Aufprall des Lichts auf den Gegenstand; die Lichtbrechung entstehe aus dem Widerstand, den die durchsichtigen Medien dem Licht beim Durchgang entgegensetzen.

Farben. Im **14. Jh.** verfaßte der Franzose Thierry de Freibert einige Schriften über die Lichtbrechung und die Farben. Danach sind Farben für ihn eine Mischung von hell und dunkel. Rot ist hell; blau ist dunkel.
1650 entdeckte der Italiener Francesco Grimaldi die Beugung, die ein Lichtstrahl erfährt, wenn er an einem Gegenstand in sehr geringem Abstand vorbeigeht, z. B. einen Spalt passiert. Grimaldi führte bereits erste Versuche zur spektralen Zerlegung des Lichts aus und gilt als einer der Begründer der Wellentheorie des Lichts.
Der Engländer Isaac Newton (1642–1727) bewies, daß sich das weiße Licht aus den verschiedenen Spektralfarben zusammensetzt. Projiziert man die verschiedenen Farben des Spektrums übereinander, so erhält man wieder weißes Licht. Weißes Licht läßt sich mit Hilfe eines Prismas (genauer: Dispersionsprisma) in die einzelnen Spektralfarben zerlegen.

Erfindung des »Lichtäthers«. 1704 entwickelte Newton eine Teilchentheorie (Korpuskeltheorie) des Lichts, die lange Zeit als richtig galt. Um experimentelle Schwierigkeiten zu umgehen, erfand er den »Lichtäther«, ein hypothetisches Medium, das die Ausbreitung des Lichts erklären sollte. Nur in diesem besonderen Medium galt seine Theorie.

Strahlenoptik (geometrische Optik). Schon vor Newton hatte der Deutsche Johannes Kepler den Begriff »Strahl« erfunden. Seine Arbeiten kennzeichnen die Entstehung der Lehre von den

Kristallplättchen im polarisierten Licht.

Strahlen. Er geht davon aus, daß sich das Licht von irgendeinem Punkt aus geradlinig ausbreitet, daß also die Lichtstrahlen durch geometrische Strahlen dargestellt werden können und daß ihr Verlauf nach geometrischen Grundgesetzen erfolgt. Diese Lichtstrahlen würden sich bis ins Unendliche ausbreiten können.

Wellentheorie kontra Teilchentheorie. Christiaan Huygens (1629–95) entwickelte eine Wellentheorie des Lichts (im Widerspruch zu Newtons Teilchentheorie), ohne jedoch jemals mit ihr bestimmte Phänomene des Lichts erklären zu können.

Im 18. Jh. entschied sich der Franzose Étienne Malus (1775–1812) für eine Teilchentheorie, wonach sich das Licht aus Molekülen zusammensetzt, die sich ausbreiten.

Der Engländer Thomas Young (1773–1829) wählte als Erklärungsmodell die Wellentheorie. Er entdeckte das Phänomen der Interferenz (Überlagerungserscheinungen, die beim Zusammentreffen zweier oder mehrerer Wellenzüge beobachtbar sind).

Der französische Physiker Augustin Fresnel (1788–1827) vertrat ebenfalls die Wellentheorie. Er wies als erster experimentell nach, daß Licht aus Transversalwellen besteht, bei denen die Schwingungen senkrecht zur Fortpflanzungsrichtung liegen. Ihm gelang außerdem die erste Wellenlängenbestimmung des Lichts. Er behielt das Newtonsche Konzept vom »Lichtäther« bei und erweiterte es.

Die Gleichungen von Maxwell. Der schottische Physiker J. C. Maxwell (1831–79) stellte in den Jahren **1861–64** verschiedene mathematische Überlegungen an, die zu den sogenannten Maxwellschen Gleichungen führten, mit denen sich beweisen läßt, daß Licht aus elektromagnetischen Wellen besteht.

Die Folgerungen aus seinen Gleichungen, die zur elektromagnetischen Theorie führten, fanden zu seinen Lebzeiten keine Anerkennung. Erst als der deutsche Physiker Conrad Röntgen 1895 die nach ihm benannten Röntgenstrahlen entdeckte, gelang der elektromagnetischen Theorie der Durchbruch.

Einsteins Hypothesen. Die Theorie, daß Licht eine elektromagnetische Welle sei, die sich durch das Medium »Lichtäther« ausbreitet, war auch

Der Spektralapparat von Joseph von Fraunhofer (1787–1826). Ihm gelang die genaue Bestimmung der Wellenlänge einzelner Spektrallinien im Sonnenlicht.

am Anfang des 20. Jh.s noch umstritten. Der deutsche Physiker Albert Einstein (1879–1955) versuchte, eine klarere Beschreibung der Natur des Lichts zu erstellen. Er postulierte die Konstanz der Lichtgeschwindigkeit und verwarf die Idee vom »Lichtäther«, die sich nicht beweisen ließ. Um die erstmals 1900 von Planck abgeleitete Formel zu erklären, in der Energie gequantelt auftrat, kam Einstein 1905 zu dem Schluß, daß auch elektromagnetische Wellen aus Teilchen bestehen müssen. So gibt er eine nur auf der Basis der Teilchentheorie befriedigende Deutung des sogenannten Photoeffekts, wofür er 1922 den Nobelpreis für Physik erhält. Diese Teilchen wurden **1928** *Photonen* (auch *Quanten*) genannt. Daher spricht man von Einsteins *Photonenhypothese*. Im Rahmen der Photonenhypothese interpretierte N. Bohr 1927 beide Vorstellungen (Wellenvorstellung/Photonenvorstellung) als komplementäre Seiten derselben physikalischen Realität.

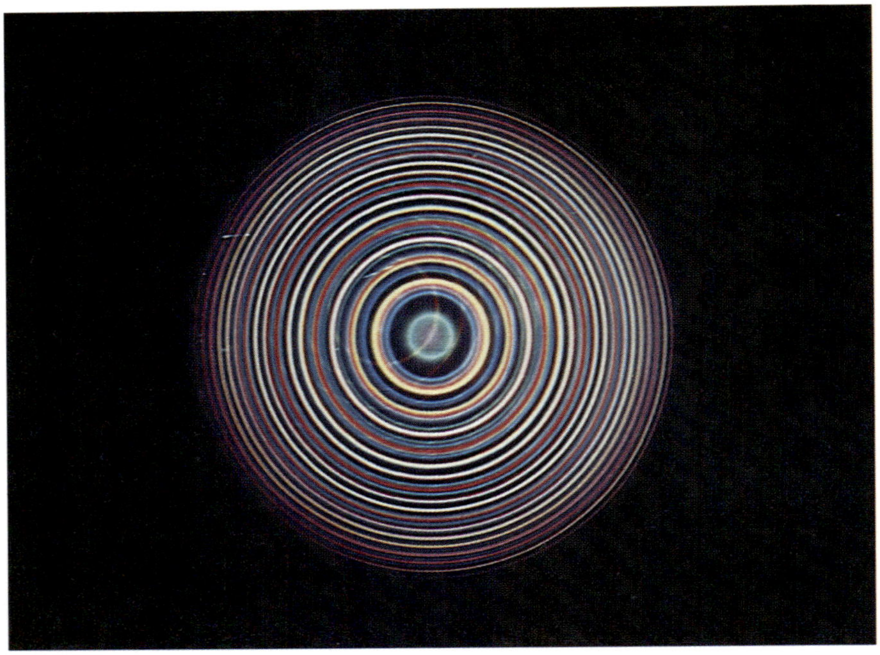

Die Erfolge der Erfindung von Quasi-Kristallen wird die Herstellung von neuen leichteren und widerstandsfähigeren Legierungen gestatten (oben).

Interferenzringe einer Cadmiumlampe. Cadmium wurde 1817 erstmals von dem deutschen Chemiker Friedrich Strohmeyer hergestellt (unten).

Wellenmechanik. Der Franzose Louis de Broglie begründete 1924 die Theorie von den Materiewellen. Nach ihr kommt ganz allgemein allen Materieteilchen ein Welle-Teilchen-Dualismus zu. Für die Entwicklung der Wellenmechanik, die ein erster Schritt zu einer widerspruchsfreien Vereinigung von Wellen- und Teilchenbild ist, erhielt er 1929 den Nobelpreis für Physik.

CHEMIE

Anorganische Chemie

Aluminium. 1822 entdeckte der französische Mineraloge Pierre Berthier (1782–1861) in der Nähe von Les Baux in der Provence (Frankreich) ein Mineral, das er Bauxit nannte. Tatsächlich war es aber Aluminiumhydroxid (Aluminiumoxid).
1825 gelang es dem dänischen Gelehrten Hans Christian Örsted (1777–1851), Aluminium in Form von Staub, 1827 dem deutschen Gelehrten Friedrich Wöhler (1800–82), Aluminium in Form von Barren zu erhalten.
Aluminium blieb über 20 Jahre eine Seltenheit, bis schließlich Napoleon III. dem französischen Chemiker Sainte-Claire Deville (1818–81) finanzielle Hilfsmittel bewilligte, um eine Methode zur industriellen Herstellung zu entwickeln. In Wirklichkeit glaubte er, daß Aluminium dank seines geringen Gewichts die Waffenherstellung entscheidend revolutionieren könne.
1854 stellte Saint-Claire Deville das eigentliche Metall durch Reduktion von Natriumchlorid (Chlorid = Verbindung von Chlor mit Metall) her.
1886 entdeckten der Franzose Paul Héroult (1863–1914) und der Amerikaner Charles-Martin Hall (1863–1914) ein Verfahren zur industriellen Gewinnung von Aluminium aus Bauxit mittels Elektrolyse. Von da an begann der ungeheure Aufschwung des Aluminiums.

Ammoniak. Dem deutschen Chemiker Fritz Haber glückte **1908** die Synthese von Ammoniak aus den grundlegenden Elementen dieser Substanz: Stickstoff und Wasserstoff. Dabei stützte er sich auf die Gesetze vom chemischen Gleichgewicht. Die industrielle Verwirklichung dieses Verfahrens 1909 durch die BASF war das Werk des Deutschen Carl Bosch. Die Reaktion läuft unter hoher Temperatur und hohem Druck in Gegenwart eines Eisen-Kalium-Aluminiumgemisches als Katalysator ab.

Bleichlauge *(Eau de Javel).* Claude Louis Berthollet (1748–1822), ein französischer Chemiker, entdeckte **1789** die bleichenden bzw. entfärbenden Eigenschaften der Hypochlorite (auch als Chlorate bezeichnete Salze der hypochlorigen Säure). Er nannte sie »Eaux de Javel« (Wasser von Javel) nach einem Ort in der Nähe von Paris, wo am Ufer der Seine die Waschfrauen wuschen.

Cadmium, ein silberweißes, leicht bläuliches Metall, wurde zum ersten Mal **1817** von Friedrich Strohmeyer, einem deutschen Chemiker, aus dem in einer Zinkcarbonatprobe vorhandenen Zinkoxid gewonnen. Strohmeyer schlug 1818 für das neuentdeckte Metall den Namen »Cadmium« vor, da es hauptsächlich aus den Zinkblüten »cadmia fornacum« gewonnen wurde, die sich an den Wänden der Öfen bei der Zinkdestillation bildeten. Der Name Cadmium kommt von griech. »Cadmeia« = Zinkerz.
Die industrielle Produktion von Cadmium wurde 1827 in »Haute Silésie« (Frankreich) aufgenommen. Cadmium und Cadmiumverbindungen finden hauptsächlich Verwendung bei Antikorrosionsbeschichtungen, Alkaliakkumulatoren und Autokühlern sowie in anderen Legierungen. Schließlich dienen Cadmiumbarren zur Regelung des Neutronenflusses in Atomreaktoren.

Chlor wurde **1774** von dem schwedischen Chemiker und Pharmazeut Carl Wilhelm Scheele (1742–86) entdeckt, als er Salzsäure (Chlorwasserstoffsäure) mit Mangandioxid reagieren ließ.

Entwicklung der Kunststoffe

Jahr	Kunststoff	Erfinder
1869	Zelluloid	John W. Hyatt (USA)
1869	Acetatzellulose	J. Schutzenberger (Frankreich)
1884	Kunstseide (Reyon)	Louis-Marie-Hilaire Bernigaud, Graf de Chardonnet (Frankreich)
1900	Silikone	Frederick S. Kipping (GB)
1908	Cellophan	J. E. Branderberger (Frankreich)
1913	PVC	Klatte (Deutschland)
1921	Acetatfaser	E. J. Bevan (GB)
1924	Plexiglas	Barker, Skinner (USA)
1927	Synthetischer Kautschuk	von Karl Ziegler (Deutschland) vorgestellt
1933	Polyäthylen	Fawcett, Gobson (GB)
1933	Polystyrol	Wulff (Deutschland)
1937	Polyurethan	Otto Bayer (Deutschland)
1938	Nylon	Wallace H. Carothers (USA), Paul Schlack (Deutschland)
1938	Teflon	Roy J. Plunkett (USA)
1941	Polyester	J. R. Whinfield, J. T. Dickson (GB)
1951	Styropor	BASF (Bundesrepublik Deutschland)
1954	Polypropylen	Giulio Natta (Italien)

Scheele entdeckte ebenso – vom Salpeter ausgehend – die *Weinsteinsäure*, die *Oxalsäure*, die *Milchsäure* sowie das *Glycerin*.
Der englische Chemiker Sir Humphry Davy (1778–1828) erkannte **1810** Chlor als ein neues Element. Es ist Bestandteil aller lebenden Organismen, kommt aber in der Natur nicht als freies Element vor. Man findet es ausschließlich in Form von Chlorid (Salz der Chlorwasserstoffsäure).

Fayence. In der **Antike** waren es die Babylonier, die Fayence, eine Art weißglasierte, bemalte Töpferware, herstellten. Die Werkstücke aus Ton werden an der Luft getrocknet, dann im Ofen bei 800–900° C gebrannt und schließlich in ein mit Zinkoxid angereichertes Glasurbad getaucht und sofort blau, grün, mangan, gelb und rot bemalt. In einem zweiten Brand verschmelzen bei hoher Temperatur (bis etwa 1100° C) die weißdeckende Glasur und die sich in ihr einbettenden Scharffeuerfarben zu einem glänzenden Überzug.
Im Mittelalter wurde die Herstellungstechnik durch die Araber wiederentdeckt. Sie brachten sie nach Spanien, Nordafrika, dann nach Sizilien und schließlich nach Italien. Dort erhielt sie um **1400** ihren Namen nach einem der Herstellungszentren: Faenza.
Man erzählt, der berühmte französische Keramiker Bernard Palissy (ca. 1510 bis ca. 1590) habe alle seine Möbel verbrannt, um Experimente weiterführen zu können, mit denen er das Geheimnis der italienischen Kunsthandwerker um die Herstellung von Fayence lüften wollte.

Germanium wurde **1886** von dem deutschen Chemiker Clemens Winkler (1838–1904) entdeckt, als er Argyrodit (Mineral, das Germanium enthält) untersuchte. Er taufte das neue Metall »Germanium« nach seinem Herkunftsland.
Germanium wird als haltbares Halbleiterelement in Transistoren und Gleichrichtern verwendet.
Germaniumdioxid spielt in der Herstellung von Linsen mit großem Brechungsindex eine Rolle. Außerdem eignet es sich hervorragend als Katalysator bei der Polyesterpolymerisation.

Keramik. Einige Keramiken, die im iranischen Kurdistan gefunden wurden, gehen auf das **7. Jtsd. v. Chr.** zurück. Die antike Keramik hatte einen großen Fehler: Sie war nicht dicht. Darum versuchte man im Laufe der Jahrhunderte einen dichten Scherben (Bezeichnung in der Keramik für den gebrannten Rohstoff) sowie eine äußere Glasierung herzustellen.

Kobalt ist ein Metall, das das erste Mal **1735** von dem schwedischen Chemiker Georg Brandt aus Kupfererzen, die aus dem Harz stammten, isoliert wurde. Der Name kommt von dt. »Kobold«, da man glaubte, boshafte Berggeister würden wertlose, schlechte Metalle unter die wertvolleren Erze mischen. Bei der Schmelze von Kupfererzen, die Kobalt enthalten, entstehen giftige Dämpfe.
Als man **1910** entdeckt hatte, daß Kobalt die Qualität des Schnellarbeitsstahls verbesserte, interessierte sich die metallverarbeitende Industrie dafür. Kobalt wird in Legierungen, die sehr stark hitzebeständig sind (zum Beispiel in Flugzeugmotoren und Gasturbinen) benutzt, außerdem in magnetischen Materialien sowie in Legierungen, die gegen Abnutzung und Korrosion beständig sind (Bohr- und Schneidewerkzeuge sowie harte Beschichtungen).

Lebensmittel-Imitationen: Brot und Gebäck sind aus PVC, gefüllt mit einer Polyurethan-Masse.

Entwicklung der Farbstoffe

Farbstoff	Synthese
Preußischblau (Berlinerblau)	1704 von dem Berliner Diesbach zusammen mit dem Alchimisten Johann Konrad Dippel entdeckt.
Scheeles Grün (Kupferarsenat)	1778 vom schwedischen Chemiker C. W. Scheele entwikkelt.
Veroneser Grün (Kupferarsenat)	1814 durch J. M. Sattler in Schweinfurt (Deutschland) erfunden.
Malvein (Perkinviolett)	1856 durch den Engländer William Henry Perkin erfunden.
Alizarin (roter Farbstoff)	1868 von den deutschen Chemikern Carl Graebe und Carl Theodor Liebermann synthetisiert; jedoch schon seit dem Altertum bekannt.
Indigoblau	Erstmals 1878 von dem deutschen Chemiker Adolf von Baeyer synthetisiert. (Das natürliche Indigo wird aus den Blättern des Indigostrauchs gewonnen.)

Kristallsoda *(kristallines Natriumsalz).* Im 18. Jh. rief die Entwicklung der chemischen Industrie (Glasindustrie, Seifenfabriken, Textilindustrie) eine verstärkte Nachfrage nach kristallinem Natriumsalz hervor, das bis dahin aus der Asche von Salzpflanzen bzw. Meeresalgen gewonnen wurde. Dem französischen Chemiker Nicolas Leblanc (1742–1806) gelang es, diesen Stoff synthetisch herzustellen. Er benutzte dazu Natriumchlorid (Kochsalz) und Schwefelsäure. Das Herstellungsverfahren wurde am 25. September **1791** patentiert, die erste Fabrik entstand in Saint-Denis (Frankreich).
1861 wurde von dem Belgier Ernest Solvay (1838–1922) ein anderes Herstellungsverfahren entdeckt. Aus Natriumchlorid und Ammoniak wird mit Hilfe von Kohlendioxid Natron (Soda) gewonnen. Das Solvay-Verfahren ist ein wirtschaftlicheres Verfahren, da aus dem entstehenden Ammoniumchlorid mit gebranntem Kalk Ammoniak zurückgewonnen wird.

Phenoroc, eine Verbindung auf der Basis von Phenol, Aluminium und Aggregaten, ist eine Erfindung des Franzosen Henri Lièvremont, einem normannischen Forscher und Industriellen, die er **1985** machte. Dieser Stoff ist sehr stark schalldämmend und widersteht extrem hohen Temperaturen; daher kann er, besonders im Flugzeugbau, hervorragend als Wärmeschutz benutzt werden. Boeing beabsichtigt, Phenoroc in den neuen Großraumflugzeugen zu verwenden. Die NASA hat ebenfalls schon Aufträge vergeben.

Porzellan. Die ersten, aus China bekannten Porzellanmanufakturen stammen aus dem **6. Jh. n. Chr.**
Porzellan ist ein aus Gemischen von Kaolin, Feldspat und Quarz durch Brennen hergestelltes feinkeramisches Produkt. **1698** entdeckte ein deutscher Industrieller, Baron Schnorr, in Sachsen das erste europäische Kaolinvorkommen. Zur gleichen Zeit klärten die beiden Deutschen Ehrenfried Walther von Tschirnhaus (1651–1708) und Johann Friedrich Böttger (1682–1719) das Herstellungsverfahren von Porzellan auf.

Salpetersäure. Die Herstellung von Salpetersäure durch katalytische Oxidation von Ammoniak (Ammoniakverbrennung) wurde **1838** von dem Franzosen Frédéric Kuhlmann entdeckt; er benutzte Platin als Katalysator.
Mit diesem Verfahren stellte der deutsche Chemiker Wilhelm (1853–1932) Salpetersäure in kleineren Mengen her. Als Carl Bosch (1874–1940), ebenfalls deutscher Chemiker, das Platin durch einen anderen Katalysator auf der Basis von Eisen, Magnesium und Wismut ersetzte, konnte die Herstellung von Salpetersäure ein industrielles Niveau erreichen. Die Herstellung von Nitraten (Salze der Salpetersäure), die sich daraus ergab, konnte die natürlichen Nitrate, die aus Chile kommen, ersetzen.

Schwefelsäure. Im 18. Jh. entstanden in England die ersten Fabriken, die Schwefelsäure herstellten. Sie arbeiteten mit dem sogenannten »Bleikammerverfahren«, das **1746** von dem englischen Chemiker Roebruck entwickelt wurde.
Auf diese Weise arbeiteten Forschung und Industrie das erste Mal Hand in Hand. Das Bleikammerverfahren wurde dann durch Holker in Frankreich eingeführt und die erste Bleikammer 1766 in Rouen in Betrieb genommen. 1774 wurde das Wasser durch Wasserdampf ersetzt (Verfahren von La Follie).

Schweres Wasser und Deuterium wurden **1932** von dem amerikanischen Chemiker Harold Clayton Urey entdeckt. Zwei Jahre später erhielt er dafür den Nobelpreis.

Dies sind keine Pillen, sondern eingefärbte Samen von Mais und Sonnenblumen. Die künstliche Färbung soll sie vor Krankheiten schützen und vor Vogelfraß bewahren.

Dem amerikanischen Physiker und Chemiker Gilbert Newton Lewis gelang es 1933, einige Milliliter fast reinen schweren Wassers durch fraktionierte Destillation (Trennung nach Siedepunkten) zu gewinnen. Um dieses Verfahren zum Erfolg zu bringen, benutzte er die von Urey befürwortete Methode.
Das schwere Wasser, das dem gewöhnlichen Wasser chemisch ähnlich ist, unterscheidet sich durch den Gehalt schweren Wasserstoffs, dem Deuterium (Wasserstoffisotop mit der doppelten Atommasse des gewöhnlichen Wasserstoffs), anstelle gewöhnlichen Wasserstoffs. Schweres Wasser gibt es in allen Gewässern der Erde in einer fast konstant bleibenden Menge: 1 Molekül schweres Wasser kommt dabei auf ungefähr 1000 Moleküle gewöhnliches Wasser.

Silicium ist nach dem Sauerstoff das häufigste Element in der Erdkruste (27,72 Prozent Anteil). Es liegt oft in Form von Sauerstoff-Siliciumverbindungen, sogenannten Silicaten (Salz der Kieselsäure), oder in Form von reiner Kieselerde (lat. silex = Kieselstein) vor. Silicium wurde **1832** erstmals in reiner Form von dem schwedischen Chemiker Jöns Jacob von Berzelius isoliert. Es spielt in der Metallherstellung eine wichtige Rolle, da es die Beständigkeit von Stählen gegen Korrosion erhöht. Ebenso findet es Verwendung in Form von leichten Legierungen wie *Alpax* (Aluminium-Silicium) in verschiedenen Bereichen: Kolben, Karosserien, Fahrradfelgen, elektrische Apparate usw. Mehr und mehr wird es in der Elektronik zur Herstellung von Halbleiterelementen und in der Kunststoffindustrie gebraucht.

Wasserstoffperoxid *(Wasserstoffsuperoxid)* stellte der französische Chemiker Baron Louis Jacques Thénard (1777–1857) im Jahr **1818** her, indem er Schwefelsäure und Bariumperoxid bei niedriger Temperatur miteinander reagieren ließ.

Wolfram wurde **1781** durch den schwedischen Chemiker C. W. Scheele entdeckt. Dieses schwere Metall ist das hitzebeständigste Element, das bis heute bekannt ist. Sein Schmelzpunkt liegt bei 3410° C.
Wolfram wird zur Herstellung von Glühfäden für Glühlampen verwendet und kommt in zahlreichen Erzen wie Silber-, Kupfer-, Zink- und Zinnerzen sowie in Argyrodit und Germanit vor. Die größten Vorkommen von Wolfram finden sich in China, Korea, in den USA und in der UdSSR.

Organische Chemie

Definition. Die organische Chemie ist Chemie der Kohlenstoffverbindungen. Der Kohlenstoff der Erde ist organischen Ursprungs, da die Pflanzen ihn durch Photosynthese produzieren. Kohle und Öl sind durch die Fossilisation von lebenden Organismen entstanden.

Bakelit. 1907 erfand der in den USA lebende belgische Chemiker Hendrik Baekeland (1863–1944) den ersten hitzebeständigen Kunstharz, eine Preßmasse aus Phenolharzen, das nach ihm benannte Bakelit.

Im französischen Restaurant »Lance roquettes« kann man sich an eingefärbten Speisen erfreuen; ohne Geschmacksveränderungen gibt es etwa blauen Fisch und bunten Reis. Der Salat ist farbecht.

Bleitetraäthyl, 1923 von der amerikanischen Ethy Corporation auf den Markt gebracht, wird Benzin als Antiklopfmittel beigemischt. Es erhöht die Oktanzahl des Benzins, dadurch seine Wirkungskraft (Effizienz) und vermeidet die Beschädigung des Motors. Seit 1965 jedoch weist der Amerikaner C. Patterson auf die negativen Auswirkungen hin: Wird Bleitetraäthyl eingeatmet oder über pflanzliche Lebensmittel, auf denen sich die Autoabgase niederschlagen, eingenommen, geht es ins Blut über und sammelt sich im Organismus an. Es schädigt das Zentralnervensystem.

Flüssigkristalle. Der französische Physiker Friedel hatte **1929** Stoffe entdeckt, die einen stabilen Zustand zwischen fest und flüssig einnehmen konnten. Eine Familie dieser Stoffe ist inzwischen gut untersucht: die Flüssigkristalle. Im Gegensatz zu Festkristallen können ihre Moleküle unter bestimmten Umständen ihre Orientierung (im Kristall) ändern; besonders unter Einwirkung von Schwachstrom ändern sie ihre Lichtdurchlässigkeit (Transparenz). Diese Eigenschaft läßt sich für sogenannte »Flüssigkristallanzeigen« verwenden.

Nikotin wird in Gemeinschaft genossen. »Smoking parties« waren um 1600 die große Mode der Londoner Schickeria. Schon damals experimentierte der Franzose Jean Nicot mit dem später nach ihm benannten giftigen Nikotin.

1971 baute die Firma Hoffmann-La Roche (Schweiz) die erste *Flüssigkristallanzeige.* Solche Flüssigkristalle werden seit 1973 routinemäßig in verschiedenen Gebrauchsobjekten verwendet: Uhren (Zifferblatt), Taschenrechner (Zahlenanzeige), elektronische Spiele (Spielfeldanzeige), Taschencomputer (Taschenrechner, die an Peripheriegeräte angeschlossen werden können) und anderes.

Formaldehyd, 1868 von August von Hofmann entdeckt, wird in der Textil- und Papierindustrie, in Gerbereien, Färbereien sowie in der Fotografie und in Tischlereien (Holzkleber) benutzt. Es dient auch als Rohstoff für Kunstharze bzw. Kunststoffe und für Isolationsmassen, mit denen man Fugen schließt (Harnstoff-Formaldehyd). Daneben dient Formaldehyd wegen seiner antiseptischen Eigenschaften als gelöstes Desinfektionsmittel. Seit 1983 wird verstärkt auf die gesundheitsgefährdende Wirkung der Lösung hingewiesen.

Harnstoff ist eine organische Substanz, die sich normalerweise im Blut (0,2 bis 0,5 g/l Blut) und im Urin (2,5 g/l Urin) findet. Im Urin wurde sie auch entdeckt.
Die künstliche Synthese von Harnstoff durch den deutschen Chemiker Friedrich Wöhler **1828** gilt als Markstein in der Geschichte der organischen Chemie, da dadurch erstmals gezeigt wurde, daß man eine organische Substanz auch unabhängig von jedem lebendigen (organischen) Ursprung herstellen kann. Wöhler benutzte das »anorganische« Ammoniumcyanat zur Synthese des »organischen« Harnstoffs. Friedrich Wöhler (1800–92) gilt daher als Begründer der organischen Chemie.

Nikotin. Der Franzose Jean Nicot (1530–1600) extrahierte 1562 aus Tabakblättern eine Flüssigkeit, die die Vernarbung von Wunden begünstigte. Doch erst **1828** isolierten R. Posselt und R. Reimann »Nikotin« (nach Jean Nicot) in reiner Form.
Wird Nikotin eingenommen, wirkt es als starkes Gift, das schon für kriminelle Ziele mißbraucht wurde. Anhand des Kriminalfalles Bocarmé konnte **1851** der belgische Chemiker J. S. Stas eine allgemeingültige Methode zum Aufspüren von Vergiftungen bei der Autopsie entwickeln. Seine Giftigkeit, die von Rauchern nicht genügend gefürchtet wird, macht man sich in der Pflanzenpharmazie beim Abtöten von Pflanzenparasiten zunutze.

Synthetische Diamanten. Seit man weiß, daß der Diamant aus reinem Kohlenstoff besteht, der in einem sehr regelmäßigen Kristallgitter angeordnet ist, hat man versucht, ihn künstlich herzustellen.
1894 glaubte der französische Chemiker Henri Moissan, unter hoher Temperatur und hohem Druck synthetische Diamanten hergestellt zu haben. Doch erst der amerikanischen Gesellschaft General Electrics gelang es **1955** zweifelsfrei, synthetische Diamanten bei einer Temperatur von 2600° C und unter einem Druck von 100 000 atü herzustellen.
Sie sind selten größer als 1 mm, und ihre Farbe ist meist schwarz. Daher werden sie in der Industrie benutzt. Es ist aber möglich, unter noch höheren Temperaturen und größerem Druck durchsichtige synthetische Diamanten für Juwelierarbeiten zu produzieren.
Obwohl sie mit den natürlichen Diamanten konkurrieren können, bleiben die synthetischen Diamanten aufgrund ihrer hohen Herstellungskosten ein Luxusprodukt.

Synthetischer Jade. Am 30. September **1984** konnte General Electrics in den USA eine Weltneuheit verkünden: Zwei ihrer Chemiker, Robert C. DeVries und James F. Fleisher, hatten die erste Probe synthetischer Jade in ihrem Labor hergestellt. Jade setzt sich aus den Mineralen Jadeit und Chlormelanit zusammen.

Analytische Chemie

Spektroskop. Ausgehend von einer Technik, die 1665 von Isaac Newton erfunden worden war, entwickelten die beiden deutschen Gelehrten Gustav Kirchhoff und Robert Bunsen **1859** das Spektroskop, mit dem sie die spektralen Anteile des Lichts analysieren konnten.
Mit Hilfe der Spektralanalyse gelang ihnen 1860 und 1861 unter anderem die Entdeckung der Elemente Cäsium (blau) und Rubidium (rot), beides metallische Elemente. J. von Fraunhofer hatte schon 1814 die Absorptionslinien im Sonnenspektrum entdeckt. Dank des Spektroskops ist es möglich, die chemische Zusammensetzung auch von Proben sehr geringer Menge zu untersuchen.

Massenspektroskopie. Der Engländer Joseph John Thomson baute **1897** den ersten Massenspektrographen. Er wies als erster nach, daß sich ein Ionenstrahl, wenn man ihn durch elektrische Felder und/oder magnetische Felder leitet, ablenken läßt. Mit dieser Technik arbeiten auch die heute üblichen Massenspektrographen. Der Massenspektrograph ermöglicht eine Bestimmung der Massenwerte in einem Isotopengemisch (Gemisch aus verschiedenen Atomarten eines chemischen Elements mit verschiedener Massenzahl). Der im Massenspektrographen gebildete Ionenstrahl läuft dabei durch ein konstantes elektrisches und/oder magnetisches Feld, von dem die verschieden geladenen Ionen auf verschiedene Stellen einer Fotoplatte gesammelt werden.

Massenspektrometer. Der englische Chemiker F. W. Aston (1877–1945) gab **1919** diesen Namen einer Versuchsanordnung, mit der er den Weg untersuchte, den Ionen durch ein elektrisches Feld eines Plattenkondensators und ein magnetisches Feld nehmen. Dabei wies er erstmals die Existenz der verschiedenen Neonisotope (Bezeichnung für verschiedene Atomarten eines chemischen Elements mit verschiedener Massenanzahl) nach. Mit einem heutigen modernen Massenspektrometer bestimmt man die Häufigkeit der in einem Isotopengemisch vorhandenen Massen.

Raman-Spektroskopie. 1928 untersuchte der indische Gelehrte Chandrasekhara Venkata Raman (1888–1970) die Streuung von sichtbarem und ultraviolettem Licht in verschiedenen durchsichtigen Medien (Gase und Flüssigkeiten). Beim Austritt der Strahlen aus dem Medium werden neben der eingestrahlten Spektrallinie zusätzlich auftretende Spektrallinien (Raman-Linien) beobachtet, die für das Medium charakteristisch sind. Auf diese Weise kann man das durchstrahlte Medium bestimmen. Ebenso bedient man sich der Eigenschaft bestimmter Moleküle, einen Teil des Farbspektrums zu absorbieren, um sie zu bestimmen.
Die Infrarotspektroskopie erlaubt die Bestimmung spezifischer Atomgruppen.

GENETIK

Gameten. Der griechische Arzt Hippokrates vermutete im **5. Jh. v. Chr.** erstmals, daß es männliche und weibliche Keimzellen (Gameten) gibt. Er nahm an, daß bei der Entstehung des menschlichen Embryos zwei Keime beteiligt sind: ein männlicher und ein weiblicher. Diese beiden Keime sind das Spermium und die Eizelle. Etwa 200 Mio. Spermien werden täglich im männlichen Hoden gebildet. Die Eizellen reifen im weiblichen Ovar (Eierstock) heran. Bei der Geburt sind etwa 400 000 Eizellen in den Ovarien angelegt. Bis zur Pubertät verringert sich ihre Zahl auf etwa 10 000 Eizellen. Davon erreichen nur rund 400 ein befruchtungsfähiges Stadium. Aus der vom Spermium befruchteten Eizelle entsteht ein Embryo.

Die Urzeugung (Abiogenese) ist eine Theorie, nach der es eine spontane, elternlose Entstehung von Lebewesen aus anorganischen oder organischen Substanzen gegeben haben soll. Sie wurde von dem berühmten griechischen Philosophen Aristoteles (384–322 v. Chr.) entwickelt. Sie steht vor allem im Gegensatz zur Theorie über die Erschaffung von Lebewesen durch einen göttlichen Schöpfungsakt.

Die Erbanlagen erwähnte bereits Aristoteles im **4. Jh. v. Chr.**, als er schrieb: »Eltern mit Mißbildungen bringen Kinder mit Mißbildungen zur Welt. Lahme bringen Lahme auf die Welt, Blinde bringen Blinde auf die Welt. Generell gleichen die Mißbildungen der Kinder denen der Eltern.« Heute weiß man, daß die Gene Träger der Erbanlagen sind.

Zelle. Den Begriff Zelle (lat. cellula) führte der englische Physiker Robert Hooke ein. Ihn erinnerte das, was er **1665** in Schnitten von Korkrinde unter seinem einfachen Mikroskop sah, an die Kämmerchen, die »Zellen« der Klöster und Gefängnisse.
Kork ist totes Material; Hooke beobachtete also die Zellwände, die die Zellen umgaben.
Der Holländer Leeuwenhoek beobachtete kurze Zeit später mit einem etwas besseren Mikroskop eine Reihe isolierter lebender Zellen: rote Blutkörperchen, Bakterien, Spermien.
Erst **1839** entwickelten die deutschen Naturforscher Matthias Schleiden und Theodor Schwann die Vorstellung, daß alle Lebewesen aus Zellen aufgebaut sind und daß die Zelle die Einheit des Lebens darstellt.
Um 1831 erkannte der Schotte Robert Brown den *Zellkern* als Bestandteil der Zellen.

Die Art (Spezies) wurde erstmals im **17. Jh.** von dem Engländer J. Ray (1627–1705) definiert.
Die Art ist heute die einzige objektiv definierte Einheit im System der Pflanzen und Tiere. Als Grundeinheit umfaßt sie die Gesamtheit der Individuen, die in allen wesentlich erscheinenden Merkmalen miteinander übereinstimmen, die sich miteinander fortpflanzen können (sogenannte Fortpflanzungsgemeinschaft) und die ähnliche Habitate bewohnen. Das gleiche äußerliche Erscheinungsbild der Individuen einer Art beruht auf dem gemeinsamen Genbestand.

Photosynthese. Am Anfang der Entdeckung dieser fundamentalen Stoffwechselreaktion aller grünen Pflanzen und einiger Bakterienarten stehen die Arbeiten des französischen Chemikers A. L. de Lavoisier von **1776.**
1797 zeigte der Engländer J. Priestley, daß grüne Pflanzen Sauerstoff produzieren können. Etwas später vervollständigte der Holländer Jan Ingenhousz diese Beobachtung, indem er zeigte, daß nur die grünen Teile der Pflanze (Chlorophyll) Sauerstoff produzieren, und zwar nur bei Licht; in der Dunkelheit geben die Pflanzen vor allem Kohlendioxid ab.

Die künstliche Photosynthese wurde in den **70er** Jahren von Professor Jean-Marie Lehn von der Louis-Pasteur-Universität Straßburg (Frankreich) entwickelt, um aus Wasser Wasserstoff zu gewinnen. Zu diesem Zweck ahmt man die natürliche Photosynthese nach. Von der Verwirklichung dieser Technik im industriellen Maßstab erwartet man sich eine unerschöpfliche und billige Herstellung von Wasserstoff, der als Energieträger für eine technische Zivilisation unentbehrlich ist.

Lamarckismus. Jean-Baptiste de Lamarck (1744–1829), ein französischer Botaniker, stellte in seiner berühmten, **1809** veröffentlichten *Philosophie zoologique* die Theorie der Unveränderlichkeit der Arten in Frage. Er glaubte, daß sich bestimmte Merkmale von Lebewesen durch die Wirkung von Umwelteinflüssen verändern und daß diese Veränderungen auf die Nachkommen vererbt werden, wenn sie bei beiden Elternteilen auftreten.
Der Lamarckismus muß als Vorläufer des Darwinismus angesehen werden; er gilt jedoch heute vor allem aus der Sicht der neueren Molekulargenetik als überholt.

Darwinismus. 1859 warf der englische Naturforscher und Biologe Charles Darwin (1809–82) erneut die Frage nach der Evolution der Arten auf. Nach der von ihm entwickelten Selektionstheorie sind die Arten keine unveränderlichen Gebilde, die aus einer bestimmten Schöpfung hervorgegangen sind, sondern Gebilde, die ständig dem Wandel unterworfen sind, weil die am besten an die bestehende Umwelt angepaßten Individuen »selektiert« werden, diejenigen Individuen, die sich an Umweltveränderungen nicht anpassen können oder die im Konkurrenzkampf unterliegen, jedoch zugrunde gehen.

Immunsystem. Louis Pasteur sagte bereits vor etwa 100 Jahren die Existenz eines Immunsystems voraus, als er über Impfstoffe arbeitete. Die Beschaffenheit und Funktion dieses Systems wurde aber erst ab **1950** bekannt.

Das Immunsystem umfaßt alle Mechanismen, die es dem Körper erlauben, Mikroorganismen, gealterte, anomale oder fremde Zellen (etwa bei Transplantationen) zu erkennen und sie zu zerstören. Es arbeitet hauptsächlich mit drei verschiedenen Typen von Blutleukozyten (weißen Blutkörperchen): den B-Lymphozyten, die sogenannte Antikörper absondern; den T-Lymphozyten, die direkten Kontakt mit den »fremden« Zellen eingehen; den Makrophagen, die Zellen verdauen können.

Mikrobiologie. 1857 entdeckte der Franzose Louis Pasteur (1822–95) die Hefepilze (Mikroorganismen) und erklärte damit den Gärungsprozeß. Er entdeckte weiterhin, daß die Gärung stets von Mikroorganismen hervorgerufen wird und daß Erhitzen Mikroorganismen abtötet (pasteurisieren). Pasteur gilt als Begründer der Mikrobiologie.

Bakteriologie ist ein Teilgebiet der Mikrobiologie. Bakteriologie ist die Lehre von den Bakterien, ihrer systematischen Einteilung, ihrer Lebensbedingungen, ihrer Züchtung, ihrer Nützlichkeit oder Schädlichkeit und ihrer Bekämpfung.

Pasteur entdeckte um **1870** die Staphylokokken, die Streptokokken und Bakterien, die Brand (Gewebstod) erregen. Ab 1881 entwickelte er auch Impfstoffe gegen Krankheiten, die von Bakterien hervorgerufen werden.

Virologie ist die Wissenschaft und Lehre von den Viren. Von 1880–85 arbeitete Pasteur über die Tollwut, einer bis dahin unheilbaren Krankheit. Er konnte zwar nicht den Erreger isolieren, aber immerhin einen Impfstoff gegen Tollwut entwickeln. Heute weiß man, daß der Erreger der Tollwut kein Bakterium, sondern ein Virus ist.

1898 entdeckte der Schwede Beijerinck Mikroorganismen, die noch viel kleiner als Bakterien waren und sogar durch den von ihm benutzten Porzellanfilter gingen. Der Virus, den Beijerinck gefunden hatte, war der Tabakmosaikvirus. Beijerinck gilt daher als Begründer der Virologie.

1935 gelang es dem amerikanischen Biochemiker Wendell Meredith Stanley (1904–71) erstmals, einen Virus in kristalliner Form zu isolieren. Für seine Virusuntersuchungen erhielt er 1946 (zusammen mit Northrop und Sumner) den Nobelpreis für Chemie.

Mit Hilfe von Elektronenmikroskopie, Röntgenbeugungsmustern und verschiedenen biochemischen Methoden erstellte der Franzose André Lwoff **1959** eine Definition des Virus, die die Virologie wesentlich voranbrachte.

Virussynthese. Den amerikanischen Forschern Arthur Kornberg und Robert L. Sinsheimer gelang **1968** die Synthese eines kompletten Virus. Sie benutzten dazu nur zwei Enzyme: eine DNS-Polymerase und eine DNS-Ligase, die sie aus einer Kultur Kolibakterien gewonnen hatten.

Das Prion ist ein kleines krankheitserregendes Partikel, das weder ein Virus noch ein Bakterium ist. Es wurde **1980** von Stanley Prusiner von der Universität San Franzisko (USA) entdeckt. Zwei seltene Krankheiten erregt dieses Partikel beim Menschen: Kuru, eine Krankheit, die in Neuguinea auftritt, sowie das Creutzfeldt-Jakob-Syndrom. Charakteristisch für beide Krankheiten ist eine Schädigung des Zentralnervensystems.

Den Biologen gibt das Prion ein Rätsel auf, weil es weder DNS noch RNS besitzt; so fragt man sich, wie es sich überhaupt vermehren kann.

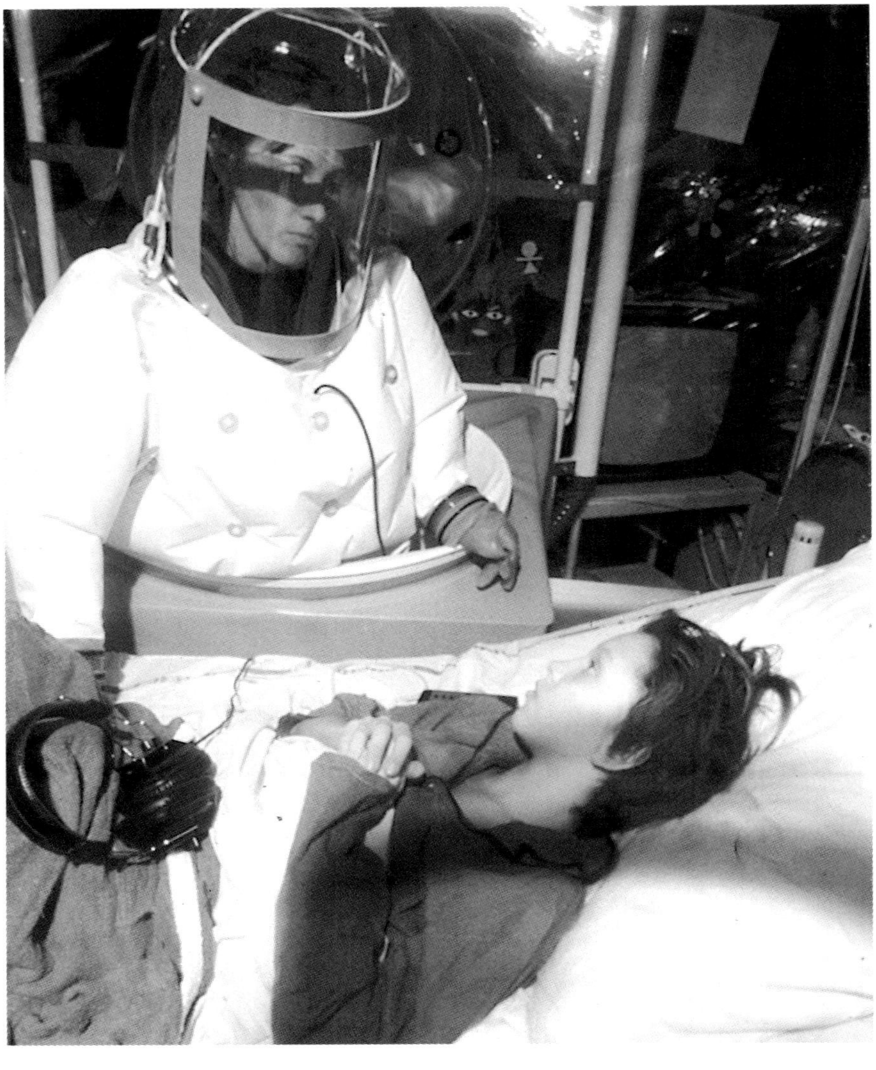

Genetik ist ein Teilbereich der Biologie. Sie wird auch Vererbungslehre genannt. Sie setzt sich aus drei Teilgebieten zusammen: Die *klassische Genetik* befaßt sich vor allem mit formalen Gesetzmäßigkeiten der Vererbungsgänge von Merkmalen. Die *Molekulargenetik* erforscht die grundlegenden Phänomene der Vererbung im Bereich der Moleküle (Nukleinsäuren). Die *angewandte Genetik* beschäftigt sich unter anderem mit der Züchtung besonders ertragreicher, wirtschaftlicher Pflanzen und Tiere, mit erbbiologischen Untersuchungen, Abstammungsprüfungen und genetischen Beratungen.

Als einer der Begründer der Genetik kann Gregor Johann Mendel (1822–84) gelten. Er veröffentlichte **1865** seine Arbeit *Versuche über Pflanzenhybriden.* Er beschrieb darin seine Kreuzungsversuche an verschiedenen Erbsenrassen und die von ihm aus den Versuchen abgeleiteten Gesetzmäßigkeiten der Vererbung. Diese Gesetze, auch Mendelsche Regeln genannt, haben heute noch ihre Gültigkeit. Ein anderer Forscher, der für die Genetik von Bedeutung ist, ist Thomas Hunt Morgan. Er machte Versuche mit der Fruchtfliege *Drosophila melanogaster.*

Die Desoxyribonukleinsäure (DNS) wurde **1869** von dem Schweizer Biochemiker J. F. Miescher entdeckt. Sie ist der Träger der genetischen Infor-

Wenn das Immunsystem defekt ist, kann sich der Körper nicht mehr gegen anomale oder fremde Zellen zur Wehr setzen. Absolute Isolation kann dann oft der einzige Ausweg sein. Selbst diese Mutter kann mit ihrem kranken Kind nur über eine abgedichtete »Taucherglocke« sprechen.

GREGOR JOHANN MENDEL (1822–1884)

Zu Lebzeiten hatte man seine Bedeutung nicht erkannt. Erst als um die Jahrhundertwende verschiedene Biologen zu denselben Ergebnissen kamen, erinnerte man sich an ihn; so wurden Gregor Johann Mendels Theorien etwas verspätet »wiederentdeckt«.
In Heinzendorf 1822 geboren, arbeitete er bald in Brünn als Augustiner-Chorherr. Doch der Biologie galt seine Leidenschaft: In mehr als 10 000 Kreuzungsversuchen durch künstliche Bestäubung an Bohnen und Erbsen entdeckte er die grundlegenden Gesetze der Vererbung – die Mendelschen Regeln.
Ein Beispiel seiner Versuche ist die Kreuzung einer weißblühenden und einer rotblühenden Erbsensorte. Die rotblühende Sorte brachte unter sich gekreuzt in allen Generationen nur rotblühende Pflanzen hervor, die weißblühende nur weißblühende Pflanzen (heute bezeichnet man solche Pflanzen als reinerbig in bezug auf das betrachtete Merkmal). Als Mendel weißblühende mit rotblühenden Pflanzen kreuzte, brachte die erste Tochtergeneration nur rotblühende Pflanzen hervor. Eine Kreuzung der Pflanzen der ersten Tochtergeneration untereinander ließ in der zweiten Tochtergeneration drei Viertel rotblühende und ein Viertel weißblühende Pflanzen entstehen. Diese weißblühenden Pflanzen untereinander gekreuzt brachten nur weißblühende Pflanzen hervor. Ebenso entstanden bei der Kreuzung eines Viertels der rotblühenden Pflanzen (der zweiten Tochtergeneration) untereinander nur rotblühende Pflanzen. Bei der Kreuzung der restlichen rotblühenden Pflanzen (zwei Viertel der zweiten Tochtergeneration) untereinander traten jedoch wieder drei Viertel rotblühende und ein Viertel weißblühende Pflanzen auf, dasselbe Zahlenverhältnis wie bei der Kreuzung der ersten Tochtergeneration untereinander: 3:1.
Aus diesem Versuch, den er 1865 in seinem Werk *Versuche über Pflanzenhybride* veröffentlichte, zog er folgende Schlüsse: Die Erbanlagen, die für die Ausprägung eines Merkmals verantwortlich sind (zum Beispiel für die Blütenfarbe), sind in der Zelle paarweise vorhanden. Es gibt Merkmale, sogenannte dominante Merkmale, die andere »unterdrücken«. Die »unterdrückten« Merkmale nennt man rezessive Merkmale. Im oben beschriebenen Versuch war rotblühend das dominante Merkmal und weißblühend das rezessive Merkmal. Ist eine der beiden Erbanlagen der Pflanze dominant, so prägt sich das dominante Merkmal aus. Nur wenn beide Erbanlagen der Pflanze rezessiv sind, kann das rezessive Merkmal in Erscheinung treten.

mation. Diese Erkenntnis ist noch nicht besonders alt. Zwar war durch die Beobachtungen Gregor Johann Mendels (1865), die er bei Kreuzungsversuchen mit Bohnen und Erbsen machte, deutlich geworden, daß Eigenschaften bzw. Eigenschaftsanlagen »vererbt« werden; was aber der materielle Träger der Erbinformationen ist, blieb lange ungeklärt.
Der Durchbruch gelang dem amerikanischen Bakteriologen O. T. Avery im Jahr **1944.** Sein Ausgangspunkt waren die Untersuchungen, die F. Griffith 1928 an Pneumokokken-Bakterien (Erreger der Lungenentzündung) gemacht hatte. Avery, der am Rockefeller-Institut in New York arbeitete, konnte zeigen, daß die Nukleinsäuren Träger der Erbinformationen, der sogenannten Gene, sind. Damit war aber noch nicht geklärt, wie die DNS die genetische Information (Erbinformation) speichert.
Mit Hilfe von Röntgenstrukturanalyse, Elektronenmikroskopie, Chromatographie und allgemeinen Erkenntnissen der Genetik gelang es dem Amerikaner James Dewey Watson und dem Engländer Francis Harry Comptom Crick, ein Strukturmodell der DNS aufzustellen. Ihren Forschungsbericht veröffentlichten sie in der englischen Zeitschrift *Nature.* Nach dem sogenannten »Watson-Crick-Modell der DNS« besteht die DNS aus zwei spiralig angeordneten Ketten von Nukleotiden (Einzelbausteinen der Nukleinsäuren), die durch 4 verschiedene, sich in unterschiedlicher Reihenfolge wiederholende Basen über Wasserstoffbrücken miteinander verbunden sind. Für ihr Modell, auch Doppelhelix-Modell genannt, erhielten sie 1962 zusammen mit dem Engländer Maurice Wilkins den Nobelpreis. Aus dem Doppelhelix-Modell ergab sich, daß die genetische Information in der Abfolge der Basen in der DNS festgelegt ist.

Die Ribonukleinsäure (RNS) ist wie die DNS aus Nukleotiden zusammengesetzt. Die Nukleotide bestehen aus einem Zucker (Ribose; bei der DNS ist es Desoxyribose), einem Phosphatrest und einer Base. Die RNS spielt bei der Proteinbiosynthese außerhalb des Zellkerns im Zellplasma eine wichtige Rolle.
Die sogenannte Boten-RNS (eine der vier RNS-Hauptgruppen, die bekannt sind) ist ein reines »Arbeitsmolekül«. Sie dient der Übermittlung genetischer Information aus dem Zellkern (Chromosomen) an die Ribosomen. Aus der genetischen Information der einsträngigen Boten-RNS werden dort Proteine aufgebaut.

Die Mitose bezeichnet den Mechanismus der Kern- bzw. Zellteilung, die **1875** von dem deutschen Botaniker Eduard Strasburger bei Pflanzenzellen beobachtet wurde. Sie gilt auch für tierische Zellen. Bei der Mitose entstehen durch Teilung des Kerns und Trennung der darin befindlichen Chromosomen aus einer Mutterzelle zwei Tochterzellen, die mit der Mutterzelle genetisch identisch sind.

Befruchtung. Der deutsche Biologe und Professor für Anatomie in Berlin, Oskar Hertwig (1849–1922), beobachtete, wie in einem reifen Seeigelei der Zellkern des Eis mit dem des Spermiums verschmolz. Er stellte damit **1875** erstmals fest, daß eine Befruchtung durch Verschmelzung von Ei und Samenzelle zustande kommt. Die grundlegende Bedeutung der Verschmelzung der Ei- und der Samenzelle ist die Wiederherstellung des doppelten Chromosomensatzes. Aus der so entstandenen diploiden Zelle wächst ein neuer Organismus.

Meiosis. 1886 beobachtete der belgische Zoologe Eduard van Beneden, daß die Zellkerne der Geschlechtszellen (Ei und Spermium) nur einen einfachen Satz (n) dessen besitzen, was man zwei Jahre später Chromosomen nannte, während die Zellkerne der Zellen, aus denen die Eizellen und Spermien entstehen, einen doppelten Satz (2n) besitzen. Dieses Phänomen wird Meiosis genannt und entsteht aus zwei aufeinanderfolgenden Reduktionseinteilungen. Es kommt nur bei den Keimzellen vor.

Chromosomen sind fadenförmige Gebilde im Zellkern, die die aus DNS bestehenden Gene tragen und für die Übertragung der verschiedenen, im Erbmaterial festgelegten Eigenschaften von der sich teilenden Zelle auf die beiden Tochterzellen verantwortlich sind.
Der Name »Chromosom« stammt von dem deutschen Anatomen Wilhelm von Waldeyer-Hartz (1836–1921). Er hat sie **1888** so benannt, weil Chromosomen durch Färbung sichtbar gemacht werden können (griech. kro = »Farbkörper«).
Die Gesamtheit der Chromosomen eines Kerns bzw. einer Zelle heißt Chromosomensatz. In den Körperzellen findet man normalerweise einen doppelten Chromosomensatz (2n). In den Geschlechtszellen hingegen findet man normalerweise einen einfachen Chromosomensatz (n). Man unterscheidet im Chromosomensatz normale Chromosomen (Autosomen) und Geschlechtschromosomen (Heterosomen). Normalerweise sind von jedem Chromosom zwei iden-

Das Modell der Doppelhelix – 1962 war es den Nobelpreis wert. Es zeigt die Anordnung der Bausteine der Erbinformation (DNS).

tische Exemplare im Zellkern jeder Zelle vorhanden. Diese beiden Chromosomen eines Paares werden homologe Chromosomen genannt. Jeweils ein vollständiger Chromosomensatz (22 Autosomen, 1 Heterosom) stammt vom Vater, einer von der Mutter.

Das Geschlecht läßt sich am Heterosomenpaar erkennen. (Heterosomen sind das X- und Y-Chromosom, die nach ihrer Form benannt sind.) Beim Mann ist es das Chromosomenpaar XY, bei der Frau XX. Dies ist aber nicht immer so; bei Vögeln beispielsweise ist es genau andersherum: XX ist männlich; XY ist weiblich.

Die ersten Mutationen wurden **1901** von dem holländischen Botaniker Hugo de Vries beobachtet. Bei der Züchtung und Untersuchung von Pflanzen verschiedener Arten entdeckte er einzelne Pflanzen, die Unterschiede zu ihren Mutterpflanzen aufwiesen. Diese Unterschiede vererbten sich auf ihre Nachkommen. Den erblichen Veränderungen gab Hugo de Vries den Namen »Mutationen«. Erst lange Zeit nach den Untersuchungen von de Vries konnte gezeigt werden, daß diese Veränderungen von veränderten Genen herrührten. Mutationen können auch bei Tieren beobachtet werden.

Heutzutage lassen sich Mutationen experimentell mit Hilfe von radioaktiver Strahlung oder chemischer Reagenzien erzeugen.

Die In-vitro-Kultur (Zucht im Reagenzglas) ist eine Methode, die darauf beruht, tierische und pflanzliche Organismen oder einen Teil dieser Organismen außerhalb ihrer natürlichen Umgebung am Leben zu erhalten. Die In-vitro-Kultur von tierischen Zellen und Geweben wurde **1907** von dem Amerikaner R. G. Harrison erfunden und 1910 von dem Franzosen Alexis Carrel verbessert. Die In-vitro-Kultur von pflanzlichen Zellen und Geweben wurde zwischen 1931 und 1938 von den Franzosen Roger Gautheret und Pierre Nobécourt sowie dem Amerikaner Philip White entwickelt.

Die In-vitro-Kulturen werden für Forschungszwecke, zur Herstellung von Medikamenten (Seren, Impfstoffe, Antibiotika), zur Zucht von Pflanzen, die frei von Viren sind, und zur vegetativen Vermehrung von Knospen verwendet.

Ungeschlechtliche In-vitro-Vermehrung von Pflanzen. Aus einigen Zellen, die in künstlicher Umgebung kultiviert wurden, erhielten französischer Forscher des INRA (Institut National de la Récherche Agronomique), G. Morel und J. Martin, **1952** eine in ihre natürliche Umgebung verpflanzbare Jungpflanze, die sich einwandfrei fortpflanzen konnte.

Die von Morel und Martin entwickelte Technik ermöglicht es, von Viren befallene Pflanzen zu regenerieren, indem man sie aus wenigen, noch nicht von Viren befallenen Zellen neu heranzieht. Diese Technik wird heute unter anderem bei Rosen, Orchideen, Kartoffeln und Fruchtbäumen verwendet.

Gen. Die heutige molekulare Genetik definiert das Gen als einen einzelnen Abschnitt auf dem viele Gene umfassenden Nukleinsäuremolekül, das die genetische Information für die Bildung eines einheitlichen, vollständigen Genprodukts enthält. Dieses Genprodukt hat im Körper eine bestimmte Funktion; es kann zum Beispiel bei der Ausprägung eines Merkmals (etwa der Augenfarbe) eine Rolle spielen. Es dauerte sehr lange, bis man zu dieser Definition kam. Einer der wichtigsten Schritte war die Entdeckung der molekularen Struktur der DNS durch Watson und Crick **1954.** Vor dieser Zeit beobachteten die Wissenschaftler nicht die Erbanlagen selbst, um die Vererbung zu erklären, sondern ihre Ausprägung; meist waren es einfache Merkmale, die sich gut und ohne Probleme beobachten ließen. Aus der Beobachtung der Vererbung dieser Merkmale zogen sie Rückschlüsse auf die Erbanlagen selbst.

Einer der ersten war der amerikanische Forscher Thomas Hunt Morgan (1866–1945). Er machte **1910** Versuche mit der Fruchtfliege *Drosophila melanogaster.* Er entdeckte dabei die geschlechtsgebundene Vererbung und das *crossing over* (Faktorenaustausch). In diesem Zusammenhang bestätigte er, daß viele Erbanlagen gekoppelt vererbt werden.

Ein Chromosom stellt eine sogenannte Kopp-

lungsgruppe dar, da auf einem Chromosom viele einzelne Erbanlagen liegen. Die Chromosomen werden unabhängig voneinander nach den Gesetzen der Wahrscheinlichkeit (bzw. nach den Mendelschen Regeln) vererbt, nicht aber die Erbanlagen, die jeweils gekoppelt auf den einzelnen Chromosomen liegen.
Heute schätzt man, daß etwa 500000 Gene auf den 46 menschlichen Chromosomen liegen. Die Gene bestehen aus DNS.

Gensequenzer. **1977** entwickelte der englische Biochemiker Frederick Sanger einen Apparat, mit dem man die verschlüsselten Botschaften der Gene auf den Chromosomen entschlüsseln kann. Diese Botschaften, die in einem genetischen Alphabet aus 4 Buchstaben geschrieben sind, verschlüsseln den Bauplan der Proteine, die die Zelle zum Leben und zur Fortpflanzung benötigt.

Synthese der ersten künstlichen Gene. Dem amerikanischen Biochemiker Har Gobind Khorana gelang es **1973** erstmals, Polynukleotide (Nukleotidketten) mit bekannter Basensequenz zu produzieren. Mit Hilfe dieser Polynukleotide, die praktisch künstliche Gene darstellten, konnte Khorana im genetischen Code alle Codons (Basensequenz der RNS, die für eine Aminosäure codiert) den Aminosäuren zuordnen und zeigen, daß ein Codon jeweils drei Nukleinsäuren enthält. 1968 erhielt Khorana zusammen mit Nirenberg und Holley den Nobelpreis für Physiologie oder Medizin.

Genetischer Code. Die ersten experimentellen Argumente für eine Übertragung der Erbanlagen mit Hilfe der Information der DNS (vor den Entdeckungen von O. T. Avery, M. McLeod und M. McCarthy) stammen aus dem Jahr **1943** von dem amerikanischen Biologen italienischer Herkunft Salvador Luria. Seither weiß man, daß jede Erbanlage in Form einer verschlüsselten Botschaft auf einem Stück DNS (oder Gen) liegt und daß die Übersetzung der verschlüsselten Botschaft zu einem spezifischen Protein führt, das bei der Ausprägung (Verwirklichung) der Erbanlage eine Rolle spielt. Um das Protein herstellen zu können, muß zuerst die Botschaft der DNS auf eine RNS übertragen werden. Bei der Übersetzung der RNS-Botschaft entsteht durch spezifische Mechanismen das Protein.

Sequenator. Professor Leroy E. Hood vom California Institute of Technology in Pasadena, Kalifornien (USA), entwickelte **1985** einen Apparat, mit dessen Hilfe man die Aminosäuresequenz jedes beliebigen Proteins bestimmen kann. Kennt man die Aminosäuresequenz des Proteins, kann man auf die Nukleotidsequenz der DNS rückschließen, über die das Protein codiert wird. Man kann dann von der DNS genau den Abschnitt isolieren, der für das Protein codiert. Dies wäre dann ein sogenanntes Gen.

Proteine sind Makromoleküle, die durch eine Verkettung von Aminosäuren entstehen. Von den bis heute aufgefundenen natürlichen Aminosäuren sind etwa 20 in den Proteinen der Lebewesen enthalten.
1953 gelang es dem englischen Chemiker F. Sanger erstmals, die vollständige Aminosäuresequenz eines Proteins zu bestimmen. Es handelte sich um ein Hormon, das Insulin. Insulin besteht aus 84 Aminosäuren.
Proteine sind Bestandteil der Zellen aller Organismen; sie bilden das Bindegewebe, die Haut, die Haare, die Bänder und Sehnen. Alle Enzyme und viele Hormone sind Proteine. In dieser Form greifen Proteine in den Stoffwechsel ein, so auch das Insulin, das man heute bereits synthetisch herstellen kann.

In-vitro-Synthese von Proteinen. Der amerikanische Biochemiker Vincent du Vigneaud stellte **1954** in seinem Labor die ersten synthetischen Proteine her. Es handelte sich um zwei Hormone, die normalerweise vom Hypophysenhinterlappen freigesetzt werden: Oxytocin und Vasopressin, die jeweils aus Aminosäuren zusammengesetzt sind.
Merrifield und Gutte von der Manhattan Rockefeller University (USA) gelang es **1969,** größere Moleküle synthetisch herzustellen. Sie reihten 124 Aminosäuren aneinander. Für die Synthese, die nicht weniger als drei Wochen dauerte, benutzten sie verschiedene elektronische Geräte, die automatisch 368 chemische Reaktionen in 11931 Schritten ausführen konnten. Heute verwendet man für die Synthese größerer Mengen von Proteinen eine Methode, die ebenfalls von Merrifield entwickelt wurde. Er erhielt dafür 1984 den Nobelpreis für Chemie. Unter anderem verwendet man heute auch genetisch manipulierte Zellen für die Proteinsynthese.

Die Histokompatibilitätsantigene beschrieb **1958** der Franzose Jean Dausset. Das sind spezifische Proteinkomplexe, die allen Zellen eines Individuums auf der Oberfläche anheften. Sie kennzeichnen diese Zellen als »körpereigen«. Fremde Zellen, die über Haut, Wunden oder die natürlichen Körperöffnungen in den Organismus eindringen, werden aufgrund eines anderen »Oberflächenmusters« als »fremd« erkannt und vom Immunsystem bekämpft. Das Gelingen von Transplantationen hängt daher wesentlich davon ab, wie ähnlich sich die Histokompatibilitätsantigene des Spenders und Empfängers sind.

Protoplast. Dank einiger Enzyme, die von bestimmten Pilzen hergestellt wurden, gelang es dem englischen Gelehrten Edward Cocking um **1960** erstmals, Protoplasten zu isolieren. Der Protoplast ist der nackte Zelleib einer Zelle, bei der die Zellwand entfernt wurde, die sie normalerweise umgibt.
Protoplasten sind für die Wissenschaft interessant, da man aus ihnen wieder vollständige Pflanzen heranziehen kann. 1971 konnte der Franzose Jean-Paul Nitsch aus Protoplasten, die von Tabakblättern stammten, vollständige Tabakpflanzen heranziehen. Zuvor hatte er die Protoplasten *in-vitro* vermehrt.

Der Karyotyp ist in der Genetik die Bezeichnung für die durch Chromosomenzahl, -größe und -form festgelegte, graphisch darstellbare Gesamtheit der Chromosomen einer Zelle oder eines Lebewesens. In der graphischen Darstellung,

Das hübsche Angorafell dieser Maus ist das Ergebnis der Mutation dreier Gene.

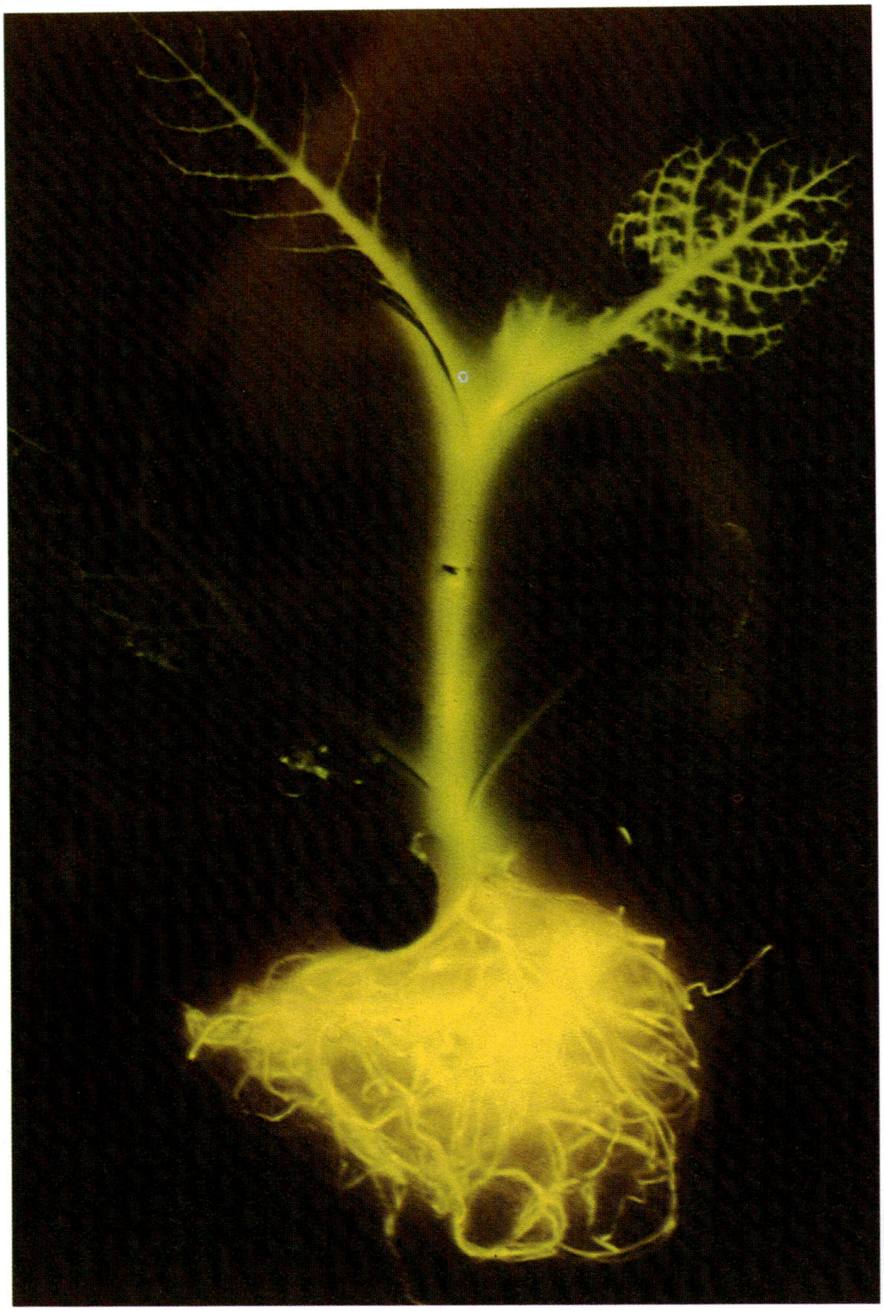

Wissenschaftler der Universität in San Diego, Kalifornien (USA), haben einer Tabakpflanze ein Gen eingepflanzt, das normalerweise das Leuchten bei Glühwürmchen bewirkt.

dem *Karyogramm,* das u. a. mit Hilfe von Mikrophotographie hergestellt wird, sind die Chromosomen der Größe (und Form) nach geordnet. Das Karyogramm des Menschen besteht aus 23 Chromosomenpaaren, die durchnumeriert sind. Dieses Verfahren wurde **1960** erstmals von einer Forschergruppe in Denver (USA) angewendet. Der Karyotyp aller Zellen einer Art ist derselbe.

Enzymtechnik ist die Verwendung von Enzymen in technischen Prozessen, zum Beispiel bei der Lebensmittel- und Pharmazeutikaherstellung. Meist werden auch die Enzyme industriell hergestellt. Erstmals benutzt die japanische Gesellschaft Tanabe Seiyaku **1969** industriell hergestellte Enzyme bei der Herstellung ihrer Produkte.
Inzwischen werden industriell hergestellte Enzyme bei der Umsetzung von Stärke in Glukose, von Zellulose in Glukose sowie bei der Herstellung von Fruchtsaft eingesetzt. Ebenso werden sie zur Synthese von Antibiotika, Steroiden und vielen anderen organischen Verbindungen gebraucht.

Eine Sortiermaschine für Zellen kann zum Beispiel gesunde von kranken Zellen trennen und deren Charakteristika bestimmen.
Der erste Prototyp wurde etwa **1970** von Forschern der Universität Stanford (USA) gebaut. Zu dieser Zeit wurde sie vor allem zur Diagnose von Blutkrebs (Leukämie) benutzt.
1974 kam die Sortiermaschine auf den Markt und fand großen Anklang; kurze Zeit später wurde sie von französischen Wissenschaftlern der CEA in Saclay (Frankreich) verbessert.

Biotechnik ist die technische Nutzbarmachung biologischer Vorgänge. So zum Beispiel die genetische Manipulation von Bakterien, um sie zur Bewältigung verschiedener Aufgaben, für die sie normalerweise nicht gemacht sind, einzusetzen. Auf diese Weise manipulierte Bakterien aus der Gattung »Pseudomonas« kreierte **1972** der Biologe indischer Herkunft M. Chakrabarty. Seine Bakterien können Öl verdauen und wurden erstmals in den USA Gegenstand eines Patents. Es dauerte jedoch 8 Jahre, bis man das »US-Patent and Trademark Office« überzeugen konnte.

Somatische Hybride entstehen durch die Verschmelzung von Protoplasten verschiedener Pflanzenarten. Die **1972** von dem Amerikaner Peter Carlson zu diesem Zweck entwickelte Technik ermöglicht es, Pflanzen herzustellen, die in der Natur nicht vorkommen. Es gelang ihm, durch Verschmelzung zweier Protoplasten verschiedener Tabakpflanzen *(Nicotiana glauca* und *Nicotiana langsdorffii)* einen Tabakhybrid herzustellen. 1978 gelang es dem Deutschen Georg Melchers, Protoplasten von Kartoffeln und Tomaten miteinander zu verschmelzen. Das Ergebnis war die sogenannte *Tomtoffel.*
Die bei der Verschmelzung von Protoplasten verschiedener Pflanzenarten entstehenden somatischen Hybride werden »Cybride« genannt.

Onkogene. Drei amerikanische Forschergruppen entdeckten **1981** unabhängig voneinander

Die molekulare Struktur des Enzyms, das die Erbinformation zerstören kann; das Blau zeigt die Dichte der Elektronen.

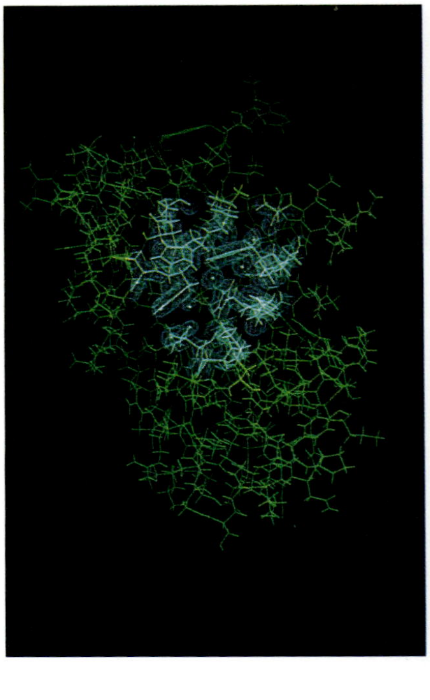

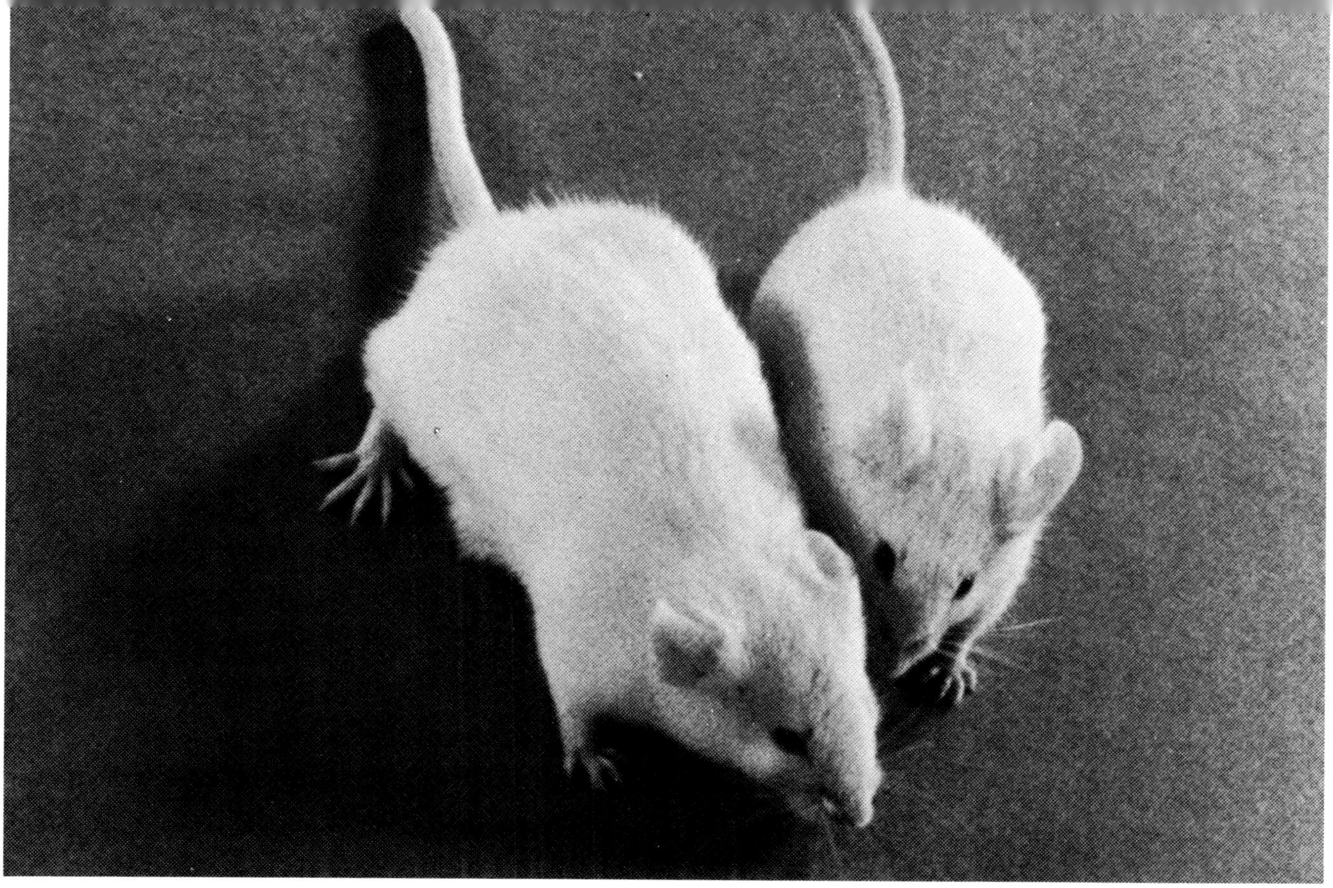

Krebsgene (Onkogene): das Team von Professor Robert Weinberger vom Krebsforschungszentrum im berühmten Massachusetts Institute of Technology, das Team von Doktor Geoffrey Cooper vom Sydney Farber Cancer Institute in Boston und das Team von Professor Michael Wigler vom Cold Spring Harbor Laboratory in Long Island.

Die Onkogene erzeugen nicht von Natur aus Krebs. Sie tun es erst, wenn sie entweder durch Einwirkung krebserregender (carzinogener) Substanzen oder durch ionisierende Strahlung oder Viren verändert werden.

Vor kurzem hat man Onkogene isoliert, die für den Grimmdarmkrebs, den Blasenkrebs, den Nierenkrebs und eine Art Leukämie (Blutkrebs) verantwortlich sind. Dies stellt einen großen Fortschritt in der Krebsbekämpfung dar.

Klone (griech. klon: »Schößling, Zweig«) sind durch (meist ungeschlechtliche) Vermehrung aus einem pflanzlichen oder tierischen Individuum entstandene (erbgleiche) Nachkommen. Die bekanntesten »Klonierungen« sind die Stecklinge, zur vegetativen Vermehrung von Pflanzen abgetrennte Teile, die durch Bildung neuer Wurzeln zu neuen selbständigen Pflanzen heranwachsen. Sie sind mit der ursprünglichen Pflanze genetisch identisch.

Professor Illmensee und seine Arbeitsgruppe haben **1981** in der Schweiz ähnliche Experimente gemacht, jedoch an Tieren. Sie manipulierten Eizellen aus dem Eierstock einer Maus und erhielten auf diese Weise drei lebensfähige Mäuse, die praktisch ohne Vater geboren wurden.

Die neugeborenen Mäuse sind insofern eine exakte Kopie ihrer Mutter, als sie genau dasselbe genetische Material wie ihre Mutter besitzen. Illmensees Experimente sind heute allerdings umstritten.

Rekombinante DNA. Rekombinante DNA-Moleküle sind DNA-Stücke, die im Reagenzglas aus verschiedenen Stücken mit gentechnischen Methoden zusammengesetzt wurden, also nicht natürlich existieren. Eine wichtige Entdeckung für die Herstellung rekombinanter DNA-Moleküle war die Entdeckung der Restriktionsenzyme im Jahr **1970** durch Hamilton Smith von der John-Hopkins-Universität in Baltimore (USA). Mit ihrer Hilfe – sie besitzen die Fähigkeit, DNA an bestimmten Stellen zu schneiden, d.h. sie finden ihre spezifische Schneidestelle in immer wiederholbarer Weise – können Gene oder Teile eines Gens aus einem großen DNA-Molekül herausgeschnitten werden.

Mit anderen DNA-Stücken lassen sich die Schnittstücke künstlich wieder verbinden. Dazu werden andere Enzyme verwendet, die ebenfalls zur natürlichen Ausstattung der Zellen gehören. Auf diese Weise kann man Gene nach Plan verketten. Solch rekombinante DNA läßt sich durch einen Trick vermehren. Herbert Boyer von der University of California in San Francisco und Stanley Cohen von der Stanford University nahe San Francisco konnten dafür 1973 sogar ein Patent anmelden.

Rekombinante DNA ist heute praktisch die Grundlage aller gentechnischer Forschung. In der klinischen Diagnostik wird inzwischen rekombinante DNA immer mehr im Rahmen anderer Verfahren zur Diagnostik von Erbkrankheiten herangezogen.

Transgene Mäuse. Am 16. Dezember **1982** erschien der erste Bericht in *Nature*. Das Titelfoto, eine normal große Maus neben einer Riesenmaus, erregte großes Aufsehen. Der Bericht stammte vom Professor für Biochemie am Howard Hughes Institut in Seattle (USA), Richard D. Palmiter, den Tierphysiologen Ralph L. Brinster und Robert E. Hammer von der University of Pennsylvania in Philadelphia sowie Wissenschaftlern aus San Diego. Ihnen war es gelungen, ein fremdes Gen, das menschliche Gen für Wachstumshormon, in die Keimbahn von Mäusen einzuschleusen. Brinster und Hammer injizierten das Gen in 170 befruchtete Mauseizellen, brachten diese in die Gebärmutter von Mäusen, von denen 21 lebensfähige Mausbabys geboren wurden. Darunter waren 7 mit dem eingepflanzten künstlichen Gen. Die eingepflanzten Gene, besonders in der Leber, produzierten enorme Mengen Wachstumshormon.

Diese beiden Mäuse machten Geschichte: Sie waren 1982 auf dem Titelbild der Zeitschrift *Nature* als Beweis für die erste erfolgreiche Einpflanzung eines fremden Gens in die Keimbahn von Mäusen. Die linke Maus entwickelte sich mit dem eingeschleusten menschlichen Wachstumsgen zu einer Riesenmaus.

Inzwischen gibt es transgene Schweine, Kühe, Insekten und Pflanzen. »Transgene« wurde zum neuen Fachausdruck für Organismen, in deren Keimbahn ein Gen zusätzlich und künstlich eingebracht wurde.

Patent-Maus. Unter der Patentnummer 4736866 hat das amerikanische Patentamt im April **1988** ein gentechnisch verändertes Tier unter Patentschutz gestellt. Philip Leder von der Harvard Medical School und Timothy Stewart von der Firma Genentech in Kalifornien (USA), »erschufen« einen Mäusetyp, dem im Labor er-

zeugte Krebsgene eingepflanzt werden. Die Mäuse und alle ihre Nachkommen werden mit diesem krebsauslösenden Gen in den Körperzellen geboren. Kommen sie mit krebserregenden Chemikalien in Berührung, erkranken sie sofort. Für die Wissenschaftler werden diese Mäuse zum Mittel, um herauszufinden, welche Stoffe krebserregend sind.
Erst im amerikanischen Kongreß, dann in aller Welt hat diese Entwicklung Proteststürme ausgelöst. Auch im Deutschen Bundestag hat man die Patentierung von Tieren abgelehnt, weil sonst Tiere nur noch als technische Produkte des Menschen aufgefaßt würden.

Toxizitätstest. Anfang der **70er Jahre** entwikkelte der Amerikaner B. N. Ames von der Universität Berkeley (USA) einen Test, mit dessen Hilfe man die Giftigkeit (Toxizität) eines Stoffs untersuchen kann. Man gibt ihn dazu in eine Salmonellenkultur (Krankheitserreger). Wenn der Stoff giftig ist, finden in den Salmonellen Veränderungen statt, die leicht nachweisbar sind.
Nach Ames haben viele andere Laboratorien Toxizitätstests vorgeschlagen, die auf ähnlichen Prinzipien beruhen. Erst der Gentechnik gelang es mit dem SOS-Chromotest, das Prinzip zu verbessern.

Fotografischer »Abdruck« von genetischem Material. Professor Alec J. Jeffreys, Direktor der Abteilung für Genetik der Universität Leicester (GB), hat **1985** ein vollkommen neues, unfehlbares Verfahren entwickelt, um mit Hilfe einer Blut- oder Spermaanalyse Verbrecher überführen zu können, die unter Verdacht stehen, eine Vergewaltigung begangen zu haben: Herstellung eines »Abdrucks« vom genetischen Material. Diese neue Technik, die die Identifikation nach Fingerabdrücken ersetzt, wird auch inzwischen in verschiedenen Ländern bei der Vaterschaftsbestimmung benutzt.
Das Verfahren basiert auf der Tatsache, daß die DNS, die sich im Zellkern jeder Zelle befindet, bei jedem Menschen individuelle Unterschiede aufweist. Diese Unterschiede lassen sich fotografisch festhalten. Das Foto gleicht in etwa dem Streifencode, der heute auf fast jeder Lebensmittelpackung den Preis computerlesbar verschlüsselt.

Manipulierte Enzyme. Die Forschergruppe von Professor John H. Richards »erfand« die ersten manipulierten Enzyme **1985** im California Institute of Technology in Pasadena, Kalifornien (USA).
Die Technik beruht darauf, in natürliche Enzyme fremde Aminosäuren einzuschleusen. (Enzyme sind Proteine und bestehen wie diese aus einer Kette von Aminosäuren.) Durch diese Manipulation kann es gelingen, den Enzymen Eigenschaften zu verleihen, die sie normalerweise nicht haben. Insbesondere will man sie in Reinigungsmitteln verwenden, um deren Wirkungskraft zu verstärken.

MEDIZIN

Das Operationsteam am Jujin-Hospital für kosmetische Chirurgie in Tokio präsentiert die Wachsabdrücke von Gesichtern ehemaliger Patientinnen.

1863 wurde das Rote Kreuz ins Leben gerufen, um Verletzten auf Kriegsschauplätzen zu helfen. Dieser Sänitätshund scheint allerdings die notwendige Neutralität nicht zu wahren.

KRANKENFÜRSORGE

Das erste öffentliche Krankenhaus wurde **372** vom heiligen Basilius in Cäsarea in Kappadozien (Kleinasien) gegründet. Nur einige Jahre später gab es ein weiteres in Rom durch die heilige Fabiola. Danach kam es zu einer Reihe von weiteren Gründungen.
Die ersten, nur für Soldaten bestimmten Krankenhäuser waren die Lazaretteinrichtungen der Römer am Limes, der das Römische Reich vor der Gefahr der Barbareninvasionen schützen sollte.
Auch die Klöster öffneten ihre Krankenzimmer, woraus sehr schnell die konfessionellen Krankenhäuser entstanden.
1854 gründete die Engländerin Florence Nightingale während des Krimkrieges die erste Körperschaft für Krankenschwestern. Mit der Unterstützung von Königin Viktoria gründete sie anschließend am Saint-Thomas-Hospital von London eine *Schwesternschule*.

Den Krankenwagen hat **1792** der Baron Dominique Jean Larey (1766–1842) erfunden. Larey war persönlicher Chirurg von Napoleon Bonaparte.

Rotes Kreuz. Der Genfer Henri Dunant war vom Schicksal der Kriegsverletzten stark betroffen. Die Erlebnisse auf dem Schlachtfeld hatten ihn derart aufgebracht, daß er mit vier weiteren Genfer Bürgern **1863** beschloß, das Internationale Komitee zur Unterstützung der Verwundeten zu gründen. Anschließend wurde die Organisation in Internationales Komitee des Roten Kreuz umbenannt. Am 22. August 1864 unterzeichneten 22 Staaten die Genfer Konvention und beschlossen, als einheitliches Erkennungszeichen das rote Kreuz auf weißem Grund für das Pflegepersonal und alle Militärkrankenhäuser und -fahrzeuge anzunehmen.
Im November 1876 ging die Türkei aus religiösen Gründen vom roten Kreuz zum roten Halbmond über. Dreizehn weitere Staaten haben bis heute das gleiche Wahrzeichen gewählt.

Krankenpuppe. Nach 6jähriger Forschungsarbeit hat die japanische Firma Koken **1980** einen Roboter herausgebracht, der die Reaktion eines menschlichen Kranken zeigt und den die Studenten in Versuchen behandeln können.
Der Robotermensch ist an einen Computer angeschlossen, der permanent seinen Zustand und die angewendete Behandlung anzeigt. Der Kranke hat Augen aus Quarz, ein Herz aus Metall, und die Blutzirkulation wird durch Elektronenfluß simuliert. Das Hirn besteht aus einem Mikroprozessor. Bei schlechtem Allgemeinzustand bekommt der Kranke blaue Lippen, bei eintretender Besserung verfärben sich die Lippen rot.

UNTERSUCHUNGS-TECHNIKEN

Abhorchen (Auskultation). Wenn man von den medizinischen Beobachtungen des Hippokrates (460–377 v. Chr.) einmal absieht, hat der Franzose René Théophile Hyacinthe Laennec (1781–1826) die erste Auskultation mit einem Stethoskop vorgenommen. Hierbei handelte es sich ganz einfach um ein zu einem Zylinder zusammengedrehtes Blatt Papier. Ein echtes *Ste-*

Endoskope

Endoskope sind mit einer elektrischen Lichtquelle und Spiegeln versehene Instrumente, mit denen innere Organe auf Schäden wie Krebs, Läsionen usw. untersucht werden können. Die heutigen Endoskopieinstrumente wurden etappenweise erfunden und betreffen jeweils ein spezifisches Organ.

Jahr	Erfinder	Instrument
1827	Pierre Segalas (Frankreich)	Untersuchte Harnleiter und Kehlkopf mit Hilfe eines durch Kerzenschein beleuchteten Spekulums. Das Verfahren war 20 Jahre vorher von Bozzin erfunden worden
1829	Benjamin Babington (GB)	Laryngoskop (Kehlkopfspiegel)
1851	Hermann von Helmholtz (Deutschland)	Ophthalmoskop (Augenspiegel)
1853	Antonin Desormeaux (Frankreich)	übernimmt und verbessert das Verfahren von Pierre Segalas
1862	Adolf Kußmaul (Deutschland)	Ösophagoskop (Speiseröhrenspiegel)
1878	Thomas Edison (USA)	Die Endoskopie macht dank der Herstellungsmöglichkeit von Kleinstglühlampen große Fortschritte
1878	Max Nitze (Deutschland)	Elektrisches Zystoskop (Blasenspiegel)
1897	Gustav Killian (Deutschland)	Bronchoskop
1903	Kelly (USA)	Rektoskop (Mastdarmspiegel)
1913	Jacobaeus (Schweden)	Pleuroskop (Rippenfellspiegel)
1922	Schindler (USA)	Gastroskop (Magenspiegel)
1925	Kalk (Deutschland)	Peritoneoskop (Bauchfellspiegel)
1929	John Forssman (USA)	Herzkatheterismus
1936	Scarff (USA)	Ventrikuloskop (Hirnkammerspiegel)
1950	Herchowitz (USA)	Verwendung von Glasfasern in der Endoskopie
1951	Watanabe (Japan)	Arthroskop (Gelenkspiegel)
1952	Palmer (Frankreich)	Zöloskop (Bauchhöhlenspiegel)

thoskop erfand er **1815**, als das Blatt Papier einem Holzzylinder weichen mußte. Das Laennec-Hörrohr wurde in den folgenden Jahren von dem Österreicher Skoda und dem Amerikaner Camman verändert und verbessert, bis die heutige Form des Stethoskops entstand.
Die Amerikaner Groom und Boone erfanden 1980 ein elektronisches Stethoskop.

Abklopfen. 1761 erfand der österreichische Arzt L. Auenbrugger die Technik des Abklopfens. Damit kann man den Zustand einiger innerer Organe entsprechend der akustischen Resonanz feststellen. Das Abklopfen geschieht mit den Fingern. Der Baron Jean Corvisart (1755–1821), persönlicher Arzt Napoleons, und der Österreicher Skoda perfektionierten die Technik. Letzterer brachte es zu einer großen Anwendungspräzision.

Blutdruckmessung. Das erste Quecksilbermanometer wurde von dem französischen Arzt und Physiker Jean-Louis Poiseuille (1799–1869) erfunden. Hiermit konnte ab **1819** der Blutdruck gemessen werden. Darauf folgte der *Sphygmometer* (von griech. sphygmos = Puls) des Österreichers von Basch (*1881) und der des Franzosen Potain (*1889).
Der Italiener Riva-Rocci erfand **1896** die breite *aufblasbare Armbinde*, mit der ein gleichmäßiger und zugleich sicherer Druck auf den Arm ausgeübt werden konnte. Der Russe Korotkov vervollständigte 1905 die Möglichkeiten der Blutdrucküberwachung mit einem Apparat zum Abhören der Arterien. Vorher konnten die Arterien nur abgetastet werden.

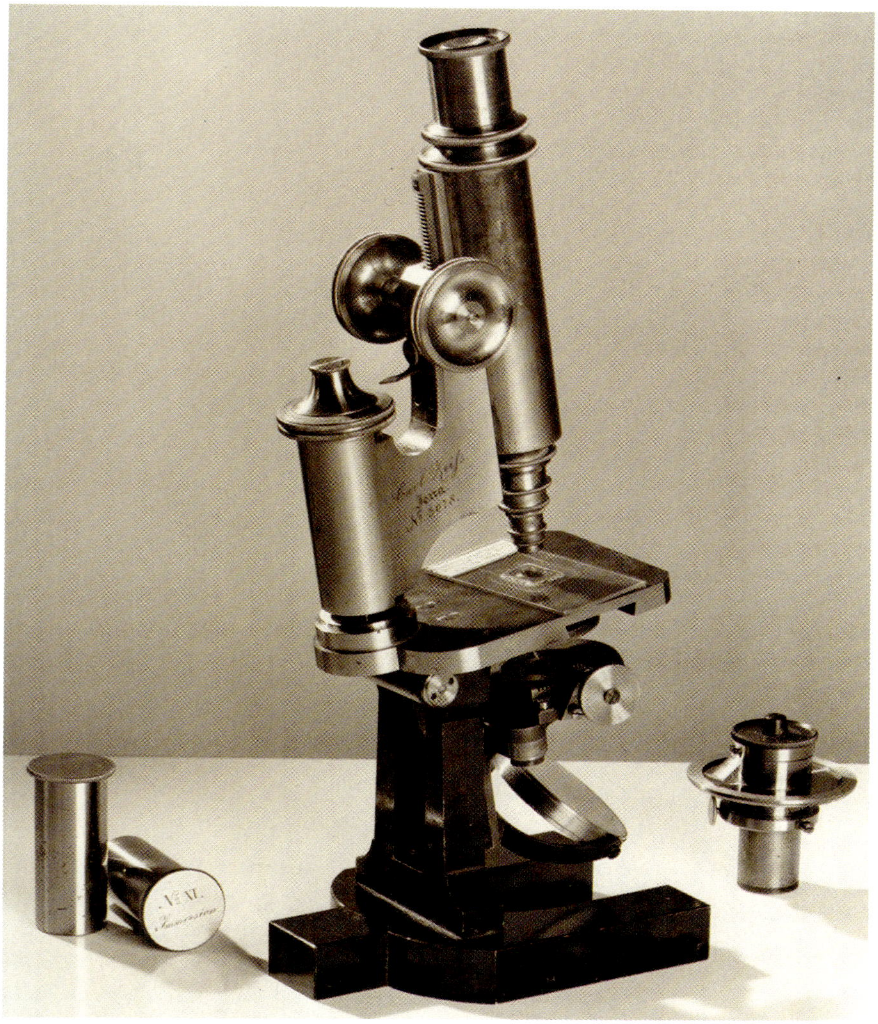

Eines der ersten modernen Mikroskope, Baujahr 1878, aus den Werkstätten von Carl Zeiss in Jena.

Das erste Thermometer, das in der Medizin **1626** verwendet wurde, stammte vom italienischen Arzt Santorio (auch: Sanctorius). Hierbei handelte es sich um ein Wasserthermometer.
Das Thermometer, wie wir es heute kennen – Glasröhrchen mit Quecksilberreservoir und Gradeinteilung –, ist eine Erfindung des englischen Arztes Allbutt aus dem Jahr **1867**.

Ein Einwegthermometer, das in den Mund eingeführt wird, wurde **1976** von dem Amerikaner Weinstein erfunden. Es ist ein Plastikstäbchen mit 50 Teilstrichen (von 35,5° bis 40,5° C). Wird das Thermometer in den Mund eingeführt, verfärben sich die anfänglich weißen Teilstriche grün. Das Thermometer wurde zuerst von der amerikanischen Bio-Medical Sciences Inc. Fairfield, New Jersey (USA), hergestellt.

Das Thermometer zum Verschlucken wurde **1987** von Wissenschaftlern der John-Hopkins-Universität in Baltimore (USA) entwickelt. Das batteriebetriebene, etwa zwei Zentimeter lange Gerät wird geschluckt, um die Innentemperaturen des Körpers zu ermitteln. Die so gemessenen Temperaturen werden an einen Monitor außerhalb des Körpers weitergegeben. Von großer Bedeutung sind diese Messungen vor allem bei Patienten, die extremen Außentemperaturen ausgesetzt waren.

Das erste Mikroskop soll der holländische Optiker J. Jansen um **1590** geschaffen haben. Als Assistent fungierte sein Sohn Zacharias. Galilei hat es 1609 beschrieben. Nach dessen Beschreibung vergrößerte es wohl nur geringfügig und war von einfacher Bauart.
Ein weiterer Holländer, Antoine van Leeuwenhoeck (1632–1723), stellte als erster Beobachtungen über Samenfäden, Streifung des Muskelgewebes und einige Bakterien im Mund an, und das mit einer Vergrößerung, die noch unter dem 200fachen lag.
Die ersten modernen Mikroskope entstanden um 1880.

Die theoretische Grundlage des Elektronenmikroskops schuf **1926** der deutsche Physiker Hans Busch. Aufgrund seiner Arbeiten konnten **1928** Max Knoll und Ernst Ruska an der Technischen Hochschule Berlin die erste Experimentalserie starten, die schließlich 1933 zum ersten operationellen Elektronenmikroskop führte.
Mit dem Elektronenmikroskop konnten bis vor kurzem nur Zellen in inertem Zustand beobachtet werden, da der dazu notwendige Elektronenstrahl in einem Feinvakuum kursierte. **1985** hat nun eine Forschergruppe des Massachusetts Institute of Technology unter Leitung von Alan Nelson ein neues Verfahren entwickelt, das darin besteht, den Prüfkörper in eine Art Wabe zu legen, in der soviel Luft enthalten ist, daß es ungefähr einem Zehntel des Luftdrucks entspricht. Dadurch bleiben die Zellen am Leben.
Zweiter großer Vorteil des neuen Systems: auf einen Bildschirm können *Reliefbilder* projiziert werden, wie das bereits bei der Scannerbehandlung gemacht wird.

Das Raster-Tunnel-Mikroskop haben die Nobelpreisträger für Physik 1986, Gerhard Binnig (Bundesrepublik Deutschland) und Heinrich Rohrer (Schweiz), erfunden. Anstatt mit freien Elektronen arbeitet dieses Gerät mit den gebundenen Leitungselektronen des Festkörpers. Bis in den Bereich atomarer oder molekularer Bindungen reicht das Auflösungsvermögen dieses phantastischen Instruments, von dem sich erst die Anfänge der Entwicklung abzeichnen. Mit seiner Hilfe erwartet man nicht nur neue Einsichten in den Materieaufbau, sondern auch die

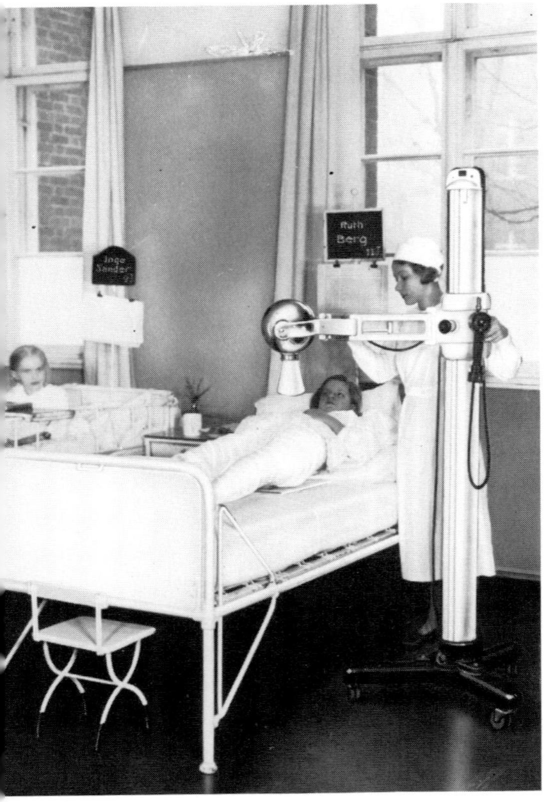

In der Kinderklinik im Einsatz: eine Röntgenkugel anno 1933.

Herstellung von »Supermikrochips«, die noch mehr Schaltelemente je Flächeneinheit enthalten als bisher.
Binnig und Rohrer sind gewissermaßen die »wissenschaftlichen Enkel« von Ernst Ruska, der 1986 für seine Verdienste um die Entwicklung des klassischen Elektronenmikroskops ebenfalls den Physiknobelpreis 1986 erhielt.

Röntgenstrahlen. Am Abend des 8. November **1895** machte der deutsche Physiker Wilhelm Konrad Röntgen (1845–1923) in seinem Labor folgende Entdeckung: Unter der Kathodenlampe leuchtete ein Blatt Papier, das mit einem fluoreszierenden Stoff beschichtet war, hell auf. Er kam zu dem Schluß, daß es sich hier um eine Strahlung handeln mußte, die von der Netzhaut des menschlichen Auges nicht erfaßt werden kann und sich auch von der Kathodenstrahlung, die seit 1879 bekannt war, unterschied. Der Entdecker nannte die Strahlung »X-Strahlung«, weil er sich den Ursprung der Strahlung vorerst selbst nicht erklären konnte.
Nach weiterer Erforschung der Strahlung konnte Röntgen am 22. Dezember 1895 die erste Aufnahme (Radiographie) einer menschlichen Hand (die seiner Frau) vornehmen. Am 28. Dezember des gleichen Jahres stellte er seine Entdeckung der Medizinischen Gesellschaft von Würzburg vor. Nur zwei Monate später hatte die Welt der Medizin eine neue Sensation zu verzeichnen.

Röntgenologie. Nach ihrer Entdeckung im Jahr 1895 wurden die Röntgenstrahlen vor allem zur Diagnoseerstellung bei Knochenbrüchen und zur Feststellung von Fremdkörpern und Schäden durch Knochenkrankheiten verwendet.
Die wichtigsten Etappen
1896: erste Röntgenaufnahme des Schädels (Welker)
1918: erste Röntgendarstellung der Hirnventrikel, erste Enzephalographie (Walter Dandy, USA)
1927: erste Aufnahme der Hirnarterien (Moniz)
1928: erste Tomographie (Schichtaufnahme) (André Bocage, Frankreich)
1930: Erfindung des Bildvergrößerers (Irving Langmuir, USA, Forschungslabor von General Electric)
1948: Professor Coltmann verbessert die Langmuir-Röhre
1959: die französische Firma Thomson bringt eine Röhre auf den Markt mit einem 11-cm-Bereich, die die Leuchtkraft der Aufnahmen um das 3000fache verstärkt, was wiederum die Weiterverwertung durch eine Fernsehkamera ermöglicht. Die Erfindung kommt einer Revolution in der Röntgenologie gleich.
1967: erste Szintigraphie durch radioaktive Strahlung
1972: kernmagnetische Resonanz

Röntgenaufnahme in 3D. Der Cemax 1000 wurde **1984** von dem amerikanischen Chirurgen Dr. David N. White erfunden. Dieses Gerät, eine Kombination aus Scanner und Computer, erlaubt das, was bisher nur in einer Ebene oder in »Schnitten« dargestellt wurde, so z. B. Knochen, Organe oder Tumore, in einem dreidimensionalen Bild sichtbar zu machen. Dieses Verfahren erweist sich als besonders nützlich bei der Vorbereitung bestimmter chirurgischer Eingriffe und bei Transplantationen.

Hochreines Radioisotop. Nach langjährigen Forschungen gelang es **1987** am Kernforschungsinstitut Karlsruhe, routinemäßig das Radioisotop Rubidium 81 in großer Reinheit herzustellen. Nach einer klinischen Forschungsphase mit diesem Isotop zeichnen sich neue Möglichkeiten für die Untersuchung von Durchblutungsstörungen innerer Organe und insbesondere für die schonende Diagnostik von Herzkrankheiten ab. Die Radioisotope werden dazu in Form körpereigener Verbindungen in den Organismus eingebracht. Durch Messung der ausgesandten Gamma-Strahlung kann man ihre Teilnahme am Stoffwechsel überprüfen und somit auf die Organfunktion rückschließen.

Scanner. G. Hounsfield von der britischen Firma EMI hat **1971** den Scanner entwickelt (engl. to scan = untersuchen, überfliegen, abtasten). Wieder war ein maßgeblicher Schritt in der Entwicklung der Diagnosetechniken vollbracht.
Mit dem Scanner kann unter anderem das menschliche Hirn auf einfachste und schmerzlose Weise untersucht werden. Der Patient muß sich keinerlei medizinischer Vorbereitung unterziehen. Die Untersuchungsergebnisse werden an einen Computer weitergegeben, der dann auf einem Schirm ein perspektivisches Bild des untersuchten Organs wiedergibt. Mit dieser Technik ist es zum Beispiel für den Neurochirurgen möglich, einen Gehirntumor genau zu lokalisieren. Der Scanner wurde zuerst für Aufnahmen in der Neurologie eingesetzt, findet aber heute seinen Anwendungsbereich auf allen Gebieten der medizinischen Diagnose.

Aufnahmen durch magnetische Resonanz. Unser Körper besteht zu 70 Prozent aus Wasser, das jedoch in unterschiedlichen Konzentrationen im Körper auftritt. Zum Beispiel enthält Knochengewebe weniger Wasser als Muskelgewebe. Der Chemieprofessor P. C. Lauterbur der Stony-Brooks-Universität, New York (USA), stellte seine neue Aufnahmetechnik **1972** vor: Für die Bilderstellung eines Organs werden die Magnetfelder benutzt, die um die Wassermolekülgruppen entstehen. Da ein Tumor nicht die gleiche Dichte hat wie das Organ, in das er sich eingenistet hat, wird das Computerbild noch deutlicher als eine Scanneraufnahme. Selbst dreidimensionale Aufnahmen sind mit diesem Apparat möglich.

Unter der Bezeichnung **Kernspin-Tomograph** ist dieser Apparat Anfang der achtziger Jahre weiterentwickelt worden. Als Diagnosegerät ersetzt er in vielen Fällen bereits die Röntgentechnik. Zur Zeit sind Wissenschaftler unter anderem bei den Herstellerfirmen Siemens und Philips damit beschäftigt, die Wirkung der beim Kernspin-Tomographen auftretenden starken Magnetfelder (mit 1,5 Tesla = 15000 Gauß) auf den Menschen zu prüfen.

Die topographische Bilddarstellung des Körpers ist eine Technik, die **1984** von einem wissenschaftlichen Fotografen aus London erfunden wurde. Robin Williams von der Charing Cross Hospital Medical School entwickelte ein Verfahren zur genauen Messung bestimmter Körpervolumina. Dabei wird auf den Körper eine Art Koordinatensystem projiziert, wodurch eine Lagebeschreibung der einzelnen Organe und deren Verhältnis zueinander möglich wird. Anschließend wird eine »normale« Fotografie angefertigt.

Ein tragbares Röntgengerät wurde 1977 von Dr. Lo I. Yin für die NASA entwickelt, um die »schwarzen Löcher« im Weltraum kartographisch zu erfassen. Die Anwendungsmöglichkeiten dehnten sich jedoch sehr schnell auf die Medizin aus. Heute werden zum Beispiel Hände, Füße, Arme und weitere örtlich abgrenzbare Körperpartien damit aufgenommen. Das Bild erscheint auf einem 5 cm großen Bildschirm und kann anschließend fotografiert werden.

Sogar die zarten Muskelstränge der beiden Augen (oben) sind auf dieser Schädelaufnahme zu erkennen. Die Computer-Tomographie macht so etwas möglich.

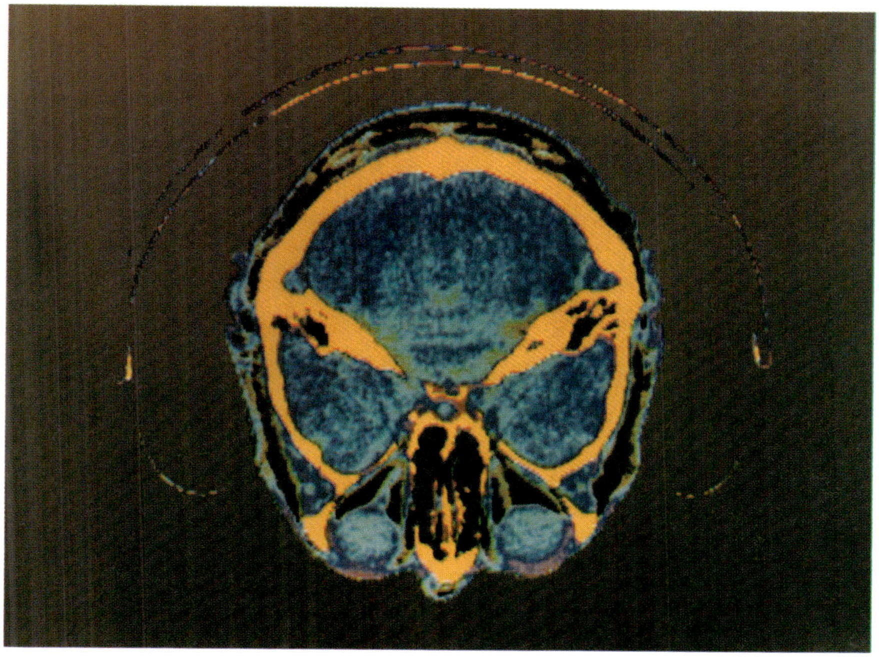

Die numerische Radiographie nach Fuji ist ein völlig neuartiges Gerät der Röntgenaufnahme, das sich seit **1983** in der Versuchsphase befindet. Der eigentliche Röntgenfilm muß hier einer Bildplatte weichen, die mehrfach verwendbar ist. Ein Laserstrahl »liest« das Bild, gibt die Informationen in numerischen Angaben an einen Computer weiter, der sie wiederum zu einem Bild zusammensetzt, das dann auf einem Bildschirm erscheint oder fotografiert wird.

Ultraschall wurde zum ersten Mal **1955** von dem Amerikaner Leskell eingesetzt, um ein Herz zu untersuchen. Auf diese erste Echokardiographie folgte die Echoenzephalographie.
Durch den Einsatz von Mikroprozessoren wurde diese Diagnosetechnik derart perfektioniert, daß man seit den siebziger Jahren allgemein von Echographie spricht, die für die Medizin unentbehrlich geworden ist.
1956 wurde erstmals durch J. Donald (GB) der Uterus einer Schwangeren aufgenommen. Es war die erste Aufnahme eines menschlichen Fötus (Aufnahme des Kopfes). Seit **1978** ist die Ultraschallaufnahme im Fall einer Schwangerschaft zu einer weitverbreiteten Diagnosehilfe geworden. Durch die *Echographie* können sehr früh – etwa ab der 8. Schwangerschaftswoche – fötale Mißbildungen oder Chromosomenschäden diagnostiziert werden. Zudem kann noch vor der Geburt das Geschlecht festgestellt werden.

Den Darmsputnik haben **1977** die drei französischen Forscher Alain Lambert, Francis Crenner und Sylvain Schmidt erfunden. Die 2,5 cm lange und 1 cm breite Kapsel wird vom Patienten geschluckt. Das nur 5 g schwere Diagnosegerät hat drei mit Elektroden ausgestattete Fühlerarme, die durch Fernsteuerung ausgefahren oder eingezogen werden können. Die Informationen werden durch einen Mikrosender über eine Mittelwellenfrequenz an eine Empfangsstation neben dem Bett des Kranken weitergegeben. Der Sputnik wird auf natürlichem Wege ausgeschieden.

Elektrokardiographie. Das erste Elektrokardiogramm wurde **1887** von dem in Paris geborenen Physiologen Augustus Désirée Waller (1856–1922) von der Universität London aufgenommen.
1901 erfand der holländische Physiologe Willem Einthoven (1860–1927) das Saitengalvanometer (auch Galvanometer nach Einthoven) und wurde dadurch zum eigentlichen Erfinder der Elektrokardiographie. Die Einthovensche Apparatur wog 300 kg und mußte von fünf Personen bedient werden.
Die Amerikaner brachten **1945** die ersten Elektrokardiographiegeräte mit Fotopapier auf den Markt, und Holter erfand 1949 die zweite Gerätegeneration mit der Daueraufzeichnung der Herztätigkeit.

Elektrokardiogramm per Satellit. Ein Elektrokardiogramm zu erstellen ist nicht schwierig, seine Auswertung hingegen, von der die Art und Weise der Behandlung des Kranken oder Verletzten abhängt, bleibt für den Arzt eine schwierige Angelegenheit. Dr. Christoph Pternitis vom »Centre de recherche des Charbonages de France« hat **1984** einen Elektrokardiographen entwickelt, der den Kurvenverlauf per Satellit übermitteln kann. Ein Spezialist empfängt ihn,

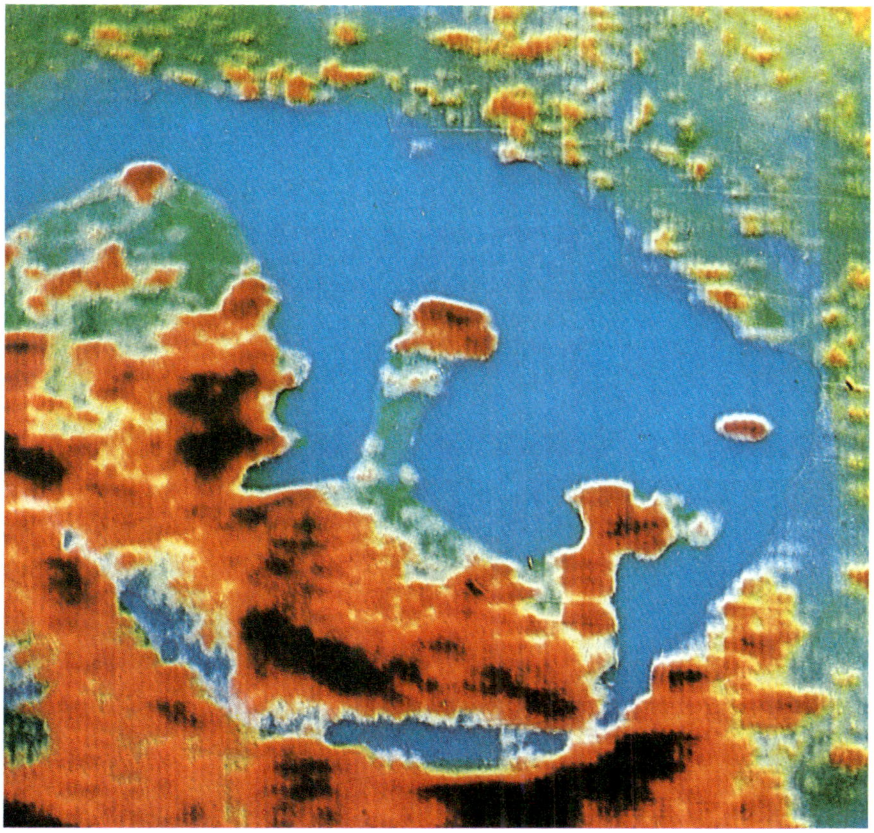

Erst seit der Erfindung des Ultraschalls 1955 ist das ungeborene Kind schon im Mutterleib zu sehen. Fortschritte bei den Geräten lassen inzwischen frühzeitig erkennen, ob es ein Mädchen oder ein Junge wird.

wertet ihn aus und kann dann über Telefon Anweisungen für eine medikamentöse Behandlung geben oder in Notfällen eine sofortige Behandlung im Krankenhaus empfehlen. Der »Cerfor« genannte Apparat ist vor allem für Seeleute gedacht, die sich auf lange Schiffsreisen begeben, wo kein Arzt an Bord ist.

Elektroenzephalogramm. Der Neuropsychiatrieprofessor Hans Berger aus Jena stellte zum ersten Mal **1929** Messungen der elektrischen Hirnströme an. Kollegen reagierten skeptisch, da die Messung nur sehr schwach war.
Erst als der englische Arzt und Nobelpreisträger von 1932 Edgar Adrian sich für die Forschungsergebnisse Bergers stark machte und sie 1934 veröffentlichte, wurden die Arbeiten Bergers von der Fachwelt anerkannt.
1984 machte der englische Professor Stores ein 24 Stunden dauerndes Elektroenzephalogramm.

Die Mikrowellenthermographie wurde zu Beginn der **80er Jahre** von Professor Y. Leroy in Lille (Frankreich) entwickelt. Das Verfahren ermöglicht die Feststellung der Temperatur auf Distanz. Es hat sich besonders in der Krebsforschung, in der Neurologie und in der Ergonomie bewährt.
In Verbindung mit der Hyperthermie können Tumore, besonders Brusttumore, erfolgreich behandelt werden.

Stress control. Der amerikanische Professor Alfred Barios von der University of California, Los Angeles (USA), hat **1984** zusammen mit seiner Forschungsgruppe eine kreditkartengroße Karte zur Streßkontrolle entwickelt. Nach Daumendruck auf die Karte zeigen Flüssigkristalle die Streßintensität an.

Ein AIDS-Schnelltest, der anzeigt, ob jemand mit dem HIV-Virus infiziert ist, wird nach einer Ankündigung der Firma Du Pont (USA) noch **1988** auf den Markt kommen. Sie hat neben japanischen und anderen amerikanischen Firmen einen Test entwickelt, der weder hochtechnisierte Ausrüstung noch medizinisches Wissen erfordert. Der Test besteht aus einer kleinen Plastikkarte, die in der Mitte eine Vertiefung mit einer Membran besitzt. In diese Vertiefung muß ein Tropfen Blut gegeben werden. Sind im Blut Antikörper gegen den HIV-Virus vorhanden, verfärbt sich die Membran. Nach Meinung der Hersteller darf die Anwendung des Tests nur solchen Personen erlaubt sein, die auch zu einer akzeptablen Beratung in der Lage sind. Die gesetzlichen Bestimmungen müßten dazu neu überdacht werden.
Wie Wissenschaftler des Center for Disease Control in Atlanta (USA) Anfang 1988 mitteilten, ist jetzt sogar ein Aids-Test entwickelt worden, der das Virus binnen drei Tagen und noch vor der Bildung von Antikörpern in der menschlichen Zelle nachweisen kann.

Leberkrebstest. Der von den französischen Ärzten Claude Bohuon und Dominique Bellet und den amerikanischen Ärzten Jack R. Wands und Kurt J. Isselbacher **1984** entwickelte Krebstest ermöglicht die schnelle Früherkennung des einfachen Leberkrebses, der besonders in Afrika und Asien häufig vorkommt. Wird dieser Krebs zu spät erkannt, führt er in drei bis sechs Monaten zum Tod. Der Krebstest dauert weniger als eine Stunde.

Die Thermographie macht Temperaturunterschiede sichtbar; auf diese Weise können Krankheiten erkannt und behandelt werden.

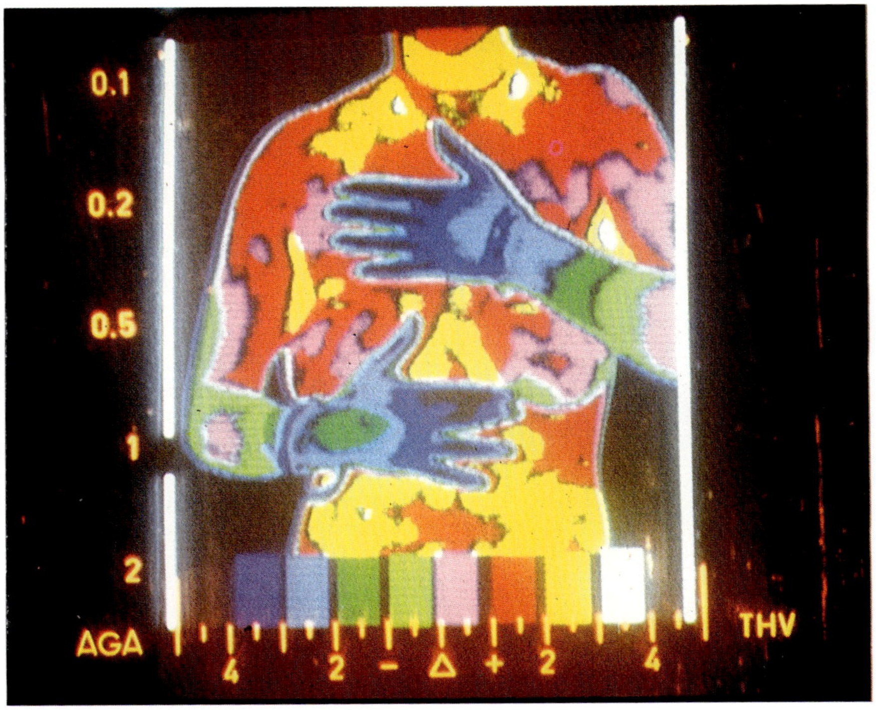

Diagnoseapparat für Brustkrebs. Die Aktivität eines Krebsgeschwürs tritt vor allem durch eine Erhöhung der lokalen Körpertemperatur zutage. Der »Themascan«, **1984** von dem Italiener Aldo Colombo entwickelt, ist so klein, daß man ihn in der Hosentasche transportieren kann. Er arbeitet mit dem Prinzip der Thermographie, das schon früher zur Diagnose dieses Krebstyps verwendet wurde. Die Flüssigkristallanzeige des Geräts ändert ihre Farbe, sobald die Temperatur steigt. Das Gerät ist leicht zu bedienen und somit eine sinnvolle Ergänzung zur Selbst-Überwachung und Selbst-Abtastung.

Ein Krebs-Bluttest, dessen Diagnosesicherheit weit über 90% liegen soll, wurde **1986** von Dr. Eric Fossel vom Beth Israel Krankenhaus in Boston (USA) erfunden. Dieser Test muß noch im großen Maßstab erprobt werden. Man will mit seiner Hilfe Krebsgeschwüre in ihren frühen Phasen erkennen, wo sie noch leichter zu behandeln sind.

Diagnoseroboter wurden von der kanadischen Gesellschaft Faro-Technology Medical Montreal entwickelt. Der erste **(1984)**, Genucom TM, ist ein echter »Prüfstand« für das Knie. Das Bein wird vom Arzt bewegt, während das Knie in einem Analysegerät festgestellt bleibt. Alle Verformungen und Fehlfunktionen werden aufgezeigt, analysiert und auf Diskette abgespeichert.
Ein zweiter, Metrocom TM, **1986** erfunden, analysiert die Statik und Beweglichkeit der Wirbelsäule.

Meßgerät für Diabetiker. Eine Forscherin der University of California in Los Angeles (USA), Jennifer Parker, hat **1987** einen einpflanzbaren Apparat entworfen, der es Diabetikern erlaubt, ständig über den Glucosegehalt ihres Blutes informiert zu sein und somit zu wissen, wann sie sich Insulin spritzen müssen. Das Verfahren beruht darauf, die chemischen Vorgänge sichtbar zu machen, die ablaufen, wenn Glucose durch oxidierende Enzyme umgesetzt wird. Systeme dieser Art könnten unter Umständen auch dazu benutzt werden, den Gehalt anderer Stoffe im Blut laufend festzustellen.

IMPFEN

Bakteriologie. Der deutsche Arzt Robert Koch (1843–1910) und der französische Biologe Louis Pasteur (1822–95) sind die Begründer der Mikrobiologie. Koch entdeckte 1882 den Tuberkulosebazillus. 1883 fand er nach weniger als einem Monat Forschungsarbeit den Choleraerreger. In Alexandrien war zu dieser Zeit eine Choleraepidemie ausgebrochen.

Das erste Virus, das nachgewiesen werden konnte, war der Erreger der Mosaikkrankheit,

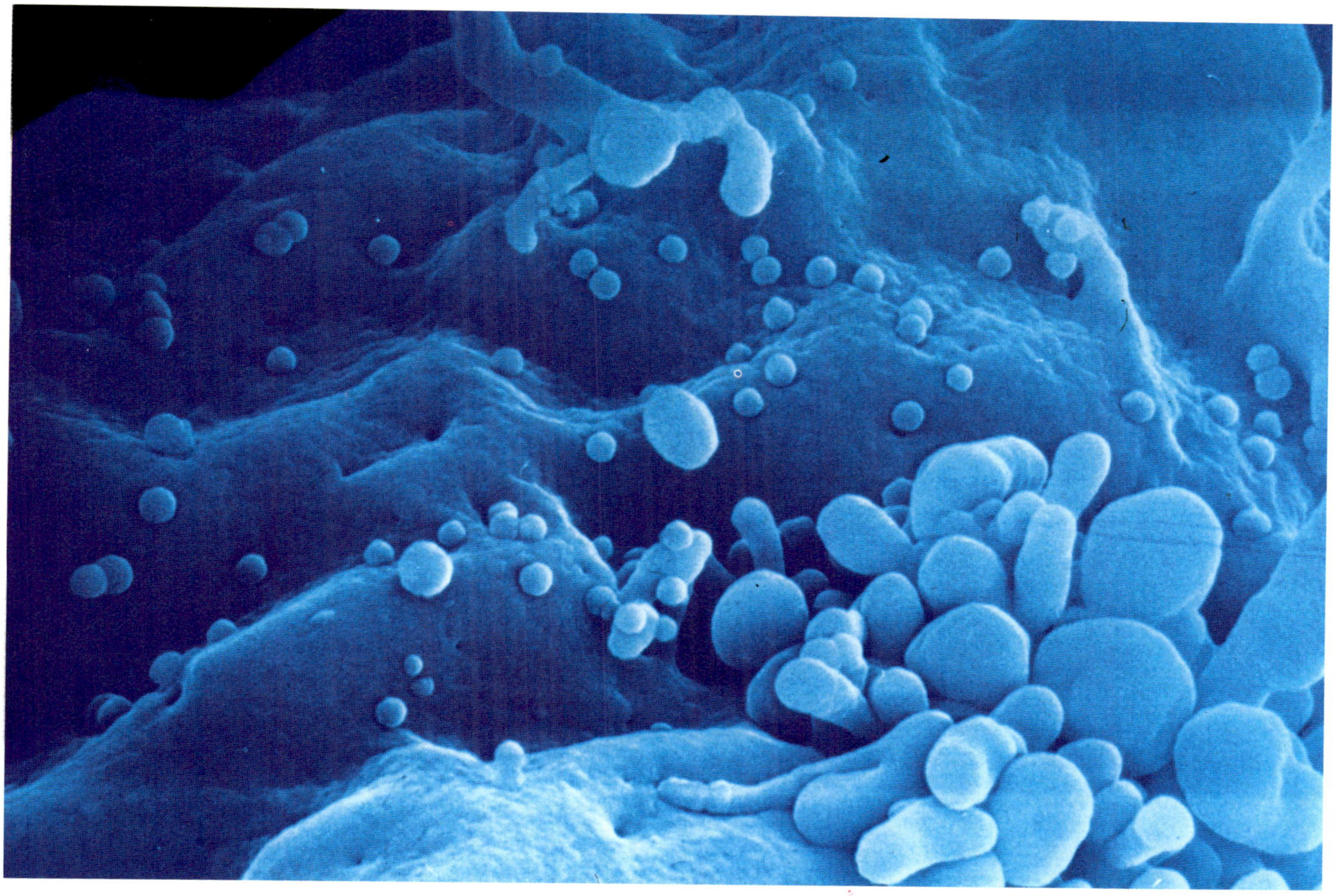

die bei mehreren Pflanzenarten, besonders aber beim Tabak vorkommen kann. Entdeckt wurde er **1892** durch den Russen D. Iwanowski.
In der ersten Forschungsphase über Viren konnte nur von der Vermutung ausgegangen werden, daß es sie geben muß, denn sie waren unter dem normalen Mikroskop nicht auszumachen. Sobald jedoch das Elektronenmikroskop verfügbar war (ab 1933), wurde die Liste der identifizierten Viren immer länger.
Es sind auch schon Viren entdeckt worden, die noch gar nicht als Krankheitserreger aufgetreten sind. Hier handelt es sich um die sogenannten Waisenviren nach Werner (1956).

Bekämpfung von Viren. Ein **1986** von einer Forschergruppe unter Leitung von Erik de Clercq von der Universität Louvain (Belgien) entdecktes neues antivirales Medikament, »(S)-HPMTA« getauft, ermöglicht es, mindestens 25 Viren auf einmal zu bekämpfen, unter denen so gefährliche wie das Herpes-Virus sind. Es wirkt, wo alle anderen Medikamente versagen. Es verhindert die Replikation, d.h. die Vermehrung des Virus, und verhindert dadurch weitere Schädigungen.

Parasiten. Außer Bakterien und Viren gibt es noch eine ganze Reihe anderer krankheitserregender Mikroorganismen. Diese mikroskopisch großen tierischen Lebewesen nennt man Parasiten.
1880 identifizierte der Franzose A. Laveran die Hämositen (Blutparasiten), die die Malaria hervorrufen.
1881 beschrieben der Engländer R. Ross und der Kubaner C. Finlay die Rolle der Filarien (zur Fadenwurmgruppe gehörende Parasiten) bei der Übertragung von Malaria und Gelbfieber. **1883** vervollständigte der Engländer P. Manson die Forschungsarbeiten der beiden vorstehend Genannten durch seine Entdeckung der Überträgerrolle bei Ansteckung durch Filarien.
1895 schließlich untersuchte der Australier D. Bruce den Zusammenhang zwischen Tsetsefliege und Schlafkrankheit.

Variolation. Über Jahrhunderte war Flucht das einzig wirksame Mittel, um einer Ansteckung durch Pocken zu entgehen. Dabei kannte man im Fernen Osten schon um das Jahr **1000** die Schutzimpfung durch Verabreichung des Impfstoffs von echten Pockenpusteln (Variolation). Dies war die erste wirksame Impfung gegen Pokken. Man erkannte dabei, daß eine ausgetragene Pockenerkrankung auf Dauer vor einer neuerlichen Infizierung durch den Pockenerreger schützen müßte. Daraus schloß man, daß eine bewußte Infizierung mit dem Pockenerreger vorbeugend gegen die Krankheit wirken müßte, sofern die Infektionsfolgen gutartig sind.

Impfung. *Die Arbeiten von Edward Jenner* (1749–1823) bezogen sich auf jahrelange Studien über Kuhpocken (= Erkrankung des Euters der Kuh, engl. cow pox). Am 14. Mai **1796** entnahm er einer Pustel auf der Hand einer Magd, die sich mit der Krankheit infiziert hatte, den infektiösen Inhalt und spritzte ihn in den Oberarm eines Jungen namens James Phipps. 10 Tage danach entstand an der geimpften Stelle eine Pustel, die normal abheilte. In einem zweiten Schritt verabreichte Jenner dem jungen Mann ohne schlimme Folgen den Pockenbazillus. Da also auch die zweite Impfung erfolgreich verlaufen war, breitete sich Jenners Methode sehr schnell in Europa, Asien und in den USA aus. Napoleon I. ließ sogar seine ganze Armee impfen und erließ 1809 ein Dekret zugunsten der Jennerschen Methode, nachdem er auch seinen Sohn, den König von Rom, hatte impfen lassen.
Die Arbeiten von Pasteur. Louis Pasteurs Verdienst ist es, einige Mikroben isoliert zu haben, die beim Menschen Krankheiten erregen. Ab 1881 entwickelte Pasteur Impfstoffe gegen Geflügelcholera, Schweinerotlauf und Milzbrand. Sein erster Impfversuch betraf jedoch die gefährliche Infektionskrankheit Tollwut. Am 6. Juli **1885** spritzte er dem jungen Joseph Meister den Tollwutvirus ein. Den Impfstoff hatte er aus dem getrockneten Rückenmark von Kaninchen gewonnen, die er vorher selbst mit dem Virus infiziert hatte. Das Ergebnis war überzeugend, der von einem tollwütigen Hund gebissene Meister gesundete.

Mit seinen sensationellen Aufnahmen des AIDS-Virus hat der Schwede Lennart Nilsson für Furore gesorgt.

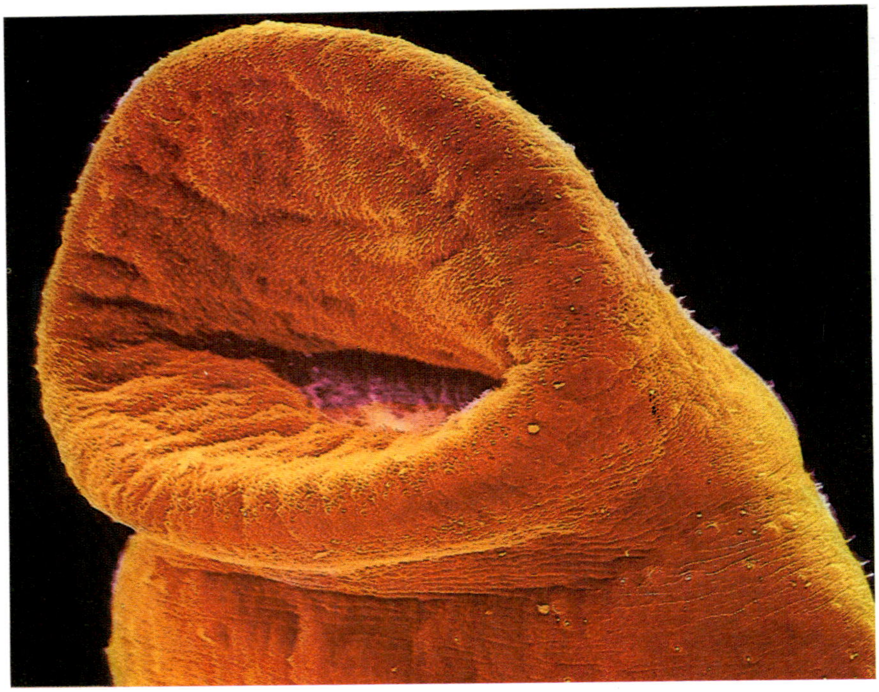

Nach der Malaria ist Bilharziose die meistverbreitete Tropenkrankheit der Welt. Die enorme Vergrößerung zeigt den Mund des Erregers. Prof. André Capron aus Lille (Frankreich) hat inzwischen einen Impfstoff dagegen entwickelt.

Die Entdeckung von Impfstoffen

Jahr	Impfstoff	Entdecker
1796	Impfstoff gegen Kuhpocken	Jenner (GB)
1881	Impfstoffe gegen Geflügelcholera, Milzbrand	Pasteur (Frankreich)
1885	Tollwut-Impfstoff	Pasteur (Frankreich)
1890	Diphtherie- und Tetanus-Antitoxine	Behring (Deutschland), Kitasato (Japan)
1894	Impfstoff gegen Pest	Yersin (Schweiz)
1896	Cholera-Impfstoff	Metschnikow (Rußland), Roux (Frankreich)
1898	Typhus-Impfstoff	Wright (GB)
1921	Tuberkulose-Impfstoff: BCG	Calmette und Guerin (Frankreich)
1923	Diphtherie-Anatoxin	Ramon und Glemy (Frankreich)
1923	Keuchhusten-Impfstoff	Madsen (GB)

Impfstoffe gegen Viruskrankheiten

Jahr	Entdeckung	Entdecker
1937	Erster Grippe-Impfstoff	Salk (USA)
1937	Impfstoff Amaril 17 D	Theiler (Südafrika)
1949	Impfstoff gegen Mumps	(USA)
1949	Verfahren zur Herstellung von Zellkulturen	Engers, Robbin und Weller (USA)
1954	Inaktiver Impfstoff gegen Kinderlähmung	Salk (USA)
1957	Schluckimpfung gegen Kinderlähmung	Sabin (USA)
1960	Impfung gegen Masern	Engers (USA)
1962	Impfung gegen Röteln	Weller (USA)
1983	Impfung gegen Windpocken	Takahshi (Japan)
1986	R. O. R.	Mérieux (Frankreich)
1986	Malaria-Impfstoff	Ruth und Nussemweig (USA)

Impfgewehr. Die amerikanische Firma Ballistivet Inc., Minnesota, hat **1984** einen Karabiner auf den Markt gebracht, mit dem man auf Distanz, jedoch aus höchstens 10 m Entfernung widerspenstige und scheue Tiere wie Büffel oder Hunde impfen kann. Besteht Tollwutgefahr beim Tier, wird vorzugsweise diese Impfmethode verwendet. Der Impfstoff ist in kleinen sterilen (Munitions-)Kugeln abgefüllt, die sich unter der Haut des Tieres auflösen und somit den Impfstoff freigeben.

Die Mäusemelkmaschine erfanden **1983** die beiden deutschen Mediziner Günther Sawatzki und Franz Hoffmann von der Universität Ulm im Rahmen eines Projekts über Abwehrmechanismen durch körpereigene Proteine, die in der Milch vorkommen und wachstumshemmend auf Bakterien wirken. Dazu entwickelten sie eine elektronische Vorrichtung zum Abpumpen der Milch bei Mäusen.
Der große Vorteil der Maschine besteht darin, daß man große Mengen Mäusemilch gewinnen kann, ohne die Tiere zu töten. 4 Mäuse können gleichzeitig gemolken werden, wobei sie mit Hilfe einer Kurzzeitnarkose auf dem Rücken liegen. Der Melkvorgang dauert 15 Min. Jede Maus gibt durchschnittlich 1,5–4 ml Milch täglich. 1 l kostet rund 20000 DM. Die Milch wird vor allem in der immunologischen Forschung gebraucht.

BLUT UND ATMUNG

Der Blutkreislauf soll von dem Engländer W. Harvey (1578–1657) entdeckt worden sein.
1628 brachte er eine Schrift heraus, die ganz neue Aspekte der Humanphysiologie erschloß. Dabei hatte er sich weitestgehend an die Erkenntnisse des spanischen Arztes Michel Servet (1511–53) und des Italieners Andrea Cesalpino (1519–1603) angelehnt. Von Harvey stammt die geniale Idee, daß das Herz wie eine Pumpe funktioniert, die durch Muskelkontraktionen betätigt wird. In seinem Buch stützte er alle seine Behauptungen durch Bildtafeln. Ihm fehlte einzig der Nachweis der Kapillargefäße, die das Arteriensystem mit dem Venensystem verbinden. Der Anatom Marcello Malpighi aus Italien (1624–94) lieferte 1661 diesen Beweis nach.

Bluttransfusion. Allgemein wird angenommen, daß R. Lower die ersten Transfusionsversuche am Tier vorgenommen hat, und J. Denis **1667** zum ersten Mal beim Menschen eine Transfusion versucht hat. Bei diesem Versuch spritzte er einem jungen Mann 1 Liter Lammblut ein. Der Patient hatte sich vorher einem Aderlaß unterzogen. Allerdings wurde die Methode sofort verworfen und verboten, nicht nur wegen der Lebensgefahr, der sich ein Patient aussetzte, sondern auch wegen des Prinzips selbst.
Erst 1821 wurden die Arbeiten über die Blut-

transfusion bei Tieren wiederaufgenommen. Eine entsprechende Methodik kristallisierte sich 1875 heraus. Jedoch konnte die Bluttransfusion beim Menschen erst durch die Arbeiten des Österreichers K. Landsteiner Anfang des 20. Jh.s weiterverfolgt werden. Landsteiner hatte die vier großen Blutgruppen entdeckt. Der tschechische Serologe Jansky benannte sie 1910 mit A, B, AB und 0.

Der Rhesusfaktor. Landsteiner ging noch weiter in seinen Forschungsarbeiten über das menschliche Blut und konnte **1940** zusammen mit Wiener und Levine den Rhesusfaktor identifizieren, der die schlüssige Erklärung für einige schwerwiegende Komplikationen bei Neugeborenen (zum Beispiel Hämolyse) ergab.

Blutkonserven. Drei Forscher, Artus, Page und Peckelharing, hatten sich am Anfang des 20. Jh.s besonders der Problematik des Bluttransports und der Blutkonservierung angenommen.
Hustin benutzte ab 1914 Schwefelcitrat wegen seiner gerinnungsvorbeugenden Wirkung. Anfang **1917** beweist Hedon, ein Arzt aus Montpellier, daß eine Transfusion mit citratbehandeltem Blut möglich ist. Am 13. und 15. Mai des gleichen Jahres nimmt Jeanbrau die drei ersten Transfusionen mit Blutkonserven vor.

Bei der Plasmaphärese werden im Spenderblut sofort Blutkörperchen und Plasma getrennt und somit die Blutkörperchen in einem Arbeitsgang dem Spender zurückerstattet. Diese Methode wurde **1957** von den amerikanischen Professoren Stokes und Smolens von der Universität Pennsylvania (USA) erfunden.

Künstliches Blut. Im Februar **1979** injizierte sich der japanische Arzt Ryochi Naito zum ersten Mal 200 ml Kunstblut: Fluosol DA. Die milchigweiße, vollsynthetische Flüssigkeit ersetzt das Hämoglobin als Sauerstoffträger von der Lunge in die weiteren Körperteile.
1966 hatten die beiden amerikanischen Forscher Glark und Gollan der Cincinnati-Universität bewiesen, daß eine Maus in flüssigem Perfluorkohlenstoff überleben kann; denn den zum Atmen nötigen Sauerstoff holt sie sich aus dieser Lösung. Leider vermischen sich jedoch diese Fluorkohlenstoffe nicht mit dem Blut.
1967 vermischte Henry A. Slaviter von der Universität Pennsylvania (USA) die Perfluorkohlenstoffe mit Albumin (wasserlöslichem Eiweiß) und konnte eine fast einwandfreie Emulsion herstellen. Dennoch könnte es nach wie vor zu den lebensbedrohenden Verstopfungen in Kapillargefäßen kommen.
Der japanische Arzt Ryochi Naito hatte mit seiner ersten Kunstbluttransfusion mehr Glück: Im April 1979 verabreichte er einem frisch Operierten eine Dosis Fluosol DA. Die Blutgruppe des Mannes war so selten, daß kein Spenderblut vorhanden war und deshalb zum Kunstblut gegriffen wurde.

Kraftstoff für das Blut. Erythropoetin ist ein Bluthormon, das an der Bildung und Erneuerung des Blutes teilhat. Die amerikanischen Amgen-Laboratorien stellten **1986** gentechnisch eine exakte Kopie dieses natürlichen Stoffes her. Versuche von Dr. Adamson und Dr. Eschbach von der Universität Washington zeigten, daß eine Behandlung von Hämodialysepatienten (das Blut dieser Patienten muß regelmäßig gefiltert werden, da die Niere diese Funktion nicht mehr erfüllt) mit diesem Hormon den Bedarf an Blut reduzieren, wenn nicht gar aufheben würde. Ebenso würde die Anwendung bei Blutspendern deren Blutreserven schneller wiederherstellen. Diese Erfindung wird wahrscheinlich zu einer echten Revolution auf dem Gebiet der Bluttransfusion führen.

Die Atmung. Das chemische Prinzip der Atmung wurde **1785** von dem französischen Chemiker A. L. de Lavoisier nachgewiesen. Bei einem seiner zahlreichen Versuche hatte er ein rotes Oxid aus der Erhitzung von Quecksilber gewonnen. Mit dem roten Oxid konnte er den Nachweis erbringen, daß die Luft aus Stickstoff und Sauerstoff besteht.
Zusammen mit dem französischen Astronom und Mathematiker P. Laplace leitete Lavoisier aus dieser Erkenntnis die These ab, daß ein Teil des Luftsauerstoffs sich in den Lungen mit dem Blut verbindet, um somit die Kohlenstoffverbrennung zu gewährleisten, während ein weiterer Teil in Verbindung mit dem Wasserstoff Wasser ergibt, das während des Ausatmens nach außen abgegeben wird.
Der große Fehler in dieser These war die Annahme, daß die »Atmung« nur auf die Lungen beschränkt sei. Dieser Irrtum wurde 1791 durch den Franzosen J. Hassenfratz berichtigt. Dieser hatte nämlich herausgefunden, daß das Kohlendioxid im Blut eigentlich aus dem Gewebe kommt.

Atmungsstimulator. Manche Patienten, die an Lähmungen leiden, können nicht mehr auf natürliche Weise atmen. Der erste **1976** gebaute Atmungsstimulator geht auf Professor Roy-Camille vom »Hôpital de la pitié« in Paris zurück. Die Grundidee geht jedoch auf Dr. Duchenne zurück, der 1872 bewiesen hatte, daß sich bei der Reizung des nervus phrenicus mit Stromstößen das Zwerchfell kontrahiert und man so auf künstliche Weise die sonst spontanen Atembewegungen reproduzieren kann. Die zu Beginn noch unsichere Technik ist heutzutage in Gebrauch.

Die Eiserne Lunge entwickelte der amerikanische Harvard-Professor Philipp Drinken **1927**. Am 12. Oktober 1928 wurde sie im Krankenhaus von Boston, Massachusetts (USA), zum ersten Mal an einem kleinen Mädchen ausprobiert. Bei der ersten Ausführung mußten noch zwei Haushaltsstaubsauger für Zug und Druck auf den Brustkorb des Kranken sorgen.

Das Krankenhaus von Granville in der Normandie (Frankreich) hat 30 Brieftauben im Einsatz, die in Rekordzeit Blutproben nach Avranches transportieren, wo sich ein Untersuchungslabor befindet.

CHIRURGIE

Der erste chirurgische Eingriff soll eine Amputation gewesen sein in der Zeit des Neolithikums (5000–2500 v. Chr.). Allerdings wurde in den Bergen Zagros im Irak das Skelett eines Neandertalers gefunden, dem der rechte Arm fehlt. Die Neandertaler lebten vor etwa 45 000 Jahren. Bei dem fehlenden Arm handelt es sich weder um einen Unfall noch um einen (anatomischen) Zufall.
In früheren Zeiten schritten Hexenmeister, Mediziner und Chirurgen des öfteren auch zur Trepanation am lebenden Objekt. Tatsächlich müssen einige Operierte diesen furchterregenden Eingriff überlebt haben, denn man fand Schädel mit verheilten Narben. (Trepanation = Aufmeißeln des Schädels, auch unter Zuhilfenahme eines Drillbohrers)

Autopsie. Der Autopsie ist es zu verdanken, daß sich die Anatomie entwickeln konnte. Die antiken Religionen untersagten die Verstümmelung der Körper. Erst im **3. Jh. v. Chr.** und nur unter der Herrschaft von Ptolemäus Soter und Ptolemäus Philadelphos durften die großen Anatomen Herophil und Eristratus in Alexandrien Studien an Leichen betreiben. Danach und für lange Zeit waren Autopsien geächtet.

Bis zum Ende des Mittelalters war in christlichen und moslemischen Ländern das Öffnen und Sezieren von Toten verboten. Dadurch waren weiterführende anatomische Studien fast unmöglich. Dennoch soll die erste Autopsie an einem Menschen schon **1281** in Bologna stattgefunden haben. Und der italienische Anatom Mondino di Liuzzi (1270–1326) scheute sich nicht, 1316 in seinem Werk über die menschliche Anatomie die Autopsien anzuführen, die er vorgenommen hatte. Ab dem Ende des 14. Jh.s wurde es einfacher, Autopsien vorzunehmen. Man weiß, daß die medizinische Fakultät von Paris schon ab 1407 ständig Autopsien praktizierte, sie aber erst ab 1478 schriftlich erwähnte.

Anästhesie. Sehr alte Dokumente beweisen uns, daß man den Schmerz bei manchen chirurgischen Eingriffen schon in früher Zeit betäuben konnte: Bei der Beschneidung zum Beispiel blokkierten die Assyrer die Gehirnströme, indem sie auf die Kopfschlagadern drückten. Plinius der Ältere **(1. Jh.)** gibt Hinweise auf ein Verfahren, mit dessen Hilfe man schneiden oder stechen konnte, ohne Schmerz zu erzeugen, und zwar mit Hilfe der Alraunpflanze. Tatsache ist aber, daß vor der Entdeckung der Betäubung der Schmerz des Patienten das Haupthindernis für die Arbeit des Chirurgen war. Auf dem Land bestand die einzig bekannte Art der Betäubung darin, den Patienten eine Mischung aus Alkohol und Schießpulver schlucken zu lassen. Gut festgehalten von seinen Kameraden, biß der Patient auf seine Pfeife (oft eine Tonpfeife), um nicht zu schreien, und ließ sie nur los, wenn die Operation ein böses Ende nahm. Ein frühes Anästhetikum beschrieb der englische Chemiker Sir Humphrey Davy (1778–1829), dessen narkotische und entspannende Wirkung er an sich selbst getestet hatte. Es handelte sich um *Stickstoffoxyd = Lachgas*, das er **1799** genau beschrieb. Vor allem Zahnärzte benutzten zum Zähneziehen diese Art der Betäubung.

Vollnarkose. Die erste Vollnarkose mit Hilfe von *Äther* wurde **1842** von dem Amerikaner C. W. Long vorgenommen.
Am 14. Oktober 1846 operierten William Morton und John Collins Warren im Massachusetts General Hospital (USA) einen Tumor am Hals bei einem unter Vollnarkose stehenden Patienten. Dies war die erste wirklich erfolgreiche Äther-Anästhesie. Von diesem Zeitpunkt an ging man in allen amerikanischen Operationssälen zu dieser Art Vollnarkose über.
Nach dem Äther kam das *Chloroform*. Die Chloroformherstellung war seit 1831 bekannt, das erste reine Chloroform konnte 1834 gewonnen werden. Als erster benutzte es der Geburtshelfer J. Simpson aus Edinburgh (GB). Nachdem sich selbst Königin Viktoria zur Geburt ihres siebten Kindes hatte chloroformieren lassen, stand der Einführung des Chloroforms in allen Krankenhäusern nichts mehr im Wege.

Lokalanästhesie. Der österreichische Augenarzt K. Köller führte **1884** die erste Lokalanästhesie durch. Als Anästhetikum verwendete er Kokain. Ab 1902 wurde dem Kokain Adrenalin zugesetzt, bis es 1904 vom weniger toxischen Novokain verdrängt wurde.

Der Militärarzt Ambroise Paré, Begründer der modernen Chirurgie, lehnte es im 16. Jh. ab, die mittelalterlichen Methoden in der Medizin fortzuführen. Er praktizierte als erster das Abbinden von Arterien.

IGNAZ PHILIPP SEMMELWEIS (1818–1865)

Die Ironie des Schicksals wollte es, daß der Erfinder der Keimfreiheit 1865 an einer Infektion stirbt. Noch vor Pasteur hatte dieser ungarische Arzt die Regeln der Keimfreiheit im medizinisch-chirurgischen Bereich zusammengestellt. Zu Lebzeiten Semmelweis' war es nämlich noch nicht die Regel, daß sich Ärzte die Hände wuschen, wenn sie von einer Autopsie kamen, um danach im Kreissaal eine Frau zu entbinden.
Für uns undenkbar, war zu damaligen Zeiten die Übertragung von Krankheitskeimen durch mangelnde Hygiene noch an der Tagesordnung. So kam es immer wieder zum Tod junger Mütter noch im Kindbett, ohne daß dafür eine stichhaltige Erklärung gefunden werden konnte.
Als Semmelweis 1844 Assistent auf der Wöchnerinnenstation des Krankenhauses von Wien wurde, erkannte er den Zusammenhang zwischen Kindbettfieber und mangelnder Asepsis. Nicht nur Händewaschen sondern auch eine rigorose Keimfreiheit mußten gewährleistet sein. Das Ergebnis: die Sterberate fiel von 18 auf 1,2 Prozent!
Dennoch stieß seine Entdeckung auf Feindseligkeit in der medizinischen Fachwelt. Auch das ist für uns heute kaum zu glauben. Semmelweis schrieb, veröffentlichte und vertrat seine These mit Nachdruck. Er wandte sich an die bekanntesten Geburtshelfer Europas, er hatte eindeutige Beweise: Bei mangelnder Keimfreiheit wird die ärztliche Behandlung zum Mord. Sein Streben blieb zunächst ohne Erfolg.
Semmelweis wurde schwermütig, litt unter Halluzinationen und wurde 1865 in die Wiener Irrenanstalt eingewiesen. Er erlag einer infektiösen Blutvergiftung, die er sich dort zugezogen hatte. Seine Patienten nannten ihn den »Retter der Mütter«.

Die Anästhesie auf intravenösem Weg geht auf den deutschen Biochemiker E. Fischer zurück, dem **1902** die Synthese von Veronal gelungen war. Weitere Barbiturate wie Nembutal und Penthotal kamen nach 1930 zur Anwendung.

Die elektrische Anästhesie erfand Professor Aimé Limoge. Die erste Schmerzaufhebung durch Stromzufuhr wurde am 23. April **1970** im französischen Krankenhaus Rothschild bei Professor Guy Le Lorier auf der Wöchnerinnenstation durchgeführt. Die erste elektro-medikamentöse Anästhesie wurde am 23. März 1972 durch die Professoren Cara und Debras in der Urologie im Krankenhaus Necker an einem Patienten mit anschließender Nierenoperation vorgenommen.

Asepsis. Die Erfindung der Asepsis verdanken wir dem ungarischen Arzt I. P. Semmelweis **(1844)**. Keimfreiheit konnte durch Kochen oder durch Trockenerhitzen der Instrumente und Verbandsstoffe erreicht werden. Beide Methoden wurden zum ersten Mal 1883 von den beiden französischen Chirurgen Terrillon und Terrier angewendet.
Der Amerikaner Halsted führte **1889** den *Gebrauch von Gummihandschuhen* ein.

Antiseptik. Der englische Chirurg Joseph Lister (1827–1912) bemühte sich besonders um die Keimfreiheit von Operationssaal, Operationsbesteck und Patienten durch chemische Mittel. Vor jeder Operation ließ er deshalb den OP mit Phenol ausstäuben, desinfizierte die Instrumente und die Hautpartien seiner Patienten. Er veröffentlichte **1867** seine Arbeiten in *The Lancet.*

Wundverbände wurden schon auf Tontafeln nachgewiesen, die bei Ausgrabungen in Assur und Ninive in Assyrien gefunden wurden. Einer der bekanntesten Ärzte seiner Zeit, Arad-Manai **(7. Jh. v. Chr.)**, hatte die Tontafeln beschrieben.
1825 erfand der Chirurg Antoine Labaraque die *chemische Wunddesinfektion.*
1840 führten die Engländer Astley-Cooper, Liston, Syme und Natcarnay eine neue Art von Wundverband vor: Baumwollstoff wurde in Wasser getränkt und anschließend mit gummiertem Mull bedeckt.
1860 erfand der französische Chirurg Alfred Velpeau die elastische Binde. Und 1864 führte der Engländer Joseph Lister Phenolpflaster ein, die als Antiseptikum benutzt wurden.

Lösliche Pflaster wurden **1947** gleichzeitig in den USA (Jenkins) und Frankreich (Robert Monod) erfunden. Hier handelt es sich um einen kleinen Gelatineschwamm, der das 20- bis 50fache seines Gewichts an Blut aufnehmen kann, bevor er sich langsam im Körper des Verletzten auflöst.

Nahtmaterial. Der französische Chirurg Pierre-François Percy (1754–1825) erfand 1820 den Metallfaden für operative Zwecke. Der *Catgut-Faden* kam erst ein Jahrhundert später, gegen 1920, auf. Catgut ist Fadenmaterial aus Katzendarm. Der Tergalfaden wurde 1950 erfunden.
1964 erfand die amerikanische Firma 3M den *»Steristrip«*, eine Art Wundpflaster, das die Wundränder zusammenhält, ohne daß genäht werden müßte.

Schon im Altertum kannte man das sorgfältige Anlegen von Verbänden, wie dieses antike Gemälde zeigt.

Knochenbruchheilung. Die Ägypter waren die ersten, die Knochenbrüche durch Ruhigstellen behandelten. Athotis empfahl **3000 v. Chr.** Lehmbänder.
Der englische Offizier William Eton stellt **1798** in Persien fest, daß die Einheimischen bei Knochenbrüchen *Gipsverbände* anlegen. Die vergipste Körperpartie wird in eine angefertigte Holzform gelegt, um die Bruchstelle ruhigzustellen.
Der holländische Militärarzt Antonius Mathijsen vom Königlichen Krankenhaus erfindet **1850** Leinenbandagen, die mit Trockengips versehen werden. Das ermöglicht die Bereithaltung eines Gipsverbands für den Notfall. Erst bei Anwendung werden die Streifen gewässert.

Glasfaser- und Kunstharzverbände. Die amerikanische Firma 3M hat **1982** den Scotchcast-Verband herausgebracht. Dieser Glasfaser»gips«verband, der durch Polyurethanharz verstärkt ist, wiegt nur ein Drittel des herkömmlichen Gipsverbands und ist außerdem wasser- und reißfest.

Blinddarmoperation. Der englische Militärarzt Claudius Amyan führte **1735** die erste erfolgreiche Blinddarmoperation durch.
Am 27. April 1887 operierte George Thomas Morton (Sohn von William Morton) mit Erfolg einen jungen Mann in Philadelphia. Der 26jährige litt an einer akuten Blinddarmreizung, die ohne operativen Eingriff tödlich ausgegangen wäre.
Fast zur gleichen Zeit, nämlich im Juli 1888, operierte der Schweizer Chirurg Volkmann nach Anweisungen seines Assistenten Charles Krafft erfolgreich zwei Blinddarmpatienten. Krafft war es, der die noch heute gültige These aufgestellt hat, daß, bei eindeutiger Diagnose, die früheste Operation die beste ist.

Schönheitschirurgie. Von den Schönheitsidealen bei Urvölkern (etwa die Kopfverformung bei den Azteken) einmal abgesehen, kann man von moderner Schönheitschirurgie erst ab dem Ende des 19. Jh.s sprechen. Die **1891** in Amerika durch Roe und **1898** durch den Deutschen Joseph entwickelte *Nasenkorrektur* aus rein ästhetischen Gründen ist der Beginn der bewußten chirurgischen Veränderung des Körpers eines Gesunden, der mit seinem Äußeren nicht zufrieden ist.
1907 beschreibt der Franzose H. Morestin den *Busenschnitt* bei zu großem Busen.
Suzanne Noël, eine Chirurgin, führte **1925** bei Lokalanästhesie *Gesichtslifting* durch. Ihr Operations-Saal war das private Wohnzimmer.

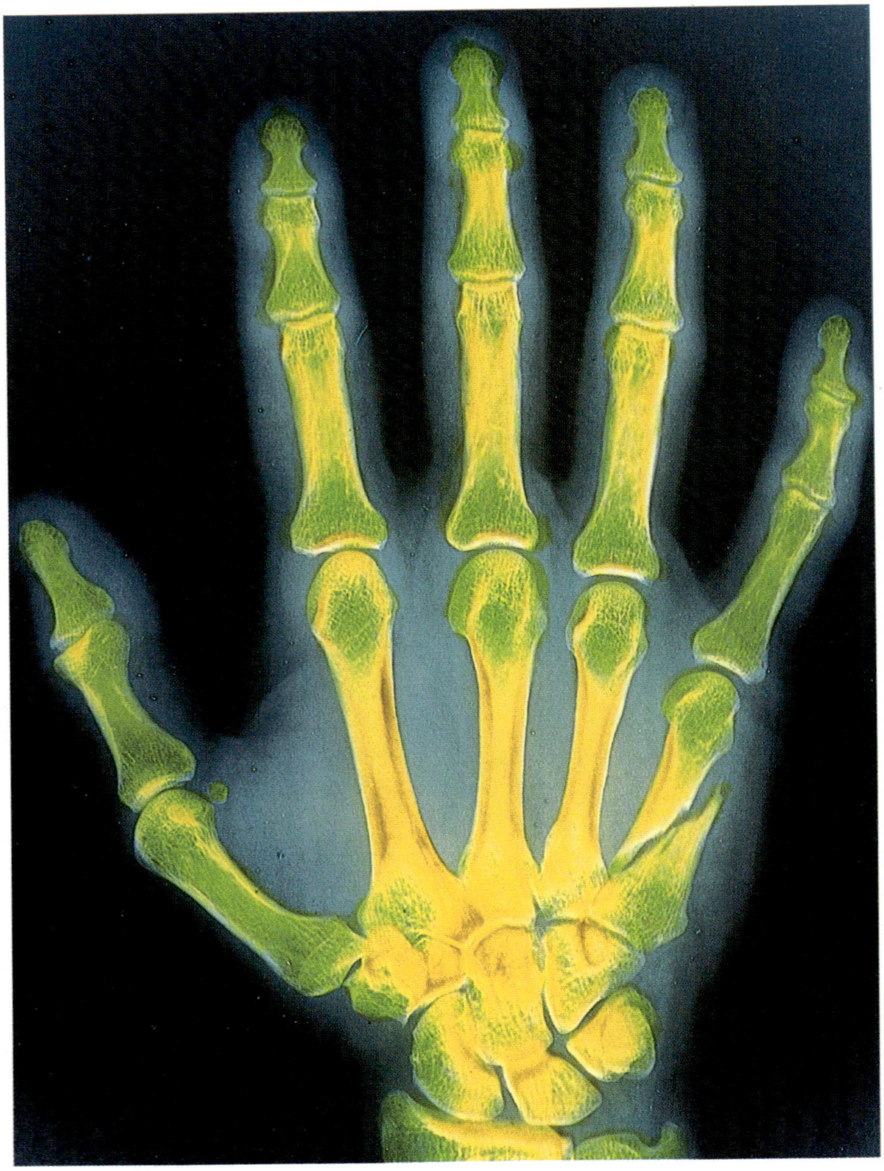

Röntgenaufnahme eines Mittelhandbruchs. Schon die Ägypter benutzten bei Knochenbrüchen Verbände, die als Vorgänger unserer Gipsverbände anzusehen sind.

Schließlich lieferten die Ärzte H. Biesenberger und E. Schwarzmann aus Wien 1928 und 1930 einen entscheidenden Beitrag zur *Brustplastik*.

Ästhetische Chirurgie per Computer. Am MIT (Massachusetts Institute of Technology, USA) haben Computerspezialisten die Gesamtheit aller charakteristischen äußerlichen menschlichen Körpermerkmale in einem Computer abgespeichert. Mit der Hilfe von Richard Carling und David Kramlich hat Nancy Burson daraus **1981** ein Programm für die praktische Anwendung der ästhetischen Chirurgie entwickelt: das »Imager«-Programm. Damit kann man z. B. auf einen Bildschirm mit Hilfe einer Videokamera das Gesicht einer Person projizieren, die eine Gesichtsveränderung ästhetischer Art wünscht. Der Arzt kann dann vor der Person die verschiedenen Gesichtsveränderungsmöglichkeiten in zunehmendem Maße per Computer an dem auf den Bildschirm projizierten Gesicht vornehmen, bis zu einem Aussehen, das der Person ideal erscheint. So kann die zu behandelnde Person schon über ihr zukünftiges Aussehen auf einem zukünftigen Foto urteilen.

Die moderne Neurochirurgie hat ihre Anfänge in Amerika genommen, besonders durch die Arbeiten von Harvey Cushing um **1918**.
1936 entwickelten die beiden Franzosen Clovis Vincent und Thierry Martel eine Operationstechnik, bei der der Patient sitzt.
Im gleichen Jahr erfand der Portugiese A. E. Moniz die *Arteriographie*, wofür er **1949** den Nobelpreis erhielt.
Eine weitere Neuerung in der Neurochirurgie war die Methode der *Stereotaxie* von Talairach (Frankreich), die das exakte Anvisieren der zu operierenden Stelle möglich macht. So reicht ein kleines Loch im Schädel als Operationsöffnung. Als erste wurde die Parkinsonsche Krankheit auf diese Weise operiert. 1960 operierte der Franzose Guiot einen Tumor der Hypophyse über die Nase.
1962 gelang es dem Radiologen Djindjian und dem Neurochirurgen Houdart, die erste *Arteriographie des Rückenmarks* vorzunehmen.

Gefäßplastik. Charles Daughter, ein amerikanischer Arzt, schlug **1954** vor, man solle eine Art kleinen, nicht aufgeblasenen Ballon im Innern einer Arterie dort provisorisch festnähen, wo eine Verengung ist, um ihn dann aufzublasen. Angewendet wurde diese Technik erstmals 1964 in Zürich (Schweiz) durch Dr. Andreas Grüntzig. Seither ist die Technik ständig weiterentwickelt worden. Die Wahrscheinlichkeit, daß der Eingriff erfolgreich verläuft, liegt heute immerhin bei 90 Prozent.

Laserkatheter-Technik. Als Alternative zur Ballonmethode der Gefäßplastik hat eine Medizinergruppe um Prof. Bodo-Eckehard Strauer an der Universität Düsseldorf **1988** erstmals die hochgradig verengten Arterien einer Patientin mit einem Laserstrahl geöffnet. Fernziel dieser Technik ist es, Methoden zur Beseitigung von Verengungen im Herzkranz-Gefäßsystem zu entwickeln.

Transplantationen. Nach der Sage sollen die beiden Schutzpatrone der Chirurgen, der heilige Cosmas und der heilige Damianus, die Erfinder der Organverpflanzung sein. Beide lebten im 3. Jh. Aber erst die *Entdeckung des HLA im Blut* durch Jean Dausset **1958** machte die Organtransplantation möglich. Jean Dausset erhielt 1980 den Nobelpreis.
Die immunkörperunterdrückenden Eigenschaften des *Ciclosporin* wurden von Dr. J. F. Borel **1972** in Basel (Schweiz) herausgestellt. Gewonnen wird das Ciclosporin aus einem Pilz, der auf dem Hochplateau von Hardangervidda in Südnorwegen wächst.
Die ersten Versuche am Menschen wurden 1978 unternommen. Seit 1983 wird das Ciclosporin generell bei Knochenmarkstransplantationen und Organverpflanzungen angewendet.

Sprechendes Hüftgelenk. Im September **1986** stellten Berliner Wissenschaftler die Weltneuheit vor: ein künstliches Hüftgelenk mit eingebautem Minisender und Meßfühlern, die alle ermittelten Werte sofort drahtlos an einen Computer übermitteln. Die Daten werden von Ärzten und Wissenschaftlern ausgewertet. So können Rückschlüsse auf die Eignung und Haltung des verwendeten Materials gezogen werden. Die Prothesen können dann den Ergebnissen entsprechend verbessert werden. Zum ersten Mal gewinnt man auf diese Art und Weise direkt Daten über die Belastungszustände eines Hüftgelenks. Nach der Optimierung der Prothese wäre es in Zukunft möglich, Prothesen zu bauen, die, wenn sie Überbelastungen messen, den Träger über Funk auffordern, sich hinzusetzen und sich auszuruhen.

Züchtung von Hautgewebe. Professor Howard Green vom MIT (Massachusetts Institute of Technology) hatte **1950** entdeckt, daß sich die Bindegewebsfasern der menschlichen Haut besonders gut entwickelten, wenn man ihnen als eine Art Nährboden die Krebszellen 373 zusetzt. Die Krebszellen wurden durch Bestrahlung am Weiterwuchern gehindert, gaben aber nach wie vor Nährstoffe ab. Daraus entstand eine neuartige Zellkultur.
Greens Forschungsgruppe gelang es, aus nur 1 mm² Haut eines Neugeborenen in 20 Tagen 60 cm² Haut zu züchten.
1986 ist es zwei amerikanischen Forschern gelungen, Patienten durch die *Übertragung von Kunsthaut* zu retten. Professor John Burk vom Massachusetts General Hospital und Professor Ioanis Yannas, Polymerspezialist am MIT, hatten herausgefunden, daß sich mit Rinderkollagen (stark quellender Eiweißkörper im Bindegewebe), das vom menschlichen Organismus gut vertragen wird, sowie Silikonplastik eine künstliche zweite Hautschicht züchten läßt. Die Forschungen in dieser Richtung laufen weiter auf Hochtouren.

Die erste Haut-Bank. Professor Jean Thivolet, Direktor der dermatologischen Abteilung des L'Inserm im Edouard-Herriot-Krankenhaus von Lyon, hat im März **1986** ein Mittel gemeldet, das verhindert, daß der Körper transplantierte fremde Haut abstößt. Diese Entdeckung erlaubt die Einrichtung der ersten Bank, in der Haut gelagert wird und aus der sich Ärzte und Krankenhäuser je nach Bedarf bedienen können.

Eine neue Technik der Haartransplantation hat der Japaner Yamada beim Calvities-Weltkongreß in Paris im September **1985** vorgeführt.
Die Zuschauer konnten über einen Riesenbildschirm bei der Operation zusehen. Einem schon recht kahlköpfigen 30jährigen jungen Mann wurden 2500 Kunsthaare eingepflanzt. Dazu wurde die Kopfhaut örtlich betäubt. Der Patient hat nach eigener Aussage nichts von dem 3stündigen Eingriff gespürt. Weltweit wurde diese Technik schon bei 40 000 Personen angewandt.
Einziger Nachteil: 20 Prozent der neuen Haare gehen schon im ersten Jahr nach der Verpflanzung aus, weitere 10 Prozent im zweiten Jahr. Diese fehlenden 30 Prozent werden operativ wieder eingepflanzt, bis nach 2 Jahren eine Stabilisierung der neuen Haarpracht eintritt. Jedes Kunsthaar kostet etwa 2,50 DM.

Bei der Kryochirurgie wird durch extreme Kältegrade (unter −40° C) pathologisches Gewebe zerstört. Diese Technik hat zwei große Vorteile: Sie ist schmerzlos, und es besteht keine Gefahr der Blutung nach einem Eingriff.
I. S. Cooper hat mit Unterstützung der Union Carbide eine Flüssigstickstoffsonde entwickelt. Der Stickstoff wurde auf −180° C abgekühlt. Weitere Geräte dienen der Operation von Grauem Star, Rachentumoren u. a.
M. J. Gonder und W. A. Soanes behandelten 1964 Prostata-Adenome durch Kryochirurgie. **1975** entwickelte der deutsche Chirurg A. J. Keller die Kälteverätzung.

Den Herzschrittmacher hat **1958** der Schwede Ake Senning erfunden. Die ersten Herzschrittmacher wurden schon in den 60er Jahren den Herzpatienten eingesetzt. Schrittmacher können auch zur Stimulation von Blasen-, Rektum- und Atmungsfunktion verwendet werden.

Multiprogrammierbarer, implantierbarer Herzschrittmacher. Unter der Bezeichnung Multilith 3 hat das französische Unternehmen ELA Medical aus Montrouge einen der kleinsten Herzschrittmacher der Welt, mit einer Laufzeit von 6,5 Jahren, auf den Markt gebracht. Alle erforderlichen Parameter für die Lösung der klassischen Probleme der Kardiotherapie (Therapie von Herzkrankheiten) können einprogrammiert werden. Das Ende der Laufzeit des Herzschrittmachers wird bei der Einstellung entsprechender Nennwerte etwa ein Jahr vor dem Aufbrauchen des Stimulators angezeigt, so daß der Arzt durch Beobachtung der Werte, die drahtlos übermittelt werden, den optimalen Zeitpunkt für den Austausch des Systems wählen kann.

Die Zertrümmerung von Nierensteinen durch Stoßwellen wurde erstmals **1980** am Münchner Universitätsklinikum Großhadern vorgenommen. Inzwischen sind über 100 000 Patienten mit dem von der Firma Dornier in Zusammenarbeit mit den Münchner Medizinern Christian Chaussy, Egbert Schmied und Walter Brendel entwickelten Stoßwellengerät *Lithotripter* behandelt worden. Bei über 90% aller Nierensteinleiden sind durch diese Methode chirurgische Eingriffe nicht mehr nötig.

Laser gegen Gallensteine. Ludwig Demling, Arzt an der Universitätsklinik Nürnberg, hat **1986** interessante Ergebnisse mit einem Laser erzielt, der mit einem Endoscop in den Körper eingeführt wird. Das Endoscop wird bis zur Gallenblase vorgeschoben. Der Chirurg kann mit einem »Laserschuß« dort vorhandene Gallensteine zerstören, ohne daß umliegendes Gewebe in Mitleidenschaft gezogen wird, denn der Laser sendet einen sehr dicht gebündelten und sehr starken Lichtstrahl aus. Außerdem gibt er überhaupt keine Wärme ab. Zur Zeit wird er für andere Eingriffe getestet; insbesondere für die Beseitigung von Verkalkungen bei Arteriosklerose.

GYNÄKOLOGIE

Der Kaiserschnitt wird erstmals bei Numa Pompilius, der Sage nach zweiter König von Rom 715–672 v. Chr., schriftlich erwähnt. Dieser König soll ein Gesetz erlassen haben, wonach keine im Kindbett gestorbene Frau begraben werden darf, bevor nicht das Kind durch einen Schnitt in die Bauchdecke entfernt worden ist.

Große Transplantationserfolge

Jahr	Transplantation	Arzt
1914	Hornhaut des Auges	Elschwig, Prag (ČSSR)
1950	Knochen	R. u. J. Judet, Paris (Frankreich)
1950	Niere (Überlebensdauer: 5 Jahre)	R. Lawler, Chicago (USA)
1954	Niere (auf Lebenszeit)	J. P. Merrill, Boston (USA)
1957	Knochenmark	Thomas (USA)
1959	Haare	N. Orenteich, New York (USA)
1962	Arme	D. A. Malt, J. McKhann, Boston (USA)
1964	Schimpansenherz	J. D. Hardy, Chicago (USA)
1965	Aortaklappe	J. P. Binet, A. Carpentier (Frankreich)
1967	Herz	Chr. Barnard, Kapstadt (Südafrika)
1969	Haut	J. L. Reverdin, Genf (Schweiz)
1970	Synthetische Klappe	J. P. Binet, A. Carpentier (Frankreich)
1977	Hoden (von einem Zwilling auf den anderen)	S. Silver, Sacramento (USA)
1984	Hoden (zwischen Brüdern/Verwandten)	Wang Linglong, Hubai (China)
1987	Hirnzellen	I. Madrazo, Mexico-City
1987	Komplettes Kniegelenk	Richard Schmidt, Pennsylvania (USA)

Hormonbehandlungen bei Frauen haben in den letzten Jahren zunehmend zu Mehrlingsgeburten geführt. Dieses sind die ersten Sechslinge gewesen, die am 10. Januar 1974 in Kapstadt (Republik Südafrika) zur Welt kamen.

Der Name Cäsar kommt vom lateinischen caedere = schneiden. Eine Vorfahrin von Kaiser Julius Cäsar soll durch Kaiserschnitt einem Kind das Leben gegeben haben.
Den ersten wirklich belegten Kaiserschnitt hat der deutsche Chirurg Trautmann im Jahr **1610** vorgenommen.

Geburtshelferzangen hat der Engländer P. Chamberlen im **17. Jh.** erfunden. Vorher benutzte man sogenannte »Kopfzieherhaken«.
Im 18. Jh. verfeinerte der Franzose A. Levret die Zangengeburttechnik, indem er die Zangenschenkel stärker der Kopfform des Säuglings anpaßte. 1838 gab es nicht weniger als 144 verschiedene Zangen. Später wurde die Zange des französischen Geburtshelfers S. Tarnier die gängigste Ausführung des Instruments.

Der Vakuumextraktor (oder **Saugglocke**) wurde **1962** von dem Dänen Dr. Lang erfunden. Hierbei wird der Säugling durch Saugkraft geboren. Eine Saugglocke wird auf der Scheitelhöhe angebracht und verhindert dadurch den großen Druck, der üblicherweise bei einer Zangengeburt auf den Schädel und das Gehirn des Kindes ausgeübt wird.

Der Brutkasten wurde **1880** von dem Franzosen Budin erfunden. Er war aus Holz, und für die Wärme sorgten mit heißem Wasser gefüllte Töpfe, die man darunter stellte. 1894 erfand Dr. Lion aus Nizza den Brutkasten für Frühgeborene.

Der Babyprotector wurde von Karl Renner von der Universität Ulm **1986** zum Schutz gegen den plötzlichen Kindstod erfunden. Bei diesem häufigsten Todesfall im Säuglingsalter »vergessen« die Kinder plötzlich im Schlaf das Atmen. Der kleine batteriebetriebene Babyprotector mißt die Atmung mittels einer auf den Babybauch gelegten Schlaufe. Setzt die Atmung aus, kitzelt ein Minivibrator am Fuß die Babys wach. Hilft auch das nicht, werden sofort die Eltern durch lautes Piepsen alarmiert.

Ein Zwillingspärchen, das durch In-Vitro-Befruchtung, also durch Zusammenführen von Samen- und Eizelle außerhalb des menschlichen Körpers, »gezeugt« wurde.

Verhütung. Bereits zur Zeit der Pharaonen in Ägypten war der Vaginaltampon bekannt. In anderen Mittelmeerregionen verwendete man Schwämmchen, die mit spermizidähnlichen (samenabtötenden) Flüssigkeiten, zum Beispiel aromatisiertem Essigwasser, getränkt waren. 1984 kam die Idee des spermizidgetränkten Schwämmchens wieder auf.
Die *modernen Spermizide* stammen aus den 70er Jahren: in Form von Ovula oder Creme kommt dieser Verhütungsmethode immerhin eine 97prozentige Sicherheit zu.

Das Präservativ gilt als Erfindung des italienischen Professors für Anatomie der Universität Padua, Gabriele Fallopia (1523–62). Eigentlicher Zweck seiner Erfindung war der Schutz vor Geschlechtskrankheiten, der Verhütungseffekt kam erst in zweiter Linie. Das Condom erhielt seinen Namen nach dem englischen Arzt Coton, der am Hofe von Charles II. von England (1630–85) gelebt haben soll. Auf ihn geht die Erfindung des modernen Präservativs zurück.

Die Knaus-Ogino-Methode geht auf den japanischen Arzt K. Ogino (*1892) und den Prager Arzt H. Knaus (1892–1970) zurück. Ihre Methode der Empfängnisverhütung, die sie **1932** vorstellten, beruht auf der Berechnung des Ovulationstermins aus einer einjährigen Beobachtung und schriftlichen Aufzeichnung der individuellen Länge des Menstruationszyklus. Die Methode ist allerdings von keiner allzu großen Sicherheit.

Die Temperaturmeßmethode stützt sich auf die Erkenntnisse des holländischen Geburtshelfers Van de Velde. Ferin entwickelte **1947** seine These, die auf der Zweiphasigkeit des weiblichen Zyklus beruht.

Das erste Pessar, das diesen Namen verdient, ist ein Silberring des deutschen Arztes Ernst Gräfenberg. Die Erfindung stammt aus dem Jahr **1928**. Hierbei handelte es sich um einen spiralförmig aufgewickelten Silberfaden mit einem Durchmesser von 1,5 cm.

Die Pille wurde **1954** von den Amerikanern Gregory Pincus von der Worcester-Stiftung für Experimentelle Biologie in Shrewsbury, Massachusetts (USA), und John Rock erfunden.
Fünf Jahre Forschung bedurfte es, um ein Verhütungsmittel zu entwickeln, das »gefahrlos, sicher, einfach, praktisch, für alle Frauen anwendbar und für das Paar ethisch vertretbar« sein soll. Das Ergebnis ist ein kombiniertes Hormonpräparat, das den Eisprung verhindert.
Die ersten klinischen Testserien fanden 1954 statt, und die erste großangelegte Erprobung folgte 1956: 1308 Frauen der Stadt San Juan, Costa Rica, hatten sich freiwillig gemeldet.
Die Anzahl der heute im Handel erhältlichen Präparate ist beträchtlich.

Die Pille für den Mann. Ein neues, natürliches Hormon, das **1985** von Forschern des Salk Institute, Kalifornien (USA) entdeckt wurde, wird vielleicht zur Lösung des Problems der männlichen Fruchtbarkeit führen. Die neue Substanz, PiF (Prolactinrelease Inhibiting Factor) genannt, spielt eine hemmende Rolle bei der Fruchtbarkeit.

Über Hormonkapseln im Arm als Pillenersatz berichtete Dr. Thomas Rabe von der Universität Heidelberg auf dem Internationalen Symposium über Zukunftsaspekte der Schwangerschaftsverhütung der Frau **1987** in Heidelberg. Die Kapseln, die in den Oberarm eingepflanzt werden, enthalten ein Hormon, das den Eisprung unterbindet. Sie sind für die Dauer von 5 Jahren wirksam. Festgestellte Nebenwirkungen sind bis jetzt nur Zwischenblutungen. Weltweit wenden etwa 500000 Frauen diese Methode an. In Schweden wird das System mit nur zwei Hormonkapseln erprobt, die aber nur ca. 3 Jahre wirksam sind.

Impfung zur Empfängnisverhütung. Die Weltgesundheitsorganisation WHO hat zum ersten Mal die Schirmherrschaft für ein medizinisches Experiment übernommen, das die Geburtenregelung betrifft: Seit Februar **1986** wird an 30 Frauen, die sich freiwillig zur Verfügung gestellt haben, ein Impfstoff zur Empfängnisverhütung getestet. Die Studie geht vom australischen Fluiders Medical Centre, Adelaide, aus.
Entwickelt wurde der Impfstoff von der Staatsuniversität Ohio in Zusammenarbeit mit der WHO und mehreren pharmazeutischen Labors. Mitte der 90er Jahre soll der Impfstoff auf den Markt kommen.

Schwangerschaftstests (Nachweis einer Schwangerschaft durch Labortests) gibt es seit **1960**. Sie werden mit Hilfe einer Antigen-Antikörper-Reaktion durchgeführt. Etwa 35–40 Tage nach der letzten Regel ist mit einem Ergebnis zu rechnen – mit einer mindestens 95prozentigen Zuverlässigkeit.
Seit Anfang **1985** gibt es auch einen Urintest, der am 5. Tag nach Ausbleiben der Regelblutung selbst vorgenommen werden kann.

Die erste künstliche Befruchtung beim Menschen hat der Pariser Arzt und Dekan der Medizinischen Fakultät Thouret **1785** an seiner Frau durchgeführt. Der männliche Samen wurde mit Hilfe einer Spritze in die Scheide eingeführt. Das Experiment war erfolgreich, denn 9 Monate später kam ein Kind zur Welt.

Das erste Retortenbaby war Louise Browne, geboren am 25. Juli 1979 im Krankenhaus von Oldham (GB). Diesen ersten Fall einer Befruchtung in vitro, also außerhalb des Mutterleibs, ermöglichten die beiden britischen Ärzte Patrick Steptoe und Robert Edwards, die schon 1965 gemeinsam den Nachweis dafür erbracht hatten, daß eine Befruchtung außerhalb des Mutterleibs durchaus möglich ist.
Das erste Retortenbaby, das von einer *Leihmutter* ausgetragen wurde, erblickte das Licht der Welt im April 1986 in den USA.

Die ersten *Retorten-Fünflinge* (Jungen) wurden in London (GB) am 23. März 1986 geboren.

Die erste Embryoverpflanzung wurde Anfang 1984 bekannt, als eine 30jährige Amerikanerin aus Long Beach, Kalifornien (USA), ein Kind zur Welt brachte, das nicht das ihre war.
Eine andere Frau war auf künstlichem Wege mit dem Sperma ihres Ehemannes befruchtet worden. Der sich daraus entwickelnde Embryo wurde am 5. Tage der Schwangerschaft aus dem Uterus der Frau entfernt und Frau X. eingepflanzt, wo er sich dann bis zur Geburt entwikkelte.

MEDIKAMENTE UND BEHANDLUNGEN

Tabletten, Pillen, Pulver. In England wurden zum ersten Mal Tabletten hergestellt. Das war **1843**. Die meisten Medikamente wurden zu dieser Zeit noch in Form von Pudern, Pasten oder handgedrehten Pastillen angeboten. 1850 entwickelte der Erfinder Miahle eine Pillendrehmaschine. 1879 wird eine Form zur Zäpfchenherstellung erfunden, und die ersten Glyzerinkapseln kommen 1893 auf den Markt.
Das Abfüllen von Medikamenten in Ampullen ist die Idee von Limousin und Pasteur.

Neue Methoden der Medikamentenverabreichung zeichnen sich ab. Bald werden Pillen oder Tropfen überflüssig. Die Medikamente werden dann den Kranken in Form von *Mini-Implantaten* unter der Haut oder *selbstklebenden Verbänden* mit automatischer Dosierung verabreicht. Entwickelt hat diese Methode die amerikanische Gesellschaft Smith, Kline und French mit Spansule im Jahr **1952**. Die Alza Corp. kam **1975** mit *Ocusert* auf den Markt, das, unter den Augapfel gesetzt, den Grünen Star behandelt.
So gibt es auch eine Kapsel, die selbständig die Entstehung von Progesteron verhindert – *Progestasert*.
Labore wie Ciba, Johnson, Rhone-Poulenc entwickeln zahlreiche Produkte, die von der selbstklebenden Binde gegen Seekrankheit, über Antibiotika bis hin zu Hormonen reichen.

Heftpflaster gegen Brechreiz und Seekrankheit. Scopolamin, ein Produkt der Tollkirsche, ist schon lange als Mittel zur Bekämpfung von Brechreiz und Seekrankheit bekannt. Sein Nachteil war, daß es immer wieder und häufig eingenommen werden mußte. Die Ciba Geigy Laboratorien sind **1984** auf die Idee gekommen: Sechs Stunden vor der Abfahrt mit dem Schiff klebt

Vor der Erfindung der Pillen in England wurden Medikamente in Pulver- oder Salbenform dargeboten. Kapseln gab es erst in der zweiten Hälfte unseres Jahrhunderts.

man ein Pflästerchen hinter das Ohr, das den beschriebenen Stoff enthält. Es sorgt für eine konstante Dosis Scopolamin über 90 Stunden.

Chinin. Die Chinarinde (vom Chinarindenbaum) hat ein Jesuitenmissionar im **17. Jh.** in Südamerika entdeckt. Zuerst wurde die Chinarinde als Mittel gegen Fieber, sehr schnell aber als universales Arzneimittel verwendet.
1820 gelang es den französischen Apothekern Pelletier und Caventou, das in der Chinarinde enthaltene Alkaloid, das Chinin, zu isolieren.
Zur teilweise synthetischen Herstellung kam es 1931 durch Rabe, aber erst **1944** gelang Döring die komplette Synthese.

Aspirin oder besser: die Acetylsalicylsäure, war das erste Medikament, das mittels Synthese im Labor hergestellt wurde. Charles Gerhardt von der Universität Montpellier war **1853** die Synthese gelungen, allerdings kümmerte ihn die praktische Anwendung wenig.
Vorher hatte Henri Leroux, Apotheker in Vitry-Le-François, 1829 aus Weidenrinde und Wiesenkönigin das Salicyl gewonnen.
1893 wiederentdeckt der deutsche Chemiker bei Bayer, Felix Hoffmann, die heilende Wirkung des Salicyls.
Die Firma Bayer erfindet den Namen Aspirin und macht daraus **1899** eine Marke. Das »A« stand für Acetyl, »spir« für spiraca ulmaria = Wiesenkönigin.
Im Vertrag von Versailles trat Deutschland 1919 im Rahmen seiner zu erbringenden Kriegsentschädigung die Marke »Aspirin« an Frankreich, England und die USA ab.

Antibiotika. Pasteur hat im Laufe seiner Forschungsarbeiten die Unverträglichkeit von verschiedenen Bakterien untereinander festgestellt. Diese Tatsache wurde **1889** durch Vuillemin bestätigt, der herausgefunden hatte, daß die Unverträglichkeit unter den Bakterien auf den Einfluß der Antibioten (daher der Name Antibiotikum) zurückzuführen ist.
Nach dem Penizillin entdeckt S. Waksman 1944 das Streptomyzin; J. Ehrlich, P. Burkhoder und D. Gottlieb isolieren 1947 das Chloramphenikol; H. Duggar entdeckt 1948 das Aureomyzin; G. Findlay entdeckt 1950 das Terramyzin. Alle diese Erfolge wurden in den USA erzielt.
Seit dieser Zeit ist die Therapie durch Antibiotika nicht mehr aufzuhalten.

Das Penizillin hat der englische Bakteriologe Sir Alexander Fleming (1881–1955) **1928** entdeckt. Für seine Forschungsarbeiten erhielt er 1945 den Nobelpreis. Fleming bekräftigte immer wieder, daß seine Entdeckung rein zufällig war. 1928 arbeitete er an den Staphylokokken. Bei einer Bakterienkolonie hatte sich eine Art Schimmelrand gebildet, der die Staphylokokken zerstörte. Bei dem vermeintlichen Schimmel handelte es sich um das erste festgestellte Antibiotikum, das Penizillin.

Immuntherapie

Diese Behandlungsmethode, die sich der natürlichen Abwehrmechanismen des Körpers bedient, um die Krankheit zu bekämpfen, wurde **1957** mit der Entdeckung des Interferons durch den Engländer Isaac und den Schweizer Lindermann begründet. Interferone sind Proteine, die vom Körper produziert werden, um ihn vor einer Virusinfektion bzw. nach einer Virusinfektion vor dessen weiterer Verbreitung zu schützen.
Mit dem Interferon, das seit den 70er Jahren gentechnisch hergestellt wird, hatten die Erzeuger auf dem Markt jedoch keinen großen Erfolg. Mit den gentechnisch erzeugten Großmengen wurde und wird eine alte Hoffnung erprobt: Einsatz bei Krebs. Man geht davon aus, daß es auch bei Krebs eine Immunabwehr geben muß, die wieder erweckt werden könnte. Interferon 2-A kam 1987 nach zwei Jahren Test bei Leukämie (Blutkrebs) und Kaposi-Sarkom (Gefäßkrebs, der auch in Verbindung mit AIDS auftritt) auf den Markt.
Andere sehr bekannte Abwehrsubstanzen sind die *Interleukine*, die unter anderem die Bildung von Leukozyten hervorrufen (als sog. Wachstumsfaktoren) oder Leukozyten dazu anregen, bestimmte Substanzen zu produzieren. Interleukin-3 wurde erst vor kurzem (1986) von Dr. Steven Clark und Dr. Yu Chung Yang vom genetischen Institut in Cambridge (USA) entdeckt.
Der *TNF (Tumor Necrosis Faktor)*, 1975 von Carswell und seinen Kollegen vom Memorial Sloan Kettering Institute in New York entdeckt, ist ein Protein, das von bestimmten weißen Blutkörperchen produziert wird und das relativ selektiv manche Tumorzellen (Krebszellen) angreift.
Die Herstellung, Untersuchung und Regulierung all dieser Proteine hat in der Immunologie zu einer Revision der Kenntnisse geführt. Die Wirkungs- und Anwendungsvielfalt dieser Substanz hat nicht nur Auswirkungen auf die Krebsforschung und die Virologie, sondern auch auf die Behandlung von parasitären Krankheiten, Entzündungen, Infektionen und Allergien sowie Impfungen und Transplantationen.

Eine Forschergruppe aus Oxford führte die Versuche Flemings weiter. Aus dem Penicillium notatum wurde das reine und später das aktive Penizillin gewonnen. Die Versuche dauerten von 1939 bis 1942.
Noch bevor die außerordentlich große Nachfrage nach Penizillin einsetzte, wurde mit der industriellen Herstellung des Antibiotikums 1943 begonnen.

Drogen und Hypnotika. Eines der ersten chemisch gewonnenen Schmerzmittel war das *Morphin*, ein aus Opium isoliertes Alkaloid. Es wurde **1804** von den beiden Franzosen Derosne und Seguin sowie dem deutschen Apotheker Friedrich Sertürner isoliert. Sie nannten ihre Entdeckung *Morphium*, nach dem griechischen Gott der Träume Morpheus. Das starke Narkotikum wirkt hauptsächlich auf das zentrale Nervensystem (Gehirn). Auf eine vorübergehende Reizung folgt die zeitweilige Lähmung der Nervenzentren. Es entsteht Schmerzfreiheit. Das Morphin ist also gleichzeitig ein Hypnotikum und ein Analgetikum. Der Mißbrauch als Rauschdroge ist äußerst gefährlich, weil sich sehr schnell Abhängigkeit einstellt.

Kokain wurde **1844** von dem deutschen Chemiker Heinrich Emmanuel Merck (1794–1855) isoliert. Seit 1862 wird es industriell hergestellt. Der österreichische Militärarzt Theodor Aschenbrandt verabreichte es in großen Mengen bayerischen Soldaten bei Manövern, da er festgestellt hatte, daß durch Kokaingenuß das Bedürfnis nach Schlaf herabgesetzt wurde. Außerdem vermindert Kokain die Schmerzempfindlichkeit der damit behandelten Körperpartien. Wegen des Gewöhnungseffekts wird es vorzugsweise nicht verabreicht.

Barbitursäure. Dem deutschen Chemiker Adolf von Baeyer (1835–1917) gelang es **1864**, Harnstoff und Malonsäure zu kondensieren. Daraus entstand die Barbitursäure oder der Malonylharnstoff, der ihm allerdings, da inaktiv, von keinem Interesse zu sein schien.

Amphetamine. Die erste Amphetaminsynthese gelang **1887**, aber erst ab 1937 wurde Amphetamin verkauft. Die amerikanischen Ärzte Smith, Kline und French brachten zu dieser Zeit das Inhalationsgerät *Benzedrex* auf den Markt, das das Amphetamin Benzedrin enthielt. Es hatte die Eigenschaft, den Blutdruck zu erhöhen, die Atemwege zu erweitern und die Hirntätigkeit anzuregen. Kranke mit Stirnhöhlenkatarrh oder Schnupfen fühlten sich nach einer Sitzung mit Benzedrex spürbar besser. Amphetamine sind als Dopingmittel bei sportlichen Wettkämpfen streng verboten.

Veronal. Zwei deutsche Forscher, Emil Fischer und J. von Mering, pfropften **1903** zwei Äthylradikale auf den Malonylharnstoff und erhielten so das Veronal. Veronal gehört zu einer wichtigen und großen Medikamentengruppe, die hypnotische Eigenschaften haben und unterschiedlich auf das Zentralnervensystem wirken.

LSD. Der Schweizer Arzt Albert Hoffmann isolierte **1938** das Lysergsäure-Diäthylamid und testete es an Tieren, die jedoch keine besondere Reaktion zeigten. Daraufhin wurde vom LSD kein Gebrauch mehr gemacht. Am 16. April 1943 schluckte Hoffmann im Labor seines Arbeitgebers Sandoz aus Versehen eine kleine Dosis LSD 25, was ihm einen angenehmen Rauschzustand verschaffte. 1962 verbot die amerikanische Regierung der Firma Sandoz den freien Verkauf von LSD. Nur noch zu medizinischen Zwecken konnten Ärzte, Psychiater und Forscher damit beliefert werden.

Vitamine sind eigentlich erst seit **1910/11** bekannt. Daß Vitamine einen beträchtlichen Einfluß auf den Körper haben, vor allem bezüglich Mangelerscheinungen wie Skorbut- und Beriberierkrankungen, hatte man schon lange vermutet. Vitamine sind biologische Katalysatoren, die bestimmte chemische Reaktionsvorgänge im Körper erst möglich machen.
1910 gelang es dem Chemiker C. Funk, das *Vitamin B1* aus der Schale des Reiskorns zu isolieren. Die Bezeichnung »Vitamin« ist ein Phantasiename, zusammengesetzt aus »vita« = Leben und »amin«, die gefundene Substanz (Vitamin = für das Leben wichtige Substanz). Das Vitamin B1 konnte 1936 durch Williams synthetisch hergestellt werden.
1928 isolierte der amerikanische Biochemiker A. Szent-Györgyi das *Vitamin C* im Saft der Zitrone. Der schweizer Chemiker T. Reichstein stellte es ab 1932 synthetisch her.

Insulin entdeckte der Rumäne Paulesco **1921**. Einige Monate später schon konnte es von Charles

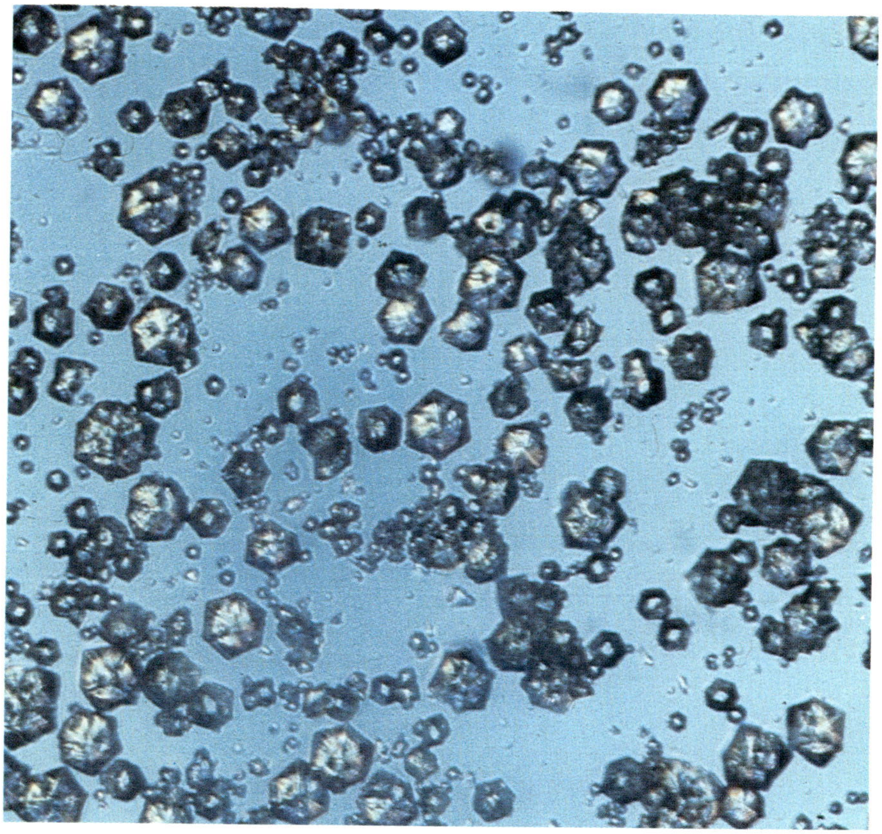

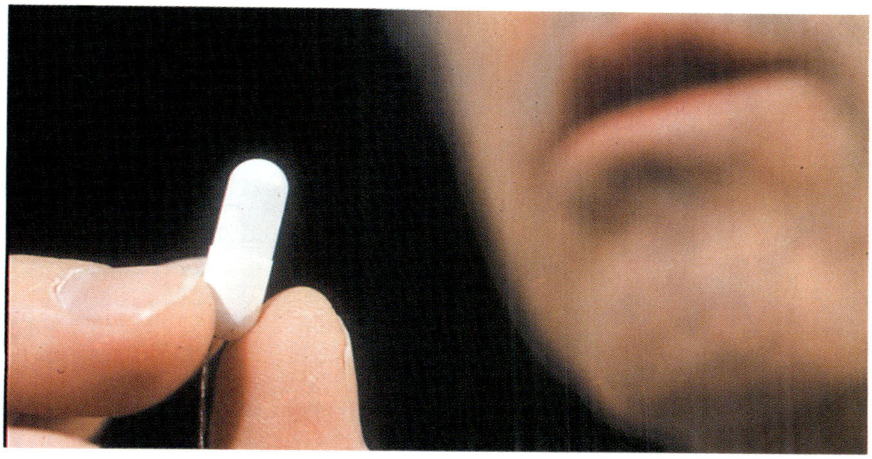

Mit Insulin, das 1921 entdeckt wurde, behandelt man Zuckerkrankheit (Diabetes).

Diese unscheinbare Kapsel von Arzco Medical Electronics enthält einen Herzschrittmacher.

Herbert Best und F. G. Banting (Nobelpreisträger von 1923) an der Universität von Toronto isoliert werden. Synthese-Insulin gibt es seit 1964. Es wurde von Panatotis und Kastoyannis, Universität von Pittsburgh (USA), entwickelt.

Antihistaminika sind Arzneimittel gegen allergische Zustände. Die *Allergie* als Krankheit wurde **1906** von dem Österreicher C. von Picquet entdeckt. Bouet und Staub isolierten **1937** das erste Antihistaminikum. Das erste *Synthese-Antihistaminikum* verdanken wir dem Franzosen Halpern, dem die Herstellung erstmals **1942** gelungen ist.

Herzschrittmacherkapsel. Arzco Medical Electronics hat **1986** den ersten Herzschrittmacher in Pillenform auf den Markt gebracht: Er besteht aus einer Elektrode, die in eine Gelatinekapsel gehüllt ist.

Interferon wurde **1957** von dem Engländer Isaacs und dem Schweizer Lindenmann nachgewiesen. Hierbei handelt es sich um eine Proteinfamilie, die vom Organismus produziert wird und eine gegen Viren gerichtete Wirkung entfaltet. Bis heute kennt man verschiedene Interferonsorten, deren genaue Eigenschaften jedoch noch nicht feststehen. Die wissenschaftlichen Untersuchungen auf diesem Gebiet sind in vollem Gange.

Wachstumshormon. Der GHRF (= Growth Hormone Releasing Factor) wurde **1982** von dem in den USA lebenden französischen Forscher Guillemin isoliert. (Guillemin ist Nobelpreisträger von 1977.) Diese Substanz hat direkten Einfluß auf die Produktion des Wachstumshormons. Es wäre möglich, sie bei der Behandlung von Zwergenwuchs durch mangelhafte Funktion des Hypothalamus und bei Knochenbrüchen sowie schweren Verbrennungen einzusetzen. Am weitesten geht aber die Forschung hinsichtlich des Alterungsprozesses. So hat man herausgefunden, daß nach dem 40. Lebensjahr die Produktion des Wachstumshormons im Zusammenhang mit dem GHRF versiegt. Die Forschung hofft nun, durch diesen Tatbestand weitere Aufschlüsse über das Altern an sich zu bekommen oder den Alterungsprozeß sogar hinauszuzögern.
Protopine ist ein synthetisches Wachstumshormon, **1985** von der amerikanischen Firma Genentech entwickelt. Es soll dazu dienen, 10–15 000 im Wachstum zurückgebliebenen Kindern zu helfen, ihre normale Größe zu erreichen.

Monoklon als Antikörper. Die ersten Schriften über die monoklonalen Antikörper wurden im Mai **1975** von zwei bedeutenden Immunologen herausgegeben. Es handelt sich um den Deutschen George Koehler und den Argentinier Cesar Milstein, die damals beide in Cambridge (GB) arbeiteten. Sie erhielten 1984 den Nobelpreis. Die Arbeit bestand konkret darin, im Reagenz-

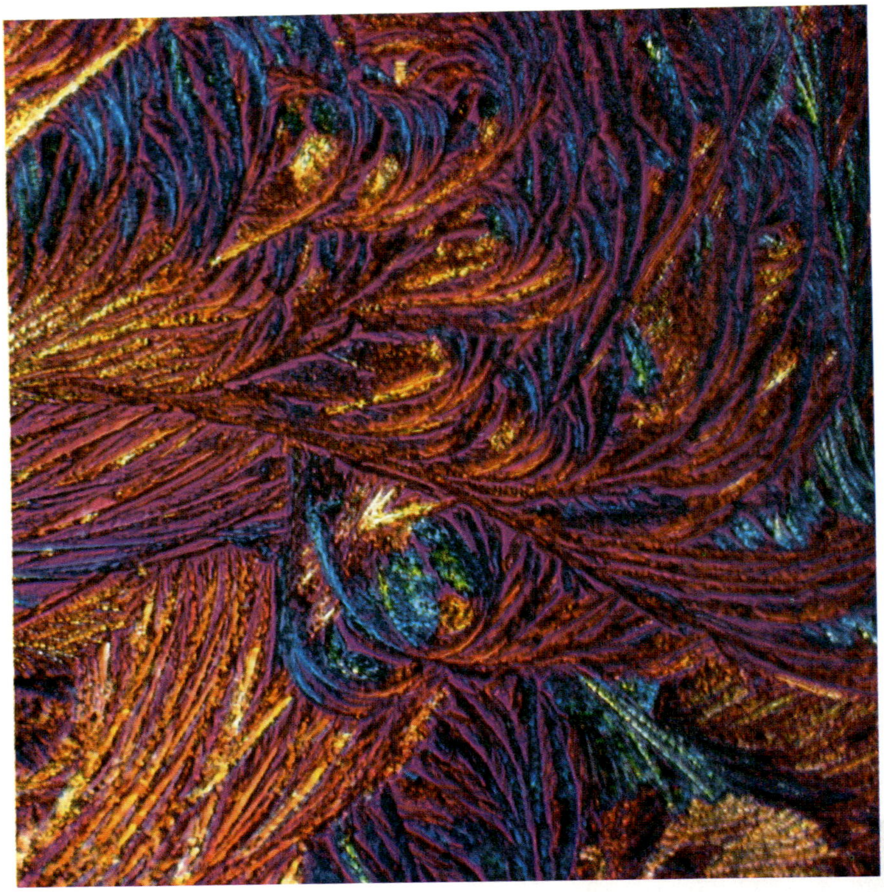

Der AZT Retrovirus, in den USA entdeckt, verlangsamt den Krankheitsverlauf von AIDS und verhindert einige parallel auftretende Erkrankungen.

glas antikörperproduzierende Lymphozyten der Maus mit Myelonzellen (Krebszellen) zu fusionieren. Die daraus entstehenden Hybridzellen haben eine unendliche Lebenszeit und produzieren ununterbrochen einen bestimmten Antikörper, gegen den das Tier immunisiert wurde. Die medizinische Forschung von heute bezieht immer mehr das Phänomen der Antikörper in die Diagnose und Therapie bestimmter Infektionskrankheiten und bestimmter Krebsarten ein.
In der Therapie kann man mit Hilfe monoklonaler Antikörper eine chemische Substanz auf ein gegebenes Ziel lenken, das vom Antikörper ausfindig gemacht wird. Er fungiert dabei als Trägersubstanz. Unter den Anwendungen in letzter Zeit befindet sich der erste therapeutische Erfolg bei der Behandlung des Leberkrebs, 1985, durch Dr. Stanley Order aus Baltimore (USA).

Intravenöse Spritzen. Als erster spritzte Elshots Mitte des **16. Jh.s** Medikamente in die Venen von Menschen. Jedoch gab es schon vorher derartige Versuche beim Tier.
Der deutsche Arzt Schmidt soll als erster 1655 Syphillis durch intravenöse Spritzen behandelt haben.

Injektionsspritze. Das Prinzip der Spritze ist seit dem **15. Jh.** bekannt. Es wird dem Italiener Gattinara zugeschrieben. Jedoch wurden erst im 17. Jh. die ersten praktischen Versuche, hauptsächlich von den Engländern C. Wren und R. Boyle (1657), durchgeführt.
Der Engländer Fergusson fabrizierte als erster eine Spritze aus Glas. Dadurch konnte der Spritzeninhalt besser überwacht werden. Der Franzose Luer fertigte im Jahr 1869 eine Spritze ganz aus Glas an. Der Fortschritt war gewaltig, denn die Infektionsgefahren waren um ein Vielfaches gesunken. Die subkutane Injektion ist das Werk des Iren Rynd (1845) und des Schotten Wood (1853).

Sauerstoffzelt. Der französische Arzt Charles Michel (1850–1935) war um **1900** der Erfinder des Sauerstoffraums, der später zum Sauerstoffzelt, das dem Krankenbett angepaßt ist, weiterentwickelt wurde.

Spülungen zu Heilzwecken kannte man bereits im alten Ägypten. Man benutzte dazu ein Spülhorn. Assyrer und Babylonier heilten durch Spülungen »Magenbrennen«.
Die *Klistierspritze* wurde **1532** erfunden. Unter Ludwig XIV. wurden Spülungen mit der Klistierspritze zur Modeerscheinung, über die sich Molière des öfteren lustig gemacht hat.

Ein Herzstimulator, der auf die Temperatur des Blutes anspricht, wurde **1986** von der deutschen Biotronik-Gesellschaft entwickelt. Die Bluttemperatur ist ein guter Indikator für die momentane Aktivität des Patienten. So steigt zum Beispiel beim Treppensteigen die Temperatur des Blutes an, und das Gerät kann dann die Herzschlagfrequenz erhöhen.
Ein solcher vollautomatischer Herzschrittmacher wurde erstmals im Januar 1988 von Ärzten im Städtischen Krankenhaus München-Schwabing bei 3 Patienten implantiert.

Eine tragbare künstliche Niere wurde **1986** von der französischen Gesellschaft Santé Technique et Recherche entwickelt. Das tragbare Hämodialysesystem ist im Vergleich zu den sperrigen und schweren alten Systemen ein Leichtgewicht: Es wiegt nur 13 kg. Es ist vor allem für Patienten mit Niereninsuffizienz gedacht, die sich auf Reisen begeben.

Anticholesterol-Maschine. Das Verfahren, das auf dem Hämodialyseverfahren (Blutfiltrationstechnik) basiert und für Patienten benutzt wird, die keine Nieren mehr haben, wurde **1986** von dem Kölner Biochemiker Wilhelm Stoffel erfunden. Mit ihm kann man das »schlechte« LDL (Low Density Lipoprotein) vom »guten« Cholesterin trennen, das nach der Filtration dem Patienten wieder gänzlich zugeführt wird. Wenn man diese Technik bei Patienten anwendet, die schon von Geburt an an einem Cholesterinüberschuß leiden, können sie zu normalen Eßgewohnheiten übergehen und eine normale Lebensqualität erlangen.

Ein Gerät zur Minderung des Bluthochdrucks haben Wissenschaftler vom Institut für Physiologie der Freien Universität Berlin unter Leitung von Professor Ekkehard Zerbst nach fast 20jähriger Forschungsarbeit **1987** entwickelt.
Nicht alle operativen Methoden, verengte Blutgefäße wieder zu öffnen, oder medikamentöse Behandlungen, um den lebensbedrohenden Bluthochdruck in den Griff zu bekommen, haben bei allen Patienten Erfolg. Hinzu kommt, daß viele Patienten die medikamentöse Behandlung wegen Störungen der Sexualfunktion abbrechen oder die Medikamente nur unregelmäßig einnehmen.
Beim hochdruckkranken Menschen sind die biologischen Blutdruckmelder aufgrund des andauernden Bluthochdrucks verstellt und gaukeln dem Organismus normale Blutdruckverhältnisse vor. Die Idee, durch elektrische Dauerstimulation die Nerven der Halsschlagader so zu reizen, daß sie wahrheitsgetreu einen zu hohen Blutdruck signalisieren, der Körper nun gegensteuern kann, ist nicht neu. Seit den 60er Jahren gibt es ähnliche Geräte. Das Gerät der Berliner Wissenschaftler ist allerdings das erste in dieser Größe. Ein Teil des sehr kleinen Geräts wird an die Halsschlagader und unter das Schlüsselbein eingepflanzt. Ein externer Teil trägt die Batterien, deren Energie drahtlos über Spulen zu dem implantierten Teil gelangt. Der externe Teil des Geräts ist jederzeit abzunehmen.

OPTIK UND AKUSTIK

Die Operation des Grauen Stars wird schon 2000 v. Chr. im Gesetzesbuch von Hammurabi in Babylonien erwähnt. Allerdings wurde die Operation erst durch die Technik des Franzosen J. Daviel **1748** durchführbar. Daviel kam auf die Idee, die Linse aus dem Auge zu entfernen, um den Star zu kurieren. Zu seiner Zeit war nur der englische Arzt W. Cheselden unter den Augenärzten berühmter, der einem Blindgeborenen operativ zum Sehen verholfen hat.

Laseroperation. Professor Danièle Aron-Rosa benutzt seit **1979** einen YAG-Laser, um Augenoperationen ohne die operative Öffnung des Auges vorzunehmen.

Faltbares Augenimplantat. Nach Einführung des YAG-Lasers und des Linsenemulgators (Ultraschallgerät) gibt es seit **1986** das erste faltbare Linsenimplantat, das von Professor Charles Kelman (USA) entwickelt wurde. Schon eine Öffnung von 3 mm genügt, um den Phaco-fit, so heißt die Erfindung, ins Auge einzulassen. Dadurch wird ein weiterer Schnitt nach der Behandlung mit dem Linsenemulgator unnötig. Mit dem Ultraschallgerät dauert eine Staroperation nur 15 Minuten.

Hornhautzuschnitt. Eine Berichtigung der Hornhautkrümmung ist dadurch möglich, daß eine sehr dünne Hornhautlamelle operativ entfernt wird. Sie wird tiefgefroren, anschließend zugeschnitten und dann in aufgetautem Zustand an ihren alten Platz in der Hornhaut wieder eingesetzt.
Diese **1949** von Professor Barraquer aus Bogota (Kolumbien) entwickelte Operationstechnik (Keratoplastie) dient zur Behandlung bestimmter Arten von Kurzsichtigkeit und schweren Fällen von Weitsichtigkeit.

Hornhautschnitt. Bei der »Radialkeratotomie« wird die Innenseite der Hornhaut strahlenförmig eingeschnitten. Sie soll bei bestimmten Kurzsichtigkeitspatienten Brille oder Kontaktlinsen ersetzen. Der Japaner T. Sato hat diese Operationstechnik **1955** entwickelt. Sie wurde bald aufgegeben und erst 1979 durch Swiatoslaw Feodorow (UdSSR) wiederaufgenommen. Er ließ sich in seinem Moskauer Krankenhaus eine Art Fließband bauen, an dem er mit seinen 50 Chirurgen 22 000 Operationen im Jahr durchführen kann. Insgesamt 200 000 Operationen hat er schätzungsweise schon vorgenommen. Auch in den USA ist diese Operation sehr in Mode.

Die Brille

Sehr früh schon suchte der Mensch nach Hilfsmitteln, um seine Sehmängel auszugleichen. Jedoch wurde die *Lupe* erst im **11. Jh.** erfunden.
Der florentinische Physiker Salvino degli Armati (1245–1317) erfand **1280** zwei Gläser, die bei einer bestimmten Dicke und Krümmung vergrößerten. Er kann also in gewisser Weise als Erfinder der Brille gelten. Er vertraute seine Erfindung einem befreundeten Dominikanermönch, Alexandre della Spina aus dem Kloster St. Katharina in Pisa an. Letzterer ging mit der Erfindung an die Öffentlichkeit. Die Gläser waren konvex und eigneten sich für Weitsichtige.
Konkave Gläser für Kurzsichtige kamen Ende des **15. Jh.s** auf.
Die ersten Brillen bestanden aus zwei Beryll-Linsen, die in Holz oder Horn gefaßt waren. Späterhin wurden sie durch einen Nagel zusammengehalten oder halbmondförmig zugeschnitten.
Brillenbügel über Nase und Ohren kamen erst **1746** auf.
Der Amerikaner Benjamin Franklin erfand **1780** die *Doppelschliffbrille* für Weitsichtige. Zu dieser Zeit handelte es sich noch um zwei separate Gläser, die mit einem Metallsteg zusammengehalten wurden.
Zwei Mitarbeiter der Firma Carl Zeiss, Bentron und Emerson, entwickelten **1910** das eigentliche Glas, das den Doppelschliff zuließ. 1908 hatte J. L. Borsch ein Verfahren erfunden, das die Verschweißung von zwei Gläsern ermöglichte.
Der Gründer der Firma Polaroid, Edwin H. Land, erfand **1938** *Sonnengläser*, die die Sonnenstrahlen fokussieren und somit die Spiegelung aufheben.
Der Chemiker R. H. Dalton der Firma Corning Glass arbeitete seit 1939 an einem Verfahren für *selbsttönende Gläser*. Seine Erfindung wurde **1964** von Corning patentiert, und die ersten Gläser dieser Art kamen unter dem Markennamen Photogray auf den Markt.
Seit **1955** gibt es *unzerbrechliche Brillengläser* aus organischen Stoffen (Plastik). 1971 kam ein weiteres unzerbrechliches Brillenglas auf den Markt, das die Qualitäten des organischen Werkstoffs mit denen des mineralischen Glases kombinierte.

Cholesterolkristalle. Eine Maschine zur Trennung des »schlechten« Cholesterin vom »guten« Cholesterin hat der Kölner Biochemiker Wilhelm Stoffel entwickelt.

Eine ganz andere Methode zur Abschwächung der Kurzsichtigkeit hat der deutsche Augenarzt Paul Ulrich Fechner am Robert-Koch-Krankenhaus in Gehrden bei Hannover entwickelt. Ihm ist es **1987** gelungen, künstliche Linsen aus Plexiglas zu entwickeln, die, wenn sie ins Auge implantiert sind, die Kurzsichtigkeit ausgleichen. Die 5 mm großen Linsen werden dabei in der Vorkammer des Auges eingesetzt und auf der Regenbogenhaut befestigt. Die natürliche Linse wird nicht, wie bei Eingriffen im Falle des grauen Stars, entfernt. Die Operation, die unter dem Mikroskop vorgenommen wird und etwa eine Stunde dauert, kann ambulant durchgeführt werden. Sechs Patienten hat er bereits 1987 mit Erfolg behandelt.

Kontaktlinsen. Die erste Konzeption einer Kontaktoptik soll von Leonardo da Vinci stammen. Er beschreibt in seinem Werk über das Auge die Möglichkeit, Refraktionsmängel auszugleichen, indem ein mit Wasser gefülltes Röhrchen, das eine Linse abschließt, vor das Auge gehalten wird.

Möglicherweise als Opernglas wurde diese Sehhilfe mit eingebautem Parfum-Fläschchen von Damen der späten Rokokozeit benutzt. Das Schmuckstück stammt aus der Directoire-Periode (1795–99).

1686 führte Descartes in der Praxis die Idee von da Vinci durch. Ende des 18. Jh.s starten zwei Engländer, Thomas Young und John Herschel, einen ähnlichen Versuch. Herschel strich eine Schicht Gelatine auf sein Auge auf, die er mit einer Linse zusammenhielt. Damit wollte er seine Fehlsichtigkeit, vor allem seinen Astigmatismus, ausgleichen.

Kontaktlinsen im heutigen Sinne kann man erst die Erfindungen von Müller (Deutschland), Fich und Sulzer (Schweiz) und Kalt (Frankreich) **zwischen 1887 und 1892** bezeichnen. Einziger verwendeter Werkstoff bis 1930 war geblasenes oder gegossenes Glas. Hauptlieferant war die Firma Zeiss.
IG Farben bringt **1936** die erste *Linse aus Plexiglas* heraus. »Harte« Linsen werden noch heute aus Plexiglas hergestellt.

Hornhautlinsen. 1945 erfindet der Amerikaner Tuohy die erste Linse, die nur die Hornhaut bedeckt.
1964 entwickelt der tschechische Wissenschaftler Wichterle die erste *weiche, wasserdurchlässige Linse.*

Die elektronische Brille für Blinde ist eine Erfindung von Dr. Claude Veraart von der Katholischen Universität von Löwen (Belgien) aus dem Jahr **1983**. Das Gerät sieht äußerlich aus wie eine Brille, ist aber mit kleinen Kopfhörern ausgestattet, die Ultraschallwellen entsenden, die von den für den Blinden hinderlichen Gegenständen zurückgeworfen werden. Der Blinde kann somit Hindernisse genau ausmachen, was für ihn mehr Bewegungsfreiheit bedeutet.

An diesem Phantom-Modell lernten angehende Augenärzte die Bewegungen der beiden Augen beim Sehen. Der Leipziger Ordinarius Ruete hatte es 1857 entwickelt. Die Fäden stellen die Muskeln dar.

Elektrische Hörhilfe. Der New Yorker Miller Reese Hutchinson war erst 26 Jahre alt, als er **1901** das elektroakustische Hörgerät erfand. Es sollte Hörbehinderten das Hören erleichtern. Zu den ersten Benutzern seiner Erfindung gehörte Königin Alexandra von England, die während der gesamten Krönungsfeierlichkeiten ihr »Acousticon« nicht mehr abnahm. Aus Dank erhielt der junge Erfinder eine Medaille aus ihren Händen.

Hörprothese. Seit der Einführung der Transistoren **1952** und der ständigen Weiterentwicklung der Elektronik haben die Hörgeräte in den letzten 20 Jahren entscheidende Fortschritte gemacht. Sie wurden nicht nur kleiner, sondern auch wesentlich leistungsstärker.

Implantate für schwer Hörgeschädigte. Der in den USA lebende ungarische Wissenschaftler Georg von Békésy hat **1961** den Nobelpreis für seine Entdeckungen hinsichtlich der Stimulationsmechanismen des Innenohrs (Innenohrschnecke) erhalten. Auf dieser Grundlage wurden viele neue Entwicklungen ermöglicht.

Der Voiscope ist eine Erfindung des Engländers Adrian J. Fourcin von der Universität London. Mit Hilfe eines Computers werden die Zeichen und die durchschnittliche Vibrationslänge eines vorgelesenen Textes oder eines Lieds pro Sekunde der Stimmbänder aufgezeichnet. Die Erfindung von **1985** ist ein wesentlicher Fortschritt in der Berechnung und Aufschlüsselung der menschlichen Stimme.

ZAHNMEDIZIN

Zahnprothesen. Die ersten Prothesen für Unter- und Oberkiefer kamen **1560** in der Schweiz auf.
L. Heister (1683–1758) spricht erstmals von einer *abnehmbaren Prothese*, empfiehlt peinlichste Sauberhaltung und das Entfernen der Prothese während der Nachtstunden.
Vieles wurde seitdem verbessert, und viele verschiedene Werkstoffe wurden ausprobiert. 1840 erfand C. Goodyear den vulkanisierten Kau-

tschuk, der von 1854 an von zahlreichen Zahnärzten zur Prothesenherstellung verwendet wurde.
Auch Gold ist seit langem ein beliebter Werkstoff der Zahntechnik. Ab 1906 benutzt man außerdem geschmiedeten Stahl, verschiedene Metallegierungen und Porzellan.
Heute kommen noch Kunstharze dazu, die ab 1935 in Deutschland entwickelt wurden. Eines der ersten war das Paladon.

Zahnersatz. Der wohl älteste künstliche Zahn wurde in Honduras im Gebiß eines Mannes gefunden, der im 4. Jh. gelebt hatte. Der Zahn war aus Stein gehauen. Später, bis zum Anfang des **19. Jh.s,** bestand Zahnersatz aus tierischem Knochenmaterial. Die härteste Knochensubstanz hatte das Nilpferd aufzuweisen. Dennoch schliff sich der Zahnersatz schnell ab, wurde unansehnlich und roch im wahrsten Sinne bestialisch.
Die Zähne mußten nach 1½ bis 2 Jahren erneuert werden. Man suchte also nach anderen Materialien.
Schon **1770** hatte der Apotheker A. Duchâteau versucht, eine Vollprothese aus einer mineralischen Masse herzustellen. Zu sehr störte ihn seine eigene, übelriechende, braune Nilpferd-Knochenprothese.
1788 stellte der Pariser Zahnarzt Dubois de Chemant unverwechselbare Zahnprothesen her, nachdem er erst einen Wachsabdruck abgenommen hatte, um daraufhin einen Gipskiefer zu modellieren.
1817 kamen die ersten Zähne aus Porzellan in den USA auf. Von jetzt ab wurde Zahnersatz industriell gefertigt.

Hartkeramik. Der amerikanische Arzt Sozio hat **1979** eine extrem harte Keramik entwickelt, härter als Zahnsubstanz. So wird auch der Metallunterbau beim Zahnersatz unnötig.

Kronen und Brücken. Goldkronen hat man schon in Etruskergräbern **(7.–5. Jh. v. Chr.)** gefunden. Sie dienten entweder als Träger für falsche Zähne oder als festigende Schutzhülle für echte Zähne. Brücken gibt es seit Mitte des 19. Jh.s, aber erst das Eingießen in Gold ab **1906** machte diese Art der Prothese haltbarer.
Porzellan- bzw. Kunstharzkronen, auch Jacketkronen genannt, werden ab **1895** hergestellt.

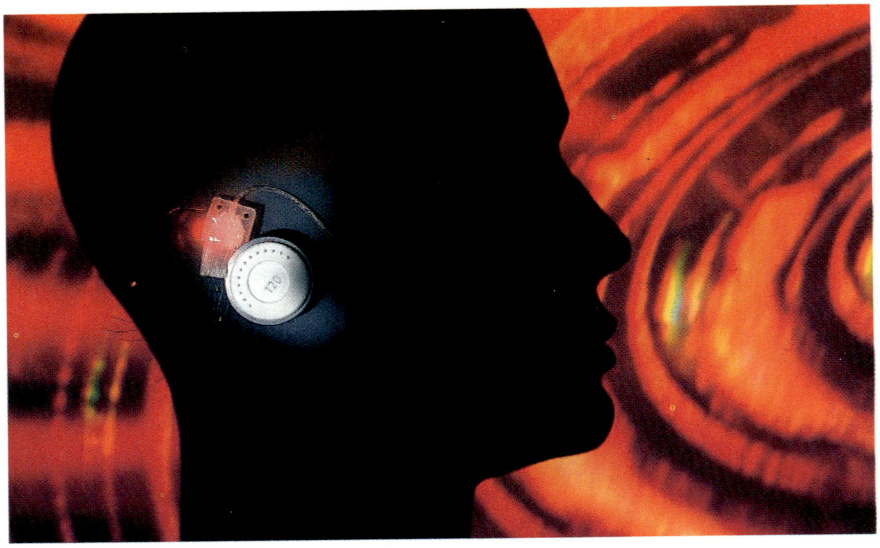

Mit einem Gehörimplantat können stark Schwerhörige fast alle Töne wahrnehmen. Der ungarische Nobelpreisträger Georg von Békésy war Vorreiter solcher Entwicklungen.

Vollautomatisierte Werkzeugmaschine zur Herstellung von Zahnkronen. Der französische Zahnarzt François Duret hat **1985** eine Vorrichtung zur computergesteuerten Herstellung von Zahnkronen erfunden. Eine Videokamera vermißt den Zahnstumpf, mit einem Spezialprogramm wird die Krone entworfen und sofort von einer Maschine hergestellt.
Die Präzision liegt bei einem Mikron (1 tausendstel Millimeter). Darüber hinaus wird die Arbeit bedeutend schneller als mit herkömmlichen Techniken ausgeführt.

Plomben. Schon seit der **Antike** (Ägypten) versucht man sich in Zahnfüllungen. Dazu wurden verschiedene Mischungen verwendet: Tonerde aus Nubien, Kupfersilikathydrat, Steinsplitter, Holzharz usw.
Arculanus (Giovanni d'Arcoli) behandelt **1484** Zahnlücken mit gestampftem Blattgold.
1853 wird statt Blattgold schwammiges Gold (Matkins) und 1855 nicht-bindendes Weichgold und anschließend bindendes, d. h. haftendes, Weichgold (Arthur) verwendet. Ab 1847 kommt auch Guttapercha als Zahnfüllungsmaterial in Gebrauch. Hill läßt eine Mischung aus Guttapercha, Kreide, Quarz und Feldspat patentieren.

Amalgame. Ch. Bell empfiehlt **1819** eine Mischung aus Quecksilber und Silber als Plombenmaterial.
1850 schlägt Regnat vor, Darcet-Metall dem Quecksilber zuzufügen, um den Schmelzpunkt zu senken.
Ende des 19. Jh.s kommen die aus Metall gegossenen Zahnplomben auf: Inlays ab 1884 (Aguilhon de Sarran), Onlays (Zahnüberzug) ab 1886 (Litch).

Zahnziehen. Im alten China arbeiteten die Zahnausreißer am liebsten mit den bloßen Fingern. Fünf oder sechs Stunden am Tag übten sie an Nägeln in dicken Holzbohlen und trainierten sich so eine verblüffende Kraft und Geschicklichkeit an.
Den frühen Zahnärzten widerstrebte es, einen kranken Zahn mit der Zange zu ziehen. Celsus, der große Theoretiker der Medizin (**1. Jh.**) empfahl, einen Wollbausch mit dem Saft eines Wolfsmilchgewächses zu tränken und in das schmerzende Zahnloch zu plazieren, oder aber einen Keil. Dadurch zerfiel der Zahn in Stücke.
In den ersten Jahren des **16. Jh.s** kam ein neues Instrument auf, mit dessen Hilfe man Zähne ziehen konnte, ohne sie zu zermalmen oder die Krone zu zerstören: der »Pelikan«, dessen Erfindung man dem Chirurgen Giovanni d'Arcolani zuschreibt. Dieses Instrument wurde bis zum Ende des 18. Jh.s benutzt.
Um **1720** gab der Franzose J. C. de Garengeot seinen Namen einem »Schlüssel«, den er gar nicht erfunden hatte.
Die ersten »anatomisch« genannten Zahnzangen konstruierte der Franzose J. M. Evrard (1800–82) in London gemeinsam mit John Tomes (1815–95).

Mundbetäubung. Die ersten Spuren der Mundanästhesie hat uns der Großvater des berühmten Bußpredigers Savonarola, ein Chirurg in Padua, hinterlassen. Er ließ im **14. Jh.** die Patienten kleine Leinensäckchen mit Bilsenkraut, Mohnsamen und Alraunpflanze kauen. Der Pflanzensaft machte die Schleimhäute unempfindlich. Man konnte also schneiden, ohne Schmerzen zu verursachen.

Mundspülungen. Giovanni Plateario setzte sich bereits im **15. Jh.** für die Mundspülung zur Beschleunigung der Vernarbung nach Operationen ein. Dies bedeutete einen großen Fortschritt in einer Zeit, als die Mundfäule noch sehr verbreitet war.

Zahntransplantation. Der arabische Arzt Abulcasis (Abul Kassim Ben Abbas el Zahrawi) empfahl im **11. Jh.** in Córdoba, ausgeschlagene Zähne wieder einzupflanzen. Er band sie mehrere Wochen lang fest, und tatsächlich kam wieder Leben in die Beißwerkzeuge.
Transplantationen von Zähnen, die er vorher lebenden oder toten Spendern entnommen hatte, praktizierte Nicolas Falcucci Ende des 13. Jh.s.
Im 13. Jh. waren Zahntransplantationen übrigens besonders beliebt. Die kleinen savoyischen Schornsteinfeger waren die meistgesuchten Spender.

Weitere Hilfsmittel des Zahnarztes. Im Lehrbuch für Medizin und Chirurgie des arabischen Chirurgen Abulcasis (†1013) aus Córdoba (Spanien) ist eine beeindruckende Liste von technischen Hilfsmitteln des Zahnmediziners aufgeführt: Zangen, Zahnwurzelheber, Nahtmaterial usw. Über Generationen war das die Ausstattung des Zahnarztes.

Ein Instrumententisch wurde erst **1872** von dem Engländer Sir John Tomes (1815–95) entwickelt und konstruiert. Es handelte sich um einen zweistöckigen, sich drehenden Tisch, der auf einem Dreifuß stand. Ausgestattet war er mit Schubfächern und aufklappbaren Schutzdeckeln.

Zahnärztlicher Behandlungssessel. Jahrhundertelang saß der Patient zwischen den Beinen des Operateurs eingeklemmt auf dem Boden. Erst **1810** wurde ein Stuhl mit zusammenklappbarem Tritthocker entworfen. Die Kopfstütze kam 1848 auf. Dennoch blieb das größte Problem ohne Lösung: wie konnte man den Patienten auf die richtige Behandlungshöhe bringen?
Ball erfindet **1855** den ersten Stuhl mit Zahnstangenheber. Harris stellt den ersten Sessel mit Drehgewinde 1871 her. Alexander Morrisson erfindet 1872 einen Stuhl aus Eisen mit manuellem Hebebock, auf dem der Patient für die Narkose horizontal gelagert werden kann. 1877 bauen die Brüder Johnston den ersten Zahnarztstuhl mit Hydraulikfußhebel.
Und **1950** kommt der erste Stuhl mit elektrischer Bedienung auf den Markt.

Ein Speichelbecken erfindet **1866** Whitcomb. Es wird durch einen Dauerwasserstrahl gereinigt.

Bohrer. Man muß bis ins **1. Jh.** unserer Zeitrechnung zurückgehen, wenn man den ersten chirurgischen Bohrer finden will. Es war der berühmte römische Chirurg Archigenus, der einen durch eine Schnur bewegten Apparat baute, dessen Rotation einen Bohrer antrieb.

Mechanischer Bohrer. Der Engländer Harrington hatte **1864** die Idee, den Bohrer durch eine Art aufziehbares Uhrwerk anzutreiben.

Schon vor 1900 stand in der Zahnarztpraxis der verstellbare Patientenstuhl samt Bohrer, Instrumententisch und Speichelbecken.

1868 stellte Green in den USA einen von einem fußgetriebenen Gebläse betätigten Bohrer vor.
1871 stellte J. P. Morrisson einen Bohrer vor, der bis zu 800 U/min schaffte.
Green konstruierte **1874** ein weiteres elektrisch angetriebenes System. Durch diese elektrische Drehscheibe erreichte der Bohrer eine Geschwindigkeit von 1200 bis 4000 U/min.
Von 1958 an wurden luftturbinenangetriebene Bohrer entwickelt, deren Geschwindigkeit von 300 bis 400000 U/min gehen.

Zahnregulierung wird schon sehr lange auf verschiedene Weise vorgenommen. Fauchard ist der eigentliche Begründer der Orthodontie **(1728)**. Er benutzt Leinen-, Seiden- und Metallfäden, um die zu regulierenden Zahnpartien an Metallfedern und -bögen zu heften.
Eine Klassifizierung der vorzunehmenden Regulierungen brachte Angle **1899** heraus. Sie ist auch heute noch gültig.

BEHANDLUNGS-METHODEN

Phytotherapie. Die Heilung durch Pflanzen ist eine der ältesten Medizinformen überhaupt. Schon um das Jahr **4000 v. Chr.** schrieben die Sumerer auf ihre Tontafeln Rezepte von pflanzlichen Mischungen mit Heilkraft. Hippokrates beschreibt um 400 v. Chr. die heilende Wirkung von annähernd 250 Pflanzen. Durch die grenzenlos wirkenden Fortschritte der modernen Medizin wurde vor allem im letzten Jahrhundert die Phytotherapie etwas in den Hintergrund gedrängt. Seit ungefähr 10 Jahren wird sie jedoch wieder verstärkt zu Rate gezogen.

Akupunktur. China ist das Land der Akupunktur, die dort zur traditionellen Medizin gehört und seit etwa **2000 v.Chr.** angewendet wird. In der Theorie der Akupunktur ist jeder pathologische Zustand auf eine Störung der Energieströme im Körper zurückzuführen. Durch äußere Beeinflussung eines oder mehrerer Organmeridiane kann diese Störung behoben werden. Meistens werden Nadeln gesetzt. Es gibt aber auch die Möglichkeit der Organerwärmung durch einen Brennkegel aus Feuerschwamm (Moxa) oder durch Massagen. Neuerdings werden auch Strom oder sogar Laserstrahlen eingesetzt.

Homöopathie. Die Schaffung der Homöopathie **1796** geht auf den Deutschen C. S. Hahnemann (1755–1843) zurück.
Als Hahnemann sich 1790 näher mit den Eigenschaften der Chinarinde beschäftigte, fiel ihm auf, wie unterschiedlich ihre (Heil-)Wirkung beschrieben wurde. Er beschloß, die Wirkung an sich selbst zu testen. Mehrere Tage lang nahm er große Mengen von Chinin zu sich und spürte sehr bald die Fiebersymptome, die eigentlich Chinin heilen soll.
Daraufhin experimentierte er mit Tollkirsche (Belladonna), Fingerhut (Digitalis) und Quecksilber. Er leitete aus seinen Erfahrungen die These ab, daß Kranke mit den Mitteln behandelt werden können, die bei Gesunden ähnliche Krankheitserscheinungen hervorrufen. Hahnemann untermauerte seine Theorie anschließend durch lange empirische Forschungen am Gesunden, was ihn zur zweiten Grundthese der Homöopathie führte: Ein Heilmittel wirkt nicht durch die Quantität, sondern durch sein Mischungsverhältnis und der daraus entstandenen Potenzierung. Seine Methode verbreitete sich schnell.

Osteotherapie geht auf den Amerikaner Andrew Taylor Still aus Missouri (USA) zurück. **1892** gründete er die American School of Osteopathy. Grundprinzip der Osteotherapie ist die manuelle Manipulation der Knochen und Muskeln mit Schwergewicht auf der Wirbelsäule.

Chiropraktik. Der Amerikaner Daniel David Palmer gründete **1897** die erste Schule für Chiropraktiker im US-Bundesstaat Iowa. Die Chiropraktik ist der Osteotherapie verwandt und besteht darin, hauptsächlich Bandscheibenschäden und Wirbelsäulenverrenkungen mit bestimmten Einrenkungshandgriffen zu behandeln.

Den Aderlaß gibt es schon seit der **Antike**. Er verdrängte nach und nach das Ansetzen von Blutegeln. Für den Aderlaß wurde eine Lanzette verwendet, was mitunter zu Hygieneproblemen führte. Dennoch war der Aderlaß besonders im Mittelalter eine oft angewendete Therapie.
Ein Erlaß von 1370 von Karl V. ordnete an, daß jeder Barbier, bei dem zur Ader gelassen wurde, das Blut seiner Morgenkunden vor 1 Uhr nachmittags und nachmittags nach spätestens zwei Stunden beseitigen mußte. Ansonsten machte er sich strafbar.
Erst im 18. Jh. ging die Praxis des Aderlassens zurück. Man hatte erkannt, daß der Aderlaß zwar in manchen Fällen guttat, meistens jedoch den Kranken nur noch mehr schwächte.

Elektrotherapie. Ein Zufall steht am Anfang der Entwicklung der Elektrostimulationstherapie. Der Anatom Luigi Galvani bemerkte **1786** in seinem Labor in Bologna, daß durch den Kontakt zweier verschiedener Metalle die Muskeln eines Frosches krampfartig zuckten. Er leitete daraus ab, daß durch den Kontakt der Metalle elektrischer Strom entstanden sein muß.
Der Franzose J. Hallé hat **1795** erfolgreich eine Gesichtslähmung behandelt. Daraufhin arbeiteten mehrere Forscher an der Nervenstimulation durch elektrischen Strom, namentlich Magendie, Faraday und Du Bois-Reymond. Elektrodiagnose und Elektrotherapie wurden durch diese Arbeiten wesentlich beeinflußt. Der Schrittmacher ist das beste Beispiel für die Anwendung der Elektrostimulation.

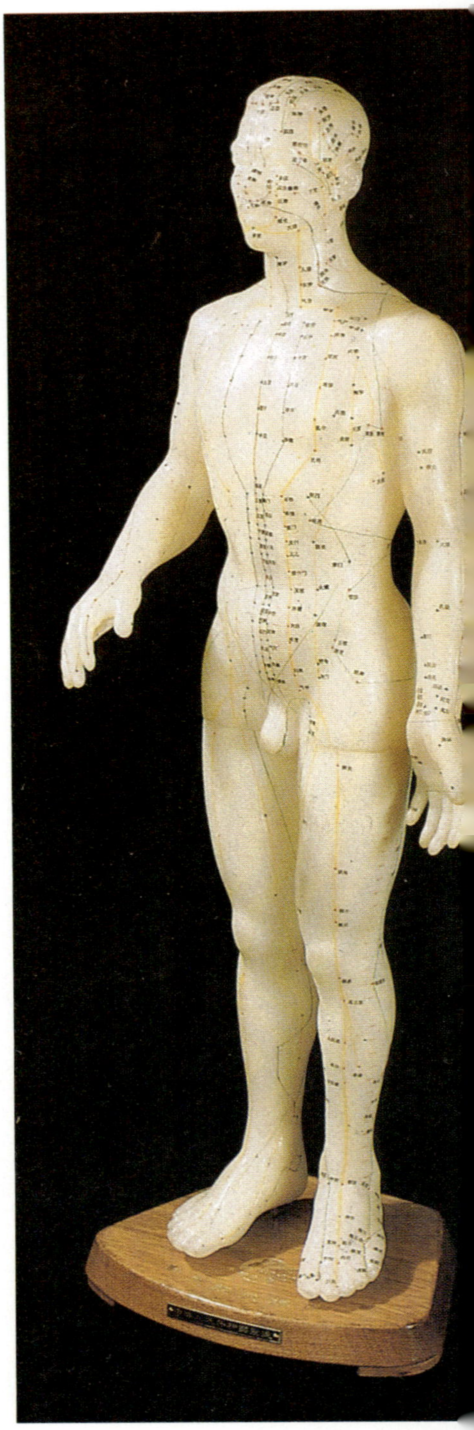

Röntgenstrahlentherapie hängt unmittelbar zusammen mit der Erfindung der Röntgenstrahlen (1895) und der Radioaktivität. Sie wurde zu einem selbständigen medizinischen Teilbereich, nachdem **1934** Madame Irène Joliot-Curie (1897–1956) in Zusammenarbeit mit ihrem Mann Frédéric Joliot (1900–58) die künstliche Radioaktivität entdeckt hatte. Ein erster Strahlungsapparat, der tiefsitzende Tumore erreichen konnte, verfügte über 250000 Volt. Allerdings wurde diese Methode bald aufgegeben.

Kobaltbombe. Bei der Therapie durch Kobalt nutzt die moderne Medizin seit **1956** die künstli-

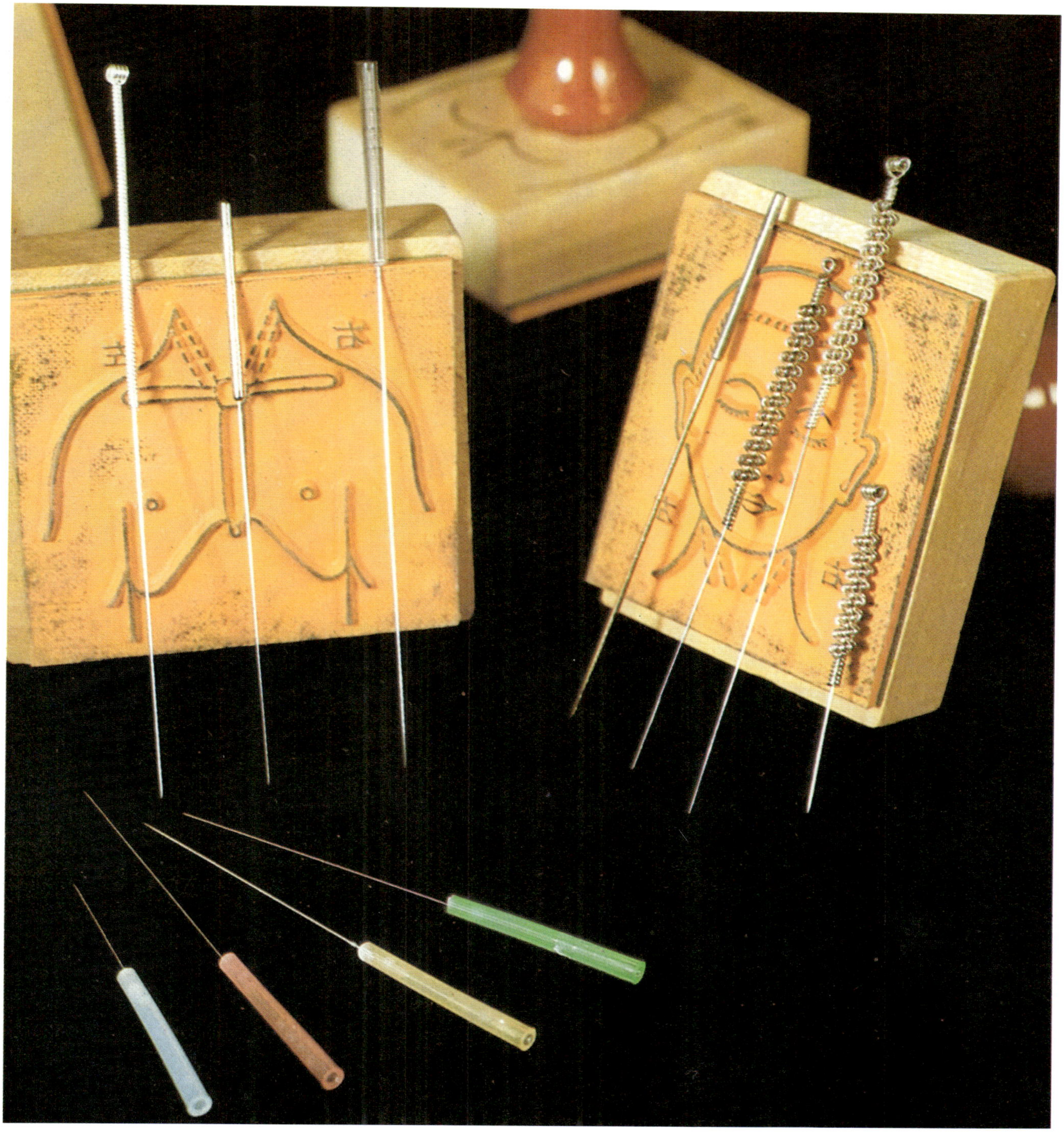

che Radioaktivität. Durch die »Bomben« wird die Strahlungsstärke um das Vierfache erhöht. Noch stärkere Strahlenbündelung und Partikelbeschleunigung werden durch »Betatronen« bzw. »Synchrotronen« erreicht, beides Ergebnisse amerikanischer bzw. britisch-amerikanischer Forschung.

Die Chemotherapie geht auf den Frankfurter Chemiker und Pharmakologen Paul Ehrlich (1854–1915) zurück. Seine **1910** entwickelte Methode zur Hemmung von Infektionserregern und Tumorzellen im Organismus sieht den Einsatz von natürlichen oder synthetischen niedermolekularen Substanzen vor. Diese blockieren den Stoffwechsel von Mikroorganismen und Geschwulstzellen.

Die Psychoanalyse ist sowohl ein Verfahren zum Verständnis psychologischer und psychopathologischer Phänomene als auch eine Methode zur Behandlung von Geisteskrankheiten. Der aus Wien stammende Arzt Sigmund Freud (1856–1939) ist der Begründer der Psychoanalyse. Die medizinische Fachwelt stand der Psychoanalyse anfänglich sehr skeptisch, ja feindlich gegenüber. Zu neu und provozierend waren Freuds Erkenntnisse vor allem im Hinblick auf die menschliche Sexualität. Freud entwickelte das psychoanalytische Therapieverfahren, bei dem er seine grundlegenden Einsichten in die Triebstruktur menschlichen Verhaltens gewann. Bald fand die Psychoanalyse Eingang in alle medizinischen Sparten.

Die moderne Ausrüstung der nahezu 4000 Jahre alten fernöstlichen Behandlungsmethode Akupunktur. Linke Seite: eine Lehrpuppe mit Markierungen der zentralen Akupunkturstellen. Oben: Die Stempel erleichtern die Karteiführung des Arztes; im Vordergrund liegen Einmalnadeln, rechts stehen Gold- und Silbernadeln aus dem alten China.

Schon im 4. Jahrtausend v. Chr. wurde Reis in Thailand angebaut. Im Bild: Reisterrassen auf den Philippinen.

LANDWIRTSCHAFT/GARTEN

LANDMASCHINEN

Die ersten Abbildungen eines Pflugs, die wir kennen – eine landwirtschaftliche Nutzung ist bestimmt schon viel älter –, sind Piktogramme aus mesopotamischer Zeit **(4. Jtsd. v. Chr.),** aus Ägypten (3. Jtsd.) und Höhlenmalereien aus Frankreich (3500 v. Chr.). Dabei handelt es sich um Darstellungen des *hölzernen Hakenstocks* mit symmetrischer Pflugschar, mit dem ein oberflächliches Bearbeiten des Bodens möglich war. Der eigentliche Pflug mit asymmetrischer Pflugschar, der die tiefgreifende Bearbeitung ermöglicht, wurde 500 v. Chr. aus Eisen hergestellt. Die Römer entwickelten um die Zeitenwende den *Räderpflug*, der sich leichter ziehen und lenken ließ.

Der industriell hergestellte Pflug geht auf den sogenannten *Rotherahmer Pflug* des Holländers Joseph Foljambe zurück; **1730** entwickelt, setzt er die ersten Akzente einer industriellen Fertigung.

Den ersten (guß-)eisernen Pflug verdanken wir dem Engländer Robert Ransome **(1808),** und 1825 erfindet der französische Hufschmied Fondeur den ersten Metallpflug mit vorderem Lenkgestell und doppeltem Karren.

Stahlpflug. Der Amerikaner John Deere ließ **1837** den ersten Stahlpflug mit Pflugschar und Abstreichblech aus einem Stück patentieren. Ihm folgt F. S. Davenport, der den zweirädrigen *Sulky* erfindet (1864), der anschließend vom *Flying Dutchman* mit drei Rädern abgelöst wird (1884). 1847 entsteht in den USA der *Scheibenpflug*. Besonders viel Erfolg hatte diese Bauart in Australien durch den 1877 von John Shearer konstruierten Pflug.

Der Schlepperpflug. In der zweiten Hälfte des **19. Jh.s** ersetzte in manchen Fällen die Dampfmaschine das Zugtier, um den Pflug zu ziehen: dazu die Erfindungen der Engländer John Heathcoat (1832) und John Fowler (1852), der *mit Dampfkraft betriebene Pflug* von Halkett (1860), die *Traktoren mit Dampfantrieb* der amerikanischen Firma Case (ab 1829) und des Franzosen Albaret (1856).
Erst Anfang des **20. Jh.s** entsteht der *Anbaupflug*. Heutige Schlepperpflüge können 12 bis 18 Furchen auf einmal ziehen und bearbeiten das Erdreich bis zu 70 cm Tiefe.

Saat- und Pflanzwerkzeuge. Geht man davon aus, daß der *Setzstab* der eigentliche Ahne dieser Werkzeugfamilie ist, dann muß man die Entstehung von Saat- und Pflanzwerkzeugen in der **Vorgeschichte** ansiedeln.
1600 erfindet der Italiener Taddeo Calvani einen Kasten auf zwei Rädern als Saatvorrichtung.
Das Industriezeitalter bringt unzählige Erfindun-

Die Egge, einst von Tieren, heute von Traktoren gezogen, ist eine Erfindung aus dem Mittelalter, die seither nur geringe Veränderungen durchgemacht hat.

gen in dieser Kategorie hervor. Drei wichtige Beispiele: Die Saatvorrichtung des Engländers Jethro Tull (1701, das Saatgut fällt durch wabenförmige Öffnungen); die Saatmaschine mit Furchenöffner des Engländers James Smyth (1800); Saatmaschine mit Füllvorrichtung des Franzosen Dombasle (1805) usw.

Die elektronische Saatgutstreumaschine wurde **1985** von der französischen Firma Blanchot vorgestellt. Dabei handelt es sich um eine Vorrichtung, bei der das Rädergetriebe durch einen Elektromotor ersetzt wurde. In einen Zentralrechner wird die gewünschte Saatmenge eingespeichert. Die Fortbewegungsgeschwindigkeit wird durch einen optischen Indikator bestimmt. Je nach Dateneingabe, wird die entsprechende Menge Saatgut ausgegeben. Alle Geschwindigkeiten und Intervalle sind möglich.

Die Egge war schon bei den Ägyptern in Form von Astwerk oder Dornenbüschen bekannt. Die Römer benutzten zum gleichen Zweck Rundhölzer, die mit Holzdornen bestückt wurden. Allerdings stammt die Egge, wie wir sie kennen, d. h. das rechteckige oder dreieckige Instrument, das gezogen wird, aus der karolingischen Zeit um das Jahr 800.
Ab dem 19. Jh. wird die Egge industriell hergestellt. James Smith (GB) erfindet 1840 die flexible Kettenegge. 1854 läßt der Amerikaner H. Johnson die Scheibenegge patentieren, sein Landsmann Davis L. Garver erfindet 1869 die Grubberegge, und 1872 bringt der Franzose Emile Puzenat die Zickzackegge heraus.
Bei der Egge handelt es sich um eines der landwirtschaftlichen Geräte, die sich seit dem Mittelalter am wenigsten verändert haben. Es blieb bei den drei- oder viereckigen Eggenfeldern, die heute durch Traktoren gezogen werden.

Die Walze ist im Ackerbau seit dem Ende des 16. Jh.s bekannt; allerdings stammt der heutige Typ der Croskill-Walze aus dem 19. Jh. Sie ist nach ihrem Erfinder, dem Engländer William Croskill, benannt, der seine Erfindung **1841** patentieren ließ.

Der mechanische Sichelmäher wurde von dem Amerikaner Jeremiah Bailey erfunden. **1822** kam es zur Patentierung seiner Erfindung, die darin bestand, daß eine horizontal angebrachte Mähscheibe in kreisenden Bewegungen einige Zentimeter über dem Boden dahinglitt.
Der eigentliche Mäharm, wie er zum Schneiden von Gras (Heu) verwendet wird, wurde 1831 von dem Amerikaner William Manning erfunden. Industriell gefertigt wurde er jedoch erst seit 1850.

Der Heuwender. Robert Salmon konstruierte 1820 eine Maschine, die geschnittenes Gras wenden sollte, um es besser lüften zu können und trocknen zu lassen.
Der Vorteil der Maschine war, daß sie an einem Tag genauso viel schaffte wie 15 Arbeiterinnen; mit Pferden sogar noch mehr.
Allerdings setzte sich diese Maschine wegen zu grober Behandlung des Schnittguts nicht durch. 20 Jahre später wurden die *Gabelwender* erfunden. Man verwendete sie bis in die 30er Jahre unseres Jh.s, bis sie von den eigentlichen Heumaschinen abgelöst wurden.

Die Heuballenpresse stammt aus den USA (Albany, New York), der Erfinder war H. L. Emery **1853**. Damit wurde es möglich, das Futter für die Arbeitspferde, die immer massiver in den großen amerikanischen Industriezentren und beim Transport eingesetzt wurden, in großen Mengen anzuliefern.
Die *Dampfpressen* wurden **1884** eingeführt.

Die Mähmaschine. Der Getreidemäher war schon im **1. Jh. n. Chr.** in Gallien und im römischen Reich bekannt. Es war ein Karren, der von Tieren gezogen wurde. An der Vorderseite waren eiserne Zähne, die die Ähren von den Halmen trennten; die Ähren fielen nach hinten in einen Kasten. Dann allerdings verschwand die Mähmaschine für Jahrhunderte aus dem Arsenal der landwirtschaftlichen Gerätschaften und wurde erst im Industriezeitalter – mechanisiert – neu »erfunden«.
Ab **1800** kommen mehrere Arten auf, am wichtigsten ist die Erfindung des Amerikaners Lane aus dem Jahr 1818, der den *Mähdrescher* erfand. Er konnte ab 1836 mit Verbesserungen von Moore und Hascall in Betrieb genommen werden. Es folgten der *Bindemäher* der Amerikaner John F. Appleby (1858) und Walter Wood (1871) und der *Mähdrescher mit Eigenantrieb* des Amerikaners Best, dessen Prototyp 1888 angemeldet wurde, aber erst 1944 effektiv in der Landwirtschaft eingesetzt wurde, nachdem die amerikanische Firma Massey-Harris die Fertigung übernommen hatte.

Der Axialdrusch. Seit **1962** arbeiteten die amerikanischen Firmen International Harvester und New Holland an der Entwicklung eines Mähdreschers mit Axialdrusch. Allerdings kam der erste

Die Presse für solche Strohballen hat 1958 die US-Firma Allis Chalmer entwickelt. Heute schaffen die Maschinen Ballen von mehr als 600 kg Gewicht.

Prototyp erst 1975 heraus. Die Maschine stellt mit ihrem System des zentralen Rotors und der Zerlegung des Ernteguts in seine Bestandteile die größte Veränderung seit der Erfindung der Motorisierung dar.

Der Traktor, der bekanntlich als Zugmaschine für die verschiedenen landwirtschaftlichen Ge-

räte dient, wurde aus den fahrbaren Dampfmaschinen entwickelt. **1889** baute die Charter Gas Company in Chicago (USA) ein Modell mit einem Einzylinder-Verbrennungsmotor. Die deutsche Firma Lanz stellte jedoch erst 1921 den ersten Rohöl-Traktor in Mannheim vor, der zwar noch sehr viel Treibstoff verbrauchte, aber auch vorzüglich funktionierte. Es war der *Bulldog*.
Alle Traktoren hatten zunächst Stahlräder, erst ab **1928** kamen die ersten gummibereiften auf den Markt.
1939 erfand Harry G. Ferguson, ein irischer Ingenieur, einen hydraulisch arbeitenden Traktor, mit dem es dem Traktorfahrer möglich wurde, die Anbaugeräte (Pflug, Mähmaschine etc.) nicht mehr nur hinter sich herzuziehen, sondern sie direkt vom Fahrersitz aus zu bedienen.

Elektronische Geräteeinstellung. Das von Bosch **1984** erfundene System der elektronischen Steuerung der Hydraulik eines Traktors erreicht, daß die Geräte schneller auf Veränderungen des zu bearbeitenden Ackergrunds reagieren, ohne daß die Geschwindigkeit verringert werden muß. Folge: Zeitgewinn und Ertragssteigerung.

ACKERBAU

Der biologische Anbau geht auf den Anfang des 20. Jh.s zurück, auf die Arbeiten der beiden Agrarwissenschaftler H. Pfeiffer (Deutschland) und A. Howard (GB). **1924** entwickelte Pfeiffer die sogenannte *biodynamische Methode*. Der biologische Anbau soll vor allem den Nährwert der angebauten Kulturen so schonend wie möglich erhöhen und dabei jede Form von unnatürlicher Bodenbelastung vermeiden.

Der erdelose Anbau gelang zum erstenmal **1860** den beiden deutschen Forschern Sachs und Knopp. Sie kultivierten Pflanzen auf einer einfachen mineralischen Lösung.
Allerdings dauerte es noch bis 1940, bis die richtige Nährlösung gefunden war: man erkannte, daß das *Molybdän* unerläßlicher Bestandteil einer jeden Lösung ist. Ab dann konnten erdelose Kulturen ernsthaft betrieben werden. Der erde- und sonnenlose Anbau hat erst in den letzten zehn Jahren einen großen Aufschwung genommen – sei es die Hydrokultur oder die Aerokultur, bei der das Wasser und die Mineralsalze in pulverisiertem Zustand auf die Wurzeln gegeben werden. In Zukunft soll es sogar möglich werden, richtige Gärten, Obstgärten oder Kräutergärten anzubauen, um »Weltraumstädte« mit Nahrungsmitteln versorgen zu können.

Das Endoskop für die Landwirtschaft. Das Wachstum einer Pflanze zu messen, ohne die Pflanze in ihrem Wachstum zu behindern oder gar zu zerstören, war bis heute eine ungelöste Aufgabe. Um die Wurzel zu vermessen, mußte die Pflanze aus dem Erdreich entfernt werden.
1983 ist es dann französischen Forschern der Nationalen Forschungsanstalt für Agronomie

Wenn die Saat nicht aufrecht stand, war der Harris-Brantfort-Stahlbinder des ausgehenden 19. Jh.s untauglich. Dann mußte der Bauer wieder zur altbewährten Sense greifen.

INRA in Colmar und Physikern der Universität von Mülhausen gelungen, ein Endoskop für die Landwirtschaft zu entwickeln. Informationen über den Pflanzenwuchs sind somit einfacher und schneller zu ermitteln, weder die Pflanze noch ihr Umfeld werden dabei beschädigt.
Außerdem läßt sich mit dem Endoskop die maximale Wurzeltiefe einer Spezies bestimmen, und dank dieser Angaben können auch Wasser- und Düngerzufuhr reguliert werden.

Die Magnetresonanz von Geweben wird neuerdings zur Erforschung des Pflanzenwachstums verwendet. Die Idee entstand im Forschungslabor des US-Konzerns General Electric in Schenectady (USA). Urheber ist der amerikanische Wissenschaftler Hugo Rogers.

Neue Getreidearten. *Das Triticalum* ist die erste von Menschenhand entwickelte Getreideart.
Seit 1930 wurde weltweit intensiv versucht, Weizen und Roggen zu kreuzen. **1981** ist es dann endlich französischen Forschern des INRA (Französische Forschungsanstalt für Agronomie in Jouy-en-Josas und Tours) gelungen, diese neue Getreideart für den Anbau stabil zu machen.

Getreidehybride. Nach zehnjähriger Forschungsarbeit ist es der US-Firma Rohm & Haas

Erdeloser Pflanzenanbau: im rechten Bild ist es noch die Sonne, die das Licht spendet. In den letzten Jahren konnte auch die Sonne ersetzt werden. So hat man in den USA bereits Salat in einer Art Trommel gezüchtet, durch deren Mittelachse eine Leuchtröhre führt.

gelungen, ein chemisches Mittel auf den Markt zu bringen, das die Selbstbefruchtung des Weizens aufhebt, ohne die Fruchtbarkeit des weiblichen Elements zu beeinträchtigen.
Weizen ist von Natur aus eine selbstbefruchtende Pflanze. Um eine widerstandsfähigere und ertragreichere Art zu züchten, muß der männliche Teil der Blüte (Pollen) zuvorderst ausgeschaltet werden. Um dies zu erreichen, wird die Pflanze chemisch behandelt, behält ihre weiblichen Eigenschaften, wird aber fruchtbar für fremde Pollen. Die daraus entstehenden Embryonen sind *Hybride.*
Unter den Tausenden von Kreuzungsversuchen, die angestellt wurden, konnte endlich **1984** ein Hybrid für die allgemeine Vermarktung ausgesucht werden.

Dürrebeständige Reispflanze. Am zentralen indischen Institut für Reisforschung ist es Wissenschaftlern **1988** gelungen, eine schnell wachsende Reissorte zu entwickeln, die selbst extremen Dürren, aber auch Überflutungen standhält. Das Getreide soll bereits 60 Tage nach der Pflanzung geerntet werden können. Nun werden Tests durchgeführt in den von jahrelanger Dürre geplagten indischen Gebieten Ost- und Nordwestindiens.

Biologisch programmierte Bewässerung. Ein **1984** von der französischen Forschungsanstalt für Agronomie INRA entwickeltes Verfahren ermöglicht die Selbstversorgung der Pflanzen mit Wasser. Gemessen werden die außerordentlich feinen Variationen der Durchmesser der Früchte (Karpometrie) und der Stiele (Dendrometrie). Diese wiederum ergeben die Variationen der Wasserreserven zu einem bestimmten Zeitpunkt. Die Meßwerte werden an einen Bioprogrammator weitergegeben, der auf Ventile einwirkt, die anschließend eine elektronisch festgelegte Wassermenge freigeben. Ist das ausgeteilte Wasser aufgebraucht, beginnt der Zyklus von vorne.

Kühlsystem für Gewächshäuser. Das Hohenheimer Institut für Agrartechnik und ein kuwaitisches Forschungsinstitut haben **1987** ein neuartiges Kühlsystem für Gewächshäuser vorgestellt,

Wissenschaftler der Essener Landesanstalt für Immissionsschutz untersuchen derzeit den Einfluß von Schadstoffen im Regenwasser. Die dafür entwickelten Kammern sind somit nur nach oben offen, um andere Einflüsse weitgehend auszuschließen.

Gentechnischer Pflanzenschutz: Belgische Molekularbiologen haben ein Bakterien-Gen in Tabakpflanzen eingebaut, so daß sich die Pflanzen selbst gegen ihre Schädlinge wehren können. Links eine Pflanze mit eingebautem Gift-Gen, rechts eine ungeschützte Pflanze nach Schädlingsbefall.

das den Anbau von Gemüse auch unter extremen Hitzebedingungen und Wasserknappheit in der Dritten Welt ermöglichen soll. Die neue Gewächshauskühlung wird mit der reichlich vorhandenen Sonnenenergie betrieben und ist dadurch energieunabhängig. Eine sogenannte Sprühkühlung mit kontrollierter Luftverteilung reduziert darüber hinaus auch den Wasserverbrauch erheblich. Tests in Kuwait haben gezeigt, daß auch bei sehr hohen Außentemperaturen eine gute Kühlung erzielt wird. Rund 6 Mio. DM werden in das 5jährige Forschungsprogramm investiert.

Pflanzenschutzmittel. Als *Insektizid* benutzten schon vor mehr als 2000 Jahren die Chinesen das Pyrethrum (aus einer Chrysanthemenart gewonnenes Pulver) zur Flohbekämpfung. Im Mittelalter und während der Renaissancezeit rieten Insektenforscher zu Arsen. **1681** wurden zum erstenmal *arsenhaltige Stoffe* zur Behandlung von Pflanzen empfohlen.
Eine **1690** postum veröffentlichte Schrift des französischen Agrarforschers Jean de La Quintine klärte die Welt über die insektiziden Eigenschaften des Tabaks auf. Erste Erfolge erzielte man **1763** in Frankreich: man setzte *gemahlene Tabakblätter* gegen Blattläuse ein.
Zahlreiche tropische Pflanzen hat man zur Insektenbekämpfung angewendet, so das Tumbo aus Brasilien und Ecuador, die rotenonhaltige Nikoewurzel aus Surinam, die auf das Nervensystem der Insekten einwirkt, usw.

DDT. 1939 entdeckte der Schweizer Chemiker Paul Hermann Müller in Basel das Dichlordiphenyltrichloräthan. Es wurde das wirksamste bis dahin bekannte Insektenvertilgungsmittel. Das DDT ist heute wegen seiner großen umweltschädigenden Nebenwirkungen in zahlreichen Ländern entweder teilweise oder ganz verboten.

Fastac. Der amerikanische Chemiekonzern Shell hat **1979** ein neues synthetisches Insektizid auf den Markt gebracht. Von seiner chemischen Beschaffenheit her gleicht das Fastac dem Insektenpulver Pyrethrum und ist trotz seines hohen Wirkungsgrads für bestimmte Insekten unschädlich; so für Bienen, die gefahrlos an den entsprechend behandelten Pflanzen Blütenstaub sammeln können.

Fungizide. Um **1850** stand die pilztötende Wirkung von Schwefel fest. Die Bauern benutzten es von da an als Pulver oder in flüssiger Form.
Fungizide werden zur Bekämpfung von Pilzerkrankungen verwendet. Nun gibt es aber auch Pilzbefall mit positiver Wirkung. Einer dieser mikroskopischen Pilzstämme, der 1985 von den Forschern der Französischen Forschungsanstalt für Agronomie INRA entdeckt wurde, hat beschleunigende Wirkung auf den Verrottungsprozeß von Holz zu Braunkohle. Die Erfindung wird sicherlich zur Aufwertung der Biomasse allgemein beitragen.

Zerstäuber. Der amerikanische Insektenforscher Riley hatte Mitte des 19. Jh.s den französischen Weinbauern aus dem Departement Herault eine Spritzdüse empfohlen, mit der die Reben mit Kupfersulfat gegen die gefährliche Pflanzenkrankheit Mehltau behandelt werden konnten. Diese Erfindung wurde von dem Franzosen Victor Vermorel aufgegriffen. Er entwickelte eine Pumpe zu der Spritzdüse. Das Gerät stellte er **1884** vor. 1887 erfand er einen auf dem Rücken zu tragenden Zerstäuber. Mechanisierte Zerstäuber gibt es seit 1889.

Sprühflugzeuge wurden **1924** im Mississippidelta erstmals eingesetzt. Dabei handelte es sich um eine Konstruktion der Huff-Dalan Co. aus Ogdensburg, New York (USA).
Beim Einsatz von *Drachenfliegern* in der Landwirtschaft – erstmals **1983** – handelt es sich um ein motorisiertes Drachensegel (Rasenmähermo-

tor), das jeweils links und rechts eine Rampe von 9 bis 12 Metern Länge trägt, an denen Sprühdüsen angebracht sind. Der Führer sitzt in einem dreirädrigen Gestell.

Die biologische Schädlingsbekämpfung geht auf das Jahr **1873** zurück. Damals übersandte der Amerikaner C. V. Riley eine Milbenart an seinen französischen Kollegen Jules Planchon. Die Milbe sollte auf die Reblaus, Verursacher der Phylloxera-Krankheit der Rebe, angesetzt werden.
Das Prinzip der biologischen Schädlingsbekämpfung ist denkbar einfach: die naturbedingte Unverträglichkeit zweier Arten untereinander soll zur Ausrottung der einen führen, d. h. in diesem Fall des Pflanzenparasiten.
So führte **1888** A. Koebek den *Marienkäfer* in die Obstgärten Kaliforniens ein, um dort die Schildlaus Icerya Purchasi auszurotten. Der Zitrusfruchtparasit wurde tatsächlich erfolgreich bekämpft. Die gleiche Methode wurde später in der ganzen Welt verwendet.

Vlies gegen Unkraut. Um seines Unkrauts Herr zu werden, kann der umweltbewußte Gärtner seit **1987** auf das schwarze Unkraut-Stop-Vlies der Ewald Dörken AG aus Herdecke (Nordrhein-Westfalen) zurückgreifen. Mit Wasser und Schere wird das Vlies auf das notwendige Maß gebracht – kreuzförmige Einschnitte bilden die Öffnungen für Büsche, Bäume und Blumen. Auf dem durchgeharkten Boden ausgelegt, können Wasser und Dünger ungehindert ins Erdreich eindringen, von unten aber kann kein Unkraut mehr nachwachsen. Sogar eine besondere Bewahrung der Humusflora und der Bodenstruktur soll gegeben sein.

Auto-herbizide Pflanzen. Die belgische Firma Plant Genetic Systems, die sich auf Genforschung spezialisiert hat, stellte **1987** eine neue Technologie vor, die es Pflanzen ermöglicht, sich selbst gegen Schädlinge zur Wehr zu setzen. Molekularbiologen pflanzten ein Bakterien-Gen in Tabak- und Tomatenpflanzen ein, das ein bestimmtes insektenvernichtendes Bakterium auf den Blättern sich entwickeln läßt. Werden diese Bakterien von Schädlingen aufgenommen, so zerstören die Bakterien in kurzer Zeit die Darmwände der Blattfresser.

TIERZUCHT

Die Offenstall-Haltung. Es war nicht immer üblich, Milchkühe in Freiheit weiden zu lassen. Drei Wissenschaftler der Tierzucht erfanden die Offenstall-Haltung. Bis dahin waren Milchkühe ihr Leben lang angebunden in Ställen gehalten worden. Der Offenstall ist ein Stallgebäude, bei dem die Außenwände entweder völlig fehlen oder große Öffnungen enthalten, damit sich die Tiere frei bewegen können. Die drei amerikanischen Wissenschaftler, die die Offenstall-Haltung empfahlen, waren S. S. Buckley **(1913)**, J. R. Rice (1934) und S. A. Witzell (1944). Buckley und Rice machten die ersten Versuche mit in Freiheit aufgezogenen Milchkühen. S. A. Witzell konnte 1944 nachweisen, daß die Milchproduktion bei in Freiheit lebenden Kühen höher ist.

Die künstliche Befruchtung. Die Araber sollen – vielleicht nur der Legende nach – die ersten gewesen sein, die 1322 die künstliche Befruchtung beim Pferd versucht haben. Die erste nachgewiesene künstliche Befruchtung wurde **1780** von dem Italiener Lazzaro Spallanzani (1729–99) an einer Hündin vorgenommen.

500 Varroa-Läuse vernichten 60 000 Bienen. 1987 ist es den beiden belgischen Wissenschaftlern B. Tursch und C. Guermant gelungen, einen Test zu entwickeln, mit dem auf biologischer Grundlage dieses tödliche Problem der Imkerei frühzeitig erkannt und erfolgreich bekämpft werden kann.

Trotz des erfolgreichen Verlaufs des Versuchs erfolgten erst ab dem 20. Jh. weiterführende Arbeiten besonders in Rußland, so zum Beispiel von Ivanov (1907) und Milanov (1933). Die künstliche Besamung hat sich hauptsächlich nach dem Zweiten Weltkrieg (ab 1947) entwickelt und ist heute eine gängige Fortpflanzungstechnik, vorzugsweise in der Rinderzucht eingesetzt. In der französischen Landwirtschaft zum Beispiel werden heute 70 Prozent der Gesamtherde (7 000 000 Tiere) künstlich befruchtet, während es 1947 nur einige tausend Kühe waren.

Die Embryoverpflanzung. Die ersten genetischen Versuche von Embryoverpflanzungen beim Rind wurden **1975** im Forschungslabor von Dr. Rawson und Dr. Polch (GB) unternommen.
Ab Februar 1979 kam es in Frankreich zu ähnlichen Versuchsreihen. So wurden beispielsweise von der Kuh Teena 40 Kälber geboren, die ein qualitativ besseres Erbgut aufwiesen als ihre Adoptivmutter.

Eine zauberhafte »Erfindung«: Die Perle.

Ende des letzten Jahrhunderts entwickelte der Japaner Kokichi Mikimoto (sein Patentbrief wurde 1921 veröffentlicht) eine Methode zur Herstellung von Perlen, den *Zuchtperlen.* Die Bezeichnung *Feinperle* war den Naturperlen vorbehalten, d.h. den Perlen, die ohne absichtliche äußere Einwirkung entstanden sind. Die Feinperlen, die bis zur Erfindung der Zuchtperlen gesuchter und teurer waren als Diamanten, wurden vor allem in den warmen Meeren von Tauchern gefunden, die bis in eine Tiefe von 40 m hinabtauchen mußten. Dies bedeutete für die Taucher: 8 Std. täglich eine erschöpfende und gefährliche Arbeit, 50 bis 80 Tauchgänge pro Tag.

Die intensive Ausbeutung der perlentragenden Austern durch oft skrupellose Händler reduzierte langsam aber sicher die natürlichen Austernbänke (Sri Lanka, Japan, Rotes Meer, Polynesien, Persischer Golf), bis die Erfindung der Zuchtperle völlig neue Perspektiven eröffnete.

Mittlerweile wird die Perle in regelrechten Austernwasserfarmen kultiviert. Es dauert drei Jahre, bis sich eine Perle aus einem Perlmuttkern gebildet hat, der in die perlentragende Auster implantiert wurde. Eine Auster verträgt zwei bis drei Implantate im Laufe ihres Lebens, mehr nicht. Etwa 68000 Perlen sind so im Jahr 1985 von der japanischen Perlenkultur produziert worden, die sich seit kurzem mit Französisch-Polynesien in Konkurrenz befindet. Diese Perlenkultur existiert erst seit 1968, und die Produktion ist von durchaus hohem Wert. Eine einzige Zuchtperle, wenn sie sehr schön und von vollendeter Form ist, erzielt Liebhaberpreise bis zu 10000 Dollar. Die berühmte »Perle von Allah«, die auf den Philippinen im Jahr 1934 in der Schale einer riesigen Muschel gefunden wurde, wog 6,370 kg und wurde auf etwa 80 Mio. DM im Jahr 1982 geschätzt.

Eine kleine Sammlung von Perlen, wie sie weltweit vorkommen. Im Mittelpunkt: Eine schwarze Perle aus Tahiti.

Ab 1983 wird die Mikrochirurgie zur Gewinnung von genetisch gleichen Embryonen hinzugezogen. Durch Spaltung der befruchteten Eizelle entstehen zwei monozygotische Kälberembryonen, die dann über eine identische Erbmasse verfügen. Im August 1985 kommt im Londoner Zoo das erste transplantierte Zebra zur Welt. Das Zebra wurde von der Waliser Ponystute Mahagony ausgetragen.

1986 wurden weltweit mindestens 250000 Rinderembryonen transplantiert.

Tieraufzucht in Nährmedium. Wissenschaftlern unter der Leitung von M. M. Perry ist es **1988** in Edinburgh (GB) gelungen, Küken in einem künstlichen Nährmedium aufzuziehen. Jedes Wachstumsstadium, von der Befruchtung der Eizelle bis zum Schlüpfen, läuft in diesem Medium ab. Diese In-vitro-Methode, einmalig für warmblütige Tiere, ist zum Patent angemeldet.

Die Melkmaschine wurde im 19. Jh. erfunden. Die erste entwickelte der Amerikaner Colvin **(1862)**. Der Schotte William Murchland erfand 1889 die Maschine mit Dauersaugvorrichtung.

1895 hatte wiederum ein Schotte, Dr. Alexander Schields, die Idee, den Dauersaugeffekt der Murchlandschen Maschine, die bei den Kühen Entzündungen hervorrief, durch einen Taktgeber zu ersetzen. Nun wurde die Milch in Intervallen abgesaugt. Dieses Verfahren wurde durch die anschließenden Arbeiten von Hulbert und Park (1902) und Gillies (1903) verbessert.

Eine automatische Melkvorrichtung hat die schwedische Firma Alfa-Laval im März **1977** unter dem Namen Atlas 400 patentieren lassen. Einzig das Ansetzen der Melkbecher an die Milchdrüsen ist noch von Hand zu machen.

Die Erfindung ist von größter Bedeutung, da üblicherweise mehr als 50 Prozent der für eine Herde vorgesehenen Arbeitszeit für das Melken aufgebracht werden.

1983 wurde auch eine *Mäusemelkmaschine* erfunden. Vgl. S. 242.

Milchkühlung. Das erste System zur Milchkühlung wurde **1850** von dem Amerikaner Lawrence erfunden. Dieser Fortschritt war bedeutend, denn die Milch mit der Körpertemperatur der Kuh, d. h. 38,5° C, ist ein bevorzugter Nährboden für Bakterien. Die sofortige Kühlung war einer der grundlegenden Schritte auf dem Weg zur Milchkonservierung, der Versorgung des

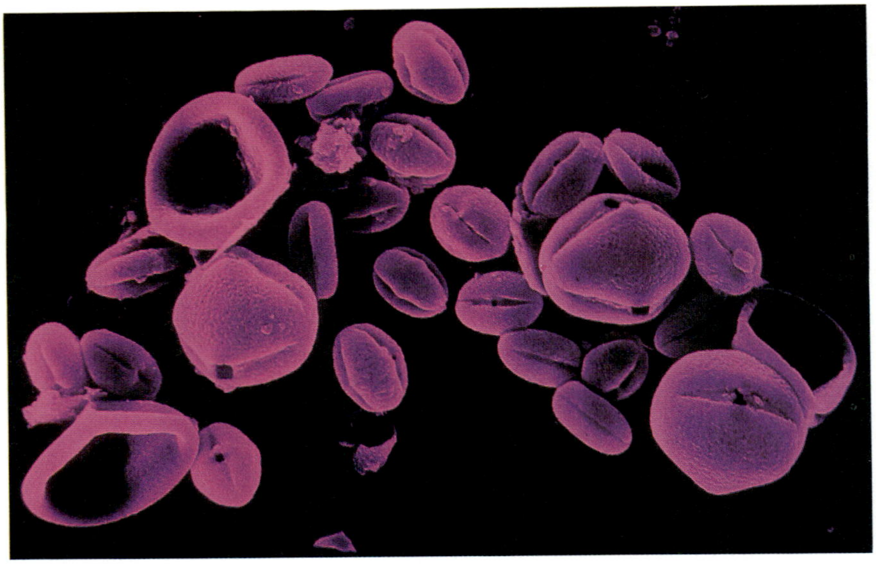

Kastanienhonig unter dem Elektronenmikroskop – für die alten Ägypter hatte Honig noch mythische Bedeutung.

Marktes mit Milch und der Milchindustrie überhaupt.

Entrahmen der Milch durch Zentrifugieren erfand der Schwede Gustave de Laval **1878**. Hierbei werden die verschieden schweren Bestandteile der Milch durch Zentrifugalkraft voneinander getrennt. Diese Methode konnte auch bald in Industrie und experimenteller Biologie genutzt werden.

Ein Roboter-Schöpflöffel für dicke Milch wurde im Jahre **1986** von der Agrarunion der milchverarbeitenden Kooperationen von Isigny und Ste. Mère-Eglise (Frankreich) entwickelt. Dieser Roboter verfügt über einen Arm mit 20 Schöpflöffeln, die ihrerseits die dicke Milch schöpfen und sie dann in 20 Camembert-Formen gießen. Durch diese Erfindung ist es möglich geworden, 5000 Käse in 4,5 Std. bei ungewöhnlich guten hygienischen Bedingungen herzustellen, da jegliche menschliche Einwirkung unterbleibt.

Die vollautomatisierte Fütterung von Milchkühen stellte **1972** die schwedische Firma Alfa-Laval dem Fachpublikum vor. Die Erfindung wurde *Alfa Feed* genannt. Ein computergesteuerter Verteiler gibt kontrollierte Kraftfuttermengen je nach individuellem Bedarf an die in Offenstall-Haltung lebenden Kühe ab.

Die Bienenzucht. Für die Griechen der Antike war Aristaios, Sohn des Apoll, der Erfinder der Bienenzucht. Für die Ägypter trug die Entstehung der Bienen mythischen Charakter. Der Honig war die Verkörperung der Tränen des Gottes Re. Schon **2780–2280 v. Chr.** wurden in Ägypten Bienen gezüchtet. Der Honig wurde vielseitig verwendet, man wußte jedoch noch nichts von Zuckergewinnung.

Austernzucht. Der erste Züchter von Austern, dieser besonderen Delikatesse, von dem die Geschichte berichtet, soll der Römer Sergius Orata gewesen sein. Im Lucriner See bei Neapel soll er im **2. Jh. v. Chr.** den ersten Austernpark der Welt eingerichtet haben.

Muschelzäune gehen auf einen **1235** an der französischen Atlantikküste gestrandeten Iren zurück. Patrick Walton hatte in der Bucht von Aiguillon in der Nähe von La Rochelle (Frankreich) Schiffbruch erlitten. Kurzentschlossen ließ er sich dort nieder. Seine Ernährung besorgte er sich durch Vogelfang. Dazu spannte er weite Netze auf, die er an Stelzen, die er in den Meeresboden der seichten Bucht gerammt hatte, befestigte. Sehr schnell stellte er fest, daß sich an diesen Pflöcken unter Wasser Muschelkolonien bilden und schnell vermehren. Der nächste Schritt bestand nun darin, die Pflöcke anzunähern und sie untereinander mit Flechtwerk zu verbinden. Der Muschelzaun zur intensivierten Muschelzucht war somit erfunden.

Schlachthäuser mit Kühlanlagen. In den letzten Jahrzehnten des 19. Jh.s wurde die Fleischversorgung der großen Städte im Osten der USA immer problematischer. **1873** hatten Daniel Holden und sein Bruder die geniale Idee, Fleisch in Kühlkammern in den Schlachtereien frisch zu halten. Vorher konnte das Fleisch nur geräuchert oder gesalzen werden. Eine Ausnahme war Chikago, wo schon **1853** dank eines großen, jedoch äußerst raumeinnehmenden Vorrats an Natureis Fleisch gekühlt werden konnte.

Den Stacheldraht und die erste Vorrichtung zur maschinellen Herstellung von Stacheldraht erfand **1874** der Amerikaner Joseph Gliden aus Kalb, Illinois (USA). Diese billige Art des Zaunziehens verbreitete sich schnell auf den großen Flächen des amerikanischen Westens. Das führte zum Konflikt zwischen den kleinen Farmern, die jetzt ihr Land einzäunten, und den Großgrundbesitzern, die zuvor willkürlich ihre Herden über das offene Land getrieben hatten.

HAUSTIERE

Der Hund. Seit der Mensch in der Jungsteinzeit seßhaft wurde (etwa **7000 v. Chr.**) ist der Hund sein treuester Begleiter. Manche Hunderassen wie die *Dogge* oder der *Windhund* sind bereits aus assyrischen Skulpturen und in der alten ägyptischen Kunst (2780–2280 v. Chr.) zu erkennen. Die Abstammung des Deutschen *Schäferhunds* als Abkömmling des Persischen Hirtenhunds läßt sich bis ins 2. Jtsd. v. Chr. zurückverfolgen. Zu einer eigentlichen Festlegung der Zuchtmerkmale dieser Rasse kommt es jedoch erst am Ende des 19. Jh.s. Sie wurde von Max von Stephaniz nach strengen Auswahlkriterien vorgenommen.
Andere Rassen sind aus neuerer Zeit. Der *Boxer* wurde 1895 zum ersten Mal auf einer Ausstellung vorgestellt; die Charakteristika des *Cockers* wurden 1893 festgelegt, und die chinesische Kaiserin Tseu-Hi (1835–1908) legte persönlich die Zuchtkriterien für den *Pekinesen* fest. Der Pekinese war zu dieser Zeit noch ausschließliches Eigentum der chinesischen Kaiserfamilie.

Pirodog. Ein neuer Impfstoff für Hunde wurde **1986** von drei Forschern der französischen Firma Rhône-Mérieux entwickelt. Es handelt sich um den Impfstoff mit Namen Pirodog gegen die gefürchtete Piroplasmose, die durch Zeckenbefall übertragen wird. Von R. Olsen wurde ein ähnliches Mittel gegen die gefährliche Katzenleukose entwickelt.

Die Katze. Fast alle Nachweise einer zahmen Katze stammen aus dem alten Ägypten. Erstmals wird sie ca. **2100 v. Chr.** erwähnt, vorher hat es sich sehr wahrscheinlich noch um Raubkatzen gehandelt. Die Römer haben die zahme Katze in Europa eingeführt.
Erst seit etwa hundert Jahren wird bei Katzen eine Zuchtauswahl vorgenommen. Mitte des 19. Jh.s entwickelte sich zuerst in Großbritannien die Zucht in Verbindung mit Ausstellungen.
Eine Studie der Akademie der Wissenschaften in Paris schätzt die auf der Welt lebenden Katzen auf 400 Mio. Davon leben 8 Mio. in Frankreich, 3,2 Mio. in der Bundesrepublik und 55 Mio. in den USA.

Die ägyptische Katze gibt es heute noch, sie heißt Mau. Die Ägypter gaben der Katze den Namen nach einer phonetischen Umschreibung des Katzenlauts. Die Maukatzen gibt es seit 1953 in den USA und seit 1978 in Großbritannien.

Katze mit Hängeohren. Es handelt sich um eine sehr seltene Genmutation, durch die eine Katze

Tierphysiologe Gadi Gvaryahu von der Cornell University in Ithaca (USA) hat 1988 ein Patent für eine besonders einfühlsame Hühnerzucht angemeldet: Die Küken hören über einen Lautsprecher im blauen Gitterkasten täglich 12 Std. Antonio Vivaldis »Vier Jahreszeiten« (mit Pausen!), für kuschelige Wärme sorgen Infrarotlampen und für die Streicheleinheiten herunterhängende rote Fausthandschuhe. Das Ergebnis: Die Hühner zeigen weniger Streßerscheinungen, haben mehr Gewicht und ihre Sterblichkeitsrate ist deutlich niedriger. Allerdings – so der Erfinder – nehmen seine Hühnchen bei Rockmusik ab.

mit hängenden Ohren, die sog. Scottish-Fold-Katze, entstanden ist. Sie kommt ursprünglich aus China. Ein Exemplar wurde im **19. Jh.** von einem Seemann nach Europa mitgebracht. Die Katze blieb ohne Nachkommen. Erst **1961** tauchte ein weiteres Exemplar in Großbritannien auf. Der Schotte William Ross bemühte sich

um die Fixierung der Rasse und um die Erstellung eines Rassekodex. Die Rasse hat nicht nur Befürworter.

Die schwanzlose Katze der britischen Insel Man (Isle of Man) ist alt, die Herkunft der »Schwanzlosigkeit« ist jedoch noch nicht geklärt. Mit unzähligen Legenden sollte das Phänomen der Manx-Rasse – so heißt die Katzenart – erklärt werden. Es handelt sich sehr wahrscheinlich um ein dominantes mutierendes Gen. Den ersten Manx-Club gab es in Großbritannien schon **1901**.

Die Bobtail-Katze, auch Stummelschwanzkatze, ist eine japanische Rasse, die bis heute noch nicht in Europa anerkannt ist. Zum erstenmal wurde um **1950** ein Amerikaner auf sie aufmerksam, als er mit den amerikanischen Besatzungstruppen in Japan einmarschierte. Diesem Amerikaner sind auch die ersten Züchtungsversuche zu verdanken. Erst 1968 wurde die Bobtail-Katze in den Vereinigten Staaten eingeführt.

Rex. Diese Rasse tauchte in den 50er Jahren auf den europäischen Katzenausstellungen erstmals auf. Wenig später war sie auch in den USA zu sehen. Das erste bekannte Exemplar ist deutschen Ursprungs **(1946)**. Die Katze zeichnet sich durch sehr kurzes, gewelltes bis krauses Fell aus.
Eine weitere Kurzhaarkatze (bzw. *haarlose Katze*) ist die Sphynx. Der erste Wurf stammt aus dem US-Staat Ontario, wo **1966** mehrere haarlose Kätzchen zur Welt kamen.

Impfstoff gegen Katzen-Leukämie. Die französischen Forschungslaboratorien Virbac haben **1986** den ersten Impfstoff gegen das Retrovirus der Katzenleukämie entwickelt. Dies ist ein großer Erfolg, der zahlreiche Perspektiven im Kampf gegen die durch Retroviren hervorgerufenen Erkrankungen wie AIDS eröffnet.

Joga für Katzen. Der Japaner Shigenori Masuda hat herausgefunden, daß Jogaübungen einen überaus positiven Einfluß auf Haustiere, besonders auf Katzen, haben. Er hat **1986** mehrere Jogastellungen speziell für (zu) wohl genährte Hunde und Katzen entwickelt. Damit soll die durch üppige Nahrungsaufnahme entstandene Trägheit bekämpft werden.

Ambulanztaxi für Tiere. »Pet Limo«, **1984** von dem Amerikaner Steven L. May gegründet, ist eine Transportgesellschaft für Haustiere. Sie steht Hunden, Katzen, Vögeln usw. für ihre notwendigen Fahrten (zum Tierarzt, Trimmsalon usw.) zur Verfügung. Ebenso bietet diese Gesellschaft einen Hilfsservice an: In kleinen Lieferautos, die mit Käfigen und Tragen ausgestattet sind, können rund um die Uhr erste Nothilfemaßnahmen für Tiere ergriffen werden.

Hundefutter ist vermutlich erstmalig **1865** industriell hergestellt worden, und zwar in den USA. Es war ein Hundekuchen, erfunden von James Spratt. Die Bennett Biscuit Company »backt« seit 1907 Hundeplätzchen in Knochenform auf Milchbasis.

Pferde wurden in der Altsteinzeit noch gejagt. Ihre Zähmung geht bis etwa **3000 v. Chr.** zurück (Nord- und Westeuropa, Donauraum und Persien). Halbblut- oder Warmblutrassen mit verschiedenen Anteilen an Araber- und anderen Vollblut-Erbmassen entstanden im 18. und 19. Jh. Das Kaltblut (Zug- und Lastpferde) züchtete man aus den Arbeits- und Ritterpferden des Mittelalters.

Falabella, das kleinste Pferd der Welt. Der Veterinär und Genetiker Patrick Falabella unter-

Das »Dahlemer rote Lockenhuhn«, ein 1987 in Berlin gezüchtetes Legehuhn, das sich durch seine Tropentauglichkeit auszeichnet.

nahm ab **1868** Versuche, die Größe des Pferdes zu reduzieren. Falabella war ein nach Argentinien ausgewanderter Ire, dessen Nachkommen – ebenfalls Tierärzte – es tatsächlich fertigbrachten, die kleinste Pferderasse der Welt – die Falabellarasse – zu züchten. Hierbei wurden argentinische Pferde mit englischen Vollblütern und Shetlandponys gekreuzt.
Diese kleinen Pferde sind am Widerrist 40 bis 60 cm hoch und haben eher Ähnlichkeit mit großen Hunden. Sie können immerhin bis zu 40 Jahre alt werden.
Versuche, *extra-große Arbeitspferde* zu züchten, sind in den 50er Jahren fehlgeschlagen. Die Versuche wurden von J. C. Falabella durchgeführt. Diese übergroßen Pferde waren nicht besonders lebensfähig, sie erreichten eine maximale Lebensdauer von 3 bis 6 Jahren.

Das tropentaugliche Hochleistungshuhn, auch »Dahlemer rotes Lockenhuhn« genannt, wurde **1987** von Prof. Peter Horst vom Institut für Tierproduktion der Technischen Universität Berlin vorgestellt. Die gelockte Henne, die weniger Federn am Körper hat als ein herkömmliches Legehuhn, leidet in tropischen Klimazonen nicht unter Hitzestreß und legt deshalb besser als andere Hühner in den Tropen. Feldversuche in Malaysia haben eine Verbesserung der Legeleistung um 15 Prozent ergeben.

GARTENBAU

Der Spaten definiert sich als ein von Hand geführtes Gerät zur Bodenbearbeitung. Sehr wahrscheinlich wurde er schon in **prähistorischen Zeiten** erfunden, als sich der Mensch vom Sammler zum seßhaften Bauern entwickelte. *Becca* bzw. *besca* hieß das Gerät im Spätlateinischen und ist der Beweis dafür, daß auch die Römer als begabte Gartenbauer das Gerät kannten.

Die Hacke mit Greifvorrichtung. Die Werkstatt für Behinderte in Nürnberg hat **1984** eine Hacke mit Greifvorrichtung patentieren lassen. Die Zusatzgreifer ermöglichen ein problemloses Aufsammeln von Unkraut, Steinen usw. und machen das ständige und ermüdende Bücken bei der Arbeit überflüssig. Ein ähnliches Gerät, jedoch ohne Hacke, eine Zange für den Gartengebrauch, hat die englische Firma J. B. Corrie & Co. zur gleichen Zeit herausgebracht.

Die Schubkarre geht vermutlich auf das Mittelalter zurück. In Europa ist die Schub- oder Schiebkarre auf frühesten Abbildungen beim Kathedralenbau im **12. Jh.** zu sehen. Sehr wahrscheinlich wurde sie jedoch schon vorher in Asien und vor allem in China benutzt. Vielfältig ist in China die Auswahl an einrädrigen Schiebkarren.

Frühbeete und Glashauben. Man geht davon aus, daß schon die **Römer** den Nutzen von glasüberdeckten Beeten und der dadurch entstehenden künstlichen Wärme kannten, um in der kalten Jahreszeit den temperaturbedingten Schwierigkeiten im Gemüseanbau entgegenzuwirken.

Die Sichel. Für die Römer war Silvanus, Gott der Wälder, der Urheber der Sichel. Historiker gehen viel weiter zurück und siedeln den ersten Gebrauch eines sichelähnlichen Geräts noch lange **vor der Eisenzeit** an, als der Mensch mit der Bebauung der Erde angefangen hat. Wahrscheinlich handelte es sich zu dieser Zeit um ein Krummholz, auf dem ein Stück gezackter Feuerstein angebracht war.

Das Wasserkorn hat **1984** der Baumschulgärtner Léon Beck erfunden und auf den Markt gebracht. Es sieht wie ein Salz- oder Reiskorn aus. In wenigen Stunden kann es sein 700faches Volumen an Wasser aufnehmen, um es anschließend nach und nach an die umliegenden Pflanzen abzugeben. Dank dieser Erfindung können sich Blumen und Pflanzen »selbst« bewässern. Die Wasserkörner regulieren den Wasserhaushalt und beugen somit auch dem Verfaulen durch zu starke Wasserzufuhr vor. Die ideale Bewässerungsweise, wenn Blumen und Pflanzen während der Urlaubszeit nicht vertrocknen sollen.

Die Heckenschneidemaschine erfand **1880** der Engländer R. Hornsby. Sie mußte von zwei Pferden gezogen werden, besaß zwei große Räder und zwei Sitze. Vorne saß der Maschinenführer und hinten der eigentliche Heckenschneider, der den Schneidarm mit den zwei großen senkrechten Schneidblättern bediente.

Die Garten- oder Baumschere. Der Marquis Bertrand de Moleville, den die Französische Revolution zum Exil gezwungen hatte, erfand in seinen zahlreichen Mußestunden die Gartenschere, die heute zum Symbol der Gartenarbeit schlechthin geworden ist. Wie so oft hatte auch diese Erfindung ihre Schwierigkeiten, sich durchzusetzen. Als **1815** die Bourbonen in Frankreich wieder an die Macht kamen, wurde das Gerät vorgeführt. Es stieß jedoch bei den Gartenbauern auf Ablehnung, weil es »das Holz erst zusammendrückte und zerriß, bevor es durchschnitten wurde«.

Elektrischer Weinschneider. Ein Handwerker aus der Region um Gaillac (Frankreich), M. Delmas, hat **1985** eine Heckenschere erfunden, die die Arbeit der Winzer in den Weinbergen erheblich erleichtert. Tatsächlich führt der Winzer jährlich etwa 1 Mio. Schnitte aus. Die Schere, die an eine 24-Volt-Batterie angeschlossen wird, kann ca. 8 Std. lang arbeiten. Sie ist mit zahlreichen Sicherheitsfunktionen ausgestattet und schafft etwa 100 Schnitte pro Min.

Den Rasenmäher haben zwei Engländer **1831** erfunden. Budding zeichnet für die Idee verantwortlich, Ferrabee für die Ausführung. Die zylindrischen Messer wurden von einem Pferd gezogen, dem man, um den Rasen zu schonen, Gummistiefeletten über die Hufe ziehen mußte.
Von der Mitte des 19. Jh.s an kamen dann die dampfgetriebenen Mäher auf den Markt, anschließend die Motormäher, deren Leistung ständig verbessert wurden bei gleichzeitiger Senkung des Geräuschpegels.

Der erste elektrische Rasenmäher mit Rotationsschneidwerk wurde **1958** von der Firma Wolf vorgestellt. Eine Weiterentwicklung des Hauses Wolf ist der selbstfahrende Rasenmäher, der 1984 auf der französischen Landwirtschaftsmesse in Paris mit einer Silbermedaille ausgezeichnet wurde.

Der Gartenschlauch. Ein Benediktinermönch zu Zeiten Karls des Großen (742–814) beschrieb schon den Wunsch, Regen nachzuahmen, um Pflanzen mit Wasser zu versorgen. Damals nahm man die gespreizte Hand, damit das Wasser aus dem Krug zwischen den Fingern auf das Erdreich lief.
Gegen **1850** kamen die ersten Kautschukschläuche auf (genauer: Guttapercha-Schläuche), die die Gießkanne und den von einem Esel gezogenen Bewässerungskarren bald verdrängen sollten.

Automatische Steckverbindungen für Wasserschläuche erfanden die beiden Deutschen Kress und Kestner, Angestellte der Firma Gardena. Ausgehend von geformten Plastikelementen, schufen sie **1968** ein automatisches Stecksystem, das es ermöglicht, durch einfaches »Ineinanderklicken« alle erforderlichen Teile zusammenzustellen, die zur Bewässerung nötig sind (Schläuche, Dichtungsringe, Wasseranschlüsse usw.) Innerhalb von 20 Jahren sind diese Steckverbindungen in 200 Mio. Exemplaren verkauft worden.

Die Berieselungspumpe. Diese durch Luftdruck betätigte Pumpe eignet sich besonders zur Bewässerung von Obst- und Gemüseplantagen in Ländern der heißen Klimazone. Ihre Bedienung ist äußerst einfach. Sie wurde **1984** von zwei Belgiern, Claude Brasseur und Claude Feremans, erfunden und noch im gleichen Jahr Staatspräsident Mobutu, Zaire, offiziell vorgestellt. 1985 war sie auf der Erfindermesse von Brüssel zu sehen.

Gerät zum Bäumeverpflanzen. Ausgewachsene Bäume zu verpflanzen, war schon immer mit einem gewissen Risiko verbunden. Oft wuchs der Baum nur schlecht oder überhaupt nicht mehr an oder war zumindest für lange Zeit stark in seinem Wachstum behindert. Der von der amerikanischen Firma Lakeshor Industrial **1985** erfundene *Hydra-Brute Tree Replanter* ist das beste Gerät, das augenblicklich auf dem Markt verfügbar ist. Die Handhabung ist sehr einfach, und alle Arbeitsgänge können bewältigt werden: Ausheben des Baums, Transport und Wiedereinpflanzung. Dazu ist eine einzige Arbeitskraft ausreichend.

Das universelle Gartengerät, den »Multi-Gartenfit«, hat Jürgen Dambroth aus Barsinghausen **1983** zum Patent angemeldet. Es besteht aus einer verstellbaren Scheibe von 140 mm Durchmesser, die mit verschiedenen Konturen/Aussparrungen versehen ist und verstellbar an einen

Hunderte von kalifornischen Rotwürmern bevölkern den von Lothar Herold 1985 entwickelten Wurmkomposter und verarbeiten dabei Küchen- und Gartenabfälle zu Humus. Auf der Erfindermesse in Genf erhielt Lothar Herold dafür eine Silbermedaille.

Stiel montiert wird. Damit sind Arbeitsgänge machbar, die sich bisher auf verschiedene Arbeitsgeräte verteilten: gleichermaßen kann man hacken, schuffeln, lüften, jäten, stampfen, Kanten stechen, Saatrillen ziehen und vieles mehr.

Der Gartenzwerg stammt aus Thüringen. August Heissner begann **1872** in Gräfenrode mit der serienmäßigen Produktion. Von diesem Zeitpunkt an konnten sich auch die kleinen Leute ihren Gartenzwerg in den Vorgarten stellen, nachdem er bis dahin dem reichen Bürgertum vorbehalten war.
1950 wechselte die Firma Heissner ins hessische Lauterbach. Jährlich werden hier rund 800 000 Gartenzwerge hergestellt; zwischen 3 cm und 1 m sind sie groß. 40 Prozent davon gehen ins Ausland, in erster Linie nach USA, Frankreich, Japan und England.

Wenn die Natur nach der Pfeife des Menschen tanzt: Hier verhindern Säcke den natürlichen Pollenflug; zum richtigen Zeitpunkt kommt der Genetiker und bringt den von ihm bearbeiteten Pollen mittels Spritze auf.

Die moderne Methode der Orchideenzucht geht auf den Franzosen Noël Bernard zurück. Kurz vor der Jahrhundertwende schuf er die Grundlagen dazu.

PFLANZEN

Die Begonie. Ende des **17. Jh.s** hielt sich der Entdecker und Botaniker Pater Plumier in Haiti auf. Dort entdeckte er die Blüte einer bis zu diesem Zeitpunkt in Europa unbekannten Pflanze, die er umgehend Michel Begon, dem Gouverneur von Santo Domingo, widmete. Dennoch sollte es noch fast hundert Jahre dauern, bis die Begonie trotz ihrer bekannten Qualitätsmerkmale überall in Europa bekannt und kultiviert wurde.
1975 hat man am japanischen Forschungsinstitut Tokyo Metropolitan Isotope Research Center ein besonders originelles und einfaches Verfahren zur Feststellung von Luftverschmutzung entwickelt: Es wird eine bestimmte Begonienart Kobalt-60-Strahlungen ausgesetzt. Entsteht in der Atmosphäre eine Ozonkonzentration, die 15 ppm überschreitet, bilden sich weiße Pünktchen auf den Blättern der Pflanze. Bei anhaltender Luftverschmutzung entstehen Löcher in den Blättern, und die Blätter sterben ab. Das Verfahren ist genauso leistungsstark wie die besten Meßinstrumente.

Bonsai. Seit den Zeiten der Ch'in-Dynastie **(3. Jh. v. Chr.)** kannten die Chinesen die »pun-sai«. Dabei handelte es sich wahrscheinlich um Bäumchen mit natürlichem Zwergenwuchs, der durch schwierige Witterungs- oder Bodenverhältnisse bedingt war. In schmuckvollen Töpfen wurden damit Miniaturlandschaften nachgebildet.
Zur eigentlichen Kunst wird das Züchten von Bonsai während der Tang-Dynastie vom 7. bis 10. Jh. Sie bleibt bis zum 17. Jh. ausschließlich eine Beschäftigung der Adelsschicht. Erst später kommt es zu einer Demokratisierung der Bonsai-Kunst.
Ab dem 12. Jh. wird Bonsai auch in Japan bekannt und wird dort sehr populär. Die Japaner waren es auch, die die Techniken der Miniaturisierung weiterentwickelten.

Pflanzenminiaturen. 1978 erhielt Bruno Gruber aus Puchheim (Bayern) ein Patent auf das Kobay-System, ein Verfahren, das die Aufzucht von Miniaturpflanzen ohne komplizierte Beschneidungs- und Verdrahtungsprozeduren ermöglicht. Man braucht nur ein kleines Gefäß aus Edelstahlgeflecht, das normale Erde enthält. Die Pflanze bildet in diesem Körbchen keine großen Wurzeln zum Festhalten, sondern nur kleine Haarwurzeln zum Aufnehmen der Nahrung. Steckt man dieses Körbchen in einen Topf mit Erde, so bezieht die Pflanze durch das Geflecht zwar die Nahrung, vergrößert aber nicht den Wurzelballen. So erreicht z. B. ein dreijähriger Gummibaum nur die Höhe von 12 cm statt der für dieses Alter üblichen 75 cm.

Chrysanthemen. Wie die französische Nationalhymne, so stammt auch die Chrysantheme aus Marseille und aus dem Jahr **1789**, dem Jahr der Französischen Revolution. Der Marseiller Großhändler Pierre Louis Blancart führte die ersten Arten aus China ein, die sich schnell in den Gärten der Provence ausbreiteten. Im 19. Jh. widmeten sich zahlreiche Gärtner mit Leidenschaft dieser Pflanze, hegten und pflegten sie, um die verschiedenen Formen zu erhalten, die uns heute bekannt sind.

Die erste Dahlie wurde **1789** von Mexiko nach Madrid verschickt. Der spanische Botaniker Cavanilles hatte den Namen zu Ehren des schwedischen Botanikers Andreas Dahl, Schüler von Linné, gewählt.

Eukalyptus brachte der englische Botaniker Joseph Banks **1770** aus Australien nach Europa. Joseph Banks hatte die Reise mit Captain Cook (Cooks erste Reise) unternommen. Den Namen verdanken wir einem französischen Botaniker: L'Héritier de Brutelle setzte den Gattungsnamen aus zwei griechischen Wörtern zusammen: *eu* = »schön« und *kalupto* = »bedeckt«. Der Name entsprach der Knospenform des Eukalyptusbaums, einer mit einem Hütchen bedeckten Kapsel, die die Staubgefäße umschließt und abspringt, wenn die Knospe sich öffnet.

Die Orchidee. Bis zum Ende des 19. Jh.s war das Keimen des Orchideensamens ein ungelöstes Rätsel. Mäßigen Erfolg erzielte man, wenn der

Samen in einem Topf aufgehen sollte, in dem schon Orchideen der gleichen Art standen.
Erst **1898** gelang es dem Franzosen Noël Bernard, das Geheimnis zu lüften. Er entdeckte, daß der Orchideensamen zum Keimen und im ersten Wachstumsstadium einen mikroskopisch kleinen Pilz braucht, der in den Wurzeln in Symbiose mit der Pflanze lebt. Er konnte daraufhin ein Verfahren entwickeln, bei dem die Samenkörner unabhängig von der Pflanze keimen.
1922 ermittelte der Amerikaner Lewis Knudson einen Nährboden, der die Keimung vom Pilz unabhängig machte. Der Nährboden enthielt alle für das Wachstum nötigen Mineralien.

Die Gartenrose ist im **Altertum** von Persien und Babylonien nach Ägypten, Griechenland und Italien gelangt. Später wurden die ältesten Edelrosen durch Mönche in Mittel- und Nordeuropa eingeführt.
Die systematische Einteilung der Rosen sieht zehn grundsätzliche Sorten vor. Gartenrosen entstanden durch zufällige und systematische Einkreuzung. Zur Prüfung werden sie in eigenen Gärten gesammelt; in der Bundesrepublik Deutschland sind diese in Sangershausen, Dortmund und Uetersen (Holstein).

Die Tulpe. Augier de Busbeco, Botschafter des österreichischen Hofs bei Sulaiman dem Prächtigen, ging in seiner freien Zeit dem Botanisieren nach. **1554** entdeckte er in Persien eine neue Blume, deren Zwiebeln er nach Wien schickte. Der aus Arras stammende Botaniker Charles de l'Écluse schickte 1635 dem Versuchsgarten in Leyden, Holland, die ersten Tulpenzwiebeln. Dies war der Anfang der Tulpen aus Holland. In den 30er Jahren des 18. Jh.s brach dann eine regelrechte »Tulipomanie« aus. Die Blume wurde zum Spekulationsobjekt und machte über Nacht aus Armen Reiche und umgekehrt. Damit erst wurde die Tulpe in Europa bekannt und späterhin in der ganzen Welt.

Der Vergleich zwischen einer normal gewachsenen Zimmerpflanze und einer Kobay-Pflanzenminiatur nach dem System des bayrischen Pflanzenzüchters Bruno Gruber. Beide Pflanzen sind gleich alt.

Die erste schwarze Tulpe haben holländische Züchter in Enkhuisen Anfang **1986** vorgestellt. Die Blume mit fast schwärzlicher Blüte ist das Ergebnis jahrelanger Arbeit, mit der der Züchter Geert Hageman bereits 1979 begann. Es wird jedoch noch Jahre dauern, bis die schwarze Tulpe in den Handel kommt. 1988 existiert erst etwa ein Dutzend Tulpenzwiebeln dieser schwarzen Sorte.

Bohnen wurden von Pero Valeriano **1529** im Auftrag von Papst Klemens VII. aus Amerika importiert.

Chicoree. In den unterirdischen Bereichen des Botanischen Gartens von Brüssel hat der damalige Chefgärtner Breziers um **1850** einige Wurzeln der Kaffeezichorienpflanze so lange gezüchtet, bis er die jungen Triebe als Salat verzehren konnte. Der heutige Salatchicoree geht auf diese

Der Franzose Georges Delbard mit seiner nach ihm benannten Apfelzüchtung *Delbard Jubilé*, mit der er 1985 nicht nur die Pflanzenzüchter überraschte. Bequemer läßt sich eine Apfelernte kaum vorstellen.

ursprüngliche Pflanze zurück, die oft gekreuzt wurde. Chicoree wird im Winter geerntet und ergibt einen Salat mit leicht bitterem Geschmack.

Karotte. Die Wildkarotte oder Wurzel kam lange vor unserer Zeitrechnung aus Afghanistan. Griechen und Römer kannten sie, aßen sie jedoch nicht. Bis ins **16. Jh.** hinein fand die Wurzel nur eine medizinische Anwendung als Heilpflanze. Zu dieser Zeit jedoch wurde sie als Gemüseart von den Italienern entdeckt. Zwar sah sie damals noch nicht so aus wie heute, der Geschmack war jedoch angenehm. Es bedurfte Jahrhunderte der Zuchtauslese, um bis zum Anfang des 19. Jh.s aus der anfänglich dünnen weißlichen oder gelblichen faserigen Wurzel die heutige rötliche Karotte zu machen.

Chinakohl. Der Pak-Choy wurde in China schon mindestens 500 v. Chr. in der Küche verwendet. Er soll im **18. Jh.** nach Frankreich gekommen sein, ohne jedoch damals den dortigen Botanischen Garten verlassen zu haben, wo er als Rarität unter anderen galt.

Kartoffeln wurden – archäologisch nachweisbar – bereits in der Mochica-Periode **(200 v. Chr. bis 600 n. Chr.)** von den Indianern in den Zentralanden als Nahrungsmittel gezüchtet. Sie konnten damit ihren Lebensraum auf über 3000 m Höhe ausdehnen. 1526 lernte Pizarro die Kartoffel bei den Inkas kennen, 1550 gelangte sie nach Spanien und Burgund, 1564 wurde die Kartoffel nach Deutschland eingeführt. Die Nöte des Dreißigjährigen Krieges sorgten für eine rasche Verbreitung. Friedrich der Große befahl für Pommern und Schlesien den Kartoffelanbau.

Spargel. Seine Herkunft ist ungewiß. Wahrscheinlich stammt er aus dem Ostseegebiet oder aber aus dem Mittelmeerraum. Ägypter und Griechen kannten und schätzten ihn bereits in der **Antike**.
Die Römer bauten ihn an, jedoch blieb er ein Luxusgemüse. Während der Renaissancezeit wird der Spargel dann endlich bekannter, wird aber erst ab **1875** von allen Gesellschaftsschichten verzehrt. Im heutigen Europa ist Frankreich der größte Spargelproduzent.
In Malaysia versucht man seit 1984, durch Spargelzucht der Bodenerosion am Mount Kinabalu Herr zu werden. Der Anbau von einjährigem Gemüse wurde erfolgreich durch Spargelanbau ersetzt. Das weitverzweigte Wurzelgeflecht der mehrjährigen Spargelpflanze ist ein wirksamer Schutz gegen die Abtragung des fruchtbaren Bodens durch Erosion.

Die Tomate stammt aus Südamerika und wurde **1596** in Europa eingeführt. Man kultivierte sie als pflanzliche Kuriosität mit Schmuckeffekt, hielt sie aber ansonsten für eine stark giftige Pflanze.
Mehr als 200 Jahre mußte der »Liebesapfel«, wie die Franzosen sagen, auf seine kulinarische Anerkennung warten. Der ehemalige Präsident der Vereinigten Staaten, Thomas Jefferson (1743–1826), züchtete sie zwar, verzehrte sie jedoch nicht. Zum erstenmal wurden Tomaten in New Orleans **1812** auf einem Markt verkauft.

Die Tomtoffel. 1978 erzielte der deutsche Professor Georg Melchers in Versuchen eine Hybridenpflanze aus Kartoffel und Tomate. Hier wurden Protoplasten der beiden Pflanzen künstlich fusioniert. Solche Versuche, unterschiedliche Pflanzengattungen zu kreuzen, werden in der Landwirtschaft noch große Veränderungen erbringen.

Ananas. Es scheint so, als sei es Christoph Columbus oder einer seiner Gefährten gewesen, der etwa im Jahr **1493** als erster Europäer in Guadeloupe die Ananas gegessen hat. Die Bewohner der Karibischen Inseln bauten diese Frucht bereits seit langem an. Sie nannten sie »nana«, was soviel wie »Duft« bedeutet. Die Engländer, die offenbar mehr von Aussehen als vom Geschmack dieser Frucht angetan waren, nannten sie »pineapple«, d.h. Kienapfel. In Europa fanden die ersten Versuche, die Ananas im Gewächshaus zu kultivieren, in Italien zu Beginn des 17. Jh.s statt. Ludwig XIV. ließ die Frucht im Gewächshaus des Schlosses von Choisy-le-Roy anbauen, und Ludwig XV. ließ sogar Spezialge-

Die delikaten Kilometerbohnen sind eine Züchtung der Französischen Forschungsanstalt für Agronomie in Versailles. Sie werden mindestens 70 cm lang – und damit zum Problem beim Servieren.

wächshäuser errichten, um die Ananasproduktion zu erhöhen.

Der astlose Apfelbaum der Sorte Wijcik, **1960** auf einer kanadischen Apfelfarm entdeckt, war anfänglich ein genetisches Zufallsprodukt. In zehnjähriger Forschungsarbeit haben die englischen Spezialisten der landwirtschaftlichen Forschungsanstalt von East Malling den Baum zuchtfest gemacht.
Der Baum, der eher wie eine hohe Stelze aussieht, dürfte besonders den Kleingärtner interessieren, der nur über eine geringe Nutzfläche verfügt. Er wächst sogar eingetopft auf dem Balkon. Die 1985 vorgestellte Neuzüchtung soll sich aber auch für den Intensivanbau eignen.

Delbard Jubilé-Apfel. Georges Delbard ist eine einzigartige Apfelneuzüchtung gelungen. Nachdem er mehrmals den Golden Delicious mit einem dänischen Apfel gekreuzt hatte, entstand nach 12 Jahren ein Apfel, mit dem Monsieur Delbard **1985** an die Öffentlichkeit ging: der Delbard Jubilé-Apfel. Nach Ansicht von Fachleuten ist diese Neuzüchtung ein Apfel der Zukunft.

Granny Smith und **Golden Delicious.** Miss Granny Smith gelang es **1868** in Australien, einen saftigen Apfel mit leicht säuerlichem Aroma zu züchten. Äußerlich erkennt man ihn an seiner grünen, mit kleinen weißen Pünktchen durchsetzten Schale.
Der berühmte Golden Delicious entstand in den Obstgärten von Anderson H. Mullins in Westvirginia **(Ende 19. Jh.)**. Schon 1914 wurde diese Apfelsorte in verschiedenen Regionen der USA angepflanzt und war bereits recht bekannt.

Birnen-Apfel. Diese merkwürdige Frucht, die auch als Nashi, asiatische Birne oder Li bezeichnet wird, ähnelt einem Apfel, wächst jedoch auf einem Birnbaum, der aus Nordchina stammt. **1980** kam diese Frucht durch Wissenschaftler des französischen Nationalinstitutes für Agrarforschung INRA nach Frankreich. In ihrem Heimatland wurde dieses Obst schon seit langer Zeit angebaut. Die in den Experimentierobstgärten erzielten Ergebnisse dürften es bald ermöglichen, die Arten und Sorten der Frucht herauszufinden, die sich am besten an unser Klima anpassen können.

Grapefruit/Pampelmuse. Graf Odette Philippe war Wundarzt in der napoleonischen Armee und wurde von den Engländern in der Schlacht von Trafalgar gefangengenommen. Seine Gefangenschaft verbrachte er in der britischen Kronkolonie der Bahamas. Dort entdeckte er die Frucht Citrus Paradisi oder Grapefruit, die dort im Überfluß wuchs. Zwei Jahre später wurde er freigelassen, worauf er sich als Arzt in Charleston (Südkarolina) niederließ. **1809** siedelte Graf Odette Philippe nach Florida über, wo er eine Zitrusfruchtplantage gründete. Er verwendete dabei die Kerne, die er von den Bahamas mitgebracht hatte.
60 Jahre später war die Grapefruit für die amerikanischen Bundesstaaten Texas, Arizona und Kalifornien zu einer wichtigen Einnahmequelle geworden. 1914 fand die Grapefruit in Palästina ein weiteres ideales Anbaugebiet.

Die Kiwi-Frucht wurde **1845** in den Wäldern entlang der Ufer des Flusses Yang-Tse entdeckt und Ende des 19. Jh.s aus China in Europa eingeführt.
1906 wurde die lianenförmige Pflanze nach Neuseeland gebracht. Die neuseeländischen Bauern fanden großes Interesse an der schnell wachsenden und reichlich tragenden Pflanzenart und bauten sie als erste in Plantagen an, um die Früchte zu exportieren.

Seit etwa 4000 Jahren wird in Indien die Kokospalme kultiviert. Der erste Bericht in der europäischen Literatur stammt von Theophrastos im 3. Jh. v. Chr., nachdem die Begleiter Alexanders des Großen ihm davon erzählt hatten.

1959 entschieden die Hersteller, der Frucht, die allmählich in der ganzen Welt geschätzt wurde, den Namen des neuseeländischen Wahrzeichens zu geben: Kiwi. Damit sollte ihre Herkunft überall bekannt werden. Inzwischen gehört die Frucht zum festen Bestandteil unseres Obstangebots.

Die Klementine ist tatsächlich eine Neuzüchtung. Peter Clement, der in der Gegend von Oran (Algerien) tätig war, versuchte im Jahr **1900** fachmännisch, die Blüten des Mandarinenbaums mit dem Pollen des Bitterorangenbaums zu befruchten. Der Versuch ist geglückt, und die daraus entstandene Zitrusfrucht wurde nach seinem Erfinder benannt. Die Klementine ist im Gegensatz zur Mandarine saftiger, aromatischer und hat festeres Fruchtfleisch.

Melone. Zweifellos kommt die Melone aus Indien und ist seit Beginn des christlichen Zeitalters bekannt. Jedoch unterschieden sich die ersten Melonen noch beträchtlich von den heutigen. Man mußte noch bis zum **18. Jh.** auf die »Cavaillon-Melone« warten, die »Cantaloup«. Diese Bezeichnung stammt vom italienischen Wort »Cantaluppo« ab, das eine Sommerpapstresidenz bezeichnet, wo diese Melone erstmalig angebaut wurde.

Grüner Pomelo. Diese erstmals **1985** von israelischen Forschern aus Jaffa vorgestellte Frucht ist eine Kreuzung aus der Pampelmuse und der großen Pomelofrucht. Von ihren Züchtern wird sie »Sweetie« genannt. Sie ist mild im Geschmack, ihre Schale zartgrün bis gelblich.

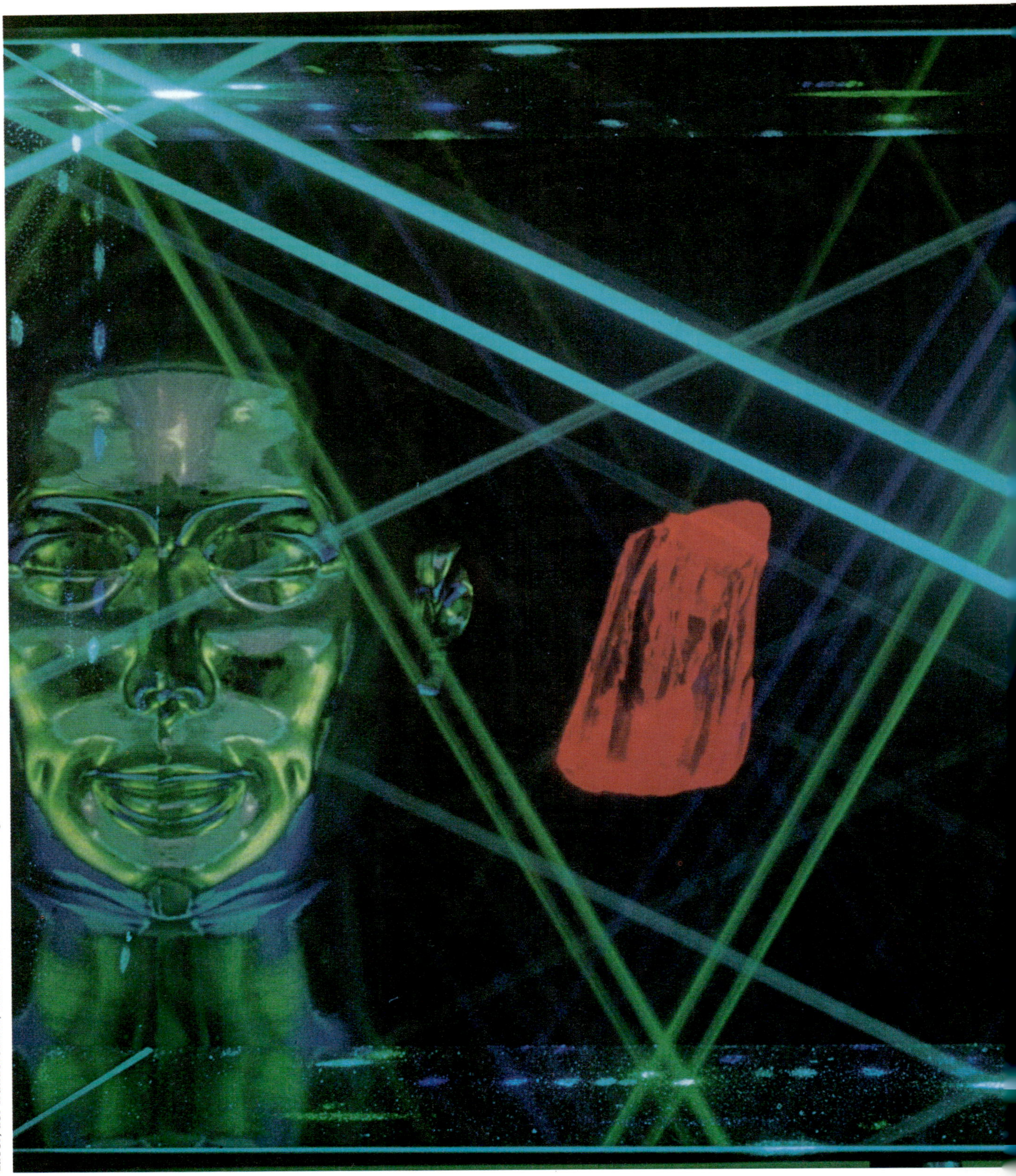

Laser, der Wunderstrahl, findet seit seiner Entwicklung 1960 Anwendung in Industrie, Medizin und Kunst.

INDUSTRIE

ARCHITEKTUR

Ursprünge der Architektur gehen bis in die Jungsteinzeit, **5000 v. Chr.,** zurück.
Zwei Serien von Erfindungen spielen eine entscheidende Rolle in der Entwicklung der architektonischen Technik: einmal die *Eisenwerkzeuge,* die seit dem 10. Jh. v. Chr. gebräuchlich waren, und zum zweiten die *Geräte zur Vermehrung von Kraft,* die die Menschen auch schon lange benutzten, bevor Archimedes 250 v. Chr. die mechanischen Gesetze formulierte. Zu diesen Geräten gehören die Winde und die Riemenscheibe, der wichtigste Bestandteil des Flaschenzugs. Auch die allermodernsten Maschinen sind im Grunde nur perfektionierte Formen dieser einfachen und doch genialen Erfindungen.

Der erste Architekt, dessen Namen wir kennen, ist der Ägypter Imhotep. Ihm verdankt die Welt das älteste Steinbauwerk, die *Stufenpyramide von Sakkara,* gebaut für den Pharao Djoser, etwa **2800 v. Chr.**

Der Hebel ist zweifellos eines der ältesten Bauhilfsmittel. Er wurde bereits in **prähistorischer Zeit** verwendet. Der griechische Mathematiker Archimedes (287–212 v. Chr.) formulierte als erster die Hebelgesetze. Im Skizzenbuch des bekannten französischen Architekten Villard de Honnecourt aus der Zeit um **1250** ist der erste Entwurf einer *Schraubenwinde* zu finden. Hebevorrichtungen dieser Art wurden unter anderem beim Bau von Kathedralen eingesetzt.

Die schiefe Ebene nutzten die Menschen schon seit Urzeiten, um gewaltige Mengen von Material zu bewegen – zum Beispiel auf den großen Baustellen der Jungsteinzeit (Megalithkultur) und natürlich in der Antike beim Bau der Zikkurate (turmartige Tempel) und der Pyramiden.
Die Baumeister der Kathedralen haben praktisch keinen Gebrauch von der schiefen Ebene gemacht – aus Platzgründen. Die Gotteshäuser wurden meistens mitten in der Stadt errichtet.

Winden, Kräne, Riemenscheiben. Die Baumeister des Mittelalters benutzten noch ganz ähnliche Winden wie die alten **Römer,** die zahlreiche mechanische Systeme entwickelt hatten – zum Beispiel den Flaschenzug und Kräne, die hydraulisch oder mit Windkraft betrieben wurden.
Die genaue Herkunft des Krans ist übrigens ungeklärt – mal abgesehen von einem Drei-Scheiben-Hebesystem, das Archimedes erfunden haben soll.
Die Riemenscheibe, die Winde und der Flaschenzug sind zuerst von der Schule des Aristoteles **(4. Jh. v. Chr.)** in dem Werk *Mechanica* erwähnt worden. Der Erfinder von Scheibe und Flaschenzug soll Archytas von Tarent (430–360 v. Chr.) gewesen sein, ein General, Philosoph, Mathematiker und Konstrukteur.

Das Lot kannten schon die alten Ägypter und auch den *rechten Winkel* seit dem **3. Jtsd. v. Chr.** Ein mit einem kleinen Gewicht beschwerter Faden, der in einem Dreieck hing, diente den Maurern bereits als einfache Richtwaage – und als Talisman.
Die Römer waren die ersten, die Blei als Lotgewicht benutzten.

Richtwaage. Die früheste Beschreibung einer Wasserwaage stammt von dem polnischen Mathematiker Strumienski und datiert aus dem Jahr **1573.**
Als Erfinder der Richtwaagen gilt aber der Franzose Melchisédech Thévenot (1620–92), ein reiselustiger Amateurforscher. In Briefen, die dieser Mann 1661 und 1662 an den berühmten holländischen Astronomen Christiaan Huygens schrieb, erwähnt er seine Erfindung bereits, eine ausführliche Beschreibung des Geräts folgte aber erst 1681.

Der englische Architekt Norman Foster entwarf die Pläne für den 1985 fertiggestellten genialen Bau der Hongkong-Shanghai-Bank in Hongkong. Hier ein Blick in die riesige, über zehn Geschosse reichende Innenhalle der »Bank der Banken«.

Mörtel. Obwohl die Menschen schon seit uralten Zeiten Kalk als Tünche oder Mauerputz benutzt hatten, kamen sie erst im **2. Jh. v. Chr.** auf die Idee, Mörtel daraus zu machen. Die Römer erfanden damals den Beton und den Zement, indem sie Kalk mit Puzzolanerde vermischten.
Die alten ägyptischen Konstrukteure hatten für die Fugen nur Gips verwendet, und die klassischen griechischen Bauwerke waren frei gefugt – wie auch eine Anzahl römischer Monumente, wie zum Beispiel die berühmte Pont du Gard bei Nîmes.
In der römischen Zeit wurde auch die *Kelle* entdeckt, das wichtigste Instrument des Maurers beim Zusammenfügen der Steine. Die Römer hatten das praktische Werkzeug schon im **10. Jh. v. Chr.** von den Merowingern übernommen.

Zement. Die Baumeister des Mittelalters hatten offenbar keine Ahnung von den Mörtelrezepten der alten Römer. Ihre Mischungen ließen zu wünschen übrig, erst im **17. Jh.** verbesserten sich langsam die Methoden.
Trotzdem dauerte es noch einmal 100 Jahre, bis der Zement neu erfunden wurde. Der Engländer John Smeaton entdeckte **1756** das alte Prinzip (Ton in Kalkstein), und 30 Jahre später stellten die Kalkbrenner Parker und Wyats einen neuen »römischen Zement« her, indem sie tonhaltigen Kies mit Kalk versetzten.

Fertigteilbauweise. Die Element- oder Fertigteilbauweise hat bereits Vorbilder in der Antike, wo die Griechen bereits Teile ihrer Tempel in Serie herstellten. Das Konzept fand dann wieder im frühen 19. Jahrhundert breite Anwendung, als Gußeisen als preiswertes Baumaterial zur Verfügung stand. Das erste größere Bauwerk, in dem Fertigteile letztlich die Architektur bestimmten, war der **1851** von Joseph Paxton errichtete Londoner Kristallpalast, Mittelpunkt der Weltausstellung. Das Gebäude bestand aus 3300 gußeisernen Säulen, dazu die entsprechenden schmiedeeisernen Querträger und 1800 Glasscheiben. Fertigteile aus Baustoffen wie Hochofenschlacke gehen auf ein 1888 zum Patent angemeldetes Verfahren des Franzosen Georges Espitallier zurück. Auf der Weltausstellung 1889 in Paris wurde erstmals ein Feldlazarett aus derartigen Fertigteilen vorgestellt.

Künstliche Baustoffe. L.-J. Vicat gründete eine Industrie für Kunstkalkprodukte und kam **1823** mit den ersten Fertigteilen aus Beton und Zement heraus. In der zweiten Hälfte des 19. Jh.s wurde dann eine ganze Serie von Kunstmaterialien auf den Markt gebracht: *nachgemachter Sandstein* von Durand **(1845),** *künstlicher Stein* von Ransome, *falscher Marmor* von Lippmann und Schneckenburger (1859) etc.
1824 meldete der britische Maurer J. Aspdin in Leeds ein Patent für sogenannten *Portland-Zement* an. Mörtel aus dieser Zementart sah genauso aus wie die Felsen von Portland.

Eternit. Dieser wetterfeste Asbestzement, der leicht zu verarbeiten ist, wurde **1889** von Ludwig Hatschek, einem österreichischen Ingenieur, entwickelt. Das wasserbeständige Material hat vielfältige Anwendung im Baugewerbe gefunden und ist hinsichtlich seiner Umweltverträglichkeit verbessert worden.

Stahlbeton. Als Erfinder des Stahlbetons gilt der französische Gärtner Joseph Monier (1823–1906). Seine Versuche, unzerbrechliche Blumenkübel durch Einfügen eines Drahtnetzes in die Zementwände der Kübel herzustellen, führten **1848/49** letztlich zu dieser Erfindung, die erst 1867 patentiert wurde. Zu den frühen Erfindern dieses wichtigen Baumaterials ist auch der Franzose Joseph-Louis Lambot zu rechnen, der bereits 1848 ein Boot aus mit Metall armiertem Zement fertigte. François Hennebique (1842–1921) baute 1899 den Pont de Chatelle-

rault aus Stahlbeton. Diese Brücke gilt als das erste bedeutende Bauwerk aus diesem Material.

Der Aquädukt, die erste große Wasserleitung, wurde im Mittleren Orient und im Mittelmeerraum aus der Not geboren. Aus oft weit entfernten Wasserquellen, Flüssen oder Seen mußten Felder bewässert und ganze Städte versorgt werden. Es gab sowohl unterirdische als auch freiliegende Aquädukte.
Der assyrische König Sanherib ließ im Jahr **703 v. Chr.** eine 50 km lange Leitung für die Hauptstadt Ninive bauen. In Ägypten waren die vom Nil abgeleiteten Bewässerungskanäle so breit und tief angelegt, daß sogar Schiffe darauf fahren konnten.

Der Aquädukt auf Arkaden, wie wir ihn heute noch bewundern, beförderte das Wasser über weite Strecken und tiefe Täler. Die **Römer** errichteten diese phantastischen Bauwerke überall in ihrem weiten Weltreich, besonders in der Zeit um Christi Geburt. Damals entstanden zum Beispiel in Frankreich die Pont du Gard bei Nîmes und in Spanien der Aquädukt von Segovia.

Der längste Aquädukt ist heutzutage das **1974** in Kalifornien gebaute »Water Project«. Diese Wasserleitung ist 1329 km lang.

Die ersten Trägerbrücken, die der Mensch schon in der **Jungsteinzeit** konstruiert hat, waren simple Baumstämme über einem Flußbett oder Ansammlungen von Steinen. Natürlich blieben davon kaum Spuren. Das Holz ist verfault, die Steine sind zerbrochen.
Eine der berühmtesten Trägerbrücken ist jene in nur 10 Tagen konstruierte Rheinbrücke, die Julius Caesar in seinem Bericht über den Gallischen Krieg minutiös beschreibt.

Bogenbrücke. Die Idee, Steine in Bogenform aufeinanderzufügen, stammt von den Sumerern **(3500 v. Chr.).** Wie die Römer waren sie Meister des Bogenbaus. Dabei half ihnen die Entdekkung des natürlichen Zements.
In der Provinz Hebei (China) konstruierte der Ingenieur Li-Chun zu Beginn des **7. Jh.s** die erste steinerne Bogenbrücke. Erst 1147 entstand die erste große Brücke in Deutschland über die Donau in Regensburg.
Die erste Metallbrücke wurde zwischen **1773 und 1779** von dem Engländer Abraham Darby realisiert: Die Brücke von Coalbrookdale bestand aus Gußeisen, und ihr zentraler Bogen hatte eine Reichweite von 30 m. Eine der schönsten und berühmtesten Bogenbrücken, mit einer Reichweite von 160 m und einer Höhe von 122 m, ist der Viadukt von Garabit über dem Fluß Truyère. Gustave Eiffel hat dieses Bauwerk 1882–84 errichtet.

Einschließlich seiner Antenne mißt der Eiffelturm heute 320,8 m. Nach Bauabschluß wurde die waghalsige Konstruktion von über einer Mio. Nietbolzen zusammengehalten, die mittels hydraulischer Kraft montiert wurden. Der Eiffelturm – hier in seinen verschiedenen Baustadien 1887–88 – gilt als höchster Turm vor dem Zeitalter der Fernsehmasten.

Hängebrücke. Vorformen gab es schon in uralten Zeiten (zum Beispiel Stege aus Lianen). Die Chinesen konstruierten hängende Brücken ab dem **6. Jh. n. Chr.**
Sieht man von dem Kettensteg ab, der 1741 im Norden von England über den Fluß Tees gelegt wurde, so entstand die erste Hängebrücke aus Metall **1809** in Massachusetts (USA) über dem Merrimac.
Zu den berühmtesten und spektakulärsten Hängebrücken gehören die *Niagara-Brücke* (1855) und die *Brooklyn-Brücke* (1883), beide von John Roebling gebaut. Jedes Kind kennt die *Golden-Gate-Brücke* in der Bucht von San Francisco, 67 m über dem Meer (1933–37) und 1280 m Spannweite. Auch die höchste Hängebrücke der Welt ist ein amerikanisches Wunderwerk – 321 m hoch über dem Arkansas.
Die neuesten großen Hängekonstruktionen sind die 1964 gebaute und 1420 m lange *Verrazano-Brücke* am Hafen von New York und die *Brücke von Humber* in England (1981), deren freischwebende Strecke die längste der Welt ist: 1542 m.

Der Eiffelturm. Am 31. März **1889** hißte Gustave Eiffel anläßlich der Pariser Weltausstellung zum ersten Mal die französische Flagge hoch oben auf seinem Turm.
Die erste Planskizze zu diesem Jahrhundert-Bauwerk wurde von Eiffels Mitarbeiter Maurice Koechlin schon am 6. Juni 1884 gemacht. Die Arbeiten unter der Leitung der beiden Männer und ihres Helfers Émile Nouguier begannen am 28. Januar 1887. Insgesamt 18038 Einzelteile wurden mit über einer Million Nietbolzen zusammengefügt. Die ursprüngliche Höhe des Turms war genau 312,27 m. Das Metallgerüst wog 7340 t, mit allen Einbauten 9700 t.
Im Laufe der Jahre wurde das Bauwerk so überladen, daß es schließlich 11440 t wog. Zwischen 1981 und 1983 reduzierte man das Gewicht durch Abbau überflüssiger Teile wieder auf 10000 t.

Zum 100. Geburtstag des Eiffelturms plant man, einen gigantischen Ring aus Plastikelementen in die Umlaufbahn zu schicken, dessen Umfang 24 km betragen soll. Das lichtreflektierende Gebilde soll bei seiner Wanderung um die Erde den nächtlichen Himmel illuminieren. Das Konzept von Jerome Gerber und Alain Coquet, unterstützt von Pierre Pommereau von der französischen Raumfahrtbehörde CNES, ist vor allem bei den Astronomen weltweit auf heftigen Protest gestoßen, die eine Beeinträchtigung ihrer Beobachtungsmöglichkeiten befürchten. Noch aber haben sich die Pläne nicht konkretisiert.

»Balloon frame«. Eine Lady aus Chicago, Mrs. Albertine Taylor, soll **1837** das »Balloon frame« erfunden haben, ein Bausystem, bei dem Bretter nach Art von Dachschindeln mit dem Rand übereinandergenagelt werden. Nach einer anderen Quelle war G. W. Snow, ein Mann aus New Hampshire, der Erfinder.
Die Erfindung klingt bedeutungslos, dennoch ist sie entscheidend für die Konstruktion der Holzstädte des Westens, die in wenigen Stunden praktisch aus dem Nichts wuchsen. Auch eine Großstadt wie Chicago hat mit dem »Balloon frame« zu tun. Denn das simple System inspirierte die Hochhaus-Planer bei ihren gewaltigen Stahlkonstruktionen.

Der Wolkenkratzer wurde **1885** in Chicago von dem Ingenieur und Architekten William Le Baron Jenney verwirklicht. Die Hochbebauung der Stadt hatte schon 30 Jahre zuvor begonnen, hauptsächlich, um dem Wasser auszuweichen, das die Straßen in Schlammlöcher verwandelte.

Die Transamerica Pyramide in San Francisco ist ein Hochhaus, auf dessen absolute Erdbebensicherheit die Architekten schwören.

Die Angst vor dem Feuer (Chicago wurde 1871 von einer der größten Brandkatastrophen der Weltgeschichte heimgesucht) und die Notwendigkeit, schnell und hoch zu bauen, veranlaßte die Konstrukteure schließlich, die Holzgerüste durch Stahl zu ersetzen – ein leichtes und doch solides Material. William Le Baron Jenney arbeitete ein inneres Gerüstsystem aus, das die Last des ganzen Bauwerks trägt. Die äußere Wand ist nur noch Verkleidung. Man spricht seitdem vom »Skelettbau«.

Der höchste Wolkenkratzer. Das erste Hochhaus von 1885, ein Versicherungsbau *(Home Insurance)*, hatte nur zehn Etagen (später wurden noch zwei draufgesetzt). Der vielleicht berühmteste Wolkenkratzer ist das **1931** errichtete *Empire State Building* in New York. Und das höchste Haus der Welt steht in Chicago: Der *Sears Tower* hat 110 Etagen und mißt 443 m (mit Antennen sogar 475,10 m).

Eine mobile Dachkonstruktion für große Gebäude oder Freiflächen hat der deutsche Architekt und Ingenieur Josef Wund aus Friedrichshafen **um 1980** entwickelt. Seine Leistung besteht darin, daß er das Problem der Abdichtung des Daches, das sich öffnen und schließen läßt je nach Witterungslage, optimal gelöst hat. Seine Erfindung, die bereits über einer Tennishalle mit 4 Spielfeldern und im Freizeitpark von Stavanger (Norwegen) verwirklicht wurde, wird demnächst über einem Theatergebäude für 12 000 Zuschauer im Disneypark in Florida (USA) Anwendung finden. Sein größtes Projekt dieser Art ist noch in Planung: die mobile Überdachung des Wuppertaler Fußballstadions in seiner gesamten Größe: 175 m lang, 130 m breit. Es wäre das erste Stadion in der Bundesrepublik Deutschland, wo sich wetterunabhängig Fußball spielen ließe.

Ein Einfamilienhaus in Schieflage baute **1985** der japanische Architekt Shizuo Kurisaka für einen Auftraggeber. Das Haus in einem Vorort von Shizuoka nahe Tokio steckt mit einem Neigungswinkel von 45 Grad im Boden. Es verfügt allerdings über einen üblichen horizontal angelegten Wohnbereich.

GLAS

Das älteste erhaltene Stück Glas stammt aus der Zeit der Regentschaft des Pharaos Amenophis I. zwischen 1557 und 1530 v. Chr. Es herrscht jedoch weitestgehend Übereinstimmung darüber, daß bereits **um 3000 v. Chr.** in Ägypten und Mesopotamien die Glasherstellung bekannt gewesen ist. Die Entdeckung des Glasbildungsprozesses dürfte auf einen Zufall zurückzuführen sein.
Die *Technik des Glasblasens* ist sehr wahrscheinlich im **2. Jh. v. Chr.** in Syrien erstanden. Hier wurde auch etwas später die Glasmacherpfeife erfunden. Im 1. Jh. n. Chr. war die Kunst des Glasblasens nach Europa gelangt und wurde vor allem von den Römern genutzt und weiterentwickelt.
Bleikristall wurde im **17. Jh.** von englischen Glasbläsern erstmals hergestellt.

Venezianisches Glas. Die Ursprünge der venezianischen Glasmacherei gehen auf das **11. Jh.** zurück. Sie erreichte ihren Höhepunkt im 15. Jh. mit der Herstellung von hellem, dünnwandigem Glas. Da die Herstellung von Glas in Venedig zu einer erheblichen Umweltbelastung führte, verlagerte sich das Gewerbe schon zeitig auf die Insel Murano. Die Rezepturen waren ein streng gehütetes Geheimnis, dessen Weitergabe mit dem Tode bestraft wurde. Die Erfindung des *Venezianischen Kristallglases* **1463** wird dem Glasmacher Beroverio zugeschrieben.

Gehärtetes Glas. Die Technologie zur industriellen Herstellung von Hartglas wurde erstmals in Patenten des Franzosen François Royer de Bastie vom 13. Juni und 6. Juli **1874** beschrieben. Dieses Einscheiben-Hartglas wurde lange Zeit für Windschutzscheiben von Kraftfahrzeugen benutzt.
Das Securit-Sicherheitsglas wurde im Jahr **1929** von Saint-Gobain entwickelt, wobei die Härtung durch die rasche Abkühlung des 600–650° C heißen Glases mit Hilfe eines kalten Luftstroms erreicht wurde.
Das Abschrecken und damit Härten des Glases kann auch auf chemischem Wege geschehen. Dieses kostspielige Verfahren wird meist nur dort genutzt, wo höchste Qualitätsansprüche gestellt werden, zum Beispiel bei den Fenstern für das Überschallflugzeug *Concorde*.

Sicherheitsglas. Der Franzose Léon Appert begann **1893** mit der Fabrikation von *Drahtglas*. Die ersten Anwendungen konzentrierten sich auf Fenster und Verkleidungen, zum Beispiel im Grand Palais in Paris. Später fand dann Drahtglas auch vielfältigen Einsatz in großen Glasdachkonstruktionen.
Die gebräuchlichen Verfahren zur kontinuierlichen Herstellung von *Flachglas* gehen auf zwei unabhängige Entwicklungen aus dem Jahr **1910** zurück, die von dem Belgier Émile Fourcault und dem Amerikaner Irving Colburn stammen.
1952 führte der Engländer Alastair Pilkington das sogenannte *Floatglas-Verfahren* ein, das im Vergleich zu den klassischen Techniken der Flachglas-Herstellung nicht nur wirtschaftlicher ist, sondern Glas von hoher Qualität liefert.

Kappafloat. 1980 stellte Alastair Pilkington erstmals ein Glas vor mit besonders günstigen Wärmespeicher-Eigenschaften, also auch mit einem optimalen Treibhauseffekt, das er *Kappafloat* nannte. Es kann ohne nennenswerte Verluste von der Sonnenstrahlung passiert werden. Die dann vom Boden reflektierte langwellige Wärmestrahlung wird hingegen von Kappafloat na-

Für die erste internationale Großmesse der Welt 1851 wurde der Crystal Palace im Hyde Park von London errichtet. Es war ein Skelettbau aus Gußeisen mit Glaswänden. 1936 brannte der Prachtbau ab.

hezu vollständig zurückgehalten, verbleibt also im System.

Die neueste Erfindung Pilkingtons: das *Planar,* ein hauchdünnes Glas mit sehr hohem Treibhauseffekt. Eine der ersten größeren Anwendungen fand dieses wärmespeichernde Material im Kingsmead-Handelszentrum in Farnborough (GB).

Verbundglas. 1903 begann der französische Chemiker Édouard Benedictus mit der Entwicklung von Verbundglas, indem er zwischen zwei Glasscheiben eine Zelluloidschicht klebte. Am 10. August **1909** meldete er diese Erfindung zum Patent an.

Ab 1920 wurde Verbundglas erstmals unter dem Markennamen *Triplex* im großen Maßstab produziert und vorwiegend für Windschutzscheiben verwendet. Seit 1936 wurden für die Zwischenschicht andere Kunststoffe verwendet, die sogar die Entwicklung von extrem schußfestem Verbundglas gestatteten.

Aus mehr als 30 000 m² Glasplatten besteht das 1986 gebaute Jacob Javits Center in New Yorks Stadtteil Manhattan.

Pyrex. 1884 untersuchte der deutsche Optiker und Feinmechaniker Carl Zeiss (1816–88) in Jena erstmals genauer Bor-Silikat-Gläser, die sich durch ihre große Hitzebeständigkeit auszeichnen. 1913 hatte J. T. Littleton von der amerikanischen Corning Glass Corp. die Idee, aus diesem Glas Kochgeschirr für den Haushalt zu produzieren. E. C. Sullivan und W. C. Taylor entwikkelten dann 1915 zu diesem Zweck das Pyrex-Glas.

UHREN UND ZEITMESSER

Mechanik der Uhr. Der erste *Hemmungsmechanismus* stammt vermutlich von dem Chinesen I Hing aus dem Jahr **725.** Die Hemmung ist einer der wichtigsten Bestandteile der Uhren. Sie bewirkt die schrittweise Bewegung des Räderwerks in dem vom Zeitnormal vorgegebenen Takt.

Zahlreiche Mechanismen sind im Laufe der Zeit entwickelt worden, so die *Graham-Hemmung* für Pendeluhren (1715), die *Zapfen-Hemmung* von Amant (1730), die dann später von Pierre A. Caron, besser bekannt als Dichter unter dem Namen Beaumarchais, vervollkommnet wurde. Der englische Uhrmacher T. Mudge erfand 1759 die *Anker-Hemmung.* Die heute meist verbreitete Version – auch als *Schweizer Anker-Hemmung* bekannt – geht auf den Franzosen L. Perron (1798) zurück.

Spiralfeder. 1675 untersuchte Christiaan Huygens das Unruhschwingsystem, in dem eine Spiralfeder die entscheidende Rolle spielt. Die Bedeutung dieser Erfindung ist nur mit der Einführung des Pendels für Uhren vergleichbar, die ebenfalls auf Huygens zurückgeht. Das gangregulierende System aus Unruh und Spiralfeder ist bis heute der wichtigste Bestandteil mechanischer Uhren.

Aufziehsystem. 1755 entwickelte Beaumarchais für Madame Pompadour eine Uhr, die ohne Schlüssel aufzuziehen war. Mit ihren Fingernägeln konnte sie einen Ring drehen, der um das Zifferblatt angebracht war.

Nach zahlreichen Versuchen gelang es **1842** dem Schweizer A. Phillippe, ein Aufziehsystem zu entwickeln, mit dem gleichzeitig die Zeiger gestellt werden konnten. Es war der Vorläufer des bis in die jüngste Zeit gebräuchlichen Systems.

Das automatische Aufziehsystem geht auf Abraham-Louis Perrelet auf das Jahr **1775** zurück. Hierbei wurde eine bewegliche Masse verwendet, die bei jeder Bewegung eine Spannung der Triebfeder bewirkt. Die erste Armbanduhr mit Selbstaufziehsystem wurde 1924 in einem Patent von H. Cutte und J. Haarwood beschrieben.

Der Schattenstab, auch Gnomon genannt, wurde bereits im **3. Jtsd. v. Chr.** von den Chinesen oder den Chaldäern erfunden und fand rasch Verbreitung als Zeitmesser. Der Gnomon war ein Vorläufer der Sonnenuhr.

Die Klepsydra als erste künstliche Uhr war schon etwa **1500 v. Chr.** in Ägypten bekannt. Auch in China, Griechenland, Rom und Gallien war diese Wasseruhr bekannt, die das Prinzip des konstanten Flusses von Flüssigkeiten nutzte.

Die Erfindung der Sonnenuhr ist bis heute Gegenstand kontroverser Diskussionen. Sie könnte sowohl in Ägypten als auch in China zuerst eingesetzt worden sein. Ein erhebliches Verdienst in der Beschreibung der Sonnenuhr kommt dem griechischen Philosophen Anaximander von Milet (610–547 v. Chr.) zu. Die älteste deutsche Sonnenuhr in Fulda stammt aus dem Jahr 820 n. Chr.

Die Sanduhr haben vermutlich die Chinesen erstmals erprobt. Die erste ausführliche Erwähnung ist in einem Stück des griechischen Komödiendichters Baton im **3. Jh. v. Chr.** zu finden.

Das Astrolab, ein himmelskundliches Meßinstrument, das gleichzeitig auch als Sternenuhr diente, geht auf den berühmten griechischen Astronomen Hipparchos von Nikaia im **2. Jh. v. Chr.** zurück. Perfektioniert wurde dann das Astrolab von den Arabern.

Uhr mit Läutwerk. Die erste Erwähnung einer Uhr mit automatischem Schlagwerk findet sich in den »Usages« des Ordens von Citeaux im Jahr **1120.** In Caen baute Beaumont 1314 die erste öffentliche Uhr mit einem Stunden-Läutwerk.

Tragbare Uhr. Um **1410** soll der Florentiner Baumeister und Bildhauer Filippo Brunelleschi (1377–1446) Uhren und Wecker mit verschiedenartigen Federn gebaut haben, die bis zur Einführung des Pendels dominierend waren. Um **1510** baute der Nürnberger Schlosser Peter Henlein bereits einen dosenförmigen Vorläufer der Taschenuhr, das berühmte *Nürnberger Ei.*

Pendeluhr. Der holländische Mathematiker und Astronom Christiaan Huygens (1629–95) erfand die Pendeluhr, die auf das Jahr **1657** zurückgeht. Schon Galileo Galilei (1602) und der Schweizer Uhrmacher und Mathematiker Jost Bürgi (1612) hatten Pendel zur Zeitmessung benutzt, sahen aber noch keine technische Möglichkeit, sie für längere Zeit in Gang zu halten.

Chronometer. Im 18. Jh. wurde das Problem der Bestimmung der geographischen Länge auf hoher See immer dringlicher. Zu seiner Lösung wurde in England sogar eine Belohnung in Höhe von 20 000 Pfund ausgesetzt. Wichtig war in diesem Zusammenhang eine auch auf den Weltmeeren über längere Zeit sehr genau gehende Uhr. **1736** baute der englische Uhrmacher John Harrison (1693–1776) den ersten brauchbaren Marine-Chronometer. Doch erst 25 Jahre später, 1761, gelang es ihm, eine Uhr anzufertigen, die selbst auf See nur eine Gangabweichung von einer halben Minute im Jahr zeigte.

Elektrische Uhr. Der schottische Wissenschaftler Alexander Bain ließ sich **1840** eine Uhr patentieren, deren Pendel mit einem batteriegespeisten Elektromagneten in Schwingung versetzt wurde. Etwa gleichzeitig führte der englische Physiker Charles Wheatstone Versuche zur Schaltung elektrischer Signale im Stundenrhythmus mit Hilfe einer »Mutteruhr« durch.

Der erste moderne Wecker stammt von dem französischen Uhrmacher Antoine Redier (1817–92) aus dem Jahr **1847.** Elektrische Wekker kamen um 1890 auf.

Armbanduhr. Zwei Erfinder, der Franzose Louis Cartier und der Schweizer Hans Hilsdorf, haben die Armbanduhr aus der Taufe gehoben. Cartier hatte **1904** für den Piloten Santos-Dumont eine Armbanduhr gefertigt. Hilsdorf, der Gründer von Rolex, brachte 1910 die erste Chronometer-Armbanduhr heraus.

Mehrzweck-Armbanduhren. Mit vielseitigen Mikrochips ausgestattete Armbanduhren können immer mehr Funktionen übernehmen. Casio brachte **1986** die »Databank watch« heraus, die als elektronisches Notizbuch am Handgelenk dienen soll. Sie kann fünfzig Daten wie z. B. Telefonnummern oder Termine speichern. Das japanische Unternehmen hat auch eine Armbanduhr auf den Markt gebracht, die das Ablesen der Zeiten für die wichtigsten Orte rund um den Globus ermöglicht. Ebenfalls eine Zeitzonenuhr hat Seiko 1987 vorgelegt, die allerdings die entsprechenden Regionen in ihren geographischen Konturen zeigt.

Wasserdichte Uhr. 1926 stellten Hans Hilsdorf und seine Mitarbeiter bei Rolex das erste, absolut wasserdichte Uhrengehäuse vor. 1927 wurde eine Armbanduhr dieser Art, die *Rolex Oyster,* bei einem Schwimmwettbewerb – es war die Überquerung des Ärmelkanals – erfolgreich getestet.

Quarzuhr. Der Uhrmacher Warren Alvin Marrison aus Orange, New Jersey (USA), benutzte **1927** erstmals einen Schwingquarz als Taktgeber für die Uhr. Die erste brauchbare Quarzuhr

1982 konnte die erste Swatch-Uhr gekauft werden. Mit einem »Swatch-Ballon« feierte man das Rekordergebnis von inzwischen weltweit 25 Mio. verkaufter Uhren dieses Typs.

wurde 1933–34 von den beiden deutschen Physikern Adolf Scheibe und Udo Eberhard Adelsberger entwickelt. *Quarz-Armbanduhren* kamen etwa ab **1970** auf den Markt.

Das Prinzip der Atomuhr wurde 1946 von dem amerikanischen Physiker Willard F. Libby (1908–80) entwickelt. Zwei Jahre später – **1948** – wurde die erste Atomuhr im National Bureau of Standards in Washington (USA) gebaut.

Taucheruhr. Die erste Uhr zum Einsatz unter Wasser, die *Submariner,* wurde **1953** von Rolex entwickelt. 1971 folgte dann die *Sea Dweller,* ausgestattet mit einem Heliumventil und wasserfest bis in eine Tiefe von mindestens 610 m.

Die Swatch-Armbanduhr geht auf die Schweizer Ingenieure Jacques Müller und Elmar Mock zurück. Sie ist seit **1982** in den USA und der Schweiz auf dem Markt und erfreut sich seitdem einer weiten Verbreitung. Sie ist bis zu einer Tiefe von 30 m wasserfest, stoßgesichert und leicht; die Batterien halten etwa 3 Jahre. Das Werk ist fest mit dem Gehäuseboden verbunden. Die Swatch kann nicht repariert werden; sie wird, wenn sie nicht mehr funktioniert, weggeworfen.

Auf Sprachbefehle reagierende Uhr. 1985 brachte die Firma Braun eine Quarzuhr heraus, die *Braun Voice Control,* deren Wecksignale durch den gesprochenen Befehl »stop« abgebrochen werden. Die neueste Erfindung von Braun: eine Taschenlampe, die auch die Zeit anzeigt.

Eine lichtbetriebene Wanduhr, die Fluko-Solaruhr, wurde **1986** vom Freiburger Fraunhofer-Institut für Solare Energiesysteme präsentiert. Dabei wird eine völlig neuartige Technologie auf der Basis von Fluoreszenzkollektoren zur Umwandlung von Sonnenlicht in elektrische Energie verwendet. Der eingebaute elektrische Speicher garantiert bei Dunkelheit eine Gangreserve von 1000 Std.

Genaueste Solar-Uhr der Welt. Die deutsche Firma Junghans hat **1987** eine über Zeitimpulse kontrollierte Solarenergie-Uhr entwickelt, die nur eine Sekunde in 150 000 Jahren falsch geht. Die Uhr RCS1 (Radio Controlled Solar) genannt, kostet etwa 50 000 DM. Die hohe Präzision wird durch einen eingebauten Zeitsignalempfänger aufrechterhalten, der von der Atomuhr der Physikalisch-Technischen Bundesanstalt in Braunschweig gesteuert wird.

Dialog mit der Uhr. Die japanische Firma Citizen hat **1987** eine Armbanduhr herausgebracht, die vertraulich angesprochen werden kann. Der »Voice-Master« hat einen Datenspeicher, zu dem nur die Stimme des Trägers der Schlüssel ist. Er speichert 16 Eingaben, wie etwa Telefon- und Kontonummern, Geburtstage und Termine. Bevor man die Uhr in Betrieb nehmen kann, ist freilich etwas Vorbereitung nötig: 31 Kommandos müssen je zweimal ins Mikrofon gesprochen werden, bevor alles funktioniert: Zeitanzeige, Gedächtnis, Alarmfunktion und eine zweite Weltzeitanzeige.

In 150 000 Jahren geht diese Solarenergie-Uhr um eine Sekunde falsch. Ihre Impulse erhält sie von der Braunschweiger Atomuhr.

WEBSTÜHLE UND SPINNMASCHINEN

Der Ursprung des Webens liegt vermutlich in der **Jungsteinzeit**, dürfte also bis auf 7000 Jahre zurückreichen. Bis Ende des **18. Jh.s** blieb das Weben Handarbeit – an hölzernen Webstühlen, die immer komplizierter wurden. Die Möglichkeit des mechanischen Webens wurde jedoch früher untersucht. So erleichterte eine Erfindung des Webers Claude Dangon zum mechanischen Anheben der an den Schäften befestigten Kettenfadenkombinationen ab 1606 die Arbeit ganz erheblich. Bis dahin wurden die Schäfte von einem Kind angehoben, das oben auf dem Webstuhl saß. Durch diese Abänderung wurde es möglich, wesentlich kompliziertere Muster zu weben.
1725 verbesserte der Franzose B. Bouchon die Erfindung seines Landsmanns Dangon durch die Einführung einer halbautomatischen Steuerungsvorrichtung für die Herstellung von Webmustern. 1728 gelang es dem Engländer F. Falcon, das Heben und Senken der Kettfäden durch Lochkarten aus Karton zu steuern.

Der mechanische Webstuhl ist eine Erfindung des englischen Geistlichen Edmund Cartwright (1743–1823), der aus der sorgfältigen Beobachtung der Tätigkeiten und technischen Probleme der Weber **1785** in vier Patenten die Lösung der wichtigsten Schwierigkeiten beschrieb und damit die Grundlagen für den Maschinenwebstuhl schuf.
Allerdings wurde erst 1823 eine konstruktiv befriedigende Version des Maschinenwebstuhls in die industrielle Produktion eingeführt.
Cartwright hatte Vorläufer, bekannte und weniger bekannte. So stellte 1678 der französische Marineoffizier Des Gennes der Pariser Akademie der Wissenschaften eine Maschine vor, mit der die Herstellung von Geweben ohne menschlichen Arbeitseinsatz möglich sein sollte.
Der wohl bekannteste Konstrukteur von Automaten im 18. Jh., Jacques de Vaucanson (1709–82), entwickelte bereits 1745 eine vollautomatische Webstuhlsteuerung, die aber offensichtlich ihrer Zeit weit voraus war und keine praktische Verbreitung fand.

Jacquard-Webstuhl. Der französische Weber Joseph-Marie Jacquard schuf **1805** in Lyon den automatisierten Musterwebstuhl. Er verbesserte entscheidend den arbeitsaufwendigsten Teil dieses Webstuhls, den sogenannten »Harnisch«. In diesem komplizierten Schnüre- und Platinensystem werden – je nach Muster – zahlreiche Kettfäden abwechselnd zur Fachbildung hochgezogen. Zur Steuerung dieses komplizierten Vorgangs führte Jacquard die Steuerung über eine große Zahl gelochter Pappkarten ein. Der Handweber konnte das System mit einem einzigen Fußtritt betätigen. Damit wurde die Kunstweberei nicht nur viel schneller, sondern benötigte nun auch erheblich weniger Arbeitskräfte. Auf seine in vieler Hinsicht revolutionäre Erfindung hatte Jacquard kein Patent genommen.

Der Maschinenwebstuhl geht auf einen der bedeutendsten englischen Werkzeugmaschinenkonstrukteure, auf Richard Roberts (1789–1864) zurück. Sein **1822** gebauter und dann von ihm produzierter eiserner Maschinenwebstuhl war Höhepunkt und Abschluß einer langen Entwicklung, in der unter anderem auch der 1803 patentierte hölzerne Maschinenwebstuhl von W. Horrock eine wichtige Rolle gespielt hat.
Der nächste technische Durchbruch kam dann mit dem Maschinenwebstuhl des Amerikaners John Howard Northrop, der **1889** die *automatische Schußspulen-Vorrichtung* einführte.

Das Spinnen ist noch älter als das Weben. Sein Ursprung dürfte mit der Seßhaftwerdung des Menschen (ab **10000 v. Chr.**) verbunden gewesen sein. Damals begann man, aus den kurzen Naturfasern wie Wolle und Baumwolle Fäden zu spinnen. Seit ungefähr 7000 v. Chr. dürfte das Spinnen mit Rocken und Spindel gebräuchlich gewesen sein. Das Spinnrad als erstes »technisches« Gerät kam im 13. Jh. – vermutlich aus Indien – nach Europa. Im 18. Jh. begann dann die Mechanisierung der Spinntechnik.

Das Weberschiffchen, auch »Schnellschütze« genannt, erfand der englische Weber John Kay **1733.** Damit wurde das ermüdende und arbeitsaufwendige Eintragen des Schußfadens in das Fach mechanisiert. Es wurde möglich, daß der einzelne Weber nun Stoffe in verschiedensten Breiten weben konnte, und das nun auch mit sehr viel größerer Geschwindigkeit. Es stieg der Garnbedarf rapide, was wiederum die Konstruktion schnellerer Spinnmaschinen erforderte.

»Spinning Jenny«. Der Handweber James Hargreaves (1720–78) baute **1764** die erste Spinnmaschine mit acht Spindeln, *Spinning Jenny* genannt. In seinem 1769 beantragten Patent war die Maschine bereits mit 16 Spindeln ausgerüstet und noch von einem Handrad angetrieben.
1769 erhielt der Engländer Richard Arkwright ein Patent für eine Spinnmaschine, die nicht nur ein kräftigeres Garn produzierte, sondern auch über einen Transmissionsriemen *von einem Wasserrad angetrieben* wurde.

Rotorspinnmaschine. 1965 wurde in der ČSSR erstmals eine neuartige Spinnmaschine vorgestellt, die als Kernstück einen Hochgeschwindigkeitsrotor enthält, der bis zu 60000 U/min leistet. Sie kann sechsmal schneller spinnen als moderne Ringspinnmaschinen. Sie setzte sich daher in den siebziger Jahren rasch durch.

METALLURGIE

Die Erfindung der Metallverarbeitung dürfte zweifellos ein Produkt des Zufalls gewesen sein. Ihre Wurzeln lagen aber in der Seßhaftwerdung des Menschen (ab **10000 v. Chr.**), im Übergang von der konsumierenden zur produzierenden Gesellschaft, als die elementaren handwerklichen Tätigkeiten entstanden. So sind Kupferperlen und -nadeln bereits im 7. Jh. v. Chr. gefertigt worden. Die Funde von Ali Kosch (Westpersien) und von Cayönü-Tepesi (Ostanatolien) zeigen bereits die Beherrschung sowohl des Kaltschmiedens als auch des Ausschmelzens.
In der Jungsteinzeit (etwa ab 5000 v. Chr.) wurden nach und nach jene Techniken entwickelt, die die Gewinnung und Verarbeitung von Kupfer und Zinn ermöglichten.
Das Ausschmelzen von Erz ist eine Abfolge von komplexen Handlungen, die mit der Auswahl des Erzes beginnt und über das Erreichen der benötigten hohen Temperaturen bis hin zur Reinigung des Rohkupfers führt. Obwohl der Zufall beim Erkennen der einzelnen Arbeitsgänge eine wichtige Rolle gespielt haben dürfte, ist die Metallgewinnung aus Erz eine der genialsten Erfindungen des Menschen der Jungsteinzeit.

Bronze. Die Bronze, eine Legierung aus Kupfer und Zinn, weist gegenüber dem zuerst verwendeten Kupfer zwei große Vorzüge auf: Sie ist härter und leichter zu gießen. Um **3500 v. Chr.** stellte man bereits Bronze aus einem Gemisch von Kupfer- und Zinnerz unter Verwendung von Holzkohle als Reduktionsmittel her. Später dann – um etwa 3000 v. Chr. – wurde Bronze aus reinem Kupfer und Zinnstein hergestellt. In Mesopotamien war die Bronze um diese Zeit bereits weit verbreitet. Nach Ägypten, wo die Kupferverhüttung bereits früh bekannt war, gelangte sie hingegen erst im 2. Jtsd. Die Technik der Bronzeherstellung hatte bis 1800 v. Chr. fast alle Teile Europas erreicht.

Eisen. Es ist schwierig, für die Entdeckung des Eisens ein genaues Datum anzugeben. Fest steht, daß zunächst das zwar reine aber seltene Meteoreisen zu Waffen und Werkzeugen verarbeitet worden ist. Dazu war kein komplexer Verhüttungsprozeß notwendig. In ägyptischen Gräbern, die um das Jahr **4000 v. Chr.** angelegt worden sind, hat man kleinere Gegenstände aus Eisen gefunden. Eiserne Werkzeuge sind bereits um 3500 v. Chr. in Anatolien in Gebrauch gewesen. Im antiken Griechenland ist Eisen schon als »Baustoff« benutzt worden. Bekannte Beispiele sind die Propyläen und die Akropolis in Athen. In Mitteleuropa setzte die Eisenzeit um 800 v. Chr. ein. Bereits 400 v. Chr. wurde im Siegerland Eisenerz verhüttet. Um die Zeitwende verfügte das Imperium Romanum über große Verhüttungsanlagen in Italien, Spanien, England, am Rhein und in der Steiermark. Die Entwicklung auf dem indischen Subkontinent wird durch die berühmte Eisensäule von Delhi charakterisiert, die um 300 n. Chr. aufgestellt wurde. Im 3. Jh. kamen die ersten Vorläufer der Hochöfen auf. Das Eisen löste die Bronze bei der Herstellung von Waffen, Werkzeugen und Schmuck ab und wurde letztlich zum Wegbereiter großer technischer und kultureller Umwälzungen.

Etruskischer Schmelzofen. Um **800 v. Chr.** wanderten – vermutlich aus dem anatolischen Hochland stammend – die Etrusker in Italien ein. Sie brachten bedeutende Kenntnisse in der Eisenverhüttung und -bearbeitung nach Europa mit, zum Beispiel die Kunst des Härtens durch Aufkohlen des Eisens. Ihre Schmelzöfen, in denen das Metall nach dem sogenannten Rennverfahren gewonnen wurde, waren eingetiefte Schachtöfen von etwa 2 m Höhe, die mit alternierenden Schichten von Holzkohle und Eisenerz beschickt wurden. Die tonerdehaltige Schlacke konnte abgelassen werden. Die Kuppel des Ofens war mit einem Abzug versehen, während sich am Unterteil ein Zugloch befand, um eine gute Durchlüftung zu erreichen. Nach dem Schmelzprozeß wurde der Ofen abgerissen, die weiche Eisenmasse anschließend in der Schmiede weiterverarbeitet.

Katalanischer Schmelzofen. In Katalonien, im Nordosten Spaniens, aber auch im Südosten Frankreichs, wurde um **700 n. Chr.** ein neuer Ofentyp, heute als Katalanischer Schmelzofen bekannt, eingeführt. Er bestand aus einem kurzen, aus Steinen gemauerten Schacht, in den zunächst Holzkohle und darüber Eisenerz gefüllt wurde. Durch eine Düse wurde dann mit einem Blasebalg Luft in die Holzkohle geblasen, wodurch die Temperatur anstieg. So konnten größere Erzmengen verhüttet werden. Zum Schmelzen des Eisens reichte jedoch die Temperatur noch nicht aus.

Hochofen. Frühe Vorläufer moderner Hochöfen findet man schon im 13. Jh. im Rheintal. Hier wurden die Blasebälge bereits mit Wasserrädern angetrieben. Durch den längeren Kontakt des Erzes mit der Holzkohle nahm das Eisen mehr Kohlenstoff auf; sein Schmelzpunkt sank unter die Ofentemperatur. Das Metall schmolz, tropfte auf den Schachtboden, konnte abermals geschmolzen und in Formen gegossen werden.
Die Eisenindustrie geht auf die englische Technikerfamilie Abraham Darby zurück, die im **18. Jh.** in Coalbrookdale für eine Reihe von Erneuerungen sorgte. So war Abraham Darby (1711–63) für die Einführung des ersten Kokshochofens (1735) und den Einsatz der ersten Dampfma-

schine in der Eisenbranche (1742) verantwortlich. 1784 umfaßte das Werk bereits 8 Hochöfen, 16 Dampfmaschinen, 9 große Hämmer und viele Gießöfen, Walzen und Bohrmühlen sowie ein eisernes Schienennetz.
Weitere Pioniere der Hochofentechnik sind die Brüder Friedrich und Wilhelm Siemens. **1856** erfand Friedrich Siemens (1826–1904) den *Regenerativflammofen,* **1864** erprobte der Franzose Pierre Martin (1824–1915) in einem dieser von den beiden Siemens-Brüdern gebauten Öfen die Herstellung von Herdstahl. Diese Methode ist als *Siemens-Martin-Verfahren* bekannt geworden. Mit der Vorwärmung der Frischluft wurden höhere Ofentemperaturen möglich, so konnte auch Schrott zu Stahl verarbeitet werden.

Stahl. Gehärtetes Eisen dürfte erstmals bei den Hethitern um **1500 v. Chr.** erfunden worden sein. Das sogenannte Aufkohlen des Eisens mit mindestens 0,25 Prozent Kohlenstoff war die Voraussetzung für die weitere Verbesserung des Metalls durch Abschreckung, das heißt durch rasche Abkühlung des auf Rot- oder Weißglut erhitzten Eisens mit Wasser, Ochsen- oder Bocksblut, Urin und später auch Öl. Für das Aufkohlen gab es bereits um 1350 v. Chr. spezielle Techniken; um 1000 v. Chr. gab es entsprechende Öfen zur Herstellung von Schmiedestahl.
Um **1740** produzierte der Engländer Benjamin Huntsman sogenannten *Tiegelstahl* nach einem Verfahren, das bereits um 200 n. Chr. in Indien in Gebrauch war.

Bessemer-Birne. 1856 baute der vielseitige englische Erfinder Henry Bessemer (1813–98) einen mit saurem Futter ausgekleideten Konverter. Dieses kieselsäurehaltige Futter erleichterte die Schlackenbildung. Vom Boden her wurde dem Konverter Frischluft durch Einpressen zugeführt, wodurch die Verunreinigungen im Roheisen verbrannten. Anschließend wurde die Schmelze mit etwa 0,25 Prozent Kohlenstoff angereichert. Auf diesem Wege erhielt man billigen sogenannten Flußstahl, den Bessemer ab 1860 in einem eigenen Stahlwerk produzierte.

Korrosionsfester Stahl. 1912 wurden der Firma Krupp (Essen) zwei Patente zur Herstellung von korrosions- und säurefestem Stahl erteilt. Sie gehen auf Forschungen von Benno Strauß und Eduard Maurer zurück. 1913 erhielt der englische Metallurge Harry Brearley ebenfalls ein Patent auf einen Chromstahl. Auch der Amerikaner F. M. Buckett ist um diese Zeit als Erfinder derartiger Stähle hervorgetreten.

Vidasil. Ein extrem temperaturbeständiges Material wurde von dem Jugoslawen Vida Popovic entwickelt. Vidasil widersteht Temperaturen bis zu 6000° C, es ist säurefest und isoliert bis zu Spannungen von 3000 Volt. Das Material

Bei diesem supermodernen Hochleistungs-Elektrolichtbogenofen bei Krupp Stahl in Bochum werden die weltbekannten NIROSTA-Edelstähle erschmolzen. Umweltfreundlich und sicher für die Stahlwerker läuft der Schmelzprozeß in dem völlig eingehausten Ofen ab. Nur zum Einfüllen neuen Stahlschrotts werden die gewaltigen Tore geöffnet.

scheint besonders für Anwendungen in der Metallurgie und im Schiffbau geeignet. Es wurde auf der Erfindermesse in Brüssel **1986** mit einem Großen Preis ausgezeichnet.

Schweißen. Das Verbinden von zwei Stücken verschiedener Metalle ist etwa seit **3500 v. Chr.** bekannt. Verschweißen unter Hitze mit Hilfe des Hammers wurde von den Hethitern in Anatolien um 1500 v. Chr. entdeckt. Um 1350 v. Chr. muß diese Technik auch in Ägypten bekannt gewesen sein: derart verarbeitete Stücke hat man im Grab des Tut-ench-Amun gefunden.
1811 erkannte der englische Chemiker Humphry Davy die Möglichkeit, mit Hilfe des elektrischen Stroms und von Kohleelektroden, Metalle zu schmelzen und damit zu verschweißen. **1867** entwickelte dann der amerikanische Ingenieur Elihu Thomson das *elektrische Widerstandsschweißen.* Im Jahre 1885 führte N. N. von Bernados das Lichtbogenschweißen ein. 1890 modifizierte der Russe Slavjanow das Verfahren, indem der Lichtbogen zwischen einer abschmelzenden Me-

tailelektrode und aus dem Werkstück brennt. Kjeliberg erprobte 1904 erstmals die ummantelte Elektrode. Diese Technik hat vielfältige Abwandlungen erfahren.
Das Gasschmelzschweißen mit der 3000° C heißen Sauerstoff-Acetylen-Flamme wurde um **1904** in Frankreich von Charles Picard eingeführt.
Wo es auf besonders hohe Präzision ankommt, bei Flugzeugen, in der Raumfahrt, aber auch bei Autos, benutzt man in neuerer Zeit auch Elektronen- und Laserstrahlen zum Schweißen.

Wellblech. Blech mit wellenförmigem Profil wurde erstmals **1828** von dem Londoner Baumeister Richard Walker benutzt, wobei die Wellen noch einzeln in das Material gepreßt wurden. Die bis heute gebräuchliche Methode der Herstellung durch Profilwalzen wurde von John Spencer aus Birmingham (GB) erfunden, der sich das Verfahren 1844 patentieren ließ. 1853 erhielt Pierre Carpentier ein Patent auf die Verformung von galvanisierten Metallen zu Wellblech.

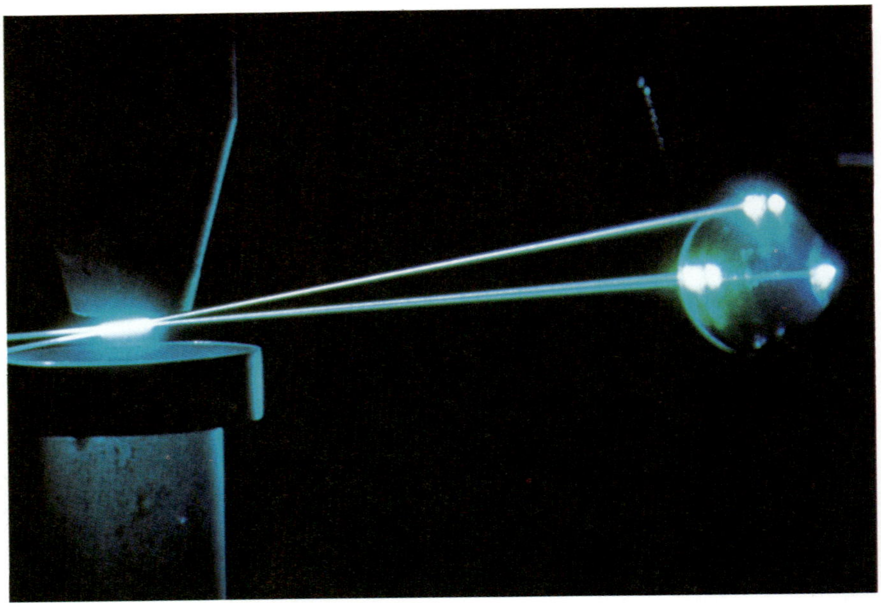

Mit Laser gegen Schadstoffe – eine Erfindung des Heidelberger Chemikers Jürgen Wolfram. Seine Flammen- und Rauchgasanalysen (hier im Bild) führen zu einer Verringerung der Stickstoff-Emissionen von bis zu 90 Prozent.

»Made in Germany«

Es ist noch nicht einmal eine deutsche Erfindung: Vor etwas mehr als hundert Jahren, am 22. August 1887, beschloß das britische Parlament im Marchandise Marks Act (Handelsmarken-Gesetz) die Kennzeichnungspflicht für ausländische Waren: ab sofort sollte jedes Produkt, das auf englischen Märkten angeboten wurde, mit dem Hinweis auf sein Ursprungsland gekennzeichnet sein. Diese Maßnahme war in erster Linie ein Abwehrversuch der britischen Wirtschaft gegen die Konkurrenz vom Kontinent und nicht, wie man es dem englischen Bürger glauben machen wollte, die Sorge um den Käufer, der vor dem Erwerb unzulänglicher ausländischer Produkte bewahrt werden sollte. Aber der Verlust der wirtschaftlichen Vormachtstellung Englands war auch durch dieses Gesetz nicht mehr aufzuhalten. Die bis dahin führende Wirtschaftsmacht mußte zusehen, wie sie von Deutschland und den USA durch deren enorme industrielle Leistungskapazitäten abgehängt wurde. Das ursprünglich als diskriminierend gedachte Gesetz schuf den Qualitäts- und Wertbegriff schlechthin. »Made in Germany« wies bald den Weg zum Markenprodukt, vor allem bei Werkzeugmaschinen, pharmazeutischen Produkten, Markeninstrumenten usw., so wurde Deutschland noch vor dem Ersten Weltkrieg die Nummer eins in Europa.
Bedingt durch die beiden Weltkriege und die Weltwirtschaftskrise verlor »Made in Germany« bald seinen guten Ruf und konnte erst in den 50er Jahren wieder an Ansehen gewinnen. Heute behauptet dieses Gütesiegel seinen Platz auf allen Märkten der Welt mit dem Erfolg, daß die Bundesrepublik 1986 die größte Exportnation der Welt geworden ist.

WERKZEUGMASCHINEN

Die Fiedeldrehbank ist die wohl älteste Werkzeugmaschine; sie war wahrscheinlich schon um **3000 v. Chr.** im Mittleren Orient bekannt. Die älteste Darstellung findet sich auf einem ägyptischen Grabrelief aus dem 3. Jh. v. Chr.
Um **500 v. Chr.** wurde in Griechenland Holz auf einer *Drechselbank* bearbeitet.

Hobelmaschine. 1751 erfand der Franzose N. Focq eine der ersten Maschinen, mit der man Eisen glätten konnte wie Holz. Sie wurde 1805 abgelöst durch eine verbesserte Version, die auf den Mechaniker Caillon zurückgeht.
1835 entwickelte der englische Ingenieur Joseph Withworth – einer der Väter der Präzisionswerkzeugmaschinen – den Vorläufer der modernen Hobelmaschinen.

Schlittendrehbank. Der französische Automatenbauer Jacques de Vaucanson konstruierte um **1751** eine Drehbank, um Zylinder für seine Konstruktion eines automatischen Webstuhls herzustellen.

Zylinderbohrmaschine. Für die weitere Entwicklung der Dampfmaschinen-Technologie war es notwendig, dichte Zylinder zu bohren. Das gelang erstmals Joseph Wilkinson **1775.**

Hydraulische Presse. Einer der vielseitigsten Erfinder des 18. Jh.s, der englische Ingenieur Joseph Bramah – auf ihn gehen Feuerlöschpumpen, Wasserklosetts, Biergeräte und Türschlösser zurück –, erhielt **1796** ein Patent auf eine hydraulische Presse. Dabei wurde der Druck durch eine Flüssigkeit übertragen, was zu einer erheblichen Leistungssteigerung führte.

Präzisionsdrehbank. Der Engländer Henry Maudslay, übrigens ein Schüler Joseph Bramahs, entwickelte um **1797** den Vorläufer der modernen Metalldrehbank, die bereits eine Reihe wichtiger technischer Merkmale wie Kreuzsupport und Leitspindel aufwies.

Kreissäge. Auf die Kreissäge beantragte im September **1799** der französische Mechaniker A. C. Albert ein Patent, das jedoch offenbar nie erteilt worden ist.
1816 erhielten dann seine Landsleute Auguste Brunet und Jean-Jacques Cochot ein entsprechendes Patent. Das von ihnen beschriebene Sägeblatt hatte Zähne aus gehärtetem Stahl.

Fräsmaschine. 1818 entwickelte der amerikanische Erfinder Eli Whitney für die Herstellung von Handfeuerwaffen eine einfache Fräsmaschine. Whitney hatte bereits 1792 die Baumwoll-Entkörnungsmaschine erfunden.

Feilmaschine. Einer der anderen großen Pioniere der Präzisionswerkzeugmaschinen, der Schotte James Nasmyth, konstruierte **1826** die Feilmaschine, die die mühselige Handarbeit ablösen sollte.

Schleifmaschine. Schleifscheiben tauchten zuerst in England um **1840** auf. Der Franzose Malbec benutzte um 1842 mit Schellack gebundene Quarzkörner als Schleifhilfe.

Dampfhammer. 1836 gründete James Nasmyth in Manchester eine Gießerei, um Werkzeugmaschinen herzustellen. **1839** entwickelte er den großen Dampfhammer, um damit die Antriebswelle für den Dampfer *Great Britain* zu schmieden. Allerdings wurde dann die Maschine nicht für diesen Zweck eingesetzt; sie revolutionierte jedoch das Schmieden und wurde zum Vorläufer der Gesenkschmiede.

Die Papierschneidemaschine erfand **1844** der französische Messerschmied Guillaume Massicot; sie trug lange Zeit seinen Namen.

Straßenwalze. Am 27. Mai **1859** wurde dem Franzosen Louis Lemoine ein Patent für eine Dampfwalze erteilt. Diese Erfindung revolutionierte den Straßenbau.

Preßluftbohrer. Der französische Bauleiter Germain Sommeiller führte den Preßluftbohrer **1861** beim Bau des Mont-Cenis-Tunnels ein. Etwa 10 Jahre später war die Entwicklung vervollkommnet.

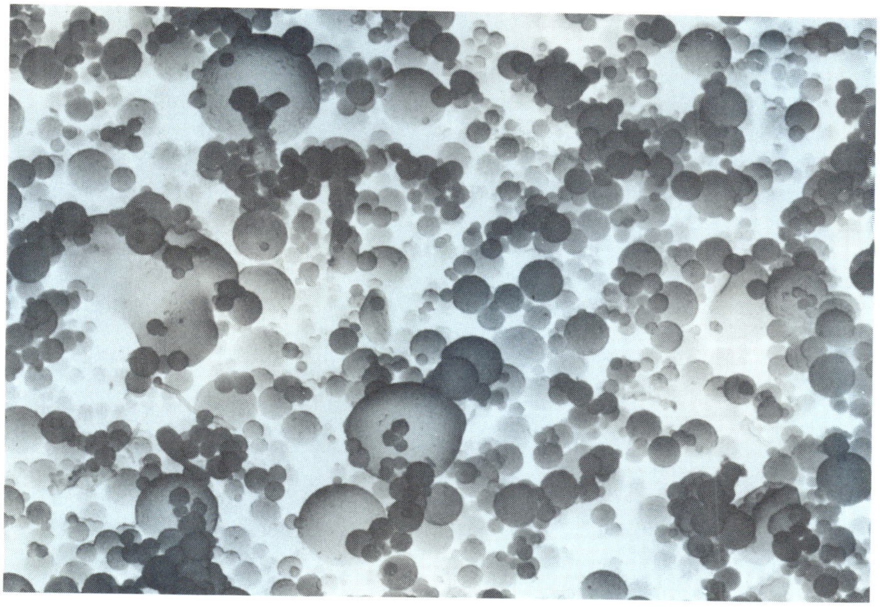

Flugasche aus Steinkohlekraftwerken, hier unter dem Rasterelektronenmikroskop, eignet sich zur Weiterverwendung in Farben, Lacken, Gummi und Papier. Das hat der Mineraloge Thomas Holzapfel in Münster 1987 herausgefunden. Jährlich fallen 3,5 Mio. Tonnen dieses Asche-Abfalls an.

Bio-Hochreaktoren sind eine neue Dimension beim Abbau industrieller Abwässer. Für die Sauerstoffversorgung dieser 25 m hohen und im Durchmesser 45 m großen Kläranlagen der Firma Hoechst, Frankfurt am Main, wurde die Technik der Radialstromdüsen entwickelt.

UMWELTSCHUTZ

Das erste Gesetz gegen die Luftverschmutzung. **1382** erließ der französische König Karl VI. ein Gesetz, das in Paris die Freisetzung »übelriechender Gase« verbot.
Im 19. Jh. gab es in England einen Erlaß, der das Feueranmachen während der Parlamentssitzungen in Westminster untersagte.
1967 befaßte sich der Europarat erstmals mit dem Problem der großräumigen Luftbelastung.

Das erste neuzeitliche Gesetz zur Luftreinhaltung im Zusammenhang mit industriellen Produktionsprozessen trat am 1. Januar **1864** in den USA in Kraft. Der *Alcali Act* bezog sich auf das verbreitete Leblanc-Verfahren zur Herstellung von Natriumcarbonat (Soda), bei dem in einer Zwischenstufe große Mengen Chlorwasserstoff (Salzsäure) entstanden, die man in die Atmosphäre entweichen ließ. Das Gesetz forderte, den Chlorwasserstoff mit Wasser zu binden. Etwa zur gleichen Zeit wurde auch ein *Alcali Act* in England erlassen.

Naturschutz. Es war der englische Diplomat George Perkins Marsh, der erstmals **1864** die Forderung nach Erhaltung und Schutz der Natur formuliert hat. In einem kleinen Werk *Mensch und Natur* führte er aus, daß die Natur vor menschlichen Eingriffen geschützt werden müsse. Das könne aber nur auf nationaler Ebene und nach demokratischen Prinzipien geschehen.

Flußsanierung. Die erste Station zur Sanierung eines Oberflächengewässers, sie betraf die Reinigung der Themse, wurde **1889** errichtet. Bereits um die Mitte des 19. Jh.s war der 346 km lange Fluß so verschmutzt, daß nur noch Aale überleben konnten. Im Laufe der Zeit stellte sich durch die konsequenten Maßnahmen wieder eine erstaunliche Artenvielfalt ein. Heute hat London mit seinem Einzugsbereich mehr als 8 Mio. Einwohner, und man sollte annehmen, daß die Themse wieder zu einem toten Fluß geworden ist. Doch der Erfolg der ständigen Flußsanierung war von Dauer, so daß heute in der Themse sogar wieder Lachse anzutreffen sind.

Kampf gegen den Smog. Vom 5. bis zum 9. Dezember **1952** lagen weite Teile Großbritanniens unter einer dichten Nebeldecke. Besonders betroffen war das breite Themsetal und vor allem London. Eine Inversionswetterlage sorgte dafür, daß die Abgase der Stadt nicht abziehen konnten. Innerhalb von 12 Std. entwickelte sich die schwerste Smogkatastrophe, die London je erlebt hatte. In den 14 Tagen nach der Smogkatastrophe starben etwa 4000 Menschen mehr als sonst in diesem Zeitraum. Es waren vor allem Erkrankungen der Atemwege, die durch den Smog verstärkt wurden und teilweise einen tödlichen Ausgang nahmen.

Erst nach vier weiteren Smogkatastrophen (1956, 1957, 1962 und 1963) wurde durch den *Clean Air Act* die Luftverschmutzung dramatisch gesenkt, so daß sich nicht nur die mittlere Sonnenscheindauer über London nahezu verdoppelt hat, sondern auch die Zahl der Vogelarten im Stadtgebiet von nur 60 in der »Smogära« auf 150 angestiegen ist.

Biologische Kläranlage. 1954 erprobte der Niederländer Pasveer ein einfaches biologisches Verfahren zur Reinigung von Haushaltsabwässern mit aktivem Mikroorganismen-Schlamm in einem ringförmigen Becken. Diese einfache und wirkungsvolle Konstruktion war vor allem für kleinere Gemeinden gedacht, ist dann aber in Europa rasch weiterentwickelt worden.

Biologisch abbaubare Waschmittel. Die klassischen Waschmittel stellten keine Bedrohung der Gewässer dar. Der Zusatz von zahlreichen, der Verbesserung des Waschvermögens dienenden Substanzen jedoch ließ bereits frühzeitig die Frage nach ihrer biologischen Abbaubarkeit laut werden. Schon 1956 wurde in Großbritannien eine entsprechende Forderung formuliert. Erstmals praktisch verwirklicht wurde der Einsatz abbaubarer Waschhilfen **1964** in der Bundesrepublik Deutschland.

Wiederverwertung von Industrieabfällen. In den **siebziger Jahren** wurde – auch unter dem Druck eines gewandelten Umweltbewußtseins – die Entwicklung von Recycling-Techniken vorangetrieben. Sie trugen wesentlich zur Entlastung der Oberflächengewässer bei. Ein Paradebeispiel ist der Baikalsee in der UdSSR, der extrem stark von Abwässern der Zelluloseherstellung belastet war. Dieser beinahe »tote« See hat sich jetzt weitgehend wieder erholt. Heute unternimmt die Industrie bereits erhebliche Anstrengungen, um ein weitgehendes Recycling zu erreichen. Man schätzt, daß allein in den USA 10 Prozent der verbrauchten Elektroenergie für derartige Verfahren eingesetzt werden. 1971 zum Beispiel ließ sich der Amerikaner John C. Brewer aus Salt Lake City, Utah (USA), eine Maschine zum umweltfreundlichen Recycling von Autoreifen patentieren.

Erdöl abbauende Bakterien. 1972 gelang dem amerikanischen Biologen indischer Abstammung, M. Chakrabarty, die Züchtung eines Stamms von Pseudomonas, Bakterien, die in der Lage sind, Erdöl zu »verzehren«. Bakterien dieser Art könnten bei der Bekämpfung der Ölpest nützlich sein. Es war das erste Patent dieser Art, das in den USA erteilt wurde.

Den ersten Erderkundungssatelliten ERTS 1 (Earth Ressource Technology Satellite) startete die amerikanische Raumfahrtbehörde NASA am 23. Juli **1972.** Mit ihm wurde die Möglichkeit einer globalen ökologischen Bestandsaufnahme gezeigt. Der Satellit, später *Landsat 1* genannt, umkreiste die Erde auf einer sogenannten sonnensynchronen Bahn in 930 km Höhe und überflog jedes Gebiet der Erde alle 18 Tage unter exakt gleichen Beleuchtungsverhältnissen. Mit einem speziellen Sensorsystem ausgestattet, konnten nicht nur geologische Details untersucht werden, sondern auch ökologische Veränderungen vielfältiger Art. 1973 folgte der zweite Satellit dieser Art. Heute setzen bereits mehrere Nationen dieses Hilfsmittel ein: *Landsat* (USA), *Meteor* und *Priroda* (UdSSR), *Spot* (Frankreich).

Flechten als Indikator für die Luftbelastung. 1973 führte J. M. Gehu erstmals eine Methode zur Messung der Schadstoffbelastung der Luft ein, die sich der Flechten als Bioindikator bedient. So gab es zum Beispiel in der Umgebung der französischen Stadt Lille um 1900 rund 21 Arten von Flechten; 1951 hingegen waren es nur noch zwei. Generell kann man sagen, daß die Zahl der Arten abnimmt, je näher das untersuchte Areal an den Städten liegt. Aus dem Umfang der Flechtenpopulation kann also auf die Luftgüte in der Umgebung der großen Städte geschlossen werden.

Begonien als Ozondetektor. 1975 entdeckten Wissenschaftler des Städtischen Isotopen-Forschungszentrums in Tokio (Japan), daß eine spezielle Begonienart sehr empfindlich auf Ozon reagiert. Bereits bei einer Konzentration von 15 ppm (Teile pro Mio.) Ozon in der Luft zeigen sich kleine weiße Punkte auf den Blättern. Wenn die Ozonbelastung länger anhält, zeigen sich nekrotische Veränderungen und Perforationen. Auf diese Weise konnte ein billiges und effektives Verfahren zum Nachweis von geringen Ozonmengen in der Luft entwickelt werden.

Fische als »Wassergüte-Kontrolleure«. Untersuchungen an den deutschen Universitäten Frankfurt/M., Hannover, München und Saarbrücken in den sechziger Jahren zeigten, daß die Fischart *Gnathonemus petersi* sehr empfindliche elektrische Organe besitzt, die auf Schadstoffe im Wasser reagieren. Erstmals wurden **1975** diese Fische zur Kontrolle der Wasserqualität im Bodensee eingesetzt. 1979 benutzte die Stadt Göppingen zum ersten Mal dieses Verfahren zur Überwachung der Güte der gereinigten Abwässer – inzwischen fand diese Methode weite Verbreitung.

Hyazinthen als Wasserreiniger. Die Wasserhyazinthe wächst in afrikanischen und südamerikanischen Flüssen mit erstaunlicher Schnelligkeit. Was dort jedoch nicht mit Begeisterung gesehen wird, kann unter dem Gesichtspunkt der Wasserreinigung sinnvoll genutzt werden. Nach eingehenden Untersuchungen der NASA errichtete die Stadt San Diego, Kalifornien (USA), **1981** eine Pilotanlage mit einem Durchsatz von 100 000 l/Tag. Die Wasserhyazinthen verbrauchen nicht nur die im Abwasser enthaltenen Nitrate und Phosphate; sie können auch Schwermetalle binden. Ein Teil der Pflanzen (5 t im Sommer und 2 t im Winter) wird kompostiert und zu Dünger verarbeitet.

Bleifreies Benzin. Das durch Destillation aus dem Erdöl gewonnene Benzin, ein Gemisch von Kohlenwasserstoffen, war für klassische Verbrennungsmotoren nicht optimal, es war nicht »klopffest«. Um 1920 entdeckte man, daß diesem Übelstand durch den Zusatz geringer Mengen organischer Bleiverbindungen abzuhelfen war. Es war vor allem das amerikanische Unternehmen General Motors, das dieser Verbesserung den Weg ebnete. In den zwanziger Jahren war weder die enorme Steigerung des Kfz-Verkehrs noch die Giftwirkung des Bleis auf die Umwelt vorherzusehen. Um 1970 wurde die Forderung nach unverbleitem Benzin weltweit laut. Durch entsprechende technische Verbesserungen auf der Motorseite, aber auch in der Zusammensetzung des Kraftstoffs wurde der Verzicht auf den Bleialkyl-Zusatz möglich. **1975** gab es in den USA und 1977 in Japan unverbleites Benzin. In Europa wurde es erstmals ab 1. April **1985** an Tankstellen in Österreich angeboten.

Katalysator. Bereits **1909** wurde dem Franzosen Michel Frenkel ein Patent zur Reinigung der Verbrennungsabgase von Autos erteilt. **1974** erprobte erstmals General Motors ein modernes Katalysatorsystem. Eine Reihe technischer Varianten sind inzwischen entstanden und werden serienmäßig angeboten. Im allgemeinen geschieht die Schadstoffsenkung durch katalytische Nachverbrennung.

Wasserlöslicher Kunststoff. Der schwäbische Diplomkaufmann Roland Belz hat in langjährigen Versuchen eine Kunststoff-Folie entwickelt, die sich bei Berührung mit Wasser in ihre Bestandteile auflöst. Belz, der seine Erfindung seit **1986** in seiner eigenen Firma in der Schweiz vermarktet, kann heute sogar den zeitlichen Ablauf des Auflösungsvorganges vorherbestimmen. Die umweltfreundliche Folie findet großen Anklang vor allem in der Nahrungsmittelindustrie, in der Landwirtschaft und auch in der Automobilindustrie. Hier soll sie demnächst das umweltschädliche Wachs als Konservierungsmittel ersetzen.

Erdöl aus Plastik. Wissenschaftlern der Union Rheinische Braunkohlen AG (UK) in Wesseling bei Bonn ist es gelungen, ein Verfahren zu entwickeln, das dem stetig wachsenden Problem riesigen Plastikmülls entgegenwirken soll. Durch Hydrierung wird der Kunststoff wieder in Öl zurückverwandelt, in den Stoff, aus dem er hergestellt wurde. Das Deutsche Patentamt hat dafür **1986** ein Patent erteilt und diese Erfindung als besonders wichtig herausgestellt.

Mülltüten aus Mais. Die Chemiker Felix Otey und Richard Westhoff vom Landwirtschaftsamt in Illinois (USA) haben **1987** ein Verfahren entwickelt, um aus Mais Plastik zu gewinnen. Der durch chemische Umwandlung entstandene

Maiskunststoff läßt sich zu Folien und Tüten verarbeiten. Zwar ist diese Folie etwas weniger stabil als herkömmliche, doch ist sie dafür biologisch abbaubar.

SPITZENTECHNOLOGIE

Selen. Der schwedische Chemiker Jöns Jacob von Berzelius (1779–1848) entdeckte **1817** das chemische Element Selen, ein dem Schwefel ähnliches Nichtmetall. 1877 zeigten die englischen Ingenieure May und Smith in Valentia (Irland) die Abhängigkeit des Widerstands vom auftreffenden Lichtstrom bei Selen. Dieses Element wurde als erstes zum Bau von Fotozellen herangezogen.

Der zwölfflügelige Riesenventilator im Windkanal bei Ford erreicht Windgeschwindigkeiten von 300 km/h.

Fotoelektrische Zellen wurden von den deutschen Physikern Julius Elster (1854–1920) und Hans Geitel (1855–1923) in den Jahren **1888–95** entwickelt. Das einfallende Licht wurde hier proportional zu seiner Intensität in elektrischen Strom umgewandelt.

Windkanal. Als Erfinder des offenen Windkanals gilt der berühmte französische Ingenieur Gustave Eiffel, der **1912** in Paris einen Prototyp baute. Dieser Kanal hatte einen Durchmesser von 2 m. Ein Motor mit einer Leistung von 50 kW konnte – regelbar – Windgeschwindigkeiten zwischen 0 und 30 m/s erzeugen.

Ein Windkanal für Unterschallströmungen hat etwa folgenden Aufbau: Vor der Meßstrecke, die den engsten Querschnitt im Windkanal aufweist, befindet sich die Einlaufdüse, in die Luft – gleichmäßig und turbulenzarm, auf die gewünschte Geschwindigkeit beschleunigt – einströmt. Hinter der Meßstrecke befindet sich der Diffusor, in dem der Strömung ein großer Teil der Bewegungsenergie wieder entzogen wird.
Im Laufe des 20. Jh.s sind eine Reihe technisch verschiedener Windkanäle – auch für Überschallgeschwindigkeiten – entwickelt worden.

Geigerzähler. Das erste Zählrohr zur Bestimmung von Alphateilchen wurde **1908** von dem englischen Physiker Ernest Rutherford (1871–1937) und seinem deutschen Mitarbeiter Hans Geiger (1882–1945) hergestellt. 1913 ent-

»Ziehzwiebel« heißt dieses Gebilde. Eine nur 0,1 mm dicke Glasfaser wird von einem 2 cm dikken, erhitzten Glasstab abgezogen. Die Kunst des Zwiebelziehens ist entscheidend bei der Herstellung von Glasfaserkabeln. Ziehgeschwindigkeit und Temperatur müssen optimal gewählt werden.

wickelte Hans Geiger dann den sogenannten Spitzenzähler für energiereiche geladene Teilchen, der zur Bestimmung von Elektronen diente. 1928 konstruierten Geiger und Walter M. Müller den Geiger-Müller-Zähler zum Nachweis und zur Zählung strahlender Teilchen.

Glasfaser. Der französische Handwerker Dubus-Bonnel beschäftigte sich schon 1836 mit der Möglichkeit der Herstellung von Glasgespinsten und -geweben und erhielt auch am 14. November **1836** ein entsprechendes Patent.
Die Fasern aus feinen Glasfäden tauchten jedoch erstmals in der Öffentlichkeit auf, als der Amerikaner Edward D. Libbey 1893 in Chicago ein Seidenkleid mit eingewebten Glasfasern vorstellte. Verfahren zu ihrer industriellen Produktion wurden jedoch erst um 1930 erfolgreich entwickelt.
Seit dem Zweiten Weltkrieg hat sich die Glasfaser als vielseitig verwendbarer Werkstoff durchgesetzt. Ihre positiven Eigenschaften wie Feuer-, Form- und Korrosionsbeständigkeit sowie die Möglichkeit des leichten Säuberns werden derzeit in rund 30 000 Produkten genutzt. Sie umfassen Rotorblätter für Hubschrauber ebenso wie Isoliermaterial.

Glasfaser-Optik. Obwohl das optische Phänomen, die Lichtausbreitung in einem gekrümmten Strahlenweg, schon seit 1870 durch die Experimente des englischen Physikers John Tyndall bekannt war, wurde die feine Glasfaser als Lichtleiter erst **1955** durch den Engländer Narinder S. Kapany entdeckt.
Heute werden bereits großtechnisch Lichtleiterfasern hergestellt, die biegsam und dünner als ein menschliches Haar sind. Sie bestehen aus zwei verschiedenen Glassorten, wobei der Faserkern etwa 0,01 mm, der Mantel etwa 0,1 mm stark ist. Die Anwendungen der Lichtleiterfasern sind vielseitig. Zunächst wurden sie in der Medizin in den Endoskopen zur Untersuchung des Körperinneren eingesetzt.
1966 erprobte der amerikanische Ingenieur Charles Kao erstmals die Möglichkeit, Kommunikation über Lichtleiterfasern zu übertragen. Die erste öffentliche, 9 km lange *Glasfaser-Telefonleitung* wurde **1977** zwischen Long Beach und dem kleinen Ort Artesia, Kalifornien (USA), verlegt. Inzwischen erfährt das Glasfaserkabel immer weitere Verbreitung und wird – auf längere Sicht – das Kupfer in der Kommunikationstechnologie ersetzen.

Mit Hilfe dieser Beobachtungsstation können amerikanische Wissenschaftler, hier in Parkfield, Kalifornien (USA), selbst geringste Erdbeben beobachten. Die Laserstrahlen zeigen Bewegungen von unter einem Millimeter an.

Kohlefasern. Indirekt kann Thomas Alva Edison als erster Anwender von Kohlefasern angesehen werden. **1880** verkohlte er Bambussprossen unter Luftabschluß. Die dabei entstehende Kohlefaser – sie war allerdings gegen Erschütterungen nur wenig stabil – benutzte der große Erfinder als Glühfäden für seine Experimente mit der Glühlampe.
Der moderne Werkstoff Kohlefaser jedoch wurde um **1963** von Forschungsingenieuren des Royal Aircraft Establishment in Farnborough (GB) erstmals näher untersucht. Ein technisch praktikables Verfahren wurde 1961 in einem japanischen Patent von A. Shindo beschrieben. 1969 begann die Produktion, wobei Japan bis in die frühen achtziger Jahre rund drei Viertel aller Kohlefasern herstellte. Sie sind bis zu einer Temperatur von 2500° C beständig und viermal leichter als Stahl, korrosionsbeständig sowie gute Leiter für Wärme und Strom. Kohlefasern dienen zur Verstärkung von Kunststoffen, die in Fahrzeugbauteilen, Hitzeschilden von Raumschiffen, Sportgeräten, medizinischen Implantatwerkstoffen eingesetzt werden, um nur einige Anwendungen herauszugreifen.

Bodeneffekt. Unter Bodeneffekt versteht man das Luftkissenprinzip, bei dem ein Polster aus Druckluft als Träger für ein technisches System dient. Näher untersucht wurde das Konzept **1957** im Hinblick auf den Lastentransport. Pionier dieser neuen Technik war der Franzose Louis Duthion. Geräte dieser Art sind die Luftkissen-Stapelplatte zur Beförderung schwerer

Der Amerikaner Theodor H. Maiman demonstriert seinen ersten Laser der Welt, den er 1960 entwickelt hatte.

Güter über kürzere Strecken, wie zum Beispiel in Werkshallen, oder ein Gerät zum Transport von Vorratsbehältern.

Luftkissenfahrzeug. Schon 1877 wurde dem englischen Marineingenieur Sir John Thornycraft ein Patent erteilt, in dem ein Luftkissen zur Herabsetzung der Reibung zwischen einem Schiffskörper und dem Wasser vorgeschlagen wurde. Jedoch erst nach 1950 gelang dem englischen Ingenieur Christopher Cockerell die technische Umsetzung. **1955** wurde ihm ein entsprechendes Patent erteilt.
Am 29. Juli 1959, dem fünfzigsten Jahrestag der ersten Kanalüberquerung mit dem Flugzeug, steuerte Cockerell sein erstes Luftkissenfahrzeug über den Ärmelkanal. Knapp zehn Jahre später wurde mit dem 170 t schweren *Hovercraft SR N4* der regelmäßige Fährbetrieb zwischen Dover und Boulogne aufgenommen – mit Platz für 254 Personen und 30 Autos.

Gedächtnismetall. 1962 entdeckte William Buehler am Naval Ordonance Laboratory in White Oak, Maryland (USA), an der Nickel-Titan-Legierung *Nitinol* das sogenannte Gedächtnisphänomen. Wird die Legierung bei hoher Temperatur mechanisch in eine bestimmte Form, etwa eine Spirale, gebracht und abgeschreckt, und wird sie nach dem Unterschreiten einer kritischen Temperatur mechanisch deformiert, die Spirale etwa gestreckt, so entsteht eine quasi-stabile Form, welche die ursprüngliche Spiralstruktur versteckt erhält. Wird die gestreckte Form nun erhitzt, so geht oberhalb der kritischen Temperatur der Draht spontan wieder in die Spirale über. Die technischen Anwendungen dieser Legierungen mit »Gedächtnis« – und inzwischen kennt man mehrere – sind heute zahlreich.

»Biometalle«. Organische Substanzen, die metallische Eigenschaften aufweisen, etwa elektrische Leitfähigkeit, sind gegenwärtig weltweit Gegenstand intensiver Forschung. Bereits **1979** veranstaltete das amerikanische Marine-Forschungslaboratorium die erste Fachtagung zum Thema »Biometalle«, meist Polymere oder komplexe Eiweißverbindungen.
1986 berichtete Dai Homma von der japanischen Toki Corporation über eine kristalline Substanz, die hinsichtlich ihrer elektrischen Eigenschaften in der Robotik zahlreiche Einsatzmöglichkeiten verspricht.

LASERTECHNIK

Ursprung: Vom Maser zum Laser. Die Geschichte des Lasers beginnt – genaugenommen – bereits **1913** mit der Entwicklung des Bohrschen Atommodells. Hier wurde zum ersten Mal gezeigt, daß um den Atomkern kreisende Elektronen nur bestimmte Umlaufbahnen einnehmen können, die diskreten Energieniveaus entsprechen. Beim Wechsel eines Elektrons von einem höheren zu einem niedrigeren Niveau wird die überschüssige Energie in Form eines Lichtquants – eines Photons – abgegeben. Je nach der Energie des Photons entsteht Licht verschiedener Frequenz, also von verschiedener Farbe. In einer Glühbirne zum Beispiel kommt es zur Lichtemission, indem die Glühwendel völlig regellos Photonen verschiedener Frequenz in alle Richtungen abstrahlt. Man bezeichnet diesen Vorgang als spontane Emission.
Beim Laser hingegen wird das Prinzip der sogenannten erzwungenen oder induzierten Emission genutzt, das bereits **1917** von Albert Einstein theoretisch beschrieben wurde. Die Atome senden hierbei ihre Lichtquanten nicht unabhängig voneinander aus, sondern ein von einem Atom emittiertes Photon bewirkt, daß von den benachbarten Atomen Lichtquanten mit gleicher Frequenz und gleichen Eigenschaften abgestrahlt werden.
1928 untersuchten die Physiker R. Ladenburg und H. Kopfermann die induzierte Emission in Gasen. 1940 gelang es dem sowjetischen Physiker W. A. Fabrikant erstmals, auf diesem Wege eine Lichtverstärkung zu erreichen.

Maser ist die Abkürzung des englischen Begriffs »**M**icrowave **a**mplification by **s**timulated **e**mission of **r**adiation«; übersetzt: Mikrowellenverstärkung durch angeregte (induzierte) Strahlungsemission.
1951 hatten die amerikanischen Physiker Charles H. Townes, J. P. Gordon und H. J. Zeiger die wegweisende Idee, das Prinzip der induzierten Emission zum Bau eines Mikrowellenverstärkers zu nutzen. Gebaut wurde dieser erste Maser von dem Team um Townes **1954**, wobei man Ammoniak als aktives Medium für die energiereichen Atome verwendete. Etwa gleichzeitig realisierten auch Nikolai G. Bassow und Alexan-

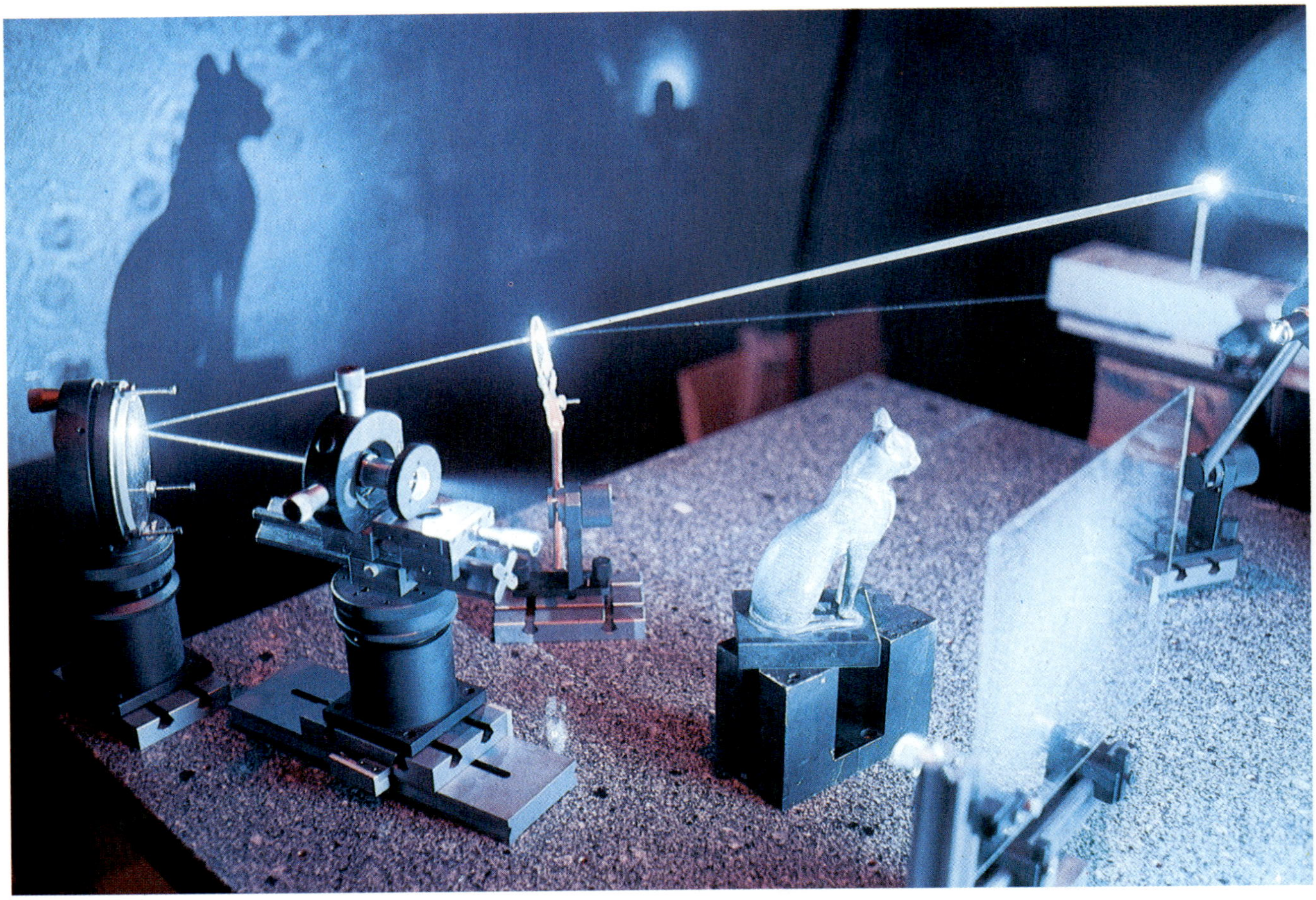

Das Hologramm ist ein Reliefbild, das die Interferenzen zweier Laser ausnutzt. Hier ein Blick auf die Apparatur einer Hologramm-Entwicklung; Abbildungsgegenstand ist eine Katze.

der M. Prochorow in der UdSSR den Gas-Maser. 1964 erhielten Townes, Basow und Prochorow für ihre grundlegenden Arbeiten den Nobelpreis für Physik.
Maser werden heute vorwiegend als rauscharme Verstärker in der Mikrowellen-Empfangstechnik, zum Beispiel in der Radioastronomie, verwendet. Feststoff-Maser werden auch in Atomuhren und als Generatoren für Mikrowellen eingesetzt.

Laser. 1958 übertrugen Charles H. Townes und sein Schwager Arthur L. Schawlow das Maser-Konzept auf sichtbares Licht und Infrarotstrahlung. Bereits **1957** hatte Gordon Gould wichtige Grundlagen des optisch gepumpten Lasers und des Gas-Lasers in seinen Laborbüchern festgehalten, aber nicht veröffentlicht. Von Gould stammt auch die Bezeichnung Laser = »**L**ight **a**mplification by **s**timulated **e**mission of **r**adiation«.
Den ersten Laser baute dann Theodor H. Maiman **1960** im Hughes Research Laboratory, Malibu, Kalifornien (USA). Das Herzstück war ein zylindrischer Stab aus synthetischem Rubin mit völlig planen und parallelen Endflächen. Dieser Laser liefert kurze Lichtblitze, Pulse, daher auch Puls-Laser genannt. Der Laserstrahl unterscheidet sich von einem herkömmlichen Lichtstrahl in mehrfacher Hinsicht: Er ist monochromatisch, also nur von einer bestimmten Farbe bzw. Frequenz, während gewöhnliches Licht sich aus Farben verschiedener Frequenz zusammensetzt. Außerdem ist Laserlicht kohärent und parallel gebündelt; es wird also fast ausschließlich in eine Richtung ausgestrahlt.

Farbstoff-Laser. Für seine Verdienste um die Erforschung des Farbstoff-Lasers wurde 1985 dem deutschen Wissenschaftler Fritz Peter Schäfer vom Max-Planck-Institut für biophysikalische Chemie in Göttingen der IBM-Europa-Preis zuerkannt.
Organische Farbstoffe, wie zum Beispiel Rhodamin, sind als Lasermedien geeignet, wenn man sie in einer Flüssigkeit löst. Diese Farbstoff-Laser zeigen die bemerkenswerte Eigenschaft der Durchstimmbarkeit, das heißt die Wellenlänge des abzugebenden Lichts kann in einem Bereich von 30 nm verändert werden. Sie sind seit etwa **1960** bekannt.

Laser-Film. Am 19. November **1985** wurde erstmals mit der Produktion eines speziell für Laser-Licht empfindlichen Films begonnen, der bei der Herstellung von Bildplatten eine wichtige Rolle spielen wird. Entwickelt wurde der Laser-Film in jahrelangen Forschungen von einem Team bei McDonnell Douglas (USA).

Laser Video. Die Auflösungsgüte von Videoprojektoren und damit die Qualität des Fernsehbildes kann durch den Einsatz eines Lasersystems extrem verbessert werden. Ein Forscherteam des Opto-Akustoelektronik-Labors der Universität von Valenciennes hat **1986** ein derartiges System entwickelt, das die Bildgüte so steigert, daß sie mit der von 35 mm Kinofilm verglichen werden kann. Die Ausgangsbilder kommen über normale Übertragungswege, d.h. über Satellit, terrestrische Ausstrahlung oder Kabel und können mit der neuen Technik in der Endwiedergabe verbessert werden. Das als »sensationell« bezeichnete Verfahren ist allerdings noch nicht industriereif.

Laser in der Medizin. Der erste medizinische Rubinlaser wurde **1960** von dem Amerikaner Theodor H. Maiman entwickelt; es war der erste Laser überhaupt. Freeman benutzte ihn ab 1964 zur Behandlung von Netzhautläsionen.
1967 entwickelten die Forscher D. R. Herricott, E. I. Gordon, D. A. S. Hale und W. Gromnos des amerikanischen Forschungslabors Bell ein Laserskalpell (Light Knife), das gleichzeitig schneidet und kauterisiert.
Erst seit **1970** kommt der 1964 erfundene Kohlenstofflaser bei Operationen zum Einsatz, wie

bei Luftröhren-, Bronchien- und Dickdarmoperationen, bei der Zerstörung von Tumoren der Haut und auch bei Tätowierungen.
Die letzte Laserneuheit ist der YAG-Laser, der am Tier schon seit **1975** ausprobiert wird und seit 1976 beim Menschen Anwendung findet.

Holographie. Eine holographische Abbildung ist die dreidimensionale Wiedergabe eines Gegenstands. Die Technik dieser Art von Bildspeicherung und -wiedergabe basiert auf dem Einsatz von Laserlicht.
Das Verfahren wurde bereits **1948** von dem ungarisch-englischen Physiker Dennis Gabor erfunden. Er erhielt dafür erst 1971 den Nobelpreis für Physik, nachdem in der Zwischenzeit die vielfältigen Anwendungsmöglichkeiten der Holographie deutlich geworden waren.
Die erste praktische Umsetzung des Prinzips wurde 1963 von den Amerikanern E. N. Leith, J. U. Upnatjeks und G. W. Stroke realisiert. Die exakte Wiedergabe von künstlerischen Meisterwerken aus Museen in Moskau und Leningrad wurde Ende der sechziger Jahre von Juri Denisjuk (Moskau) verwirklicht.

Holographische Interferometrie. Forscher der Universität Michigan (USA) entdeckten durch Zufall um **1963** eine wichtige industrielle Anwendung der Holographie. Doppelt belichtete Hologramme etwa erlauben einen sehr empfindlichen Nachweis von Verformungen und Verschiebungen in der Größenordnung von einem millionstel mm. Diese Technik wird in mehreren Bereichen – etwa zur Kontrolle des Profils von Reifen für Flugzeuge oder der Qualität der Verbindungen von Rohrleitungen in Kernreaktoren – verwendet.

Holographische Kreditkarte. Die amerikanische Gesellschaft VISA hat **1984** in den USA Kreditkarten erprobt, die ihre Informationen holographisch gespeichert enthalten. Karten dieser Art sind extrem fälschungssicher und besitzen zudem einen interessanten ästhetischen Effekt.

Holographischer Scanner. IBM brachte **1983** ein holographisches Abtastsystem heraus, das in Registrierkassen Anwendung fand. Das System bedient sich sogenannter *holographisch-optischer Elemente* (HOE), welche Laserstrahlen in bestimmter Weise ablenken.

Holographische Blasenkammern. Die europäische Kernforschungsorganisation CERN in Genf ersetzte um **1982** die konventionelle Fotografie bei der Aufnahme von Spuren in Blasenkammern durch die Holographie. Damit wurde es möglich, die Spuren der Kollisionsprozesse von Elementarteilchen dreidimensional abzubilden.

Matrix-Hologramm. 1975 wurde in Japan und den USA ein Verfahren entwickelt, mit dem es möglich wurde, von einem Matrix-Hologramm – wie bei einer Schallplatte oder einem Videoband – Millionen von Kopien ohne merkliche Qualitätseinbußen zu ziehen. Jede Hologramm-Kopie ist so leuchtkräftig und exakt wie das Original.

Hologramme in der Auto-Konstruktion. Ein Forscherteam am MIT in Cambridge, Massachusetts (USA), unter Leitung von Stephen Benton hat **1986** eine neue holographische Darstellungstechnik entwickelt, die eine präzise dreidimensionale Abbildung ermöglicht. Mit ihrer Hilfe kann das computergestützte Konstruieren von Autos von rund 5 Jahren Entwicklungsdauer auf 1½ Jahre verkürzt werden.

Lasergesteuertes elektronisches Bandmaß. Wo es am Bau auf hohe Genauigkeit ankommt, hilft jetzt das »elektronische Bandmaß«. Sein Meßbereich beginnt bei 30 cm und reicht bis zu 50 m. Die Meßgenauigkeit beträgt plus/minus 3 mm. Durch eine Anschlußbuchse können die Meßdaten auf einen Datenspeicher und von dort direkt auf Fertigungsmaschinen übertragen werden. Der Meßpunkt wird durch einen Laserpunkt markiert, so daß keine Fehlmessungen entstehen. Das elektronische Meßband ist vor allem im Fenster-, Türen-, Metall- und Fassadenbau eine gute Hilfe. Erfinder dieser Meßvorrichtung ist der Physiker J. Hipp aus Hamburg, seit **1987** ist das Gerät auf dem Markt.

Man sieht, was man hört: holographische Meßtechnik bei der Entwicklung lärmarmer Fahrzeuge, eine Technik des modernen Maschinen- und Automobilbaus.

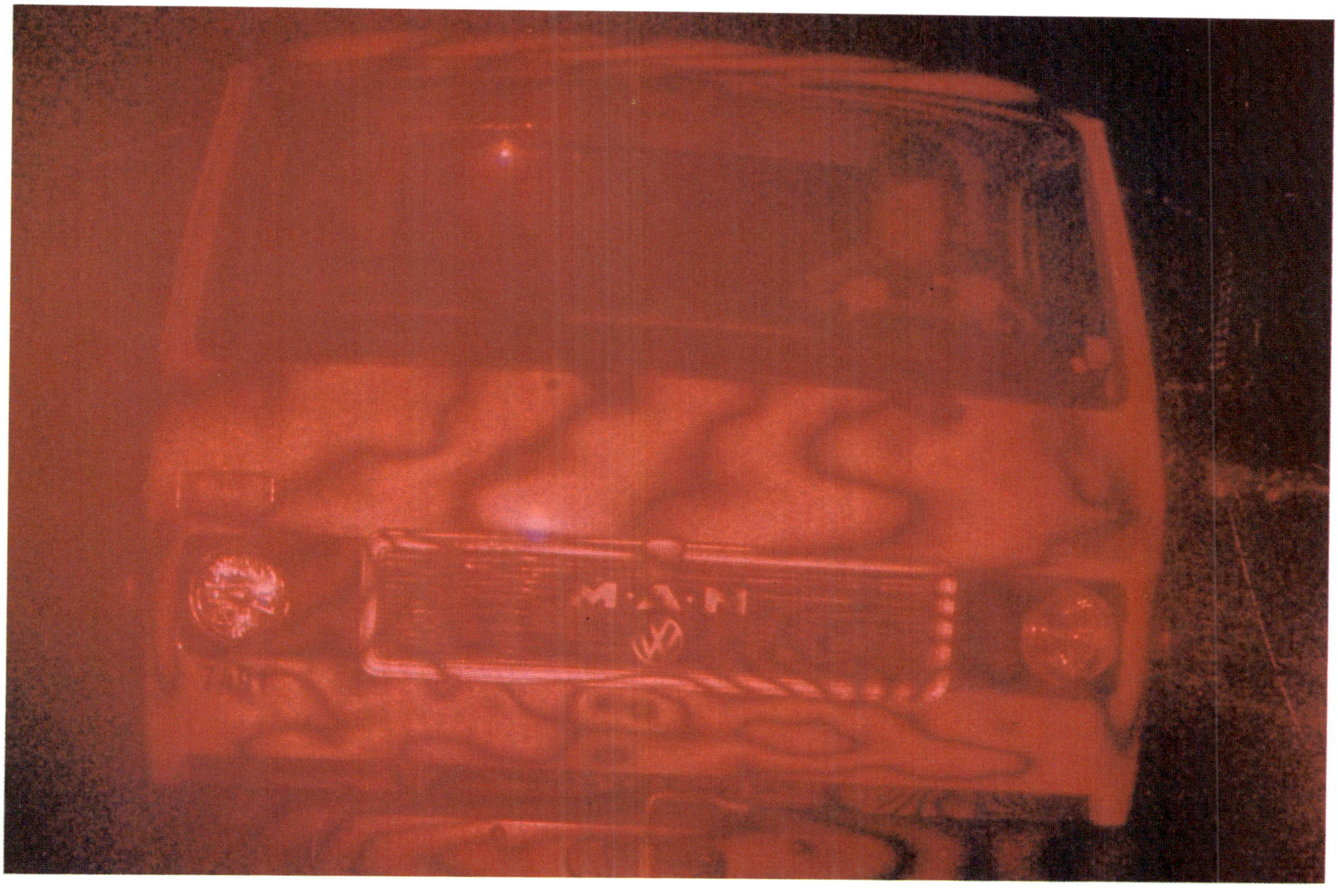

Laser-Schmelzen, eine ganz neue Dimension des Energie-Einsatzes in Industrie und Technik

ENERGIE

WASSERKRAFT

Archimedische Schraube. Archimedes von Syrakus (287–212 v. Chr.) gilt als der Erfinder der Wasserschraube. Durch die Drehbewegungen einer Förderschnecke in einem langen Holzzylinder wird Wasser hochgezogen, so daß es am oberen Zylinderende ablaufen kann. Diese Technik ist – vor allem in der arabischen Welt – noch heute für Bewässerungsanlagen in Gebrauch. Aber auch in Geräten unserer Zeit wie dem Fleischwolf oder dem Mähdrescher findet sich das Prinzip wieder.

Hydraulischer Widder. 1796 entwickelten die Brüder Joseph (1740–1810) und Étienne (1745–99) de Montgolfier das Konzept für einen wasserkraftgetriebenen Stoßheber – eine Wasserpumpe. Der »hydraulische Widder«, benannt nach dem stoßartig ablaufenden Vorgang, wurde technisch von dem Automobilkonstrukteur Amédée Bollée (1844–1917) verbessert und fand dann vor allem in den Luftkompressoren beim Tunnelbau am Mont-Cenis eine abgewandelte Anwendung.

Wasserturbine. 1832 ließ sich Benoît Fourneyron (1802–67) die erste Wasserturbine patentieren, nachdem er bereits seit 1827 mit entsprechenden Geräten experimentiert hatte. Das Prinzip dieser *Fourneyron-Turbine*: Wasser strömt durch ein senkrechtes Rohr herab, wird durch feststehende Leitschaufeln abgelenkt und überträgt seine Kraft auf ein Laufrad. Die erste Turbine lief in einem kleinen Walzwerk bei Pont-sur-l'Ognon (Frankreich) und erzeugte bei einer Fallhöhe von 1,4 m rund 6 kW. Fourneyron war ein Schüler von Claude Bourdin, der den Begriff »Turbine« **1823** einführte.

Francis-Turbine. Die Fourneyron-Turbine wies eine Reihe von Nachteilen auf. Der störendste: Das durch das Laufrad strömende Wasser floß unkontrolliert, verwirbelt ab, was zu erheblichen Leistungsverlusten führte.
Um **1855**, nach anderen Quellen um 1849, führte der Amerikaner James Francis (1815–92) ein neues Konzept ein: Das Wasser wurde in ein sich verjüngendes Spiralgehäuse umgelenkt, wodurch eine gleichmäßige, eine laminare Strömung erzeugt wurde. Damit wurde der Wirkungsgrad der Turbine erheblich erhöht. Dieses Prinzip soll in Wirklichkeit auf Swain, einen Mitarbeiter von James Francis, zurückgehen.

Pelton-Turbine. Um **1880** entwickelte der amerikanische Ingenieur Lester Allen Pelton (1829–1908) ein anderes Turbinensystem: Dabei strömt das Wasser nicht auf ebene, sondern löffelförmige Schaufeln und wird in der Mitte durch eine Schneide zerteilt. Auf diese Weise wird das Wasser in beiden Hälften vollständig umgelenkt und verläßt die Schaufeln fast ohne

Besonders bei hohen Wasserfällen findet die um 1880 entwickelte Pelton-Turbine ihre Anwendung.

Energie. Allerdings benötigt man dabei große Fallhöhen.

Kaplan-Turbine. Für geringe und schwankende Fallhöhen entwickelte um **1912** der österreichische Maschinenbau-Professor Viktor Kaplan (1876–1934) eine Turbine, deren Laufrad an eine Schiffsschraube erinnert. Die Zahl der Schaufeln wurde verringert, ihre Form flachgekrümmt flügelartig gewählt und die Schaufeln drehbar angeordnet. Bis heute ist die Kaplan-Turbine in verschiedenen Varianten weiterentwickelt worden; eine davon ist die Rohrturbine, die besonders in Gezeitenkraftwerken eingesetzt wird.

DAMPFMASCHINEN

Kurbel-Schubstangen-Systeme. Gegen Ende des **14.** bzw. zu Beginn des **15. Jh.s** kam es mit der Einführung der Kurbel-Schubstangen-Systeme zu einem Höhepunkt der angewandten Mechanik des Mittelalters. Mit dieser Technik gelang es, eine Kreisbewegung - zum Beispiel von Wasserrädern - in eine regelmäßige »Vorwärts-Rückwärts«-Bewegung umzuwandeln. Damit wurde es möglich, Sägewerke, Blasebälge oder Pumpen zu betreiben. Auch die Kraftumsetzung in umgekehrter Richtung wurde genutzt. Diese mechanischen Systeme fanden zwei Jahrhunderte später eine erfolgreiche Anwendung in der Dampfmaschine.

Dampfmaschine. Der Erfinder der Dampfmaschine dürfte Heron von Alexandria, ein griechischer Ingenieur und Mathematiker, im **1. Jh. n. Chr.** gewesen sein. Sein sogenanntes Äolipyl galt bei seinen Zeitgenossen als technische Kuriosität, dennoch kommt Heron das Verdienst zu, die Fähigkeit des Dampfes, mechanische Arbeit zu leisten, erkannt zu haben.

Atmosphärenmaschine. Die ersten Maschinen wurden entwickelt nach der Entdeckung des Luftdrucks durch Evangelista Torricelli **1643**. Zu nennen ist hier Otto von Guericke, der 1654 eine Luftpumpe konstruiert hatte und 1661 eine Maschine vorstellte, in der ein Kolben durch Luft bewegt wurde. In diese Epoche fallen auch die grundlegenden Arbeiten der Engländer Thomas Savery (1650–1715) und Thomas Newcomen (1663–1729). Savery hatte **1698** ein Patent auf eine »Maschine zur Hebung des Wassers mit der treibenden Kraft des Feuers« bekommen. Newcomen befaßte sich seit 1702 mit der Kolbendampfmaschine, auf die er und sein Mitarbeiter John Calley 1705 ein Patent erhielten.

Dampfkessel. 1712 konnte Newcomen seine erste atmosphärische Kolbendampfmaschine in einem Kohlenbergwerk in Betrieb nehmen. Die wichtige Neuerung war der separate Dampfkessel, der in seiner Form an einen runden Dampfkochtopf mit domförmigem Oberteil erinnerte. Die Newcomen-Maschine wies bereits so fortschrittliche Elemente wie die Einspritzkondensation und selbständige Steuerung der Dampf- und Wasserzufuhrventile auf. Ihr Brennstoffverbrauch war enorm, der Wirkungsgrad kaum besser als ein Prozent. Wesentliche Verbesserungen, auch bei den Dampfkesseln, kamen dann im letzten Drittel des 18. Jh.s durch James Watt.

Kondensator. Im Winter 1763/64 befaßte sich an der Universität Glasgow (Schottland) der gelernte Werkzeugmacher James Watt (1736–1819) mit der Instandsetzung einer Newcomen-Maschine aus der Gerätesammlung. Dabei untersuchte er systematisch die hohen Wärmeverluste dieses Systems. **1765** fand er die Lösung: Die Kondensation des Dampfs mußte außerhalb des Zylinders erfolgen; man benötigte also einen getrennten Kondensator, was zunächst technische Schwierigkeiten bereitete.

Wattsche Dampfmaschine. Zwischen 1765 und **1767** befaßte sich James Watt mit dem Bau von Prototypen verbesserter Dampfmaschinen mit separatem Kondensator und Luftpumpe, die nur noch ein Viertel des Brennstoffs verbrauchten, den die Newcomen-Maschinen verschlangen. Die großtechnische Umsetzung gelang in Zusammenarbeit mit dem kapitalkräftigen Konstrukteur Matthew Boulton aus Birmingham. 1776 wurde dann die erste Dampfmaschine mit einem Zylinderdurchmesser von 1,27 m in Betrieb genommen. **1781** ließ sich Watt das Planetenradgetriebe patentieren, das die auf- und abgehende Bewegung der Kolbenstange in eine Kreisbewegung umsetzte. Damit war der Weg zur Antriebsmaschine geebnet.

1782 nahm James Watt ein Patent auf die doppeltwirkende Dampfmaschine, indem er den Luftdruck als Antrieb des Kolbens durch Dampf ersetzte, der nun oberhalb und unterhalb des Kolbens in den Zylinder einströmte. Gleichzeitig löste er das Problem der Krafttragung von der Kolbenstange, die ja nun abwechselnd mit Zug und Druck belastet wurde. Dieses Verfahren, 1784 patentiert, ist als Parallelogrammführung berühmt geworden. Zwischen 1776 und 1800 bauten Watt und Boulton ungefähr 500 Maschinen in ständig verbesserter Ausführung.

Um **1783** führte Watt die mechanische Leistungseinheit *Pferdestärke (PS)* ein, die er aus Versuchen mit einem Durchschnittspferd ableitete. 1881 wurde die Einheit der elektrischen Leistung nach Watt benannt.

Hochdruckmaschinen. Um 1800 konstruierte der englische Ingenieur Richard Trevithick (1771–1833) die erste doppeltwirkende Hochdruckmaschine. Während in den Wattschen Maschinen der Dampfdruck 0,7 bar nicht überschritt, arbeitete das Hochdruckaggregat mit 3,5 bar Dampfdruck. Eine Kurbelwelle, angetrieben durch eine Pleuelstange, ersetzte den typischen Waagebalken, so daß Trevithicks Maschine deutlich kleiner als die von Watt war. 1801 wurde sie erstmals in ein Fahrzeug eingebaut, das eine Geschwindigkeit von 15 km/h erreichte und mehrere Personen befördern konnte.

Mehrfach-Expansionsmaschinen. 1803 ließ sich der Engländer Arthur Woolf (1776–1837) die erste Mehrfach-Expansionsmaschine patentieren, deren Vorläufer die Verbundmaschine John Hornblowers (1781) war. Sie verfügt über mehrere Zylinder.

Wasserrohrkessel. Die ersten Wasserrohrkessel stammen von dem Engländer Goldsworthy Gur-

Die Anlage, in der erstmals natürliches Gas über Methanol in Benzin umgewandelt wird. Synfuel in Neuseeland produziert seit 1986 jährlich etwa 750 000 t Benzin auf diese Weise.

ney (1793–1875), der sie **1825** für den Einsatz in Dampfwagen entwickelt hatte. Hier waren kleine und leichte Kessel besonders wichtig. Aus juristischen Gründen konnten sie jedoch nicht gebaut werden. Erst um 1860 entsann sich die Dampfmaschinen-Industrie wieder des Konzepts von Gurney. Zunächst entstanden Kessel mit beschränkter, später dann mit freier Wasserzirkulation. Pionierarbeit leisteten hier die Engländer Babcock und Wilcox (1867) sowie die Franzosen Belleville (1877) und Serpollet (1886).

Rauchrohrkessel. Zur Leistungssteigerung der Lokomotiven konstruierten **1827** der Franzose Marc Seguin (1786–1875) und 1829 der Engländer George Stephenson (1781–1848), unterstützt von seinem Sohn Robert (1803–57), den Rauchrohrkessel. Sein relativ geringes Gewicht sowie die Möglichkeit zur Erzeugung größerer Dampfmengen und eines höheren Dampfdrucks brachten im Zusammenhang mit weiteren technischen Verbesserungen den entscheidenden Durchbruch bei den Lokomotiven.

Rekuperator (Wärmetauscher). 1843 erhielt der Franzose Gustave Hirn (1815–90), ein bedeutender Gasphysiker, mit seinem Mitarbeiter Schinz ein Patent auf den ersten Wärmetauscher. Hierdurch wurde der Wirkungsgrad der Dampfkessel deutlich erhöht.

Überhitzer. 1855 schlug Gustave Hirn vor, den aus dem Kessel zugeführten Sattdampf zu trocknen und ohne Drucksteigerung zu überhitzen, das heißt ihn über die Siedetemperatur zu erwärmen. Überhitzer in verschiedenen technischen Varianten sind seitdem entwickelt worden.

ERDÖL

Erste Erdölprodukte. Sehr wahrscheinlich ist man bereits im Altertum im Mittleren Osten auf die Anwendungsmöglichkeiten der natürlichen Kohlenwasserstoffe gestoßen. So wird in der Bibel vom Erdpech berichtet, mit dem Noah die Arche abdichtete. Auch das Behältnis, in dem Moses als Säugling auf dem Nil ausgesetzt wurde, sei – so das Alte Testament – mit Hilfe von Pech wasserdicht gemacht worden.
Erdpech oder Asphalt fand sowohl bei den Ägyptern als auch in China vielfältige Anwendung. Am Nil benutzte man es unter anderem auch bei der Mumifizierung. In Fernost wurden diese »Erdölprodukte« zum Beheizen von Häusern, als Brennstoffe bei der Zubereitung von Mahlzeiten und der Herstellung von Ziegeln, aber auch schon zur Beleuchtung benutzt.
Um **2500 v. Chr.** wurden in Mohendscho-Daro, im heutigen Pakistan, die Backsteinmauern eines Bades mit Asphalt belegt. Mit Asphalt befestigte man um **600 v. Chr.** auch die Pflastersteine von Prozessionsstraßen in Mesopotamien. Unter dem Namen *Naphtha* waren bei den Babyloniern bereits die leichter entflammbaren Ole bekannt. In Europa wird Erdöl erstmals als Schmiermittel für Wagenräder und vor allem im Zusammenhang mit medizinischen Anwendungen erwähnt. So fand sich *Bitumenöl* in vielen Zubereitungen gegen Hexenschuß, Schwellungen und dergleichen.
Obwohl bereits Mitte des 17. Jh.s die Destillation des Rohöls und die unterschiedlichen Eigenschaften der einzelnen Fraktionen bekannt waren, kann man von einer *industriellen Verarbeitung* erst im **18. Jh.** reden.

Kerosin. Der Amerikaner Samuel Kier stellt **1860** bei der Destillation von Rohöl eine Fraktion leicht siedender Kohlenwasserstoffe her, die er »Kerosin« nennt.

Petroleum. Die industrielle Verarbeitung des Rohöls richtete sich zunächst auf die Gewinnung der leichter siedenden Bestandteile zu Beleuchtungszwecken, die bald eine bescheidene Industrie entstehen ließ. Die Nachfrage nach Leuchtöl, nach Petroleum, stieg ständig. Dennoch ist erst um das Jahr **1860** eine bedeutende Produktion an Petroleum in Europa zu verzeichnen.

Destillation. Die Zerlegung des Rohöls durch Destillation in einzelne Fraktionen mit unterschiedlichen Eigenschaften war bereits Mitte des **17. Jh.s** bekannt. So finden sich entsprechende Hinweise in der Abhandlung *De re metallica* des deutschen Mineralogen Georgius Agricola (1658).

In der UdSSR hat die Erdölverarbeitung 1873 ihren Anfang genommen. Die größte Erdölraffinerie steht heute in St. Croix auf den Jungferninseln (USA) im Karibischen Meer mit einer Kapazität von 27,55 Mio. Tonnen im Jahr. Das entspricht fast einem Drittel des Gesamtbedarfs der Bundesrepublik Deutschland.

Kontinuierliche Destillation. Die Verarbeitung größerer Erdölmengen in einem kontinuierlichen Prozeß, die Basis der modernen Raffinerietechnik, wurde erstmals **1873** von Tawrisow in Baku (UdSSR) erprobt.
Er setzte dazu eine ganze Batterie von Destillationsanlagen ein. 1877 erprobte Samuel von Sickle diese Technik bei der Erdölverarbeitung in Titusville (USA). Die Gebrüder Nobel entwickelten 1880/81 eine neue kontinuierliche Technik mit mehrstufigen Anlagen. Die Kolonnendestillation, die heute das Bild der Raffinerien be-

Die erste feste Bohrplattform im Meer wurde bereits 1869 patentiert; heute sind Bohrinseln kleine selbständige Siedlungen, wie diese vor der Westküste Afrikas.

stimmt, wurde 1926 durch die Specialty Company (USA) eingeführt.

Benzin. 1855 führt der Amerikaner B. Silliman, basierend auf den Erkenntnissen der europäischen Chemiker, zahlreiche fraktionierte Destillationen mit Rohölen aus und charakterisiert erstmals die Standardfraktionen wie Teer, Schmieröl, Benzin usw.

Seismik. Eine auf den Deutschen D. L. Mintrop zurückgehende, ursprünglich für militärische Zwecke im Ersten Weltkrieg seit **1914** entwickelte seismische Technik ist heute als geologisches Explorationsverfahren bei der Erdölsuche nicht mehr wegzudenken. Hierbei wird die Ausbreitung von seismischen Wellen, erzeugt durch gezielte Explosionen, in den Gesteinsschichten an verschiedenen Punkten mit speziellen Geräten gemessen und ausgewertet. Rasche Fortschritte hat diese Technik mit der Einführung der Datenverarbeitung gemacht.

Bohrungen. Die Anfänge der Bohrtechnik lassen sich bis in das **2. Jh. v. Chr.** nach China zurückverfolgen. Hier hat man bereits mit Hilfe von Bambusrohr und Bronzeröhren Erdöl aus tieferen Bodenschichten gefördert.
Erste systematische Bohrungen nach Erdöl wurden bereits **1857** von G. C. Hunaus in der Lüneburger Heide (Wietze bei Hannover) niedergebracht.
Der erste *Bohrturm* stammt jedoch von dem Amerikaner Edwin L. Drake. Er suchte für die Seneca Oil Company nach Erdöl zur Petroleumgewinnung. In Oil Creek nahe Titusville, Pennsylvania (USA), wurde er schließlich am 27. August 1859 in einer Tiefe von etwa 21 m fündig. Drakes Bohrturm war 20 m hoch und arbeitete mit einer Dampfmaschine sowie einem Balken, der in der Mitte drehbar gelagert war. Mit diesem Fund begann die Erdölförderung in großem Ausmaß.

Rotary-Bohrverfahren. Bei dieser von Drake benutzten, auf alte chinesische Vorbilder zurückgehenden Technik wurde das zu durchdringende Gestein zerkleinert und von Zeit zu Zeit mit einem Bohrlöffel aus dem Loch herausgeholt. Der Engländer Robert Beart erhielt erstmals **1884** ein Patent auf das Rotary-Verfahren, auch Drehbohrverfahren genannt. Ein Bohrmeißel sitzt am Ende eines Hohlrohrs, das von einem Drehtisch aus in das Gestein getrieben wird. Das abgetragene Material wird fortlaufend nach oben befördert, indem durch das hohle Gestänge Wasser eingepumpt wird. Das Verfahren ist in vieler Hinsicht laufend verbessert worden.
1922 wurde in der UdSSR erstmals der *Turbobohrer* erprobt, bei dem die Spülung zugleich die Rolle eines hydraulischen Antriebs übernimmt. Das Antriebselement ist die Bohrturbine, an die der Bohrmeißel direkt angeschraubt ist. Dieses Verfahren ist in der Sowjetunion sehr weit verbreitet.
1949 führte die amerikanische Electrodrill Corporation einen *Elektrobohrer* ein. Der Antriebsmotor sitzt hier nicht am Bohrgestänge, sondern an einem Kabel.

Elektrische Bohrlochsondierung. Zur Untersuchung der Bodenschichten bei Probebohrungen entwickelten die Elsässer Brüder Conrad und Marcel Schlumberger ein Verfahren, bei dem eine in das Bohrloch hinabgelassene Sonde eine fortlaufende Aufzeichnung verschiedener physikalischer Parameter gestattet. Ein Team der Firma Schlumberger unter der Leitung von Henry Doll erprobte erstmals das System am 5. September **1927**. Dabei ergab sich eine erstaunlich gute Korrelation des elektrischen Widerstands mit verschiedenen Beschaffenheiten des Gesteins.

Bohrungen im Meer. Am 4. Mai **1869** meldete Thomas F. Rowland das erste Patent für eine feste Bohrplattform an. Im selben Jahr beschrieb Samuel Lewis das Prinzip einer mobilen Hubinsel. Die erste untermeerische Förderung wurde **1897** vor der kalifornischen Küste durchgeführt, wobei Stegbrücken benutzt wurden.
Am 21. August 1928 beantragte der Italo-Amerikaner Louis Giliasso ein Patent auf ein tauchfähiges Lastschiff. Es wurde **1933** gebaut und auf den Namen seines Erfinders getauft.
Von den Bohrplattformen zu den *Bohrschiffen* war es nur ein kleiner Schritt: Das erste seiner Art war die *Submarex*, gebaut 1953 von der Firma Cuss (USA). 1961 wurde von Global Marine die *Cuss 1* in Dienst gestellt, das erste Bohrschiff mit dynamischer Positionierung.
Die erste *mobile Hubinsel* war die *Delong-MacDermott No. 1*, gebaut 1954. Die erste Bohrplattform nach dem Halbtaucherprinzip, *Blue Water 1*, entstand 1962. Aufgrund ihrer Schwimmkörper sind beide Systeme besonders für die Arbeit bei hohem Seegang geeignet.

Cracken. Das katalytische Cracken wurde ab **1925** von Émile Houdny in Frankreich entwickelt. Hierbei werden Schweröle unter Einwirkung von Hitze und hohem Druck mit Hilfe eines Katalysators in leichtere Produkte, vor allem Benzin, umgewandelt. Das Verfahren erlangte jedoch erst 1936 in den USA großtechnische

Reife. Der entscheidende Durchbruch kam dann im Zweiten Weltkrieg.

Katalytisches Reformieren ist eine Technik, die von V. Haensel für L'Universel Oil Products **1949** entwickelt wurde. Mit ihr war es möglich, normale Benzinfraktionen in solche hoher Klopffestigkeit umzuwandeln. Damit war ein erster Schritt zur Verminderung der Verwendung von verbleitem Benzin getan.

Unterirdische Lagerung. Erstmals legte **1916** die Gesellschaft Deutsches Erdöl einen unterirdischen Speicher für gasförmige Kohlenwasserstoffe an.

Erdöltanker. Das erste Spezialschiff für den Transport von Erdöl war die deutsche *Glückauf*, die **1886** auf Jungfernfahrt ging. 1861 wurde erstmals eine Ladung Erdöl in Fässern, gefördert in Titusville (USA), mit dem Segler *Elisabeth Witts* befördert.

Löschen von brennenden Erdölquellen. Am 17. April 1861 explodierte östlich von Oil Creek (USA) die Bohrstelle von Henry Rouse und geriet in Brand, wobei es 19 Tote und 10 Verletzte gab. Man brauchte drei Tage, um die Feuersbrunst einzudämmen und das Bohrloch mit Erde abzudecken. Um **1915** entwickelte K. T. Kinley die Idee, brennende Ölquellen mit Hilfe von Dynamit zu »löschen«. Verwirklicht wurde dieses spektakuläre und nicht ungefährliche Verfahren dann durch seinen Sohn Myron Kinley. Der prominenteste »Feuerwehrmann« mit dieser Technik ist heute Paul N. (Red) Adair.

ELEKTRIZITÄT

Talsperren. Die älteste bekannte Talsperre zur Trinkwasserspeicherung dürfte die Anlage von Jawa (Jordanien) sein, die etwa um **3000 v. Chr.** errichtet wurde. Das Attribut »älteste Großtalsperre« kommt aber eindeutig dem Sadd-al-Kafara am östlichen Nilufer bei Heluan in Ägypten zu, mit deren Bau um 2600 v. Chr. begonnen wurde. Nach wissenschaftlichen Prinzipien wurden Talsperren erst ab Mitte des *19. Jh.s* entworfen. Zwei Typen sind aufgrund ihrer Konstruktion zu unterscheiden: Die Gewichtsstaumauer, sie ist erstmals bei der Furens-Talsperre (Frankreich) erprobt worden, die zwischen 1861 und 1866 entstanden ist. Staumauern gibt es in mehreren konstruktiven Varianten.

Der *Staudamm* – auch Erddamm genannt – wurde großtechnisch erstmals *1912* in Panama verwirklicht.

Turbinenleitung. Am 28. September **1869** gelang es erstmals dem französischen Papierfabrikanten Aristide Bergès (1833–1904), die mechanische Energie eines Wasserfalls in elektrische Energie überzuführen. Dazu benutzte er zum ersten Mal Druckrohre, mit denen das aus 200 m Höhe herabstürzende Wasser in die Turbine gelenkt und so 1,5 kW elektrischer Energie produziert wurde. 1882 »zapfte« Bergès einen 500 m hohen Wasserfall an. 1886/87 baute er den ersten hydraulischen Speicher. Hierbei handelte es sich um einen höhlenartigen Gang, den er 25 m unter dem Boden des Crozet-Sees (1968 m Höhe) ausheben ließ, um den Wasserüberlauf aufzufangen – ein Unternehmen, das in höchstem Maße riskant war. 1889 war Bergès auf der Pariser Weltausstellung vertreten. In seinen dort ausliegenden Broschüren verwendete er erstmals den Begriff »hydroelektrische Energie«.

Thermoelement. **1823** entdeckte der deutsche Physiker Thomas Johann Seebeck (1770–1831), daß an der Verbindung zweier Metalle bei Erwärmung ein Strom fließt, dessen Spannung von

Um 3000 v. Chr. begann die Entwicklung der Talsperren mit Steinen verkleideten Dämmen. Wenige hundert Jahre später stand in Ägypten schon ein Damm von 106 m Länge und 11 m Höhe. Der höchste Staudamm entsteht derzeit in der UdSSR; er soll 660 m lang und 335 m hoch sein.

Mehr als 200 m über der Wasseroberfläche des Bosporus verlegen zwei Monteure eine Hochspannungsleitung, die das Stromnetz im europäischen Teil der Türkei mit dem im gegenüberliegenden Anatolien verbindet.

der Natur der miteinander kombinierten Metalle abhängt. Diese sogenannten Thermoelemente haben im Laufe der Zeit eine immer größere Bedeutung erfahren. Im Zeitalter der Nukleartechnik wurden mit ihrer Hilfe höchst langlebige Batterien entwickelt. Hierbei nutzt man die beim Zerfall von radioaktiven Materialien wie Strontium-90, Plutonium und Curium entstehende Wärme, die mit Thermoelementen – allerdings mit geringem Wirkungsgrad – in elektrischen Strom umgewandelt wird. Bereits 1961 setzte die amerikanische Raumfahrtbehörde NASA die erste Batterie dieser Art mit der Bezeichnung SNAP in einem Satelliten zur zusätzlichen Energieversorgung ein. Später wurden SNAP-Aggregate für langdauernde Weltraummissionen wie z. B. für die *Voyager*-Flüge unentbehrlich.

»Magneto«. 1832 konstruierte Hippolyte Pixii (1808–35), der Mechaniker von André-Marie Ampère, einen Stromgenerator, der auf der Bewegung eines Leiters in einem Magnetfeld beruhte, also das Prinzip der Induktion nutzte. Das Gerät, abgekürzt »Magneto« genannt, lieferte Wechselstrom, der letztlich aus kinetischer Energie, aus der manuellen Drehung eines Hufeisenmagneten entstand. Ein Jahr später baute Pixii ein Gerät, das Gleichstrom erzeugte.

Bleiakkumulator. 1859 entwickelte der französische Physiker Gaston Planté (1834–89) den Bleiakkumulator. Erstmals war es damit möglich, Elektroenergie zu speichern, und das bedeutete gegenüber den bekannten – nicht wieder aufladbaren – elektrochemischen Elementen einen entscheidenden Fortschritt. Der deutsche Physiker Johann Wilhelm Ritter (1776–1810) untersuchte bereits **1801** eine sogenannte Ladungssäule und fand somit den ersten Speicher für Elektrizität. 1803 experimentierte er in diesem Zusammenhang auch mit Bleiplatten. Akkumulatoren werden auch als *sekundäre Elemente* bezeichnet.

Alkalische Akkumulatoren führte **1914** der geniale Erfinder Thomas Alva Edison ein. Die Kathode besteht aus Eisenhydroxid, die Anode aus Nickelhydroxid. Als Elektrolytflüssigkeit dient die 20prozentige Kalilauge. Dieser Akkumulator liefert eine mittlere Spannung von 1,2 V. 1941 entwickelte H. André einen Akku auf der Grundlage von Silber- und Zinkelektroden, dem später – vor allem in der Raumfahrt – große Bedeutung zukommen sollte.

Dynamo. Am 17. Juli **1871** führte in der Pariser Akademie der Wissenschaften der Belgier Zénobe Théophile Gramme (1826–1901) den ersten Dynamo vor, mit dessen Hilfe ein kontinuierlicher Gleichstrom erzeugt werden konnte. Gramme hatte den Ringanker erfunden, der das Problem der Überhitzung in den Vorläufern des Dynamos beseitigte.
Genau gesehen hat die Dynamomaschine mehrere Väter. Wichtige Beiträge kamen 1852 von dem Dänen Sören Hjorth und 1859 von dem Italiener Antonio Pacinotti. 1866 werden drei Maschinen zum Patent angemeldet: in Deutschland von Werner von Siemens, in England von Charles Wheatstone sowie von Samuel A. Varley.

Wechselstromgeneratoren. Etwa ab **1878** produzieren die französische Firma Gramme, gegründet von Zénobe Gramme und Hippolyte Fontaine, und das deutsche Unternehmen Siemens, gegründet von Werner von Siemens, industriell Wechselstrommaschinen, die Gleichstrom in Wechselstrom umwandeln.

Transformator. Im Jahr **1882** läßt sich der Franzose Lucien Gaulard (1850–88) einen sogenannten Sekundärgenerator, einen Transformator, patentieren. Fast gleichzeitig reicht der Engländer John Dixon Gibbs eine Patentanmeldung ein. Beide zeigen den Sekundärgenerator 1883 in London auf der Elektrotechnischen Ausstellung im Westminster Aquarium, wo an ihn unter anderem Glühlampen und ein Motor angeschlossen sind. Zwischen 1883 und 1886 kommt es zu zahlreichen Prioritätsstreitigkeiten hinsichtlich der Erfindung des Transformators, die unter Technikhistorikern bis heute nicht völlig beendet sind.

Hochspannungsleitungen. Auf der ersten Internationalen Ausstellung für Elektrizität, die 1881 in Paris stattfand, zeigte der französische Ingenieur Marcel Deprez (1843–1918) die elektrische Kraftübertragung mit Gleichstrom. Er äußerte die Ansicht, daß ein Stromtransport über weit größere Entfernungen möglich sei. Oskar von Miller lud Deprez nach München ein, wo erstmals im September **1882** eine Internationale Elektrizitätsausstellung auf deutschem Boden stattfand, an deren Zustandekommen Emil Rathenau maßgeblich beteiligt war. Ihr Höhepunkt: die Übertragung von 1343 V Gleichstrom über 57 km von Mießbach nach München. Benutzt wurden Eisenleitungen von 4,5 mm Durchmesser mit einem Widerstand von 950 Ohm. Die Übertragungsverluste waren hoch: nur 39 Prozent (nach anderen Quellen 22 Prozent) der Leistung kamen in München an.
Am 6. Februar 1883 führte Deprez in Paris ein eindrucksvolles Experiment vor: Nachdem ein Generator angeworfen wurde, begann ein Motor zu arbeiten, der über keine sichtbare Verbindung zum Generator verfügte. Die Stromzufuhr erfolgte über ein elektrisches Kabel, das von Paris nach Le Bourget und zurück geführt wurde.
Nach der Einführung von Wechselstromgeneratoren und Transformatoren wurde es auch möglich, Wechselstrom zu übertragen.

Magnetohydrodynamischer Energiewandler. In den Forschungslaboratorien von AVCO, Massachusetts (USA), gelang es **1959** erstmals, die kinetische bzw. thermische Energie eines sehr heißen, strömenden und elektrisch leitenden Gases in elektrische Energie umzuwandeln. Seitdem sind zahlreiche sogenannte MHD-Generatoren in verschiedenen Varianten entstanden.
Zum theoretischen Verständnis der hierbei ablaufenden Prozesse haben entscheidend die wegweisenden Arbeiten des Schweden Hannes Alfven (*1908) beigetragen, der dafür 1970 den Nobelpreis erhielt.

Nickel-Eisen-Batterie. Weil die elektrischen Autobatterien niemals ganz zufriedenstellend arbeiten, hat man auf diesem Gebiet immer weiter geforscht. In den USA arbeitet die Firma Globe Battery Division of Johnson Controls an einer neuen Version der traditionellen Bleisäure-Batterie. Die Firma Eagle Picher Industries entwickelte die Nickel-Eisen-Batterie. **1983** wurde sie von Northrop ersten Tests im Modell des VW-Golf unterzogen.
Ähnliche Forschungen führt auch der japanische Konzern Nissan durch. Bald will man solche Batterien zu einem vernünftigen Preis anbieten, die bei einer Leistung von 85 km/h für etwa 160 km reichen.

MOTOREN UND ZÜNDUNG

Kolbenmaschine. 1673 demonstrierte der holländische Gelehrte Christiaan Huygens (1629–95) vor den Mitgliedern der Französischen Akademie der Wissenschaften den ersten »Kolbenmotor«. Im Gegensatz zu den Experimenten des Magdeburger Physikers Otto von Guericke (1602–86), der um 1650 mit Luftdruck und Vakuum zu arbeiten begann und damit auch eine Kraftmaschine entwickeln wollte, eine »pneumatische« Maschine gewissermaßen, war das Gerät von Huygens mit seiner internen Verbrennung tatsächlich ein echter Motor, der allerdings nur ein Modell blieb.

Dampfmotor. Der Engländer Thomas Newcomen konstruierte **1712** seinen ersten Dampfmotor. Dieser Motor erlaubte nicht zuletzt die Entwicklung des Automobils.

Der Heißgasmotor als *geschlossenes System* wurde **1816** von dem schottischen Geistlichen Robert Stirling (1790–1871) erfunden. Der erste funktionsfähige Motor wurde jedoch erst 1844 gebaut. Moderne Versionen werden in Unterseebooten und Satelliten genutzt. Im letzteren Fall dient häufig Sonnenenergie zu ihrem Antrieb.
1851 ließ sich John Ericsson, ein Amerikaner schwedischer Herkunft, das *offene System eines Heißgasmotors* patentieren.

Elektromotor. 1838 baute der deutsche Physiker Moritz Hermann von Jacobi (1801–74), der seit 1837 in Petersburg (Rußland) lehrte, einen Elektromotor von etwa 1 PS, mit dem ein Boot auf der Newa angetrieben werden konnte. Auf der Wiener Weltausstellung von **1873** führte Hippolyte Fontaine (1833–1917) den ersten großen und zuverlässigen *Gleichstrommotor* vor. Ab 1885 war dieser Motorentyp soweit verbessert, daß er zum Antrieb von Straßenbahnen eingesetzt werden konnte.

Der Zweitaktmotor ohne Verdichtung war der erste Verbrennungsmotor mit größerer Verbreitung. Er wurde **1860** von dem in Frankreich lebenden Belgier Étienne Lenoir erfunden.

Eine »atmosphärische Gasmaschine« stellten **1867** Nikolaus Otto und Eugen Langen auf der Pariser Weltausstellung vor. Es war ein ohne Verdichtung arbeitender Motor, bei dem der äußere Luftdruck als treibende Kraft wirkte. Die Maschine wurde 1876 von Ottos Viertaktmotor abgelöst.

Der Brayton-Motor wurde erstmals **1873** von dem Amerikaner Brayton gebaut, der dabei die Vorverdichtung nutzte. Der Zweitaktmotor nach Brayton mit Verbrennung bei konstantem Druck war bis 1882 in den USA weit verbreitet.

Viertaktmotor. Der Deutsche Nikolaus Otto (1832–91) stellte **1876** den ersten brauchbaren

ALESSANDRO VOLTA (1745–1827)

1799 untersuchte Alessandro Volta die nach ihm benannte »Säule«, ein elektrochemisches Element aus Zink- und Silberplatten, später dann Kupferplatten, zwischen denen mit Salzlösung getränkter Stoff lag. Mit der Voltaschen Säule – sie wurde am 7. November 1800 der Pariser Akademie der Wissenschaften in Gegenwart des ersten Konsuls Napoleon Bonaparte vorgeführt – waren erstmals umfangreichere Experimente zur Untersuchung der physikalischen Gesetze des elektrischen Stroms möglich.
Graf Alessandro Volta, am 18. Februar 1745 in Como geboren, war zwischen 1774 und 1779 Professor für Physik am Gymnasium seiner Heimatstadt. Später wirkte er an den Universitäten von Pavia und Padua. Dort beschäftigte er sich mit der Untersuchung elektrischer Erscheinungen und führte die Arbeiten Galvanis fort. 1775 erfand er den »Elektrophor«, eine zur statischen Aufladung eines elektrischen Leiters dienende Einrichtung. 1781 baute Volta das Strohhalmelektrometer, 1782 einen Plattenkondensator, 1817 ein Elektroskop, das Audiometer und einen Becherapparat.
Volta war ein vielseitiger Naturwissenschaftler: er befaßte sich mit der Spannungsreihe der Metalle ebenso wie mit der Wärmeausdehnung von Gasen und Dämpfen und führte auch meteorologische Beobachtungen durch. Am 5. März 1827 starb der Physiker in Como. Ihm zu Ehren ist die Einheit der elektrischen Spannung *Volt* benannt.

Viertaktmotor mit verdichteter Ladung und Fremdzündung vor. Das entsprechende Patent war ein Meilenstein in der Geschichte der Verbrennungsmotoren. Bereits 1862 ließ sich der französische Techniker Alphonse-Eugène Beau de Rochas ein Viertaktsystem patentieren, das gegenüber den bis dahin benutzten Gasmotoren entscheidende Vorzüge aufwies. Allerdings wurde Beau de Rochas' Motor nie gebaut. Sein Patent allerdings (das nach zwei Jahren verfiel, da es von niemand in Anspruch genommen wurde), wurde zum Fallstrick für Otto. Da es vor seinem Patent eingereicht wurde (Otto hatte es nie gesehen), erklärte das Reichspatentgericht Ottos Patent für ungültig – jeder durfte ohne Patentkosten Ottomotoren bauen. Nikolaus Otto zerbrach an diesem Urteil und starb bettelarm.

Der Gegenkolbenmotor wurde **1878** von Ferdinand Kindermann (Hannoversche Maschinenbau AG) entwickelt. Unabhängig davon wurde dieser Motor 1879 auch von dem Engländer Lindford gebaut.

Zweitaktmotor. Um das Otto-Patent auf den Viertaktmotor zu umgehen, unternahm man Versuche mit Motoren, die nach einem anderen Prinzip arbeiteten. **1879** baute der schottische Ingenieur Dugald Clerk den ersten Zweitaktmotor. Er besaß zwar gegenüber dem Viertakter den Vorzug, bei gleicher Zylindergröße mehr Bewegungsenergie zu liefern. Dennoch hatte Clerks Motor Nachteile, die sich in hohem Treibstoffverbrauch und geringer Umweltfreundlichkeit äußerten.

Viertakt-Benzinmotor. 1883 bauten die französischen Erfinder Edouard Delamarre-Debouteville und Léon Malandin den ersten Viertakt-Benzinmotor. Aus dieser experimentellen Entwicklung ging keine Serienfertigung hervor. Schon 1882 hatte Gottlieb Daimler einen kleinen Benzinmotor mit Glührohrzündung gebaut. Am 26. Januar 1886 meldete Karl Benz den ersten Viertakt-Benzinmotor zum Patent an und baute ihn in seinen Wagen ein.

Drehstrom-Induktionsmotor. 1885 experimentierte der italienische Physiker Galileo Ferraris (1847–97) mit der Erzeugung von Drehfeldern durch zwei mit Wechselstrom gespeiste Spulen. Seine Versuche schufen letztlich die Grundlage des mehrphasigen *Asynchronmotors.* Etwa gleichzeitig beschäftigte sich der in Amerika lebende Kroate Nicola Tesla (1856–1943) mit dem Problem und meldete im Oktober 1887 in den USA die ersten Patente an. Berühmt geworden sind die Dreiphasen-Drehstrommotoren. Generell werden die mit Drehfeldern arbeitenden Aggregate als Asynchronmotoren bezeichnet, weil sich der Anker langsamer als das Feld dreht.

Der Umlaufmotor wurde erstmals **1887** von dem Franzosen Millet gebaut. Er zeichnet sich durch rotierend angeordnete Zylinder aus. 1908 entwickelte dann in Weiterführung des Konzepts Louis-Laurent Seguin den berühmten Flugzeugmotor *Gnome.* Das aus der Fusion der Firmen Gnome und Rhone hervorgegangene Unternehmen wurde zu einem der bedeutendsten Hersteller von Flugzeugmotoren im Ersten Weltkrieg. Der bekannteste Motor besaß 9 Zylinder und erzeugte eine Leistung von 100 PS.

Vor allem in der Luftfahrt wurde der 1888 von F. Forest entwickelte Sternmotor eingesetzt.

Der Sechszylinder-Reihenmotor wurde erstmals **1888** von Fernand Forest gebaut. Wegen seiner hohen Leistung ist dieser Motorentyp bis heute in den USA weit verbreitet.

Gasmotor mit hoher Leistung. 1888 konstruierten erstmals Léon Malandin und Édouard Delamarre-Debouteville einen einzylindrigen Gasmotor mit 100 PS Leistung. Um 1900 überwanden die Konstrukteure mit einer neuen Maschine die 1000-PS-Barriere. Diese Motoren waren für die industrielle Anwendung gedacht.

Der Sternmotor wurde **1888** von Fernand Forest entworfen. 12 Zylinder waren auf der Kurbelwelle in vier parallelen Ebenen zu je drei Zylindern angeordnet. Wie der verwandte Umlaufmotor spielte der früh entwickelte Sternmotor in der Luftfahrt eine große Rolle und findet dort noch heute Anwendung.

Der Vierzylinder-Reihenmotor wurde erstmals **1889** von Fernand Forest als Viertaktmotor gebaut. Diesem Motortyp kam in der Entwicklung des Autos große Bedeutung zu.

Den ersten Achtzylinder stellte **1903** die französische Firma Ader vor, die allerdings 1910 ihre Pforten schließen mußte.

Der erste Zwölfzylinder wurde **1908** von der mittlerweile vergessenen Firma Schebler in den USA gebaut.

Sechzehnzylinder kamen **Ende der 20er Jahre** in den USA in Mode. Cadillac und Marmon bauten sie serienmäßig. Bugatti, Maserati und Miller fuhren mit ihnen Rennen.

V-Motor. 1889 entwickelten erstmals Gottlieb Daimler und Wilhelm Maybach diesen Motor, der noch im selben Jahr in ein speziell dafür konstruiertes Auto eingebaut wurde. Dieser Pkw wird heute als das erste moderne Auto angesehen.

Ölmotor. Auf der Grundlage eines Patents von **1890** baute der englische Ingenieur Herbert Ackroyd-Stuart einen mit »Petroleum« getriebenen Motor. Dieser Kraftstoff war wesentlich billiger als Benzin. Unter »Öl« bzw. »Petroleum« muß man sich ein dem Dieselkraftstoff ähnliches Produkt vorstellen. 1902 wies Ackroyd-Stuart dann auch darauf hin, daß seine Erfindung den Dieselmotor vorweggenommen hatte.

Boxermotor. Dieser Motor, bei dem zwei Zylinder oder Zylinderreihen auf gegenüberliegenden Seiten der Kurbelwelle in einer Ebene liegen, wurde erstmals **1895** von den Franzosen Albert de Dion und Georges Bouton entwickelt. 1896 konstruierte K. Benz einen ähnlichen Motor. Auch im VW-Käfer befand sich ein luftgekühlter Vierzylinder-Boxermotor. Der bekannteste luftgekühlte Boxermotor dürfte der Sechszylinder des Porsche 911 sein.

Dieselmotor. Rudolf Diesel (1858–1913) konstruierte **1893** den Prototyp jenes Motors, der heute seinen Namen trägt. Erst **1897** konnte dieser Zweitaktmotor in Serie hergestellt werden. 1899 entwickelte Hugo Güldner den Zweitakt-Dieselmotor, der zu den leistungsfähigsten Verbrennungs-Kolbenmotoren überhaupt zählt.

Wankelmotor. Dieser Kreiskolbenmotor wurde **1956** von Felix Wankel entwickelt und von 1964 an in Serie bei NSU hergestellt.

Erster Supraleitermotor. Amerikanischen Wissenschaftlern vom Forschungslaboratorium von Argonne, Illinois (USA), ist es **1987** unter der Leitung von Roger Poeppel gelungen, einen Elektromotor zu konstruieren, der sich sogenannter Supraleiter bedient. Dies sind Materialien, durch die Elektrizität praktisch ohne Reibungsverlust geschickt werden kann. Dieser Motor, der bislang nur ganz geringe Kraft produziert – er erreicht 50 U/min –, ist allerdings für eine praktische Nutzung noch nicht einsetzbar. Die Wissenschaftler gehen aber davon aus, daß es in ungefähr 10 Jahren möglich sein wird, einen wirtschaftlich nutzbaren Supraleitermotor in Betrieb zu nehmen. Die Entwicklung der Supraleitungstechnik kann zu kostengünstigerem Stromverbrauch, schneller und leistungsstärker arbeitenden elektronischen Geräten und zu noch stärkeren Elektromagneten beispielsweise für Magnetbahnzüge führen.

Die Induktionsspule geht auf die Franzosen Antoine Masson (1806–80) und Louis Breguet (1804–84) zurück. Sie bauten **1841** ein Aggregat, mit dem sie Funkenentladungen in verdünnten Gasen erzeugen konnten. Allerdings sind viele Namen mit der Entwicklung der Induktionsspule in Hinsicht auf den Funkeninduktor verknüpft.
Eine besondere Bedeutung kommt dem deutschen Erfinder Heinrich Daniel Rühmkorff (1803–77) zu, der 1851 aus seiner Induktionsspule mit einem Gleichstrom von 15 V eine pulsierende Sekundärspannung von 100 000 V und dementsprechend sehr kräftige Funken erzeugen konnte.
Induktionsspulen sind ein entscheidender Bestandteil der Zündanlagen von Verbrennungsmotoren.

Zündkerze. 1885 führte der belgische Motorkonstrukteur Jean Joseph Étienne Lenoir (1822–90) die Zündkerze ein, die der heute gebräuchlichen schon sehr ähnelt. Bereits 1777 hatte Alessandro Volta vorgeschlagen, Brennstoffe durch Funken zu zünden. Auch der Walliser Isaac de Rivaz (1752–1829), ein früher Pionier des Verbrennungsmotors, hatte eine elektrische Zündung des Kraftstoff-Luftgemischs angeregt.

Platinkerzen, eine Entwicklung der deutschen Bosch-Technologie, ermöglichen bessere Kaltstarts und verringern die Zahl der Fehlzündungen. Platinkerzen erreichen schon nach wenigen Sekunden bei laufendem Motor die Temperatur, bei der sie sich selbst reinigen. Sie werden seit **1984** verkauft.

Zündverteiler. Seine Erfindung verdanken wir zwei Amerikanern: Edward A. Deeds und Charles F. Kettering. Beide waren bei der National Cash Register in Dayton, Ohio (USA), beschäftigt. Deeds wandte sich an den Elektroingenieur Kettering, als er die Beleuchtung eines Autos verbessern wollte, das er gerade aufmöbelte. So entstand **1908** das, was man den ersten Verteiler nennen könnte. Man erprobte ihn auf Deeds' Auto, dann nahm man Kontakt mit Cadillac auf. Der große Autohersteller bestellte 8000 Verteiler dieser Art und stattete sein 1909er-Modell damit aus.

Der Vergaser wurde **1893** von dem deutschen Ingenieur Wilhelm Maybach (1846–1929), engster Mitarbeiter von Gottlieb Daimler, erfunden. Im Vergaser, einer der wichtigsten Komponenten der Verbrennungsmotoren, wird das Treibstoff-Luftgemisch erzeugt, bevor es in den Zylinder gelangt. Er wurde erstmals in dem von Maybach und Daimler gebauten Zweizylinder-Reihenmotor *Phönix* mit großem Erfolg erprobt.

RUDOLF DIESEL (1858–1913)

1893 schrieb ein bis dahin unbekannter Maschineningenieur an die Maschinenfabrik Augsburg-Nürnberg: »Ich wiederhole meine Bitte um Ihre Unterstützung bei der Durchführung der Versuche mit dem neuen Motor. Das Ziel ist ein hohes, sowohl im technischen als im wissenschaftlichen Sinne, es ist lohnend und aller Bemühungen wert.« Der Mann hieß Rudolf Diesel, war 1858 geboren und kam aus recht armen Verhältnissen; aber er wußte, was er da sagte, hatte er doch seit einem Jahr ein Patent in der Tasche für seinen wirtschaftlichen Universaldieselmotor. Jetzt war er damit beschäftigt, einen Prototyp zu konstruieren.
Als Student an der Technischen Hochschule in München hatte Diesel gelernt, wie unökonomisch herkömmliche Verbrennungsmotoren arbeiteten: Sie nutzten nur 10 Prozent der erzeugten Wärme für die Energieumwandlung. Doch bis er einen Partner in der Industrie fand für die serienmäßige Produktion seines neuen Motortyps, sollten noch vier Jahre vergehen. Dann zeigten Friedrich Krupp und die Maschinenfabrik Augsburg-Nürnberg Interesse, und bald konnte Diesel die Rechte für seinen Motor in alle Welt verkaufen. Mit seinem großen Erfolg konnte er jedoch nicht recht umgehen. An den großen internationalen Börsen und durch Grundstücksspekulationen verlor er sein Vermögen. Während der Überfahrt nach England zu Verhandlungen über weitere Produktionsmöglichkeiten für seinen Motor verschwand er am 29. September 1913 vom Schiff. Niemand glaubte an einen Unfall. Seine Leiche wurde an der holländischen Küste angetrieben. Die 1000 englische Pfund, die er hinterließ, waren der Rest seines einstigen Millionenvermögens.

Drosselklappe. Noch im Jahre seiner Einführung wurde der Vergaser durch die von Karl Benz (1844–1929) erfundene Drosselklappe verbessert. Damit wurde es möglich, die Drehzahl und die Motorleistung zu steuern.

Getrennte Verbrennungskammern. Die ersten Motoren mit getrennten Verbrennungskammern wurden **1890** von dem englischen Ingenieur Herbert Ackroyd-Stuart gebaut. Das später verbesserte Prinzip wurde bei bestimmten Glühkopfmotoren benutzt. Dem Brennraum kommt speziell in Dieselmotoren eine bedeutende Rolle gerade hinsichtlich der korrekten Gemischbildung zu.

Vorkammer. Der deutsche Ingenieur Prosper L'Orange, Mitarbeiter der Firma Benz, erfand die in Dieselmotoren häufig benutzte Vorkammer **1909** und vollendete zehn Jahre später ihre Entwicklung. Vier Jahre später, 1913, begann auch Harry Leisner von der schwedischen Firma Svenska Maskinverken mit der Entwicklung solcher Vorkammer-Motoren.

Wirbelkammer. 1919 konstruierte der englische Ingenieur Henry Ricardo seine berühmte Verbrennungskammer mit T-förmigen Zylinderköpfen. Zu dieser Zeit beschäftigten sich zahlreiche Motorenkonstrukteure mit der Nutzung von Luftwirbeln zur Verbesserung der Treibstoff-Luft-Durchmischung sowohl bei Otto- als auch bei Dieselmotoren.
Erste Ansätze der Wirbelkammer finden sich in einem Entwurf von Stricland um 1904. Die typische Halbkugelform dieser Kammer wurde 1920 von Taylor eingeführt. Das Luftspeicherverfahren mit entsprechender zusätzlicher Kammer wurde 1926 von dem deutschen Ingenieur Franz Lang entwickelt.

Wassergekühlte Motoren. Wasser zum Kühlen von Motoren setzte erstmals der Engländer Samuel Brown **1923** ein. Das Kühlsystem mit zirkulierendem Wasser war um den Zylinder angeordnet. 1825 gründete Brown eine Firma für die Herstellung wassergekühlter Motoren. Einer davon wurde in einem Fahrzeug, ein anderer in einem Boot eingesetzt.
Auch der erste voll funktionsfähige Verbrennungsmotor von Étienne Lenoir aus dem Jahr 1860 war wassergekühlt.

Luftgekühlte Motoren erprobte **1875** erstmals der Franzose Alexis de Bishop. Dazu versah er den Zylinder mit vertikalen Kühlrippen. Diese Motoren arbeiteten mit unverdichtetem Treibstoffgemisch. Luftgekühlte Motoren finden unter anderem bei Motorrädern und Flugzeugen weite Anwendung.

TURBOMASCHINEN

Turbokompressor für Dieselmotoren. Bei der Entwicklung einer Gasturbine plante der junge Schweizer Ingenieur A. Büchli, die Verbrennungskammer durch einen Verbrennungsmotor zu ersetzen, um die Probleme der hohen Temperaturen und Drücke auszuschalten. Seine Forschungsarbeiten führten schließlich zu aufladenden Turbinen. **1905** ließ er sich den ersten Turbokompressor patentieren. Mit Hilfe der Aufladung kann der effektive Wirkungsgrad des Motors erheblich gesteigert werden. Der Turbolader besteht aus Abgasturbine und Turbokompressor. Mit dem Abgas des Verbrennungsmotors wird eine Abgasturbine angetrieben, die wiederum den auf der gleichen Welle sitzenden Turbokompressor antreibt. Er saugt die Verbrennungsluft an und fördert sie unter erhöhtem Druck zu den Arbeitsräumen des Verbrennungsmotors.
1908 ging Büchli zu Sulzer nach Winterthur (Schweiz). Hier entstand 1911 der erste Turbomotor, ein Viertakt-Einzylinder-Diesel, der heute in Last- und Personenkraftwagen eine weite Verbreitung gefunden hat.

Turbodiesel für Lastwagen. 1953 stattete erstmals Volvo seine Lastwagen mit einem Turbolader-Dieselmotor aus, mit einem Sechszylinder-Reihenaggregat mit direkter Einspritzung.

Turbolader in Serienfertigung für den normalen Pkw zählt zu den bedeutendsten Fortschritten der Kraftfahrzeugindustrie in den letzten zwei Jahrzehnten.
Bereits **1967** begann SAAB die Großproduktion von Automotoren mit Turboladern. Damit konnte die Treibstoffausnutzung wirkungsvoll verbessert werden. BMW folgte 1974 mit dem 2002 turbo. Im Jahr 1983 kam dann in der 524-Serie ein Turbolader-Dieselmotor heraus. Die Initialzündung für den Turboboom der letzten Jahre war dann der Porsche 911 turbo im Jahr 1977.

Turbokompressoren für Flugzeugmotoren. Im Jahr **1916** baute der französische Ingenieur Auguste Rateau den ersten Flugzeugmotor mit Turbolader. Das Triebwerk produzierte 50 PS und wog 23 kg. Der Turbolader arbeitete mit 30000 U/min.

Das Turboprop-Triebwerk wurde **1920** von dem Engländer A. A. Griffith erfunden. Hierbei handelt es sich um eine Gasturbine, deren Energie ausschließlich zum Antrieb von einem oder mehrerer Propeller dient. Die von der Gasturbine abgegebene Leistung ist wesentlich größer als die zum Antrieb des Verdichters benötigte. Dieser Leistungsüberschuß wird überwiegend auf eine Verstelluftschraube übertragen, die die Anpassung des Triebwerkgesamtschubs an die Fluggeschwindigkeit erlaubt.
Das Turboprop-Triebwerk ist speziell für Fluggeschwindigkeiten zwischen 600 und 800 km/h geeignet.

GAS- UND DAMPFTURBINEN

Gasturbine. 1791 wurde dem Engländer John Barber das Patent auf eine Maschine erteilt, die die erste Gasturbine gewesen sein dürfte. Ihre Verwirklichung kam allerdings über das Planungsstadium nicht hinaus.

Die Abgasturbine wurde erstmals **1847** von Claude Bourdin vorgeschlagen, dem »Erfinder« des Begriffs »Turbine«. Gebaut wurde sie jedoch erst 1901.

Die Dampfturbine entwickelte **1884** Sir Charles Algernon Parsons (1854–1931). Hierbei handelt es sich um eine Reaktionsturbine, bei der die Druckenergie am Leit- und Schaufelrad abgebaut wird.

Die Aktionsdampfturbine wurde **1889** von dem Schweden Carl Gustaf de Laval (1845–1913) erfunden. Sie war die erste in großer Serie gefertigte Turbine.

Die Druckstufen-Dampfturbine wurde zwischen **1897** und **1900** von dem Franzosen Auguste Rateau erfunden und weiterentwickelt. Diese durchaus leistungsstarke Turbine erlaubt kleinere Umdrehungsgeschwindigkeiten und arbeitet daher mit weniger Reibung. Ihr Wirkungsgrad ist relativ hoch.

Explosionsturbine. Erste Patente auf diese Turbine erhielten 1890 der Amerikaner Peer und 1894 die Franzosen Hordenfeldt und Christophe. Gebaut wurde sie jedoch erst **1903** von R. Armengaud.

Explosionsturbine mit Vorkompression. Die von dem deutschen Ingenieur Hans Holzwarth entwickelte Turbine wurde erstmals **1910** industriell eingesetzt.

Gasturbine mit geschlossenem Kreislauf. Die von den beiden Schweizern Ackeret und Keller **1940** entwickelte Maschine wird unter Fachleuten auch als aerodynamische Escher-Wyss-Turbine bezeichnet.

Das Turbotriebwerk *ATAR 8K 50* in der Montagehalle, eine der neuesten Triebwerksentwicklungen aus Frankreich.

TRIEBWERKE FÜR LUFT- UND RAUMFAHRT

Anfänge. Bis zum Beginn des 20. Jh.s war Schießpulver der einzige verwendete Raketentreibstoff; es handelt sich also im modernen Sprachgebrauch um Feststoffraketen. Ihre militärische Anwendung wurde im 17. Jh. in Indien wiederentdeckt und erlebte dann **1790** in der Schlacht um Travancore einen Höhepunkt. Hier wurde auch der englische Artillerieexperte William Congreve (1772–1828) auf diese »Kriegsraketen« aufmerksam und widmete sich ihrer Verbesserung. Sie hielten dann auch auf europäischen Kriegsschauplätzen ihren Einzug.
Raketen werden durch die Verbrennung des Treibstoffs im Triebwerk nach dem Reaktionsprinzip angetrieben. Das ausströmende heiße Gas wirkt als Schub auf die Wände der Brennkammer. Heute finden ausschließlich chemische Antriebe Anwendung. Die Nutzung von Nuklearenergie oder von elektrischen Antrieben befindet sich noch immer im experimentellen Stadium.

Feststoffraketen. Die ersten Raketen waren einfache pulvergefüllte Papp- oder Holzhülsen, mit einem offenen und einem verschlossenen Ende. Erst ab etwa **1790** wurden Metall-Hohlrohre verwendet.
Im Ersten Weltkrieg befaßte sich der amerikanische Raketenpionier Robert H. Goddard mit Feststoffraketen und konnte deren Wirkungsgrad durch die Erhöhung des Gasausstoßes auf 65 Prozent steigern.
Raketen mit Feststoffantrieben sind technisch zwar viel einfacher als solche mit Flüssigtreibstoffen, bringen aber erhebliche Zuverlässigkeitsprobleme, die seit der Challenger-Katastrophe am 28. Januar 1986 in den Mittelpunkt der Diskussionen gerückt sind.

Das erste Flüssigtreibstoff-Raketentriebwerk ist **1897** von dem Südamerikaner Pedro P. Poulet in Paris konstruiert worden, was aber offensichtlich ohne Einfluß auf die Entwicklung dieser Technologie geblieben ist.
Vier bedeutende Forscher und Erfinder haben sich sowohl um die theoretischen als auch um die praktischen Grundlagen der Flüssigkeits-Triebwerke verdient gemacht: Der Russe Konstantin Tsiolkovsky (1857–1935) seit 1898, der Deutsche Hermann Oberth (*1894) seit 1923, der Amerikaner Robert H. Goddard (1882–1945) seit 1926 und der Franzose Robert Esnault-Pelterie (1881–1957) seit 1930. Oberth und sein Schüler Wernher von Braun (1912–77) sind – wenn man so will – die Väter der modernen Raumfahrt.

Triebwerkskühlung. Im Januar **1933** führte der Österreicher Eugen Sänger (1905–64) den ersten Test mit seinem regenerativ gekühlten Raketen-

THERMONUKLEARFUSION

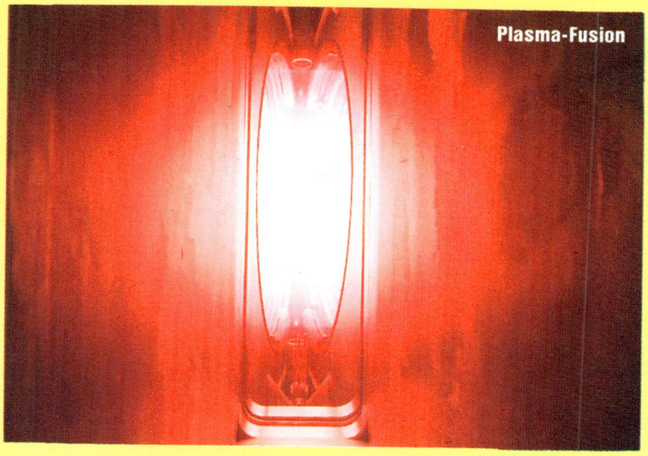

Bei der **thermonuklearen Fusion des Wasserstoffs** geht es darum, auf der Erde Reaktionen zu produzieren, wie sie in den Sternen stattfinden, und die dazu führen, daß die Wasserstoffatome miteinander verschmelzen. Ziel der Forschungen ist es, auf diese Art Energie zu erzeugen; wie in der Sonne oder in der Wasserstoffbombe verschmelzen die Wasserstoffatome zu Helium.

Bethe-Zyklus. Hans Albrecht Bethe, ein amerikanischer Physiker deutscher Herkunft, entdeckte **1938** den Zyklus der thermonuklearen Verschmelzung. Der Bethe-Zyklus erklärt den Ursprung der Sonnen- und Sternen-Energie.

Lawson-Kriterium. Der britische Physiker John Lawson definierte **1957** die Bedingungen, die Deuterium- oder Tritium-Plasma erfüllen müßte, damit das Phänomen der nuklearen Fusion ohne Energie-Einfluß von außen her in Gang kommt und bleibt. Das Lawson-Kriterium definiert das Verhältnis zwischen der angestrebten Plasma-Dichte und der Zeit, in der es isoliert sein muß. Bis heute ist alles Theorie. Aber die Plasma-Physiker sind davon überzeugt, daß man eines Tages einen Fusions-Reaktor bauen wird.

Magnetischer Einschluß. Die Forschungen auf dem Gebiet der kontrollierten thermonuklearen Fusion durch magnetischen Plasmaeinschluß begannen gegen Ende der vierziger Jahre ganz unabhängig voneinander in den USA, der UdSSR und in Westeuropa. In der ersten Zeit hielt man sie geheim. Erst **1958** wurde das Geheimnis auf Betreiben des sowjetischen Physikers Igor Kurchatov gelüftet. Im Moskauer Kurchatov-Institut wurden die entscheidenden Arbeiten auf dem Gebiet der Plasma-Physik geleistet. 1968 erzeugten die Physiker des Instituts erstmals in einer Maschine namens »Tokamak« ein Plasma mit einer Temperatur von 12 Mio. Grad Kelvin.

Der erste Tokamak (ein russisches Wort, das eine Maschine zum Studium des magnetischen Einschlusses bezeichnet) wurde **1963** im Kurchatov-Institut installiert. Zwei Prototypen waren Ende 1960 vorausgegangen. Ab den siebziger Jahren wurden Tokamaks in den meisten Laboratorien gebaut. 1978 erreichte der »Tokamak Fusion Test Reactor« (TFTR) in Princeton (USA) eine Temperatur von 70 Mio. Grad Kelvin, blieb aber noch weit vom Lawson-Kriterium entfernt. 1983 überschritt der Tokamak »Alcato C« des Massachusetts Institute of Technology die Schwelle zum Lawson-Kriterium, aber mit einer Temperatur von nur 15 Mio. Grad. Die großen Tokamaks wie der JET (Join European Torus) in Culham (GB) und die japanische Fusionsanlage »Jaeri-Tokamak« haben die Aufgabe, gleichzeitig das Lawson-Kriterium und eine Temperatur von 100 Mio. Grad zu überschreiten und so die Machbarkeit der kontrollierten Nuklear-Fusion zu beweisen. Die Fusionsanlage NET (Nächster Europäischer Torus) soll darüber hinausgehend Langzeitstudien über brennendes Plasma machen. Der Baubeginn steht jedoch noch nicht fest.
Im TFTR in Princeton hat man im Juli 1986 eine Rekordtemperatur von 200 Mio. Grad erreicht. Sie konnte jedoch nur für eine fünftel Sek. gehalten werden.

Ein wirtschaftlich nutzbarer Fusionsreaktor wird gewiß nicht vor Mitte des nächsten Jh.s verwirklicht werden können – wenn überhaupt; so sehen es optimistische Expertenberechnungen vor.
Größte Risiken und Unberechenbarkeiten sehen indes andere Experten voraus: Bei der Verschmelzung der Wasserstoff-Isotopen Deuterium und Tritium kommt es im Reaktor zu einem Neutronen-Bombardement, dem derzeit kein Werkstoff auf Dauer standhalten kann. Zudem ist Tritium ein so tückisches radioaktives Gift, von dem nicht die geringste Menge in die Umwelt entweichen darf.

triebwerk durch. Drei Monate später veröffentlichte er unter dem Titel *Raketenflugtechnik* ein grundlegendes Werk, in dem er sehr detailliert ein raketengetriebenes Überschallflugzeug mit Flüssigkeitsmotor analysierte.

Monergoles Triebwerk. 1935 entwickelte Helmuth Walter den ersten monergolen Raketenmotor, das heißt einen Motor mit nur einem Treibstoff (*mon*ergol). Hierbei handelte es sich um 85prozentiges Wasserstoffperoxid. Im Februar 1937 diente erstmals eine Walter-Rakete als Starthilfe für ein Flugzeug vom Typ *Heinkel Kadett*. Es war damit der erste raketenunterstützte Start eines Flugzeuges in der Geschichte der Luftfahrt.

Staustrahltriebwerk. Vorschläge für ein Strahlrohr ohne drehende Teile als Flugzeugantrieb wurden erstmals **1913** in Frankreich von René Lorin veröffentlicht. Sowohl der Franzose René Leduc als auch der Deutsche Helmuth Walter bauten **1936** Prototypen eines solchen Antriebs.
Im April 1949 flog zum ersten Mal das Staustrahl-Versuchsflugzeug *Leduc 010*. Eine weite Verbreitung hat dieser Antrieb allerdings nicht gefunden.

Turbostrahltriebwerk. 1930 meldete der Engländer Frank Whittle ein Turbostrahltriebwerk zum Patent an. Damit legte er den Grundstein zum Jetflugzeitalter, das aber zunächst nur den Militärs offenstand.
1935 hatte der Deutsche Hans-Joachim Pabst von Ohain ebenfalls ein Patent für ein Turbostrahltriebwerk angemeldet. Es führte schließlich zum ersten Flugzeug mit Turbostrahl-Antrieb, zur *Heinkel He 178*, die am 27. August **1939** ihren Jungfernflug absolvierte. Das Whittle-Triebwerk kam erstmals am 19. Mai 1941 mit dem Gloster-Versuchsflugzeug *E 28/29* zum Einsatz.
Die *Concorde*, einziges Passagierflugzeug der westlichen Welt im Überschallbereich, ist mit Rolls-Royce-Snecma-*Olympus 593*-Triebwerken ausgestattet.

Pulso-Strahltriebwerk. 1930 erhielt Paul Schmidt (München) ein Patent auf ein Rückstoßtriebwerk mit pulsierender Verbrennung. Am 30. April 1941 wurde dieses Triebwerk erstmals in Verbindung mit einem Flugzeug, mit der *Go 145*, erprobt.
Seine Weiterentwicklung führte zur *V 1*, die erstmals im August 1944 militärisch eingesetzt wurde.

Turbofan-Triebwerk. 1940 entwickelte das amerikanische Unternehmen Metropolitan Vickers ein Turbofan-Triebwerk. Darin ist ein Gebläse vorgeschaltet, der sogenannte Fan, der einen kühleren Luftstrom in einer Ummantelung um das eigentliche Triebwerk herumführt. Dadurch wird der Schall gedämpft und der Motor gekühlt. Der Treibstoffverbrauch ist deutlich geringer als bei anderen Jet-Triebwerken.

Turbostrahltriebwerk mit Nachbrenner. 1945 entwickelte Rolls-Royce ein Turbostrahltriebwerk mit Nachbrenner. Mit dem Nachbrenner ist eine größere Schubleistung ohne nennenswerte Erhöhung des Triebwerksgewichts möglich. Dieser zusätzliche Schub wird vor allem beim Start genutzt.
Allerdings ist der Nachbrenner ein »Treibstofffresser«, so daß nur kurz gezündet wird, beim Start und zum Erreichen von Spitzengeschwindigkeiten. Seine Domäne liegt ausschließlich im militärischen Bereich.

Motor-Luftstrahltriebwerk. Die italienische Firma Caproni baute **1940** das erste Flugzeug mit einem Motor-Luftstrahltriebwerk, das auf den Konstrukteur Campini zurückging. Das Caproni-Campini-Strahlflugzeug *CC 2* wurde im April 1941 erstmals erprobt. Dieser Antrieb wurde jedoch relativ schnell durch das Turbo-Luftstrahltriebwerk verdrängt.

KERNENERGIE

»Atommeiler«. Der erste Kernreaktor wurde **1942** von Enrico Fermi (1901–54), Physiknobelpreisträger von 1938, in Chicago gebaut. Dieser »Atommeiler« – so die historische Bezeichnung – war unter einem Sportplatz angelegt und enthielt 47 t eines Gemischs aus Uran und Urandioxid als Brennstoff, 385 t Graphit als Moderator sowie Cadmium für die Steuerstäbe. Am 2. Dezember 1942 um 15.25 Uhr Ortszeit setzte die Kettenreaktion ein.
Die Energie aus der Kernspaltung wird als Wärme frei; sie wird abgeführt und in andere Energieformen, zum Beispiel in elektrischen Strom, umgewandelt. Bei der Spaltung entsteht nicht nur Wärme; auch freie Neutronen werden abgegeben, die ihrerseits die Spaltung weiterer Atome auslösen. So kommt die Kettenreaktion in Gang. In einem Reaktor läuft eine solche Reaktion langsam ab und kann entsprechend kontrolliert werden.

Nukleare Brennstoffe. Im »Atommeiler« wurde **1942** ein Gemisch aus Uranoxid U_3O_8 und metallischem Uran eingesetzt. Seit 1960 verwendet man das Oxid UO_2 in Form von gesintertem Material. Es dürfte für wassermoderierte Reaktoren noch lange Zeit unersetzlich sein.

Mox (von Mischoxid) ist ein Brennstoffgemisch aus Uran- und Plutoniumoxid, das seit etwa **1970** in Reaktoren benutzt wird. Man gewinnt es bei der Wiederaufarbeitung abgebrannter Brennstäbe, so etwa in der französischen Anlage in La Hague. Mox kann als kostengünstiger Nuklearbrennstoff eingesetzt werden.

Moderator. Enrico Fermi benutzte **1942** im ersten Kernreaktor Graphit als Moderator. Dieser hat die Eigenschaft, aus dem Spaltprozeß hervorgehende Neutronen auf eine Geschwindigkeit abzubremsen, die einen Einfang durch Uran-235-Atome ermöglicht. Sie werden gespalten und setzen wiederum Neutronen frei. Auch bei der Spaltung von Plutonium-239 muß die Geschwindigkeit der Neutronen mit Hilfe des Moderators vermindert werden. Verschiedene Materialien finden als Moderatoren Verwendung. Charakteristisch für sie ist, daß sie aus sehr leichten Elementen bestehen: Kohlenstoff in Form von Graphit, Wasserstoff als Wasser oder bestimmte Kohlenwasserstoffe, Deuterium als schweres Wasser und Beryllium, entweder als Metall oder als Oxid.

Schweres Wasser. 1932 isolierte der amerikanische Chemiker Harold Clayton Urey (1893–1981) erstmals schweres Wasser mit Hilfe der Isotopentrennung. Es wird in verschiedenen Reaktortypen als Moderator benutzt. Urey erhielt für seine Entdeckung des Deuteriums und seine Arbeiten über schweres Wasser 1934 den Nobelpreis für Chemie.

Isotopentrennung. Mit Hilfe eines Massenspektrografen gelang **1922** dem englischen Physiker William Francis Aston (1877–1945) die Trennung einzelner Isotope eines chemischen Elements. Hierbei wurden die feinsten Unterschiede in der Ablenkung von Ionen der Isotope in einem Magnetfeld genutzt. Aston erhielt für seine grundlegenden Arbeiten 1922 den Nobelpreis für Chemie. Heute benutzt man zur Trennung der Isotopen eines Elements in technischem Maßstab andere Verfahren.

Kernreaktoren. Die verschiedenen Reaktorlinien und die Auswahl der entsprechenden Materialien gehen zum größten Teil bereits auf den Zeitraum von 1940 bis 1945 zurück. Um **1951** begann in den USA erstmals die industrielle Umsetzung, der ausgedehnte Vorstudien vorangingen. Jede verträgliche Kombination von spaltbaren Atomen, Moderator und wärmeabführendem Medium könnte letztlich zu einem Kernreaktor führen. Tatsächlich sind mehr als 200 Systeme vorgeschlagen worden, wobei von jedem einzelnen noch Varianten möglich sind. In der Praxis sind bisher rund 15 Reaktortypen in verschiedenen Auslegungen erprobt worden.

Internationaler Kernfusions-Reaktor. Gemeinsam mit den USA, Japan und der Sowjetunion wollen die Staaten der Europäischen Gemeinschaft einen Versuchsreaktor zur kontrollierten Kernfusion bauen. Wissenschaftlerteams aus den beteiligten Staaten haben im April **1988** im Max-Planck-Institut für Plasmaphysik in Garching bei München die vorbereitenden Arbeiten für das Projekt aufgenommen. Die Schirmherrschaft über das Vorhaben mit der Abkürzung ITER (*I*nternational *T*hermonuclear *E*xperimental *R*eactor) soll die Internationale Atomenergiebehörde mit Sitz in Wien, Österreich, übernehmen.

Kernkraftwerk. Das erste Kernkraftwerk wurde im Juni **1954** in Obninsk bei Moskau (UdSSR) in Betrieb genommen. Die elektrische Leistung des Reaktors betrug 5000 kW. Schon wesentlich früher hatten die USA mit der Konstruktion eines kompakten Kernkraftwerks begonnen, das dann im ersten nukleargetriebenen Unterseeboot, der *SSN 571 Nautilus*, eingesetzt wurde. Da es sich um ein militärisches Projekt handelte, wird meist die Anlage von Obninsk als erstes Beispiel eines Kernkraftwerks angeführt.

Schneller Brüter. Der erste Reaktor vom Typ Schneller Brüter war in den USA der *Experimental Breeder Reactor 1 (ERB-1)*, der **1951** in Betrieb genommen wurde. 1959 ging in Dounreay an der Küste Schottlands ein Schneller Brüter zur Stromerzeugung ans Netz.
Brüter dienen zugleich der Energieerzeugung und der Erzeugung von Spaltstoffen. Im Prinzip ist man daher nicht mehr auf die Ausschöpfung der begrenzten natürlichen Uranressourcen angewiesen. Seit 1975 ist in Frankreich zur Erzeugung von Elektroenergie der Schnelle Brüter *Phénix* mit einer Leistung von 250 Megawatt im Einsatz. Die größere Version, der *Superphénix* mit 1250 Megawatt, hat am 14. Januar 1986 seinen Betrieb aufgenommen. An dem Projekt sind deutsche und italienische Firmen beteiligt.
Das deutsche Schnelle-Brüter-Projekt in Kalkar ist – obwohl seit Mitte 1986 für den nuklearen Betrieb bereit – noch immer Gegenstand politischer und technischer Kontroversen.

ALTERNATIVE ENERGIEN

Windmühlen sind mit dem Aufkommen des Islam etwa seit dem 7. Jh. bekannt. Mit Sicherheit findet man sie jedoch erst um **900 n. Chr.** in Persien und seit den Kreuzzügen auch in Europa. Unter der Bezeichnung »Windmühle« versteht man eine Vorrichtung, mit der kinetische Energie des Windes zum Antrieb einer Maschine – zum Beispiel von Mühlen – genutzt wird.

Wasserstoff, das häufigste Element im Universum, könnte die wichtigste Energiequelle des 21. Jh.s werden. Das erstmals **1766** von Henry Cavendish isolierte Gas reagiert mit vielen Stoffen fulminant, so zum Beispiel mit Sauerstoff und Chlor. Wasserstoff ist ein hervorragender Energieträger. Zwar kommt er frei in der Atmosphäre nur in geringen Mengen vor, doch er kann aus Wasser in praktisch unbegrenzter Menge gewonnen werden. Die Zukunft der Energiequelle Wasserstoff hängt jedoch von der Beantwortung wichtiger Fragen ab, so etwa: Kann er zu einem vertretbaren Preis in größtem Maßstab gewonnen werden? Wie sind große Mengen des Gases auf kleinem Raum sicher zu speichern? Ist Wasserstoff sicher zu transportieren? In zahlreichen Industrielaboratorien und Forschungsstätten wird weltweit an diesen entscheidenden Problemen gearbeitet.

Oben: In Tehachapi, Kalifornien (USA), wurden bereits über 350 Windkraftanlagen *Aeroman* mit einem Rotordurchmesser von 12,5 m installiert. Hubschrauber beschleunigten die Montage. Die erzielte Energie (20 bis 40 kW je Turm) wird ins Stromnetz der Umgebung eingespeist.

Unten: Ein Windgenerator bricht das Sonnenlicht – aufgenommen auf der Insel Ouessant vor der bretonischen Westküste Frankreichs.

Methan als Zersetzungsprodukt organischer Materie wurde erstmals von A. Volta **1776** beschrieben. Die erste Anwendung als Biogas in einer Verbrennungsanlage erfolgte 1857 in Bombay (Indien).
Mit 2200 t flüssigem Methan an Bord verließ am 31. Januar **1959** die *Methane Pioneer*, der erste Methantanker, den Golf von Mexiko in Richtung England. Dieser Spezialfrachter war im Auftrag der North Thames Gas Board gebaut worden.
Ein experimenteller, methangetriebener Autobus, *Metabus* genannt, wurde am 31. Oktober **1986** in Italien vorgestellt. Das umweltfreundliche Fahrzeug war mit einem Tank ausgestattet, der 418 l Methan enthielt.

Windkraftwerk. Im Jahr **1876** wurden im Mittelwesten der USA die ersten Windkraftwerke erprobt. Sie sind die moderne Version der klassischen Windmühlen und verwandeln kinetische Energie in elektrische Energie.
Seit **1975** fördert die amerikanische Raumfahrt-

behörde NASA ein Programm zur Entwicklung von immer größeren und immer leistungsfähigeren Prototypen. Manche Flügel erreichen eine Spannweite von 91 m und eine Leistung von 2,5 Megawatt. Ein bedeutender Fortschritt war die Entwicklung von computergesteuerten Systemen, die die Rotoren immer in die vorherrschende Windrichtung lenkten. In Europa entstanden in begünstigten Regionen wie z. B. in den Niederlanden sogar ganze Windkraftparks mit 25 Generatoren mit Spannweiten bis zu 73 m (1986). Mit diesem Windkraftpark ist es möglich, eine Stadt mit 10 000 Einwohnern mit Windenergie zu versorgen.

Aeroturbine. Auf der Grundlage des Venturi-Rotors, benannt nach dem italienischen Physiker G. B. Venturi (1746–1822), entwickelte der Amerikaner Christian Hermann **1985** eine Aeroturbine, die gegenüber den herkömmlichen Windturbinen eine Reihe von Vorzügen aufweist. Sie kann – an einem optimalen Ort installiert – 7,5 Megawatt elektrischer Leistung produzieren. Zur Zeit befindet sich die Aeroturbine allerdings noch in der experimentellen Phase.

Biomasse. Seit der Energiekrise von **1973** ist die Nutzung von Biomasse, die Gesamtheit der irdischen Vegetation, in den Blickpunkt der Forschung getreten. Sie ist die älteste Energiequelle des Menschen gewesen und war bis zum 18. Jh. fast der alleinige Lieferant von Wärme. Die Biomasse ist ein bedeutender Speicher von solarer Energie. Immerhin gelangen 0,5 Prozent der von der Erde absorbierten Sonnenenergie über den natürlichen Prozeß der Photosynthese in die Biomasse. Die wichtigsten Nutzungsmöglichkeiten liegen in der direkten Verbrennung, im Biogas und in den Biotreibstoffen.

Erdwärme. Geothermische Energie, ihr Gesamtpotential ist praktisch unerschöpflich, ist Wärme aus dem Erdkörper. Die ältesten Anlagen zu ihrer Nutzung findet man in Larderello, 110 km südlich von Pisa. Das dort aus dem Boden sprudelnde heiße Wasser und der entweichende Dampf wurden erstmals **1818** von dem aus

Der größte Sonnenreflektor der Welt in Rehovot bei Tel Aviv (Israel) erreicht mit nur 1000 Watt Leistung, aber einer extrem scharfen Bündelung einen 36 000 km entfernten Satelliten. Ein Spiegelsystem von 96 m² wirft die einfallenden Sonnenstrahlen auf einen Hohlspiegel aus 600 Facetten.

Der Treibstoff kommt vom Acker

Nichts Ungewöhnliches war zu bemerken, als der Landwirt Markus Stauderer in Brünhausen im Chiemgau mit seinem Trecker über den Hof fuhr. Ungewöhnlich war dagegen, daß zahlreiche Besucher erschienen waren, darunter der bayerische Landwirtschaftsminister und Vertreter von Industrie und Forschung. Man drängte sich um Stauderers Trecker, einen neuen Trecker, der nicht sonderlich auffällig aussah, aber trotzdem sensationell war: Der Trecker wurde nicht durch Dieseltreibstoff angetrieben, sondern durch Rapsöl. Das Prinzip eines pflanzenölbetriebenen Motors ist zwar nicht neu, aber bei diesem Projekt fährt eine Maschine erstmals ohne größere Umbauten. Das einzige, was die Experten an dem von Daimler-Benz (Marke MB 1100) zur Verfügung gestellten Trecker geändert haben, ist eine korrigierte Vorwärmung wegen der Dickflüssigkeit des Öls.

Ein Teil von Stauderers Hof ist eine teure Versuchsanlage für dieses Pilotprojekt, das durch die Unterstützung der Industrie ermöglicht wurde. Stauderer verarbeitet hier den Raps, der auf seinem 109 ha großen Hof wächst, zu Öl und zu biologisch-organischem Dünger, der aus den Preßrückständen gewonnen wird. Stauderer kann also einen Bio-Stoff als Treibstoff verwenden, der direkt vor seiner Haustür wächst. Könnte dieses Beispiel Schule machen, wäre das Treibstoffproblem für Bauern gelöst.

Dieses Forschungsprojekt ist eines von vielen, die auf der Suche sind nach alternativen Treibstoffen. Doch eröffnet gerade der Erfolg mit Stauderers Trecker für Automobilhersteller wie z. B. Daimler-Benz neue Perspektiven. Bisher wurde immer versucht, alternative Treibstoffe zu verbessern; jetzt wird dazu übergegangen, die Reaktion von Motoren auf unbehandelte Pflanzenöle zu testen.

Auch das Bundesforschungsministerium betreibt einen entsprechenden Großversuch im bayerischen Ebelsbach – mit einem Gesamtvolumen von 1,43 Mio. DM –, an dem auch die EG beteiligt ist.

Einzelerfolge wie den von Markus Stauderer gibt es immer häufiger. Ein bayerischer Konstrukteur legte schon 100 000 km mit seinem Dieselfahrzeug zurück, das neben Rapsöl auch Sonnenblumenöl, Soja-, Rizinus- und Erdnußöl verträgt. Diesen Fahrzeugbesitzer wird keine Ölkrise mehr auf das Fahrrad zwingen – nur eine Mißernte.

Das Straßenabenteuer *Sunraycer*, 1987 von General Motors entwickelt, tankt seine Energie über 7200 im Weltraum erprobte Solarzellen. Diese geben die Kraft direkt an den Motor weiter oder speichern sie in neuartigen Silber-Zink-Batterien. Im längsten Rennen für Solarmobile auf den Straßen von Australien war dieses Gefährt vom anderen Stern unschlagbar.

Frankreich eingewanderten Industriellen Francesco Larderel (1789–1858) zur Gewinnung von Borsäure genutzt. 1827 setzte Larderel erstmals den Dampf aus den heißen Fumarolen zum Heizen von Kesseln ein. Heute wird mit der Erdwärme aus Larderello und Umgebung knapp 3 Prozent des italienischen Energiebedarfs gedeckt. Die installierte Leistung beträgt knapp 412 Megawatt.

Man kann zwischen niederenergetischer und hochenergetischer Erdwärme unterscheiden. Erstere wird vorwiegend für Heizzwecke genutzt, die andere zur Erzeugung von Elektroenergie. So wird zum Beispiel die Hauptstadt Islands, Reykjavik, mit ihren 115000 Einwohnern aus Erdwärme mit Warmwasser für die Wohnungen und Heißwasser für industrielle Zwecke versorgt und ist vollständig an eine Thermalwasser-Fernheizung angeschlossen.

Weltweit wird heute 2500 Megawatt Leistung (geothermisch) genutzt, vorwiegend in Nord- und Südamerika sowie in Neuseeland. Japan, es besitzt geothermische Lagerstätten im Überfluß, beginnt aber gerade erst mit ihrer Erschließung. Die Planung sieht vor, im Jahr 2000 allein 140000 Megawatt Elektrizität aus Erdwärme zu produzieren.

Flüssige Kohle, 1986 in Frankreich patentiert, soll energiereicher und billiger sein als feste Kohle. Die praktische Anwendung steht unmittelbar bevor.

Sonnenenergie. 1861 ließ sich der französische Lehrer Augustin B. Mouchot einen »Sonnenmotor« patentieren, bei dem ein Hohlspiegel die Sonnenstrahlung auf einen kleinen Kessel konzentrierte, der eine Dampfmaschine speiste. Mouchot veröffentlichte 1869 das erste Buch über Sonnenenergie und führte 1878 auf der Pariser Weltausstellung einen mit Solarenergie betriebenen Kühlschrank vor.

Photovoltaische Zellen. Bereits **1839** experimentierte der Franzose Antoine Becquerel mit Materialien, die unter Lichteinwirkung elektrischen Strom erzeugen. Zu einer praktischen Nutzung kam es damals jedoch noch nicht.

Vor allem war es die Weltraumtechnologie in den fünfziger Jahren, die die Entwicklung der Solarzellen zur Energieversorgung von Satelliten und Raumsonden vorangetrieben hat. **1954** entdeckten G. L. Pearson, C. S. Fuller und D. M. Chaplin, Mitarbeiter der Bell Telephone Laboratories in den USA, daß ein dünnes Siliziumplättchen, versehen mit einer noch dünneren, mit Bor gesättigten Siliziumschicht, Sonnenlicht in elektrische Energie umwandelt. In den ersten Jahren betrug die Ausbeute nur etwa 6 Prozent. Bis Ende der siebziger Jahre konnte sie bei großtechnisch gefertigten Produkten bis auf 18 Prozent gesteigert werden.

Solarzellen werden nun schon seit mehr als einem Jahrzehnt auch für die irdische Anwendung vielfältig genutzt, wobei sich die industrielle Forschung darauf konzentriert, immer billigere Produkte zu entwickeln.

Sonnenofen. Von Archimedes (278–212 v. Chr.) wird berichtet, daß er **214 v. Chr.** mit Hilfe von

Hohlspiegeln einen Angriff auf die römische Flotte vor Syrakus geplant habe. Dabei sollten mit Hilfe der konzentrierten Sonnenenergie die Schiffe in Brand gesetzt werden.
Der Chemiker Antoine Laurent de Lavoisier (1743–95) befaßte sich ernsthaft mit dem Sonnenofen. Er versuchte, mit gebündelter Sonnenwärme einen Diamanten unter reinem Sauerstoff zu verbrennen.
Erst **1946** jedoch wurde ein experimenteller Sonnenofen gebaut, der seinen Namen verdiente. Er entstand in Meudon bei Paris und konnte eine Temperatur von 3000° C erzeugen. 1968 wurde der Sonnenofen von d'Odeillo (Ostpyrenäen) mit 1000 kW in Betrieb genommen.

Sonnenkollektoren. Das Sammeln von Sonnenenergie unter Glasflächen, also die Nutzung des »Treibhauseffekts«, begann **1635** mit der Anlage von Gewächshäusern im königlichen Garten von Paris. Im späteren 17. und vor allem im 18. Jh. entstanden zahlreiche Anlagen dieser Art, sogenannte Orangerien.

Sonnenkollektoren unter Vakuum. Am 8. Dezember **1978** meldete die französische Firma Bertin ein Patent für die ersten Vakuum-Sonnenkollektoren an. Mit ihrer Hilfe ist es möglich, heißes Wasser von 80° C für Wohnungen (Warmwasser oder Heizung) und Wärmeenergie von 80° - 120° C für industrielle Zwecke zu produzieren.

Solarenergie-Speicherung. Zur Speicherung der von Sonnenkollektoren gesammelten Wärmeenergie über längere Zeiträume benutzt man seit **1979** in Blagnac (Frankreich) ein oberflächennahes Wasserreservoir. 240 m^2 Solarkollektoren sind hier mit einem Wasserspeicher von 400 m^3 verbunden. 26 Wohnungen werden so mit Warmwasser und Heizung versorgt. Ähnliche Versuche laufen seit einigen Jahren auch in anderen Ländern, unter anderem in Schweden und Israel.

Sonnenwärme-Kraftwerk. Das erste bedeutende Kraftwerk, in dem durch Spiegel konzentrierte Sonnenenergie zum Antrieb einer Turbine und damit zur Stromerzeugung genutzt wird, entstand **1960** in Aschchabad, Turkmenistan (UdSSR). 1293 Spiegel mit insgesamt 20 000 m^2 Oberfläche sammeln die Sonnenwärme.
Weltweit sind inzwischen eine Reihe ähnlicher Anlagen zu finden: von der Energie her steht das Sonnenwärme-Kraftwerk von Barstow, Kalifornien (USA), mit 10 Megawatt Leistung an der Spitze.

Sonnenenergie in der Alltagstechnik. Sonnenenergie wird vielfach genutzt: Fernsehgeräte (1979), Telefone (1981), Feuerzeuge (1978), Warmwasser-Erzeuger (1981), Flugzeuge (1980), Autos (1977) usw. sind entwickelt worden, deren Energiequelle die Sonne ist. Durch Solar-Batterien ist das Funktionieren bei Nacht garantiert.

Mit Sonnenenergie betriebene Fabrik. Im Juni **1983** wurde bei Lyon in Frankreich der erste völlig mit Sonnenenergie versorgte Pernod-Industriekomplex eingeweiht. Neben optimaler Energieeinsparung wird die Sonnenenergie intensiv genutzt, wobei die entsprechenden Anlagen Teil der Gesamtarchitektur sind.

»Solardorf«. In Yihezhuan, 30 km südwestlich von Peking, ist **1986** Chinas erstes Dorf fertiggestellt worden, das den größten Teil seines Energiebedarfs aus Sonnen-, Wind- und Bioenergie bezieht. Es ist ein Gemeinschaftsprojekt verschiedener chinesischer Universitäten und deutscher Wissenschaftler und Firmen, unter anderem AEG und Kernforschungsanlage Jülich. Das Modelldorf mit rund 140 Bauernhaushalten und 650 Einwohnern verfügt über 70 passive Solarhäuser als Grundlage des Energiekonzepts, darüber hinaus über sonnenbeheizte Boiler für Duschen, kleine Biogasanlagen, eine Biogas-Großanlage, die mit einer Rinderfarm kombiniert ist und einen 10-kW-Generator antreibt, eine von Fotozellen betriebene Tiefbrunnenpumpe, und auch die Telefon- und Radioanlage wird von Solargeneratoren unterhalten.

Luftspeicher-Kraftwerk. Am 8. Dezember **1978** nahm das Unternehmen Nordwestdeutsche Kraftwerke - heute Preußen-Elektra AG - ein kleines Luftspeicher-Gasturbinen-Kraftwerk von 220 kW in Betrieb. Ein Generator wird mit billigem Nachtstrom zum Antrieb eines Verdichters eingesetzt, der Luft in einen in 500 m Tiefe liegenden Speicher - eine Kaverne oder einen ausgewaschenen Salzstock - pumpt. Während der Spitzenbelastung läßt man die stark komprimierte Luft aus dem Speicher in die Brennkammer strömen; mit den Verbrennungsgasen wird die Gasturbine angetrieben.

Eine Wärmepumpe ist ein technisches System, das es erlaubt, Wärme aus seiner Umgebung - zum Beispiel der Luft, dem Boden oder Grundwasser - zu entziehen. Dazu wird Gas, zum Beispiel Freon, in einem elektrischen Kompressor verflüssigt. Diese Flüssigkeit leitet man durch Rohrschlangen in das Medium, dem man Wärme entziehen will. Dabei verdampft Flüssigkeit. Das entstandene Gas wird im Kompressor erneut verflüssigt und gibt nun seine Wärme wiederum an ein System von Rohrschlangen ab.
Die Erfindung dieses heute so wichtigen Systems wird Lord Kelvin im Jahr 1852 zugeschrieben. Doch erst 75 Jahre später, **1927**, baute T. G. N. Haldane eine Wärmepumpe und benutzte sie zur Heizung seines Büros in London. Bereits 1982 waren in den Industriestaaten über 50 000 Wärmepumpen im Einsatz.
Die *bisher größte Wärmepumpe* soll Ende **1986** in Stockholm (Schweden) in Betrieb gehen. Das System kann 100 000 Appartements mit Heißwasser zum Waschen und Heizen versorgen und damit die Hälfte des Energiebedarfs dieser Wohnungen decken.

Wärmepumpe hoher Leistung. Der Genfer Ingenieur Jean Pierre Budliger entwickelte **1987** eine Wärmepumpe von völlig neuer Technologie. Ein Stirling-Motor wird mit einer Stirling-Wärmepumpe gekoppelt, wobei diese Verbindung nicht mechanisch, sondern über eine in Resonanz schwingende Gassäule geschieht. Bei Budligers Entwicklung würde die Wärmepumpe aufgrund der wegfallenden Reibung des Arbeitskolbens mit hohem Gasdruck arbeiten und eine kompakte Einheit bilden. Kann die hohe Präzision, die notwendig ist, serienmäßig realisiert werden, so wäre eine Brennstoffersparnis von 30 bis 40 Prozent gegenüber anderen Systemen möglich. Durch das Fehlen von Gestänge und Zahnrädern läuft die Wärmepumpe praktisch geräuschlos und ist weitestgehend wartungsfrei. Der Bau einer Prototyp-Anlage steht bevor.

Das erste Gezeitenkraftwerk wurde am 26. November **1966** an der Mündung der Rance bei St. Malo in der Bretagne (Frankreich) in Betrieb genommen. Die Nutzung des großen Tidenhubs an dieser Stelle wurde bereits seit 1919 ernsthaft diskutiert. Verwirklicht wurde das von Albert Caquot 1955 entwickelte Konzept. Ebbe und Flut treiben 24 Turbinen an, in denen je 10 000 kW elektrischer Leistung produziert werden.
Die guten französischen Erfahrungen fanden ihren Niederschlag in der Projektierung weiterer Gezeitenkraftwerke. Doch nur in der UdSSR und Kanada hat man Anlagen dieser Art in Angriff genommen, wobei das kanadisch-amerikanische Vorhaben an der Fundy Bay in Nova Scotia am anspruchsvollsten ist.

Wellenenergie. Die Möglichkeit der Nutzung der Wellenenergie an den Ozeanküsten wurde wissenschaftlich erstmals genauer von dem Australier R. S. Deverell **1875** untersucht. Technische Versuche in dieser Richtung wurden 1889 in Ocean Grove, nahe New York, unternommen. 1979/80 testete man in Japan den Prototypen eines Wellenkraftwerks. Die größten technischen Probleme gelten jedoch bis heute als nicht voll befriedigend gelöst.
Im Februar **1985** begann man westlich von Bergen (Norwegen) dennoch mit dem Bau eines *Wellenkraftwerks*, das Elektrizität für etwa 70 Wohnungen liefern soll. In einem anderen Projekt soll inzwischen die Nutzung der Wellenenergie an der norwegischen Küste für den Betrieb eines konventionellen Wasserkraftwerks untersucht werden.

Flüssige Kohle. Als neuartiger und flüssiger Brennstoff ist das Produkt Ultracarbofluid-54, auch »flüssige Kohle« genannt, **1986** von dem französischen Unternehmen Cadet International vorgestellt worden. Mit von der Partie waren die Wissenschaftler Gérard Antonini und Olivier François von der Technischen Universität Compiègne. Die Kohlesuspension könnte als Brennstoff für bestimmte Heizzwecke dienen. Der technische Einsatz wird für 1989 erwartet.

Leiterplatten im High-Tech-Kopf – Computer denken für den Menschen.

INFORMATIK

Mit 19 Jahren baute Blaise Pascal seine erste Rechenmaschine, die dem Vater das Berechnen der Finanzen erleichtern sollte. Zehn Jahre dauerte es allerdings, bis die *Pascaline*, wie man die Maschine nannte, 1652 ausgereift war.

DIE ERSTEN MASCHINEN

Der Abakus, Vorläufer der modernen Rechenmaschinen und Computer, wurde vermutlich im **3. Jtsd. v. Chr.** von den Babyloniern erfunden. Der Begriff »Abakus« geht auf das semitische Wort für »Staub« zurück. Die primitivste Form des Abakus' bestand aus einem rechteckigen Holzbrett, das bestreut war mit feinem Sand, in dem die Zeichen mit einem Griffel geschrieben wurden.

Später dann entstanden die Rechenbretter mit Steinchen oder Kugeln. Aus archäologischen Funden geht hervor, daß die Hindus, die Griechen und später die Römer alle eine ähnliche Form des Abakus' verwendeten. Im 10. Jh. war das Rechenbrett auch überall in Europa gebräuchlich.

Noch heute wird der Abakus in verschiedenen Formen benutzt, so in Indien, China (suan pan), Japan (soroban) und UdSSR (Stschoty). Man schätzt, daß gegenwärtig noch rund 40 Prozent der Weltbevölkerung Rechenbretter benutzen, mit denen die vier arithmetischen Grundoperationen – Addition, Subtraktion, Division und Multiplikation – ausgeführt werden können.

Pascals Rechenmaschine. Im Jahr **1642** führte der erst 19jährige französische Mathematiker und Philosoph Blaise Pascal (1623–62) öffentlich eine Rechenmaschine vor, mit der achtstellige Additionen und Subtraktionen vorgenommen werden konnten. »Offiziell« wurde diese Maschine, *Pascaline* genannt, 1645 eingesetzt. Mit ihr wurden unter anderem Wechselkurse für die damals gebräuchlichen Währungen berechnet. Entworfen hatte Pascal die Maschine für seinen Vater, der als Steuereinnehmer oft komplizierte Berechnungen durchführen mußte. Sie sollte ihm die tägliche Arbeit erleichtern und beschleunigen. Die Pascaline entstand nicht auf Anhieb: Dem ersten Versuchsmodell folgten bis 1652 immerhin rund 50 weitere Entwürfe und Modelle, bis die Maschine wirklich als ausgereift angesehen werden konnte.

Wilhelm Schickards Rechenmaschine. Der Tübinger Professor Wilhelm Schickard (1592 bis 1635) konstruierte **1624** die erste zahnradgetriebene Rechenmaschine. Sie ermöglichte die Ausführung aller vier Grundrechenarten auf sechs Stellen genau. Zwei dieser Maschinen sind vermutlich gebaut worden, eine davon für Johannes Kepler. Beide Geräte sind jedoch in den Wirren des Dreißigjährigen Krieges verlorengegangen. Aufgrund der hinterlassenen Skizzen und Beschreibungen ist sehr viel später Schickards Maschine nachgebaut und ihre Funktionsfähigkeit unter Beweis gestellt worden.

Rechenmaschine mit Staffelwalzen. Der deutsche Universalgelehrte Gottfried Wilhelm Leibniz (1646–1716) stellte **1673** ein erstes – noch unvollkommenes – Modell einer Rechenmaschine für alle vier Grundrechenarten vor. In diesem Gerät wurden Multiplikationen und Divisionen durch fortgesetzte und gezählte Additionen und Subtraktionen ausgeführt. Ein Prinzip übrigens, nach dem heute noch viele Digitalcomputer arbeiten. Das wesentliche Element der Leibnizschen Maschine war die Staffelwalze. Hierbei handelt es sich um eine Walze mit neun achsenparallelen Zähnen, deren Länge gestaffelt ist. Trotz erheblicher finanzieller Aufwendungen hielt Leibniz zeit seines Lebens keine perfekt funktionierende Maschine in der Hand, weil die damalige Fertigungstechnik nicht die erforderliche mechanische Präzision verwirklichen konnte. Erst im 19. Jh. ließ dieses Prinzip die Se-

Die älteste deutsche Rechenmaschine des Münchener Ingenieurs Josef Nowak. Es ist ein Versuchsmodell für eine weit größere Rechenmaschine, die 1911 im Städtischen Elektrizitätswerk von München installiert wurde. Mit ihr sollten lineare Gleichungssysteme mit 700 Unbekannten berechenbar werden, was vermutlich an der komplizierten Mechanik scheiterte.

***ZUSE Z 3,* der erste funktionsfähige programmgesteuerte Rechner des Berliners Konrad Zuse aus dem Jahr 1941.**

rienfertigung entsprechender mechanischer Rechenmaschinen zu.

Analogrechner. Mit Beginn des **19. Jh.s** begann man »Rechenmaschinen« zu entwerfen, in denen physikalische Modellprozesse abliefen; zu lösende Probleme wurden zunächst als mechanische und später auch als elektrische Systeme nachgebildet. So schlug der deutsche Ingenieur J. H. Hermann bereits 1814 eine mechanische Vorrichtung zur Ermittlung des Inhalts einer von einer beliebigen Kurve umschlossenen Fläche vor. An diesem Problem entzündeten sich selbst so große Geister wie James Clerk Maxwell, James Thomson und dessen Bruder William, der spätere Lord Kelvin. Der große englische Physiker konstruierte später Analoginstrumente zur Berechnung und Vorhersage des Gezeitenverlaufs unter Berücksichtigung der astronomischen Faktoren. Er erzielte mit diesen Maschinen innerhalb 1 bis 2 Std. Resultate, für die ein geübter Rechner 20 Std. gebraucht hätte. Elektrische Analogrechner erlangten erst seit den dreißiger Jahren unseres Jh.s Bedeutung.

Der analytische Rechenautomat. Als geistiger Vater der programmgesteuerten Rechenmaschinen kann der englische Professor Charles Babbage (1792–1871) angesehen werden. Der in Cambridge lebende Mathematiker begann **1833** mit der Konstruktion einer Maschine, die ein Ein- und Ausgabegerät besitzen und lochkartengesteuert sein sollte. Sogar eine Zentraleinheit aus Speicher- und Rechenwerk sah Babbage vor. Erste Programme für diese Maschine, die allerdings technisch zu Babbages Zeiten nicht realisiert werden konnte, schrieb seine Freundin, die Gräfin Ada Lovelace.

Die Lochkarte als Programmträger. Der Franzose Joseph-Marie Jacquard (1752–1834) entwikkelte **1804** einen Webstuhl mit Lochkartensteuerung. Auf einzelnen Pappkarten war das Steuerungsprogramm in Form von Löchern festgelegt. Nacheinander wurden die Pappkarten in die Abtastvorrichtung des Webstuhls eingeführt und steuerten so über eine Mechanik das unterschiedliche Abheben der einzelnen Kettfäden. So wurde es möglich, daß selbst komplizierteste Muster von angelernten Hilfskräften gewebt werden konnten. Schon 1812 waren mehr als 10 000 lochkartengesteuerte Webstühle in Betrieb.

Binärrechner. Der amerikanische Mathematiker George R. Stibitz (* 1904), er arbeitete in den Bell Telephone Laboratories, entwickelte **1939** einen digitalen Rechenautomaten auf der Basis der Relaistechnik. Sein *Complex Number Computer* sollte vor allem die Berechnung komplizierter elektronischer Schaltungen erleichtern, die bei Bell entwickelt wurden. Dieser Computer war also speziell für die Multiplikation und Division komplexer Zahlen gedacht. Der Einfluß dieses Geräts auf die weitere Rechnerentwicklung in den USA ist nicht zu unterschätzen.

Vollelektronischer Rechenautomat. Die erste Großrechenanlage der Welt in vollelektronischer Bauweise wurde ab 1943 von den Amerikanern John P. Eckert (* 1919) und John W. Mauchly (1907–80) an der Universität von Pennsylvania gebaut. Die Anlage erhielt die Bezeichnung *ENIAC* (*E*lectronic *N*umerical *I*ntegrator *a*nd *C*omputer) und war **1945** im wesentlichen vollendet. Erst rund zwei Jahre später jedoch arbeitete *ENIAC* wirklich befriedigend. Auch dieser Computer hatte gigantische Abmessungen: Er nahm eine Grundfläche von 140 m² in Anspruch und war mit 18 000 Röhren bestückt. Die Leistungsaufnahme des Geräts betrug über 150

Der fast vergessene Vater des Computers

Ursprünglich wollte Konrad Zuse, der 1910 in Berlin geboren wurde, Grafiker oder Plakatmaler werden, doch entschied er sich für ein Bauwesenstudium an der TH Charlottenburg. Da er schon als junger Student viel für Erfindungen übrig hatte und ihn die langwierigen Rechnereien, die während der Studien erforderlich waren, anödeten, setzte er all seinen Ehrgeiz daran, eine automatische Rechenmaschine zu entwickeln. So entstand 1938 in der elterlichen Wohnung Zuses Versuchsmodell *Z 1,* dem bald der *Z 2* folgte. Doch waren beide Rechner nicht funktionsfähig. Aber Zuse, der während des Kriegs als Statiker bei den Henschelwerken in Berlin-Schönefeld arbeitete, tüftelte weiter an seiner Z-Serie. Und 1941 war es dann soweit. Zuse konnte mit dem *Z 3* den ersten funktionsfähigen programmgesteuerten Rechner präsentieren, der damals noch nicht als Computer bezeichnet wurde, aber schon einer war. Er besaß ein binäres Rechenwerk mit 600 Relais, ein Speicherwerk mit 1400 Relais und arbeitete in rein dualem Zahlensystem. Das von Zuse eingeführte Gleitkomma erweiterte den Rechenspielraum beträchtlich. Das Gerät konnte schnell und präzise auf die spezifischen mathematischen Probleme des jeweiligen Anwenders reagieren.
Niemand erkannte die wirkliche Tragweite seiner Erfindung. Die in Berlin ansässige »Deutsche Versuchsanstalt für Luftfahrt« zählte zu Zuses ersten ernsthaften Interessenten. Das Gerät *Z 3* konnte dort für Berechnungen im Zusammenhang mit Schwingungs- bzw. Flatteruntersuchungen an Flugzeugen eingesetzt werden. Unglücklicherweise wurden alle Modelle der Z-Reihe im Krieg zerstört; nur die leistungsfähigere *Z 4* konnte 1945 aus Berlin geschafft und ins Allgäu gerettet werden. Der Rechner war mit seinem Relaisspeicher für 64 Zahlen zu 22 Dualstellen, die etwa 7 Dezimalstellen entsprachen, zusammen mit dem gleitenden Komma eine Weltsensation. Dennoch brachte Zuse keine seiner Entwicklungen den großen finanziellen Erfolg. In seiner 1949 gegründeten Firma, der Konrad Zuse KG, wurde 1956 der *Z 22* gebaut, der erste vollelektronische Computer. Die Geschäfte gingen so gut, daß Zuse zeitweilig 1000 Mitarbeiter für die Hardware beschäftigte. Immer höhere Entwicklungskosten zwangen Zuse 1967, den Betrieb an die Firma Siemens zu übergeben.
Dem »Computervater« Zuse, wie er heute zu Recht genannt wird, wurden erst spät die ihm gebührenden Ehren zuteil. In den letzten Jahren würdigte man seine herausragenden Leistungen.

kW. Mit *ENIAC* wurden die erforderlichen Rechenzeiten drastisch gesenkt: Für die Multiplikation zweier zehnstelliger Zahlen zum Beispiel benötigte die Maschine nur noch 0,0028 Sek. Sie wurde primär für die Berechnung von Raketenbahnen eingesetzt.

Computer mit Programmspeicher. Die Idee des flexiblen Speicherprogramms stammt von dem amerikanischen Mathematiker ungarischer Abstammung John von Neumann (1903–57). Er begann 1944 mit der Umsetzung dieser Idee in der Entwicklung des Rechenautomaten *EDVAC*. Verwirklicht wurde das flexible Speicherprogramm erstmals in dem von IBM unter Leitung von John P. Eckert gebauten Computer *SSEC* (*S*elective *S*equence *E*lectronic *C*alculator), der am 24. Januar **1948** in New York der Öffentlichkeit vorgestellt wurde. Er war mit etwa 12 500 Elektronenröhren und etwa 21 400 Relais ausgerüstet. Die Programme wurden von 36 Lochstreifenlesern gesteuert. Dabei konnte erstmals der Operator den Ablauf des Programms an der Steuerkonsole verfolgen und – wenn es notwendig wurde – Korrekturen vornehmen. Die erste Aufgabe von *SSEC* war die Berechnung der Mondbahn.

Der erste mit Transistoren bestückte Computer, in den Bell-Forschungslaboratorien unter der Leitung von J. H. Felker entwickelt, konnte am 19. März **1955** fertiggestellt werden. Der *TRADIC* (*T*ransistorized *A*irborne *D*igital *C*omputer) war für die US-Luftwaffe gebaut worden und mit 11 000 Germaniumdioden sowie mit 800 Transistoren bestückt. Seine Leistungsaufnahme betrug nur knapp 100 W.

Unter dem Rasterelektronenmikroskop: ein 4-Megabit-Speicherchip, in dem die Speicherzellen als 0,004 mm tiefe und 0,001 mm breite Gräben ausgebildet sind. Zum Größenvergleich liegen drei Gänseblümchenpollen auf dem Chip.

KONZEPTE

Rechenstäbchen. Der schottische Mathematiker und Theologe Lord John Napier of Merchiston (1550–1617) erfand um **1600** die sogenannten Rechenstäbchen, Holzstäbchen, auf denen das kleine Einmaleins für die Zahlen von 1 bis 9 geschrieben war. Sie erleichterten die Ausführung von Multiplikationen. 1594 hatte Napier bereits ein logarithmisches System mit der Basis e = 2,718 8284 ... entwickelt, mit dem ein Rechnen mit Potenzen möglich wurde.

Algorithmen. Bereits die babylonischen Mathematiker zur Zeit Hammurabis, im **18. Jh. v. Chr.,** kannten Rechenvorgänge, die nach einem bestimmten, sich wiederholenden Schema abliefen. Sie lösten auf diesem Wege, das heißt mit Hilfe von Algorithmen, zum Beispiel astronomische Probleme, wie die Vorhersage von Sonnen- und Mondfinsternissen.
Die Idee, Algorithmen als Lösungsverfahren eines mathematischen Problems zu »mechanisieren«, wurde um das Jahr 1000 von dem Franzosen Gerbert d'Aurillac (938–1003), dem späteren Papst Silvester II., geäußert. Ein Computerprogramm ist letztlich die Übersetzung eines Algorithmus in eine für den Computer verständliche Sprache.

Die ersten Programme für Rechenautomaten (Computerprogramme) entstanden im Gefolge der Entwicklungsarbeiten von Charles Babbage im Jahr **1833**. Ada Byron, Gräfin Lovelace (1815–52), entwarf sie für den »analytischen Rechenautomaten« des englischen Mathematikers. Die Tochter des berühmten Dichters Lord Byron schrieb zahlreiche Programme von hoher Originalität für die weit in die Zukunft weisende Maschine, die jedoch erst 1944 annähernd Realität wurde.

Codierung. Die Aufbereitung von Informationen in maschinenlesbarer Form wurde zuerst konsequent von Hermann Hollerith mit seinen Lochkarten verwirklicht. Erste Ansätze findet man im **19. Jh.** jedoch sowohl in der Jacquardschen Webstuhlsteuerung als auch in den Entwürfen von Babbage. In diesem Zusammenhang sollten auch die Entwicklungen des französischen Telegrafenbeamten Jean Maurice Emile Baudot (1845–1903) erwähnt werden, der zur optimalen Nutzung der Telegrafenwege spezielle Codierungen der zu übermittelnden Information einführte.

Binäre Logik. Die Arbeiten des englischen Mathematikers und Logikers George Boole (1815–64) erwiesen sich als höchst bedeutsam für die Informatik. Seine Feststellung **(1859),** wonach die Bedeutung der Symbole 0 und 1 im System der Logik das Nicht und das All seien, die Zerlegung von Problemen in einer Folge von »Richtig«- und »Falsch«-Aussagen, bilden die Grundlagen der modernen Datenverarbeitung im Computer. Die Operatoren »und« bzw. »oder« können durch unterschiedliche Verknüpfung zweier Schalter verwirklicht werden. Für die Umsetzung von zu lösenden Problemen ist es notwendig, die Rechenoperationen auf eine Folge von Booleschen Operatoren (»und«, »oder« usw.) zu reduzieren und sie anschließend in eine Folge von 0 und 1 so umzuformen, daß sie der Computer verarbeiten kann.

Die Kybernetik als Wissenschaft wurde **1940** von dem amerikanischen Mathematiker Norbert Wiener eingeführt. Der Begriff selbst wurde jedoch erst 1948 von Wiener und seinem Mitarbeiter A. Rosenblüth geprägt und benutzt. Kybernetik, frei übersetzt »Steuermannskunst«, beschäftigt sich mit der Regelung und Nachrichtenübertragung in Lebewesen und Maschine. Sie hat inzwischen Einzug in so verschiedenartige Gebiete wie Informationstheorie, Biologie, Psychologie, Pädagogik, Linguistik, Ökonomie, Soziologie, Informatik und Verhaltensforschung gehalten.

Informatik. 1962 schlug der französische Ingenieur Philippe Dreyfus den Begriff »Informatik« als Zusammenfassung von Information und Automatik vor.
Unter Informatik wird heute die Wissenschaft von der elektronischen Datenverarbeitung und den Grundlagen ihrer Anwendung verstanden. Dazu gehört nicht nur die Hardware, sondern auch die Software. Hier hat sich die Teildisziplin des *Software-engineering* entwickelt.

Die Bezeichnung »Bit« wurde **1946** von John Tukey während der Arbeit am *ENIAC*-Computer geprägt. Sie entstand aus der Zusammenfassung des Begriffs *binary digit*. Bit ist eine in der Datenverarbeitung und Nachrichtentechnik verwendete Einheit für die Anzahl von Zweierschritten, für 0 und 1, aber auch für die Zweierschritte selbst.

Byte bezeichnet in der Datenverarbeitung die kleinste adressierbare Informationseinheit, die Zusammenfassung von 8 Bit. Durch ein Byte wird die Verschlüsselung von $2^8 = 256$ verschiedenen Zeichen - Ziffern, Buchstaben, Sonderzeichen - möglich. Die Einheit tauchte erstmals **1961** im Zusammenhang mit dem *STRETCH* auf, mit jenem Supercomputer von IBM, der vor allem waffentechnischen Berechnungen diente. Mit der *Kilobyte*-Angabe wird heute die Leistungsfähigkeit von Computern charakterisiert.

Echtzeit-Computer. 1946 bauten John P. Eckert und John W. Mauchly für die Northrop Aircraft Company den *BINAC* (*B*inary *A*utomatic *C*omputer). Das sehr zuverlässige Gerät bestand eigentlich aus zwei Computern, die parallel rechneten und die Ergebnisse verglichen. *BINAC* war der erste Rechner, der in Echtzeit - ohne nennenswerte Zeitverzögerung also - arbeitete. Seine Betriebssicherheit war für die damalige Zeit außergewöhnlich. So funktionierte 1949 einer der beiden Prozessoren 44 Std. ununterbrochen ohne einen einzigen Ausfall.

Mikroprogrammierung. 1951 führte der Engländer H. V. Wilkes das Konzept der Mikroprogrammierung in die Computertechnik ein, mit dem Ziel, die Funktionsweise der Zentraleinheit zu vereinfachen. Bei der Mikroprogrammierung handelt es sich um eine spezielle Form der Ablaufsteuerung in einer Rechneranlage bzw. der Rechnerorganisation. Hierbei werden die Maschinenbefehle als Folge von Mikrobefehlen dargestellt.

MODERNE COMPUTER

IBM 360. IBM brachte **1964** die Computerfamilie *360* mit sechs unterschiedlichen Modellen auf den Markt. Sie gingen auf eine Studie zurück, die 1961 bei IBM unter Leitung von G. Amdahl und M. Blauun durchgeführt wurde. Das Ziel galt der Entwicklung einer Computerfamilie mit vollständig kompatiblen Mitgliedern. Die *360er*-Generation, eine der gebräuchlichsten ihrer Zeit, eröffnete eine neue Ära in der Datenverarbeitung. Hier wurde modernste Technologie mit anspruchsvollstem Design verknüpft. Die gewählte Bezeichnung der Serie mit der Ziffer *360* geht auf T. J. Watson zurück. Sie sollte symbolisieren, daß diese Computer alle Ansprüche »rundherum = 360 Winkelgrade« befriedigen konnten.

Der erste kommerzielle Supercomputer, *Cray-1,* wurde **1976** von Seymour Cray entwickelt. Freongekühlt war er mit 200000 ICs bestückt und konnte 150 Mio. Operationen pro Sek. durchführen. Es folgte dann der *Cray X/MP* mit einer Leistung von 400 Mio. Operationen pro Sek. Einer dieser Computer wurde 1978 für 12,6 Mio. Dollar zur Herstellung von Spezialeffekten für Spielfilme und für Zeichentrickfilme nach Hollywood verkauft. Die beiden *Cray*-Versionen wurden dann in den Schatten gestellt vom *Cyber-205* mit 700 Mio. Operationen pro Sek. 1986 kam dann der *Cray-2* heraus, mit einem Zentralspeicher von 2 Gigabyte und 1,6 Mrd. Rechenoperationen pro Sek. Um die Leitungswege kurz zu halten, wurde das Gerät extrem kompakt gebaut, wobei die Aggregate von Fluorkohlenwasserstoffen umspült werden. Doch auch die Konkurrenz ruht nicht: CDC bietet seit 1986 seinen neuen *ETA* an, mit 10 Mrd. Operationen je Sek., von dem bereits mehrere Exemplare geordert wurden.

Der erste elektronische Taschenrechner wurde von den Amerikanern J. S. Kilby, J. D. Merryman und J. H. Van Tassel bei Texas Instruments entwickelt. Das entsprechende Patent wurde **1972** angemeldet und 1978 erteilt. Der Prototyp dieses Rechners gehört heute zu den Ausstellungsstükken der Smithsonian Institution in Washington. 1973 brachte Hewlett-Packard Taschenrechner mit verdrahteten Funktionen und Rechenverfahren für bestimmte Bereiche aus Wissenschaft, Finanzwesen und Wirtschaft heraus; **1976** folgten von Hewlett-Packard frei programmierbare Rechner, die ersten echten *Taschencomputer*.

Kreditkarten-Rechner. 1984 brachten die japanischen Elektronikunternehmen CASIO und DIGITEC extrem flache Taschenrechner im Kreditkartenformat auf den Markt. Solarzellen sorgten dabei für die Energie. Neben den vier Grundrechenarten war Prozentrechnung möglich. Ein Speicher gehörte ebenfalls zur Normalausstattung. Die Gewichte der Rechner: 23 g bei DIGITEC und 12 g bei CASIO.

Elektronischer Taschenrechner und Notizbuch. 1986 brachte Sharp einen Taschenrechner heraus, der, nur 71 g schwer, auch die Funktion eines elektronischen Notizbuchs hat. Er kann zum Beispiel 200 Telefonnummern oder andere wichtige Informationen und Termine speichern, die nach Bedarf abgerufen werden können.

Den sprechenden Taschenrechner stellte **1988** die Technische Universität Dresden vor. Das Gerät, das vor allem blinden und sehschwachen Schülern zugute kommen soll, kann die Ergebnisse eines Rechenvorganges ziffernweise mit natürlicher Klangfarbe ansagen. Der Rechner ist etwa von der dreifachen Größe eines herkömmlichen Taschenrechners.

Der erste Mikrocomputer kam **1973** in Frankreich auf den Markt. Unter Leitung von Truong Tong Thi, einem Ingenieur vietnamesischer Abstammung, wurde von der Firma R2E der Computer *MICRAL* entwickelt und später von Honeywell Bull vertrieben. Aus dem bescheidenen, mit einem 8-KB-Arbeitsspeicher ausgestatteten Gerät ist im Laufe der Jahre eine Reihe von bedeutenden Computerfamilien hervorgegangen. Mikrocomputer sind kleine Rechner, die um einen einzelnen Mikroprozessor herum aufgebaut sind und Datenstücke von 8, 16 und seit kurzem auch 32 Bit Länge verarbeiten können.

Altair 8800. Den Durchbruch in der Verbreitung des Mikrocomputers in den USA hat zweifellos der *Altair* des Unternehmens MITS gebracht. Im Dezember **1974** erschien in der verbreiteten Zeitschrift *Popular Electronics* ein Artikel, in dem ein Computer zum Selbstbau beschrieben wurde. Basierend auf dem Mikroprozessor *8080* von INTEL war es möglich, für 397 Dollar den Bausatz für den *Altair 8800* zu erwerben. Die Idee von H. Edward Roberts, einen kleinen Computer für jedermann zu schaffen, erwies sich als durchschlagender Erfolg. Bereits am Tag des Erscheinens der Zeitschrift gingen bei MITS 200 Bestellungen ein.

Apple II. 1977 brachten Stephen Wozniak und Steve Jobs den *Apple-II*-Computer in den USA heraus. Diese erfolgreiche Computergeneration entstand aus einem Selbstbau-Set, der für die Mitglieder des Homebrew Club gedacht war, für den ersten Informatikklub in den USA. Der *Apple*-Computer bedeutete einen echten Durchbruch: eine übersichtliche Tastatur, ausgerüstet für BASIC und einfach über Kabel mit dem Bildschirm zu verbinden; zudem besitzt er eine Anschlußmöglichkeit für ein Diskettenlaufwerk.

Was hier an ein Hochhaus in Manhattan erinnert, stammt aus der Halbleiterproduktionswerkstatt von Siemens in Villach, Österreich: Jedes Fenster ist hier ein sogenannter 64k-Speicher auf dem Fertigungsband. 64 000 Bit kann so ein Speicher aufnehmen, das entspricht dem Inhalt von rund sechs DIN-A4-Schreibmaschinenseiten.

Osborne. 1981 brachte Adam Osborne einen tragbaren Computer von noch immerhin 11 kg Gewicht heraus, der integriert einen Monitor enthielt. Dieses Gerät eroberte sich schnell den amerikanischen Markt. Das Konzept der transportablen Computer – zum Teil im Schreibmaschinenformat – begann sich ab 1983 durchzusetzen.

IBM PC. Am 12. August **1981** stellte der Branchenriese IBM einen richtungweisenden Rechner, den *IBM-Personal-Computer* (PC) vor. Das unter Philip Estridge entstandene System setzte internationale Maßstäbe. Ausgerüstet mit dem Mikroprozessor *INTEL 8088,* verfügt der *PC* über einen Arbeitsspeicher von 64 KB, der bis auf maximal 544 KB erweiterbar ist. Als Massenspeicher dienen 1 x 160 KB- bis 2 x 320 KB-Floppys. In den letzten Jahren ist eine Reihe von Varianten entstanden. Bemerkenswert ist der *PC AT,* der unter anderem mit dem schnelleren Mikroprozessor *INTEL 80286* ausgestattet ist.

Commodore Amiga, 1985 vorgestellt, ist ein bemerkenswert vielseitiger Computer. Er verfügt sowohl über einen Sprach- als auch über einen Musiksynthesizer. Mit Hilfe zahlreicher Farben ist die rasche Realisierung auch aufwendiger Graphiken möglich. Schnittstellen für die Verknüpfung mit Videoelektronik sind ebenso vorhanden.

Connection Machine. Das amerikanische Unternehmen Thinking Machines Corporation hat **1986** ein Parallelrechnersystem zum Preis von 3 Mio. Dollar herausgebracht. Anstelle der klassischen CPU werden im Gerät untereinander verbundene Prozessoren vom Typ 65 536 verwendet, jeder mit einem Speicher verbunden. Die Rechenzeiten für Standardoperationen können um den Faktor 10 reduziert werden. Das Konzept der »Connection Machine« gilt als revolutionär, sie ist jedoch schwierig zu programmieren.

Compaq Deskpro 386. Der amerikanische Computerhersteller Compaq hat im September **1986** – noch vor IBM – einen Computer herausgebracht, der den 32-Bit-Prozessor 80386 von INTEL verwendet. Dieser Prozessor kann 3 bis 4 Mio. Operationen je Sekunde ausführen. Der Compaq Deskpro 386 gilt als eines der fortschrittlichsten Systeme mit guten Marktchancen.

SOFTWARE

Betriebssysteme

Das erste Betriebssystem stammt von Gene Amdahl, der es **1954** für die *IBM 704* entwickelte. Unter Betriebssystem kann man die Gesamtheit der Programme verstehen, die – ohne für einen speziellen Anwendungsfall geschrieben zu sein – den Betrieb des Computers ermöglichen. Programme dieser Art werden deshalb auch als *Systemsoftware* bezeichnet. Das Betriebssystem ist gewissermaßen der Vermittler zwischen der Hardware, der Systembedienung und den Anwenderprogrammen. Betriebssysteme sind ganze – allerdings gut aufeinander abgestimmte – Programmbündel, wobei man im wesentlichen folgende Funktionskomplexe unterscheiden kann: Auftragsverwaltung, Systembedienung, Prozeßverwaltung, Datenverwaltung, Systemsicherung und Wiederanlauf.

CP/M. 1976 entwickelte der Amerikaner Gary Kildall (Digital Research) ein Betriebssystem für Mikrocomputer, insbesondere für Personal-Computer. Die Abkürzung *CP/M* steht für *Control Program/Microcomputer.* Mit seinen Varianten gehört es heute zu den am meisten benutzten Betriebssystemen. *CP/M* enthält die wesentlichen Hilfsmittel für die Programmerstellung und die Programmausführung. Ursprünglich wurde das System für 8-Bit-Mikroprozessoren, für den *Z-80* von Zilog, konzipiert. Unter der Bezeichnung *CP/M-86* existiert auch eine Variante für 16-Bit-Prozessoren.

OS/2. Die Firmen IBM und Microsoft haben im April **1987** gemeinsam dieses neue Betriebssy-

Immer kleiner, immer schneller: IBM hat Anfang 1987 einen Hochleistungs-Megabit-Chip vorgestellt, das mit seiner Größe von 5,5 × 10,5 mm (rechts) um ein Drittel kleiner ist als sein damals erst ein halbes Jahr alter Vorgänger. Die Zugriffszeit konnte mit 1 millionstel Sekunde noch halbiert werden; d. h., der Inhalt von 2200 Schreibmaschinenseiten könnte innerhalb einer Sekunde »gelesen« werden.

stem – OS/2 – vorgestellt, das für Rechner mit dem INTEL-Prozessor 80286 gedacht ist. OS/2 wird bei größeren Speicherkapazitäten das altbewährte MS/DOS ablösen und steht ab 1988 sowohl für Rechner mit dem INTEL 80286 als auch mit dem 80386 zur Verfügung. Mehr als 120 Programmierer haben an dem neuen Betriebssystem gearbeitet, wobei Bill Gates, dem Gründer von Microsoft und weltweit als Softwaregenie gerühmt, wieder eine entscheidende Rolle zukam.

Integrierte Software

Diese neue Generation steht gewissermaßen zwischen der Betriebs- und der Anwendungssoftware. Sie verbindet die Fähigkeiten mehrerer Anwendungsprogramme wie Spreadsheet-Erzeugung (Tabellen-Kalkulationsprogramme), Graphikdarstellung oder Dateiverwaltung. Integration besagt in diesem Zusammenhang auch, daß der Benutzer von einer Anwendung zur anderen springen kann, ohne ein Programm zu beenden oder wieder neu aufladen zu müssen. Integrierte Software macht auch die Darstellung von »Fenstern« – von abgegrenzten Bereichen auf dem Bildschirm – möglich. »Fenster« sind vom Inhalt her einem bestimmten Programm zugeordnet und sowohl funktionell als auch in der Bedienung vom übrigen Bildschirminhalt unabhängig.

Das System Visi-On war die erste integrierte Software. Im November **1982** wurde sie vom amerikanischen Unternehmen Visicorp herausgebracht. Sie war für das Arbeiten mit Anwendungsprogrammen wie Dateiverwaltung, Graphik und Textverarbeitung gedacht. Doch das *Visi-On*-Konzept konnte sich nicht durchsetzen.

System Windows. Microsoft gab im November **1983** die Entwicklung einer integrierten »Fenster«-Software bekannt, für die mehr als 50 »Mann-Jahre« Arbeitsaufwand erforderlich war. Jedes »Fenster« kann als eigenständiger »virtueller« Monitor aufgefaßt werden, auf dem etwa Vorgänge wie Rollen möglich sind. Meist können auf demselben Bildschirm mehrere »Fenster« »geöffnet« werden. Im geschlossenen Zustand werden sie durch eine Zeile im Menü oder durch ein Bildschirmsymbol repräsentiert. Unter gewissen Bedingungen erlauben die Windows einen Multitask-Betrieb.

Topview. IBM kam im August **1984** mit dieser integrierten Software heraus, mit der ein vollständiges Multitasking möglich ist. Die Abwesenheit eines Graphikmoduls, gewisse antiquierte Seiten in der Programmierbarkeit, aber auch der geringe Enthusiasmus bei IBM selbst, hat vorerst die Verbreitung von *Topview* begrenzt.

Programmiersprachen

Zum Formulieren von Computerprogrammen muß eine *Kunstsprache* benutzt werden, die entweder maschinenorientiert oder problemorientiert sein kann. Zu den maschinenorientierten Programmiersprachen zählen in erster Linie alle symbolischen Programmiersprachen. Ihr wesentlichstes Kennzeichen ist die enge Anlehnung an die Struktur der Maschinensprache des Computers. Der Vorzug: Die Programme können so geschrieben werden, daß sie entweder nur ein Minimum an Platz im Arbeitsspeicher oder ein Minimum an Zeit für die Abarbeitung benötigen. Problemorientierte Sprachen hingegen lassen – wie es der Name bereits verrät – eine am Problem orientierte Formulierung der zu lösenden Aufgabe zu. So kann zum Beispiel eine mathematische Fragestellung durch das Angeben der betreffenden Formeln behandelt werden.
Die Programmelemente einer Sprache werden Anweisungen genannt. Jede Anweisung in einer dieser Sprachen ergibt normalerweise eine Befehlsfolge in der Maschinensprache.

Assembler. Diese hardwareabhängige symbolische Sprache ist erstmals **1950** von H. V. Wilkes und Mitarbeitern für den englischen Computer *EDSAC* in Cambridge eingesetzt worden.

Die Programmiersprache FORTRAN – von *For*mula *Tran*slation – ist eine häufig verwendete, problemorientierte Sprache, die auf der mathematischen Formelschreibweise aufbaut. Sie wurde **1954** in den USA von John Backus entwickelt und bedeutete damals einen echten Durchbruch, vor allem für wissenschaftliche Anwendungszwecke. Mit FORTRAN kann eine Aufgabe unabhängig von einem bestimmten Rechnertyp programmiert werden.

Die Programmiersprache BASIC – von *B*eginner's *A*ll-purpose *S*ymbolic *I*nstruction *C*ode – wurde **1965** von Thomas E. Kurtz und John G. Kemeny am Dartmouth College, Hanover, New Hampshire (USA), entwickelt. BASIC ist eine sehr einfache problemorientierte Programmiersprache, die häufig für Home- und Personal-Computer verwendet wird. Es waren Bill Gates und Paul Allen von Microsoft, die 1974 diese Programmiersprache für Mikrocomputer »zuschnitten«.

Pascal, diese höhere Programmiersprache, wurde **1969** in den USA von Niklaus Wirth entwickelt und nach Blaise Pascal benannt. Sie eignet sich besonders gut für die strukturierte Programmierung und auch für Mikrocomputer.

Erste Programmiersprache für Künstliche Intelligenz. Algorithmische und heuristische Ansätze haben zu völlig neuen Programmiermethoden geführt, und so ist es kaum verwunderlich, daß es heute im Bereich der Künstlichen Intelligenz etwa 100 Programmiersprachen gibt. Die erste ihrer Art war *IPL,* von *I*nformation *P*rocessing *L*anguage. Sie wurde **1956** von den Amerikanern A. Newell, D. Shaw und F. Simon entwickelt.

PROLOG ist eine Programmiersprache für Künstliche Intelligenz in den geplanten japanischen Computern der 5. Generation. Sie wurde **1973** von Alain Colmerauer und seinen Mitarbeitern an der Universität Luminy-Marseille (Frankreich) entwickelt.

Die höhere Programmiersprache C eignet sich speziell zur Anwendung in Mikrocomputern. Sie wurde **1972** in den Bell Laboratories in den USA im Zusammenhang mit der Konzipierung des Betriebssystems *UNIX* entwickelt. Programme, die in C geschrieben sind, zeichnen sich im allgemeinen durch Kürze und Prägnanz aus. Sie führen zu effizienten Maschinenprogrammen, vergleichbar solchen in Assemblersprache.

Anwendungssoftware

Darunter sind Programme zu verstehen, die entwickelt worden sind, um eine spezielle Aufgabe des Anwenders zu lösen, so zum Beispiel Textverarbeitung, Buchhaltungsprogramme, Lagerverwaltung usw. Derartige Software wird nicht nur vom Anlagenhersteller, sondern auch von Software-Firmen angeboten und ist nahezu für jede Problemstellung kommerziell erhältlich.

Wordstar als erstes großes Textverarbeitungssystem wurde **1979** von der amerikanischen Firma MicroPro herausgebracht und ist eine der am meisten verbreiteten Software für die Textverarbeitung auf Mikrocomputern. Eingesetzt auf den verschiedensten Rechnermodellen, gibt es von Wordstar Hunderte von Varianten. Es ist zwar ein sehr effizientes und flexibles System, aber nicht ganz leicht zu erlernen.

Mac Paint. 1984 entwickelte Bill Atkinson für den *Macintosh* von Apple diese Graphiksoftware, die sich durch ihre Einfachheit in der Anwendung auszeichnet und daher auch von Anfängern relativ leicht zu erlernen ist. So werden die einzelnen Schritte zur Erstellung von Graphiken durch charakteristische Symbole auf dem Bildschirm gekennzeichnet. Nach seiner Einführung ist Mac Paint vielfach nachgeahmt worden.

Page Maker. Die Firma Aldus (USA) stellte am 15. Juli **1985** diese Software für den *Macintosh* vor, die das Erstellen von Zeitschriften und Büchern ermöglicht. Das Schreiben und Setzen von Texten, den Einbau von Abbildungen – also die gesamte Herstellung des Layouts – und schließlich das Ausdrucken über einen Laserstrahlprinter ist mit Hilfe dieses Programms möglich.

Sidekick ist eine Mikrocomputer-Software für die Ablaufplanung des Büroalltags – entwickelt in den USA von Philippe Kahn von Borland International, vorgestellt im Mai **1984.** Sie umfaßt im Programm eine Uhr, ein Merkbuch, ein Rechensystem und einen Notizblock. Der Vorteil besteht darin, daß das Programm zu jeder Zeit aktiviert werden kann. Andere laufende Programme – dazu gehört zum Beispiel die Textverarbeitung – werden kurzzeitig unterbrochen, nehmen aber sofort wieder nach Beendigung der Nutzung des »elektronischen Bürohelfers« ihren Betrieb auf.

Remember. Für die Apple-Computer kam diese »Merkbuch«-Software **1985** heraus, die von Cyrille de Vignemont (Frankreich) entwickelt wurde. *Tax Preparer,* ein von J. E. Howard entwickelter Software-Bestseller, kam **1980** in den USA auf den Markt. Mit seiner Hilfe war es möglich, die Steuererklärung unter Einsatz des Mikrocomputers zu erstellen und auf dem offiziellen Formular auszudrucken.

Restaurantführer. Im Dezember **1985** brachte die Southport Company einen Führer durch die empfehlenswerten Speiserestaurants Manhattans auf Diskette heraus. Nach verschiedenen Kriterien kann hier gewählt werden: die Lage in Manhattan, die Art der Küche, das Preisniveau usw. Diese Diskette, die praktisch eine Datei enthält, läuft auf IBM-kompatiblen Anlagen.

100 Aktenordner auf Kassette. »Slow Tape Movement Streamer Giga 1200« heißt ein neues System, das das deutsche Unternehmen Gigatape **1988** herausgebracht hat. Rund 1,2 Gigabyte lassen sich auf der nur scheckkartengroßen Kassette abspeichern. Erreicht wird diese hohe Aufzeichnungsdichte mit einer Schrägspurtechnik, einer rotierenden Trommel mit 2000 U/min, auf der zwei Schreib-/Leseköpfe angeordnet sind. Das Band selbst bewegt sich mit nur 8 mm/Sek. an der Trommel vorbei. Für die Speicherdichte von 61 Kilobit je Zoll und die Übertragungsrate von 192 Kilobyte/Sek. ist die durch die Drehung der Trommel entstehende hohe Geschwindigkeit verantwortlich.

Eine historische Aufnahme: der erste integrierte Schaltkreis, auf den Jack S. Kilby für Texas Instruments 1959 ein Patent beantragte.

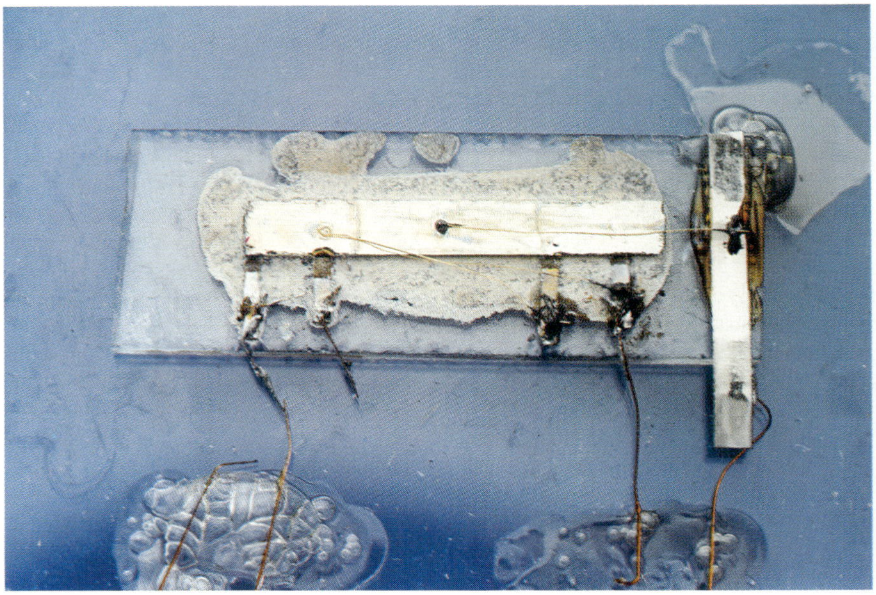

Giga 1200 ist für alle Anwender konzipiert, deren Computersysteme mit einer Festplatte von mehr als 30 Megabyte ausgestattet sind.

KOMPONENTEN

Rechnertaugliche Elektronenröhren wurden Anfang der vierziger Jahre von dem Deutschen Helmut Schreyer bei Telefunken entwickelt. Schreyer ließ sich am 11. Juni **1943** ein vollelektronisches Rechen- und Speicherwerk mit Erfolg patentieren.

Integrierter Schaltkreis. Im Jahr **1959** beantragte der amerikanische Physiker Jack S. Kilby (Texas Instruments) ein Patent auf den integrierten Schaltkreis (IC), das schließlich 1964 erteilt wurde. Die einzelnen elektronischen Bausteine waren nun nicht mehr auf verschiedenen Plättchen montiert, sondern auf einem Chip untergebracht. Dazu wurden verschiedene Regionen auf einem Siliziumplättchen mit »Unreinheiten«, also anderen Stoffen, versetzt, wodurch jeder dieser Bereiche eine andere bestimmte Funktion übernahm. Er wurde zum Transistor, Widerstand, Kondensator usw. Nun mußten nur noch die einzelnen Abschnitte durch feine Drähte zu einem elektronischen Schaltkreis verbunden werden. Dieses – hier nur grob skizzierte – Verfahren wurde immer mehr verfeinert, die Pakkungsdichten an Schaltkreisen bei gleichbleibender Fläche immer größer. 1964 baute Texas Instruments den ersten IC in Hörgeräte ein.

Der untere farbige Teil ist eine Vergrößerung des in der Hand gehaltenen integrierten Schaltkreises, hier eines unvollständigen Schaltkreises, der vom Benutzer nach seinen speziellen Bedürfnissen komplettiert werden kann.

Mikroprozessor. 1969 begann der amerikanische Ingenieur Marcian E. Hoff (*1928) bei der Firma INTEL mit Versuchen, die wesentlichen Schaltkreise für die Hauptfunktionen eines Computers auf einem Chip unterzubringen. Er schuf so die Zentraleinheit (CPU), den ersten Mikroprozessor, der die Bezeichnung *4004* bekam. Dieser 4-Bit-Prozessor wurde **1971** erstmals industriell hergestellt. Auf einem Siliziumplättchen von 10 mm^2 Fläche beinhaltete er 2300 Transistoren und besaß eine Leistungsfähigkeit, die der des 1946 fertiggestellten Großrechners *ENIAC* vergleichbar war. Dieser allerdings besaß eine Stellfläche von 150 m^2. Heute sind bereits 32-Bit-Prozessoren in Gebrauch, die aus rund 200000 Transistoren bestehen.

Schnellster Chip der Welt. Wissenschaftler des japanischen Unternehmens NEC in Tokio haben im Februar **1988** erstmals über den von ihnen entwickelten schnellsten Chip der Welt berichtet. Dabei wurde ein supraleitendes Schaltelement verwendet. Der Ein-Kilobit-Chip hat eine Zugriffszeit von 570 billionstel Sek. (Picosekunden) und ist damit zehnmal schneller als herkömmliche Chips auf Siliziumbasis.
Die japanischen Wissenschaftler verwendeten für ihren Speicherchip sogenannte Josephson-Kontakte, die mit sehr hohen Geschwindigkeiten arbeiten. Diese Schaltelemente bestehen aus supraleitenden Materialien. Supraleitende Kontakte sind nicht neu, doch hochintegrierte Bausteine mit Supraleitern waren bisher noch nicht realisiert worden.
Der »klassische« schnellste Mikroprozessor der Welt ist ein von Advanced Micro Devices im Mai **1987** vorgestellter 32-Bit-Prozessor, der eine Dauerleistung von 17 Mio. und eine unglaubliche Spitzenleistung von 23 Mio. Operationen pro Sek. erreicht.
Dieser Mikroprozessor arbeitet mit einer Taktfrequenz von 25 Mhz bei einer Befehlszykluszeit von 40 Nanosekunden.

Schnellster Chip für die Optoelektronik. Wissenschaftler des IBM-Forschungslabors in Yorktown Heights (USA) haben im März **1987** einen experimentellen Chip vorgestellt, der so schnell arbeitet, daß er in einer Sekunde 40 Bände eines Lexikons »lesen« könnte. Der aus Galliumarsenid gefertigte Chip ist ein opto-elektronischer Empfänger, zweimal schneller als jeder bisher bekannte, und vereint die »Opto«-Funktion zum Lesen sehr schneller Lichtsignale und die »Elektronik«-Funktion zum Umsetzen dieser Signale in mit dem Computer zu verarbeitende Informationen.

Quiteron. Die Supercomputer der 5. Generation werden auf elektronische Komponenten zurückgreifen, die in der Nähe des absoluten Nullpunkts arbeiten. **1983** wurde in den IBM-Forschungslaboratorien in Yorktown Heights (USA) ein Supraleitungs-Transistor entwickelt, *Quiteron* genannt, von Quasi Particle Injection Tunneling Effect. Er ist im Bereich sehr tiefer Temperaturen ein extrem schnelles und verlustfreies Schaltelement und dürfte höchste Integrationsdichten ermöglichen.

Transputer. Auch im Bereich der Mikroprozessoren konzentriert sich die Forschung und Entwicklung auf die Erhöhung der Leistung. In Großbritannien hat Ian Barron von der Firma Inmos **1986** mit einer neuartigen Architektur einen Mikroprozessor von hoher Integrationsdichte für den Parallelbetrieb entwickelt. Der Transputer *T414* von Inmos verfügt über eine Zentraleinheit für 32 Bit und ist in der Lage, 10 Mio. Anweisungen pro Sek. zu verarbeiten. 150 dieser Transputer im Parallelbetrieb kombiniert, hätten eine Leistungsfähigkeit, die der des Supercomputers *Cray-2* entspräche.

Interner Speicher. Die flexible Speicherprogrammierung, die dem Computer selbsttätig logische Entscheidungen ermöglicht, geht auf John von Neumann im Jahr 1944 mit der Konzeption des Rechner *EDVAC* zurück. Praktische Erprobungen wurden dann am Computer der Universität Manchester, am berühmten *EDSAC,* vorgenommen, dessen Bau unter der Leitung von H. V. Wilkes 1946 begann. **1947** untersuchte dann F. C. Williams am *EDSAC* erstmals elektronische Röhrenspeicher mit Erfolg, so daß dieser Computer die erste echte *Von-Neumann-Maschine* war.
1949 wurden am *EDSAC* auch erstmals Laufzeitspeicher erprobt, die dann auch eine gewisse Verbreitung fanden. Ein Durchbruch in der Speichertechnik gelang dem Amerikaner Jay Forester 1949. Sein Computer Whirlwind war erstmals mit einem Ferritkernspeicher ausgestattet. Allerdings kam erst **1954** ein kommerzieller Computer, der *UNIVAC 1103,* mit einem Magnetkernspeicher auf den Markt.

Der Magnetblasenspeicher (Bubble-Speicher) entstand **1967** in den amerikanischen Bell Laboratories unter der Leitung von A. H. Bobeck. Hier handelt es sich um hartmagnetische Einkristalle, wie zum Beispiel Yttrium-Eisen-Granat, in denen mikroskopisch kleine magnetische Bezirke durch das Anlegen äußerer Magnetfelder verschiebbar sind.

Der erste Direktzugriffsspeicher, das dynamische RAM (*R*andom *A*ccess *M*emory), wurde **1970** von dem US-Unternehmen INTER herausgebracht. Realisiert wurde es von Bob Abbott unter der Leitung von Les Valdez. Dieses erste *RAM* besaß eine Kapazität von 1 KB. Speicher dieser Art gestatten einen jederzeit möglichen, beliebigen Zugriff zu jeder Speicherzelle. Das betrifft sowohl das Lesen als auch das Verändern (Schreiben) der Speicherinhalte.

DIALOGWERKZEUGE

Der erste Terminal ist **1940** in den Bell Laboratories in den USA entstanden. Die Rechenanlage befand sich in New York, während die Datenstation, der Terminal also, am Dartmouth College in New Hampshire installiert war.

Graphiktablett. 1964 stellten M. R. Davis und T. D. Eillis von der Rand Corporation (USA) das erste Graphiktablett – *Rand* genannt – vor. Darunter versteht man ein Gerät zur maßstabgetreuen Eingabe von auf Papier vorliegenden Diagrammen, Konstruktionszeichnungen, Graphiken usw. in einen Computer. 1966 wurde am Lincoln Laboratory (USA) ein Tablett herausgebracht, das über einen Ultraschallgeber die Eingabe dreidimensionaler Konturen zur Computerverarbeitung ermöglichte.

Der Lichtgriffel ist ein Gerät, das zum Markieren von Informationen auf einem Bildschirm benutzt wird, wobei die augenblickliche Position vom Rechner erkannt wird. Er kann ferner als Hilfsmittel für die Eingabe von Daten, etwa von graphischen Objekten, dienen. Er wurde **1963** von I. E. Sutherland am Massachusetts Institute of Technology vorgestellt, entwickelt als Teil des graphischen Dialogsystems *Sketchpad.*

Maus, darunter versteht man ein Eingabegerät für einen graphikfähigen Bildschirm, ist ein knapp handgroßes Gerät mit einer Kugel auf der Unterseite, deren Bewegung in eine Verschiebung des Cursors auf dem Bildschirm umgesetzt wird. Mit Hilfe von Tasten, deren Zahl – je nach Modell – zwischen eins und drei liegt, können spezielle Funktionen angestoßen werden. Die Maus wurde erstmals in Verbindung mit den Computern *Lisa* und *Macintosh* von Apple populär. Als ihr Erfinder gilt der Amerikaner Doug Engelbart, der sie in den **sechziger Jahren** am Stanford Research Institute in Kalifornien (USA) entwickelt hat.

Maus für Blinde. Im Watson-Forschungslaboratorium von IBM in Yorktown Heights (USA) ist **1987** die Entwicklung einer Maus für Blinde bekanntgegeben worden. Dieses Eingabegerät für einen grafikfähigen Bildschirm ermöglicht sowohl die entsprechende Umsetzung der Blindenschrift Braille als auch die von bestimmten Grafiksymbolen.

»Tast-Bildschirm«. Die amerikanische Firma Zenith brachte **1985** dieses System heraus, basierend auf der Technologie akustischer Oberflächenwellen. Hier ist zur Aktivierung eines Befehls nur die Berührung eines bestimmten Areals, das auf dem Bildschirm erscheint, notwendig.

Die erste Maschine zur Spracherkennung wurde **1950** in den Bell Laboratories (USA) von K. H. Davis gebaut. Das fest verdrahtete System konnte aus einer Serie von akustischen Signalen zehn gesprochene Zahlen erkennen.
Die Spracherkennung und -verarbeitung im Rechner erfordert vom Computer sowohl das Erkennen von gesprochenen Wörtern als auch das Übersetzen in die entsprechenden digitalen Daten. Dies gehört zu den schwierigsten Problemen. Trotz erheblichen technischen und finanziellen Aufwands wurde die Spracherkennung bislang nur für begrenzte Vokabulare von einigen hundert Wörtern und eine begrenzte Anzahl von Stimmen erreicht. Die Hauptschwierigkeit liegt in der enormen Speicherkapazität, die ein Computer benötigt, um die Vielfalt der Stimmschwankungen zu identifizieren, die die menschliche Sprache charakterisieren. Optimisten jedoch erwarten für die nächste Zeit Systeme, deren Vokabular um die 7500 Wörter umfaßt.

Natürliche Sprache. 1975 brachte das amerikanische Unternehmen Artificial Intelligence Corporation ein System heraus, das natürliche Sprache verarbeitet. Für die IBM-Computer entstand das Programm *Intellect,* mit dem ein Dialog zur Informationsabfrage in natürlicher Sprache geführt werden konnte.

Sprachsynthese. Eine der ersten größeren Anwendungen der Sprachsynthese kam **1978** in einem Lernspielzeug von Texas Instruments, im *Speak & Spell,* in den Handel. Gedacht zum Erlernen der Rechtschreibung, enthielt es ein Vokabular von 150 Wörtern. Inzwischen hat die Sprachsynthese eine weite praktische Verbreitung erfahren.

PERIPHERIE

Massenspeicher sind Datenspeicher mit großer Kapazität, mit meist relativ langsamem Zugriff. Sie dienen zum Abspeichern von Dateien und Programmen. Dazu werden Magnetplatten mit beweglichen Lese-/Schreibköpfen (Winchesterplatten), Disketten und Kassetten benutzt. Bereits die ersten Lochkarten von Joseph-Marie Jacquard (1805) und Hermann Hollerith (1890) waren im Prinzip externe Massenspeicher. Magnetband als Speichermedium wurde erstmals **1949** am *EDVAC* in England benutzt. Die ersten *Wechselplattenspeicher* wurden **1962** von IBM herausgebracht.

Die Diskette, eine flache Scheibe mit magnetischer Oberfläche, die in einer speziellen Hülle rotiert, wodurch ständig die Oberfläche gereinigt wird, wurde **1950** von dem Japaner Yoshiro Nakamats erfunden. Er kann auf 2360 Patente zurückblicken, die vom Golfschläger bis zum Lautsprecher reichen. IBM hat dann die Lizenz zur Produktion dieses Speichermediums erworben.

Hardcard. Das amerikanische Unternehmen Plus Development Corporation stellte **1985** für die *IBM-PC*-Modelle einen neuen Massenspeicher in Form einer Erweiterungskarte mit einer Hartplatte vor, die eine Kapazität von 10 MB aufweist. Der Name *Hardcard* trifft hier tatsächlich zu: Um die notwendige mechanische Stabilität zu gewährleisten, hat sie eine Stärke von 2,5 cm.

CD-ROM. Philips brachte **1985** in Zusammenarbeit mit Sony einen Massenspeicher *(ROM)* in

Wie die Spinne im Netz sitzt der Chip in dieser rätselhaften Apparatur. Jeder Logikbaustein – mit Hilfe des Siemens Computer-Systems *Venus* entworfen und gefertigt – wird hier noch einmal auf Herz und Nieren geprüft. Dieses Prüfboard kann Fertigungsfehler feststellen und optimale Schaltungsdurchläufe messen.

der Compact-Disc-(CD)-Technik heraus. Die CD-Platte ist ein hervorragendes und praktisch störungsfreies Speichermedium von hoher Kapazität. Ihr gravierender Nachteil: Sie kann nicht neu beschrieben werden. Daher dürfte sie primär zur Speicherung von Datenbanken, Enzyklopädien, umfangreichen Betriebsanleitungen usw. zum Einsatz kommen.

Interaktive Compact Disc – CD-I. Im März 1986 fand auf Anregung von Philips und Sony die erste Konferenz zur CD-ROM bei Microsoft in Seattle (USA) statt. Eine CD-I soll noch 1988 auf den Markt kommen. Interaktive Programme hoher Qualität sowohl in der Animation als auch in den Texten können dann mit einer Anlage, ausgestattet unter anderem mit einem entsprechenden Player, einem Fernsehgerät und einer Stereoanlage genutzt werden.
Inzwischen liegen bereits mehrere Software-Pakete als CD-ROM vor, so z. B. »One Source« von Lotus für Finanzprobleme und »Bookshelf« von Microsoft zur Textverarbeitung für Redakteure.

Optische Speicher. Die enorme Speicherdichte für Informationen sowie die hohe Zuverlässigkeit und Robustheit zählen zu den besonderen Vorzügen optischer Speichermedien wie der vorstehend erwähnten CD und der Bildplatte. In beiden Fällen liest ein Laserstrahl berührungslos die beim Pressen als Lochmuster eingeschriebenen Informationen ab. Bekanntgeworden ist das sogenannte DOR-Verfahren (Digital Optical Recording) von Philips. Hier kann der Anwender seine Daten mit einem Laserstrahl gewissermaßen »einbrennen«. Das ist jedoch nur einmal möglich. »Write Once Read many times« – WORM abgekürzt, zu deutsch: Einmal schreiben, vielfach lesen. IBM hat für 1989 ein Einlesegerät angekündigt, das für Platten mit einer Speicherkapazität von 200 Megabit gedacht ist und in Verbindung mit einem normalen PC eingesetzt werden soll.
Der nächste Schritt ist die vielfach beschreibbare optische Speicherplatte, ein Ziel, an dem man weltweit arbeitet. **1987** haben Forscher in den Eindhovener Forschungslabors von Philips geeignete Halbleiter wie Galliumantimonid (GaSb) und Indiumantimonid (InSb) mit bestimmten Dotierstoffen versehen. Diese Materialien erlauben eine ähnliche Aufzeichnungstechnik wie die DOR-Platte: Man macht sich das unterschiedliche Reflexionsverhalten zwischen der kristallinen und der amorphen Phase dieser Stoffe zunutze. Hiermit kann man tatsächlich eine vielfach beschreibbare Platte entwickeln. Doch – so die Meinung von Experten – die bisher erreichten etwa 1000 Neubespielungen sind für professionelle Ansprüche zu wenig. Durch Optimierung der Materialzusammensetzung sind aber in Zukunft wesentliche Fortschritte zu erwarten.

Drucker sind Geräte zum Ausgeben der Arbeitsergebnisse bzw. Speicherinhalte eines Computers auf dem Papier. Der erste echte Hochgeschwindigkeitsdrucker wurde **1953** von Remington Rand (USA) für UNIVAC entwickelt und konnte 600 Zeilen zu 120 Zeichen pro Min. ausdrucken. 1957 führte IBM *Matrixdrucker* ein, bei denen der Zeichenvorrat durch Software festgelegt ist. Hier betrug die Druckgeschwindigkeit bereits 1000 Zeilen pro Min. **1966** brachte Texas Instruments *Thermodrucker* in den Handel. Dann folgten *Laserdrucker*, die heute in Verbindung mit Großrechnern etwa 300 Seiten in der Min. schaffen, während eine zweite Version in Verbindung mit *PC*-Modellen es auf eine Druckleistung von etwa 10 Seiten pro Min. bringt.

ANWENDUNGEN

Bildende Kunst. Ben F. Laposky begann **1950** in den USA, mit elektronischen Automaten und Rechenanlagen Graphiken zu erzeugen. Er wurde damit zu einem der Begründer der späteren Computergraphik. Bereits 1937 hatte C. Burnett in Kalifornien mit der künstlerisch graphischen Verarbeitung von Lissajousschen Schwingungsfiguren begonnen. Doch erst 1963 wurde Computerkunst zu einer etablierten Kunstrichtung. Man begann mit Ausstellungen und Wettbewerben. Heute konzentrieren sich die Aktivitäten auf fünf Gebiete: das Umwelt-Kunstwerk, in das die Computersteuerung komplexer Vorgänge eingebaut ist; Telekommunikationsereignisse, in denen mit Hilfe von Computern elektronische Brückenschläge, Dialoge zwischen Bildkünstlern in verschiedenen Zentren, Städten

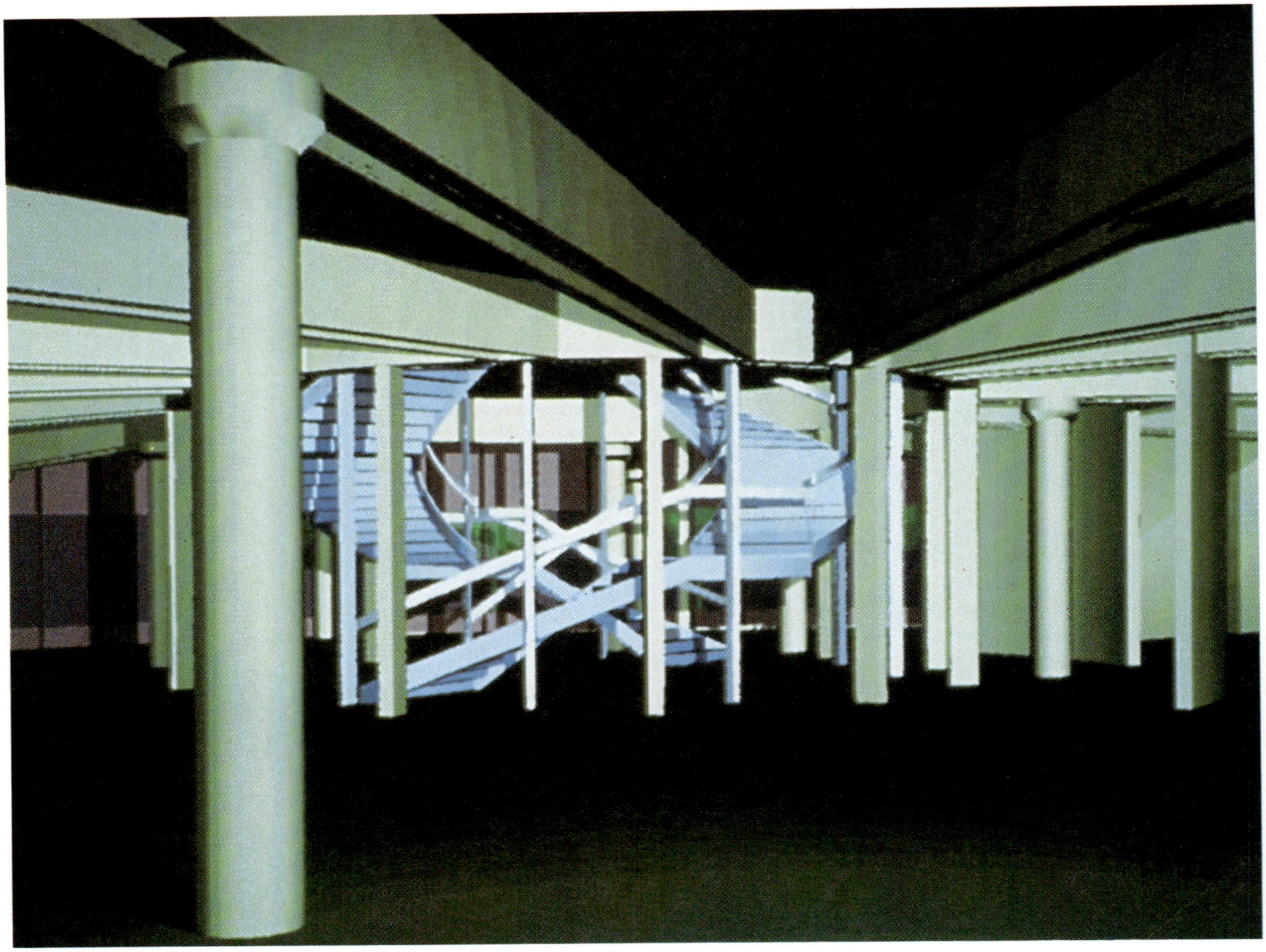

Das Planen von Fabriken findet häufig nicht mehr auf dem Reißbrett statt. Computer denken und planen – hier den rationellen Autobau in der Montagehalle (unten) oder den freien Raum für die Plazierung von Maschinen (oben).

oder Kontinenten, zustande kommen; die Bildplatte als Medium des Künstlers; die kybernetische Skulptur mit gestalttechnologischen Werken; das Computerbild (Video, Film, Graphik).

Automatische Übersetzung. Bereits 1946 diskutierten W. Weaver und A. D. Booth die Möglichkeit, Rechenanlagen als Übersetzungshilfsmittel heranzuziehen. Auch heute noch gilt die klassische Feststellung, daß selbst die aufwendigsten Computer keine perfekten Dolmetscher sein können, sondern bestenfalls Übersetzungshelfer. Um **1950** experimentierten Weaver und Booth mit ihrem Konzept. Nach 1960 entstanden Übersetzungsprogramme, meist vom Französischen oder Russischen ins Englische.

Anfang der siebziger Jahre entwickelte P. Thomas ein universelles Übersetzungssystem mit der Bezeichnung *SYSTRAN*. Seine Premiere hatte es in der Vorbereitung des amerikanisch-sowjetischen Apollo-Sojus-Unternehmens **1975.** *SYSTRAN* wurde 1981 auch von der Europäischen Wirtschaftsgemeinschaft übernommen. Die EG ist weiterhin an Entwicklungsarbeiten interessiert, die ein computerisiertes oder zumindest computerunterstütztes Übersetzungssystem möglich machen sollen.

Mehrsprachiger Übersetzungsautomat. Diese **1985** vorgestellte Maschine der Firma Fujitsu kann in vier verschiedenen Sprachen arbeiten. Sie ist mit einem Tastbildschirm ausgerüstet, auf den man Buchstaben oder Schriftzeichen malt.

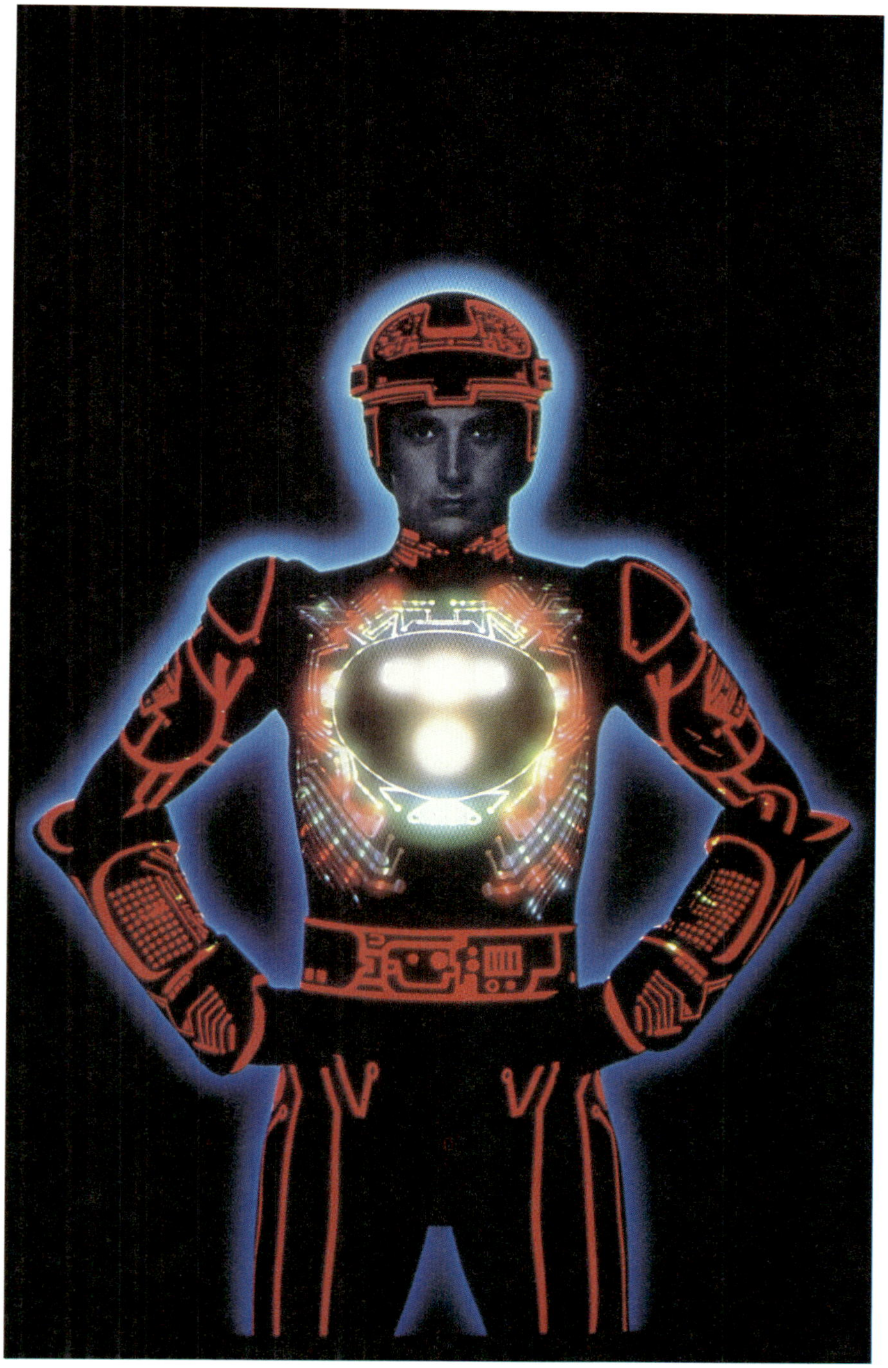

Auch den Film hat der Computer längst erobert. Nachdem 1963 der erste Computerfilm in den USA entstand, wird inzwischen auch in großen Spielfilmen auf Computer-Unterstützung gesetzt, wie hier in *Tron* im Jahr 1982 (rechts). An den Trickfiguren und den Monstern hat kein Zeichner mehr gearbeitet, der Computer hat die Figuren ebenso »errechnet« wie den silbernen Sexy Robot (unten) für einen Werbespot im US-Fernsehen.

In 5 Min. übersetzt die Maschine einen einfachen englischen, deutschen, französischen oder japanischen Satz und spricht ihn anschließend aus. Das Prinzip beruht auf der grundsätzlichen Gleichheit von Strukturen, die in allen Sprachen vorkommen. Bis 1990 soll aus diesem Prototyp ein Gerät entwickelt werden, das mit größerer Geschwindigkeit arbeitet.

Übersetzungssystem METAL. Weltweit werden jährlich über 24 Mrd. US-Dollar für technische Übersetzungen ausgegeben. Allein in den westeuropäischen Ländern wurden 1986 etwa 100 Mio. Seiten übersetzt. Ein Dolmetscher wäre mit dieser Textfülle ungefähr 100 000 Jahre beschäftigt. Das Übersetzungssystem METAL (Machine and Translation of Natural Language) schafft etwa 200 Seiten Text in 8 Std. METAL wurde **1988** von Siemens in Zusammenarbeit mit der Universität von Texas (Austin) entwickelt. Das System läßt eine Rohübersetzung großer Textmengen in begrenzten Sachgebieten zu, wobei nachkorrigiert werden muß.

Scanner zählen zu den neuesten Entwicklungen der Computertechnik im Bürobereich, mit ihnen lassen sich Text- und Bildvorlagen computergerecht einlesen und am Bildschirm bearbeiten. Mit ihren technischen Eigenschaften eignen sie sich besonders für Desktop-Publishing und für Archivierungsarbeiten. Ein entsprechendes Gerät – ST400 – hat **1988** Siemens vorgestellt, dessen Bedienungsfunktionen in die MS-Windows integriert sind. Damit ist der Scanner vor allem für den Anschluß an AT-kompatible Personalcomputer geeignet. Außerdem sind der Anschluß an Arbeitsplatzrechner und Anwendungen in Verbindungen mit CAD-Systemen möglich. Der nächste Entwicklungsschritt in der Anwendung sind Farbscanner, von denen es bereits Baumuster gibt.

Bildanimation. Die Erzeugung bewegter Bilder mit dem Computer wurde erstmals **1951** am Massachusetts Institute of Technology (USA) erprobt. Doch erst in den frühen sechziger Jahren hatte man die dazu gehörende Technik voll im Griff. Heute benutzen Medizin, Architektur (mit

Ein bedeutendes Anwendungsgebiet der Informatik ist die Geologie. Dieses dreidimensionale Modell des Nordseebodens zeigt die Erdbewegung an. Auf diese Weise konnte Ölvorkommen entdeckt werden.

dreidimensionaler Darstellung), Weltraumforschung, Raumfahrttechnologie sowie die Ingenieurwissenschaften die *Image Animation* in vielfacher Weise. Die graphische Simulation komplizierter Vorgänge, wie das Führen eines Fahrzeugs über problematisches Gelände oder die Landung eines Flugzeugs, gehören heute zu den vielfältigen Anwendungen dieses Verfahrens.

Musik. Elektronische Musik im Sinne des Wortes ist schon lange vor der Entwicklung der Computer bekannt gewesen. Die erste Computer-Komposition dürfte **1956** die Suite »Illiac« der Amerikaner M. Hiller und M. Isaacson gewesen sein. Ende der siebziger Jahre hielt der Computer seinen Einzug in viele Bereiche der Musik.

NC-Maschinen. Die programmgesteuerten (NC-) Werkzeugmaschinen gehen auf entsprechende Forschungsaufträge der amerikanischen Luftwaffe zurück, in deren Rahmen **1956** die dafür benutzte Programmiersprache *APT* entstand. Im Prinzip stellt bereits die primitive Lochkartensteuerung des Jacquardschen Webstuhls eine frühe Verwirklichung des NC-Konzepts dar. Will man noch weiter in die Geschichte zurückgehen, so findet man eine weitere »NC-Maschine« in dem 1712 von A. C. Nartov für Peter den Großen gebauten »Kopierautomaten«.

Computerunterstütztes Entwerfen (CAD). Seit den **60er** Jahren wird *CAD*, von *C*omputer *A*ided *D*esign, intensiv genutzt und fand vor allem durch seinen massiven Einsatz in der Luftfahrtindustrie der USA rasche Verbreitung. Mit Hilfe von speziellen Informationssystemen wird hier der Computer zur Unterstützung der Konstruktion und Entwicklung, zur Herstellung technischer Zeichnungen, Konstruktionsberechnungen und Stücklisten eingesetzt. *CAD*-Systeme werden im Maschinenbau, Flugzeugbau, in der Elektronikentwicklung, Architektur usw. genutzt. Die wirtschaftliche Bedeutung von CAD kann zum Beispiel daran gemessen werden, daß allein in den USA für 1987 in diesem Bereich ein Umsatz von 40 Mrd. DM erwartet wird.

Literatur. Der Computer als »Dichter« oder als literarisches »Hilfsmittel« ist bisher eher eine Randerscheinung geblieben. Mit Hilfe von Algorithmen oder kombinatorischer Formen können Wortsequenzen mit dem Computer erzeugt werden. Bekanntgeworden ist hier das Werk *Cent Mille Milliards de poèmes* des Franzosen Raymond Queneau, das 1961 erschienen ist und auch die Arbeiten von Paul Bradford würdigt.

Film. Der Computer hat seit über zwei Jahrzehnten seinen festen Platz auch in der Filmbranche. **1963** hatte E. E. Zajac in den Bell Laboratories (USA) den ersten Computerfilm überhaupt hergestellt, der sich mit Stabilisierungs- und Orientierungsproblemen eines Kommunikationssatelliten beschäftigt. 1964 machte dann Peter Foldes für seinen Film *La Faim* von der neuen Technik Gebrauch. Auch in großen kommerziellen Spielfilmproduktionen wie *Tron* (1982) oder *The last starfighter* wurde auf umfangreiche Bildsequenzen aus dem Computer zurückgegriffen.

Expertensysteme sind aus Hard- und Software bestehende Datenverarbeitungssysteme, in denen – möglichst vollständig – Wissen aus einem Spezialbereich gespeichert ist und die für Aufgaben anstelle von Fachleuten eingesetzt werden können. Wesentliche Eigenschaft eines Expertensystems ist seine Lernfähigkeit, so daß es wie ein menschlicher Experte Erfahrungen sammeln und weiterverwenden kann. Erste Expertensysteme wurden in den sechziger Jahren konzipiert; in den siebziger Jahren fanden dann einige – für wenige ausgesuchte Fachgebiete – versuchsweise Anwendung.

1961 schrieb der Amerikaner J. R. Slagle seine Doktorarbeit über ein heuristisches Programm für die Lösung von Problemen, die sich aus der mathematischen Verarbeitung von Symbolen ergeben. *SAINT* (*S*ymbolic *A*utomatic *Int*egrator) war das erste Programm, das dann 1967 mit *MACSYMA*, entwickelt von J. Moses, eine bedeutende Fortsetzung erfuhr. *MACSYMA* ist das erste Anwendungsprogramm, das außerhalb des engeren Kreises der mit Künstlicher Intelligenz befaßten Wissenschaftler Beachtung und Interesse gefunden hat, erwies es sich doch als ein wesentliches Hilfsmittel zur Unterstützung mathematischer Arbeiten.

Das **Dendral**-Projekt ist ein Forschungsvorhaben der amerikanischen Stanford-Universität, das zu zwei Expertensystemen, zu *Dendral* und

Metadendral, führte. Ersteres wurde **1967** von B. G. Buchanan, E. A. Feigenbaum und dem Medizin-Nobelpreisträger von 1958, J. Lederberg, entwickelt. Hierbei werden chemische Analysedaten eingegeben und nach den Strukturen von unbekannten Verbindungen gesucht.
Metadendral ist eine Erweiterung, in der ein bestimmtes empirisches Regelwerk über die Fragmentierung organischer Strukturen zugefügt wurde. Dieses System geht auf M. Mitchell, B. G. Buchanan und E. A. Feigenbaum **1977** zurück.

Mycin. Dieses medizinische Expertensystem wurde für die Diagnose und Therapie von Bluterkrankungen von E. Shortliffe an der Stanford-Universität, Kalifornien (USA), **1976** entwickelt. Auf der Basis von *Mycin* entstand das System *Tereseias,* das auf Arbeiten von R. Davis 1979 am Computer Science Department der Stanford-Universität zurückgeht. Es beinhaltet eine noch bessere Anpassung der menschlichen Fragestellung an das Expertensystem.

Prospector, dieses Expertensystem für Geologen, wurde von R. O. Duda, P. E. Hart und R. Reboh vom Unternehmen SRI International, Menlo Park, Kalifornien (USA), entwickelt. Es soll die Geologen sowohl bei der Interpretation von Daten als auch bei der Planung von Explorationen beraten. Prospector enthält gespeichert die wichtigsten regionalen und lokalen Charakteristika jener Gebiete, die für eine mögliche Erschließung interessant sind. Nach seiner Einführung **1979** hat das Expertensystem dazu beigetragen, weitere Molybdänerz-Vorkommen im US-Bundesstaat Washington zu entdecken.

Handerkennungssystem. Die sichere Identifizierung von Personen wird möglich durch ein Computer-Erkennungsgerät, das die Firma Nixdorf **1987** vorstellte. Das in Zusammenarbeit mit der Fachhochschule Hagen entwickelte Gerät bedient sich des biometrischen Verfahrens, das physiologische, d.h. praktisch unveränderbare Kennzeichen einer Person auswerten kann. Das Identifikationssystem registriert die Abmessung der menschlichen Hand und kann anhand der ermittelten Daten eine Person eindeutig identifizieren. Die Person muß sich dem System dann noch zusätzlich durch eine Identifikationskarte, etwa einer Scheckkarte, mit persönlicher Kontrollzahl ausweisen.

Roboter

Automaten. Die ersten Automatenfiguren kennt man bereits seit der griechischen Antike um **100 v. Chr.** Sie gehen auf Ktesibios und seinen Schüler Heron von Alexandria zurück. Heron hatte zum Beispiel ein Automatentheater gebaut, bei dem sich auf einer Miniaturbühne kleine Figuren bewegten. Im Jahr 809 ließ Kalif Harun ar-Raschid Karl dem Großen einen Automaten, eine »lebende« Uhr, überreichen.
Einer der bedeutendsten Automatenbauer war

Hoppe-hoppe Roboter

Fest im Sattel sitzen die kleinen elektronischen Reiter des Amerikaners David R. Kime, von Beruf Vorarbeiter auf einer Ranch in Missouri. Weil er es beruflich zwar mit Pferden zu tun hat, zugleich aber auch ein Leben lang Angst vor ihnen hatte, tüftelte er sich eine Fernsteuerung aus, mit der er die Vierbeiner aus sicherer Entfernung unter Kontrolle halten konnte. 1987 erhielt er ein Patent darauf.
Die buntbemalten, 10 kg leichten Super-Jokkeys haben es in sich: Per Fernsteuerung bewegen kleine Motoren die Arme und die Peitsche, und durch ein Mikrofon erhalten die Tiere ihre akustischen Kommandos, damit sie nicht nur spüren, sondern auch hören, wo es langgeht. Ein auf Tonband gespeicherter Peitschenknall bringt die Vierbeiner auf Trab – und inzwischen auch ins Ziel. Denn weil in den USA offenbar nichts unmöglich ist, werden mit den ferngesteuerten Pferdchen bereits Rennen in der Halle veranstaltet.
Dies wiederum war die Idee von Charles D. McVean, Millionär und Kimes Chef. Er managt diese Pferderennen mit Mini-Pferden (Hackney-Ponys), die einem gerade bis zum Bauchnabel gehen, in Mehrzweckhallen, die überall in den USA existieren. Und wetten soll man natürlich auch können, vorausgesetzt, McVean erhält eine Wettlizenz.

David R. Kime mit einem seiner Super-Jockeys auf einem kleinen Hackney-Pony. Die elektronischen Rennreiter werden per Sender funkgesteuert.

der Franzose Jacques de Vaucanson (1709–82), der eine Reihe vielbewunderter Musik- und sonstiger Automaten konstruierte. Um 1770 machte in der Schweiz die berühmte Automatenbauerfamilie Jacquet-Droz von sich reden, deren Figuren Klavier spielen, zeichnen und schreiben konnten. Noch heute sind sie im Museum von Neuchâtel ausgestellt.

Radfahrender Roboter. Bereits **1951** haben es amerikanische Konstrukteure fertiggebracht, einen radfahrenden Roboter zu bauen. *Dynamo Joe*, so sein Name, war nicht nur sattelfest, er konnte auch noch laufen.

Der Begriff »Roboter« wurde **1920** von dem tschechoslowakischen Schriftsteller Karel Čapek in seinem Stück RUR – *R*ossums *U*niversal *R*oboter – geprägt, wobei er die Bezeichnung von tschechisch robota (Arbeit) ableitete.

Die erste Definition eines Roboters wurde in Japan um **1978** gegeben. Danach ist ein Roboter eine vielseitige Maschine (sie kann verschiedene Jobs ausführen), die in der Lage ist, ihre Umgebung zu modifizieren (Manipulation), und sich an eine veränderte Umgebung anpassen kann (programmierbar).

Die ersten Industrieroboter erschienen **1962** unter der Bezeichnung *Unimat* auf dem Markt. Sie wurden von der Firma Unimation Inc. in Danbury, Connecticut (USA), hergestellt. Diese Roboter verfügten über 5 bis 7 Freiheitsgrade und waren imstande, Gegenstände aufzunehmen und an anderer Stelle abzusetzen. Sie hatten aber nur einen kleinen Aktionsradius.
1984 wurden in den USA 5535 Roboter hergestellt, die größtenteils in der Automobilindustrie zum Einsatz kamen.

Roboterherstellung mit Robotern. Seit **1983** arbeitet am Fuß des Fudschijama in Japan eine Anlage, in der 68 Yamazaki-Industrieroboter in drei Tagen die Arbeit erledigen, für die 220 Arbeiter einen Monat benötigen. 24 Std. am Tag werden hier Roboter produziert. Ein Zentralcomputer ist in der Lage, 350 mögliche Fehler in der Roboterproduktion zu erkennen und zu korrigieren. Tritt ein Fehler auf, der einer sorgfältigeren Überprüfung bedarf, so wird die Produktion automatisch gestoppt, bis sich Techniker des Problems annehmen. Bisher ist diese Fabrik weltweit die einzige ihrer Art. 250 Mitarbeiter der Ingenieursabteilung von Yamazaki benötigten 30000 Arbeitsstunden, um die Anlage zu konzipieren und zu konstruieren.

Wartungsroboter. Einer der nützlichsten Roboter trägt die Bezeichnung *A Mooty* und wurde erstmals **1985** in Japan eingesetzt. Er wurde von einem Team aus Wissenschaftlern der Universität von Tokio, Ingenieuren von Toshiba und Mitarbeitern des Ministeriums für Internationalen Handel und Industrie entwickelt.
A Mooty wurde für den Einsatz in Wiederaufarbeitungsanlagen für nukleares Material konzipiert. Er besteht aus zwei Komponenten: Die Beweglichkeit wird durch ein System mit der Bezeichnung *To Rover* erreicht, das das Begehen von Treppen sowie das Übersteigen von Hindernissen ermöglicht. Die zweite Komponente – *A Mooty proper* – ist für die Ausführung der Wartungsoperationen gedacht. Dieser Roboter kann den Menschen in gefährlichen Arbeitssituationen ersetzen, wie sie etwa in Atomanlagen anzutreffen sind.

Der erste »schnüffelnde« Roboter wurde **1982** von einem britischen Team unter der Leitung von George Dodd entwickelt. Mit einem Gasanalysator ausgestattet, ist er in der Lage, einzelne Grundstoffe in der Atmosphäre zu identifizieren. Schon jetzt ist der Roboter imstande, den Geruch von Nelken gegenüber dem von Salbei und Jasmin zu unterscheiden. George Dodd ist der Ansicht, daß das System später über das Potential verfügen wird, Menschen individuell an ihrem Geruch zu erkennen.

Robot-Krankenschwester. *Melkong* (*M*edical *El*ectrical *K*ing *Kong*) heißt der von Hiroyasu Funakubo **1983** entwickelte Roboter, der als robuste Krankenschwester gedacht ist. Er ist in der Lage, einen Patienten in seinen Armen zu halten, ihn zu waschen, zurück ins Bett zu legen und zuzudecken.

Diagnoseroboter. Mit erheblicher finanzieller Unterstützung des japanischen Krebsinstituts konnte **1984** ein wichtiges Roboterexperiment begonnen werden. Der Diagnoseroboter ist mit künstlichen Fingern ausgestattet, die empfindliche Sensoren enthalten und mit einem Computer verbunden sind. Mit seiner Hilfe wird gezielt nach Brusttumoren gesucht.

Zweifüßige Roboter. *Chiba Walker I* entstand **1983** an der japanischen Chiba-Universität als Kreation von Tsumoto Mira, Toru Yamaguchi, Toshio Kashiwase und Taro Kawase. Mit diesem Roboter sollte sehr genau die menschliche Laufbewegung nachgeahmt werden, was jedoch nur mit wechselndem Erfolg möglich war.
Ichiro Kato entwickelte in Zusammenarbeit mit der japanischen Firma Hitachi den Roboter *WHL II*, der rund 150 m/h auf zwei Beinen zurücklegen kann, aber dabei erhebliche Gleichgewichtsprobleme hat.

Vierfüßige Roboter. Zu den ersten Exemplaren zählen der japanische *Titan III*, der bereits über erstaunliche Mobilität verfügt und zum Beispiel klettern kann. **1985** wurde er in Tsukuba (Japan) vorgestellt.
An der Universität von Valencienne entwickelte Jean-Pascal Herbin den »Vierbeiner« *EMA*, der etwa 120 m/h zurücklegen kann, wobei die Hinderniserkennung mit Hilfe zweier Kameras erfolgt.

Mehrbeinige Roboter. Einer der eindrucksvollsten Roboter ist hier *Odex I*, entwickelt vom amerikanischen Unternehmen Odetics. Er kann 500 kg transportieren und über Hindernisse hinwegsteigen.
Hexapode I arbeitet seit November **1980** an der Universität Paris VII und ist von einem Team um Jean-Jacques Kessis entwickelt worden. Er verfügt über das System der verteilten Kontrolle, so wie man es auch bei Sechsbeinern in der Natur antrifft.

»Haushaltsroboter«. *Heroid* heißt eine Generation von kleinen leistungsstarken Robotern, die für den Einsatz im Haushalt gedacht sind und bereits über ein erhebliches Maß an künstlicher Intelligenz verfügen.
Hero I wurde **1982** von der amerikanischen Firma Heathkit herausgebracht und war eigentlich ein »Lernspielzeug«, programmierbar und hervorragend geeignet für eine praktische Einführung in die Robotik.
Hero 2000, entwickelt von dem Japaner M. Aoki, ist **1986** auf den Markt gekommen und weist erhebliche technische Verbesserungen auf; er verfügt über ein – wenn auch noch bescheidenes – System zur Spracherkennung.

Empfangsroboter. Der französische Ingenieur Marc Reynaud hat **1986** einen Roboter mit der Bezeichnung Stratos entwickelt, den die Firma Promosphère Robotique zum Patent angemeldet hat. Stratos ist 1,87 m groß und 180 kg schwer. Er ist der perfekte Empfangschef und kann wichtige Informationen in fünf Sprachen weitergeben. Durch professionelle Ausstellungen kann er durchaus als adäquater »Fremdenführer« dienen. Außerdem bietet er Zigaretten an, die er auch anzündet.

Der Marilyn-Monroe-Roboter ist sicherlich der schönste »menschliche« Roboter unserer Tage. Geschaffen wurde er **1983** von dem Japaner Shuneihi Mizuno. Dieser Roboter, exaktes Abbild des Stars, singt *River of no return* und spielt dazu Gitarre; er singt und bewegt sich wie sein berühmtes Vorbild. Ein Computer koordiniert Stimme und Körperbewegungen, die durch 85 Zylinder in Gang gesetzt werden. Shuneihi Mizuno konnte sich nie dazu entschließen, seinen berühmten Roboter zu verkaufen; er vermietet ihn für umgerechnet 3000 DM monatlich an Kaufhäuser in Tokio.

Der porträtierende Roboter. Man braucht ihm nur wenige Sekunden Modell zu stehen. Denn dieser Roboter – von Matsushita **1985** vorgestellt – macht zuerst ein »Foto« vom Modell, dann analysiert er es und setzt es mit Hilfe eines Computers mit 16 integrierten Bits in numerische Signale um. Danach zeichnet er mit seinem gelenkigen Arm in 2 Min. das gespeicherte Bild auf ein weißes Blatt Papier. Am Ende der Sitzung versäumt er es nicht, sein Modell zu fragen: »Gleicht es Ihnen?«

Ersetzen Roboter den arbeitenden Menschen?

Oben: Durch die Erfindung des Synthesizers und elektronischer Instrumente hat man sich längst an neue Töne gewöhnt. Die japanische Firma Taito möchte mit *Genyu*, einem gitarrespielenden Roboter, wieder zu traditionellen, natürlichen Klängen zurückkehren. Nun wird sich fragen, was der Musiker dem Computer noch voraus hat.

Unten: Zwei dienende Roboter – *Topo* (links) ist ein charmanter Lastenträger, während *Stratos* (180 kg schwer, 1,87 m groß) in fünf Sprachen unter anderem fragen kann: »Kann ich Ihren Koffer tragen? Möchten Sie eine Zigarette oder etwas zu trinken?« Anschließend erfolgt die entsprechende Bedienung. Trinkgeld erwartet er keines.

Wasubot, der Roboterorganist, spielte am 17. März 1985 die Eröffnungshymne bei der Expo 85 in Tsukuba. Dieser erstaunliche Maschinenmensch kann die Klaviatur einer Elektronikorgel und sogar die Pedale mit den Füßen bedienen. Jede seiner Hände beherrscht 14 Bewegungen. Mit Hilfe eines elektronischen Auges, einer Videokamera, entschlüsselt er in 30 Sek. eine Partiturseite. Sein Repertoire reicht von Bach bis zu den Beatles. *Wasubot* gehorcht auch der menschlichen Stimme und spricht. **1984** wurde er von einem Forschungsteam der Waseda-Universität Tokio mit Unterstützung der Firma Sumitomo konstruiert. *Wasubot* beherrscht etwa 50 Bewegungen. Sie werden von einem Motor angetrieben und von Mikroprozessoren gesteuert.

Fanuc Man, der Herkules unter den Robotern, hebt mit seinen beiden gelenkigen Armen Lasten bis zu 200 kg. Aber er kann auch mit großer Präzision Farbe verteilen wie ein Kalligraphenpinsel. Dieser rechts- und linkshändige (das ist einmalig) Roboter dient der Montage von Robotern. Normalerweise arbeitet er in einer menschenleeren Fabrik. Er wiegt 25 t und wurde von der Spezialfirma Fanuc **1985** vorgestellt.

Spargelernter. Das Ernten von Spargel ist nicht nur eine anstrengende, sondern auch eine Sorgfalt erfordernde Arbeit. Ein Forscherteam an der Universität von Bordeaux (Frankreich) hat **1986** einen Roboter entwickelt, *Larfa* genannt, der bald der müsamen Handarbeit des Spargelstechens ein Ende bereiten könnte.

Weinstock-Beschneider. Das vorstehend erwähnte Robotsystem *Larfa* kann seit **1987** auch im Weinbau eingesetzt werden, vor allem beim Beschneiden der Rebstöcke. Diese Arbeit erfordert eine gewisse Gründlichkeit und muß zu einer Jahreszeit ausgeführt werden, in der das Wetter nicht selten unangenehm ist. Ein visuelles System im Roboter leistet hier gute Dienste.

Skywasher. Auf der Fachmesse ROBOTS 11 wurde **1987** in Chicago (USA) ein Roboter ausgestellt, der aussieht wie eine Kreuzung aus Riesenspinne und Krake. Saugnäpfe sorgen dafür, daß das rund 23 kg schwere Gerät bei seinen Klettertouren an der Fassade haften bleibt. Der *Skywasher* genannte Roboter ist mit Fensterwischern und einem kompletten Wasserspülsystem ausgerüstet, klettert vertikal und horizontal und ist in der Lage, auch kleine Hindernisse wie Fenstersimse zu überwinden.

WELTRAUM

Space Shuttle ist zum Schlagwort für die Wiederverwendbarkeit von Transportern in den Weltraum geworden.

Ist sie wirklich kreisrund, unsere Erde? Eine Frage, die erst durch Beobachtungen aus dem Weltraum exakt beantwortbar wurde.

DIE GESTALT DER ERDE

Über die geometrische Form der Erde hat es in der Vergangenheit unterschiedliche Ansichten gegeben. Die Vorstellung von der Kugelgestalt gegenüber der Scheibenform setzte sich erst nach und nach durch. Bei Aristoteles (384–322 v. Chr.) findet man in *Über den Himmel* bereits erste praktische Hinweise darauf, daß die Erde keine Scheibe sein könne. Eratosthenes (276–196 v. Chr.) bestimmte erstmals mit hinreichender Genauigkeit den Erdumfang. Im 16. Jh., im Zeitalter der großen Entdeckungsreisen und der neuen Beobachtungshilfsmittel, wurde klar, daß die Erde nicht nur rund, sondern auch an den Polen abgeplattet ist. Im 17. Jh. rückte die Geodäsie, die Wissenschaft von der Erdvermessung, mehr und mehr in den Mittelpunkt. Der Holländer Willebrordus Snellius (1580–1626) führte 1617 die Triangulierung ein und eröffnete damit ein neues Kapitel in der Erdvermessung. Der Abbé Jean Picard (1620–82) war für die ersten genauen Meridianmessungen in Frankreich verantwortlich und bestimmte sehr genau den Erdumfang.

Im 18. Jh. wurden genaue Erdvermessungen in Lappland und in Peru durchgeführt. Später dann wurde deutlich, daß unsere kosmische Heimat nicht nur an den Polen abgeplattet ist, sondern auch in kleinerem Maßstab eine reguläre Gestalt aufweisen mußte. Doch erst im Weltraumzeitalter zeigte schon die Beobachtung der ersten Satelliten, daß auch der Äquator nicht kreisrund ist, daß unser Planet in erster Näherung die Form eines dreiachsigen Ellipsoids besitzt in Gestalt geringfügiger Erhebungen und Einsenkungen in der Gegend von Neuguinea und Sri Lanka. Mit den immer genaueren Satellitenmethoden lassen sich weitere Abweichungen auch von dieser Figur nachweisen.

ANFÄNGE DER ASTRONOMIE

Die Astronomie geht bis ins **4. und 3. Jtsd. v. Chr.** zurück. Gemeinsam mit der Mathematik ist es die wohl älteste Wissenschaft. Schon bei den Sumerern wurden systematisch Sternbeobachtungen angestellt. Aus jener Zeit stammt auch die Astrologie, denn in den Himmelsobjekten und ihren Bewegungen sah man die Manifestation überirdischer Kräfte. In der Frühzeit der Himmelskunde wurden sehr einfache Hilfsmittel, wie z. B. Schattenstäbe, benutzt. Später kamen Sonnen- und Wasseruhren in Gebrauch und das Astrolab, mit dem man bereits erstaunlich genau die Winkelhöhen der Sterne messen konnte. Einer der bedeutendsten Astronomen dieser Ära war der Grieche Hipparch, der im 2. Jh. v. Chr. lebte und einen umfangreichen Sternenkatalog zusammenstellte. Er gilt auch als der Entdecker der Präzession.

Kalender. Bereits vor einigen tausend Jahren entstanden bei den Babyloniern die heute gebräuchlichen Bezeichnungen Tag, Stunde und Jahr, wobei letzteres jenen Zeitabschnitt kennzeichnet, den die Sonne auf ihrer scheinbaren Bahn um die Erde benötigt, um wieder den gleichen Punkt am Himmel zu erreichen. Die Monate bei den Babyloniern wurden allerdings durch den Mondlauf bestimmt. Monatsbeginn war bei Vollmond. Die nur schwierig mit den Jahreszeiten zu synchronisierenden Mondmonate finden noch im moslemischen Kalender ihre Verwendung.

Der Sonnenkalender wurde von den Ägyptern eingeführt, die das Jahr in 12 Monate zu je 30 Tagen einteilen, mit 5 oder 6 Extratagen am Jahresende. Unsere Monatsnamen stammen vom römischen Kalender ab, der 10 Monate aufwies, bei einer Jahreslänge von 304 Tagen. Unter der Herrschaft von König Numa Pompilius (8.–7. Jh. v. Chr.) kamen zwei Monate hinzu und damit wurde das Jahr 355 Tage lang.

46 v. Chr. führte Julius Caesar eine Kalenderreform durch, bei der er von dem griechischen Astronomen Sosigenes aus Alexandria beraten wurde. Nun besaß das Jahr 365 Tage, und erstmals sorgten *Schaltjahre* für die annähernde Übereinstimmung mit der astronomischen Wirklichkeit. Immerhin hatte dieser Julianische Kalender dann rund 16 Jahrhunderte Gültigkeit.

Gregorianischer Kalender. Um die Mitte des 16. Jh.s waren die Ungenauigkeiten des Julianischen Kalenders mittlerweile auf 10 Tage angewachsen. Eine neue Reform wurde am 15. Oktober **1582** von Papst Gregor XIII. durchgeführt. Das Datum wurde neu »eingestellt« und einige der regelmäßig wiederkehrenden Schaltjahre eliminiert. Dieser Gregorianische Kalender wurde von einzelnen Ländern zu unterschiedlichen Zeiten übernommen: In England etwa trat er im Jahr 1752 in Kraft, in der Sowjetunion erst im Jahr 1918. Bis heute sind immer wieder Vorschläge zur Verbesserung des Gregorianischen Kalenders gemacht worden, die bis in entsprechende Ausschüsse der Vereinten Nationen gingen; doch ernsthafte Aktivitäten in dieser Hinsicht sind kaum zu erwarten.

Jahresbeginn. Der Jahresanfang am 1. Januar geht auf den skythischen Mönch Denys den Kleinen zurück. Auf Beschluß der Kirche wurde dieses Datum **532** erstmals »offiziell« benutzt, weil es nahe an dem angenommenen Geburtstag von Jesus Christus lag.

Geographische Karten. Die erste »Weltkarte« stammt sehr wahrscheinlich aus dem Jahre **575 v. Chr.** von Anaximander von Milet.

Ptolemäus (90–168), der bedeutende alexandrinische Astronom und Geograph, entwarf 26 Karten, die noch teilweise bis zum 16. Jh. in Gebrauch waren.

Im Mittelalter gab es einen gewissen Niedergang der Kartographie; die einzig verläßlichen Karten waren die sogenannten Portolane, die präzise Navigationsanweisungen von einem bestimmten Hafen zum anderen oder für einzelne Küstenlinien enthielten. Der älteste noch erhaltene Portolan ist die »Pisaner Karte«, die um **1285** in Genua entstanden ist.

In der Renaissance wurde durch die Seefahrt die Forderung nach besseren Karten laut. Um **1569** zeichnete der flämische Kartograph Gerhard Kremer, genannt Mercator (1512–94), die damals bekannte Welt auf 18 Karten. Er gab dem Sammelwerk seiner 107 Karten die Bezeichnung *Atlas*. Die erste Karte Nordamerikas wurde 1677 von John Foster in Boston als Holzschnitt veröffentlicht.

Mondkarte. 1647 entwarf Johannes Hevelke, genannt Hevelius, die erste detaillierte Mondkarte, die sich in ihrer Qualität und ihrem Detailreichtum deutlich von Kartenwerken ihrer Vorgänger abhob. Auf ihr waren sogar Berghöhen eingezeichnet.

Das erste Kartenwerk über die Meeresströmungen stammt von dem Amerikaner Matthew Fontaine Maury (1807–73). Er veröffentlichte zwischen **1848 und 1858** 210000 Karten. Mit ihrer Hilfe konnten damals bereits die Handelsschifffahrtslinien mehr als 50 Mio. Dollar durch verkürzte Reisezeiten einsparen.

REFRAKTOREN UND TELESKOPE

Astronomisches Fernrohr. Die Einführung des Fernrohres in die Himmelsbeobachtung geht auf Galileo Galilei (1564–1642) zurück, der eine Entwicklung vervollkommnet hatte, die seit mindestens 1590 in Holland bekannt war. Seine Entdeckungen seit **1609** mit dem primitiven optischen Instrument haben Geschichte gemacht: Details auf der Mondoberfläche, die Phasen der Venus, die vier großen Jupitermonde, Sonnenflecken und die Rotation des Tagesgestirns sowie die Auflösung der Milchstraße in Einzelsterne. Galilei hat in den wenigen Jahren seiner Fernrohrbeobachtungen mehr zum astronomischen Wissen beigetragen als alle seine Vorgänger.

Das erste Spiegelteleskop wurde **1672** von keinem geringeren als Isaac Newton (1642–1727) konstruiert, der bereits im Alter von 24 Jahren das Gravitationsgesetz entdeckt hatte. Im 17. und 18. Jh. wurde dieser Instrumententyp vielfältig verbessert, vor allem von Wilhelm Herschel. 1842 errichtete William Parsons, der 3. Earl of Rosse, auf seinem Schloß das größte Spiegelteleskop seiner Zeit.

Großteleskope. Das große Spiegelteleskop auf dem Mount Palomar in Kalifornien (USA) mit einem Spiegeldurchmesser von 5,08 m wurde am 3. Juni **1948** in Betrieb genommen. Es verdankt seine Entstehung der Initiative von George Ellery Hale, dem bedeutenden Astronomen und Erfinder des Spektroheliografen, und einer Spende von 6 Mio. Dollar der Rockefeller-Stiftung. Mit dem Teleskop sind bedeutende Entdekkungen gelungen. In den letzten Jahren jedoch erschwert zunehmend die immer stärkere Helligkeit von Los Angeles die Beobachtungen.

Selentschuk. Das gegenwärtig größte Spiegelteleskop der Welt befindet sich auf dem Semirodriki in 2050 m Höhe nahe dem Ort Selentschukskaja im Kaukasus (UdSSR). Es weist einen Spiegeldurchmesser von 6 m auf und wurde von G. Icannisiani entworfen. Nach zahlreichen Schwierigkeiten wurde der Spiegel **1974** bei Lomo in Leningrad fertiggestellt. Die ersten Beobachtungen mit dem 840 t schweren Teleskop wurden am 7. Februar 1976 gewonnen. Sowohl optisch als auch technisch ist die Leistungsfähigkeit des Riesenfernrohrs eher enttäuschend.

Das größte Infrarot-Teleskop mit einem Spiegeldurchmesser von 3,8 m wurde in Sheffield (GB) gebaut und **1977** auf dem 4205 m hohen Gipfel des Mauna Kea (Hawaii) installiert. Nach seiner Inbetriebnahme 1979 erwies sich die Qualität des Instruments als so hervorragend, daß es nicht nur für Infrarot-Beobachtungen eingesetzt wird.

Das erste Mehrfach-Spiegelteleskop der Welt ist **1979** auf dem Mount Hopkins im Süden von Arizona (USA) in Betrieb genommen worden. Es besteht aus 6 einzelnen Teleskopspiegeln von je 1,85 m Durchmesser. Die Einzelbilder werden mit einer raffinierten Steuertechnik in einem gemeinsamen Brennpunkt vereinigt, so daß letztlich ein optisches System entsteht, das einem Teleskopspiegel von 4,5 m Durchmesser entspricht. Die vom Smithsonian Astrophysical Observatory betriebene Sternwarte hat sich als bahnbrechend erwiesen, so daß weitere Mehrfach-Spiegelteleskope im Entstehen sind.

Das Space Telescope der NASA wurde **1986** fertiggestellt, doch es kann wegen der Challenger-Katastrophe erst im Frühjahr 1989 mit einer Raumfähre in die Erdumlaufbahn gebracht werden. Das 11 t schwere Fernrohr besitzt einen Teleskopspiegel von 2,4 m Durchmesser und ist mit Spezialkameras, Spektrometern und Photometern ausgestattet. Man erwartet vom Space Telescope völlig neue astronomische Erkenntnisse, wobei Beobachtungen nicht nur im sichtbaren Licht, sondern auch im ultravioletten und infraroten Bereich des elektromagnetischen Spektrums möglich sind. Die nutzbare Lebensdauer dieses Weltraumteleskops wird auf mindestens 15 Jahre angesetzt. In diesem Zeitraum werden Astronauten regelmäßig Wartungen vornehmen.

Die ersten astronomischen Beobachtungen von einem Flugzeug wurden am 29. Juni **1927** gemacht, als von einer zweimotorigen *British Imperial Airways* aus versucht wurde, über dem trüben London eine totale Sonnenfinsternis zu fotografieren. In den letzten 20 Jahren sind in den USA und Frankreich häufig Sonnenfinsternisse

Galileis astronomisches Fernrohr hat den Menschen die Sterne nähergebracht. Die Darstellung der Betrachtung einer Sonnenfinsternis stammt von 1688 aus Siam.

von Bord der *Caravelle* und regelmäßiger mit dem Überschallflugzeug *Concorde* beobachtet worden, bei dem eine erhebliche Verlängerung der Finsternisdauer durch die hohe Fluggeschwindigkeit möglich ist.

»Kuiper-Observatorium«. Seit **1965** hat die NASA sowohl *Learjets* als auch Maschinen vom Typ *Convair 990* als Observatorien ausgestattet, mit denen z. B. die Infrarotstrahlung des Milchstraßenzentrums entdeckt und untersucht wurde.
1975 hat die amerikanische Weltraumbehörde dann ein sehr großes Flugzeug, den *C 141 Starlifter,* speziell für astronomische Untersuchungen ausgerüstet, vor allem im infraroten Bereich. Diese fliegende Sternwarte wurde »Kuiper-Observatorium« genannt, nach G. P. Kuiper, dem berühmten niederländisch-amerikanischen Planetenforscher. Die Maschine kann etwa 200 Nächte pro Jahr eingesetzt werden, wobei jede einzelne Mission rund 3 Std. dauern kann, mit 9 t Beobachtungsinstrumenten an Bord. Das Kuiper-Observatorium kann in 14000 m Flughöhe operieren, damit sind 85 Prozent der irdischen Atmosphäre und 99 Prozent des Wasserdampfs ausgeschaltet. An Bord befindet sich ein Teleskop mit 91 cm Öffnung. Mit dem Kuiper-Observatorium sind zahlreiche bedeutende Entdeckungen gelungen, unter anderem im Jahr 1977 die der Uranus-Ringe.

RADIOASTRONOMIE

Erstes Radioteleskop. 1931 experimentierte der amerikanische Ingenieur Karl Jansky in Holmdel, New Jersey (USA), in den Laboratorien der Bell Telephone Company mit Antennen und Empfängern, um regelmäßig auftretenden Rauscheffekten bei Funkübertragungen im Kurzwellenbereich (15 m Wellenlänge) auf die Spur zu kommen. Er stellte fest, daß diese »Störungen« kosmischen Ursprungs waren, die aus der Richtung des Sternbildes Schütze, aus dem Zentrum der Milchstraße, kamen, das rund 32000 Lichtjahre entfernt ist. Jansky hatte also rein zufällig das erste »Radioteleskop« gebaut. **1932** veröffentlichte er dann seine Beobachtungen, die zwar eine wissenschaftliche Sensation bedeuteten, aber zunächst ohne Resonanz blieben. Daraufhin interessierte sich Jansky selbst bis 1938 nicht mehr für die eigentlichen Konsequenzen seiner Entdeckung. Heute ist die Maßeinheit des radioastronomischen Flusses nach seinem Namen benannt.

Radioteleskop von Reber. Das erste »echte« Radioteleskop wurde von dem amerikanischen Ingenieur niederländischer Abstammung Grote Reber **1937** gebaut. Als Funkenthusiast konstruierte er in »Heimarbeit« in seinem Garten in Wheaton bei Chicago eine azimutal montierte Parabolantenne von 3 m Durchmesser, eine Anlage, die bereits die wesentlichen Züge entsprechender Einrichtungen unserer Zeit aufwies. Nach zweijährigen erfolglosen Experimenten empfing er dann endlich bei einer Wellenlänge von 1,87 m Signale. 1941 begann er, eine »Radiokarte« der Milchstraße aufzunehmen, die er 1944 veröffentlichte. Damit war die Radioastronomie zu einer neuen wissenschaftlichen Disziplin geworden, die auf lebhaftes Interesse der Himmelsforscher stieß.

Das größte Radioteleskop der Welt mit einem Durchmesser von 18000 km wurde erstmals im Juli und August **1986** erprobt. Für astronomische Messungen hatte man erstmals mehrere Radioteleskope auf der Erde mit der Antenne eines geostationären Satelliten kombiniert. Zur Beobachtung von drei extrem weit entfernten *Quasaren* hatte das Jet Propulsion Laboratory der NASA in Pasadena, Kalifornien (USA), eine 64-m-Antenne der NASA in Australien mit einer gleichgroßen Antenne in Usuda (Japan) und der Antenne des Datenübertragungs-Satelliten TDRS gleichzeitig auf ein und dasselbe Himmelsobjekt gerichtet. Dabei erreichte man ein Auflösungsvermögen, wie man es mit einer riesigen Parabolantenne von umgerechnet rund 18000 km bekäme.

Das leistungsfähigste Radioteleskop der Welt hat **1987** seinen Betrieb in der Sierra Nevada, 45 km von Granada (Spanien) entfernt, aufgenommen. 30 m Durchmesser hat die Antennenschüssel der im Millimeterbereich arbeitenden Radiosternwarte, die vom Max-Planck-Institut für Radioastronomie in Bonn mit den Firmen Krupp und MAN für das deutsch/französische Institut für Radioastronomie (IRAM) gebaut worden ist. Man erwartet von dieser Einrichtung neues Wissen über die aus Gas und Staub bestehenden Dunkelwolken des Alls, in denen die Sterne entstehen.
Im Rahmen dieses Projektes erfolgt gegenwärtig der Bau von drei weiteren Radioteleskopen mit jeweils 15 m Antennendurchmesser auf dem südfranzösischen Plateau de Bure in 2500 m Höhe. Bis Ende 1988 will man die drei Instrumente bei Bedarf mit dem Teleskop in Spanien so zusammenschalten können, daß sie wie ein einziges Instrument arbeiten.

Die ersten radioastronomischen Observatorien entstanden nach dem Zweiten Weltkrieg in Cambridge (GB) und Sydney (Australien), basierend auf den Fortschritten von Elektronik und Radartechnik, die der Krieg stark beschleunigt hatte. Die Internationale Fernmeldebehörde (ITU) leistete für diese junge Wissenschaft einen wertvollen Beitrag, indem sie 1959 ein Frequenzband um 1420 MHz exklusiv für die Radioastronomie zur Beobachtung des neutralen Wasserstoffs reservierte.
1944 hatte der niederländische Astronom H. C. van de Hulst diese Strahlung bei 21 cm Wellenlänge (1420 MHz) vorhergesagt, die dann tatsächlich 1951 spektroskopisch von den amerikanischen Physikern H. I. Ewen und E. M. Purcell aufgefunden wurde.

Das Radiointerferometer mit Öffnungssynthese wurde **1960** von dem britischen Radioastronomen Sir Martin Ryle entwickelt, der mit seinem Kollegen Anthony Hewish 1974 den Physiknobelpreis erhielt. In der Interferometrie mit Öffnungssynthese werden zwei oder mehrere Antennen elektronisch gekoppelt, gewissermaßen zu einer Riesenantenne vereint, deren Durchmesser dem Abstand der gekoppelten einzelnen Antennen entspricht.

Für die Radioteleskopie mit außerordentlich hohen Genauigkeitsanforderungen und fast vollständiger Thermostabilität hat die MAN-Technologie den weltweit ersten Reflektor mit einem Durchmesser von 15 m in Kohlefaser-Verbundbauweise hergestellt. Drei dieser Teleskope werden auf dem 2550 m hohen Plateau de Bure 90 km südlich von Grenoble in den französischen Hochalpen arbeiten.

Das erste große Radiointerferometer baute Martin Ryle **1964** in Cambridge auf. Es bestand aus drei Antennen mit 1,6 km Abstand. Heute wird Radiointerferometrie bereits in interkontinentalem Maßstab betrieben, das heißt, Antennen in mehreren tausend Kilometer Abstand werden elektronisch verknüpft.

Das größte stationäre Radiointerferometer der Welt ist das *Very Large Array (VLA)*, eine Antennenanlage, die **1977** in der Wüste, nahe Socorro, New Mexico (USA), entstanden ist. Wenn die Einrichtung komplett ist, besteht das VLA aus 27 Parabolantennen von je 25 m Durchmesser, die auf drei Armen von je 25 km Länge in Y-Form angeordnet sind. Als die Anlage 1977 erprobt wurde, waren erst sechs Antennen in Betrieb.

Stellar-Amplituden-Interferometer. Die australischen Astronomen John Davis und William Tango von der Universität Sydney entwickelten **1986** ein neues optisches Meßsystem zur Bestimmung von Sterndurchmessern. Es besteht im wesentlichen aus zwei Siderostaten, die im Abstand von 11,4 m aufgestellt sind. Die einfallenden Strahlen des zu untersuchenden Objekts werden in ein aktives optisches Labor geleitet und dort hinsichtlich ihrer Interferenzmuster untersucht. So konnte z.B. mit hoher Genauigkeit der Durchmesser von Sirius bestimmt werden. Das kostengünstige System – nur 2,37 Mio. australische Dollar mußten investiert werden – verspricht wertvolle astrophysikalische Informationen.

Radarastronomie ist ein Teilbereich der Radioastronomie, in dem die Teleskope nun nicht mehr nur als passive Empfänger benutzt werden, sondern wie beim konventionellen Radar erst als Sender, dann als Empfänger.
1946 konnte erstmals ein Radarecho vom Mond empfangen werden. Heute sind eine Reihe von Planeten unseres Sonnensystems sehr genau mit Hilfe von Radar sondiert worden. Paradebeispiel ist die Venus, deren Oberfläche wegen der dichten Atmosphäre ja direkt nicht zu beobachten ist. Vor allem die Nutzung des Radioteleskops von Arecibo für Radarmessungen machte es möglich, erstmals eine topographische Karte der Venusoberfläche zu erstellen. Auch eine fundamentale Größe in unserem Sonnensystem, die Astronomische Einheit, konnte mit Hilfe der Radarastronomie mit bisher nicht gekannter Genauigkeit bestimmt werden.

RAUMFAHRT-ASTRONOMIE

Radioastronomie im Weltraum. Die ersten Satelliten dieser Art waren die *Radio Astronomy Explorer* der NASA – *RAE 1* und *2* –, die im Juli 1968 bzw. im Juni **1973** gestartet wurden. Sie untersuchten primär die niederfrequente Strahlung im erdnahen Weltraum.
Das erste Radioteleskop im Orbit war das sowjetische Instrument *KRT 10*, das im Juli 1979 zur Raumstation *Saljut 6* transportiert und dann von den Kosmonauten Ljachow und Rjumin montiert wurde. Diese Parabolantenne hatte einen Durchmesser von 10 m und wog 200 kg. Fünf Empfänger für verschiedene Frequenzbereiche im Zentimeter- und Dezimeterbereich waren angeschlossen. Neben der Beobachtung einzelner Radioquellen wurden auch Versuche zur Interferometrie, zur elektronischen Verknüpfung mit einem erdgebundenen Teleskop auf der Krim durchgeführt.

Astronomiesatelliten. Astronomische Beobachtungen im freien Weltraum wurden bereits systematisch seit **1946** in den USA mit Hilfe erbeuteter *V 2*-Raketen und ihrer Abwandlungen durchgeführt. Auch mit den ersten amerikanischen Satelliten gelangen erstaunliche Entdeckungen. So fand Joseph van Allen mit seinem Experiment auf *Explorer 1* im Jahr 1958 die berühmten Strahlungsgürtel der Erde, die meist seinen Namen tragen. Auch mit anderen, nicht unmittelbar für die Himmelsbeobachtung ausgestatteten Raumflugkörpern wurden wertvolle Beiträge zur Astronomie erzielt.

Uhuru. Am 12. Dezember **1970** wurde von einer schwimmenden Plattform vor der Küste Ostafrikas der erste Satellit zur Beobachtung kosmischer Röntgenquellen gestartet. »Uhuru« ist das Kisuaheliwort für »Freiheit«. 1978 wurde dann der sehr viel aufwendigere Satellit *Einstein* zur Untersuchung von Röntgenquellen gestartet; er umkreiste zum 100. Geburtstag des großen Physikers die Erde.

Ein doppelter Regenbogen über dem größten stationären Radiointerferometer der Welt, dem *Very Large Array* in New Mexico (USA).

COS-B. Am 9. August **1975** wurde der erste Forschungssatellit der europäischen Raumfahrtorganisation ESA mit einer amerikanischen Trägerrakete gestartet. Seine Aufgabe bestand in der Durchmusterung des Himmels nach energiereicher Gammastrahlung. Der Satellit überschritt seine projektierte Lebenszeit bei weitem und arbeitete bis zum April 1982. Neben der diffusen Gammastrahlung unserer Milchstraße entdeckte COS-B zahlreiche diskrete Quellen, darunter auch solche, die in anderen Bereichen des elektromagnetischen Spektrums unauffällig sind.

»International Ultraviolet Explorer« (IUE) ist ein astronomischer Gemeinschaftssatellit von NASA, ESA und dem britischen Engineering Research Council, der am 26. Januar **1978** gestartet wurde. Mit seinem Spezialteleskop, verbunden mit einem Spektrographen, kann der von der Erdoberfläche nicht zugängliche Ultraviolettbereich des Spektrums kosmischer Objekte untersucht werden. Selbst in der Halley-Kampagne 1985/86 hat IUE – auch er ist ja von erstaunlicher Zählebigkeit – noch eine wichtige Rolle gespielt.

Der Infra Red Astronomy Satellite (IRAS) gehört zu den wohl erfolgreichsten Astronomiesatelliten, ein Gemeinschaftsprojekt der USA, Großbritanniens und der Niederlande. Er wurde am 26. Januar **1983** gestartet und am 22. November 1983 stillgelegt. Seine Entdeckungen füllen Bände. Nicht allein, daß er rund 200 000 Infrarotquellen – von bisher unbekannten Objekten in der Umlaufbahn um die Sonne bis zu entfernten Galaxien – aufgefunden hat. Vielmehr hat er den Astronomen mit seinen »Infrarot-Augen« tatsächlich einen »neuen Himmel« erschlossen, dessen Auswertung noch in vollem Gange ist.

Exosat. Die Hauptaufgabe dieses am 26. Mai 1983 mit einer US-Trägerrakete gestarteten Forschungssatelliten besteht u. a. in der genauen Lokalisierung kosmischer Röntgenquellen. Ergebnisse und Erfahrungen mit Exosat sollen die Grundlage für eine umfangreichere Röntgenmission der europäischen Raumfahrtorganisation ESA in den neunziger Jahren sein. Im August **1986** wurde mit den Röntgendetektoren des Satelliten ein enger Doppelstern entdeckt, bei dem sich Partner innerhalb von nur 11 Min. umkreisen. Das ist die kürzeste bisher bekannte Umlaufperiode. Das Objekt steht im Sternbild Schütze und ist rund 20 000 Lichtjahre von der Erde entfernt.

Astro-C. Das japanische Institut für Weltraumforschung (ISAS) startete am 5. Februar **1987** den Röntgen- und Gammastrahlensatelliten *Astro-C* in eine Umlaufbahn von 530 km Höhe. Er dient vor allem der Erkundung von Neutronensternen und Schwarzen Löchern.

Hipparcos. Dieser europäische Forschungssatellit der ESA soll **1989** gestartet werden. Im Rahmen eines zunächst auf zwei Jahre angesetzten Arbeitsprogramms will man mit seiner Hilfe die Positionen von etwa 120 000 Sternen bestimmen und andere astrometrische Problemstellungen untersuchen.

METEOROLOGIE

Die ältesten systematischen Wetterbeobachtungen dürften aus der Zeit der chinesischen Yin-Dynastie um **1300 v. Chr.** stammen. Von Aristoteles ist um 340 v. Chr. das Wissen seiner Zeit um meteorologische Phänomene in vier Büchern unter dem Titel *Meteorologica* zusammengetragen worden. In einem Lehrgedicht behandelte Aratos von Solea 278 v. Chr. Wetter- und Himmelserscheinungen. Auch der Frosch als »Wetterprophet« wird bei ihm erstmals erwähnt.

Regenmesser. Die ersten einfachen Geräte zur Bestimmung der Niederschlagsmenge waren im **4. Jh. v. Chr.** in Indien in Gebrauch. In Korea wurden sie um **1140**, zur Zeit der Herrschaft des Königs Sejo, gewissermaßen wiederentdeckt. In Europa war es der Italiener Benedetto Castelli, der im Jahr **1639** Regenmesser in die Wetterkunde einführte.

Das erste Thermometer wurde **1593** von Galileo Galilei (1564–1642) entwickelt. Es besaß eine Gasfüllung und konnte Temperaturänderungen anzeigen, gestattete aber noch nicht, sie zu messen. Einige Jahre später, 1612, stellte erstmals der Italiener Santorio ein Thermometer mit Wasserfüllung her.
Die ersten Alkoholthermometer kamen um 1641 in Italien in Gebrauch. 1645 stellte der Emailleur Mariani derartige Thermometer im Auftrag des Großherzogs Ferdinand II. von Toskana (1610–70) her.

Fahrenheit-Thermometer. Der Danziger Instrumentenbauer Daniel Gabriel Fahrenheit (1686–1736) ersetzte **1715** die Alkoholfüllung des Thermometers erstmals durch Quecksilber, dessen Gefrierpunkt bei −38,8° C liegt, während der Siedepunkt 357° C beträgt. Etwa gleichzeitig führte er eine Temperaturskala mit ungewöhnlichen Fixpunkten (Erstarrungspunkt einer Mischung von Salz und Eis sowie der normalen Körpertemperatur) ein, die seinen Namen trägt und bis heute in Großbritannien, den USA und Australien in Gebrauch ist.

Celsius-Thermometer. Der schwedische Astronom und Physiker Anders Celsius (1701–44) entwickelte **1741** ein Quecksilberthermometer mit einer hundertteiligen Skala, wobei er den Wert 100 dem Gefrierpunkt des Wassers und 0 dem Siedepunkt des Wassers zuordnete. Etwa zur gleichen Zeit konstruierte Jean-Pierre Christin in Lyon eine ähnliche Thermometereichung, allerdings mit umgekehrter Skala, wie sie heute in Gebrauch ist.
Am 7. April 1795 wurde das metrische System offiziell eingeführt. Dabei wurde auch der hundertste Teil des Skalenabstands zwischen Gefrier- und Siedepunkt von Wasser als »Grad Zentigrad« definiert. Die Weltkonferenz für Maße und Gewichte legte dafür offiziell im Oktober **1948** die Bezeichnung »Grad Celsius« – abgekürzt ° C – fest. Wissenschaftliche Grundlage des Temperaturbegriffs ist die absolute oder Kelvin-Skala, die mit dem absoluten Nullpunkt – also bei −273,16° C – beginnt. Sie ist eine der sechs Basisgrößen des sogenannten Internationalen Systems.

Barometer. Das Quecksilber-Barometer geht auf den italienischen Physiker und Geometer Evangelista Torricelli (1608–47) zurück. Der Galilei-Schüler entwickelte das Gerät **1643**, mit dem er erstmals nachwies, daß die Atmosphäre ein Gewicht hat.
Das erste »runde« Skalen-Barometer wurde 1665 von dem englischen Astronomen Robert Hooke (1635–1703) gebaut. Später wurde es von dem französischen Ingenieur Jean Fortin (1750–1831) technisch verbessert und trägt mitunter noch heute seinen Namen.

Das erste System eines registrierenden Barometers, eines Barographen, dürfte von dem Engländer Moreland aus dem Jahr **1670** stammen.

Das Aneroid- oder Dosen-Barometer ist eine Erfindung von Lucien Vidie, der es in Zusammenarbeit mit Antoine Redier, dem Erfinder des Weckers, entwickelt und **1844** zum Patent angemeldet hat. Dieses heute im Alltag dominierende Barometersystem kann es an Genauigkeit durchaus mit den wissenschaftlich genutzten Quecksilber-Barometern aufnehmen.

Anemometer. 1644 konstruierte Robert Hooke (1635–1703), der später als Astronom und Mathematiker bekannt werden sollte, ein Flügelanemometer. Das Prinzip dieses Geräts zur Messung der Windgeschwindigkeit wurde bereits im Jahr 1450 von Leone Battista Alberti beschrieben. **1795** erfand der irische Physiker James Lind das Druckanemometer. Das heute verwendete Schalenanemometer wurde im Jahr **1846** von dem irischen Astronomen Thomas R. Robinson entwickelt.

Hygrometer. Das erste Gerät zur Bestimmung der Luftfeuchtigkeit stammt von Francesco Folli aus dem Jahr **1664**. Rund ein Jahrhundert später, 1781, führte der Schweizer Physiker Horace Benedict de Saussure (1740–99) das Haarhygrometer ein. Durch die Absorption des Wasserdampfs wird das Haar – etwa proportional zur Luftfeuchtigkeit – länger. Später kamen dann auch Hygrometer auf, die die Kondensation des Wasserdampfs in der Luft zur Messung nutzten.

Meteorologische Karten. Die erste Karte mit meteorologischen Informationen geht auf den berühmten englischen Astronomen Edmund Halley (1656–1742) zurück, die er **1686** nach einem längeren Aufenthalt in der südlichen Hemisphäre anfertigte. So stammen von Halley Beschreibungen und Erläuterungen zu den jahreszeitlichen Windverhältnissen, den Passatwinden und den Monsunen.
Die ersten regelmäßig veröffentlichten Isobaren-Karten gehen auf den Astronomen Edme Hippolyte Marie-Davy zurück, die seit **1863** im meteorologischen Bulletin des Kaiserlichen Observatoriums in Paris erschienen.

Die ersten Ballonsonden zur Wetterbeobachtung wurden **1898** in Trappes (Frankreich) aufgelassen. Sie gehen auf den Meteorologen Leon Teisserenc de Bort (1855–1913) zurück, der im Rahmen dieser Aufstiege u. a. die Stratosphäre entdeckte.

Radiosonden. In Trappes (Frankreich) stieg am 3. März **1927** die erste Radio-Ballonsonde auf. Sie war eine Entwicklung der Meteorologen Robert Bureau (1892–1965) und Pierre Idrac (1885–1935) und übermittelte automatisch per Funk Informationen über Temperatur, Feuchtigkeit und Luftdruck als Funktion der atmosphärischen Höhe zur Erde.

Wetterschiffe. Nach dem Zweiten Weltkrieg spielte der Einsatz von Wetter-Beobachtungsschiffen für die Wettervorhersage – vor allem für den wachsenden Flugverkehr – eine wichtige

Rolle. Um **1947** wurden solche Schiffe besonders im Nordatlantik eingesetzt. Heute haben weitestgehend Wettersatelliten diese Aufgabe übernommen.

Wetterradar. Im Rahmen des Projekts »Thunderstorm« – Gewitter – wurde das Radar für meteorologische Zwecke **1949** durch die Amerikaner M. H. Byers und R. R. Braham erstmals eingesetzt. Das Wetterradar erlaubt die Verfolgung von Wetterballonen, die mit entsprechenden Reflektoren ausgerüstet sind, sowie die direkte Beobachtung von großen Sturmgebieten und Regenzonen.

Sodar ist die Abkürzung aus *Sound Detection and Ranging* und steht für ein Verfahren der vertikalen Abstrahlung von akustischen Wellen. Sie werden an den durch das Temperaturprofil hervorgerufenen atmosphärischen Turbulenzen reflektiert und erlauben so die Bestimmung aller drei Windkomponenten. Das Prinzip dieses Systems, das sich noch immer im experimentellen Stadium befindet, wurde erstmals **1968/69** von den Amerikanern L. G. McAllister und C. G. Little beschrieben.

Doppler-Sodar. 1979 ließ sich die französische Firma Bertin ein Doppler-Sodar patentieren, das auf Entwicklungen von M. Fage zurückgeht. Sodar und seine Varianten sind speziell für die Verbesserung der Flugsicherheit von Interesse, vor allem für eine kontinuierliche Windmessung in verschiedenen Höhen. Über die variable Temperaturschichtung der Atmosphäre läßt sich das Auftreten der gefährlichen Scherwinde in der Umgebung von Flughäfen erkennen. 1982 stellte die Firma Remtech ein Doppler-Sodar der zweiten Generation vor.

Lidar ist die Abkürzung für *Light Detection and Ranging.* Hierbei handelt es sich um ein »optisches Radar«, bei dem Laserlicht als Signal verwendet wird. Das zum Beispiel an Staubpartikeln in der Atmosphäre reflektierte Licht wird mit Teleskopen aufgefangen, gebündelt und zur Registrierung fotoelektrischen Detektoren zugeführt. Erstmals setzten G. Fiocco und L. D. Smullin **1976** das Lidar für meteorologische Zwecke ein. Sie konnten noch in Entfernungen bis 140 km Aerosole in der Atmosphäre nachweisen und ihre Konzentration bestimmen.

Meteorologische Satelliten. Der erste Satellit zur Wetterbeobachtung, *Tiros 1,* wurde am 1. April **1960** von den USA gestartet. Dieser Raumflugkörper wurde von dem Unternehmen RCA gebaut.
Am 24. August 1964 brachte dann die NASA mit *Nimbus 1* eine verbesserte Version von Wettersatelliten – mit wesentlich höherer Bildauflösung – in die Umlaufbahn.
Am 6. Dezember 1966 gelangte mit *ATS 1* der erste Satellit mit auch meteorologischer Aufgabenstellung in den geostationären Orbit. Der Mehr-

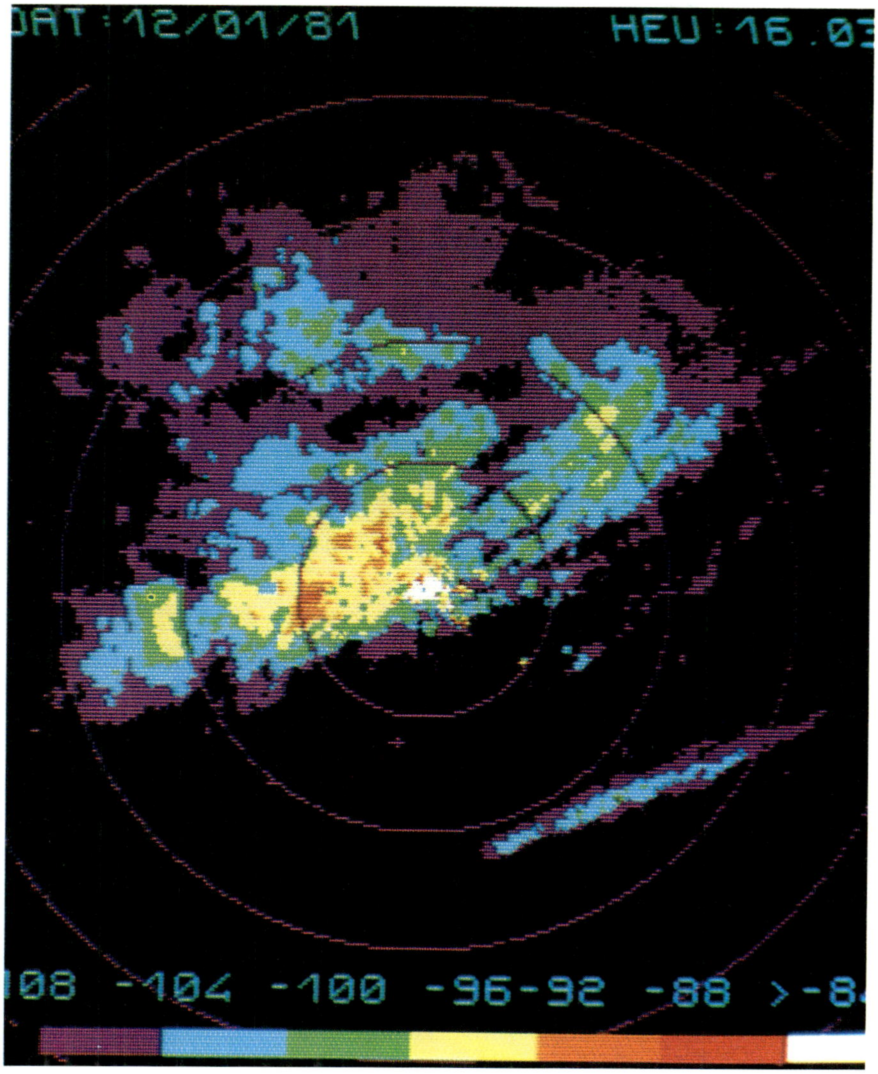

Zwei Sichtweisen der Wetterbeobachtung. Oben: In einer Haufenwolke spiegelt sich der Sonnenuntergang; unten: im meteorologischen Radarbild werden die Niederschläge sichtbar gemacht. Die Farben zeigen das Ausmaß von Regen- oder Schneefällen an.

Eines der berühmtesten kosmischen Himmelsobjekte: der Pferdekopf-Nebel im Sternbild Orion. In dieser Himmelsgegend entstehen noch heute Sterne.

zwecksatellit der NASA wurde zunächst über dem Äquator bei 151 Grad West (Pazifik) stationiert.

Meteosat. Westeuropas erster geostationärer Wettersatellit, *Meteosat 1*, wurde am 23. November **1977** von Cape Canaveral (USA) aus gestartet. Obwohl seine elektronische »Lebenserwartung« nur drei Jahre betrug, lieferte der Satellit zur Überraschung der Fachleute acht Jahre lang meteorologische Informationen. *Meteosat 2* folgte am 19. Juni 1981 mit der europäischen Trägerrakete Ariane vom Startgelände in Kourou (Französisch-Guayana).

Künstlicher Regen. Am 13. November **1946** impften Vincent J. Schaefer und Irving Langmuir bei einem Flug über das Mount-Greylock-Gebiet, Massachusetts (USA), erstmals Wolken mit Trockeneis (festes Kohlendioxid) und erzeugten so Regen, von dem allerdings am Boden kaum etwas ankam.
Dem künstlichen Regen war jedoch ganz allgemein keine große Zukunft beschieden. Die Risiken des Verfahrens, in den natürlichen Wasserhaushalt einzugreifen, bergen erhebliche ökologische und juristische Konsequenzen und können sogar völkerrechtliche Probleme aufwerfen. Das gilt für die Möglichkeiten der gezielten Wetterbeeinflussung schlechthin.
Erstmals erwähnt worden ist die Erzeugung von Regen durch wissenschaftlich-technische Hilfsmittel bereits **1839** von dem ersten offiziellen »Staatsmeteorologen« der USA, James P. Espy.

DIE STERNE

Cepheiden. Diese Gruppe von Veränderlichen Sternen wurde nach dem ersten und hellsten Exemplar benannt, das entdeckt wurde, nach Delta Cephei, aufgefunden **1784** von dem Engländer John Goodricke. Es sind Sterne, die sich rhythmisch aufblähen und zusammenziehen und dabei ihre Helligkeit verändern. Sie sind relativ selten, man kennt etwa 700 von ihnen. Die Periode des Lichtwechsels der Cepheiden ist mit ihrer absoluten Helligkeit verknüpft, so daß sie zur Entfernungsbestimmung z. B. von benachbarten Galaxien herangezogen werden können. **1912** wurde diese sogenannte Perioden-Leuchtkraft-Beziehung von der amerikanischen Astronomin Henrietta Leavitt entdeckt.

Weiße Zwerge. Eine der drei bekannten Endstufen der Sternentwicklung sind die sogenannten Weißen Zwerge. Hierbei handelt es sich um Objekte, deren Massen in der Größenordnung der Sonnenmasse liegen, ihre Durchmesser sind je-

Neueste Sternen-Entdeckungen

1986 berichtete eine Gruppe von Astronomen über die Entdeckung eines Quasars, der als das bisher entfernteste Objekt gelten kann. Mit dem Anglo-Australian Telescope in Siding Springs, Neusüdwales (Australien), konnten Steven Warren und Paul Hewett eine Entfernung des Objekts von 14 Mrd. Lichtjahren berechnen.
Ein neuer Kandidat für die Identifizierung als Schwarzes Loch wurde 1986 zur Diskussion gestellt: die unsichtbare Komponente des Doppelsternsystems A0620-00. Berechnungen der amerikanischen Astrophysiker J. MacClintock und R. Remillard vom MIT ergaben für den Begleiter des Zwergsterns einen Massenwert, der dies nahelegt.
Für dramatische Forschungsaktivitäten hat die am 23. Februar 1987 entdeckte Supernova in der Magellanschen Wolke gesorgt. Völlig überraschend war die Feststellung, daß ein Stern explodierte, der nach herkömmlicher Meinung der Astronomen noch völlig stabil sein sollte. Mit Spannung erwartet man einen Blick auf den Überrest der rund 165000 Lichtjahre entfernten Supernova, der ein Neutronenstern sein könnte, vielleicht aber auch ein Schwarzes Loch. Die letzte sichtbare Supernova-Explosion in unserer eigenen Milchstraße fand 1604 statt.

doch mit dem der Erde vergleichbar. Daraus resultiert eine sehr hohe mittlere Dichte (400 kg/cm^3). Ein Fingerhut voll Materie eines Weißen Zwerges würde rund 1 t wiegen. Betrachtet man die Planetarischen Nebel mit ihren Zentralsternen als Vorstufen der Weißen Zwerge, so ist das erste Objekt dieser Art unbewußt bereits 1779 mit der Auffindung des Ringnebels in der Leier gesehen worden. Indirekt entdeckt wurde der erste Weiße Zwerg als unsichtbarer Begleiter des hellen Sterns Sirius im Jahr **1844** durch den deutschen Astronomen Friedrich W. Bessel. Gesehen wurde er dann **1862** erstmals von dem amerikanischen Optiker und Himmelsforscher Alvan G. Clark. Erste Hinweise auf die ungewöhnliche Natur dieser Sterne fand man 1910 an dem Objekt 40 Eridani B.

Neutronensterne und Pulsare. Eine andere Objektklasse steht am Ende eines »Sternenlebens«, wenn die Masse eines Himmelskörpers 1,4 Sonnenmassen übersteigt. Hier bleibt der Zusammenbruch eines Sterns nicht in der Phase des Weißen Zwerges stehen. Unter der Wirkung der Schwerkraft fällt das Objekt bis auf eine Größe von nur 15 bis 20 km zusammen, so daß die mittlere Dichte bei einigen Mio. t/cm^3 liegt. Die Sternmaterie besteht dann im wesentlichen nur aus Neutronen. Dieser mögliche Endzustand massereicherer Sterne wurde bereits 1932 theoretisch diskutiert. Doch erst **1967** fand Jocelyne Bell, eine Mitarbeiterin des britischen Radioastronomen Anthony Hewish, die erste von zahlreichen Quellen pulsartiger Radiostrahlung, die sich als extrem schnell rotierende Neutronensterne entpuppten. Der zuerst entdeckte Pulsar, so die Bezeichnung für die Objekte, rotiert z. B. im Rhythmus von 1,3370113 Sek. und sendet in diesem Takt Radiopulse aus. Bisher sind etwa 300 Pulsare aufgefunden worden, deren Perioden zwischen 0,001558 und 4,308 Sek. liegen.

Schwarze Löcher. Bei sehr massereichen Sternen kann nichts mehr den Kollaps am Ende ihrer Entwicklung aufhalten. Sie fallen zu einem Zustand zusammen, der sich jeder direkten Wahrnehmung entzieht, zum Schwarzen Loch. Diese Objekte haben sich aus der sichtbaren Welt ausgeklammert. Nur in der Wechselwirkung mit benachbarter Materie, auf die es wie ein gigantischer »Staubsauger« wirkt, könnte ein Schwarzes Loch erkannt werden, so z. B. als Komponente in einem Doppelsternsystem. Aussichtsreichster Kandidat für eine Identifizierung ist hier das Objekt Cygnus X-1. Die Idee eines Schwarzen Lochs geht bereits auf das Jahr **1798**, auf Pierre de Laplace zurück. **1916** berechnete der deutsche Astronom Karl Schwarzschild den kritischen Radius für derartige Gebilde. In Zusammenhang mit der Sternentwicklung wurde das Schwarze Loch erstmals 1939 gebracht.

Quasare. Zwischen 1950 und 1960 entdeckten die Astronomen zahlreiche scheinbar punktförmige Quellen kosmischer Radiostrahlung, die unter anderem in einem Katalog der Sternwarte Cambridge (Großbritannien), bekannt unter der Bezeichnung 3C, zusammengefaßt wurden. Quasare, abgeleitet von quasistellare Radioquellen, wurde diese Objektgruppe genannt. **1963** konnte Maarten Schmidt, ein amerikanischer Astronom niederländischer Herkunft, eines dieser Objekte - 3C 273 - nicht nur optisch identifizieren, sondern mit dem 5 m-Spiegelteleskop auf dem Mt. Palomar auch ein Spektrum aufnehmen. Inzwischen sind rund 1500 Quasare bekannt und als Objekte jenseits unserer Galaxis, als Kerne aktiver Milchstraßensysteme, erkannt worden. Quasare zeichnen sich durch einen bisher noch nicht verstandenen Mechanismus zur Energieerzeugung aus, möglicherweise sind sie ein gigantisches, Materie verschlingendes Schwarzes Loch. Sie repräsentieren auch die am weitesten entfernten kosmischen Objekte, die der Untersuchung zugänglich sind.

RAKETEN

Anfänge der Raketen. In Europa wurden Raketen erstmals im 13. Jh. bekannt. Entstanden sind sie in China und auch in Indien. Die frei aufsteigende Rakete wurde vermutlich um **1200** in China aus den dort schon länger gebräuchlichen »Brandpfeilen« entwickelt und für militärische Zwecke benutzt. Bekannt geworden ist der Einsatz von Raketen durch die Tataren im Jahr **1241** bei der Schlacht um Liegnitz (ehemals Niederschlesien). Bis zum heutigen Tag werden Raketen ausschließlich mit Hilfe chemischer Verbrennungsprozesse angetrieben. Andere Techniken, zum Beispiel elektrische oder nukleare Antriebe, sind zwar gut untersucht, befinden sich aber noch immer im experimentellen Stadium.

Weltraumraketen. Vorläufer der Weltraumraketen in West und Ost dürfte die *V 2* der deutschen Wehrmacht gewesen sein, die erstmals erfolgreich am 3. Oktober 1942 gestartet wurde. Doch erst am 4. Oktober **1957** trug eine Rakete den ersten künstlichen Satelliten, *Sputnik 1*, in die Erdumlaufbahn. Seit diesem Zeitpunkt sind weltweit mehr als 2500 Raketen für Weltraum-Missionen gestartet worden.

Erste Flüssigkeitsraketen. Das exakte Datum der Entwicklung des ersten Flüssigkeitstriebwerks zum Raketenantrieb ist nicht bekannt. So zitieren französische Quellen z. B. gerne ein Patent aus dem Jahr **1895**. Danach hatte der in Paris lebende peruanische Ingenieur Pedro A. Poulet ein Triebwerk von 10 cm Durchmesser konstruiert und gebaut. Das Treibstoffgemisch habe aus Stickstoffdioxid und Leuchtgas bestanden, das mit einem Zündmechanismus zur Reaktion gebracht worden sei. Die Technikgeschichte hat jedenfalls von dieser Entwicklung keine Notiz genommen. Sie sieht den Amerikaner Robert H. Goddard mit Recht als den »Erfinder« der mit

Flugplan für die Trägerraketen vom Typ ARIANE

Flug-Nr.	Datum	Trägerrakete	Satelliten
28	Okt. 88	ARIANE 2	INTELSAT V-F 15
29	Nov. 88	ARIANE 4	TELE-X und SKYNET 4b
30	Jan. 89	ARIANE 3	Olympus
31	Feb. 89	ARIANE 4	JC-SAT und DFS1
32	Mär. 89	ARIANE 2	SPOT 2
33	Apr. 89	ARIANE 4	SUPERBIRD-A und HIPPARCOS
34	Mai 89	ARIANE 4	INTELSAT VI - F1
35	Jun. 89	ARIANE 4	SUPERBIRD-B und INMARSAT 2 F 1

Bis auf SPOT und HIPPARCOS sind die genannten Satelliten für Kommunikationszwecke gedacht. Die Starts erfolgen alle von Kourou (Französisch-Guayana).
Nach Wiederaufnahme der Raumfährenflüge am 4. August 1988 sind für die erste Jahreshälfte 1989 drei weitere Missionen vorgesehen:

Datum	Raumfähre	Kommandant	Nutzlast
19. 1. 1989	Discovery	Michael Coats	Militärischer Kommunikationssatellit
27. 4. 1989	Atlantis	David Walker	Raumsonde Magellan zur Venus
1. 6. 1989	Discovery	Loren Shriver	Das Space Telescope wird in den Orbit gebracht.

Außer dem Kommandanten sind jeweils vier weitere Astronauten an Bord.

flüssigen Treibstoffen getriebenen Raketen – erstmals gestartet am 16. März **1926**.
Der erste störungsfreie Start einer Flüssigkeitsrakete in Europa erfolgte am 14. März **1931** auf dem Exerzierplatz in Dessau durch Johannes Winkler. Das Aggregat – *HW 1* genannt – wurde mit flüssigem Sauerstoff und Methan angetrieben. Es erreichte etwa 100 m.

Die Trägerrakete Ariane startete erstmals am 24. Dezember **1979** vom Raumflugzentrum Kourou (Französisch-Guayana) zu einem erfolgreichen Testflug. Entwickelt wurde sie im Auftrag der europäischen Raumfahrtorganisation ESA, der zehn Staaten angehören. Ein entsprechender politischer Beschluß wurde 1973 gefaßt. Als Konsequenz aus den Erfahrungen mit der kläglich gescheiterten *Europa*-Rakete übertrug man die Leitung der *Ariane*-Entwicklung zentral der französischen Raumfahrtbehörde CNES. Die Aufträge wurden an die europäischen Mitgliedsstaaten der ESA vergeben.
Drei Versionen der *Ariane*-Trägerrakete mit unterschiedlicher Leistungsfähigkeit sind inzwischen entstanden, zwei weitere sind in der Planung. Seit dem 15. Mai 1981 hat die ESA die kommerzielle Vermarktung der *Ariane*-Trägerrakete der Gesellschaft Ariane Space übertragen, die inzwischen einen bedeutenden Anteil am weltweiten Satellitentransport erreicht hat. Neben dem Start von kommerziellen Raumflugkörpern in die geostationäre Umlaufbahn hat Ariane Space auch die Kometensonde *Giotto* und den französischen Erderkundungssatelliten *Spot* gestartet.
Durch einen Defekt in der 3. Stufe scheiterte im Mai 1987 der Flug Nr. 18, was eine Zwangspause für die *Ariane* bis zum 16. September 1987 bedeutete. Mit einem verbesserten Zündsystem wurde der Flugbetrieb wieder aufgenommen. Die Mission Nr. 22, am 15. Juni 1988 gestartet, brachte die Erprobung der leistungsfähigeren Version *Ariane 4* mit besserer Nutzlastkapazität.
Die Entwicklung der *Ariane 5*-Trägerrakete ist inzwischen angelaufen, nachdem durch einen Beschluß des Ministerrats der europäischen Raumfahrtorganisation ESA im November 1987 die Finanzierung sichergestellt wurde. *Ariane 5* ist für den Start sehr schwerer Anwendungssatelliten gedacht, aber auch für den Transport der kleinen europäischen Raumfähre *Hermes*, obwohl deren Entwicklung noch nicht endgültig beschlossen wurde.

Die Superrakete Energia startete am 16. Mai **1987** in der UdSSR erstmals als neue Trägerrakete. Das 2000 t schwere Aggregat kann nach sowjetischen Angaben mehr als 100 t in eine erdnahe Umlaufbahn bringen. Die Flüssigkeitsrakete, bei der einzelne Komponenten rückführbar und wiederverwendbar sein sollen, wird sowohl als Träger für extrem schwere Nutzlasten als auch zum Start der großen sowjetischen Raumfähre dienen. Beim ersten Testflug scheiterte allerdings der Versuch, ein Satellitenmodell in den Orbit zu bringen. Langfristig dürfte es mit *Energia* möglich werden, das Hauptziel der bemannten Raumfahrt der UdSSR zu realisieren: Eine große Raumstation mit einer vielköpfigen Besatzung in der Umlaufbahn zu installieren.

SATELLITEN UND RAUMSTATIONEN

Der erste künstliche Erdsatellit Sputnik 1 wurde am 4. Oktober **1957** in der UdSSR mit einer von S. Koroljow entwickelten Trägerrakete vom Typ *A 1* gestartet. Der Satellit, eine metallene Hohlkugel von 58 cm Durchmesser und 83,5 kg Masse – ausgestattet mit Batterien, Sensoren für Innendruck und -temperatur sowie zwei Kurzwellensendern –, wurde von einem Team der Akademie der Wissenschaften der UdSSR unter der Leitung von Mstislaw Keldisch gebaut.

Amerikas erster künstlicher Satellit Explorer 1 gelangte am 1. Februar **1958** mit einer *Juno 1 (Jupiter C/*-Rakete in die Umlaufbahn. Bei der *Juno 1* handelte es sich um eine modifizierte Mittelstreckenrakete der US Army, die Wernher von Braun und sein Team entwickelt hatten. Der nur 14 kg schwere Satellit entstand unter der Leitung von J. van Allen.

Transit 1, der erste Navigationssatellit der Welt, wurde am 13. April **1960** in den USA gestartet. Inzwischen ist die Technik der weltweiten Navigation mit Satelliten im zivilen und militärischen Bereich Allgemeingut geworden. Das amerikanische *Transit*-System wird jetzt abgelöst durch wesentlich höher fliegende Satelliten, die im sogenannten »Global Positioning System« (GPS) zusammengefaßt sind.

»Lageos«, eine Langzeitmission, starteten die USA am 4. Mai **1976**. Es handelt sich um einen exakt kugelförmigen Satelliten von 60 cm Durchmesser und einer Masse von 411 kg. *Lageos* – die Abkürzung von **La**ser **Geo**dynamics **S**atellite – ist an seiner Oberfläche mit 426 Reflektoren zur Laserortung besetzt. Der Satellit umkreist in 6000 km Höhe die Erde und wird eine Mindestlebensdauer von etwa 8 Mio. Jahren haben. Vorgänge wie die Plattentektonik, Verwerfungen der Erdkruste und andere geophysikalische Effekte werden damit untersucht.

Landsat ist der Name für die erste Generation zur zivilen Fernerkundung der Erdoberfläche. Am 23. Juli **1972** startete die NASA den ersten Satelliten dieser Serie in eine sonnensynchrone Kreisbahn von 910 km Höhe. *Landsat 5* ist das derzeit letzte Exemplar dieser Raumflugkörper, die neue Maßstäbe bei Erkundung und Erschließung der Erdoberfläche unter geologischen, hydrologischen, mineralogischen und ökologischen Aspekten gesetzt haben. Die Auflösung auf den für jedermann gegen Bezahlung zugänglichen Bildern ist besser als 40 m.

Spot. Unter der Führung der französischen Raumfahrtbehörde CNES wurde der Fernerkundungssatellit *Spot* entwickelt und am 22. Februar **1986** mit der *Ariane*-Trägerrakete gestartet. Dieser Satellit, in 822 km Höhe die Erde umkreisend, übermittelt Bilder der Erdoberfläche in einzelnen Spektralbereichen mit 10 m Auflösung. Sie sind kommerziell erhältlich, und die entsprechende Trägerfirma liefert im Auftrag und gegen Bezahlung hervorragende Bilder.

Die erste Raumstation Saljut 1 wurde in der UdSSR am 19. April **1971** gestartet und am 6. Juni 1971 von einer dreiköpfigen Besatzung in Betrieb genommen. Nach einem Aufenthalt von 24 Tagen an Bord kamen die drei Kosmonauten bei der Rückkehr zur Erde ums Leben. Die letzte Station dieses Typs, *Saljut 7*, wurde am 19. April 1982 gestartet und umkreist noch immer die Erde. Sie hat zahlreiche Besatzungen beherbergt, wobei die Mannschaft Kisim, Solowjow und Atkow mit einem 235-Tage-Aufenthalt an Bord einen Langzeitrekord aufgestellt hat.

Mir. Am 20. Februar **1986** wurde in der Sowjetunion eine neuartige Raumstation mit der Bezeichnung *Mir* (Frieden) gestartet. Es handelt sich um eine wesentlich verbesserte *Saljut*-Version, die zusätzlich über einen Mehrfach-Kopplungsadapter verfügt. Am 29. Dezember 1987 ging die bisher erfolgreichste *Mir*-Mission zu Ende. Yuri Romanenko hatte an Bord der Station einen neuen Langzeit-Flugrekord von 326 Tagen Dauer aufgestellt.
Im fliegenden Wechsel hatten in der letzten Dezemberwoche Wladimir Titow und Mussa Manarow die Station übernommen und im Februar 1988 ein großangelegtes Außenbordmanöver mit der Montage einer zusätzlichen Solarzellenfläche durchgeführt. Es wird erwartet, daß die beiden Kosmonauten bis zum Jahresende 1988 in der Station bleiben werden.

Skylab. Die USA brachten am 14. Mai **1973** *Skylab* in die Umlaufbahn, die bis heute größte und komfortabelste Raumstation. 11 Tage später startete eine dreiköpfige Besatzung mit einem *Apollo*-Raumschiff zur Station mit der Hauptaufgabe, erhebliche Schäden am Äußeren von *Skylab* zu reparieren, die beim Abtrennen der Schutzverkleidung kurz nach dem Start entstanden waren. Die Station wurde aus Hardware des Apollo-Mondlandeprogramms von McDonnell Douglas und Martin Marietta gebaut. In der Um-

Rechte Seite, oben: So soll die internationale Raumstation in der ersten Ausbaustufe aussehen. Je ein Labor von NASA, NASDA und ESA *(Columbus)* sind zu einer großen Raumstation zusammengefügt. Links darunter: Blick auf die Polare Plattform (Erdbeobachtung) aus dem europäischen *Columbus*-Programm. Rechts: Europas Raumbasis Nr. 1, die auch zeitweise für Astronauten zugänglich ist.

esa

esa

Im Technologiezentrum der Europäischen Raumfahrtbehörde ESA in Noordwijk (Niederlande) wurde 1987 der leistungsstärkste Sonnensimulator der Welt *SUSI* (Sun Simulator) in Betrieb genommen. 19 Hochdrucklampen liefern eine Leistung von 600 kW. Mit der Anlage des 7,2 m-Zeiss-Wabenspiegels können Satelliten und Raumsonden auf ihr Verhalten im freien Weltraum gegenüber langandauernder Sonneneinstrahlung getestet werden.

laufbahn hatte sie - einschließlich Zubringerfahrzeug - eine Masse von 90,6 t und eine Länge von 36 m. *Skylab* bot seinen Besatzungen 350 m³ »Wohnraum« mit Küche, Dusche, Schlafkabinen usw. In 435 km Höhe die Erde umkreisend, wurden von *Skylab* eine Fülle wichtiger wissenschaftlicher Informationen gewonnen, darunter 175000 Aufnahmen von der Sonne und 46000 von der Erde. Mit der Rückkehr der dritten Mannschaft im Februar 1974 wurde Skylab stillgelegt und verglühte am 11. Juli 1979 über Australien, wobei zahlreiche Bruchstücke die Erdoberfläche erreichten.

Das europäische Raumlabor Spacelab ist im klassischen Sinne keine »echte« Raumstation, da es im Frachtraum des amerikanischen *Space Shuttles* untergebracht ist. Das Weltraumlabor für komplexe wissenschaftliche, technische und technologische Untersuchungen entstand im Auftrag der europäischen Raumfahrtorganisation ESA und wurde zu einem erheblichen Teil von der Bundesrepublik Deutschland finanziert. Es wurde bei ERNO/MBB in Bremen unter Beteiligung zahlreicher europäischer Unterauftragnehmer gebaut. *Spacelab* besteht aus zwei Elementen, einem druckdichten Kabinenmodul und einem Palettensystem. Letzteres trägt jene Experimente, die direkt dem freien Weltraum ausgesetzt sind. Beim ersten Flug im November **1983** betrug die Gesamtmasse von Spacelab (Kabine + Palette) 14,515 t. Sechs Astronauten waren an dem Unternehmen beteiligt, darunter der deutsche Wissenschaftler Ulf Merbold, der damit erster Nichtamerikaner an Bord einer Raumfähre, der *Columbia*, war.

RAUMFAHRZEUGE

Mondlandefähre. Im Rahmen des amerikanischen Apollo-Mondlandeprogramms kam der Landefähre eine entscheidende Rolle zu. Das LEM, so die amerikanische Abkürzung, gebaut von der Firma Grumman, hatte die Aufgabe, sowohl die sichere Landung auf der Oberfläche des Erdtrabanten zu ermöglichen als auch den Rückstart zum Mutterschiff zu garantieren. Beim Abstieg aus dem Mondorbit in Richtung Oberfläche hatte das Fahrzeug eine Gesamtmasse von 14,7 t einschließlich der beiden Astronauten. Rund 12 Min. dauerte im Durchschnitt der Abstieg, 7 Min. der Aufstieg in die rund 110 km hohe Kreisbahn des Mutterschiffs, der Apollo-Kapsel, in der sich der dritte Astronaut befand.

Erstmals in den Weltraum gelangte das LEM - allerdings nur in den Erdorbit zur Erprobung - im März **1969**. Bei allen seinen Einsätzen funktionierte es perfekt. Eine wichtige Rolle kam ihm auch in der Mission *Apollo 13* im April 1970 zu. In 330000 km Entfernung von der Erde gab es eine Explosion in einem der Sauerstofftanks der *Apollo*-Kapsel, so daß eine Mondlandung nicht möglich war. Bei der Umrundung des Erdtrabanten und der sicheren Rückkehr zur Erde hatten die Energiereserven der bis zum Eintritt in die Erdatmosphäre angekoppelten Mondlandefähre eine entscheidende Bedeutung.

Menschen bewegen sich auf der Mondoberfläche. Am 20. Juli **1969** um 21 Uhr 17 MEZ ging die Landefähre von *Apollo 11* im Mare Tranquilitatis nieder. Neil Armstrong betrat dann am 21. Juli 1969, 3 Uhr 56 MEZ, die Mondoberfläche. Etwa 20 Min. später folgte Edwin Aldrin. Insgesamt dauerte der erste Aufenthalt von Menschen auf dem Mond 21:36 Std. Mit dem Verlassen der Mondoberfläche durch die *Apollo-17*-Astronauten Cernan und Schmitt im Dezember 1972 ist der Erdtrabant bis heute unbemannt

Modell des sowjetischen Raumschiffes *Wostok 1*, mit dem Jurij Gagarin am 12. April 1961 von Tyuratam in Kasachstan (UdSSR) zum ersten erfolgreichen Raumflug eines Menschen gestartet war.

Menschen im All

UdSSR

Wostok (1961): Erstes bemanntes Raumschiff; umkreiste am 12. April 1961 mit Jurij Gagarin an Bord in einer Bahnhöhe zwischen 181 und 327 km die Erde. Die Gesamtflugdauer betrug 108 Min. Insgesamt wurden sechs *Wostok*-Raumschiffe gestartet.
Woßchod (1964): Modifiziertes Wostoksystem, startete erstmals am 12. Oktober 1964 mit drei Kosmonauten an Bord zu einer eintägigen Erdumkreisung. *Woßchod 2* wurde am 18. März 1965 in die Umlaufbahn gebracht. Bei diesem Flug stieg der Kosmonaut Alexei Leonow als erster Mensch in den freien Weltraum aus. Danach wurde die *Woßchod*-Serie eingestellt.
Sojus (1967): Der erste Flug dieser neuen Raumschiffgeneration am 23. April 1967 endete mit einer Katastrophe. Der Kosmonaut Komarow fand bei der Landung den Tod. Insgesamt wurde das normalerweise zweisitzige Raumschiff 41mal eingesetzt. Die letzte Mission fand im Mai 1981 statt.
Sojus T (1979): Die modernisierte Version der *Sojus*-Raumschiffe wurde erstmals unbemannt am 19. Dezember 1979 gestartet. Mit der Rückkehr von *Sojus T-15* am 16. Juli 1986 zur Erde ist auch diese Raumschiffserie ausgelaufen.
Sojus TM (1986): Im Frühjahr 1986 wurde mit *Sojus TM-1* abermals – zunächst unbemannt – eine verbesserte Version des *Sojus*-Konzepts in der Umlaufbahn getestet.

USA

Mercury (1961): Die erste amerikanische Raumschiffgeneration, gebaut von McDonnell Douglas, wurde erstmals bemannt auf einem ballistischen Flug erprobt. Am 5. Mai 1961 erreichte der Astronaut Alan B. Shepard mit dem Raumschiff *Mercury-»Freedom 7«* eine maximale Höhe von 184 km. Der erste Orbitalflug gelang John Glenn am 20. Februar 1962 mit *Mercury-»Friendship 7«*. Insgesamt sechsmal wurden die Mercury-Kapseln bemannt eingesetzt.
Gemini (1965): Das zweisitzige *Gemini*-Raumschiff wurde erstmals am 23. März 1965 bemannt mit den Astronauten Grissom und Young erprobt. John Young ist dann zum Astronauten mit den meisten Raumflügen – sechsmal war er im Weltraum – geworden. Insgesamt gab es 10 höchst erfolgreiche *Gemini*-Missionen, in denen wichtige Erfahrungen für das *Apollo*-Mondflugprogramm gewonnen wurden.
Apollo (1968): Die erste Weltraumerprobung des *Apollo*-Raumschiffs erfolgte am 11. Oktober 1968. Mit der am 21. Dezember 1968 gestarteten *Apollo 8* gelang den Astronauten Borman, Lovell und Anders erstmals eine mehrfache Mondumkreisung. *Apollo 11* setzte schließlich am 20. Juli 1969 auf der Mondoberfläche auf. Insgesamt gelangten mit dem *Apollo*-Programm 12 Amerikaner auf den Erdtrabanten. Mit dem Start des letzten *Apollo*-Raumschiffs im Rahmen des amerikanisch-sowjetischen Gemeinschaftsfluges im Juli 1975 war das System 15mal bemannt im Einsatz.

geblieben. Doch in den neunziger Jahren dürften Amerikaner und Sowjets an die Errichtung von länger bewohnbaren Mondstationen gehen.

Lunochod. Zwei automatisierte Fahrzeuge vom Typ *Lunochod* hat die UdSSR auf der Mondoberfläche abgesetzt. Am 17. November **1970** ging *Lunochod 1* an Bord der Sonde *Luna 17* im Mare Imbrium nieder. Über einen Zeitraum von 11 Monaten legte das erste unbemannte Mondmobil insgesamt 10540 m zurück, wobei angemerkt werden muß, daß die eigentliche Fahrzeit nur nach Tagen zu bemessen ist. Bei diesen Fahrten wurden 200 Panoramaaufnahmen und etwa 20000 Einzelfotos von der Oberfläche gewonnen. An 500 Punkten seiner Fahrtrasse führte *Lunochod 1* automatisch physikalische Untersuchungen des Mondbodens durch. Etwa 80000 m² Oberfläche wurden so ausführlich untersucht. Mit der Sonde *Luna 21* wurde am 16. Januar **1973** am Ostrand des Mare Serenitatis *Lunochod 2* abgesetzt. Durch seine höhere mittlere Fahrgeschwindigkeit konnte es insgesamt 37 km zurücklegen, wobei rund 80000 Fernsehbilder der Mondoberfläche erhalten wurden.

Lunar Rover. Das erste »Auto« auf dem Mond, der *Lunar Rover* der NASA, entwickelt von Boeing, wurde erstmals im Rahmen der Mondlandung von *Apollo 15* am 30. Juli **1971** erfolgreich eingesetzt. Die Astronauten Scott und Irvin legten mit dem durch Batterien angetriebenen Fahrzeug insgesamt 24 km zurück. Bei den Einsätzen in den Missionen *Apollo 16* und *17* betrugen die Fahrstrecken der Mondautos 27 bzw. 35 km, wobei eine Spitzengeschwindigkeit von etwa 15 km/h erreicht wurde. Unter anderem war der *Lunar Rover* in der Lage, in direkten Funkkontakt mit der Erde zu treten, so daß die Fahrten teilweise »live« verfolgt werden konnten.

Freiflugeinheit. Während der 10. Shuttle-Mission im Februar **1984** mit der *Challenger* erprobte der Astronaut Bruce McCandless den *Fliegenden Stuhl*, die *Manned Maneuvering Unit* (MMU). Dieses Gerät ermöglicht den Astronauten eine völlig unabhängige Bewegung in allen Raumachsen. Als die Raumfähre am 7. Februar 1984 Hawaii überquerte, bewegte sich McCandless 50 m in den freien Raum; später dann legte er mit der MMU rund 100 m zurück.

Sowjetische Raumfähre. Die UdSSR entwickelt seit längerem ebenfalls eine große Raumfähre, die äußerlich sehr dem Space Shuttle gleicht. Sie ist mit zusätzlichen Düsentriebwerken versehen, die motorgesteuerten Landeanflug ermöglichen sollen. **1987** fanden derartige Landetests auf der speziell dafür gebauten Piste auf dem Kosmodrom Baikonur statt. Die sowjetische Raumfähre verfügt nicht über ein großes Haupttriebwerk, das den endgültigen Einschuß in die Umlaufbahn übernimmt. Diese Aufgabe ist der Trägerrakete vorbehalten. Für 1988 erwartet man einen unbemannten Systemtest, bei dem das Zusammenspiel der Rakete *Energia* mit der Raumfähre erprobt werden soll. Der bemannte Einsatz dürfte kaum vor Herbst **1988** auf dem Programm stehen.

LEBEN UNTER WELTRAUMBEDINGUNGEN

Weltraum-Design. Um den Astronauten in der Raumstation *Skylab* den Langzeitaufenthalt so angenehm und zweckmäßig wie nur möglich zu machen, beauftragte die amerikanische Raumfahrtbehörde NASA Ende der sechziger Jahre den berühmten Industriedesigner Raymond Loewy mit den Entwürfen für die Ausstattung. Loewy, gebürtiger Franzose und seit 1919 in den USA ansässig, machte nicht nur Vorschläge für die Einrichtung und Farbgebung der »Wohnräume« im *Skylab*; von ihm stammte auch die Idee, ein Bullauge einzufügen, durch das die Besatzung die Erde sehen konnte. Die Konstrukteure der NASA schlossen sich dieser Anregung des Designers an. Sie hat deutlich zum Erfolg des Unternehmens beigetragen. Einige von Loewys Ideen gingen auch in die Ausstattung der »Wohnflächen« der Raumfähren ein. Die Archive Loewys – sie enthalten 3500 Entwürfe für die NASA – wurden anläßlich seines 88. Geburtstags im Juli 1981 im Londoner Auktionshaus Sotheby versteigert.

Raumanzüge gehören zur Standardausrüstung amerikanischer und sowjetischer Raumfahrer. Eine Zeitlang glaubten die Verantwortlichen in der UdSSR, auf diesen Schutz verzichten zu können. Der Tod der *Saljut 1*-Kosmonauten im Juni 1971 belehrte sie jedoch eines Besseren. Zwei Arten von Anzügen werden unterschieden: *Sicher-*

Das Mondauto *Lunar Rover*, 1971 erstmals auf dem Mond eingesetzt, war auf seinen Fahrten durch Funkkontakt sogar live von der Erde aus zu verfolgen.

die *Columbia* bei den ersten vier Testflügen mit Schleudersitzen für die zweiköpfige Besatzung ausgestattet war.

Aufblasbarer »Weltraumschlafsack«. Schlafen unter Gewichtslosigkeit während des Raumfluges kann man in allen Lagen, auch in der Senkrechten. Während der *Spacelab-D1*-Mission im Oktober **1985** testete der niederländische Wissenschaftler Wubbo Ockels, er war als ESA-Astronaut an der Mission beteiligt, einen neuartigen aufblasbaren Schlafsack. Sinn des Experiments war es herauszufinden, ob der Anpreßdruck im aufgeblasenen Zustand über den Andruck eine Art »Schwerkraftgefühl« mitteilt und somit die Schlafqualität verbessert. Nach dem 7tägigen Flug ist Wubbo Ockels von der Wirksamkeit seines nur 2 kg schweren »Spezialschlafbehälters« überzeugt.

heitsanzüge, die beim Start und der Landung sowie in kritischen Situationen während des Fluges getragen werden, und *Ausstiegsanzüge*, die für Außenbordaktivitäten gedacht sind.

Erste Schutzanzüge. Die Raumanzüge der ersten amerikanischen Astronauten waren Weiterentwicklungen jener Schutzanzüge, die für den Einsatz in der Luftfahrt entworfen wurden. Bereits **1934** fertigte die Firma B. F. Goodrich auf Anregung des amerikanischen Piloten Wiley Post einen Druckanzug an. Im Rahmen der Programme *Mercury*, *Gemini* und *Apollo* kamen die Raumanzüge für die Astronauten von den Firmen B. F. Goodrich, David Clark und ILC. Es waren elastische Anzüge aus geschmeidigen Kunststoffen, versehen mit flexiblen Gelenken.

Die Raumanzüge der Space-Shuttle-Besatzungen, hergestellt von UTC Hamilton Standard, unterscheiden sich von ihren Vorgängern durch eine verbesserte Elastizität bis zu einem Druck von 0,3 kg/cm². Inzwischen ist ein neuer »Hybrid«-Raumanzug von der Acurex Corp. entworfen worden, der für einen Druck von 0,56 kg/cm² ausgelegt worden ist. Hybrid deshalb, weil es sich um eine Kombination von sehr elastischem mehrschichtigem Gewebe mit metallenen Gelenkverbindungen handelt. Während der ersten vier Shuttle-Missionen wurden spezielle, von der US Air Force stammende Raumanzüge verwendet, ähnlich jenen, die im Hochgeschwindigkeitsflugzeug *YF 12A* (Mach 3, 30 000 m Höhe) benutzt wurden. Ihr Einsatz lag nahe, weil

Zu den selbstverständlichen Tätigkeiten der Astronauten gehört heute die Arbeit außerhalb der Raumfähre. Antennen entfalten, Wartungen und sogar Reparaturen sind durch die hochwertigen Raumanzüge kein Problem mehr. Im Bild: der Amerikaner Bruce McCandless bei der Arbeit.

Der wiederverwendbare Raumtransporter

Bis heute ist der amerikanische *Space Shuttle* das einzige realisierte Konzept eines wiederverwendbaren Raumtransporters in der Geschichte der Raumfahrt. Zwar ist bekannt, daß die UdSSR seit Jahren an ähnlichen Projekten arbeitet, doch bis heute hat es noch keinen entsprechenden Raumflug gegeben.

Das gesamte System, zwei Feststoffbooster, Tank und Orbiter, wiegt vor dem Start rund 2000 t. Die Raumfähre, einem Flugzeug mit Deltaflügeln ähnelnd, wiegt – einschließlich Astronauten und normaler Fracht – etwa 120 t. Sie kann – zumindest theoretisch – Bahnhöhen zwischen 160 und 1100 km erreichen, wobei allerdings der Höhenrekord bisher erst bei 550 km steht. Maximal vermag die Raumfähre 28 t Fracht sowie 4 bis 7 Astronauten plus 2 Piloten in die Umlaufbahn zu bringen. Die Masse der Beladung hängt jedoch von der gewählten Bahnneigung und der Flughöhe ab.

Eine der Hauptaufgaben des *Space-Shuttle*-Systems war der Transport von Satelliten in den erdnahen Weltraum, von dem sie mit zusätzlichen Antriebsstufen aus in die geostationäre Umlaufbahn gelangten. Hier wird aber in Zukunft eine Neuorientierung erfolgen, indem ein großer Teil des Satellitentransports wieder auf klassische Trägerraketen verlagert wird.

Das *Space-Shuttle*-Konzept geht auf eine Entscheidung von US-Präsident Nixon im Jahre 1972 zurück. Die Entwicklung stand jedoch unter erheblichen finanziellen Beschränkungen, deren Konsequenzen noch bis in die *Challenger*-Katastrophe reichten.

Als Testmodell wurde die *Enterprise* gebaut, die allerdings für einen Weltraumeinsatz nicht tauglich ist. Der Premierenflug fand mit der *Columbia* am 12. April 1981 statt, die von den Astronauten John Young und Robert Crippen geführt wurde. 1983 folgte dann die *Challenger;* 1984 und 1985 gaben schließlich *Discovery* und *Atlantis* ihr Debut. In 24 Missionen wurden zahlreiche Meilensteine gesetzt, so zum Beispiel die Bergung und Reparatur von Satelliten, das Rückführen defekter Raumflugkörper zur Erde, das Aussetzen und Wiedereinholen von Plattformen, der Freiflug von Astronauten in der Umgebung der Raumfähre, das Arbeiten mit dem automatischen Greifarm.

Am 28. Januar 1986 wurde – 74 Sekunden nach dem Start – die Raumfähre *Challenger* durch eine Explosion zerstört, wobei die sieben Besatzungsmitglieder, darunter zwei Frauen, ums Leben kamen. Das Unglück ereignete sich in 16 km Höhe vor der Küste Floridas. Es war der 10. Flug der *Challenger.*

Die Ursache für die Katastrophe, ein Leck in dem rechten Feststoffbooster, wurde schnell gefunden. Der dort austretende Feuerstrahl brannte nicht nur ein Loch in den Tank, sondern zerstörte auch eine der Verbindungen zwischen Feststoffraketen und Tank. Die Untersuchungsergebnisse zeigten erhebliche Mißstände sowohl in der Überwachung der Flugsicherheit als auch im Management des *Shuttle*-Programms. Bei Redaktionsschluß wurde als Termin für die Wiederaufnahme der Shuttleflüge der 4. August 1988 angegeben. Die Raumfähre *Discovery* soll im Rahmen dieser Mission einen Kommunikationssatelliten vom Typ TDRS in den geostationären Orbit bringen. Inzwischen ist bei Rockwell International, Palmdale (Kalifornien), die Produktion eines neuen *Shuttle* Orbiters für 1991 angelaufen, der als Ersatz für die zerstörte *Challenger* gedacht ist.

Raumschlitten. Im Rahmen der deutschen *Spacelab-D1*-Mission wurde **1985** auch erstmals der »Raumschlitten« für physiologische Untersuchungen an den Wissenschaftsastronauten eingesetzt. Hierbei handelt es sich um eine Art Drehstuhl auf Schienen. Er wurde in der Umlaufbahn mit exakt dosierten Beschleunigungen in Bewegung gesetzt. Ihre Wirkungen auf die Gleichgewichtsorgane und die Fähigkeit zur räumlichen Orientierung wurden ausführlich gemessen. Dazu diente unter anderem ein »Helm«, in dem sich Sensoren befanden, mit denen die Augenbewegungen verfolgt und bildhaft dargestellt werden konnten.

RAUMSONDEN ZUR ERFORSCHUNG DES KOSMOS

Das theoretische Konzept für den Flug zu den Planeten stammt von Hermann Oberth aus dem Jahr **1920**, der seine Berechnungen dann 1923 in dem berühmten Buch *Die Rakete zu den Planetenräumen* veröffentlichte. Einen weiteren bedeutenden Beitrag lieferte 1925 Walter Hohmann mit seinem Werk *Die Erreichbarkeit der Himmelskörper,* in dem er die elementaren Grundlagen der Raumfahrtbahnmechanik entwickelte und die günstigen Flugbahnen berechnete.

Erste Sonden zum Mond. Am 3. Februar **1966** gelang der UdSSR mit der Sonde *Luna 9* nach zahlreichen erfolglosen Anläufen erstmals das weiche Absetzen einer Instrumentenkapsel auf der Mondoberfläche, die unter anderem eine Panoramaaufnahme ihrer Umgebung zur Erde übermittelte.

Am 2. Juni 1966 gelang dann der NASA die weiche Landung von *Surveyor 1* auf dem Erdtrabanten. Dieser umfangreich instrumentierte elektronische Späher überlebte auch die erste Mondnacht und lieferte insgesamt 11 150 Bilder aus dem Oceanus Procellarum. *Surveyor 5,* am 8. September 1967 weich gelandet, führte automatisch erstmals chemische Analysen des Mondbodens durch.

Die UdSSR setzte am 12. September **1970** die Sonde *Luna 16* im Mare Foecunditatis ab. Mit einem automatischen Bohrsystem entnahm sie einen Gesteinsprobenquerschnitt, der bis in 2 m Tiefe reichte. Diese rund 150 g Mondgestein wurden ebenfalls automatisch zur Erde zurückgeführt.

Sonden zu anderen Planeten. Die UdSSR konzentriert sich bis heute auf die Erkundung des Planetennachbarn Venus. Die Landung und Datenübertragung auf und von der Oberfläche gelang erstmals mit der Sonde *Venera 7,* die am 15. Dezember **1970** niederging. Sie sendete 23 Min. lang Informationen. Die ersten Bilder von der Oberfläche übermittelten *Venera 9* und *10* am 22. und 25. Oktober 1975.

Die USA starteten am 3. November 1973 die Sonde *Mariner 10,* die neben einem nahen Vorbeiflug an der Venus dann den Planeten Merkur Ende März **1974** erreichte. Zwei weitere Begegnungen folgten, wobei die geringste Annäherung an den sonnennächsten Planeten 730 km betrug.

Die erste erfolgreiche weiche Landung auf dem Mars gelang den USA im Rahmen ihres *Viking*-Projekts, das bis heute noch eine singuläre, umfassende Langzeiterkundung eines Planeten geblieben ist. Zwei automatische Stationen gingen am 20. Juli bzw. 3. September **1976** auf der Oberfläche nieder, während die beiden Mutterschiffe den Mars aus der Satellitenperspektive untersuchten. Sowohl die Lander als auch die Orbiter überschritten ihre ursprüngliche Lebenserwartung zum Teil ganz erheblich.

Den USA gelang auch die ausführliche Nahinspektion von Jupiter und Saturn. Zunächst erreichten die Raumsonden *Pioneer 10* und *11* im Dezember 1973 bzw. Dezember 1974 den Jupiter. 1979 lieferte dann *Pioneer 11* auch erstmals Nahaufnahmen vom Saturn. Die bedeutendsten Entdeckungen gelangen jedoch *Voyager 1* und *2* zwischen 1979 und 1981. Ringe um Jupiter, Vulkanismus auf dem Mond Io, eine extrem komplizierte Struktur der Saturnringe und zahlreiche neue Monde seien hier stellvertretend genannt.

Am 24. Januar **1986** erreichte *Voyager 2* nach mehr als achtjährigem Flug Uranus und passierte ihn in 81 000 km Abstand von der Wolkendecke. Die erhaltenen Bilder und Meßdaten waren sensationell: Der 1781 von Wilhelm Herschel entdeckte und rund 3 Mrd. km von der Erde entfernte Planet ist Mittelpunkt eines Systems von zahlreichen Monden und Ringen sowie Träger eines im Sonnensystem von seiner Struktur her einmaligen Magnetfelds. *Voyager 2* fliegt inzwischen seinem nächsten Ziel, Neptun, entgegen, dem es am 25. August 1989 begegnen wird.

Halley-Erkundung. In der zweiten Märzwoche **1986** erreichte die Erkundung des Halleyschen Kometen mit Raumsonden ihren Höhepunkt. Während die sowjetischen Sonden *Vega 1* und *2* sich dem Kometen bis auf 9000 bzw. 8000 km näherten, durchquerte die europäische Halleysonde *Giotto* die »Kometen-Atmosphäre« in nur 650 km Abstand vom Kern. Eine amerikanische und zwei japanische Sonden lieferten zusätzlich wichtige Informationen aus sehr viel größeren Distanzen. Die *Vega-* und *Giotto*-Bilder ergaben ein erstaunliches Halley-Portrait: So ist der erdnußförmige Kometenkern deutlich größer als erwartet, er ist rund 16 km lang und 8 km breit. Er besteht aus Eis, Staub sowie etwas Gestein und ist an der Oberfläche nahezu schwarz. Aus bestimmten Oberflächengebieten wird Staub fontänenartig abgeblasen. Analysen der abströmenden Gas- und Staubmaterie haben den klaren Beweis geliefert, daß der Komet im wesentlichen aus jenen Stoffen besteht, die aus der frühesten Geschichte des Sonnensystems stammen. Alle sechs Kometensonden sind noch - zumindest teilweise - funktionsfähig. Neue Ziele für *Giotto, Vega 1* und *Vega 2* sind bereits in der Diskussion.

Ein Sonnenwind-Meßgerät wurde **1987** an der Akademie für Wissenschaften der UdSSR in Moskau entwickelt. Der Apparat, der neutrale Teilchen im »Sonnenwind«, der vom Licht ausgesandten Strahlung, registriert und mißt, soll umfassendere Vorstellungen vom Aufbau des Sonnensystems vermitteln. Außerdem ist es wichtig, nähere Aufschlüsse über die neutralen Teilchen zu erlangen, um die Sicherheit der in den Weltraum fliegenden Menschen garantieren zu können. Das Gerät soll auf einer sowjetischen Raumsonde installiert werden, die in den nächsten Jahren an die Peripherie des Sonnensystems fliegen wird.

Mission »Phobos«. Am 7. und 12. Juli **1988** startete die UdSSR eine Doppelmission in Richtung Mars unter internationaler Beteiligung (u.a. Bundesrepublik Deutschland, DDR und Frankreich). Hauptaufgabe ist die Naherkundung des Planetenmondes Phobos, bei der auch das Absetzen kleiner Lander vorgesehen ist. Für einige Zeit werden die Sonden im April 1989 in einem Abstand von nur 50 m parallel zur Mondoberfläche fliegen. In dieser Phase soll mit Hilfe einer »Plasmastrahl-Kanone« Material von der Phobos-Oberfläche verdampft und der Analyse zugeführt werden. Weitere Untersuchungen werden sich auf Mars selbst und den zweiten Mond, Deimos, konzentrieren.

ZUKUNFT

Biosphere II in der Wüste Arizona (USA) soll Informationen für die Besiedlung von Mond und Mars liefern (s. S. 346).

Mit diesem Raumsystem *Ariane/Hermes* will Europa ins All. In der Raumfähre haben 6 Astronauten Platz. Hinter dem geplanten Starttermin 1995 steht allerdings noch ein großes Fragezeichen.

ARCHITEKTUR

Rotationshochhaus. Der Berliner Architekt Matthias Vetter hat 1988 einen Plan veröffentlicht, der es ermöglichen soll, einen kilometerhohen Wolkenkratzer erdbebensicher zu bauen. Seine Idee: Ab einer bestimmten Höhe wird nicht nur die Eigenschwingung so groß, daß das Hochhaus zu schwanken beginnt, auch einwirkende Kräfte von außen, wie Erdbebenstöße oder auch nur die Windlast, erzeugen Drehmomente, so daß das Haus einzuknicken droht. Einem Kreisel kann das nicht passieren, er fällt nicht um, wenn er sich dreht. Und wie einen Kreisel denkt sich Vetter sein Rotationshochhaus: Es steht auf einem Gelenksockel, der tief in das Erdreich gegründet ist. In 375 m Höhe befindet sich ein Rotationsring mit einem Durchmesser von 240 m. In ihm drehen sich die Rotationsmassen, Ringgewichte, die mit hoher Geschwindigkeit möglichst reibungsfrei um den Bau kreisen. Dadurch wird es stabil. Genau wie ein Kreisel, der ins Wanken gerät, würde sich das Hochhaus wieder aufrichten. Noch gibt es allerdings nicht die Spezialkräne, die nötig wären, die Rotationsmassen in die entsprechende Höhe zu wuchten.

Biosphere II. In der Wüste Arizonas (USA) steht ein phantastisches Bauwerk kurz vor seiner Fertigstellung, ein riesiges Gewächshaus aus Glas und Stahl. Es ist der Hauptbestandteil eines Projektes, das am 1. Dezember **1989** gestartet wird. An diesem Tag werden sich acht Menschen für die Dauer von zwei Jahren in dem Glashaus einschließen lassen und das Leben in einer künstlich geschaffenen Miniaturwelt erproben. Eine Welt, die unabhängig ist, isoliert und nach außen luftdicht abgeschlossen. Alle Ökosysteme, die für das Leben auf unserer Erde wichtig sind, werden in dem Glashaus vorhanden sein: Klimazonen werden nachempfunden, entsprechende Bepflanzungen vorgenommen, und viele Tierarten werden in den ihnen zustehenden Bereichen leben. Diese Biosphere II wird sich in einem geschlossenen Kreislauf selbst erhalten – ähnlich dem Biokreislauf unserer Erde, der Biosphere I. Was Menschen und Tiere ausscheiden, dient Pflanzen und Mikroorganismen als Nahrung. Die Idee zu diesem Unternehmen hatte der Amerikaner Edward P. Bass, ein Architekt und Bauunternehmer, der das Projekt auch finanziert. Schon hat auch die NASA ihr Interesse für die Erkenntnisse angemeldet, die Biosphere II liefern wird. Sie erhofft sich davon wichtige Informationen für die geplanten Besiedelungen von Mond und Mars.

Hallenskizentrum. Architekten und Ingenieure aus Japan haben einen Plan entwickelt, wonach Skifahren unabhängig vom Wetter und vor allem der Jahreszeit möglich sein soll. So könnte eine Skiabfahrt im Dachgeschoß des etwa 65 m hohen Stadions beginnen und von dort über 6 Etagen führen. Insgesamt sind 3 unterschiedlich schwierige Pisten vorgesehen. 9 Schneemaschinen sollen pro Stunde 27 m^3 Schnee produzieren, die immer gleich bleibende Temperatur in der Riesenhalle beträgt 0 °C. Für umgerechnet 100 Mio. DM soll die erste künstliche Skistation in einer japanischen Großstadt entstehen.

VERKEHR

Kohleauto. Nach 8jährigen Forschungen mit Unterstützung der amerikanischen Energiebehörde stellte die amerikanische Gruppe TRW einen Dampfheizkessel fertig, der mit Wasser und zu feinen Partikelchen pulverisierter Kohle arbeitet. Ökologisch einwandfrei, könnte dieses System den Autotransport revolutionieren. Sobald man eine Lösung für den produzierten Schwefel und die Asche gefunden hat, könnte dieses System den Benzinmotor ersetzen. Mehrere Länder, darunter Kanada und Schweden, sind an dem System interessiert.

Tropfenförmige Autokarosserie. Der Forschungsdirektor bei der britischen Autofirma Lotus erklärt: »Der freie Fall eines Wassertropfens ist die perfekteste aerodynamische Form.« Entsprechend will er ein tränenförmiges Auto herausbringen, mit angeglichenen Fenstern und abgehacktem Heck. Die neue Ästhetik soll noch vor **1990** Realität werden. Die Autos werden völlig glatte Karosserien haben. 15 Jahre später sollen alle Modelle elektronisch-synthetische Federaufhängungen haben, nach dem Vorbild von Rennwagen.

Ein Stadtauto der Zukunft haben Berliner Studenten der Hochschule für Künste und der Technischen Universität **1986** nach einer zweisemestrigen Arbeit vorgestellt. Das im Maßstab 1:4 vorgelegte Modell soll nur 2,50 m lang sein, 1,6 m breit und 1,9 m hoch sowie einen Kraftstoffverbrauch von 3,5 l Diesel auf 100 km Stadtverkehr haben. Ein Rußfilter verringert die Emissionswerte. Das Einzigartige an dieser Entwicklung ist die Zusammenarbeit zwischen den Fachgebieten Industrie Design und Kraftfahrzeugtechnik. Einem Vergleich mit Studien der großen Automobilhersteller kann das *City Car* durchaus standhalten. In einem weiteren Projekt soll nun ein Prototyp hergestellt werden.

Busroboter. Die Autos der Zukunft finden ihren Weg von ganz allein. Sie brauchen keinen Fahrer mehr. Unter dem Forschungskürzel VaMoRs (Versuchsfahrzeug für autonome Mobilität und

Von bis zu fünfundzwanzigfacher Schallgeschwindigkeit sprechen die Amerikaner für ihren geplanten *Orient-Express* – kein Flugzeug von morgen, wohl eher von übermorgen.

Der britische *Hotol* soll Platz für 60 Passagiere bieten. Der Frachtraum kann wie ein Container aus- und eingesetzt werden.

Rechnersehen) versuchen Wissenschaftler am Institut für Systemdynamik und Flugmechanik der Bundeswehr-Universität München, dem Bus das Sehen und selbständiges Fahren beizubringen. Unter der Leitung von Prof. Ernst Dieter Dickmanns ist es **1987/88** gelungen, einen Busroboter zu entwickeln, der, eingebaut in ein ansonsten fahrerloses Versuchsfahrzeug, auf der Autobahn eine Geschwindigkeit von 90 km/h schaffte. »Rechnersehen« heißt das Schlüsselwort, worunter die Experten in München die Fähigkeit des Roboters verstehen, aus Bildfolgen, die die Kamera liefert, Informationen herauszufiltern, die zur Erkennung der Umweltgegebenheiten erforderlich sind. Aus den etwa 10 Bildern, die die Kamera pro Sek. an den Computer überträgt, berechnet dieser die Entfernung zu den Straßenrändern und anderen Objekten. Und das geschieht ganz einfach, indem er – unter Berücksichtigung der Geschwindigkeit des Versuchsfahrzeugs – jeweils aufeinanderfolgende Kamera-Bilder miteinander vergleicht. Dieses Verfahren funktioniert nicht im Stillstand, weil dann die Kamera-Bilder identisch sind. Die Bewältigung dieses und anderer Probleme wird noch viel Zeit in Anspruch nehmen.
In den USA wird an einem vergleichbaren »Autonomous Land Vehicle« (ALV) gearbeitet, das per Laserstrahl seine Umgebung bis zu mehreren hundert Metern abtastet – mit 3 km/h.

Jet Train. Die Fachhochschule Pforzheim arbeitet an Designstudien für ein neuartiges Konzept eines superschnellen Transportmittels. Der *Jet Train* soll über den vorhandenen Eisenbahngleisen fahren. Windkanalmessungen mit Modellen im Maßstab 1:25 wurden bereits im Daimler-Benz-Windkanal durchgeführt und ergaben einen c_W-Wert von etwa 0,25. Damit könnte eine Reisegeschwindigkeit von rund 450 km/h erreicht werden.

Die längste unterirdische Autobahn der Welt soll im Jahr **2000** in Tokio eröffnet werden. Die Autos sollen auf vier Fahrspuren, die eine Ringverbindung darstellen, rascher die sternförmig ausstrahlenden Hauptlinien erreichen, die Tokio mit dem übrigen Japan verbinden. Die Autobahn soll ca. 10 km lang sein und zwischen 5 und 22 m unter der Erdoberfläche liegen. Sie wird nach Schätzungen der Planer täglich im Schnitt 80000 Autos vorwärtsbringen. Für das Projekt sind umgerechnet 10 Mrd. DM veranschlagt.
Auf weiten Strecken soll unter der Autobahn parallel eine U-Bahn gebaut werden, die hier 12 bis 44 m tief verkehren wird. Diese soll schon 1994 fertiggestellt sein.

Straße von Gibraltar. Nachdem Anfang 1988 der japanische Seikan-Tunnel als längster Unterwassertunnel offiziell in Betrieb genommen wurde und auch an der untermeerischen Verbindung von Frankreich und Großbritannien emsig gearbeitet wird, konzentriert sich das Interesse der Planer auf ein weiteres denkbares Großprojekt: die Untertunnelung der Straße von Gibraltar, die Anbindung von Afrika an Europa. Hier liegen bereits einige Studien vor, die das Vorhaben als realisierbar erscheinen lassen. Doch es ist noch völlig unklar, wer Interesse daran haben könnte, ein solches Projekt zu finanzieren. Fraglich ist zur Zeit ebenfalls noch, ob es politisch überhaupt gewünscht wird. Erst wenn diese Fragezeichen beseitigt sind, werden die Techniker das Wort haben.

Mit dem Auto ins nächste Jahrhundert

Noch mehr als heute schon wird die Elektronik und der Minicomputer das Auto des 21. Jh.s bestimmen. Abstandsradar und elektronisch gesteuerte Verkehrsführung werden ebenso zur Normalausstattung gehören wie die Computer-kontrollierte Niveauregulierung und die des Neigungswinkels der Karosserie zugunsten maximaler Windschlüpfrigkeit und Fahrstabilität.
Im europäischen Hochtechnologieverbund Eureka laufen unter der Bezeichnung *Prometheus* entsprechende Studien zur Verbesserung der Verkehrssicherheit und zur Entwicklung der notwendigen Hardware.
Futuristische Fahrzeuge sind bereits von einigen großen Automobilherstellern vorgestellt worden, so zum Beispiel der *Chevrolet-Express*, der, mit Gasturbinen angetrieben, mühelos 240 km/h erreicht. Die speziell für den Einsatz im Auto entwickelte Gasturbine hat viele Vorzüge, so die kontinuierliche Verbrennung, die sie für den gleichförmigen Hochleistungseinsatz geradezu prädestiniert. Die geringere Anzahl bewegter Teile in einem Turbinenmotor reduziert außerdem die Reibung – im Vergleich zum Kolbentriebwerk ebenfalls verbrauchssenkend.
Im Gegensatz zu herkömmlichen Motoren kann die Turbine schon bei Drehzahlen im Leerlauf ihr maximales Drehmoment abgeben. Zu den technischen Fortschritten, die General Motors in den *Chevrolet-Express* einbrachte, gehört der Einsatz thermisch hochbelastbarer Keramikbauteile, die Betriebstemperaturen von 900°C, wie sie in den benutzten Turbinen auftreten, problemlos widerstehen. Eine rechnergesteuerte Elektronik koppelt das Gaspedal mit der Kraftstoffeinspritzung, so daß die Motordrehzahl ähnlich wie bei modernen Militärflugzeugen gesteuert wird.

Mikrowellenempfänger an der Unterseite von Joe Schlesaks Modellflugzeug ermöglichen den Flug ohne Treibstoff.

Die Parabolantenne sendet Mikrowellen aus, die den Flugkörper beliebig lange in der Luft halten.

Flug auf Mikrowellen

Für eine sensationelle Erfindung mit voraussichtlich weitreichenden Folgen für die Zukunft sorgte Joe Schlesak, Ingenieur am Kommunikationszentrum in Ottawa (Kanada): beauftragt mit dem Forschungsprojekt »Sharp«, startete Schlesak auf einer Pilotanlage Anfang Oktober 1987 ein Modellflugzeug, bei dem der Treibstoff durch Mikrowellen-Energie ersetzt worden war. Das ferngesteuerte Versuchsflugzeug ist an seiner Unterseite mit Empfängern, sogenannten Rectennas, bestückt, die die von einer Parabolantenne ausgesandten Mikrowellen auffangen und in Strom für den Elektromotor umwandeln, der den Propeller antreibt. So kann sich das Flugzeug beliebig lange ohne herkömmlichen Treibstoff in der Luft halten, vorausgesetzt, es bleibt im Bereich der Parabolantenne.

Schon hat auch die NASA diese Idee der alternativen Energieversorgung aufgegriffen und läßt für das Marshall Space Flight Center in Georgia (USA) ein Mikrowellenflugzeug entwickeln, das in 20 km Höhe Messungen der Kohlenstoffdioxid-Konzentrationen vornehmen soll. Auch für die Raumfahrt ist die Mikrowellen-Energie im Gespräch: Bei der NASA denken Wissenschaftler im Rahmen eines Entwicklungsprogramms über eine Mars-Mission nach, bei der die Raumfähre den Planeten umkreisen und dabei ein ferngelenktes Flugzeug mit Mikrowellen versorgen soll, das alle zur Erkundung des Planeten nötigen Instrumente auf der Oberfläche des Mars absetzen kann.

Schlesak selbst hofft nach den ersten erfolgreichen Versuchen, daß seine Mikrowellenflugzeuge eines Tages die Funktion von Satelliten übernehmen. Aus 10 bis 20 km Höhe könnten sie Radio- und Fernsehprogramme auch in entlegene Gebiete senden, das Wetter beobachten und das alles zu einem Bruchteil der Kosten, die ein Satellit allein durch die kostspielige Beförderung ins Weltall verschlingt.

Die »Brücke von Messina« zielt auf eine Anbindung Siziliens an das italienische Festland über die Straße von Messina. Pläne für eine derartige Verbindung hat bereits vor rund 2000 Jahren Archimedes diskutiert. Die Straße von Messina ist zwischen 3 und 14 km breit. Sowohl Tunnel als auch Brücken sind vorgeschlagen worden. Alle Entwürfe waren mit zwei Problemen konfrontiert: der Erdbebenhäufigkeit in dieser Region und den starken Meeresströmungen. Zunächst hatte man daran gedacht, mehrere Pfeiler in der 110 m tiefen Meerenge zu verankern. Doch diese Pläne wurden schnell aufgegeben. Nun sieht es jedoch so aus, als ob ein Konzept von 250 Experten, vertreten von der Societá Stretto di Messina, gute Chancen zur Verwirklichung hat. Gedacht ist an eine Brücke mit zwei mächtigen, 400 m hohen Stahlmasten. Diese Masten, sie sollen jeweils in Ufernähe in 3,3 km Abstand stehen, halten zwei gigantische Stahlseile von 1,7 m Durchmesser. An den Seilen soll eine 60 m breite Fahrbahn hängen, auf der Platz für sechs Autofahrspuren und zwei Eisenbahngleise ist. Die Bauzeit wird auf 10 bis 12 Jahre veranschlagt, die Kosten dürften in der Größenordnung von 40 Mrd. DM liegen.

Hyperschall-Flugzeuge, die die Strecke Washington–Tokio mit Mach 5 bis 6 in nur 120 Minuten zurücklegen können, entstehen gegenwärtig auf den Reißbrettern amerikanischer Konstrukteure. Populär geworden ist das 6-Milliarden-Dollar-Projekt unter der Bezeichnung *Orient-Express.* Sein offizieller Name: *National Aerospace Plane* (NASP). Zu seiner Verwirklichung sind erhebliche Technologiesprünge notwendig. Da der NASP in Höhen zwischen 30 und 90 km operieren soll, ist eine wesentlich verbesserte Triebwerkstechnik erforderlich. Neue Bauweisen und Strukturen, auf Titan und Faserverbundwerkstoffen beruhend, sind ebenso notwendig wie die sichere Beherrschung neuer aerothermodynamischer Methoden, denn an der Außenhaut solcher Hyperschallflugzeuge treten Reibungstemperaturen bis zu 1000° C und mehr auf.

Omega ist eine Lockheed-Entwicklung für das Fracht-Transport-Flugzeug *Sternwheeler,* das in den Jahren nach **2020** Gestalt annehmen soll. Sein wesentlichstes Charakteristikum besteht in einem Motorblock mit Querschnittsventilator. Dieses in die Tragflächen integrierte Antriebssystem soll Start- und Landewege beträchtlich verkürzen und bei einer Startmasse von 134 t eine Geschwindigkeit von 940 km/h erreichen.

Sonnenflugzeug. Derzeit arbeitet die amerikanische Firma Lockheed an einer neuen Version des *Solar HAPP* (High Altitude Powered Platform). **1993** soll es starten: ein fliegender Flügel ohne Pilot, mit zwei kleinen Flügeln, an denen photoelektrische Zellen befestigt sind. Diese Flügelchen sind schwenkbar und einklappbar. Die tagsüber von der Sonne aufgenommene Energie wird nachts durch Treibstoffbatterien geliefert. Das *Solar HAPP* soll eine Maximalgeschwindigkeit von 150 km/h besitzen, und sein Gewicht darf 1 t nicht überschreiten. Dann könnte es ein Jahr lang fliegen, ohne aus Treibstoffgründen landen zu müssen. Einer seiner ersten Aufträge könnten genaue Aufnahmen von der Erde sein, die den amerikanischen Farmern dann sogar Aufschlüsse über den richtigen Zeitpunkt für die Ernte gäben.

Ein Blick nach Utopia: Design-Entwurf der Fachhochschule Pforzheim für den Hochgeschwindigkeitszug *Jet Train*.

Transatmosphärisches Flugzeug (TAV). Die amerikanische Luftwaffe studiert derzeit verschiedene Entwürfe verschiedener Firmen, darunter McDonnel Douglas, Rockwell International und Lockheed. Die allgemeinen Charakteristika sind schon festgelegt: Das *TAV* müßte in der Lage sein, von einem normalen Flugplatz zu starten, die Grenzen der Atmosphäre zu durchbrechen und zu seinem Startplatz zurückzukehren. Von der Konzeption her liegt es zwischen Flugzeug und Raumschiff. Es flöge zwischen 30 000 und 170 000 m hoch (Verkehrsmaschinen fliegen etwas über 10 000 m hoch). Besondere Aufgaben kommen ihm im militärischen Bereich zu. Das von McDonnel Douglas projektierte *TAV* könnte jeden Punkt der Erde in weniger als 2 Std. erreichen. Das von Lockheed geplante Flugzeug soll mit 30facher Schallgeschwindigkeit fliegen. Mit einem Prototyp rechnet man für **1993**.

Horizontal Take-off and Landing Launcher (Hotol) heißt nach Vorschlägen der British Aerospace die europäische Entsprechung zum amerikanischen *TAV.* Das von europäischen Unternehmen gemeinsam geplante Verkehrsmittel der Zukunft könnte London mit Sydney in knapp 45 Min. verbinden.
Hotol könnte zu einem universellen Transportgerät des **21. Jh.s** werden. So sollen in der Nutzlastkabine Satelliten transportiert werden können, die sich in etwa 300 km Höhe in eine eigene Flugbahn absetzen lassen. Ebenso könnten Raumlabors ausgesetzt oder ausgetauscht werden oder aber einfach Passagiere befördert werden. *Hotol* soll 63 m lang werden mit einem Durchmesser von 5,70 m und einer Flügelspannweite von 20 m.

Flugzeug mit kippbarem Rotor. Im Rahmen eines gemeinsamen Entwicklungsprogramms der amerikanischen Luftfahrtkonzerne Bell und Boeing soll der Prototyp dieses Senkrechtstarters mit kippbaren Rotoren im Laufe des Jahres **1988** erstmals fliegen und bis 1991 in Serie lieferbar sein. Es wird das erste betriebsfähige Flugzeug mit Kipprotoren sein, das starten kann wie ein Hubschrauber und fliegen wie ein Flugzeug. 500 Mio. Dollar stehen für die Entwicklung zur Verfügung. Der Name des Luftzwitters: *Osprey* (Fischadler).

Hubschrauber-Flugzeug. Möglicherweise wird das VTOL (Vertical Take-off and Landing Aircraft), das senkrecht startende und landende Flugzeug, das Fluggerät des kommenden Jahrhunderts sein. Dabei ist nicht unbedingt an jene VTOL-Systeme von heute gedacht, die primär abgewandelte Flugzeuge sind. Es sind auch Geräte denkbar, die sich von Hubschraubern ableiten. Der amerikanische Luft- und Raumfahrtkonzern Lockheed hat zum Beispiel einen »Flugzeug-Hubschrauber« konzipiert, der 50 Passagiere transportieren kann und bei einer Geschwindigkeit von 600 km/h einen Aktionsradius von 1600 km aufweisen soll.

Der Unterseetanker ist ein ehrgeiziges Projekt der amerikanischen Firma Arctic Energies. Es geht um die Erkundung der umfangreichen Methanvorkommen im arktischen Ozean. Das Methan soll an Ort und Stelle gleich in den Flüssigbrennstoff Methanol umgewandelt, in Tanker verladen und vom Pol auf dem direkten Weg nach Norwegen transportiert werden. Die Kosten wären zwar höher als für den Transport vom Mittleren Osten, aber die strategischen Vorteile liegen auf der Hand.

Saftiger Rasen vom Fließband – eine Methode zur Pflanzenproduktion, die von dem Wiener Professor Othmar Ruthner entwickelt wurde. Alle für das Wachstum notwendigen Umweltbedingungen wie Licht, Wasser, Wärme und Nährstoffe werden künstlich erzeugt oder zugeführt. Computer überwachen rund um die Uhr das optimale Wachstum. Ziel ist, die Reifezeit der Pflanzen enorm zu verkürzen.

MEDIEN

Videokonferenz. Als Kommunikationsmöglichkeit von morgen hat die Firma Philips **1986** auf der »Orgatechnik« in Köln täglich eine jeweils 1stündige Videokonferenz zwischen Köln und Peking durchgeführt. In beiden Städten war ein Videokonferenzraum eingerichtet worden. Je vier Diskussionspartner auf jeder Seite konnten an den Gesprächen teilnehmen und dabei ihre Partner auf einem Fernsehmonitor sehen. Die Bild- und Tonsignale gingen von Köln zur Funkstelle Raisting, von dort zum Satelliten *Intelsat* und dann weiter nach Peking. Die gesamte Übertragungsstrecke betrug etwa 80000 km. Die Qualität von Bild und Ton war weitgehend zufriedenstellend.
Doch bevor die Post dieses Angebot als regelmäßigen Dienst anbieten will, gehen die Bemühungen in Richtung Telefonverbindung mit China. Denn bis heute kann immer noch kein Selbstwählferngespräch von der Bundesrepublik Deutschland mit Gesprächsteilnehmern in der Volksrepublik China geführt werden.

Ein Fernsehen mit Kinoqualität soll nach dem Willen des bundesdeutschen Forschungsministeriums ab Mitte der neunziger Jahre möglich sein. Das Ministerium beteiligt sich mit 60 Mio. DM an entsprechenden Entwicklungen. Dies wäre ein System, das Fernsehbilder nach Art der Kinoleinwand an die Wohnzimmerwand wirft. Techniker am Berliner Heinrich-Hertz-Institut arbeiten bereits an erfolgversprechenden Lösungswegen. Sie experimentieren mit einem System, bei dem Bilder auf eine Leinwand projiziert werden, die achtmal größer ist als die 70-cm-Röhre eines herkömmlichen TV-Empfängers. Nach derzeitigen Berechnungen wird das serienmäßig hergestellte Gerät dann »weniger als 10000 DM« kosten.

Transatlantikfiberglaskabel. 28 nationale Fernmeldegesellschaften aus 21 Ländern unterzeichneten am 18. März **1987** einen Kooperationsvertrag, um ein Fiberglaskabel gemeinsam von Europa nach Amerika zu verlegen. 400 Mio. Dollar sollen erst einmal investiert werden. TAT-9, so der Name der Unternehmung, soll einmal 80000 Telefongespräche gleichzeitig störungsfrei übertragen können.

INFORMATIK

Megachip. In den letzten Jahren hat die Entwicklung der Speicherchips zu immer größeren Kapazitäten geführt. Heute sind in Home-Computern durchaus Speicherchips von 64 KB und in Personal-Computern 256 KB üblich. In der Serienfertigung befinden sich jedoch schon 1 Megabyte Chips, in Europa z.B. bei Siemens und Philips. Der nächste Schritt sind 4 Megabyte-Chips. Hier ist die Prototypen-Herstellung bereits im Gange; **1989** dürften sie auf den Markt kommen. In Japan und in den USA ist die Megachip-Entwicklung ebenfalls weit vorangeschritten.

Supercomputer Suprenum. Unter der Leitung von Ulrich Trottenberg vom Institut für Methodische Grundlagen der Gesellschaft für Mathematik und Datenverarbeitung, St. Augustin (GDM) arbeiten verschiedene Forschungsinstitute, Hochschulen und Firmen an der Verwirklichung eines ersten deutschen Supercomputers, mit dem eine Computerstruktur erreicht werden soll, bei der eine Vielzahl von Mikrorechnern samt jeweils eigenen kleinen Speichermoduln zu einer leistungsstarken Gesamteinheit zusammengefügt werden, die numerische Algorithmen (das sind umfangreiche Zahlenrechnungen) superschnell bearbeiten kann. 1985 wurde das Projekt gestartet.

Das japanische Supercomputer-Projekt. Mit Unterstützung des japanischen Ministeriums für Außenhandel und Industrie (MITI) haben sechs Elektronikunternehmen mit der Entwicklung eines Supercomputers begonnen. Fujitsu, Hitachi, NEC, Mitsubishi, Oki und Toshiba wollen bis 1989 einen Computer herausbringen, der tausendmal so leistungsfähig ist wie der *Cray 1,* der 150 Mio. Operationen pro Sek. durchführen kann. Bis **1990** wollen die Japaner eine fünfte Computergeneration schaffen, die sowohl auf dem Konzept des Parallelcomputers als auch auf

400 Wissenschaftler arbeiten im Produktionstechnischen Zentrum der Technischen Universität Berlin.

In der 3200 m² großen Experimentierhalle stehen die Maschinen für die künftig computergesteuerten Produktionsanlagen.

Der Roboter führt das Werkstück von Maschine zu Maschine, wo es jeweils weiterbearbeitet wird (rechts).

Fabrik der Zukunft

Wie die Fabrik der Zukunft aussehen könnte und sollte, ist Gegenstand intensiver Forschungen und Analysen. So läuft im europäischen Hochtechnologieverbund Eureka eine Projektstudie »Fabrik der Zukunft«, in der vor allem rechnergesteuerte Prozesse eine entscheidende Rolle spielen werden. Professor Günter Spur von dem 1986 in Betrieb genommenen Produktionstechnischen Zentrum der Technischen Universität Berlin und der Fraunhofer-Gesellschaft hat folgendes Szenarium entworfen:

Materialien und Teile werden in automatische Lager gebracht und von dort mit ferngesteuerten Transportsystemen abgeholt und verteilt. Auf sogenannten Fertigungsinseln werden geschlossene Arbeitsvorgänge rechnergesteuert abgewickelt. In der Montagephase kommt es zu einem engen Zusammenwirken von Mensch und Robotsystemen. Alle Prozesse werden von einer ständigen und automatisierten Qualitätsprüfung begleitet. Gesteuert und kontrolliert wird der gesamte Ablauf von einem zentralen Leitstand. Ebenfalls zentralisiert sind Planung und Disposition.

Expertenteams stehen bereit, um im Fall von Problemen Entscheidungen möglichst am Ort des Geschehens treffen zu können oder um auch Reparaturen und Wartungen vorzunehmen. Andere Elemente der klassischen Fabrik – wie Buchhaltung und Konstruktionsabteilung – werden in Zukunft ausgelagert sein.

Alle Experten sind sich darin einig, daß die »Fabrik der Zukunft« keine menschenleere »Geisterfabrik« sein wird. Die Befürworter sehen Arbeitsplätze nicht dort gefährdet, wo neue Techniken eingeführt würden, sondern in solchen Unternehmen, die durch unterlassene Modernisierung ihre Wettbewerbsfähigkeit einbüßten. Genaue Zahlen liegen allerdings nicht vor.

dem Einsatz künstlicher Intelligenz beruhen soll. Dabei soll eine noch höhere Integrationsdichte der Chips und ein Neukonzept des Computerspeichers eine wichtige Rolle spielen. Um dieses Ziel zu erreichen, wurde bereits 1982 ein entsprechendes Forschungsinstitut – ICOT – gegründet und für die ersten sechs Jahre mit einem Haushalt von 450 Mio. Dollar ausgestattet. Die Arbeiten werden von dem renommierten Informatiker Kazohiro Fuchi geleitet.

»Optische Computer«, die statt mit Elektronen mit Licht (etwa Laserstrahlen) arbeiten, sollen nach den Vorstellungen der Physiker Hartmut Haug und Claus Klingshirn vom Institut für Theoretische Physik der Universität Frankfurt/M. bald möglich sein. Sie arbeiten an optischen Schaltern, die erheblich schneller reagieren als elektronische: Während die elektronischen im Bereich von millionstel und milliardstel Sek. arbeiten, erzielt man bei optisch gesteuerten Schaltungen Zeiten von 100 billiardstel Sek.

Landwirtschaftsroboter *Magali* heißt ein Roboter, der in der Landwirtschaft ab **1991** als Früchtesammler eingesetzt werden soll. Das bei Cemagref in Frankreich in der Entwicklung befindliche Gerät ist mit Ultraschall-Fernmeßsystemen sowie mit drei Kameras und verschiedenen optischen Filtern ausgerüstet, mit deren Hilfe eine Unterscheidung der zu sammelnden Früchte anhand der verschiedenen Farben möglich ist. Auch das Sammelsystem weist deutliche Verbesserungen gegenüber den bisher erprobten Landwirtschaftsrobotern auf, die beim Abernten nicht gerade feinfühlig mit Obst und Gemüse umgingen.

Projekt *Sänger*, das Schlagwort für den wiederverwendbaren zweistufigen Raumtransporter für Personen und Nutzlasten; er soll auf europäischen Flughäfen starten und landen können.

WELTRAUM

Keck-Observatorium. Aufgrund einer Spende von rund 70 Mio. Dollar hat das amerikanische California Institute of Technology am 12. September 1985 mit den Arbeiten für ein 10 m im Durchmesser betragendes Spiegelteleskop begonnen. Der W.-Keck-Reflektor wird aus 36 sechseckigen und unabhängig steuerbaren Einzelspiegeln bestehen. Das Instrument soll auf dem Mauna Kea (Hawaii) installiert werden und könnte, wenn es alle Erwartungen erfüllt, noch Sterne der 26. Größenklasse erkennen lassen. **1990/91** soll das Observatorium seinen Betrieb aufnehmen und dürfte dann insgesamt über 200 Mio. Dollar gekostet haben.

Infrarot-Observatorium. Unter dem Namen ISO wird auf Beschluß der europäischen Raumfahrtorganisation ESA der größte europäische Forschungssatellit gebaut. Aufgabe dieser Weltraum-Sternwarte ist es, unsichtbare Wärmestrahlung von entstehenden neuen Sternen oder Sonnensystemen, von Planeten um andere Sterne oder von kollidierenden Galaxien zu beobachten. Der Satellit, der mehr als 5 m hoch sein wird, soll im April **1993** gestartet werden.

Das Weltraumteleskop (Space Telescope) der amerikanischen Raumfahrtbehörde NASA mit einem Spiegeldurchmesser von 2,40 m dürfte aus der Umlaufbahn die beobachtende Astronomie revolutionieren. Europäische Staaten sind mit einer Reihe von wichtigen Zusatzinstrumenten am Space Telescope beteiligt, dessen Lebensdauer auf mindestens 15 Jahre geschätzt wird. Es ist technisch so aufgebaut, daß es von Astronauten im Orbit gewartet oder zu einer Generalüberholung zur Erde zurückgebracht werden kann. Durch die Explosion der Raumfähre *Challenger* am 28. Januar 1986 kann der geplante Starttermin für das Space Telescope nicht gehalten werden.

Weltraumstation. Boeing Aerospace Co. arbeitet derzeit an der Architektur einer kleinen Weltraumstation, die dauerhaft bewohnt werden kann und in der Nähe der Erde liegen soll. Diese könnte sogar schon Anfang **1989** im All in Stellung gebracht werden.
Auch die Sowjets arbeiten an einer Weltraumstation, deren Einzelteile von einem sonderangefertigten *Kosmos*-Satelliten an Ort und Stelle gebracht werden sollen.
Die USA bereiten für 1992 eine Weltraumstation vor, der auch militärische Bedeutung zukommen soll.

Die europäische Raumfähre Hermes. Die französische Raumfahrtbehörde CNES entwickelte das Konzept der kleinen Raumfähre *Hermes*, wobei technische Vorstudien u. a. bei der Firma Aérospatiale durchgeführt wurden. Ursprünglich sollte *Hermes* in der Lage sein, zwei Astronauten und 1500 kg Fracht in die Umlaufbahn zu transportieren. Nach dem *Challenger*-Unglück im Januar 1986 wurde der Originalentwurf unter Sicherheitsaspekten stark verändert. Zum Beispiel wurde eine absprengbare Kabinenkapsel für den Notfall vorgesehen. Durch diese Änderungen hat *Hermes* stark an Nutzlastkapazität verloren und damit auch von seiner ursprünglichen Attraktivität eingebüßt. Im Dezember 1986 entschied sich die europäische Raumfahrtorganisation ESA dafür, *Hermes* zu einem ihrer Vorhaben zu machen. Ein Jahr später beschloß die ESA dann, vor dem endgültigen Einstieg in das Vorhaben eine längere Überprüfungsphase des zunächst auf 2 Mrd. Dollar veranschlagten *Hermes*-Projekts zwischenzuschalten. Selbst bei raschen Entscheidungen hinsichtlich des Baus von *Hermes* scheint der anvisierte Starttermin im Jahre **1995** nicht realistisch.

Das Weltraum-Flugzeug könnte von jedem beliebigen Flugplatz starten, 300 km von der Erde ins Weltall steigen, mehrere Stunden dort patrouillieren und zu seinem Ausgangspunkt zurückkehren. Die amerikanischen Militärs haben zwei entsprechende Projekte in der Schublade: das nur 5 t schwere Raketenflugzeug der DARPA (Defence Advanced Projects Agency), einer Agentur des Pentagon, und ein Modell von SAC (Strategic Air Command), das etwa 10 t an Bord befördern kann. Das Flugzeug der DARPA würde einer gewöhnlichen Raketenspitze gleichen, es hätte keinen Druckausgleich, und der Pilot müßte deshalb im Raumanzug fahren. Das Pentagon hofft, diese Projekte bis **1990** vollendet zu haben.

Raumfahrzeug »Sänger II«. Ein Hyperschallflugzeug stellt die Erststufe des Raumtransportsystems *Sänger II* dar. Die zweite Stufe ist ein Ra-

Klimaprobleme in Sicht

Zwei Fragen werden hinsichtlich der zukünftigen Klimaforschung immer mehr an Bedeutung gewinnen: Wird das Ozonloch über der Antarktis größer? Wie wird der Treibhauseffekt weltweit das Klima verändern? Das Ozonloch über der Antarktis ist durch Satellitenbeobachtungen bereits seit einigen Jahren bekannt. Hierbei handelt es sich keineswegs um einen Dauerzustand, sondern um einen jahreszeitlichen Effekt. Er setzt gegen Ende des antarktischen Winters ein und erreicht im September und Oktober einen Höhepunkt. Vollständig verschwindet das Ozon nicht. Im Vergleich zum »Normalwert« sinkt die Konzentration jedoch stark. Auffällig und alarmierend ist jedoch die Feststellung, daß der Grad der Ozonverminderung und die Größe des betroffenen Gebietes in der Atmosphäre seit 1985 kräftig zugenommen haben. Dafür können natürliche Ursachen verantwortlich sein, wie zum Beispiel eine spezielle meteorologische Situation, eine Anreicherung von vulkanischen Auswurfsprodukten oder die Sonnenaktivität. Es verstärkt sich jedoch der Verdacht, daß die berüchtigten »Ozonkiller«, die Treib- und Kühlmittelgase – in der Hauptsache Freon und Frigen –, hier eine negativ verstärkende Rolle spielen. 1987 ist auf mehreren internationalen Konferenzen – zuletzt in Montreal – eine drastische Einschränkung der Produktion dieser Gase gefordert, aber dann nur halbherzig beschlossen worden. Hier sind langfristig sorgfältige Beobachtungen und Forschungen notwendig. Wie komplex das Problem wirklich ist, wird an der Tatsache deutlich, daß trotz der zeitweisen Verminderung des Ozongehalts global keine deutliche Zunahme der Ultraviolettstrahlung an der Erdoberfläche gemessen worden ist, für die ja Ozon eine lebenswichtige Filterwirkung ausübt. Das zweite, für die Zukunft wichtige Problem, der sogenannte Treibhauseffekt, hängt mit der Erhöhung der Wärmespeicherungskapazität der Erdatmosphäre durch das Einbringen von Spurengasen wie Kohlendioxid zusammen. Letzteres entsteht primär durch die Verwendung fossiler Brennstoffe wie Holz, Kohle und Öl. Der Kohlendioxidgehalt unserer Lufthülle ist seit der Jahrhundertwende deutlich gestiegen und könnte sich bis zum Jahre 2010 verdoppelt haben. In letzter Konsequenz bedeutet der weitere Anstieg eine Erhöhung der mittleren Durchschnittstemperatur an der Erdoberfläche. Daß ein solcher – wenn auch kleiner – Temperaturanstieg erhebliche Rückwirkungen auf das weltweite Klima und damit auch erhebliche wirtschaftliche Konsequenzen haben wird, ist unumstritten. Über Art und Umfang der zu erwartenden Effekte gehen jedoch die Meinungen der Klimatologen noch erheblich auseinander.

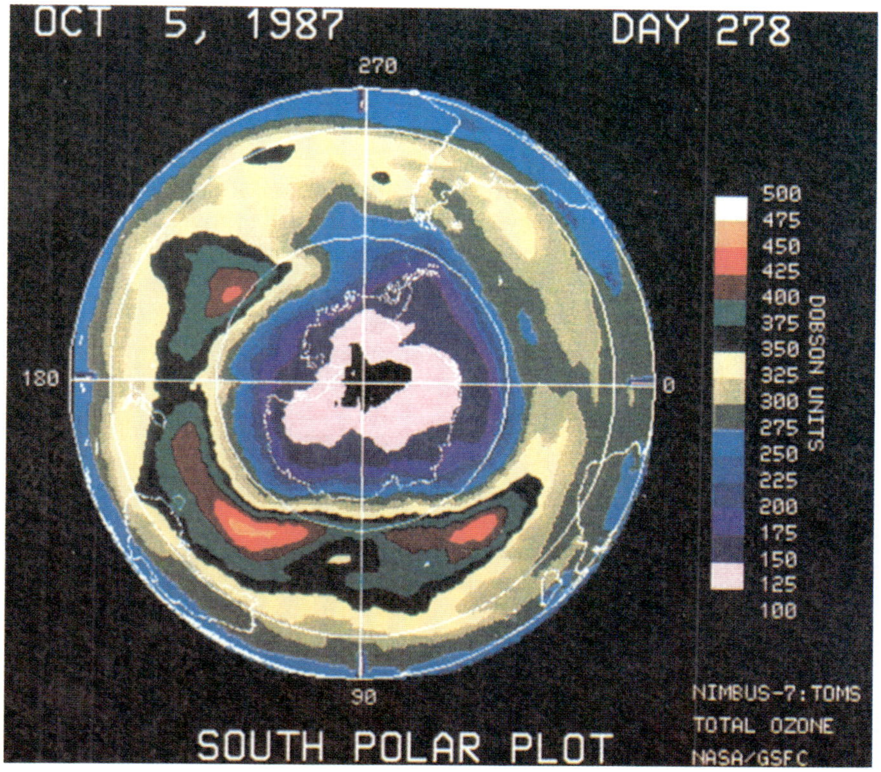

Diese Karte, die mit Hilfe eines Instruments der US-Raumfahrtbehörde angefertigt werden konnte, verdeutlicht das Ozonloch über der Antarktis. Die Daten zeigen unterschiedlich starke Ozonmängel – schwarz und pink ist am stärksten; höhere Ozon-Konzentrationen sind gelb, grün und rot markiert.

ketenflugzeug, ein geflügelter Raumgleiter. Das von Messerschmidt-Bölkow-Blohm (MBB) zur Diskussion gestellte System sieht als Erststufe ein Hyperschallflugzeug von der Größe einer Boeing 747 vor, das auf jedem Flughafen starten und landen kann. Seine Reisegeschwindigkeit soll bei Mach 4.5 liegen. Als Antrieb hat man an luftatmende Turbo-Staustrahltriebwerke gedacht. Die Ober- und Endstufe entspricht im Konzept von MBB einem vergrößerten *Hermes*-Orbiter, der mit einem Hochleistungs-Raketentriebwerk ausgerüstet ist. Er würde nach beendeter Mission aus dem Orbit durch Triebwerksbremsung wieder zur Erde zurückkehren. Die Bezeichnung *Sänger II* soll an den 1964 gestorbenen Raketenpionier und Raumflugtechniker Eugen Sänger erinnern, der sich bereits in den dreißiger Jahren mit derartigen Transportsystemen befaßte.

Bemannte Flüge zum Mars sollen nach Darstellung amerikanischer Wissenschaftler auf dem Internationalen Astronautischen Kongreß in Innsbruck (Österreich) 1986 schon innerhalb der nächsten 50 Jahre möglich sein.

Ulysses. Die europäische Raumsonde zur Erforschung der Pole der Sonne, die im Rahmen des Projekts *Ulysses* mit dem amerikanischen *Space Shuttle* im Frühjahr 1986 gestartet werden sollte, dürfte als Konsequenz der *Challenger*-Katastrophe noch bis mindestens **1989** am Boden bleiben, da auch das Projekt für die zum Transport geplanten *Centaur*-Oberstufen nun aus Sicherheitsgründen eingestellt worden ist. Das gilt auch für die Jupiter-Mission *Galileo,* an der die Bundesrepublik Deutschland beteiligt ist.

Soho. Zwischen **1993** und **1995** plant die europäische Raumfahrtorganisation ESA den Start von 5 Raumsonden zur Untersuchung der Beziehungen zwischen Erde und Sonne.

Gewächshäuser im All könnten die lebensnotwendige Sauerstoffversorgung für bemannte Weltraumflüge gewährleisten. Schon der russische Forscher Konstantin Ziolkowski (1857–1935) schlug vor, Gewächshäuser in Raumschiffen einzurichten, um verbrauchten Sauerstoff zu erneuern und gleichzeitig entstandenes Kohlendioxid abzubauen. Versuche in sowjetischen Orbitalstationen haben gezeigt, daß Pflanzen bei Schwerelosigkeit schlecht gedeihen. Nun will man rotierende Gewächshäuser konstruieren. In dem Boden, der durch die Fliehkraft an die Wände der Anlage gedrückt wird, könnten die Pflanzen, bestrahlt von künstlichem Licht, fast wie unter natürlichen Bedingungen wachsen. Ein Problem stellt aber noch die gleichmäßige Rotation des kosmischen Gartens dar. Verlagern sich durch Gießen, Wachstum oder andere Faktoren die Gewichte in dem Gewächshaus, so muß die Bepflanzung neu umverteilt werden, um wieder eine ausgeglichene Rotation herzustellen. Nach Auffassung der Forscher ist der Bau solcher »Orangerien« beim heutigen Stand der Weltraumforschung durchaus möglich.

SACHREGISTER

D

E

F

G

H

P

Q

R

S

T

U

V

W

X

Y

Z